TOUT POUR MAÎTRISER votre et PC Internet

et aussi
smartphones et tablettes

TOUT POUR MAÎTRISER

votre PC et Internet

et aussi smartphones et tablettes

Un guide visuel pour exploiter tout le potentiel de votre matériel informatique

QUE CHOISIR

TOUT POUR MAÎTRISER

votre PC et Internet

et aussi smartphones et tablettes

Publié par SAS QUE CHOISIR – QUE CHOISIR ÉDITION

SAS QUE CHOISIR – QUE CHOISIR ÉDITION
Alain Bazot Président
Laure Sassier Direction éditoriale

RÉALISATION DE L'OUVRAGE
Direction d'ouvrage : **ARCHIPEL STUDIO pour SAS QUE CHOISIR – QUE CHOISIR ÉDITION**
Conception éditoriale : **Fidelys Éditions**
Conception graphique : **Delphine Trichon, Valérie Hecquet**
Coordination et édition : **Archipel studio, Anna Dreveau**
Mise en page et recherche iconographique : **Archipel studio**
Correction : **Béatrice Argentier**

AUTEURS
Sylvain Angelergues
Jean-Philippe Bay
Damien Bancal
Nicolas Boudier-Ducloy
Pierre Caillault
Damien Dreveau
Paul Durand Degranges
Philip Escartin
Servane Heudiard
Coralie Valentin

COUVERTURE
Olivier Caldéron

Première édition

233 boulevard Voltaire, 75011 Paris
ISBN : 979-1-0935880-4-9

Préface

L'ordinateur, les appareils mobiles et Internet ont pris une place prépondérante dans notre environnement quotidien : en 2017, plus de 80 % des Français disposaient au moins d'un ordinateur et d'un accès à Internet.

Très tôt, l'UFC-Que Choisir s'est intéressée à cet univers complexe. D'abord à travers ses tests de matériels (ordinateurs classiques ou « tout-en-un », ordinateurs portables, ultrabooks, smartphones et tablettes, imprimantes multifonctions, logiciels de sécurité, etc.) afin de guider le consommateur dans ses achats. Dans le même temps, nous décryptions les offres des fournisseurs d'accès à Internet (FAI) et de téléphonie mobile, n'hésitant pas à saisir la justice pour faire supprimer les clauses abusives des contrats. L'UFC-Que Choisir n'est pas pour rien dans la gratuité du temps d'attente des hotlines, ces services d'assistance aux abonnés à Internet, ou dans la fin des frais d'itinérance en Europe, ce qui permet d'utiliser son smartphone au sein de l'Union européenne aux mêmes conditions tarifaires qu'en France. Régulièrement, nous pointons les dangers du Web, alertons sur les arnaques, mettons en garde contre certaines pratiques condamnables du commerce en ligne ou contre l'utilisation abusive des données personnelles, et œuvrons à la construction, dans l'ère numérique, d'un droit tenant compte de l'intérêt des internautes. Sur le terrain, nos associations locales apportent leur aide aux consommateurs confrontés à un litige.

Si l'ordinateur, les smartphones et tablettes ainsi qu'Internet sont des outils formidables, savoir bien les maîtriser est une autre paire de manches. Cet ouvrage veut y contribuer d'une façon claire et pratique afin que vous exploitiez au mieux toutes les richesses que vous offre cet univers. Ce guide très complet vous fera découvrir les multiples fonctions de vos appareils, vous accompagnera dans un grand nombre de projets, vous aidera à comprendre le fonctionnement du Web et à avoir les bons réflexes pour une navigation simple, efficace et mieux sécurisée sur la Toile. Enrichi de très nombreux visuels, il saura guider vos pas pour tirer le meilleur parti de l'informatique et d'Internet.

Alain Bazot
Président de l'UFC-Que Choisir

AVANT-PROPOS

L'ouvrage que nous vous proposons aujourd'hui a pour vocation de vous aider à exploiter tout le potentiel de votre ordinateur, de vos appareils mobiles et d'Internet. Ce guide, qui se veut clair, accessible et résolument pratique, constitue une véritable boîte à outils que nous avons testée, éprouvée, validée et qui vous accompagnera pas à pas dans la découverte de ce vaste monde.

TOUT POUR MAÎTRISER VOTRE PC ET INTERNET vous propose ainsi de découvrir une multitude de fonctions, d'outils, d'informations, de conseils nécessaire à la maîtrise de l'univers informatique et numérique. Nous nous efforcerons de vous présenter les notions de base sur le matériel et ses composantes, de vous donner des astuces pour sécuriser au mieux votre vie privée, des conseils sur la navigation Internet ainsi qu'un panorama sur les possibilités et les outils que vous offrent votre ordinateur et vos appareils mobiles.

Avant de vous ouvrir ces portes, quelques précisions :

Pour les parties sur l'ordinateur, ce livre s'adresse aux utilisateurs de PC sous Windows. Ce choix répond à une situation de fait, que l'on peut toujours commenter, mais qui s'impose à tous : l'immense majorité des ordinateurs sont des PC sous système d'exploitation Windows. Notez que nous avons utilisé dans cet ouvrage la dernière version de Windows : Windows 10.

Il existe bien entendu d'autres systèmes d'exploitation, dont les plus connus sont Mac OS (Apple) et Linux, et chacun nécessiterait un livre à lui seul. Vous trouverez cependant en fin d'ouvrage une petite introduction à Linux.

De la même façon, pour les appareils mobiles, autant pour les smartphones ou que pour les tablettes, nous nous adressons ici aux utilisateurs des appareils sous Android ou sous iOS, la très grande majorité des appareils étant sous ces systèmes d'exploitation.

Les systèmes mobiles Android et iOS sont en constant changement : ils évoluent en fonction des fabricants et des mises à jour proposées par leurs concepteurs. Toutefois, les fonctionnalités de base ainsi que les logiques qui régissent ces systèmes restent globalement les mêmes.

Tous les logiciels, applications et matériels existants sur le marché ne sont pas présentés ici, tant s'en faut : nous avons dû effectuer des choix, que nous avons essentiellement basés sur des critères de fiabilité, de pertinence et sur l'expérience de nos pratiques. Autant que faire se peut, nous nous sommes cependant efforcés à vous proposer des alternatives.

Sachez enfin que ce monde que nous vous présentons est en perpétuel changement : les logiciels, sites ou matériels peuvent évoluer ou disparaître. Néanmoins, les grandes options ou solutions informatiques que nous vous proposons sont d'une nature pérenne et, même si les interfaces changent, la philosophie globale reste la même.

Un dernier conseil, la technologie n'étant pas la panacée ni la solution à tous les problèmes : faire preuve de bon sens, d'esprit critique et de réserve reste la meilleure attitude à avoir pour sauvegarder votre indépendance, déjouer les pièges et dangers du cybermonde et protéger votre univers !

SOMMAIRE

BIENVENUE DANS UN MONDE CONNECTÉ

SOYEZ 100 % PRO AVEC INTERNET

PROFITER DE CES OUTILS MAGIQUES

LA SÉCURITÉ ET LE BON FONCTIONNEMENT DE VOS APPAREILS

LOGITHÈQUE

BIENVENUE DANS UN MONDE CONNECTÉ

LE TOUR DU PROPRIÉTAIRE

Pour bien maîtriser un ordinateur fonctionnant sous Windows, il est important de comprendre sa structure et le rôle des différents composants électroniques.

L'ordinateur que vous venez de déballer, ou que vous envisagez d'acheter, est un PC. Il se décline sous plusieurs formes. Le PC de bureau et sa grande tour sédentaire, avec comme alternative le mini-PC, moins encombrant, restera installé chez vous. Entièrement mobile, l'ordinateur portable, qu'il soit tactile ou non, est devenu très populaire. On peut l'utiliser n'importe où grâce à sa batterie intégrée et à ses fonctionnalités Wi-Fi (et souvent Bluetooth) qui autorisent une connexion sans fil à Internet. On trouve dans cette catégorie : les portables « classiques » ; les hybrides, dont l'écran peut se détacher du clavier, transformant ainsi l'ordinateur en tablette tactile ; les netbooks, petits et peu onéreux (principalement destinés à une utilisation Internet) ; les ultrabooks (ou ultraportables), puissants, plus légers, mais plus chers qu'un PC portable traditionnel ; les PC portables dits 360, dont l'écran bascule derrière le clavier... À ces deux grands types de PC, qui règnent en maîtres dans les foyers français, s'ajoute le PC tout-en-un (*All-in-One*), qui regroupe l'ensemble des composants électroniques derrière son écran.

Outre les qualités intrinsèques du PC (puissance, taille de l'écran, portabilité...), la connectique (l'ensemble des connexions physiques) de votre ordinateur constitue un élément important à prendre en compte. Enfin, notez que, s'il est aisé d'améliorer les performances d'un ordinateur de bureau classique (dont la tour est facile à ouvrir) en ajoutant des composants permettant d'augmenter sa capacité de stockage, sa puissance, etc., il est beaucoup plus complexe de faire évoluer un ordinateur portable ou un PC tout-en-un.

L'EXTÉRIEUR SOUS TOUTES LES COUTURES

AU CŒUR DU PC, LA CARTE MÈRE

La carte mère est au cœur même du système de tout PC. Vous pouvez l'assimiler au moteur d'une voiture. Ce composant majeur d'un ordinateur prend en charge son alimentation électrique et fait fonctionner de concert votre processeur, votre mémoire vive, votre disque dur ainsi que les différents périphériques connectés au PC (y compris l'écran, le clavier et la souris). L'amélioration des performances d'un PC dépend directement de la carte mère. Sur les portables notamment, les cartes mères peuvent imposer des limites quant à la mémoire vive maximale supportée (voir aussi p. 22).

LA FAÇADE D'UN PC DE BUREAU

La façade d'un PC de bureau peut comporter un certain nombre de ports USB, de prises mini jack pour insérer un casque audio et un microphone, voire un lecteur de cartes mémoire intégré. Cependant, les éléments les plus importants sont les boutons marche/arrêt et reset. Le premier permet de mettre votre ordinateur sous tension, et le second, lorsqu'il existe, de forcer le redémarrage quand le PC ne réagit plus à vos actions. Il est fortement déconseillé d'éteindre sa machine en appuyant sur le bouton marche/arrêt sous peine de perturber le fonctionnement de Windows. Lorsque vous cessez d'utiliser votre ordinateur, arrêtez-le en allant dans le menu *Démarrer* de Windows (logo Windows en bas à gauche de la barre des tâches), puis sur l'icône Marche/arrêt pour cliquer sur *Arrêter*.

L'ARRIÈRE D'UN PC DE BUREAU

Remarquez le grillage situé à l'arrière du PC : c'est le poumon de votre ordinateur. Un ou deux ventilateurs utilisent cette bouche d'aération pour maintenir le processeur et l'alimentation à bonne température. Laissez un espace vide de 20 à 30 cm minimum entre l'arrière de votre ordinateur et le mur de la pièce où il est installé, ce qui rendra également plus facile l'accès à la baie de connexion arrière du PC. C'est là que vous branchez la souris, le clavier, l'écran et les haut-parleurs. Les prises sont souvent distinguées par un code couleur. Ne forcez jamais le branchement d'un périphérique à l'une de ces prises sous peine d'endommager votre carte mère.

PC TOUT-EN-UN, MINI-PC ET PORTABLES EN TOUT GENRE

Ces ordinateurs proposent moins de connecteurs qu'une tour. Vous y trouvez généralement des ports USB 3.0, un port Ethernet (pour votre box Internet), un port VGA, DVI et/ou HDMI pour brancher un écran LCD supplémentaire, voire connecter l'ordinateur à un téléviseur ou à un vidéoprojecteur, une prise casque et/ou des mini jack d'entrée et de sortie audio pour brancher un micro ou des haut-parleurs externes. Sur un PC tout-en-un, l'électronique est contenue à l'arrière de l'écran. Pour les mini-PC, la compacité du boîtier, donc de la carte mère, limite le nombre de ces connecteurs. Sur un ordinateur portable et un portable dit 360, les connexions sont limitées, faute de place suffisante, et sont installées sur les côtés et à l'avant du châssis. Sur les hybrides, de nombreux ports sont présents sur l'écran détachable afin de pouvoir, par exemple, recharger la batterie en mode tablette, connecter un câble HDMI sur la prise micro HDMI de l'écran, un casque, ou encore une carte SD afin de visionner vos photos numériques.

ÉLÉMENTS FONDAMENTAUX DE CONNECTIQUE

● Vous raccorderez votre box Internet à votre ordinateur avec un câble réseau Ethernet branché sur leur port RJ45 respectif. Si vous n'utilisez pas de connexion sans fil Wi-Fi, ce type de câble permettra de relier tout PC distant de la box à une prise CPL (voir p. 37) ou directement à la box. Il peut aussi permettre de relier deux PC pour échanger des données.

● La prise Mini DisplayPort (miniDP ou mDP) est une connexion numérique pour écran externe qui est apparue sur les ordinateurs Apple en 2013 et qui s'est répandue petit à petit dans l'univers PC. Cette interface supporte des résolutions d'affichage jusqu'à 2560 × 1600 (une norme d'affichage aussi connue sous l'acronyme WQXGA). Elle remplace avantageusement les anciennes prises VGA et DVI en permettant de brancher, via un adaptateur, un périphérique d'affichage externe VGA, DVI, ou HDMI. Par conséquent, si vous possédez un moniteur VGA ou DVI, il pourra être utilisé avec votre nouvel ordinateur portable grâce au port miniDP.

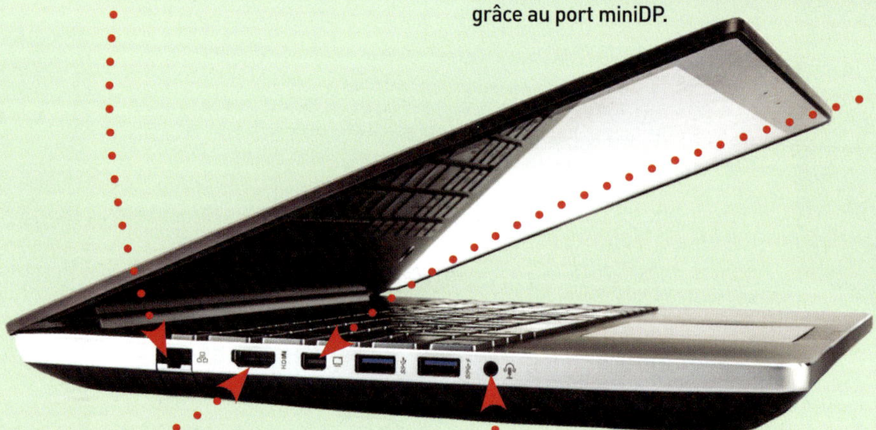

● La prise (ou port) HDMI est assimilée à une prise péritel numérique qui transfère aussi bien l'image que le son sur une télévision HD. Présente sur tous les ordinateurs actuels, et sous forme de ports micro HDMI sur les tablettes, cette prise permet de connecter votre PC à une TV via un câble HDMI. Elle sera également utilisée pour ajouter un moniteur secondaire à votre PC ou votre tablette afin de bénéficier d'une surface d'affichage (et donc de travail) étendue. La prise HDMI permet en outre de raccorder un vidéoprojecteur afin de diffuser des films ou des présentations PowerPoint en haute définition.

● Les PC portables (et les tablettes) sont équipés de prises mini jack casque et micro, voire d'une prise micro-casque. Si les micro-casques sont utilisés par les « gamers » qui jouent en réseau afin de dialoguer avec les membres de leur équipe, ils permettent également de dicter du texte à votre ordinateur et de communiquer lors de vos visiophonies sous Skype, Yahoo! Messenger, Facebook Messenger et autres. Il est fort possible que votre ordinateur portable soit équipé d'une prise casque et d'une prise micro, tandis que votre tablette ne comportera qu'une prise casque (car le capteur photo et vidéo fait également office de microphone). Sachez qu'il existe aussi des micros-casques USB.

PORTS ET CONNEXIONS SOUS TOUTES LES FACES

● La majorité des PC portables et quelques tablettes sont équipées d'un lecteur de cartes mémoire dans lequel vous pouvez par exemple insérer la carte de votre appareil photo numérique. Ces lecteurs sont généralement conçus pour accueillir des cartes au format SD (Secure Digital) et ses variantes SDXC et SDHC. La capacité des cartes mémoires SD varie généralement entre 1 et 512 Go.

● Votre ordinateur (ainsi que certaines tablettes) possède des ports USB 3.0 reconnaissables à leur fente bleue. Ce type de port est généralement utilisé pour connecter un disque dur externe afin de bénéficier d'un taux de transfert de données plus rapide. Comme il reste compatible avec les périphériques USB 2.0 (fente noire), vous pourrez y connecter une imprimante, un appareil photo numérique, une clé USB, un lecteur de cartes mémoire ou une interface audio, et y recharger votre lecteur MP3-MP4, votre smartphone ou votre action cam (GoPro par exemple).

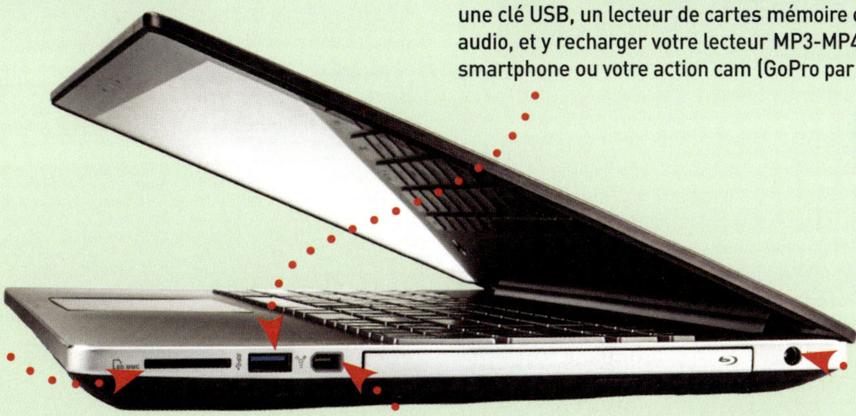

● Le port FireWire 400, dont la référence technique est IEEE 1394, prend la forme d'un connecteur à 4 ou 6 broches (ce dernier, de taille plus importante, permettant l'alimentation électrique du périphérique connecté). Mais la prise FireWire la plus répandue se compose de 4 broches. Elle a été initialement développée par Sony (sous le nom de iLink) pour brancher des caméscopes numériques, afin de capturer le contenu des bandes-vidéo miniDV, ou des disques durs externes rapides. On trouve très rarement sur les PC des ports FireWire 800 à 9 broches, interface développée essentiellement pour les ordinateurs d'Apple. Le FireWire est rarement présent sur les machines d'entrée et de moyenne gamme. Il n'équipe jamais les tablettes.

● La prise d'alimentation d'un portable est localisée soit à l'arrière, soit sur l'un des côtés. Bien que les adaptateurs et leur connectique varient d'une marque à l'autre, les rendant incompatibles entre eux, le principe de connexion reste le même. Vous insérez une prise mâle dans la prise femelle du PC. Si vous possédez plusieurs portables, évitez de substituer un câble à un autre.

Le petit +

Le lecteur/graveur de DVD ou de Blu-ray se trouve traditionnellement sur le flanc droit ou gauche du PC portable. Il en existe deux sortes : à tiroir (comme ceux des lecteurs DVD de salon) ou à insertion (comme sur les autoradios de voiture). Les ultrabooks, les tablettes, ainsi que certains mini-PC et PC tout-en-un n'en sont pas équipés.

ANATOMIE DU CLAVIER DU PC PORTABLE

Bien que plus compact, le clavier d'un PC portable ressemble à celui d'un PC de bureau, mais il dispose de quelques touches spécifiques et d'un système de pointage intégré appelé touchpad (dalle tactile) (voir aussi p. 24).

LE CLAVIER

La répartition des lettres d'un clavier d'ordinateur portable est identique à celle d'un PC de bureau. Lorsque leur dimension le permet, les claviers intègrent sur leur droite un pavé numérique et directionnel (voir illustration). La touche *Fonction* (lettres *Fn*), située en bas à gauche, permet d'exécuter des actions identifiées par des pictogrammes imprimés sur les touches numériques. Vous pouvez ainsi régler la luminosité de l'écran, agir sur le volume sonore, activer ou désactiver la dalle tactile, le Wi-Fi, mettre le PC en veille, etc.

LES TOUCHES « MULTIMÉDIA »

Les claviers sont souvent équipés de touches multimédia situées dans la partie supérieure ou sur les côtés. Celles-ci permettent d'exécuter des programmes, de contrôler la lecture des CD et des DVD : avance rapide, pause, saut de piste ou de chapitre, etc. Elles peuvent aussi démarrer des utilitaires comme des économiseurs d'énergie, chaque pression sur la touche basculant d'un mode à un autre. En fonction des portables, le nombre de ces touches est plus ou moins important. Les claviers des PC de « gamers » sont dotés de touches spécifiques aux jeux en ligne.

LE TOUCHPAD

Le touchpad ou dalle tactile est le périphérique de pointage des PC portables. Vous contrôlez le pointeur de la souris par le simple déplacement des doigts sur cette surface sensible. Pour réaliser un double-clic, équivalent à l'action effectuée sur le bouton gauche de la souris, tapotez deux fois rapidement cette dalle. Toutefois, vous pouvez également utiliser les deux boutons situés en bas du touchpad, qui remplissent la même fonction que les boutons d'une souris. Les portables modernes et certaines tablettes sont équipés d'une dalle dite « multitouch » sur laquelle certaines combinaisons de doigts produisent des actions spécifiques à l'écran : on peut ainsi zoomer, pivoter, feuilleter, etc. Ces combinaisons tactiles sont présentées dans le mode d'emploi de votre ordinateur. Enfin, certains claviers pour PC de bureau intègrent également une dalle tactile.

Trucs & astuces

Certains touchpads sont pourvus de zones à usage spécifique : on peut parfois faire défiler la fenêtre en cours de visualisation en glissant le doigt sur le bord droit de cette dalle tactile ou bien configurer des raccourcis pour lancer des programmes. Vous pouvez aussi régler la vitesse de déplacement de votre pointeur : tapez « Panneau de configuration » dans la zone de recherche de *Cortana* en bas de l'écran. Cliquez sur *Panneau de configuration* dans les résultats trouvés puis sur *Matériel et audio*. Dans la catégorie *Périphériques et imprimantes*, cliquez sur le lien *Souris*. Dans l'onglet *Options du pointeur* de la boîte de dialogue *Propriétés de : Souris*, faites glisser le premier curseur vers *Lente* ou *Rapide* pour ralentir ou augmenter la vitesse de déplacement du pointeur à l'écran.

LA BATTERIE DU PC PORTABLE

Pour être nomades, votre PC portable (ou votre tablette) dispose d'une batterie qui alimente votre appareil sans avoir à le relier à une prise électrique. La batterie est donc un élément clé de ce type de machine.

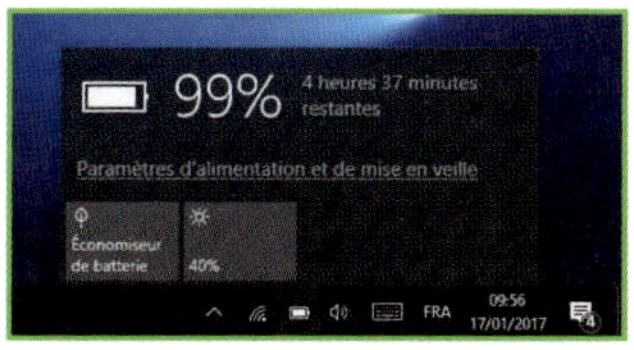

COMMENT MAXIMISER L'AUTONOMIE ?

L'autonomie de la batterie d'un portable dépend d'un certain nombre de fonctionnalités qui consomment plus ou moins d'énergie. Si votre PC (ou votre tablette) est livré avec un utilitaire d'économie d'énergie (comme Power4Gear chez Asus ou PowerSmart chez Acer), laissez-le tourner en tâche de fond. Son fonctionnement est simple : sur batterie, il réduit la luminosité de l'écran et fait tourner la machine au minimum de ses capacités. Si vous ne disposez pas de l'un de ces utilitaires, cliquez sur l'icône de la batterie (pile) affichée dans la zone de notifications de Windows 10, puis sur le bouton *Économiseur de batterie*. Effectuez ensuite une série de clics successifs sur le bouton de luminosité (icône d'un soleil) afin de diminuer la luminosité de l'écran.

COMMENT ENTRETENIR SA BATTERIE ?

Les portables sont le plus souvent équipés d'une batterie lithium-ion (Li-ion) standard, dont l'autonomie décroît généralement après 300 à 500 cycles de charge complets. Au-delà, la batterie ne retrouvera jamais sa pleine charge. Pour prolonger sa durée de vie, éloignez votre ordinateur des sources de chaleur. Vous pouvez aussi la retirer lorsque vous utilisez le portable sur secteur (notez que vous ne pouvez pas retirer la batterie d'une tablette ou de certains PC portables). Si vous envisagez de stocker une batterie sans l'utiliser pendant quelque temps, contentez-vous de la charger à 40 %. Enfin, sachez que vous n'êtes pas obligé de charger votre batterie à 100 % pour l'utiliser ni de la décharger avant de la remettre en charge.

TOUS ÉGAUX DEVANT L'AUTONOMIE ?

La consommation d'énergie des portables est liée à la puissance du processeur (CPU) et au mode d'économie d'énergie utilisé. Plus le CPU est rapide et plus l'écran reste allumé longtemps, plus la batterie est sollicitée. Évidemment, cette consommation augmente lorsque vous utilisez le lecteur de DVD intégré. Les PC ultraportables et les tablettes présentent la meilleure autonomie, allant de quatre à huit heures selon les activités. Les moins endurants sont les portables de jeu équipés d'un grand écran et de composants puissants qui peinent à tenir plus de deux heures.

Trucs & astuces

Pour régler précisément l'économie d'énergie selon que votre PC portable (ou votre tablette) fonctionne sur batterie ou sur secteur, cliquez sur l'icône de la batterie puis sur le lien *Paramètres d'alimentation et de mise en veille*. Dans la sous-partie *Paramètres associés* à droite de la fenêtre, cliquez sur le lien *Paramètres d'alimentation supplémentaires*. Dans les *Options d'alimentation* du *Panneau de configuration*, cliquez sur *Modifier les paramètres du mode*. Définissez les réglages *Éteindre l'écran*, *Mettre l'ordinateur en veille*, et *Régler la luminosité du plan* des modes *Sur la batterie* et *Sur secteur*. Validez par un clic sur le bouton *Enregistrer les modifications*.

CONNAÎTRE LES COMPOSANTS POUR BIEN CHOISIR SON PC

● Ces dernières années, les ventes d'ordinateurs de bureau ont beaucoup baissé, les consommateurs privilégiant les PC portables (et les tablettes). Ces derniers séduisent par leur design, leur faible poids, et un encombrement réduit qui facilite la mobilité. Ils disposent d'un écran plus grand que celui d'une tablette, rendant plus aisés la saisie de texte, la navigation sur le Web, l'affichage des photos et les diffusions vidéo. Mais si vous avez besoin de puissance pour le montage vidéo HD, les jeux 3D ou d'autres activités gourmandes en ressources, le PC de bureau, équipé d'un grand écran et doté de plus de puissance, deviendra vite indispensable.

● Les portables (classiques, hybrides, ultrabooks...) et les tablettes utilisent des composants miniaturisés et, en conséquence, moins puissants que ceux qui équipent les PC de bureau, les tout-en-un et les mini-PC. Si vous avez besoin d'un ordinateur puissant, sachez que les ultrabooks ont des composants plus performants, mais ils sont plus chers que les autres types de portables. L'offre étant très large, choisissez une machine en fonction de vos besoins réels.

● À chaque type de machine correspond une utilisation ciblée. Du fait de leur extrême compacité, les portables, les mini-PC et les tablettes disposent d'un nombre limité de connecteurs destinés à des périphériques externes. Véritable station de travail, le PC de bureau est quant à lui conçu pour recevoir des imprimantes, des scanners, des haut-parleurs, des lecteurs de cartes mémoire, des écrans, des souris, des disques durs externes, des interfaces audio, etc. Comme un PC de bureau est très facile à faire évoluer, il devient moins vite obsolète que n'importe quel autre type de machine. Vous pouvez augmenter sa mémoire vive (RAM), sa capacité de stockage en ajoutant des disques durs internes supplémentaires, changer son processeur (CPU) pour gagner en rapidité ou améliorer son affichage avec une carte graphique plus performante.

● Quel équipement et pour quels besoins ? Pour travailler en vidéo HD, voire 4K, ou jouer à des jeux 3D temps réel, investissez dans un PC de bureau puissant disposant d'au moins 8 Go de mémoire vive et d'un processeur Intel i7 auquel vous adjoindrez un écran de minimum 21 pouces. Pour la bureautique, le traitement de vos photos numériques et la navigation sur Internet, un portable, un mini-PC ou un ordinateur tout-en-un répondront à vos besoins, à condition que votre appareil dispose d'un écran d'au moins 15 pouces. Évidemment, si la mobilité est essentielle pour vous, un portable classique plus léger, un hybride ou un ultrabook sera nécessaire. Enfin, la tablette vous servira d'écran supplémentaire pour surfer sur Internet, consulter vos mails ou accéder à des jeux en ligne qui ne requièrent pas une grande puissance.

Le petit +

Un écran tactile équipe certains portables, hybrides et PC tout-en-un, permettant d'utiliser vos doigts (ou un stylet) comme périphérique de pointage. Il existe également des écrans tactiles pour les PC de bureau et les mini-PC.

Trucs & astuces

Ne comparez pas les performances des processeurs (CPU) qui équipent les PC de bureau à celles des différents types de portables et tablettes. En effet, à fréquence équivalente, les versions mobiles des CPU consomment moins mais pour des performances plus réduites.

LA FRÉQUENCE N'EST PAS LA PUISSANCE

En tant que cerveau de l'ordinateur, le processeur (CPU) est une unité de calcul plus ou moins puissante qui prend en charge des tâches complexes ou multiples. Autrefois, la rapidité d'un CPU était déterminée par sa fréquence d'horloge exprimée en gigahertz. Aujourd'hui, la vitesse d'un processeur dépend notamment du nombre de cœurs (organes centraux des processeurs) qui le composent. Ainsi, privilégiez les processeurs à plusieurs cœurs (2 au minimum, 4 ou 8 au mieux), pour disposer d'un PC capable d'effectuer plusieurs opérations simultanément. La fréquence est à considérer en dernier lieu.

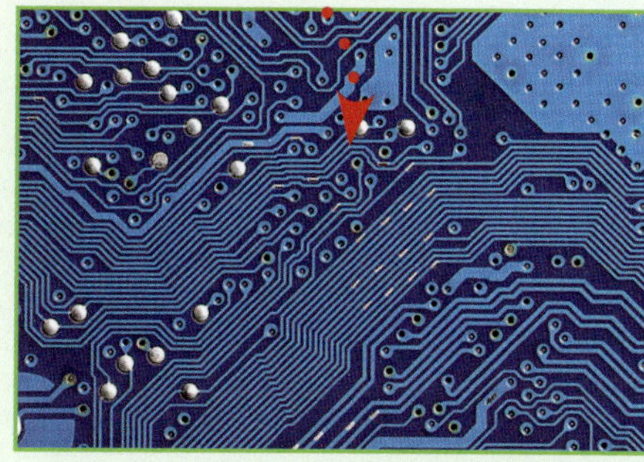

CPU : UNE QUESTION D'ARCHITECTURE

L'architecture (ou jeu d'instructions) d'un processeur est sa technique de traitement des données. Il existe ainsi des CPU qui privilégient la performance, d'autres qui permettent à la machine de limiter sa consommation d'énergie, et certains qui sont à la fois puissants et économes. Ainsi les processeurs Celeron récents consomment peu mais leurs performances restent moins élevées que celles d'un processeur haut de gamme mais peu économe comme un Intel i7 ou un AMD de la série FX 9.

CONTENANCE ET RAPIDITÉ D'ACCÈS DU DISQUE DUR

Le stockage des données est un élément essentiel de l'activité informatique. La capacité de stockage s'exprime en gigaoctets (Go) ou en téraoctets (To). Les disques durs se divisent en deux familles : à plateaux mécaniques et à mémoire flash (SSD – Solid State Drive), et en deux formats différents, 3,5 et 2,5 pouces. La capacité des disques à plateaux va de 120 Go à 10 To. Les programmes, les images et les vidéos occupant de plus en plus d'espace disque, il est conseillé d'opter pour un disque dur d'au moins 500 Go. Pour accéder aux données et les enregistrer rapidement, choisissez un disque dur affichant une vitesse de rotation entre 7 200 et 10 000 tours par minute (tpm). Comme ces vitesses dégagent beaucoup de chaleur, les PC portables sont souvent équipés d'un disque à 5 400 tpm. Pour éviter ces inconvénients et disposer d'un accès encore plus rapide aux données, vous pouvez investir dans un disque à mémoire flash ou SSD (avec une capacité allant de 16 Go à 16 To). Mais ces disques coûtent nettement plus cher que les autres. De nombreux PC de bureau, mini-PC et ultrabooks disposent d'un disque hybride composé d'une partie SSD dédiée à Windows et aux différents logiciels, accélérant ainsi le démarrage du PC, et d'une partie mécanique pour le stockage des fichiers.

Attention !

Les disques durs ne sont pas éternels ! Sauvegardez toujours vos données sur un disque dur externe de même capacité que le disque interne de votre ordinateur.

À savoir

Des puces eMMC remplacent le traditionnel disque dur sur certaines tablettes et sur certains PC portables. Elles équipent aussi la plupart des smartphones. Sorte de carte SD interne, ces puces ont une capacité de stockage allant de 4 à 128 Go. Elles dégagent peu de chaleur, mais elles sont bien moins rapides que les disques SSD et leur faible capacité de stockage est un grand handicap à l'heure des fichiers multimédia volumineux.

LA MÉMOIRE VIVE

Les programmes que vous exécutez s'ouvrent dans la mémoire vive (RAM) du PC, qui va également y stocker les données afin que le processeur les traite le plus rapidement possible. Il est donc important de disposer d'une quantité de mémoire RAM rapide et suffisante. Aujourd'hui, 2 Go sont corrects pour des tablettes, mais un PC sous Windows 10 devra disposer d'au moins 4 Go de mémoire, sachant que 8 Go sont nécessaires pour travailler sans ressentir de ralentissements significatifs de votre machine. Attention, à partir de 4 Go, il est indispensable de posséder la version 64 bits de Windows 10, les systèmes 32 bits ne reconnaissant que 3,5 Go de mémoire. La RAM se présente sous forme de « barrettes ».

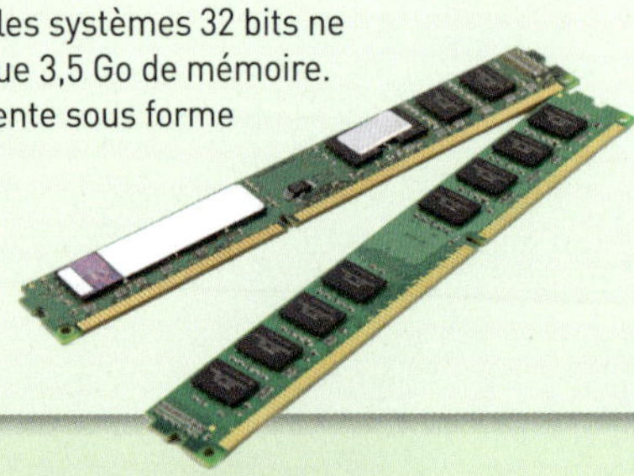

LA CARTE GRAPHIQUE POUR « AFFICHER »

Une carte graphique permet d'afficher les informations sur votre écran. Ce composant peut être soudé sur la carte mère de votre PC ou se présenter sous la forme d'une carte qui s'insère dans un port PCI de votre carte mère. Ce type de carte dédiée embarque généralement une mémoire graphique importante accélérant les jeux 3D temps réel, le montage vidéo et les animations 3D. Les circuits graphiques d'une carte mère suffiront si vous vous limitez à la bureautique, au visionnage de films et de photos et à Internet. La carte graphique des PC tout-en-un, des PC portables et des tablettes est intégrée : vous ne pouvez pas la changer pour un modèle plus performant, à la différence de celle d'un PC de bureau.

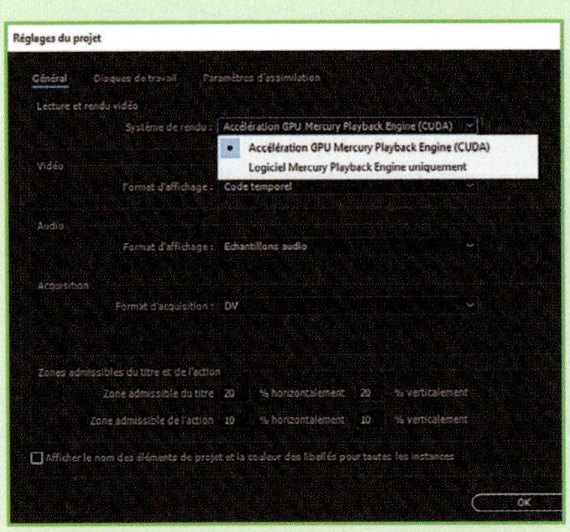

LA CARTE GRAPHIQUE POUR TOUT LE RESTE ?

La carte graphique est une unité de calcul puissante qui embarque une quantité de mémoire vive allant de 1 à 64 Go. Ses processeurs dédiés accélèrent de nombreuses tâches, comme le montage vidéo 4K temps réel, l'encodage des vidéos en H264 (format MP4 haute définition) et le traitement des photos RAW comptant un grand nombre de mégapixels. Lorsque votre logiciel d'encodage utilise le GPU (processeur graphique) de votre carte (voir illustration), vos conversions sont beaucoup plus rapides. Pour ce genre d'opération, le circuit graphique intégré à la carte mère de votre matériel sera souvent insuffisant. Une carte graphique avec 2 Go de mémoire dédiée est un minimum pour exploiter correctement les applications de traitement des images.

LES OUTILS DE POINTAGE ET DE SAISIE

LA SOURIS

Les souris existent avec ou sans fil, pour gaucher et pour droitier et avec ou sans molette. Elles peuvent être équipées d'un capteur de mouvement à LED classique, qui connaît des dysfonctionnements sur les surfaces réfléchissantes, trop uniformes ou trop sombres. Les souris les plus précises et les plus rapides utilisent un capteur laser. Il est possible de régler leur sensibilité afin d'améliorer la vitesse de déplacement du pointeur et/ou la précision du pointage. Les modèles à deux boutons avec molette de défilement sont les plus répandus. Toutefois, il existe des souris disposant de deux boutons supplémentaires pour, par exemple, faire défiler les pages web.

LE CLAVIER

Le clavier est le périphérique de saisie par excellence. Vous devez le choisir avec soin pour ne pas rendre pénible son utilisation intensive. L'attaque des touches ainsi que leur forme diffèrent d'un constructeur et d'un modèle à l'autre. Évitez les claviers d'entrée de gamme, peu ergonomiques. L'idéal est de tester ce matériel avant de l'acheter ou de lire attentivement les avis des utilisateurs sur Internet. Quelques modèles disposent de « touches multimédia » pour augmenter le volume ou lancer le navigateur Internet du bout des doigts. Sur une tablette sans clavier externe ou sur un hybride utilisé en mode tablette, vous recourrez au clavier virtuel qui apparaît sur votre écran. Son inconvénient est de masquer la moitié du moniteur qui est déjà de petite taille. Vous trouverez des claviers pour tablette et PC équipés d'une dalle tactile (voir illustration) qui se révèle très utile quand vous ne pouvez pas utiliser la souris.

DES PÉRIPHÉRIQUES QUI PRIVILÉGIENT L'ERGONOMIE...

Vous gagnerez en confort de travail avec une souris et un clavier sans fil et vous pourrez contrôler votre PC à distance (20 m maximum). Des formes ergonomiques spécialement adaptées existent pour éviter les problèmes articulaires et minimiser au maximum les torsions du poignet. Entre les touches en arc de cercle et la présence ou non d'un repose poignet, tout est question de goût, de morphologie et de temps d'adaptation à l'usage. De leur côté, les souris ergonomiques réduisent la torsion des articulations au niveau du coude, de l'avant-bras et du poignet. Ainsi, vous trouverez des souris avec un angle de prise très relevé (main à 45° ou plus). N'hésitez pas à en essayer plusieurs en magasin !

Le petit +

Un écran tactile est un accessoire intéressant qui peut aider les plus jeunes et les débutants dans leur utilisation de l'ordinateur.

LES ÉCRANS TACTILES

Équipant aujourd'hui la quasi-totalité des téléphones mobiles, les écrans tactiles représentent une innovation importante. Le principe : diriger l'ordinateur à l'aide du doigt ou d'un stylet. La technologie tactile peut intégrer des PC tout-en-un, des écrans, des portables et, bien évidemment, des tablettes. Les écrans tactiles destinés aux ordinateurs personnels fonctionnent avec la technologie dite « capacitive » : un champ électrique à la surface de l'écran est perturbé par le doigt de l'utilisateur et détecté par des capteurs.

LES TOUCHPADS (DALLES TACTILES)

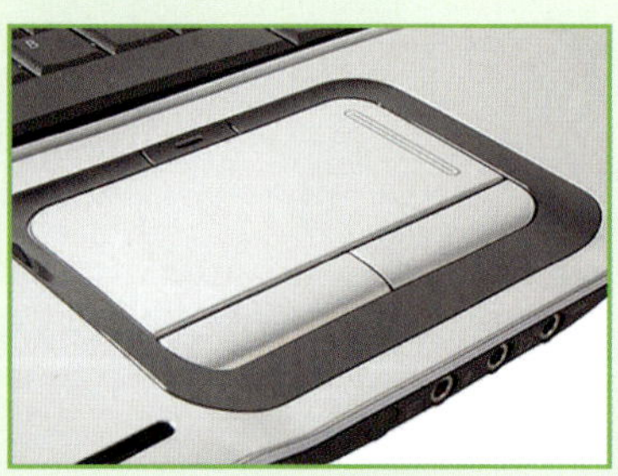

Ces périphériques de pointage, intégrés aux ordinateurs portables et aux claviers physiques de certaines tablettes, remplacent les souris (toutefois, vous gardez la possibilité de connecter une vraie souris pour plus de confort et de précision).
Ils fonctionnent avec le doigt et permettent de déplacer le pointeur, de définir une sélection ou de valider une commande par simple glissement et tapotement sur la zone tactile. Ils comportent aussi deux boutons qui correspondent aux boutons gauche et droit d'une souris et remplissent les mêmes fonctions de clic gauche et de clic droit. La dalle tactile reste idéale lorsque vous utilisez votre portable dans un espace restreint ne permettant pas de brancher une souris.

L'ÉCRAN TACTILE : SELON VOS BESOINS

Il existe des écrans tactiles qui n'identifient qu'un seul point de contact et d'autres qui en prennent plusieurs en compte, permettant des interactions bien plus poussées qu'avec un seul doigt. Windows 10 rend l'utilisation d'un écran tactile compatible avec toutes les applications. Si l'écran tactile est indispensable à la mobilité d'une tablette ou d'un smartphone, qui peuvent s'utiliser dans n'importe quelle position, les écrans tactiles des PC de bureau et des portables souffrent de plusieurs défauts. Leur utilisation prolongée est fatigante et la surface de l'écran se retrouve vite couverte de traces de doigts. L'écran tactile devient beaucoup plus performant quand il peut être utilisé avec un stylet (comme c'est le cas sur les tablettes graphiques).

LES TABLETTES GRAPHIQUES

Destinées au dessin, les tablettes graphiques les plus réputées sont celles du constructeur Wacom. Ses nombreux modèles couvrent aussi bien les besoins du grand public que ceux des professionnels de l'infographie. Les tablettes graphiques ont un système de pointage et de dessin qui repose sur un stylet glissant sur une surface sensible ou directement sur un écran affichant votre espace de travail (pour les modèles très haut de gamme). Ces périphériques sont particulièrement adaptés à l'utilisation de logiciels de dessin ou de retouche photo. Les tablettes graphiques sans écran intégré nécessitent un temps d'adaptation avant de parvenir à maîtriser ses tracés sans regarder sa main.

LES TRACKBALLS

Le trackball est conseillé aux utilisateurs qui souffrent du poignet, des doigts ou de l'épaule. Il s'agit en effet d'une souris statique munie d'une bille que l'on actionne avec le pouce pour déplacer le pointeur à l'écran. Comme les souris classiques, ces périphériques ont une précision (dpi) qui varie d'un modèle à l'autre.

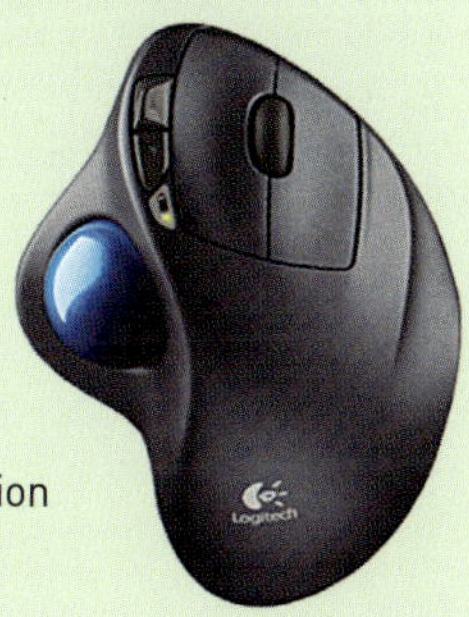

LES SOURIS TACTILES

Il existe des souris tactiles, dépourvues de boutons, spécialement développées pour les ultrabooks et les tablettes. Légères et de petite taille, elles communiquent en Bluetooth avec votre machine. Ainsi, vous pouvez vous contenter d'un seul dispositif de pointage pour tous vos ordinateurs et autres tablettes utilisant le Bluetooth. Ce type de souris est capable de distinguer neuf gestes différents et se recharge avec une prise USB.

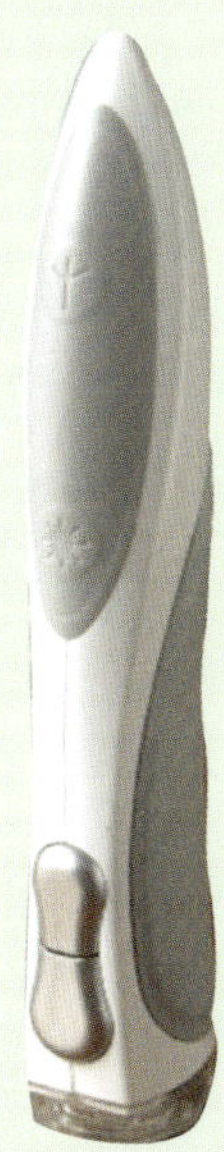

LA SOURIS STYLO OPTIQUE

Ce périphérique de pointage se manipule comme un stylo traditionnel. Cet appareil présente les propriétés ergonomiques du stylet et fonctionne sur la plupart des surfaces (table, jean, sac). Le stylo optique permet d'effectuer toutes les opérations classiques d'une souris. Vous profitez alors d'un bon niveau de contrôle et de dextérité grâce à sa prise en main non plus à plat mais oblique. La petite taille de la souris stylo en fait un périphérique de pointage adapté aux lieux exigus.

CONNECTER SON PC À UN ÉCRAN, UNE TV OU UN VIDÉOPROJECTEUR

UN ÉCRAN SUPPLÉMENTAIRE

Les PC de toute sorte et les tablettes sont équipés de sorties vidéo qui permettent de diffuser leur contenu sur un second moniteur informatique, un écran de TV, ou bien encore via un vidéoprojecteur. Ainsi, lorsque la taille de l'écran de votre portable est insuffisante pour travailler des images, de la vidéo, ou afficher vos photos, vous avez la possibilité de connecter un second écran afin d'étendre ou de dupliquer le bureau de Windows 10. Cette fonction vous permettra de diffuser vos photos numériques, vos vidéos, vos films stockés sur le disque dur de votre PC ou achetés en VOD sur un écran de plus grande taille, comme votre télévision LCD/LED de salon. Un vidéoprojecteur (illustration) vous permet de créer à domicile une véritable petite salle de cinéma ou bien de projeter des présentations PowerPoint à un auditoire.

LES TYPES DE CONNEXION

VGA

DVI

HDMI

La carte mère d'un PC ou d'un mini-PC de bureau propose souvent une prise VGA trapézoïdale de couleur bleue, alors que sa carte graphique est généralement équipée de prises HDMI, VGA et DVI. De leur côté, les tout-en-un, les ordinateurs portables et les tablettes se limitent de plus en plus à l'unique port HDMI. Ces prises permettent de raccorder l'ordinateur à des écrans informatiques, des TV ou des vidéoprojecteurs équipés de ces types de prise.
La prise HDMI (voir p. 16) présente l'avantage de délivrer une image en haute définition, Full HD (1920 × 1080 pixels), voire 4K (4096 × 2160 pixels) si votre carte graphique le permet.
Bien entendu, pour profiter de la finesse et de la qualité de cet affichage, vous devez disposer d'un écran capable de supporter ces résolutions. La prise HDMI existe en plusieurs tailles. Ainsi, les prises mini HDMI équipent la majorité des petits PC portables (et de leurs variantes). De leur côté, les tablettes de moyenne gamme proposent un port micro HDMI, tandis que les tablettes haut de gamme optent souvent pour un Mini DisplayPort (voir p. 16). Grâce à des câbles et des adaptateurs spécifiques, vous pourrez brancher sans problème une tablette micro HDMI sur un téléviseur équipé d'une prise HDMI standard.

Trucs & astuces

La prise HDMI véhicule à la fois l'image et le son, qui seront alors reproduits par la télévision ou l'ordinateur, si ce dernier est équipé de haut-parleurs. Les autres prises ne transportent que l'image. Pour profiter du son, si votre PC n'est équipé que d'une prise VGA ou DVI, une astuce consiste à brancher un câble mini jack à la sortie casque du portable. Toutefois, pour obtenir une meilleure qualité de son, branchez vos haut-parleurs à la sortie audio de la carte son (prise verte) afin de les relier à l'entrée auxiliaire (AUX) de votre amplificateur.

À savoir

Pour diffuser sans fil sur la TV, il existe d'autres systèmes comme Roku ou Amazon Fire TV qui, étant davantage orientés sur la proposition de chaînes de télévision à abonnement, rendent la diffusion du contenu multimédia des appareils informatiques beaucoup moins intuitive.

Attention !

Chromecast (Google) et Apple TV (Apple) restent chacun dans leurs univers respectifs : si les applications développées par les deux géants sont aisément compatibles avec leur propre système, ce n'est pas le cas pour toutes les applications indépendantes : n'hésitez pas à vous renseigner sur le site de l'application en question.

DIFFUSER SANS FIL SUR LA TV

Les ordinateurs, les tablettes et les smartphones peuvent diffuser leur contenu multimédia en Wi-Fi Direct sur une TV LCD/LED, un écran informatique ou via un vidéoprojecteur. Ainsi, pour une quarantaine d'euros, le dispositif Chromecast de Google se connecte sur une prise HDMI et permet de diffuser sur la TV des vidéos en streaming, de la musique, des jeux, etc. Il est compatible avec Android, iOS, Windows ou Mac OS. La diffusion se fait alors par une connexion Wi-Fi Direct entre les deux périphériques bien que Chromecast permette aussi d'aller directement dans le Cloud (voir p. 231) pour diffuser son contenu sans passer par un autre appareil. De son côté, Miracast permet de connecter par Wi-Fi Direct les télévisions compatibles et vos appareils, reproduisant l'écran du smartphone ou de la tablette sur le téléviseur (et donc également la mise en veille de votre appareil !). Si votre écran n'est pas compatible, Miracast propose un périphérique (dongle) HDMI à brancher sur la prise appropriée de l'appareil de diffusion. L'Apple TV (comptez autour de 200 €) permet, grâce à la technologie AirPlay, de diffuser sur une TV le contenu multimédia d'un iPhone, d'un iPad ou d'un Mac. Apple TV via AirPlay est utilisable sous Windows grâce à des applications comme AirMyPC ou Air Parrot 2 (qui est aussi compatible avec Chromecast) et Android avec des applications comme AppleTV AirPlay Media Player. Vous utiliserez ensuite une des nombreuses applications disponibles sur le Play Store et l'App Store pour télécommander cette diffusion.

UTILISER WINDOWS 10 AVEC DEUX ÉCRANS

Pour afficher sur un second écran toutes les tâches que vous réalisez sous Windows, exécutez le raccourci clavier *Touche Windows* et *P*. Le volet *Projeter* qui s'affiche sur le bord droit de votre écran (illustration), propose les options suivantes : *Écran du PC uniquement* n'affiche l'image que sur l'écran principal. *Dupliquer* va afficher une copie conforme de votre écran principal sur votre écran secondaire. Cette option est surtout utile aux portables et aux tablettes pour travailler ou projeter sur un plus grand écran. *Étendre* va créer une sorte d'immense Bureau. En règle générale, Windows 10 s'affiche sur l'écran principal, et vous utiliserez l'écran secondaire pour y afficher vos applications ou des films. Pour cela, vous ferez glisser à l'aide de la souris vers votre écran secondaire l'application ouverte sur l'écran principal. L'option *Deuxième écran uniquement* bascule Windows et vos applications sur l'écran secondaire et met l'écran principal en veille. Utilisez la souris ou le pavé directionnel (flèches) de votre clavier pour activer une option de projection, et validez-la par un clic ou en appuyant sur la touche *Entrée*.

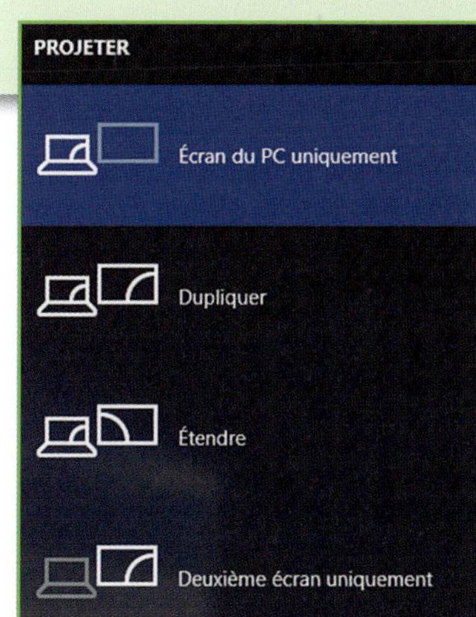

Trucs & astuces

L'utilisation d'un second écran en mode étendue peut poser un problème. Si vous y ouvrez une application et que vous quittez Windows puis débranchez cet écran supplémentaire, la fenêtre s'affichera hors écran lorsque vous ouvrirez de nouveau une session Windows. Dans ce cas, cliquez sur l'icône de cette application dans la barre des tâches. Ensuite, appuyez sur la touche *Alt* + la barre d'espace. Dans le menu qui s'affiche en haut à droite ou à gauche de votre écran, cliquez sur *Déplacer*. Une croix apparaît. Appuyez sur la touche directionnelle *Flèche gauche* ou *Flèche droite* pour faire glisser la fenêtre du programme sur votre écran principal.

LES BONNES PRATIQUES

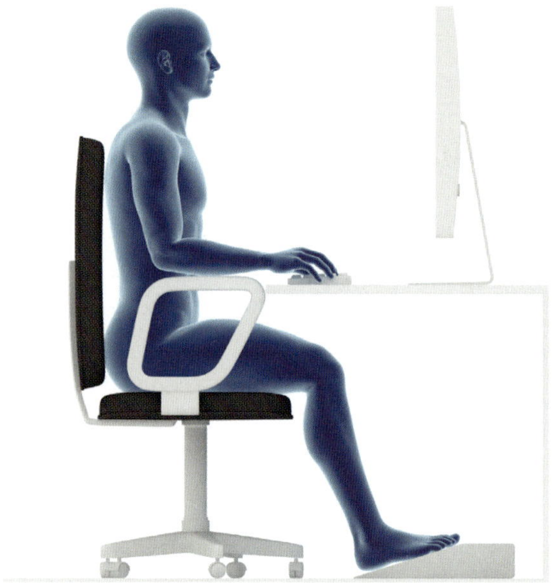

Douleurs physiques, maux divers... : une mauvaise position de travail et un éclairage inadapté peuvent, sur la durée, engendrer des problèmes, parfois graves. Troubles visuels et troubles musculo-squelettiques (TMS) en sont les manifestations les plus fréquentes. Adopter une posture ergonomique est primordial pour utiliser son PC en toute sécurité.

LA CHAISE

Pour travailler dans de bonnes conditions, choisissez une chaise ou un fauteuil à hauteur ajustable équipé de roulettes. Son dossier sera de préférence réglable afin de soutenir vos vertèbres lombaires en maintenant votre dos bien droit. Privilégiez une chaise à accoudoirs réglables en hauteur pour reposer vos coudes, notamment en cas de fatigue. Sachez qu'une mauvaise position infligée aux membres plus de quatre heures par jour expose l'utilisateur à des risques de lésions musculaires et squelettiques. Veillez également à la bonne posture des enfants pour éviter les problèmes de scoliose ou de lordose, déjà engendrés par les mauvaises positions en classe.

L'ÉCRAN

Pour limiter la fatigue et les traumatismes, placez l'écran à une distance comprise entre 40 et 70 cm de votre visage, bien en face de vos yeux. En effet, toute autre distance sollicitera vos muscles cervicaux et les fera souffrir au fil du temps. Positionnez l'écran avec une légère inclinaison vers l'arrière et de telle sorte que son bord supérieur se trouve au niveau de vos yeux. Choisissez de préférence un écran qui se règle en hauteur.

Le petit +

Les écrans incurvés permettent de conserver une distance de vision uniforme et sont moins sensibles aux reflets, ce qui améliore le confort visuel. Certains écrans réduisent les fréquences de la lumière bleue qu'ils émettent afin de protéger la rétine de l'utilisateur.

LE CLAVIER

Vous limiterez les traumatismes liés à l'utilisation intensive d'un clavier en le positionnant bien à plat et assez loin de l'écran. Ne déployez pas les petites pattes arrière qui l'inclinent vers l'avant sous peine d'inconfort pour vos poignets. Réservez au couple clavier-souris un espace suffisant pour les placer l'un à côté de l'autre, sans quoi vous risquez de prendre de mauvaises habitudes et de contraindre vos mains et vos poignets. Idéalement, lors de la saisie, les coudes doivent être ouverts à angle droit pour éviter les douleurs musculaires.
Dernier conseil, ne vous crispez pas durant de longues phases de frappe : vous n'y gagnerez ni en rapidité ni en efficacité.

LA SOURIS ERGONOMIQUE

Le choix de la souris ergonomique doit se faire en fonction de la nature de vos éventuels traumatismes. En règle générale, privilégiez une souris statique, qui permet de déplacer le pointeur à l'écran sans la faire glisser sur la surface de votre bureau. C'est le cas des souris dites « verticales » et de celles à boule (trackball) intégrée (voir p. 25). Une action du pouce déplace le pointeur à l'écran, éliminant ainsi les mouvements verticaux ou horizontaux qui, à la longue, imposent à votre avant-bras de nombreuses contraintes musculaires. Une molette permet de faire défiler le contenu de l'écran verticalement et horizontalement. Ces souris existent aussi bien pour droitier que pour gaucher. Mais elles sont nettement plus chères que les souris à deux boutons et molette.

ACCESSOIRES POUR LES PC PORTABLES ET LES TABLETTES

Les PC portables et les tablettes s'utilisent souvent dans des lieux inadaptés comme une voiture, un train, au lit ou allongé sur un canapé. Ces conditions d'utilisation sont loin d'être idéales pour votre dos, vos poignets, vos cervicales, vos doigts et vos avant-bras. Pour éviter de futurs troubles, il est conseillé d'installer votre appareil sur un support (voir illustration). Vous réduirez ainsi les douleurs dorsales, cervicales ou aux épaules et pourrez travailler plus longtemps et plus efficacement.

Trucs & astuces

Si vous ne souhaitez pas changer de matériel, vous pouvez commencer par équiper votre clavier standard d'un repose poignet.

JAMAIS SANS MA BOX

Aujourd'hui, l'ordinateur est connecté à une « box », à la fois modem et routeur, pour accéder à Internet via l'ADSL, le câble ou la fibre. Voici comment prendre en main ce boîtier multitâche qui dispose de nombreuses fonctionnalités.

La concurrence à laquelle se livrent les fournisseurs d'accès à Internet (FAI) a démocratisé l'utilisation de ce que nous appelons la « box ». Cet équipement se compose d'un ou plusieurs boîtiers qui regroupent divers services et fonctions, principalement l'accès à Internet, à la télévision et au téléphone. La box assure aussi les fonctions de routeur (partage de la connexion et de fichiers entre plusieurs ordinateurs) et de point d'accès sans fil (Wi-Fi) pour le réseau informatique local des abonnés. Ces boîtiers recèlent de nombreuses fonctionnalités difficiles à maîtriser et s'apparentent à une sorte de central informatique et multimédia pour toute la maison. Nous allons voir ici comment accéder à votre « modem », accélérer les débits et personnaliser la configuration du routeur.

Trucs & astuces

Si le panneau de configuration de votre box dispose d'une fonction « pare-feu », elle contrôlera et validera l'accès à Internet de certains programmes tout en évitant l'intrusion de personnes malveillantes.

● La box est un « modem » qui permet la connexion à Internet, premier volet de l'abonnement « triple play ». Elle est équipée d'une prise RJ11 (téléphonique) que vous branchez sur votre prise téléphonique murale. Des voyants ou l'affichage de l'heure indiquent le statut de la synchronisation au réseau. Une fois cette synchronisation effectuée, vous pouvez surfer sur le Net. Si votre domicile dispose d'un boîtier d'accès à la fibre optique, raccordez-le à la prise correspondante de votre box.

● L'accès à la télévision est le deuxième service offert par le « triple play ». Il passe par la connexion Internet et non par l'antenne. La connexion de la box à la télévision se fait par le câble HDMI qui délivre une image en HD lorsque le débit Internet est suffisant. En fonction de votre FAI, vous recevrez les chaînes de la TNT, vous pourrez vous abonner à des chaînes payantes et aurez accès à de nombreuses télévisions étrangères ou à des services de VOD (Video On Demand). Les services gratuits dépendent de votre FAI. Seul bémol à la télévision par Internet : en cas de faible débit ADSL, la télévision sera de qualité standard (SD), voire difficile à recevoir et réduira le débit Internet sur les ordinateurs. Avec la fibre, la télévision est systématiquement de qualité HD et vous pouvez la regarder pendant que d'autres utilisent la connexion Internet sur ordinateur, tablette ou smartphone.

● La téléphonie constitue le troisième volet du « triple play ». Cette fonction est souvent déterminante pour l'usager dans le choix de son FAI. En effet, selon les fournisseurs et les offres, les appels vers les téléphones mobiles peuvent être gratuits ou payants, et à des coûts très variables. Il en est de même pour les appels à l'international : certaines destinations seront incluses dans le forfait, d'autres non.

● Enfin, de nombreux opérateurs proposent des offres « quadruple play » (ou « box + mobile ») qui intègrent un abonnement de téléphonie mobile (voire plusieurs). Cela peut permettre quelques économies, mais l'abonnement téléphonique ne sera pas nécessairement le mieux adapté à vos besoins et vous risquez de rencontrer des difficultés si vous souhaitez juste changer d'opérateur mobile.

Le petit +

La box vous sert également à enregistrer une émission pendant que vous regardez une autre chaîne ou bien lorsque vous êtes absent. Vous pouvez aussi mettre en pause le programme que vous regardez en direct, et en reprendre la lecture plus tard, dès lors que vous n'avez pas éteint le lecteur multimédia de la box.

À savoir

Chez certains fournisseurs, la télévision diffusée par votre box devient mobile dans la mesure où vous pouvez la regarder, même en voyage, depuis un smartphone ou une tablette dès lors que vous disposez d'un accès à Internet.

● L'avènement des box a facilité le partage des connexions Internet. Comme elles remplissent la fonction de routeur, vous pouvez y raccorder plusieurs ordinateurs, en mode filaire (Ethernet) ou en Wi-Fi. Vous profitez alors des avantages suivants : l'accès à Internet pour tous les PC ainsi reliés avec ou sans fil, le partage de fichiers entre les ordinateurs, les tablettes et les smartphones du réseau, l'utilisation d'une imprimante réseau ou connectée en Wi-Fi...

● Le port USB présent sur le boîtier de la box (certains boîtiers possèdent plusieurs ports USB) peut notamment permettre le partage d'une imprimante sur votre réseau local. Pour vous en assurer, reportez-vous au manuel d'utilisation livré avec votre appareil. L'imprimante sera alors accessible à toute heure et à tous les appareils connectés de votre réseau domestique.

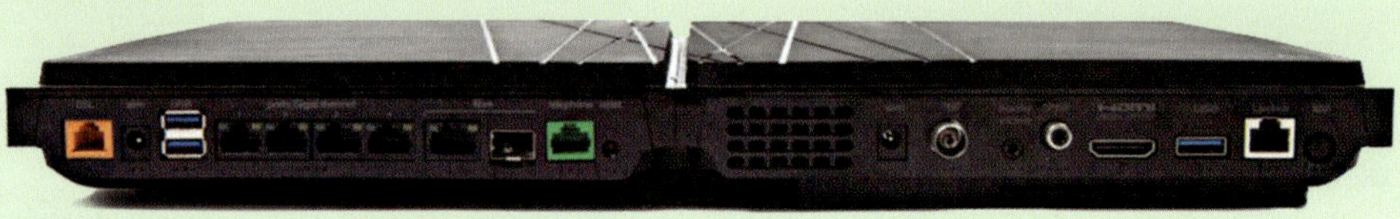

● Votre box sera probablement équipée d'une prise USB (à l'avant et/ou à l'arrière) sur laquelle vous pourrez brancher un disque dur externe ou une clé à mémoire flash afin d'en partager le contenu (vidéo, musique, photos) avec tous les ordinateurs du réseau familial ou d'en copier les fichiers sur le disque dur de la box. C'est la solution la plus pratique pour échanger des données tout en conservant des copies de sauvegarde. Il est même possible de diffuser sur votre TV des films stockés sur un périphérique externe USB dans un format pris en charge par votre box.

● Outre l'accès à Internet ou le partage d'une imprimante et de fichiers, les box peuvent également être utilisées pour diffuser sur une chaîne Hi-Fi la musique stockée sur un PC ou une tablette, pour accéder aux chaînes de télévision de la TNT, à des chaînes par abonnement ou à des services de VOD, pour regarder des émissions en replay, voire pour surveiller votre appartement à distance. Certains de ces services vous seront facturés. Une box peut donc être utilisée comme un véritable serveur multimédia.

Trucs & astuces

Pour connecter via un câble Ethernet plusieurs ordinateurs de bureau installés dans différentes pièces éloignées de votre box, utilisez des prises CPL branchées sur des prises secteur. Équipées d'un port Ethernet, ces prises CPL utilisent le réseau électrique pour proposer un accès par câble à votre réseau informatique local, donc à Internet, partout dans votre habitation (voir p. 37). Toutefois, bien que suffisamment stables pour une connexion Internet ou le transfert de fichiers, les CPL n'offrent pas toujours une bonne qualité de signal TV.

À savoir

Seule la fibre de type FTTH (déployée actuellement par Orange et Free) arrive directement dans un boîtier installé dans votre maison, assurant ainsi un débit optimal. La technologie appelée FTTB raccorde, elle, l'immeuble à la fibre, mais la connexion dans les appartements se fait ensuite par câble coaxial, ce qui réduit la vitesse du débit.

QUALITÉ DE LA LIGNE ADSL

La vitesse de connexion ADSL est étroitement liée à la distance qui sépare votre ligne téléphonique du répartiteur (le central téléphonique dans lequel aboutissent les lignes des abonnés). Plus vous en êtes éloigné, plus le débit est faible. Toutefois, il peut aussi être altéré par la présence d'un condensateur situé à l'intérieur de la prise téléphonique. Pour vérifier la présence de ce composant, retirez le cache de la prise. Le condensateur ressemble à un gros carré noir comportant deux ou trois broches. Il est parfois dissimulé dans le boîtier d'arrivée de la ligne téléphonique. Si vous découvrez ce composant, n'hésitez pas à le retirer. Un article très détaillé du site Ariase donne tous les détails de l'opération : www.ariase.com/fr/guides/condensateur.html

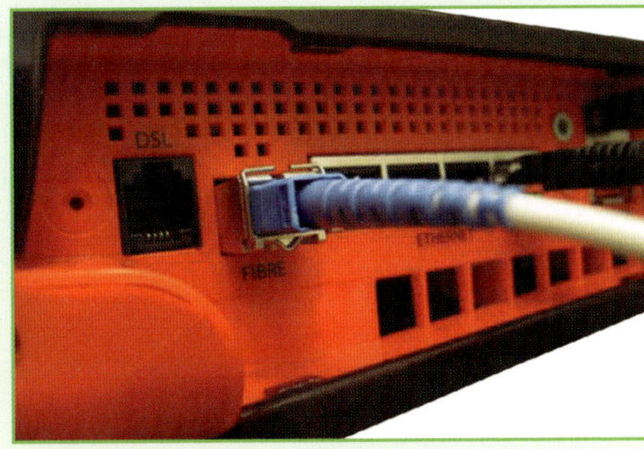

LA FIBRE OPTIQUE

Le numérique à très haut débit est un enjeu important de nos sociétés modernes. À terme, cette technologie devrait s'installer chez vous si ce n'est déjà fait. Les avantages de la fibre par rapport à une connexion ADSL sont les suivants : un débit maximum annoncé de l'ordre de 1 Gbit/s en débit descendant (rarement atteint cependant) et 200 Mbits/s en débit montant ; un débit stable, contrairement à la ligne ADSL, dont le débit chute proportionnellement au nombre d'utilisateurs qui accèdent à Internet. Le passage à la fibre est simple si votre domicile est dit « éligible », c'est-à-dire apte à y être raccordé. La procédure et le montant de votre abonnement varient en fonction du FAI. Chez certains, passer de l'ADSL à la fibre n'entraîne aucun surcoût. Un boîtier de raccordement sera alors installé dans votre logement. Il suffira de brancher un cordon (ou jarretière) depuis ce boîtier jusqu'à l'entrée fibre de votre box. Grâce à la fibre, vos téléchargements seront très rapides, vous pourrez visionner des films en streaming en haute définition et la TV HD par Internet. Quel que soit le nombre de personnes ou d'appareils connectés, vous ne subirez pas de baisse de débit.

DE L'ADSL À VOTRE ORDINATEUR

Selon votre box, vous pourrez paramétrer certaines fonctionnalités, comme activer ou désactiver le Wi-Fi, soit en accédant à une interface de configuration, soit en agissant sur un bouton du boîtier. Pour ouvrir l'interface de configuration, il suffit de taper l'adresse IP de la box (généralement http://192.168.1.1 ou http://192.168.0.1) dans la barre d'adresses de votre navigateur Internet ou, chez certains FAI, de vous connecter à votre compte d'abonné via le site du FAI. Dans les deux cas, localisez le paramétrage Wi-Fi et activez ou désactivez cette fonctionnalité par un simple clic sur une case ou un commutateur. Si votre box est équipée d'un bouton Wi-Fi, contentez-vous d'appuyer dessus pour utiliser ou non cette connexion sans fil.

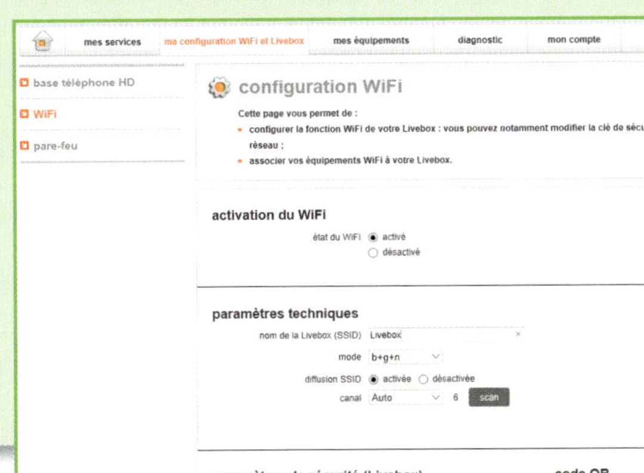

FONCTION ROUTEUR D'UNE BOX

Activée par défaut sur la majorité des box, la fonction routeur doit, chez certains FAI, être activée manuellement via sa page web de configuration. Quand un seul de vos ordinateurs ou tablettes peut se connecter à Internet à la fois, cela signifie que le routeur est désactivé. Le cas de figure classique d'une configuration réseau est l'utilisation simultanée d'un ordinateur de bureau connectée à une prise Ethernet, et d'un PC portable et d'une tablette qui accèdent à Internet en Wi-Fi. Pour que ce petit monde puisse fonctionner de concert, vérifiez que la fonction routeur de votre box est bien activée. Dès lors, le partage de fichiers sera possible entre les différentes machines, et l'accès à Internet libre à tous. N'oubliez pas que si vous disposez d'une ligne ADSL, le débit Internet chutera proportionnellement au nombre de personnes qui se connectent en même temps, notamment en cas de téléchargement de gros fichiers.

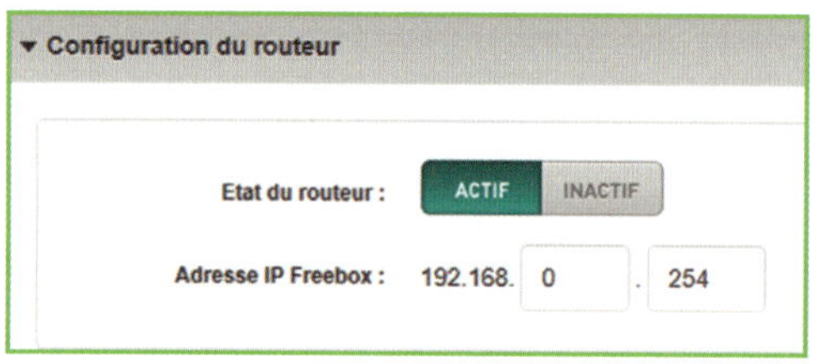

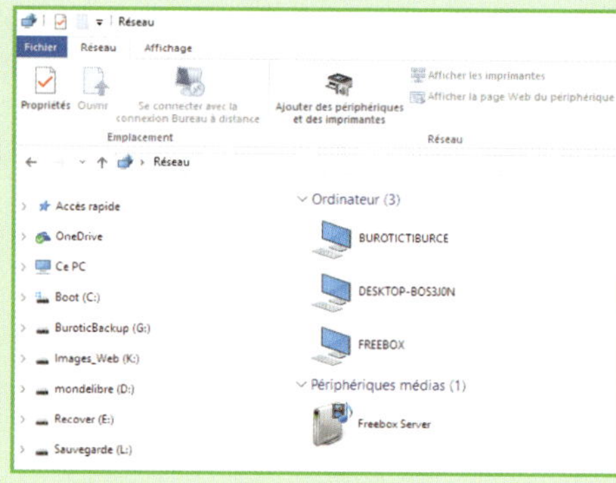

LE RÉSEAU DOMESTIQUE

Le réseau domestique est l'infrastructure créée par votre box. La fonction routeur définit votre « réseau local ». Ainsi, plus vous utilisez d'appareils connectés, plus votre réseau s'agrandit en connectant de nouvelles machines à Internet. Pour identifier sous Windows les matériels qui composent votre réseau, cliquez sur l'icône de l'*Explorateur de fichiers* (en forme de dossier jaune) dans la barre des tâches. Dans la colonne de gauche de la fenêtre de l'*Explorateur de fichiers* qui apparaît, cliquez sur *Réseau*. Vous accéderez ainsi aux fichiers partagés entre tous les PC et autres appareils connectés de la maison (voir p. 226 et 228).

LES BOÎTIERS TV

Les box donnent désormais accès à la télévision. En général, un second boîtier est utilisé pour convertir le signal vidéo et en permettre l'enregistrement sur le disque dur de la box. La télévision s'octroie une grande partie de la bande passante de votre connexion Internet ADSL (mais pas du câble ni de la fibre, voir « À savoir » p. 33). De ce fait, si votre débit n'est pas très élevé, votre vitesse d'accès à Internet chutera considérablement lorsque vous regarderez la télévision via votre box. Sachez que pour les connexions au débit très faible, ce service ne peut pas être mis en œuvre. Les boîtiers TV disposent tous de ports USB. Sur certains modèles, vous pourrez les utiliser pour visionner des photos ou des films sur votre téléviseur dès lors que leur format de fichier sera reconnu par votre box. Par ailleurs, le boîtier TV de certains FAI dispose parfois d'un lecteur de disques Blu-ray intégré (ou déporté, moyennant un supplément) compatible avec les DVD.

Attention !

Les boîtiers TV comme ceux de Free ou d'Orange ont une fâcheuse tendance à chauffer. En été, certains utilisateurs les refroidissent en les posant sur la tranche ou en utilisant un ventilateur.

Le petit +

De nombreux services payants ou gratuits sont disponibles comme le renvoi et le filtrage d'appel, voire la limitation à certains numéros. Pour activer ces fonctions et en connaître l'éventuel surcoût, rendez-vous sur le site de votre FAI.

TÉLÉPHONE : TARIFS ET NUMÉROS

Les accès à Internet ont ouvert bien des possibilités en matière de téléphonie. Ainsi, les opérateurs proposent les communications locales gratuites et illimitées. Toutefois, étudiez bien leur grille tarifaire, car de très nombreux numéros restent payants. Si vous avez demandé la portabilité de votre ligne fixe afin de conserver votre numéro de téléphone commençant par un indicatif régional, comme 01, 02, etc., il est en revanche fort possible que votre correspondant voit s'afficher le numéro de votre ligne ADSL, commençant par 09.

LA QUALITÉ DU SIGNAL TV

Le service TV d'une ligne ADSL est soumis à de nombreuses contraintes techniques. Ainsi, lorsque la variation du débit s'approche de la limite basse, l'image risque de se figer et peut aller jusqu'à bloquer le boîtier. Ce problème n'est bien souvent résolu que par un redémarrage de la box. Toutefois, certains opérateurs permettent d'adapter la qualité de l'image à votre débit. Vous opterez pour la basse qualité (SD) si la qualité HD est considérablement altérée. Enfin, privilégiez une connexion par câble Ethernet entre votre boîtier TV (ou décodeur) et la box elle-même. En effet, l'instabilité du débit par CPL (voir p. 37) ou en Wi-Fi peut perturber la qualité du service TV de manière totalement aléatoire.

LA MESSAGERIE VOCALE

La téléphonie par Internet a révolutionné les messageries vocales. Désormais, chez certains FAI, chaque ligne dispose de sa boîte vocale (répondeur). Tout message laissé par un correspondant peut être consulté depuis un téléphone fixe ou mobile. Composez le numéro donnant accès à votre boîte vocale exactement comme vous le faites avec la messagerie de votre smartphone. Parfois, vous pourrez demander à être averti par mail. Il suffit alors d'ouvrir la pièce jointe audio dans le lecteur multimédia de Windows ou de votre téléphone mobile pour en écouter le contenu.

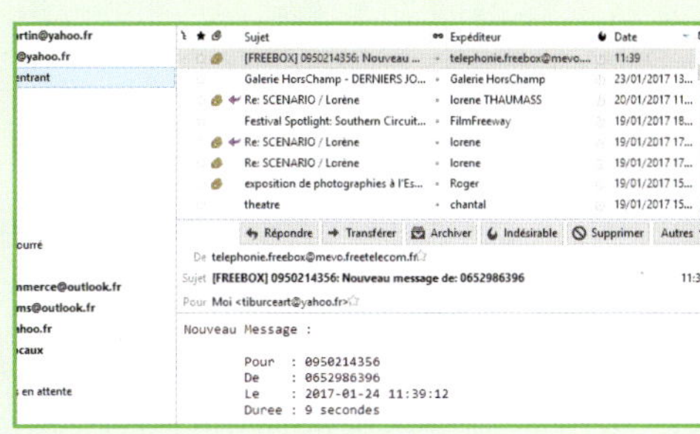

À savoir

L'adresse IP (Internet Protocol) de votre machine est l'adresse physique de votre ordinateur sur Internet. Chaque appareil possède sa propre adresse IP lui permettant d'être identifié sur la Toile, de façon unique. Vous pouvez la connaître en tapant la commande « cmd » dans la zone de recherche de *Cortana* située en bas, dans la barre des tâches. Appuyez sur la touche *Entrée* de votre clavier. Dans la fenêtre *Invite de commande*, tapez « ipconfig ». Apparaît alors l'ensemble des périphériques réseau (il peut y avoir plusieurs cartes réseau dans un ordinateur). Repérez celui qui est relié à votre modem (au champ « passerelle par défaut »). L'adresse IP interne correspond à la valeur du champ « adresse IPv4 ».

LE MATÉRIEL « COMMUNICANT »

Il existe un certain nombre de périphériques dits « réseau » que vous partagerez entre les PC, les tablettes, la télévision, voire les platines multimédia de votre habitation.

Un réseau informatique domestique va au-delà de l'exploration d'Internet puisqu'il permet à de nombreux équipements, comme des disques durs, des disques multimédia ou certaines TV, de communiquer entre eux. Ainsi, vous pouvez écouter sur une chaîne Hi-Fi la musique stockée sur votre ordinateur, votre tablette, voire votre smartphone, ou partager entre plusieurs machines une vidéo ou un album photo enregistrés sur un disque dur multimédia. Votre réseau vous permet également d'accéder, via Internet, où que vous vous trouviez, à des fichiers sauvegardés chez vous ou de surveiller votre domicile pendant votre absence grâce à des caméras de vidéosurveillance ou des webcams. Cette prouesse est possible grâce à un numéro à douze chiffres (l'adresse IP) qui identifie chaque appareil sur un réseau avec ou sans fil.

LE COMMUTATEUR/ROUTEUR : LE CŒUR DU SYSTÈME

Au centre d'un réseau filaire, dont l'infrastructure repose sur un câblage Ethernet, trône un commutateur ou un routeur. Le premier prend en charge les échanges qui s'opèrent entre les PC, les smartphones et les tablettes du réseau domestique, alors que le second s'occupe de vos requêtes web dont il vous transmettra les réponses. Aujourd'hui, ces deux matériels de communication sont généralement réunis en un seul et même appareil, doté d'une prise pour votre connexion au réseau ADSL, au câble ou à la fibre, mais aussi de ports Ethernet et d'un émetteur/récepteur Wi-Fi. Sachez que certains commutateurs/routeurs sont équipés d'un pare-feu qui détecte et bloque les tentatives d'intrusion non autorisées sur votre réseau. Aujourd'hui, les box Internet font office de routeur chez la majorité de leurs utilisateurs.

LES NAS

Les systèmes de stockage en réseau NAS (Network Attached Storage) permettent à un ou plusieurs disques durs équipés d'une prise Ethernet de prendre en charge, via un logiciel, de nombreux services réseau comme la sauvegarde, la lecture de fichiers multimédia (streaming), ou bien encore la gestion des ordinateurs. Pour cela, il est nécessaire que les périphériques soient compatibles avec la norme DLNA (ou UPnP) afin d'être reconnus par des téléviseurs ou des enregistreurs numériques (platines multimédia).

WI-FI ET CPL

La configuration d'un réseau peut être un véritable casse-tête, notamment quand votre box n'est pas installée dans la même pièce que vos différents PC et tablettes, sans parler des smartphones, en Wi-Fi. Pour résoudre ce problème, vous pouvez activer la fonctionnalité Wi-Fi de votre box (voir p. 43 et suivantes). Cependant, ses ondes sont souvent perturbées par l'épaisseur des murs ou la distance qui sépare la box de vos appareils, d'où un signal de réception parfois trop faible et/ou instable. Une alternative consiste à utiliser votre installation électrique pour connecter vos matériels sur le réseau via des câbles Ethernet. Pour cela, il suffit de brancher des prises CPL (courant porteur en ligne) sur vos prises secteur murales. Une fois l'une d'elles branchée à votre box via un câble Ethernet, vous pouvez en brancher une seconde, n'importe où dans le bâtiment, pour connecter un PC sur le réseau filaire. Certaines prises CPL sont aussi des répéteurs Wi-Fi (voir p. 42) qui vous permettent de connecter vos appareils sans fil. Il faut noter toutefois qu'un réseau CPL est un investissement supplémentaire et que certains modèles (au débit Internet de 200 Mbps ou moins) sont moins puissants que les dernières normes Wi-Fi (voir p. 41).

Trucs & astuces

Pour partager facilement et rapidement des fichiers entre vos appareils fonctionnant sous Windows, utilisez des groupes résidentiels. Tapez « Panneau de configuration » dans la zone de recherche de *Cortana* en bas. Cliquez sur le résultat trouvé. Sous la catégorie *Réseau et Internet*, cliquez sur le lien *Choisir les options groupe résidentiel et de partage*. Dans la boîte de dialogue qui s'affiche, cliquez sur *Modifier les paramètres de partage avancés*. Si nécessaire, cliquez sur le chevron à droite de *Tous les réseaux*. Dans la section *Diffusion de contenu multimédia*, cliquez sur *Choisir les options de diffusion du contenu multimédia*, puis sur le bouton *Activer la diffusion multimédia en continu*. Cochez les ordinateurs et le player (lecteur) de votre box à utiliser comme source de diffusion sur le réseau, et validez par un clic sur le bouton *OK*.

Le petit +

La majorité des webcams externes intègrent un micro et s'avèrent parfaites pour la vidéoconférence et la visiophonie.

LA VISIOPHONIE MAIS PAS SEULEMENT...

L'utilisation des webcams dépasse le simple cadre de la visiophonie. Avec un logiciel approprié, comme EyeLine Video Surveillance, IP Camera Viewer ou encore Contacam (tous ces logiciels sont gratuits), vous pourrez organiser la vidéosurveillance de votre habitation. Ces programmes permettent de gérer plusieurs webcams simultanément afin de surveiller différentes pièces de votre domicile. Mais sachez que les webcams souffrent généralement d'un gros handicap : elles s'adaptent mal aux faibles conditions d'éclairage. Ainsi, il vous faudra garder les rideaux ou les volets ouverts, voire laisser la lumière allumée dans certaines pièces.

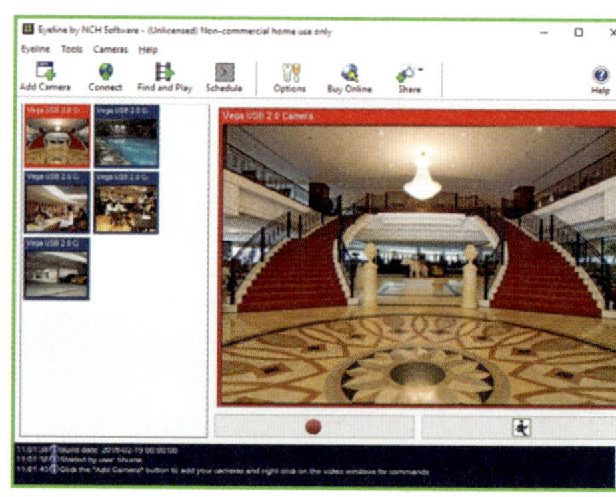

DÉCOUVERTE DE LA WEBCAM

La webcam est devenue indissociable de l'ordinateur. Elle est présente sur les portables, les tablettes, quelques écrans LCD/LED, et, d'une certaine manière, sur les smartphones via la caméra utilisée pour photographier. Bien entendu, vous pouvez aussi en ajouter une sur l'écran LCD/LED de votre PC de bureau en la connectant à un périphérique USB. La webcam sert à communiquer visuellement via des logiciels de visiophonie comme Skype, les réseaux sociaux tel que Facebook ou Snapchat, ou des sites web dédiés. Aujourd'hui, parler avec une personne à l'autre bout du monde tout en la voyant sur son écran est non seulement aisé, mais aussi « gratuit ».

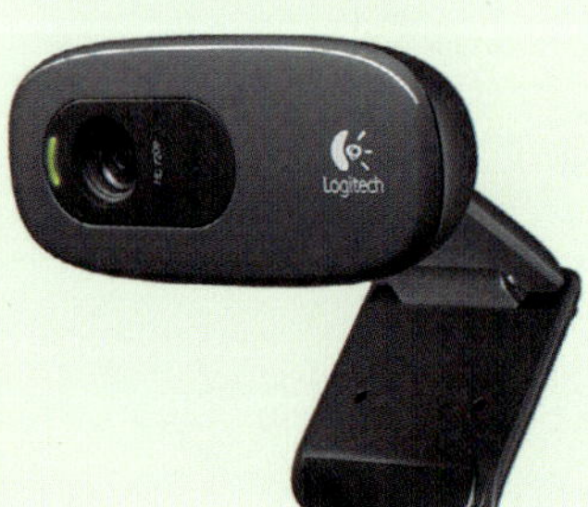

LES DIFFÉRENTS MODÈLES

La fonction principale des webcams consiste à échanger verbalement et visuellement avec des interlocuteurs distants via des logiciels de messagerie instantanée comme Skype, Line, WhatsApp ou ICQ. Les webcams externes, reliées au PC en USB, sont très populaires. Elles présentent l'avantage de pouvoir faire varier le champ de vision sans bouger l'ordinateur. Les modèles dont le prix est inférieur à 90 € proposent en général une résolution HD de 720p. Pour un prix supérieur, la résolution est de 1080p, c'est-à-dire équivalente à celle d'une TV dite Full HD, ce qui délivre une image de bien meilleure qualité. Toutefois, la fluidité de sa diffusion dépend de diverses contraintes : la vitesse de votre connexion à Internet et de celle de votre correspondant et les performances du logiciel utilisé.

Le petit ⊕

Les caméras IP sont aussi utiles... que chères. Les premiers prix pour une caméra fixe de bonne facture, bien supérieurs à ceux d'une webcam, se situent autour de 150 à 200 €.

SURVEILLER AVEC LA CAMÉRA IP

Une caméra IP, bien plus sensible qu'une webcam classique, utilise le réseau informatique de votre habitation pour enregistrer l'activité de votre domicile sur votre ordinateur ou sur un service DynDNS. Il s'agit d'un site web spécialisé qui, moyennant un abonnement, diffuse (et enregistre) en direct les images prises par votre caméra. Ce service vous permet de consulter ces dernières via un PC, une tablette ou un smartphone. Une caméra IP de qualité équipée d'un capteur sensible sera nécessaire pour surveiller les pièces faiblement éclairées. Le boîtier de la caméra dispose aussi de toutes les applications indispensables à l'enregistrement de la vidéo et au déclenchement d'une alerte sur détection de mouvement. Certaines caméras IP disposent d'un éclairage infrarouge qui leur permet de filmer la nuit très distinctement, sans éveiller de soupçons chez le cambrioleur.

LES DEUX FAMILLES DE CAMÉRA IP

Vous trouverez deux types de caméras IP : Fixe ou PT/PTZ. La première est fixe, comme une webcam, elle surveille efficacement une zone spécifique (couloir, entrée, angle précis). De son côté, la caméra PT ou PTZ peut faire des panoramiques, s'incliner, et zoomer (modèle PTZ). Elle est parfaite pour surveiller une pièce. Vous la programmerez pour qu'elle effectue automatiquement des rotations. Ces deux types de caméras sont parfois revêtus d'un dôme anti-vandalisme, prévu pour résister aux tentatives de casse ou d'arrachement. Ces appareils peuvent, à l'instar des webcams, fonctionner en Wi-Fi.

MAISON CONNECTÉE

La vidéosurveillance n'est qu'un aspect de l'interaction qui peut exister entre votre matériel informatique, votre smartphone et les objets connectés de votre habitation. De la consommation d'énergie au réglage de l'éclairage en passant par la commande automatique d'aliments manquants dans votre réfrigérateur, l'avenir sera de plus en plus connecté. Les produits les plus performants dans une gamme de prix accessible restent les thermostats qui mémorisent les habitudes de l'utilisateur et détectent sa présence à l'aide de capteurs thermiques. Grâce à une application dédiée, vous utiliserez votre smartphone pour contrôler le thermostat à distance. Ainsi, vous pourrez augmenter la température habituelle de votre habitation si vous rentrez chez vous plus tôt que prévu. Tous vos objets connectés peuvent aujourd'hui être pilotés avec des applications pour Android et iOS, donc avec un smartphone et/ou une tablette.

LA MAGIE DU SANS-FIL

Pour profiter de votre connexion Internet sans être cantonné à une seule pièce de votre habitation et connecter tous vos appareils portables, utilisez un réseau sans fil.

En vous évitant de tirer des câbles Ethernet dans votre habitation, les technologies sans fil permettent de développer un réseau domestique aux contraintes d'espace réduites. Elles prennent la forme de radiofréquences, comme le Wi-Fi et le Bluetooth, qui nécessitent une configuration précise de la part des utilisateurs pour être pleinement opérationnelles. Nous vous expliquons ici comment paramétrer un réseau Wi-Fi dont le principal inconvénient est de pouvoir être accessible, par défaut, aux autres connexions sans fil de votre voisinage. Par conséquent, vous devez vous prémunir contre des intrusions malveillantes ou indésirables. Le Wi-Fi servira principalement à la création d'un réseau local sans fil à partir duquel tous les ordinateurs, tablettes et smartphones identifiés pourront surfer sur le Net, utiliser des imprimantes sans fil et échanger des fichiers. De son côté, le Bluetooth sert à créer un « réseau » direct entre plusieurs appareils compatibles. Il permet de recevoir vos conversations téléphoniques via des oreillettes sans fil ou l'ordinateur de bord de votre voiture, d'écouter sur des enceintes spécifiques (votre chaîne Hi-Fi ou l'autoradio de votre voiture) la musique stockée sur n'importe quel appareil embarquant cette technologie, d'utiliser des souris et des claviers, ainsi que de nombreux objets connectés.

À savoir

Une polémique existe autour du Wi-Fi et du Bluetooth, dont les ondes hyperfréquences sont soupçonnées par certains d'être nocives pour la santé. Toutefois, ces émissions sont bien plus faibles que celles des téléphones portables et sans fil. Malgré cela, il est raisonnable d'appliquer un principe de précaution en désactivant l'accès Wi-Fi de votre ordinateur portable et de votre box après utilisation ou, si le dispositif reste allumé, d'en éloigner la source des chambres à coucher.

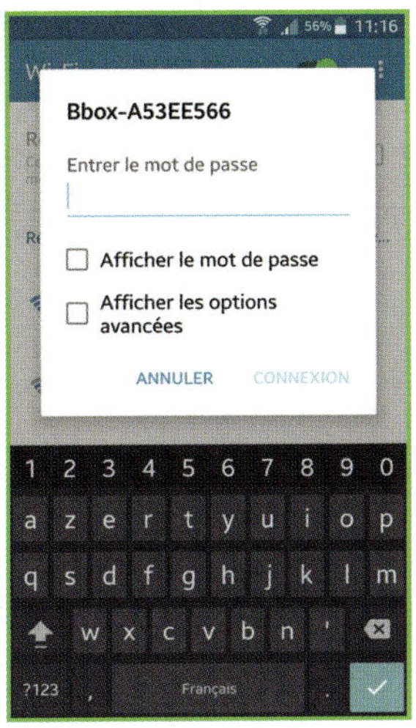

LE FONCTIONNEMENT DU WI-FI

La norme Wi-Fi (pour Wireless Fidelity) émet des ondes radio qui permettent à tous les périphériques munis d'un émetteur-récepteur approprié de s'y connecter pour échanger des données ou surfer sur le Web. L'équipement Wi-Fi se compose d'une borne émettrice, qui est généralement votre box Internet. Elle est identifiée par un SSID (Service Set Identifier) qui est en fait le nom de votre réseau sans fil. Pour s'y connecter, les autres appareils doivent utiliser eux aussi un émetteur-récepteur. Ce dispositif est présent sur la quasi-totalité des PC portables, des tablettes et des smartphones, mais il ne sera pas forcément inclus dans votre PC de bureau. Vous pouvez en équiper votre ordinateur en ajoutant une carte interne ou une clé USB spécifiques. Ensuite, Windows, Android ou iOS localiseront la borne Wi-Fi et requièreront un mot de passe pour accéder au réseau.

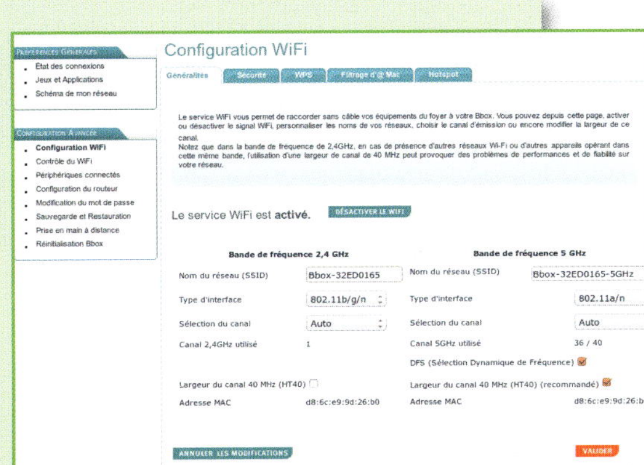

LES NORMES WI-FI

Les normes Wi-Fi ont été révisées au fil des années afin d'offrir un débit supérieur. Elles sont identifiées par les lettres A, B, G et N. La plus ancienne, la norme A, qui tend à disparaître, est incompatible avec les autres normes car elle n'agit pas sur les mêmes fréquences. Toutes les autres sont compatibles, mais les échanges se font systématiquement à la vitesse de la norme la moins rapide. La norme N, aujourd'hui majoritaire, sera bientôt supplantée par une nouvelle norme AC, au débit beaucoup plus élevé.

AVANTAGES ET INCONVÉNIENTS DU WI-FI

Une infrastructure Wi-Fi permet de ne pas avoir à utiliser des câbles réseau (Ethernet) dans toute la maison. La portée théorique en norme N est de 300 m en terrain découvert. Cependant, même si le Wi-Fi passe entre les murs, plus vous en êtes éloigné ou plus il y a d'obstacles, moins les débits seront importants. Pour cette raison, essayez de placer votre box en hauteur pour améliorer le débit et réduire l'exposition aux ondes. La portée d'un réseau Wi-Fi rend par ailleurs celui-ci visible à tous ceux qui disposent d'un point d'accès Wi-Fi suffisamment proche, posant ainsi un sérieux problème de sécurité (voir p. 42).

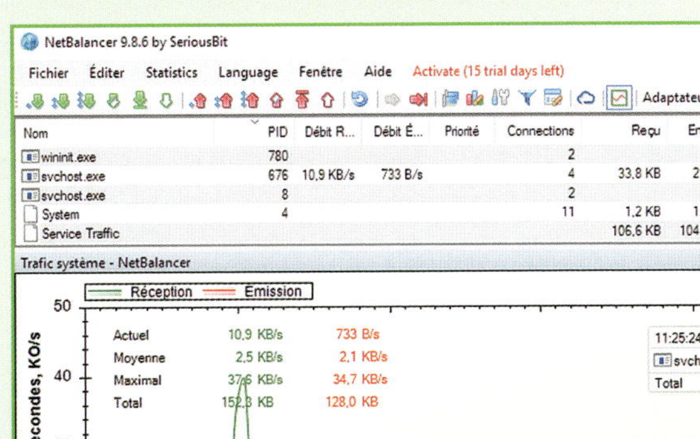

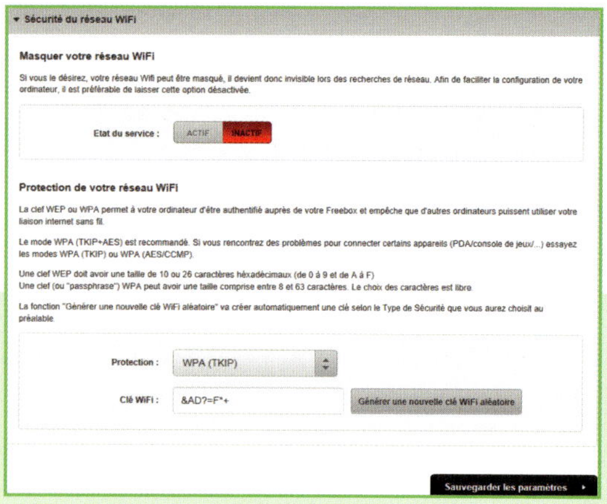

LES PROBLÈMES DE SÉCURITÉ

La sécurité des réseaux Wi-Fi est un problème important. En effet, votre réseau domestique sans fil peut être soumis à des tentatives d'intrusion qui menacent la confidentialité de vos données. Ajoutez à cela que vous risquez de subir des conséquences pénales si une personne se sert de votre réseau à votre insu pour y exercer des activités illégales (voir p. 147 et 148). Pour limiter ces risques, protégez l'accès à votre réseau en utilisant les protocoles de cryptage WPA ou WPA2 (évitez le WEP, trop peu sécurisé). Si possible, privilégiez le WPA2, plus efficace. Ensuite, choisissez le type de cryptage : optez plutôt pour la norme AES (ou CCMP), plus fiable que la norme TKIP. Il existe un cryptage WPA dit AES/CCMP très sécurisé. Son implémentation dépend toutefois des constructeurs de box et d'interface Wi-Fi. Il faut bien entendu que tous vos périphériques soient compatibles (référez-vous au manuel de l'appareil en cas de doute). Pour changer le protocole de cryptage, voir p. 44 et 55.

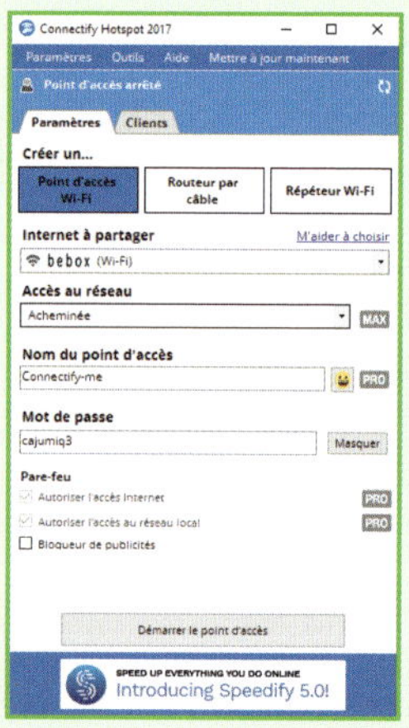

CONNECTIFY, UN LOGICIEL MALIN

Le logiciel gratuit Connectify (www.connectify.me) exploite une fonction de Windows 10 qui permet de transformer n'importe quel ordinateur équipé d'un matériel Wi-Fi en borne d'émission/réception. Connectify permet en outre à plusieurs ordinateurs de se connecter en même temps à ce nouveau réseau. Pour savoir si votre matériel est compatible avec ce mode, consultez la liste des équipements sur le site de Connectify. Il existe une version Max payante du logiciel qui propose, entre autres, une fonction de répéteur Wi-Fi.

LES RÉPÉTEURS WI-FI

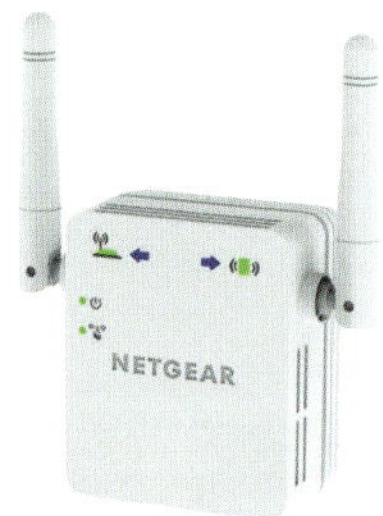

Lorsque les murs de votre habitation sont très épais et affaiblissent la qualité du signal Wi-Fi émis par votre box, vous pouvez installer un ou plusieurs répéteurs Wi-Fi. L'appareil, branché sur une prise secteur murale, va capter le signal Wi-Fi et le redistribuer dans la zone de votre logement qui reçoit mal le réseau.
Pour être efficace, cet appareil doit être installé à un emplacement où le signal est encore suffisamment élevé, tout en restant relativement proche des pièces que vous voulez alimenter en Wi-Fi.
N'hésitez pas à essayer de positionner votre appareil à différents endroits pour trouver la distance la mieux adaptée.
Si vos pièces sont très éloignées de la source de votre Wi-Fi, vous avez la possibilité de brancher plusieurs répéteurs qui assureront le relais.
Il suffit généralement de brancher le répéteur pour qu'il se synchronise avec le signal Wi-Fi le plus proche, c'est-à-dire celui de votre box. Mais certains appareils nécessitent d'afficher une interface de configuration sur une page web afin d'entrer le SSID (le nom de votre réseau) et la clé de sécurité réseau (indiquée au dos de la box Internet). Certains CPL (voir p. 37) font également office de répéteurs Wi-Fi.

Le petit +

Certains répéteurs Wi-Fi sont équipés d'une prise secteur murale femelle. Ainsi, vous ne sacrifiez pas une prise électrique à la seule utilisation du répéteur. Vous pourrez brancher dessus n'importe quel appareil électrique.

Trucs & astuces

Pour faciliter la mise en œuvre d'un répéteur, privilégiez ceux qui utilisent la technologie WPS (Wi-Fi Protected Setup). Il suffit alors d'appuyer sur le bouton WPS du routeur (votre box) puis sur celui du répéteur pour que la configuration se fasse automatiquement.

Configurer le Wi-Fi de sa box Internet

La sécurisation d'un réseau sans fil est impérative. Voici comment opérer efficacement.

À savoir

Le mot de passe et l'identifiant de votre page de configuration Wi-Fi dépendent du fournisseur d'accès. Vous trouverez une liste des identifiants selon les fournisseurs sur www.commentcamarche.net/faq/8102-192-168-1-1-192-168-0-1-comment-y-acceder. Chez certains FAI (Free notamment), la configuration du modem est accessible en vous connectant à votre compte d'utilisateur via le site du FAI.

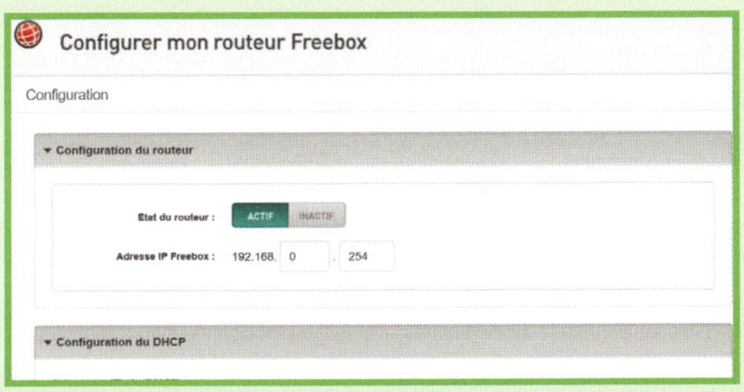

1 La configuration Wi-Fi d'une box se déroule dans une interface spécifique accessible depuis un navigateur web. Ouvrez votre navigateur web, puis tapez l'adresse IP de votre box, comme 192.168.1.1, 192.168.0.1, ou l'adresse communiquée par votre FAI, par exemple http://livebox pour la LiveBox d'Orange. Une fois dans l'interface, identifiez-vous en saisissant le mot de passe demandé (voir « À savoir »), qui dépend du fournisseur. Parfois, un redémarrage de la box sera nécessaire pour que les modifications soient prises en compte.

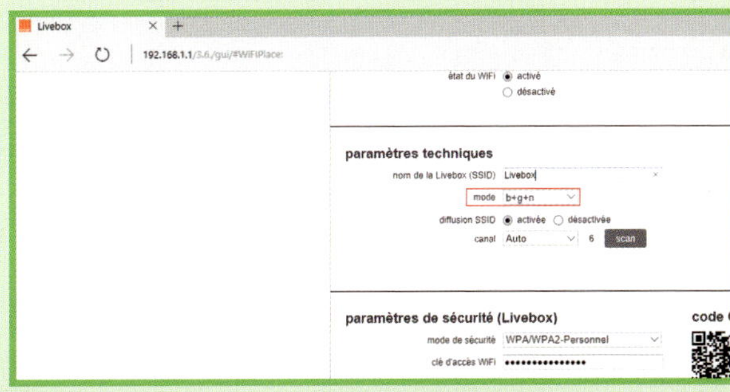

2 La configuration par défaut de votre routeur le rend compatible avec les appareils sans fil que vous utilisez. Si vous observez, pour un de ces appareils, un dysfonctionnement et/ou une vitesse de transmission très lente, accédez aux paramètres de votre box Internet et vérifiez, le cas échéant, que le mode B/G/N est bien activé.

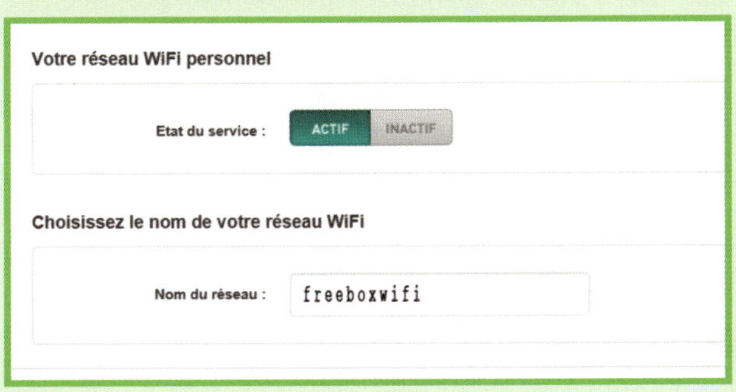

3 Si la possibilité vous en est donnée, assignez un nom personnalisé au réseau, en veillant à ne divulguer aucune donnée privée. La modification du SSID (le nom sous lequel votre réseau local apparaît) est conseillée. En effet, le SSID assigné par défaut risque de communiquer des éléments permettant de pirater le signal, et ce malgré un cryptage WPA. Le nom de votre SSID est totalement libre, mais il est préférable d'éviter les espaces et de n'utiliser que des lettres et des chiffres.

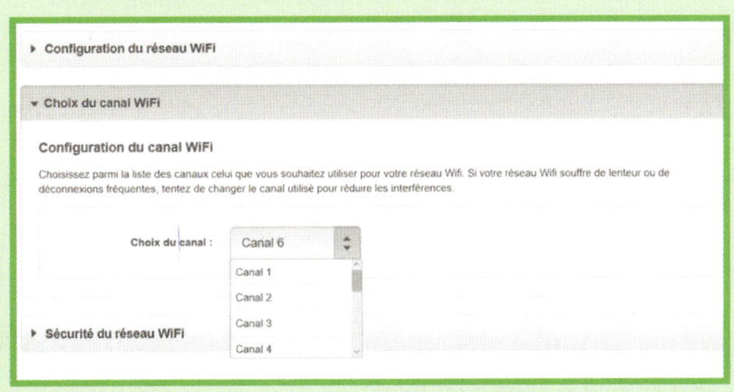

4 Le canal d'émission est attribué par défaut par votre box. Si vous ne parvenez plus à vous connecter à Internet, définissez manuellement un autre numéro de canal. Pour trouver rapidement un canal libre, et éviter les conflits avec des signaux voisins, essayez le logiciel gratuit Vistumbler (www.vistumbler.net). Trouver un canal non attribué peut parfois se révéler être un casse-tête, notamment en Île-de-France.

5 Vous pouvez aussi masquer le SSID pour qu'il ne soit pas visible lorsque l'on clique sur l'icône d'état du Wi-Fi dans la zone de notification de Windows. Cependant, même masqué, un réseau reçoit toujours les requêtes des ordinateurs s'y étant déjà connectés (le vôtre y compris), laissant des traces qu'une personne malveillante peut intercepter. Enfin, lorsque le SSID est masqué, il sera difficile pour vous de vous reconnecter quand, pour une raison ou une autre, la connexion aura été perdue.

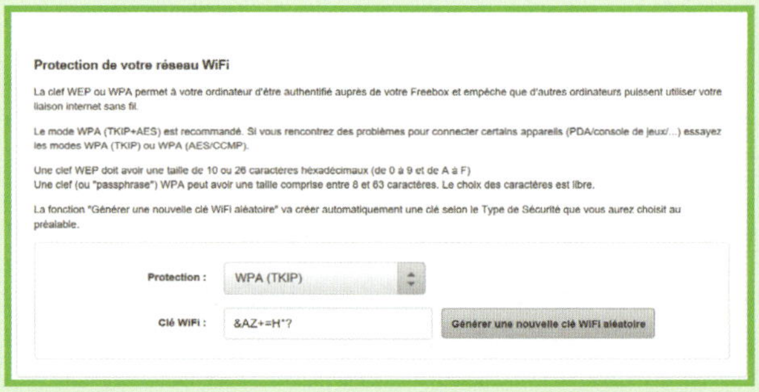

6 Si vous en avez le choix, optez pour le protocole de sécurité WPA ou WPA2. Lorsque vous pouvez choisir l'algorithme de cryptage WPA, optez de préférence pour AES/CCMP. Proscrivez la clé de cryptage WEP, qui est peu sécurisée. Enfin, si votre FAI le permet, utilisez son générateur de clé WPA pour sécuriser votre réseau avec une clé bien plus complexe que si vous la créiez vous-même. Évitez de noter votre clé de sécurisation dans vos appareils (PC ou smartphone) ; vous pouvez la retrouver dans l'interface de configuration Wi-Fi de votre box.

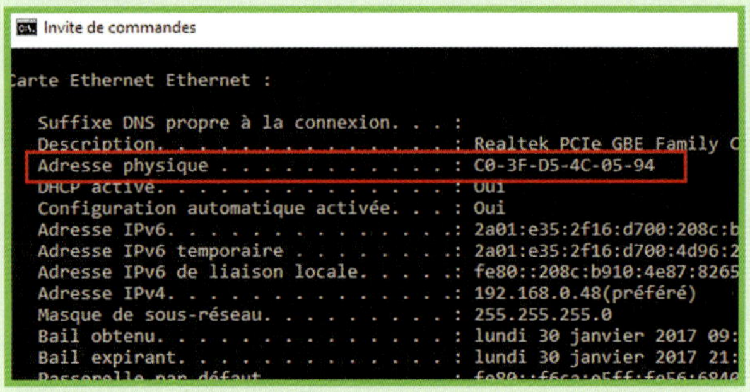

7 Le filtrage MAC représente un système de sécurité supplémentaire. L'adresse MAC correspond à un numéro de série unique à chaque carte réseau. En limitant l'accès au réseau à des adresses MAC spécifiques, ce système bannit les périphériques non référencés et représente une couche de sécurité supplémentaire.

Pour trouver l'adresse MAC, tapez la commande *cmd* dans la zone de recherche de *Cortana* située en bas, dans la barre des tâches. Dans la liste des résultats, cliquez sur *Invite de commande*. Dans la fenêtre éponyme, tapez « ipconfig /all » et validez par la touche *Entrée* du clavier. Repérez votre carte réseau Ethernet et la ligne *Adresse Physique*. C'est votre adresse MAC.

8 La plupart des box proposent la fonction WPS, un protocole de sécurisation qui permet de configurer le réseau sous WPA. Pour cela, appuyez sur le bouton WPS situé en façade de la box. Cette action exécute une procédure de reconnaissance qui ne vous laisse que quelques minutes pour vous connecter. Si l'appareil que vous souhaitez connecter en Wi-Fi n'est pas compatible WPS, reportez le mot de passe qui s'affiche sur l'écran de la box ou au dos de celle-ci.

UNE ALTERNATIVE AU WI-FI

Le courant porteur en ligne (CPL) est une autre solution, intéressante, pour connecter vos ordinateurs sans utiliser le Wi-Fi. Cette technologie utilise le réseau électrique de votre domicile pour transmettre le signal informatique (voir p. 37).

LES CONNEXIONS PUBLIQUES

SE CONNECTER AUX RÉSEAUX PUBLICS

Si vous êtes loin de votre domicile ou que votre connexion Internet est temporairement hors-service, vous serez tenté d'accéder au Web via un réseau dit « public ». La majorité de ces réseaux étant libres d'accès, l'absence de cryptage les rend particulièrement vulnérables. Si le réseau est payant, l'accès à Internet renverra vers une page web de connexion où vous devrez régler une souscription. Des identifiants vous seront alors communiqués pour vous permettre d'accéder au Net. Vous trouverez généralement des réseaux dans les municipalités, les bibliothèques, les hôtels, les gares, les centres commerciaux, les aéroports, etc. Dans tous les cas, vous ne saurez jamais si vous vous connectez au réseau sans fil du lieu où vous vous trouvez, ou bien à celui d'un pirate. De ce fait, limitez l'usage de ces bornes aux navigations web qui ne requièrent pas d'informations confidentielles et gardez-vous de consulter vos mails ou votre compte bancaire. Pour ces dernières activités, privilégiez des connexions reconnues et identifiées, comme le Wi-Fi d'un ami ou celui sécurisé d'un hôtel.

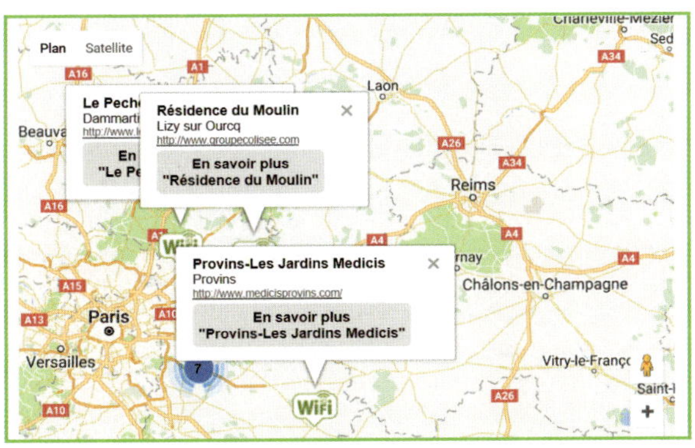

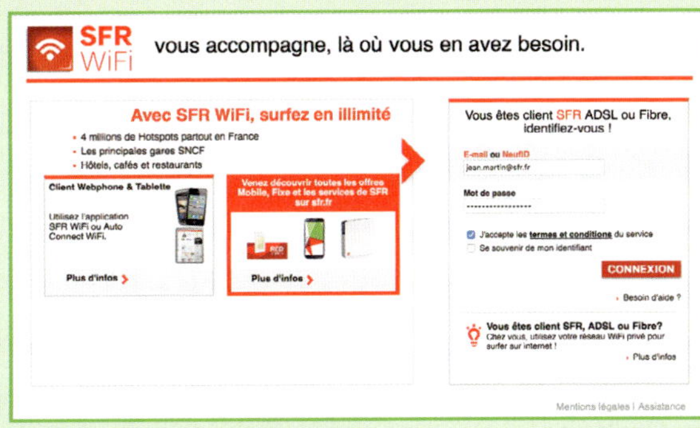

LES RÉSEAUX DES FAI

Il existe des points d'accès Wi-Fi mis à la disposition des utilisateurs par leur FAI. Vous les trouverez dans la liste des réseaux sans fil disponibles sous des noms tel que Bouygues Telecom Wi-Fi, SFR Wifi FON, hotspot Orange ou FreeWiFi. Bien entendu, pour profiter de ces réseaux, vous devez être abonné auprès de l'un de ces fournisseurs d'accès. Ce service est inclus dans votre abonnement. Afin d'en sécuriser l'accès, saisissez préalablement vos identifiants (indiqués, si vous ne les avez pas personnalisés, dans la documentation de bienvenue de votre FAI) dans la page web qui apparaît dès que vous essayez de vous connecter à ce réseau. Lorsqu'aucune de ces informations n'est requise, l'utilisation du point d'accès Wi-Fi se fait à vos risques et périls. Dans ce cas, évitez d'utiliser cet accès pour envoyer des données personnelles.

SÉCURISER LA CONNEXION AVEC UN VPN

La connexion à une borne sans fil publique peut être sécurisée si vous utilisez un VPN (Virtual Private Network). Ce réseau privé virtuel permet de crypter les échanges. Il existe des solutions gratuites, comme les logiciels CyberGhost ou Hotspot Shield, et des solutions payantes, plus stables et offrant une connexion Internet plus rapide (voir aussi p.135 et 136).

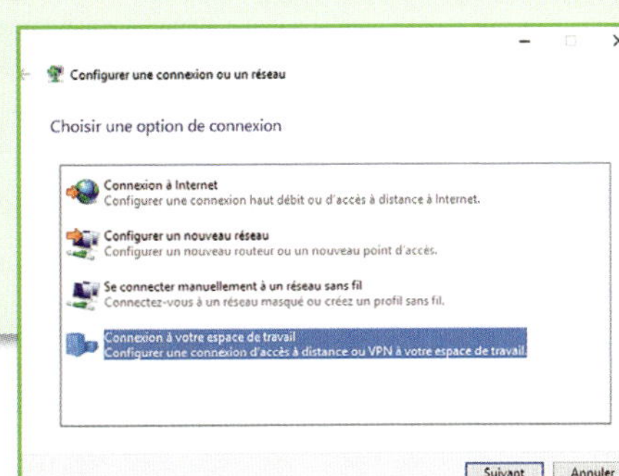

D'AUTRES POSSIBILITÉS AVEC LE WI-FI ET LE BLUETOOTH

LA CONNECTIQUE SANS FIL DES SMARTPHONES ET TABLETTES

Les appareils mobiles disposent de connexions Wi-Fi et Bluetooth, parfois l'une ou l'autre, souvent les deux. Le Wi-Fi est utilisé pour surfer sur Internet, consulter ses mails et tout ce qui requiert l'échange de gros volumes de données. Le Bluetooth sert de connexion « point à point » pour relier votre smartphone à votre GPS, à un clavier, au système audio de votre voiture, le synchroniser avec votre PC ou votre tablette, transmettre vos photos vers le PC, écouter de la musique sur des enceintes compatibles, ou encore le connecter à votre imprimante pour y envoyer des photos (voir p. 97) ou à un autre smartphone pour échanger des données.

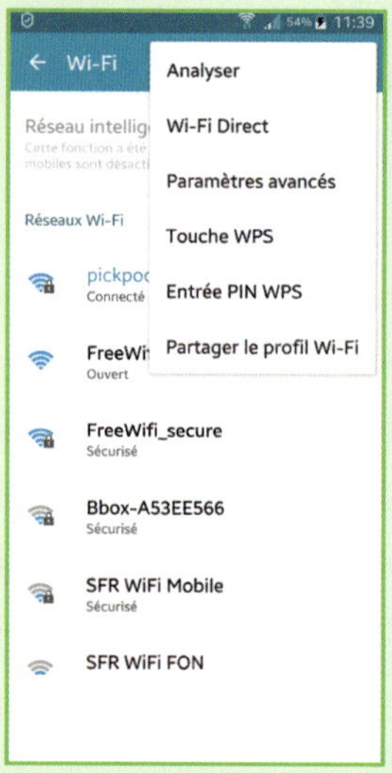

WI-FI DIRECT

Le Wi-Fi Direct connecte deux appareils en Wi-Fi sans utiliser le point d'accès Wi-Fi de votre box. Une fois la connexion établie, l'échange de données se fait à un débit supérieur à celui du Bluetooth. Pour utiliser cette fonction, il est nécessaire de l'activer sur les deux appareils que vous voulez faire communiquer entre eux. Sur votre smartphone Android, touchez l'icône *Paramètres* (la roue crantée). Touchez ensuite l'icône *Wi-Fi*. En haut à droite, touchez les trois petits points verticaux ou appuyez sur le bouton menu. Dans le menu local qui s'affiche, choisissez *Wi-Fi Direct*. Les appareils s'identifient et l'échange de données peut commencer. Les appareils sous iOS ne sont pas compatibles avec le Wi-Fi Direct.

LA SYNCHRONISATION BLUETOOTH AVEC LE PC (1/2)

La synchronisation Bluetooth d'un smartphone ou d'une tablette avec un PC nécessite qu'un émetteur/récepteur soit connecté à la machine. La majorité des PC portables et des ordinateurs tout-en-un en sont équipés de série. Lorsque c'est le cas, une icône *Bluetooth* s'affiche dans la zone de notification, à côté de l'affichage de l'heure (cliquez éventuellement sur le chevron dirigé vers le haut). Si cette icône est absente, activez le Bluetooth sous Windows en cliquant sur le bouton *Démarrer* (logo Windows en bas à gauche), puis sur l'icône *Paramètres* (roue crantée). Dans la fenêtre qui s'ouvre, choisissez *Périphériques*, puis, dans la colonne de gauche, *Appareils Bluetooth et autres*. Enfin, faites glisser le commutateur *Bluetooth* sur *Activé*. Activez ensuite la fonction Bluetooth de votre smartphone pour jumeler les deux appareils afin qu'ils puissent communiquer entre eux en toute sécurité (on parle d'appairage).

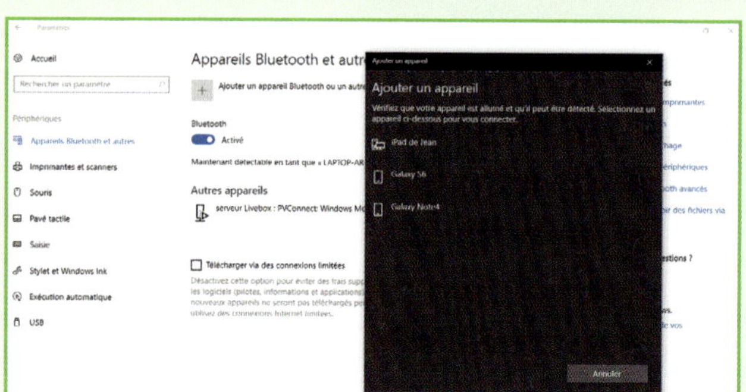

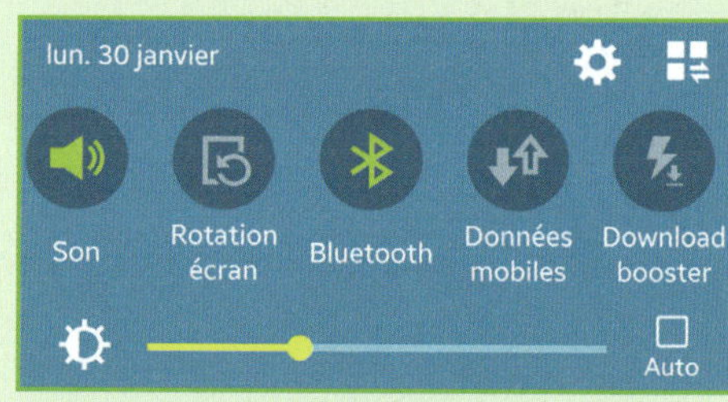

LA SYNCHRONISATION BLUETOOTH AVEC LE PC (2/2)

L'appairage consiste à établir la connexion réelle entre le PC et le smartphone, chacun devant être visible par l'autre. Dans les options Bluetooth du smartphone, cochez la case *Appuyez pour rendre visible*. Vous aurez alors deux minutes pour établir la connexion avec le PC. Pour que le smartphone identifie le PC en Bluetooth, ouvrez la fenêtre des paramètres Bluetooth de Windows 10 (voir étape 1/2), et cliquez sur *Paramètres Bluetooth avancés*. Dans la boîte de dialogue, cochez l'option *Autoriser les périphériques Bluetooth à détecter ce PC*. Les deux appareils pourront dès lors se reconnaître.

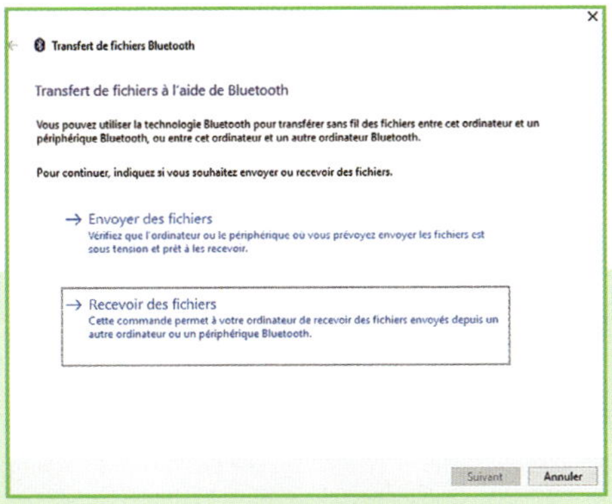

ÉCHANGER DES FICHIERS EN BLUETOOTH (1/2)

Pour transférer des photos de votre smartphone vers votre PC ou une tablette, affichez les images qui vous intéressent dans l'application *Galerie* (ou équivalent). Sur le PC, accédez aux options Bluetooth (voir page précédente) et, dans les options sur la colonne de droite, choisissez *Envoyer ou recevoir des fichiers via Bluetooth*, puis *Recevoir des fichiers*. Sur le smartphone, touchez la photo. Dans les outils qui apparaissent en haut de l'écran, choisissez l'icône des trois points reliés. Dans les options de *Partage simplifié*, touchez l'icône *Bluetooth*. Dans l'écran *Sélectionnez un appareil*, optez pour celui à jumeler avec votre smartphone. Le transfert s'affiche dans la fenêtre *Transfert de fichier Bluetooth* et les fichiers apparaîtront dans le dossier *Documents*.

ÉCHANGER DES FICHIERS EN BLUETOOTH (2/2)

Pour échanger des fichiers d'un PC ou d'une tablette vers votre smartphone, activez le Bluetooth sur les deux appareils à jumeler. Accédez ensuite aux paramètres Bluetooth de l'ordinateur. Dans la section *Paramètres associés*, choisissez *Envoyer ou recevoir des fichiers Bluetooth*, puis *Envoyer des fichiers*. Sélectionnez le smartphone de destination et cliquez sur le bouton *Suivant*, puis sur *Parcourir* pour sélectionner le fichier à transférer dans la boîte de dialogue qui apparaît. Cliquez sur *Ouvrir*, puis sur *Suivant*. Sur le smartphone, touchez le bouton *Accepter*. Le transfert commence. Cliquez sur le bouton *Terminer* du PC une fois le transfert réalisé.

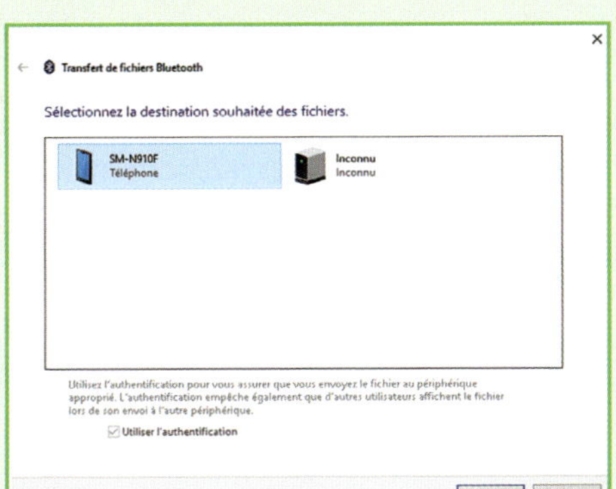

SYNCHRONISER SON SMARTPHONE AVEC L'AUTORADIO

La technologie Bluetooth permet de jumeler un smartphone ou une tablette avec l'ordinateur de bord de votre voiture (quand ce dernier est pourvu d'un système Bluetooth), ce qui permet de répondre aux appels téléphoniques en toute sécurité ou de lire les fichiers audio stockés sur le smartphone. Le jumelage se fait par activation du Bluetooth sur les deux appareils. Il suffit ensuite de confirmer à chacun l'existence de l'autre. Dès que le jumelage est opéré, l'autoradio télécharge le répertoire téléphonique. Vous pouvez dès lors passer et recevoir des appels sans quitter la route des yeux. Si vous écoutez la musique stockée sur votre smartphone, vous pourrez en faire profiter tous les occupants de la voiture sans connexion physique du smartphone à l'autoradio.

Le petit +

Le Wi-Fi peut s'utiliser aussi avec les appareils photo numériques (APN). Ainsi, certaines cartes SD, les cartes SD Eye-Fi par exemple, sont équipées d'une puce Wi-Fi. La carte détecte votre réseau local et envoie automatiquement vos photos sur votre PC ou votre tablette. Elle peut aussi les publier sur votre réseau Facebook, Instagram, Flickr ou Picasa, via le logiciel qui l'accompagne. Bien sûr, l'affichage n'est pas instantané et plus le nombre de photos est élevé, plus le temps de transfert est long.

DÉMARRER SON PC

Un principe fondamental en informatique est la dualité matériel/logiciel. Il importe de bien comprendre le rôle de chacun afin d'utiliser son ordinateur au mieux.

À la base, un ordinateur n'est qu'un agglomérat de dispositifs matériels, certains visibles, comme l'écran, d'autres placés à l'intérieur de la machine, comme le ventilateur. Mais c'est grâce aux nombreux logiciels qu'il contient que le PC prend vie et devient performant. Une partie de ces logiciels agit dans l'ombre, sans vous solliciter, pour assurer le bon fonctionnement du clavier ou la diffusion des sons émis par votre ordinateur via les haut-parleurs, par exemple. L'autre partie œuvre au grand jour, vous permettant d'accomplir de multiples tâches, notamment envoyer des mails, créer des documents ou visiter un site web. Ces logiciels portent le nom plus spécifique de programmes ou d'applications. Le système d'exploitation est le plus important de tous les logiciels, car il chapeaute tous les autres et vous permet d'utiliser l'ordinateur. Ainsi, c'est par l'intermédiaire de Windows 10 que vous exploitez concrètement les programmes présents sur votre PC et ses composants matériels. Le plus souvent, vous n'avez qu'à toucher ou cliquer sur de petites images, des boutons ou des noms de commandes pour faire démarrer ces programmes.

PRENDRE EN MAIN WINDOWS 10

Pour pouvoir utiliser toutes les ressources de Windows 10, vous devez d'abord maîtriser ses deux composants incontournables : le bureau et le menu *Démarrer*.

Le petit +

Windows 10 prévoit aussi un environnement appelé *mode Tablette*, dédié à une utilisation exclusivement tactile. Ainsi, quand il détecte à son démarrage que votre machine ne possède ni clavier ni souris, il affiche automatiquement l'écran d'accueil à la place du bureau. C'est alors en touchant les grosses vignettes carrées et colorées devant vous que vous démarrez vos logiciels.

UN BUREAU FIGURANT ET ACTEUR

À son démarrage, Windows 10 vous accueille par un arrière-plan imagé : le bureau. Son apparence varie en fonction du fabricant et du vendeur de votre ordinateur, mais dans sa version classique, il se présente sous la forme d'une fenêtre en 3D sur fond bleu. Tous les logiciels que vous ouvrez s'affichent par-dessus le bureau, le masquant donc plus ou moins. En plus de constituer votre décor permanent, le bureau comporte deux types d'éléments utiles :

- Des **icônes**. Ces petites images permettent d'ouvrir rapidement l'élément qu'elles symbolisent (logiciel, document ou autre), mais seule celle de la Corbeille est immuable et toujours installée en haut à gauche. Les autres ont été ajoutées par le vendeur de votre PC ou le sont automatiquement à l'installation d'un nouveau programme ; et vous-même pouvez en ajouter pour accéder en direct à un document ou logiciel que vous utilisez souvent.

- La **barre des tâches**. Composant crucial, calé tout en bas du bureau, cette longue barre contient de nombreux éléments pour agir et vous informer. Dans l'ordre : le bouton *Démarrer* (première icône à gauche sous forme de logo Windows), la zone d'accès à *Cortana* (grande zone de recherche rectangulaire qui débute par un cercle et se termine par un symbole de micro), l'icône *Applications actives* (pour basculer facilement entre les logiciels ouverts), des icônes de logiciels (pour démarrer ceux-ci d'un simple clic) et, complètement à droite, la zone de notification (zone qui affiche l'heure et la date, ainsi que des icônes qui renseignent sur l'état de votre ordinateur tout en vous permettant d'agir).

AU CŒUR DE WINDOWS AVEC LE MENU *DÉMARRER*

Le menu *Démarrer* permet d'ouvrir n'importe quel logiciel présent sur l'ordinateur et d'accéder à divers outils et fonctionnalités essentiels de Windows. Pour l'afficher, cliquez sur le bouton marqué du logo Windows, tout au début à gauche de la barre des tâches. Ensuite, cliquez sur l'icône, la commande ou la vignette correspondant à l'élément que vous voulez démarrer. Vous pouvez aussi appuyer sur la touche *Windows* de votre clavier. Ce menu se scinde en trois parties :

- À gauche, une fine colonne avec quatre icônes très utiles, notamment pour accéder au panneau *Paramètres* (grand centre de réglages) et pour éteindre votre PC.
- Ensuite, une colonne avec la liste complète des programmes et applications présents sur votre ordinateur, classée par ordre alphabétique. Pour vous faire gagner du temps, elle est précédée de ceux que vous employez le plus souvent.
- Au centre, de grosses vignettes colorées de programmes et d'applications. Hormis les incontournables, comme *Photos* ou *Courrier*, elles varient en fonction du vendeur de votre ordinateur et des logiciels installés sur celui-ci.

Attention ! −

Windows 10 prend quelques libertés avec la confidentialité des données personnelles. Pour freiner sa curiosité, cliquez sur le bouton *Démarrer* (logo Windows en bas à gauche), puis sur l'icône *Paramètres* (la roue crantée) et sur *Confidentialité*. Explorez les sections pour affiner les réglages en fonction de vos souhaits et de vos usages.

LES FICHIERS ET LES DOSSIERS

Pour préserver le bon fonctionnement de votre ordinateur et vous permettre de retrouver facilement vos informations, celles-ci doivent être rangées. Elles sont donc regroupées selon leur nature dans des *fichiers* (ces derniers peuvent être, par exemple, des photos, des sons, des vidéos ou des textes), que vous pouvez réunir dans des *dossiers* thématiques. Cette organisation est similaire à la «vraie vie» où vous rangez vos documents dans des pochettes, que vous stockez ensuite dans des boîtes. Pour naviguer entre les fichiers et les dossiers, et les gérer, vous utilisez l'*Explorateur de fichiers*. Pour ouvrir ce programme, cliquez sur son icône marquée d'un dossier jaune dans la barre des tâches.

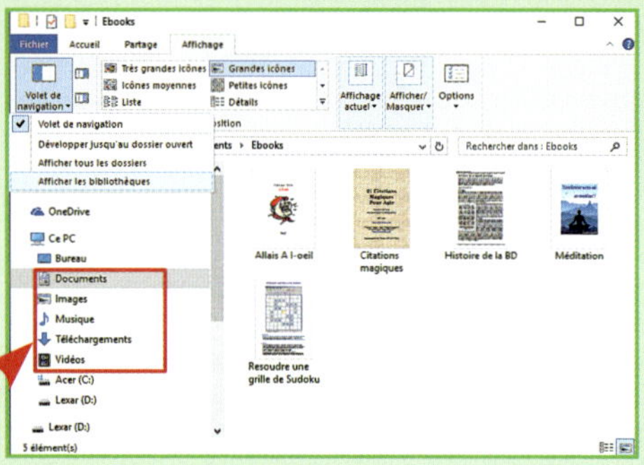

Pour vous aider à bien organiser le contenu de votre ordinateur, Windows propose pour chaque grande catégorie de fichiers un dossier personnel, appelé *bibliothèque*, comme Images pour vos photos et vos dessins.

LES EXÉCUTABLES

Contrairement aux programmes et aux applications qui produisent un résultat concret quand vous les utilisez, les *exécutables* constituent un type de fichiers très particulier, puisque vous ne pouvez en voir ni écouter le contenu, et encore moins les modifier. En effet, ils sont conçus pour accomplir une action unique quand vous les « lancez » (que vous les exécutez, donc). Par exemple, si vous double-cliquez sur l'exécutable d'un programme comme Word, vous démarrez celui-ci. Si vous faites de même sur un exécutable appelé *Install*, vous installez le logiciel correspondant. Pour identifier un exécutable, consultez la colonne *Type* dans l'Explorateur : elle indique alors *Application*.

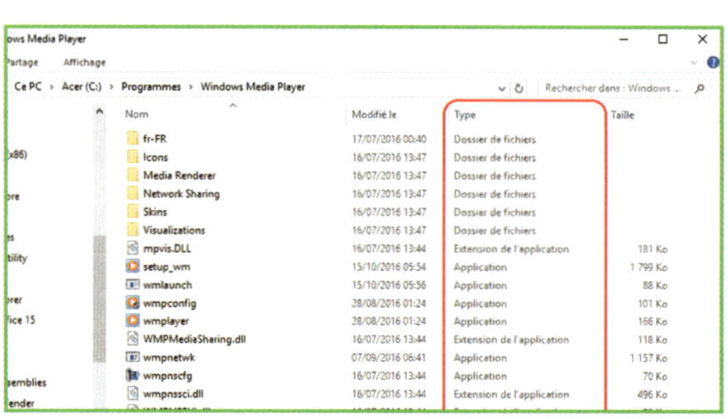

LES FENÊTRES

Saviez-vous que «Windows» signifie «fenêtres» en anglais ? Un nom logique, car celles-ci y sont omniprésentes. En effet, chaque logiciel s'ouvre dans une fenêtre, grand panneau rectangulaire qui regroupe tous les outils indispensables pour agir dans ledit logiciel. Chaque fenêtre diffère, bien sûr, car vous n'avez pas besoin des mêmes commandes pour envoyer un mail que pour retoucher une photo. Mais toutes ont en commun certains composants qui permettent de vous repérer aisément. Par exemple, la barre de titre, tout en haut, indique toujours le nom du logiciel, et elle se termine au moins par un bouton de fermeture marqué d'une croix.

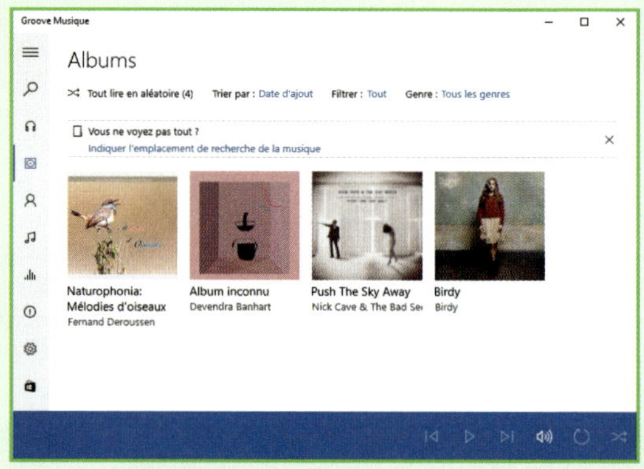

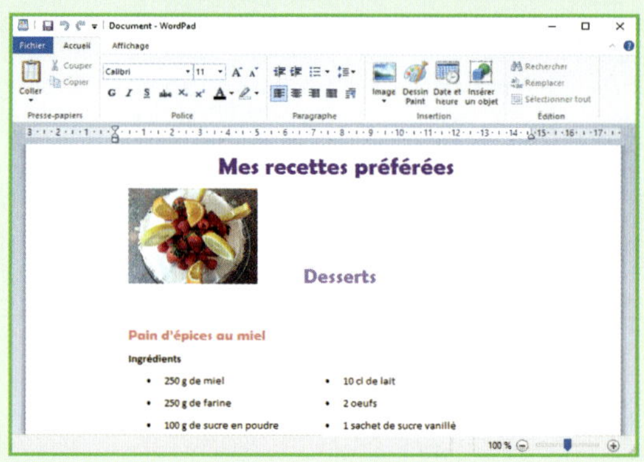

Trucs & astuces

Si votre PC a des logiciels que vous n'utilisez jamais, supprimez-les pour libérer de la place. Mais pas avec la touche *Suppr*, car vous risqueriez de mettre en péril le bon fonctionnement de votre ordinateur ! Tapez «Panneau de configuration» dans la zone de recherche de *Cortana* en bas. Cliquez sur le résultat trouvé. Dans la fenêtre qui s'ouvre, cliquez sur *Programme* puis sur *Désinstaller un programme*. Enfin, cliquez sur le logiciel à effacer, puis sur *Désinstaller*.

UN WINDOWS 10 QUI VOUS RESSEMBLE

Trucs & astuces

Quand vous repérez un cliché qui vous plaît en regardant vos prises de vues dans l'application *Photos*, vous pouvez l'appliquer directement au bureau ou à l'écran de verrouillage en cliquant sur les trois points à la fin de la barre d'outils de cette application, puis sur *Définir en tant que* et sur *Définir comme arrière-plan* ou *Définir en tant qu'écran de verrouillage*, respectivement.

CHANGER LE FOND D'ÉCRAN

Cliquez avec le bouton droit de la souris dans une zone vide du bureau, puis avec le gauche sur *Personnaliser*. Vous êtes dans la rubrique *Personnalisation* du panneau *Paramètres*. La section *Arrière-plan* apparaît et vous présente plusieurs fonds possibles : si l'un d'eux vous plaît, cliquez dessus ; sinon, utilisez une photo personnelle. Cliquez sur *Parcourir* et, dans la boîte de dialogue *Ouvrir*, naviguez jusqu'au cliché souhaité, puis double-cliquez dessus. Comme Windows applique aussitôt l'image choisie, vous pouvez aussi en tester d'autres.
Après avoir personnalisé le bureau, rien ne vous empêche de relooker aussi l'écran de verrouillage : cliquez sur *Écran de verrouillage* dans la colonne gauche du panneau *Paramètres* et choisissez l'image souhaitée, comme pour le bureau.

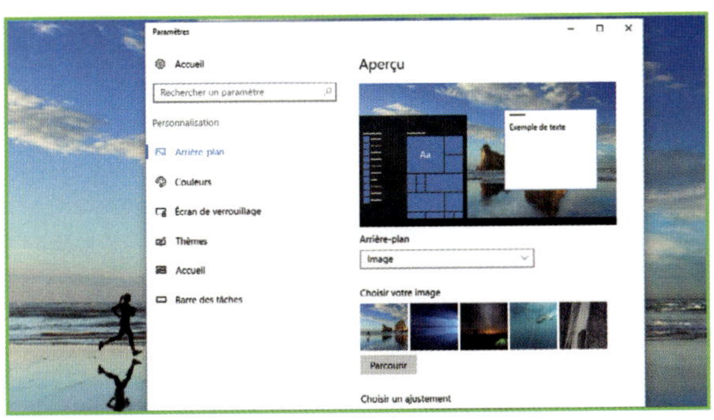

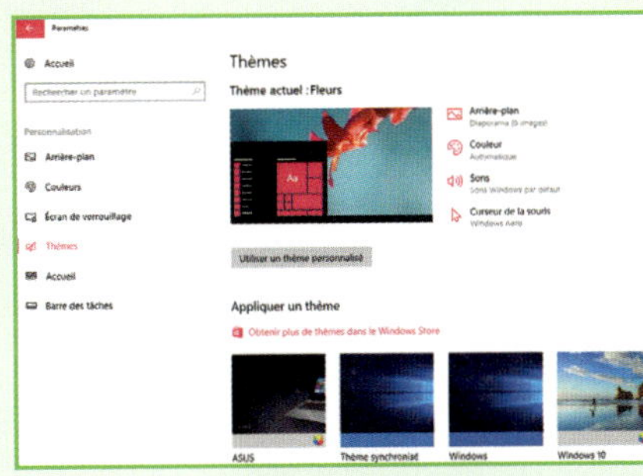

CHOISIR UN AUTRE THÈME

Si vous avez envie de changer radicalement d'environnement, ne vous embêtez pas à modifier un à un chaque aspect : sélectionnez juste un autre thème. Ainsi, les fonds d'écran arboreront un arrière-plan différent, et les vignettes du menu *Démarrer* ainsi que le cadre des fenêtres apparaîtront dans une nouvelle couleur. Pour effectuer ce lifting, ouvrez le panneau *Paramètres* en cliquant sur le bouton *Démarrer* (icône Windows) tout à gauche de la barre des tâches, puis sur l'icône de petite roue crantée en bas à gauche ; cliquez ensuite sur la rubrique *Personnalisation*, puis sur *Thèmes* dans la colonne de gauche. Dans la partie droite de la fenêtre, cliquez sur le thème souhaité ; et si le choix proposé est trop limité, cliquez sur *Obtenir plus de thèmes dans le Windows Store* pour accéder à d'autres thèmes.

PERSONNALISER L'ÉCRAN DE VEILLE

Ouvrez de nouveau la rubrique *Personnalisation* du panneau *Paramètres* (voir CHOISIR UN AUTRE THÈME), mais cliquez ensuite sur *Écran de verrouillage* dans la colonne de gauche, puis sur *Paramètres de l'écran de veille* tout en bas de la zone centrale. Dans la boîte de dialogue qui s'ouvre, cliquez sur le nom de l'écran de veille actuel, puis sur celui qui vous intéresse dans la liste proposée. La miniature d'écran vous donne aussitôt un aperçu du résultat, de sorte que vous pouvez changer si cela ne vous convient pas. Tapez ensuite le nombre de minutes au bout duquel devra s'afficher l'écran de veille dans la zone *Délai*, puis cliquez sur *OK*.

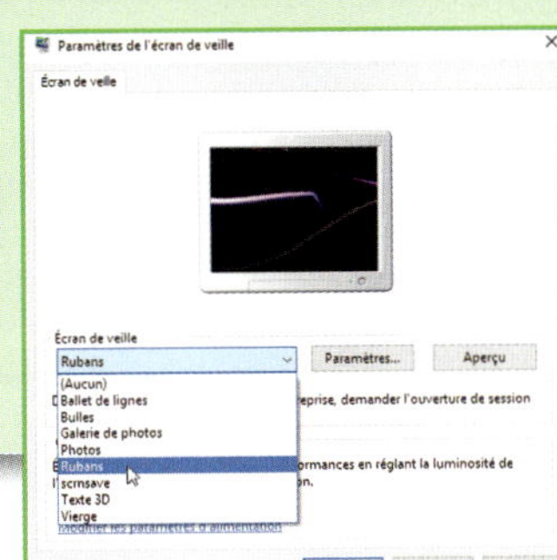

Le petit +

En plus de changer de décor, vous pouvez recolorer votre environnement pour voir la vie en rose, par exemple ! Allez dans la rubrique *Personnalisation* du panneau *Paramètres* (voir CHANGER LE FOND D'ÉCRAN). Cliquez simplement sur *Couleurs*, puis sur la teinte souhaitée dans la palette de la partie centrale.

Trucs & astuces

Si Windows ne démarre plus au bout de deux essais, vous êtes redirigé vers l'environnement de récupération Windows. Pour restaurer le système, on peut alors cliquer sur *Dépannage* pour se rendre dans le menu *Réinitialiser son PC*. Plusieurs choix s'offrent à vous dont *Restaurer à l'état d'usine* (ou parfois *Tout supprimer*) qui vous permet de retrouver la version originale (sans vos fichiers) de Windows. Confirmez ensuite qu'il faut bien *Supprimer simplement les fichiers* pour ensuite cliquer sur *Réinitialiser*.

CRÉER UN COMPTE UTILISATEUR

Si plusieurs personnes se servent du même ordinateur, il peut être utile de créer pour chacune d'elles un compte utilisateur, qui lui permettra de personnaliser son environnement de travail et garantira que les autres n'auront pas accès à ses fichiers personnels. Cliquez sur le bouton *Démarrer* (icône Windows en bas à gauche sur la barre des tâches), puis sur l'icône *Paramètres* (la roue crantée), au-dessus. Dans le panneau *Paramètres*, cliquez sur *Comptes*, puis sur *Famille et autres utilisateurs* dans la colonne de gauche, et *Ajouter un autre utilisateur sur ce PC* au centre. Dans la fenêtre *Créer un compte pour ce PC*, tapez le prénom de la personne, définissez un mot de passe qu'elle devra saisir pour accéder à son compte, et cliquez sur *Suivant*. Le compte apparaît aussitôt. S'il devient inutile par la suite, vous pourrez l'éliminer en le sélectionnant, puis en cliquant sur *Supprimer*.

SAUVEGARDER WINDOWS AUTOMATIQUEMENT

Pour sécuriser les fichiers de chaque utilisateur défini sur votre ordinateur, Windows 10 intègre un outil de sauvegarde qui fonctionne en toute autonomie. Néanmoins, pour remplir son rôle, il doit disposer d'un second disque dur où stocker cette sauvegarde. Donc, si votre PC n'intègre qu'un seul disque, achetez-en un externe à brancher sur un port USB ou à connecter en Wi-Fi (voir p. 379 et 380). Pour optimiser le processus, la sauvegarde est incrémentielle : autrement dit, elle n'enregistre que les changements intervenus depuis la sauvegarde précédente.

Pour vous assurer qu'elle est activée et éventuellement en modifier certains paramètres, comme sa fréquence ou le choix des dossiers pris en compte, rouvrez le panneau *Paramètres*, allez à *Mise à jour et sécurité*, puis cliquez sur *Sauvegarde* et, si le curseur *Sauvegarder automatiquement mes fichiers* est grisé, cliquez dessus, afin de l'activer (il ne sera visible que si vous avez déjà ajouté le lecteur sur lequel vous voulez faire la sauvegarde). Cela fait, dès lors que votre second disque dur est connecté et allumé, l'outil de sauvegarde le détecte automatiquement. Si besoin, vous pouvez cliquer sur *Plus d'options* pour accéder aux réglages de la sauvegarde et éventuellement l'exécuter manuellement.

RESTAURER SON PC

En cas de défaillance du système d'exploitation, vous pouvez réinitialiser votre ordinateur : rouvrez le panneau *Paramètres*, cliquez sur *Mise à jour et sécurité*. Sur la colonne de gauche, cliquez sur *Récupération*. Dans la partie *Réinitialiser ce PC*, cliquez sur *Commencer*. En cas de défaillance totale, vous pouvez aussi choisir de le redémarrer à partir d'un DVD de Windows que vous aura remis le vendeur ou d'un DVD de restauration que vous aurez gravé grâce à l'outil de sauvegarde : dans le premier cas, si vous choisissez une restauration complète, vous retrouverez la version originale de Windows 10 (et perdrez donc notamment toutes les applications que vous aurez installées depuis) ; dans le second cas, votre ordinateur est restauré dans l'état où il était lors de la dernière sauvegarde.

Pour créer un disque de restauration, affichez de nouveau la section *Sauvegarde* du panneau *Paramètres*, puis cliquez sur *Accéder à l'outil Sauvegarder et restaurer*. Cliquez ensuite sur *Créer un disque de réparation système* dans la colonne gauche de la fenêtre qui s'ouvre, puis insérez un DVD vierge dans le lecteur correspondant de votre PC et cliquez sur le bouton *Créer un disque*.

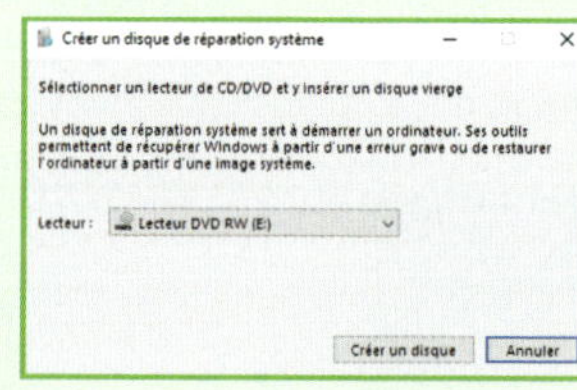

Le petit +

Chaque utilisateur peut se créer plusieurs bureaux, afin de bien séparer ses différentes activités. Il suffit de cliquer sur l'icône *Affichage des tâches* dans la barre des tâches, puis sur *Nouveau bureau* tout à droite.

7 CONSEILS POUR BOOSTER WINDOWS

NE GARDEZ AUCUNE APPLICATION OUVERTE INUTILEMENT

Pour ne pas mobiliser inutilement les ressources de votre ordinateur, vous devez à la fois fermer les applications que vous aviez ouvertes mais dont vous n'avez plus besoin, et désactiver celles qui fonctionnent à votre insu en arrière-plan. Pour les premières, cliquez sur le bouton marqué d'une croix dans l'angle supérieur droit de leur fenêtre ; quelle que soit sa couleur de départ, il rougit quand le pointeur le survole. Pour les secondes, ouvrez le panneau *Paramètres* (voir CRÉER UN COMPTE UTILISATEUR en page précédente), cliquez sur *Confidentialité*, puis sur *Applications en arrière-plan* et désactivez toutes les applications que vous n'estimez pas nécessaires.

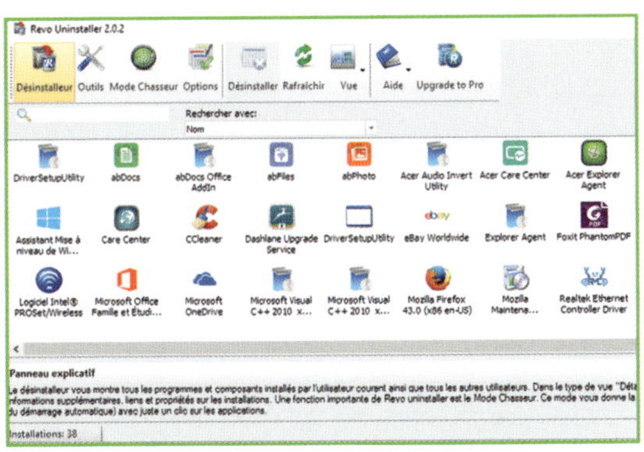

UTILISER UN DÉSINSTALLEUR SPÉCIALISÉ

Pour supprimer proprement un programme, avec la certitude d'éliminer absolument tous les fichiers et informations qu'il a disséminés sur votre ordinateur, utilisez Revo Uninstaller. Ainsi débarrassé de toutes ces données inutiles, votre PC sera moins exposé aux risques de dysfonctionnement. Revo Uninstaller est disponible sur www.revouninstaller.com en versions gratuite ou payante, mais la première suffit. Le logiciel existe en français, mais les tutoriels proposés sur le site du fabricant pour expliquer comment l'installer et l'utiliser sont uniquement en anglais.

NETTOYER RÉGULIÈREMENT AVEC CCLEANER

L'installation d'une application entraîne l'ajout d'une grande quantité d'informations et de fichiers sur l'ordinateur. Or, lors de leur désinstallation, beaucoup d'applications laissent de nombreuses données sur votre PC qui, à force, finissent par ralentir considérablement le système. Nettoyer Windows en profondeur de temps en temps, afin d'éliminer les données inutiles, est donc nécessaire. Utilisez CCleaner, utilitaire gratuit et en français, qui a le mérite de nettoyer la base de registre (base de données contenant les informations de configuration du système et des applications). Vous pouvez le télécharger depuis le site de son éditeur www.piriform.com/ccleaner. Pour le passer en français, démarrez-le, cliquez sur *Options* (ou *Settings*) et sélectionnez la langue voulue.

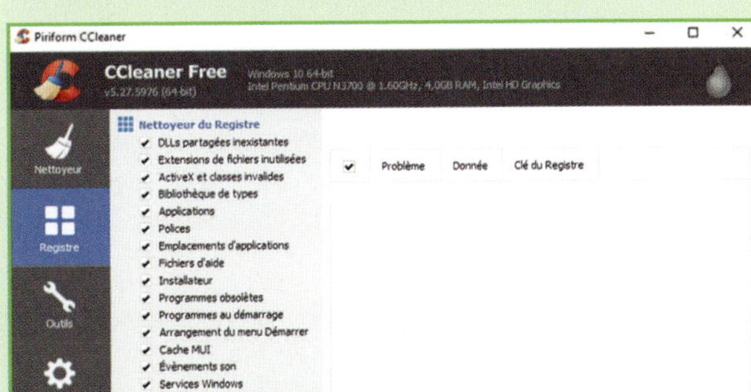

Attention !

Pour certains types de disques durs, comme les SSD qui équipent souvent les PC hybrides ou les tablettes, la défragmentation n'a aucun intérêt. Heureusement, si votre ordinateur est équipé d'un tel disque, le défragmenteur de Windows le détecte aussitôt et s'arrête avant même de commencer son analyse.

GARDER WINDOWS À JOUR

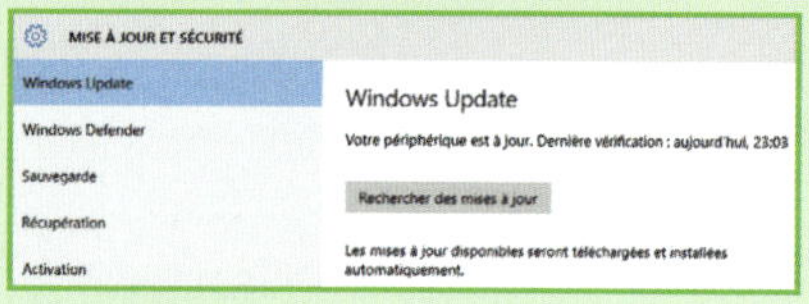

Pour préserver les performances de votre PC et lui garantir un niveau de sécurité maximal, Windows doit rester à jour (voir p. 383 et 384). Normalement, le système effectue cette tâche quotidiennement sans que vous n'ayez à vous en soucier. Mais n'hésitez pas à démarrer Windows Update de temps en temps pour vérifier que Windows 10 est bien à jour. Cliquez sur le bouton *Démarrer*, sur l'icône *Paramètres*, puis sur la rubrique *Mise à jour et sécurité*.

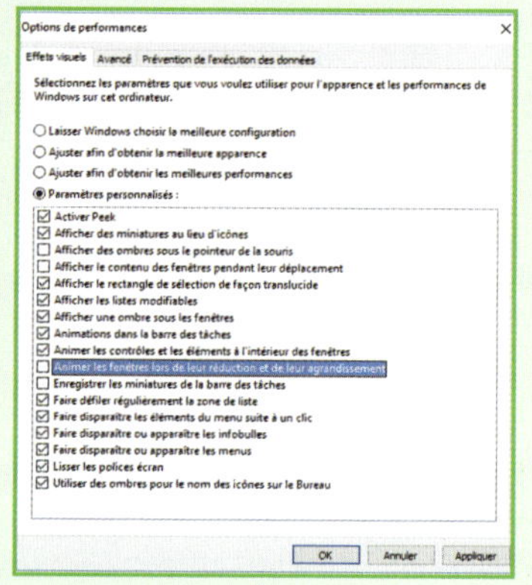

DÉFRAGMENTER DE TEMPS EN TEMPS

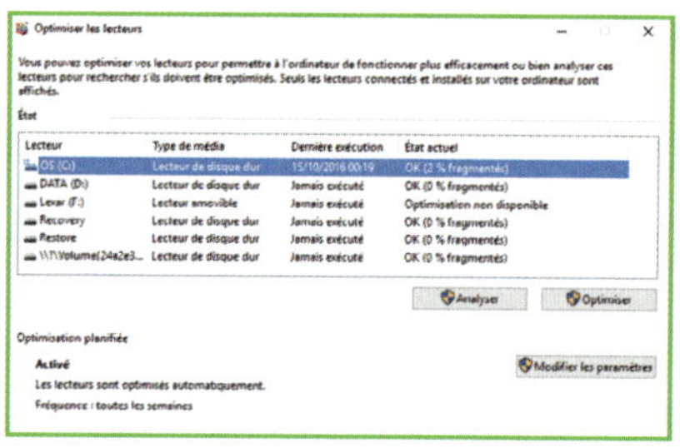

Sur le disque dur, chaque fichier est stocké en plusieurs morceaux en fonction de la place disponible. Quand vous l'ouvrez, Windows recherche et rassemble tous les « bouts » pour vous livrer un fichier exploitable. Donc plus le fichier est morcelé (fragmenté), plus sa reconstitution réclame de temps. C'est pourquoi il est important de défragmenter régulièrement le disque dur, afin de rassembler les parties de chaque fichier.

Tapez « Défragmenter » dans la zone de recherche de *Cortana* en bas. Sélectionnez *Défragmentez et optimisez les lecteurs*. Choisissez le lecteur à défragmenter et cliquez sur *Optimiser*. Windows commence par analyser le disque pour identifier les fichiers disséminés, puis réunit ces derniers. L'opération étant généralement très longue, mieux vaut l'effectuer à un moment où vous n'utilisez pas votre PC ou la programmer à une heure qui ne vous dérange pas via le bouton *Modifier les paramètres*.

MOINS CHIC MAIS PLUS EFFICACE

Les effets visuels de Windows réclament tellement de ressources matérielles qu'il vaut mieux en désactiver certains, surtout si votre ordinateur n'est plus tout jeune ou pas très puissant. Commencez par taper « Panneau de configuration » dans le champ de recherche de *Cortana* en bas et, dès que le nom de cet outil apparaît, cliquez dessus. Cliquez ensuite sur la rubrique *Système et sécurité* puis *Système* et sur *Paramètres système avancés*, à gauche. Cliquez sur *Paramètres* à la rubrique *Performances*, puis, dans l'onglet *Effets visuels*, décochez au moins les options *Afficher le contenu des fenêtres pendant leur déplacement* et *Animer les fenêtres lors de leur réduction et de leur agrandissement*. Enfin, cliquez sur *Appliquer*, puis sur *OK*.

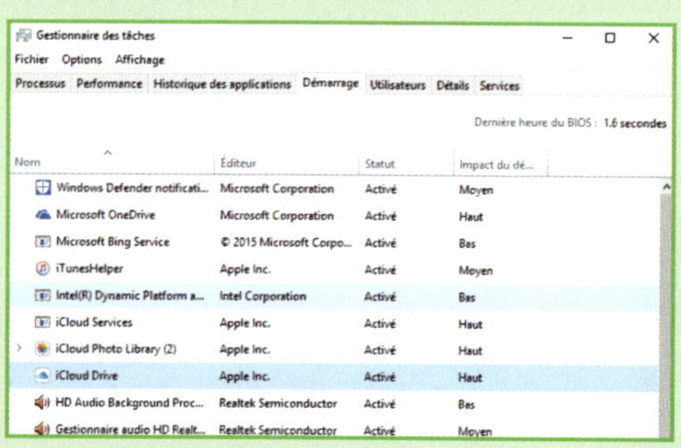

ALLÉGER LE DÉMARRAGE

À son démarrage, Windows 10 active à votre insu toute une série de programmes et d'outils dont vous n'avez pas nécessairement besoin. Pour les désactiver, cliquez avec le bouton droit sur le bouton *Démarrer*, puis avec le gauche sur *Gestionnaire des tâches*, cliquez sur *Plus de détails* (si ce n'est déjà fait lors de manipulations antérieures) et affichez l'onglet *Démarrage*. Parcourez la liste des éléments démarrés automatiquement et, dès que vous en repérez un sans intérêt, cliquez dessus, puis sur *Désactiver*.

SÉCURITÉ ET MISE À JOUR

SÉCURISER VOTRE CONNEXION WI-FI PRIVÉE

Les connexions sans fil à la maison peuvent être facilement piratées dès lors qu'elles utilisent le mauvais système de cryptage (voir aussi p. 41 et suivantes). Si votre FAI ne l'a pas fait, bannissez absolument le protocole de sécurisation WEP, désormais complètement dépassé : en quelques secondes, un pirate peut le casser et utiliser votre connexion pour n'importe quelle activité illégale. Pour connaître le protocole utilisé, cliquez sur l'icône Wi-Fi dans la barre des tâches (point avec trois quarts de cercle concentriques en forme de triangle en bas à droite, non loin de l'heure) et, en bas de la fenêtre qui s'ouvre, sur *Paramètres réseau et Internet*. Cliquez ensuite sur *Wi-Fi* puis sur le nom de votre connexion et dans la section *Propriétés*, lisez la ligne *Type de sécurité*. Si vous devez changer de protocole, reportez-vous à l'encadré CONFIGURER SON MODEM ROUTEUR ET CHANGER LA SÉCURITÉ ci-contre. Désactivez aussi le partage, car celui-ci vous expose à une usurpation de votre connexion par un tiers. Cliquez avec le bouton droit sur l'icône témoin de votre connexion vers la fin de la barre des tâches, puis avec le gauche sur *Ouvrir le Centre réseau et partage*. Cliquez sur *Modifier les paramètres de partage avancés*, à gauche, et sélectionnez les options *Désactiver la découverte du réseau* et *Désactiver le partage de fichiers et d'imprimantes* dans la section *Privé*.

Le petit +

Lors de vos déplacements, vous pouvez utiliser le programme Hotspot Shield (www.hotspotshield.com/fr). Celui-ci propose soit une connexion VPN (Virtual Private Network, réseau privé virtuel) gratuite, bien que lourde en publicités, soit une connexion à un réseau privé permettant de créer un réseau direct entre votre portable et la station au bureau ou à la maison (connexion sécurisée). Ce programme fonctionne aussi bien sur PC que sur smartphone et tablette.

CONFIGURER SON MODEM ROUTEUR ET CHANGER LA SÉCURITÉ

Pour modifier une configuration sans fil, branchez votre ordinateur sur votre box à l'aide du câble réseau fourni avec cette dernière : ainsi, vous accéderez aux commandes de configuration sans perdre la connexion avec le modem si vous changez les paramètres Wi-Fi. Pour configurer le modem et changer le protocole de sécurisation, il faut aller sur l'interface du modem. La plupart du temps, pour y accéder, on utilise l'adresse IP de la box, qui est généralement http://192.168.0.1 ou 192.168.1.1. On vous demandera alors un mot de passe, qui dépend du fournisseur d'accès (vous trouverez une liste des identifiants selon les fournisseurs sur www.commentcamarche.net/faq/8102-192-168-1-1-192-168-0-1-comment-y-acceder). Chez certains FAI (Free notamment), la configuration du modem est accessible en vous connectant à votre compte d'utilisateur via le site du fournisseur d'accès. Ensuite, dans l'interface du modem, rendez-vous dans la section relative au sans-fil (Wi-Fi). Modifiez le protocole de sécurité pour WPA2-PSK (AES) ou WPA (si vous n'avez pas WPA2) à la place du WEP (voir p. 44) et indiquez un nouveau mot de passe. Certains FAI proposent aussi l'option *Générer une clé* pour obtenir une nouvelle clé aléatoire.

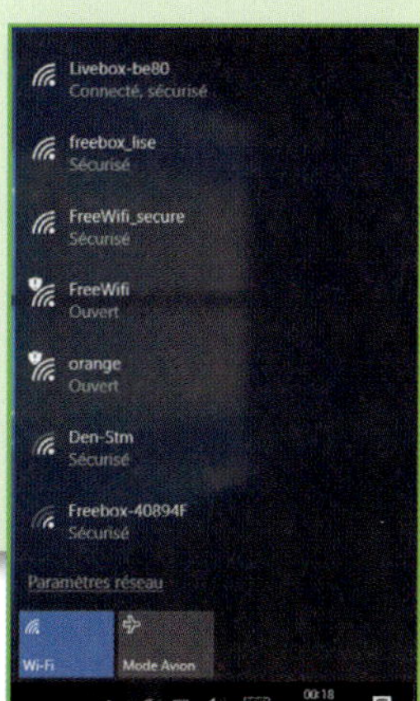

VOUS CONNECTER SANS RISQUE HORS DE CHEZ VOUS

Aussi tentantes que soient les connexions Wi-Fi à l'extérieur de votre domicile, méfiez-vous, car rien ne distingue une borne d'opérateur (Orange, Neuf, Free) de celle d'un pirate. Donc, pour éviter que Windows ne vous connecte automatiquement aux réseaux disponibles (qui peuvent représenter des connexions à risque), cliquez avec le bouton droit sur l'icône témoin de votre connexion, vers la fin de la barre des tâches, puis sur *Paramètres réseau et Internet*, et dans la section *Wi-Fi*, désactivez l'option *Se connecter, selon les suggestions fournies, aux points d'accès ouverts*. Ensuite, au moment d'établir votre connexion, choisissez uniquement parmi les réseaux estampillés « sécurisés » : n'utilisez les réseaux « ouverts », associés à une icône de danger, qu'en cas de nécessité. Évitez toutefois de vous connecter à des sites d'achat ou à vos mails, pour ne pas risquer de vous faire usurper vos identifiants.

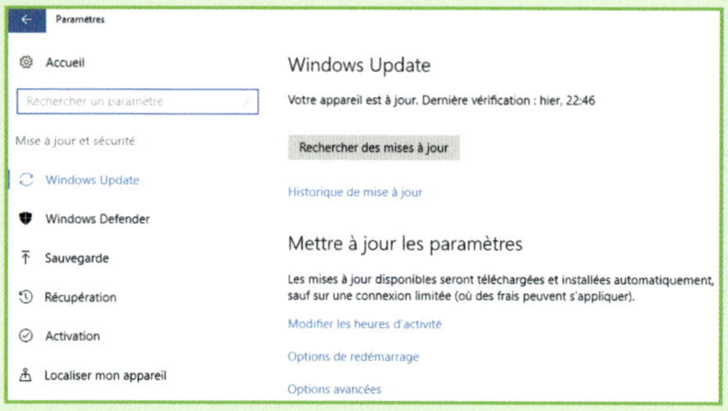

WINDOWS UPDATE

Pour accéder à Windows Update, cliquez sur le bouton *Démarrer*, puis sur l'icône *Paramètres*, au-dessus, et sur *Mise à jour et sécurité* dans le panneau *Paramètres*. Le panneau qui s'affiche indique la date (et l'heure) à laquelle le programme a vérifié pour la dernière fois la disponibilité éventuelle de mises à jour sur le site de Microsoft : si ce contrôle date, relancez-le en cliquant sur *Rechercher des mises à jour*. Si Windows Update détecte des mises à jour, il les télécharge toutes, mais il installe uniquement les mises à jour obligatoires. Si vous souhaitez installer les mises à jour facultatives, vous devez cliquer sur le bouton correspondant juste au-dessous ou à côté de la mise à jour concernée.

DIFFÉRER LES REDÉMARRAGES

Pour ne pas être perturbé pendant votre travail par le redémarrage de votre ordinateur à la suite d'une mise à jour, vous pouvez indiquer à Windows Update une plage horaire de 12 heures au maximum au cours de laquelle il ne devra pas redémarrer votre PC. Par exemple, indiquez 8 h à 20 h si vous utilisez votre machine essentiellement pendant la journée. Dans la section *Windows Update* du panneau *Paramètres*, cliquez sur *Modifier les heures d'activité* et définissez la plage horaire souhaitée. Après avoir cliqué sur une heure, n'oubliez pas de cliquer aussi sur la coche au bas de la colonne pour valider.

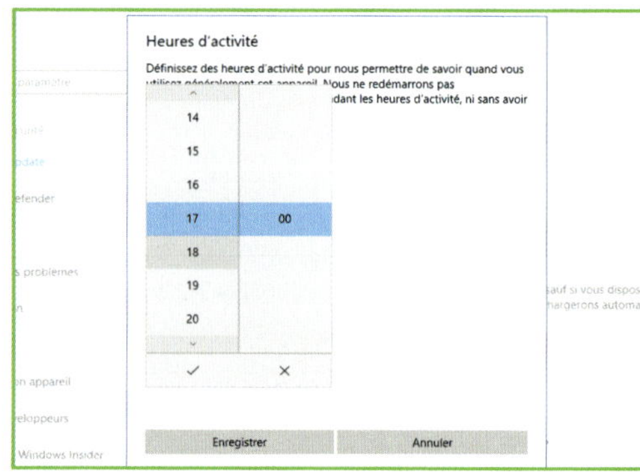

PROBLÈMES ET RÉSOLUTIONS

Lors de l'installation d'une mise à jour, un message vous invite parfois à redémarrer l'ordinateur. Mieux vaut le faire alors sur-le-champ, car il peut arriver qu'en utilisant un programme tiers, la mise à jour en cours modifie le comportement de l'ordinateur et provoque son arrêt. Outre ces sollicitations ponctuelles, vérifiez également de vous-même que toutes les mises à jour téléchargées ont bien été installées : dans la section *Windows Update* du panneau *Paramètres*, cliquez sur *Historique de mise à jour* pour voir si elles ont toutes été bien installées. Dans le cas contraire, cliquez sur le bouton *Réessayer* associé à la mise à jour en attente.

Trucs & astuces

Quand un message d'erreur s'affiche lors d'une mise à jour, le problème est généralement bénin. Néanmoins, pour ne courir aucun risque si vous devez déclencher vous-même une mise à jour, choisissez un moment où vous n'avez pas besoin de votre ordinateur et où vous avez du temps devant vous, car l'opération suspend automatiquement toutes les autres procédures d'installation.

LES GESTES DE BASE DE LA PRATIQUE INFORMATIQUE

Pour bien utiliser votre ordinateur, vous devez maîtriser quelques gestes essentiels, notamment les différents types de clics, et des actions de base comme le copier-coller.

Pour agir dans Windows et vos applications, vous pouvez utiliser votre souris et/ou, si votre ordinateur est équipé d'un écran tactile, votre doigt (voire un stylet). Le « clic gauche » et le « toucher » permettent, d'une part, de sélectionner un élément, comme un fichier ou une icône, d'autre part, d'exécuter la commande associée à un bouton, un nom de menu ou un lien dans une page web, par exemple. Le « double clic » (deux pressions très rapides sur le bouton gauche de la souris) et le « tapoter » (deux contacts rapides avec l'écran) sert à lancer un programme ou à ouvrir un fichier (voir p. 50). Le « clic droit » et le « toucher prolongé » affichent le menu contextuel de l'élément cliqué ou touché, qui réunit des commandes directement liées à cet élément : par exemple, dans le cas d'un fichier ou d'un dossier, il permet notamment de le copier, le supprimer ou le renommer.

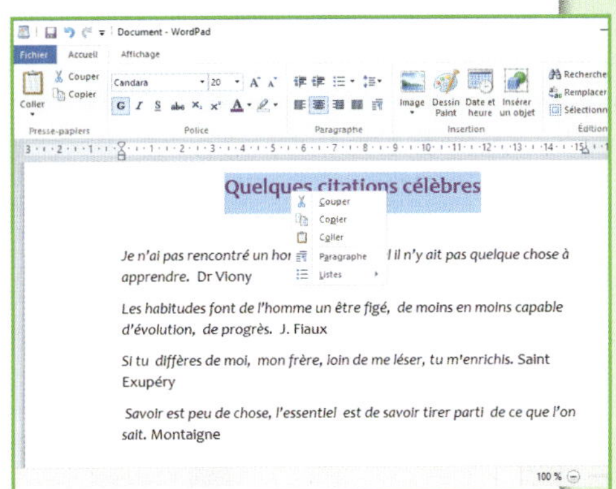

Autre manipulation à connaître : le « glisser-déposer », qui permet de déplacer ou copier des éléments avec la souris en les faisant simplement glisser. Par exemple, pour changer un mot de place dans un texte, sélectionnez-le, puis cliquez dessus et, sans relâcher le bouton de la souris, faites glisser celle-ci jusqu'à ce que le curseur à l'écran se retrouve à l'endroit où inscrire le texte ; relâchez alors le bouton de la souris. Vous pouvez aussi agrandir ou réduire une fenêtre en glissant-déposant l'un de ses angles vers l'extérieur ou l'intérieur (le pointeur se transforme en double flèche).

Si vous possédez un écran tactile, le « balayage » vous servira tout autant : celui-ci consiste à faire glisser votre doigt latéralement ou verticalement et permet à la fois de passer d'un élément à l'autre (des photos, par exemple) et de faire défiler le contenu (pour lire une longue page web, notamment).

Enfin, les « raccourcis clavier » permettent d'exécuter des commandes courantes en enfonçant simultanément plusieurs touches. Par exemple, appuyer en même temps sur *Ctrl* et *C* permet de copier l'élément sélectionné et les touches *Ctrl* et *V* insèrent cette copie à l'endroit souhaité. Important à connaître, le raccourci *Ctrl* et *Z* sert à annuler la dernière opération effectuée (copie, saisie ou autre). Pratique quand on s'est trompé et que l'on veut revenir à l'étape antérieure.

Le petit +

Pointer une icône du bureau ou un bouton dans une fenêtre (c'est-à-dire la ou le survoler avec la souris) affiche temporairement un petit rectangle qui indique le nom de l'élément ou l'action qui sera déclenchée si vous cliquez. Par exemple, pointer la croix rouge dans le coin supérieur droit d'une fenêtre informe qu'un clic sur cette croix fermera la fenêtre.

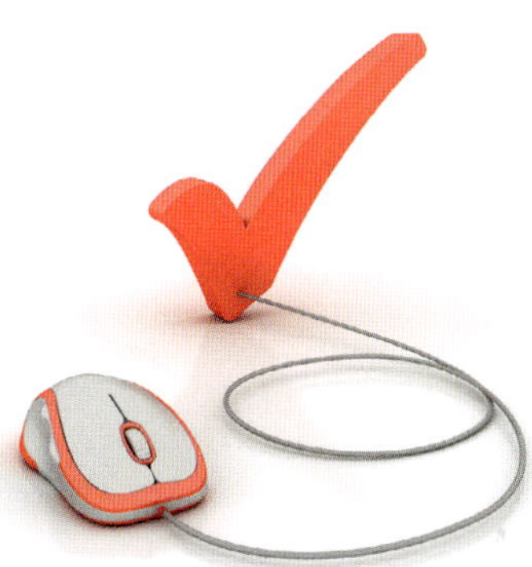

Attention !

Si vous copiez un contenu extrait d'une page web (qu'il s'agisse d'un texte ou d'une image), limitez-vous à un usage strictement privé de celui-ci afin de respecter le droit d'auteur.

USER ET ABUSER DE CORTANA

Que vous ayez égaré un fichier sur votre ordinateur, que vous vouliez démarrer un programme qui n'apparaît pas dans le menu *Démarrer* ou que vous ayez besoin d'aide sur la réalisation d'une procédure, *Cortana*, l'outil de recherche de Windows 10, peut vous dépanner. Pour l'interroger, cliquez dans la grande zone de texte au début de la barre des tâches et commencez à taper le nom de votre fichier ou programme, ou un mot-clé : dès que la réponse attendue apparaît dans le panneau qui se déroule au-dessus de la zone, cliquez dessus pour accéder à votre fichier, programme ou renseignement. Vous pouvez aussi lui demander de rechercher des informations sur Internet ou l'adresse d'un contact enregistré dans votre carnet d'adresses, de vous fournir un itinéraire ou de trouver une séance de cinéma compatible avec votre agenda, par exemple.

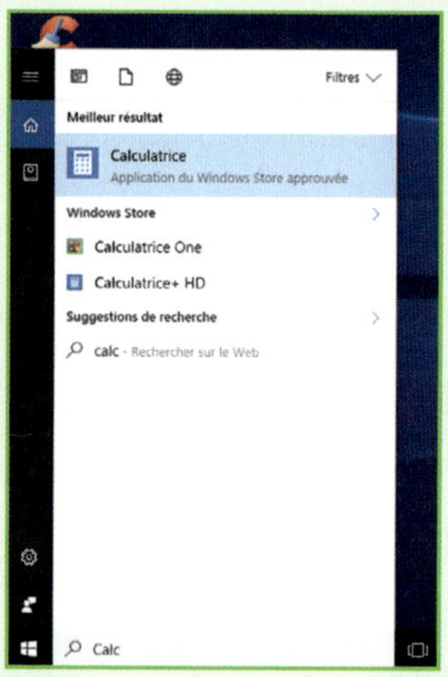

RÉCUPÉRER DES EXTRAITS D'UN SITE WEB

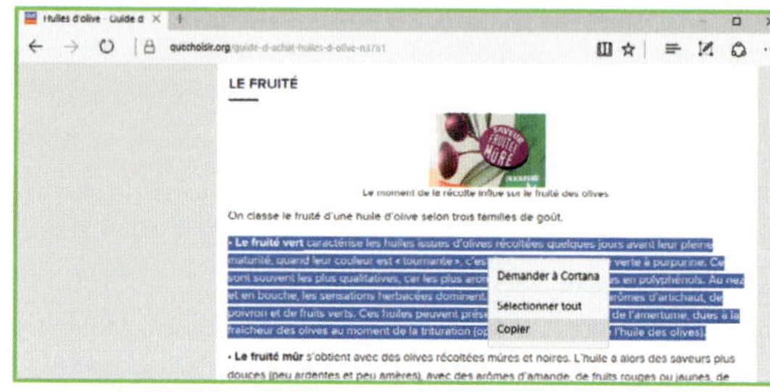

Le copier-coller fonctionne aussi bien avec des fichiers et des dossiers qu'avec des extraits de textes ou des images sur un site Internet. Comme son nom l'indique, il permet de copier un élément et de placer cette copie à un autre endroit. Dans une page web, par exemple, sélectionnez le texte ou l'image à dupliquer, puis cliquez avec le bouton droit sur la sélection et, dans le menu contextuel, cliquez avec le bouton gauche sur *Copier*. Ensuite, cliquez avec le bouton droit là où vous souhaitez placer l'élément copié (comme un document dans le cas d'un texte, ou le bureau ou un dossier dans le cas d'une image) et cliquez avec le bouton gauche sur *Coller*. Si la copie ne fonctionne pas pour l'image qui vous intéresse, vous pouvez la récupérer malgré tout en cliquant sur *Enregistrer l'image sous* dans le menu contextuel (clic droit de la souris).

CRÉER UN DOSSIER, UN FICHIER

Votre ordinateur stocke des dossiers qui contiennent des fichiers (photos, chansons, vidéos, textes, etc.). Au fil de vos activités, vous serez sans cesse amené à créer de nouveaux fichiers et des dossiers pour les classer et les regrouper, par thème notamment. La manipulation est simple et peut se faire dans n'importe quel dossier de votre PC, voire sur le bureau si vous souhaitez y placer un document pour y garder un accès direct. Dans tous les cas, cliquez avec le bouton droit ailleurs que sur une icône, puis avec le bouton gauche sur *Nouveau* dans le premier menu qui s'affiche et sur le type de l'élément à créer dans le second menu. Tapez le nom à donner à élément et appuyez sur la touche *Entrée* du clavier pour le valider.

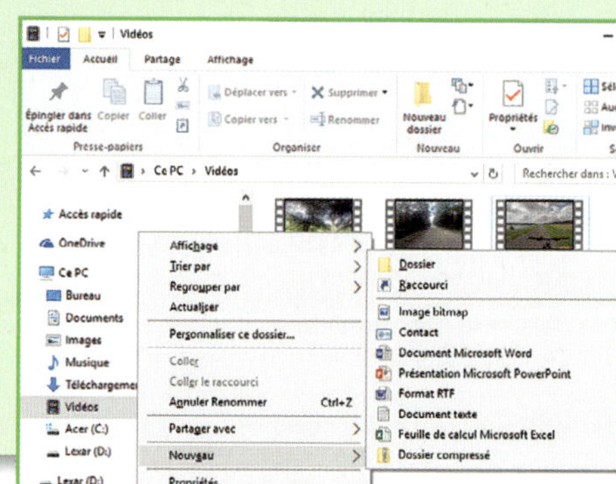

Trucs & astuces

Pour retrouver instantanément le bureau, vous pouvez réduire automatiquement toutes les fenêtres ouvertes en cliquant sur le bouton transparent situé à la fin de la barre des tâches, juste après l'affichage de l'heure. Il est aussi possible de rendre les fenêtres momentanément transparentes en pointant ce même bouton.

Trucs & astuces

Dès votre arrivée dans le Windows Store, vous pouvez rechercher directement l'application, le film ou le chanteur qui vous intéresse en tapant son nom dans la zone *Recherche*r en haut à droite.

DÉCOUVRIR ET UTILISER LE WINDOWS STORE

Le Windows Store, magasin en ligne de Microsoft, vous permet de faire votre shopping informatique en toute sécurité. Un outil pratique pour enrichir votre ordinateur et étendre vos activités !

Le Windows Store propose de nombreux types de produits, notamment des applications, des jeux, de la musique, des films et des séries TV. Dans certaines catégories, comme les divertissements, on trouve à la fois des offres payantes et gratuites ; et dans d'autres, comme le cinéma, il est possible d'acheter ou de louer des longs-métrages.

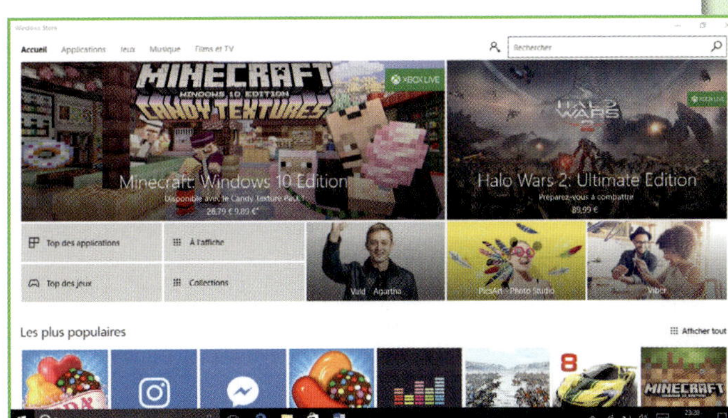

Vous pourrez utiliser le Windows Store pour obtenir de nouvelles applications pour votre ordinateur car, au fil du temps, celles intégrées à Windows 10 ne vous suffiront plus. Par exemple, si vous êtes un photographe passionné, vous serez très vite frustré par les capacités de l'application *Photos* en matière de retouche. Le Windows Store couvre ainsi de nombreux domaines : multimédia, finances, éducation, sport, santé, etc.

Certaines applications sont gratuites, et beaucoup coûtent moins de 5 €. Mais de nombreuses applications payantes offrent la possibilité de les tester gratuitement pendant au moins une journée. Au-delà de cette période, soit l'application cesse de fonctionner, soit elle ne vous donne plus accès qu'à un minimum de commandes.

Pour pouvoir acquérir une application ou tout autre type de produit (même gratuit) sur le Windows Store, vous devez posséder un compte Microsoft. Et pour commander un produit payant, il est possible de régler avec votre carte bleue ou avec un compte Paypal (voir p. 207).

À savoir

Windows intègre et accepte à la fois des programmes classiques, comme Word ou Adobe Reader, qui existaient déjà avant que Windows ne soit aussi conçu pour les écrans tactiles, et des applications et logiciels plus modernes apparus avec Windows 8 et héritiers des applications de smartphones. Le Windows Store propose uniquement ce dernier type d'applications. Pour vous procurer de nouveaux programmes, vous devrez donc vous rendre sur le site de leur éditeur ou des sites généralistes, comme www.01net.com ou www.clubic.com.

Télécharger et installer une application du Windows Store

Acquérir et installer une application trouvée sur le Windows Store ne prend que quelques minutes.

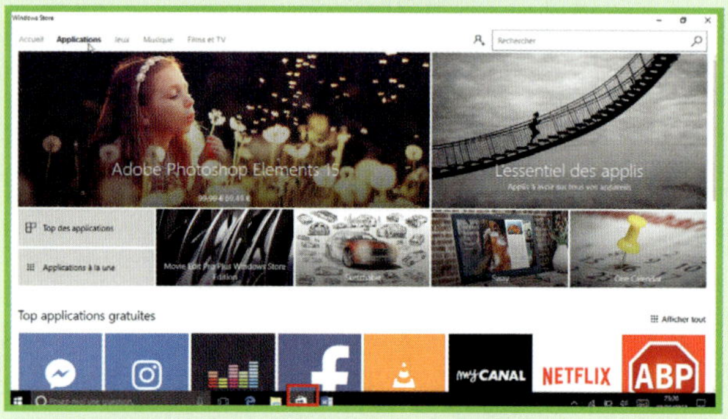

1 Pour accéder au Windows Store, cliquez sur son icône marquée d'un panier avec le logo de Windows vers le début de la barre des tâches. Une page proposant différents types de produits vous accueille : pour afficher le rayon des applications, cliquez sur *Applications*, tout en haut.

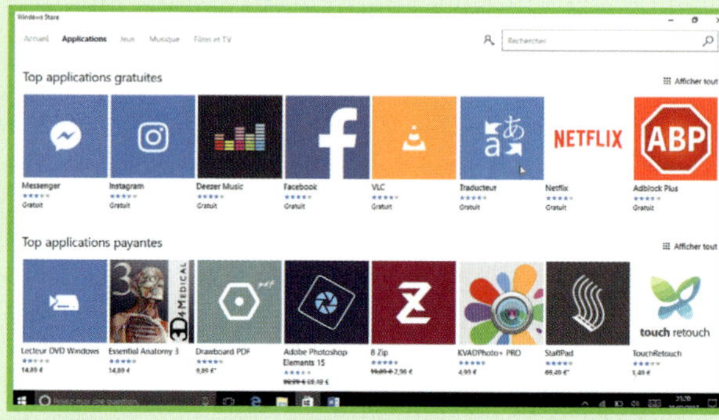

2 Recherchez l'application souhaitée. Vous pouvez parcourir les rubriques à l'écran en les faisant défiler verticalement, révéler toutes les applications de l'une d'elles en cliquant sur *Afficher tout*, ou ouvrir directement une catégorie spécifique en cliquant dessus, dans la liste tout en bas de la page. Au final, cliquez sur la vignette de l'application qui vous intéresse.

3 La fiche de l'application s'ouvre. Vérifiez au préalable dans la section *Disponible* qu'elle fonctionne sur votre ordinateur. Si vous voulez effectivement l'acquérir, cliquez sur *Obtenir* ou *Acheter*, selon qu'elle est gratuite ou payante. S'il existe un bouton *Essai gratuit*, vous pouvez cliquer dessus pour tester l'application sans engagement.

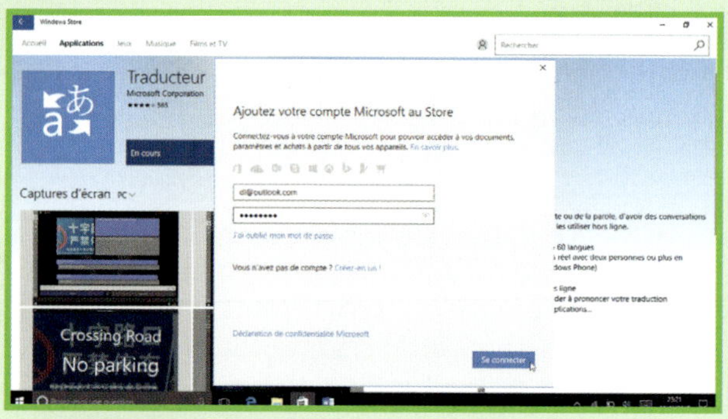

4 Si l'application est gratuite, elle est immédiatement téléchargée et installée. Sinon, fournissez les identifiants de votre compte Microsoft, choisissez un mode de paiement et donnez les informations confidentielles requises, comme pour n'importe quel achat en ligne. Sitôt l'application installée, vous pouvez l'ouvrir en cliquant sur *Lancer*.

Trucs & astuces

Quand vous installez une nouvelle application, Windows ajoute automatiquement une commande correspondante dans le menu *Démarrer* : au départ, il la place en toute logique dans la liste *Récemment ajoutées*, ce qui vous permet un accès rapide. Néanmoins, pour pouvoir démarrer cette application à tout moment, même après plusieurs semaines, vous pouvez ajouter son icône dans la barre des tâches : après avoir ouvert cette application, cliquez avec le bouton droit sur son icône dans la barre des tâches, puis avec le bouton gauche sur *Épingler à la barre des tâches*.

Désinstaller une application

Pour ne pas encombrer inutilement l'espace de stockage de votre ordinateur, ne téléchargez pas d'applications à tout-va, même si beaucoup sont gratuites. Et surtout, supprimez systématiquement celles dont vous n'avez plus besoin.

1 Cliquez sur le bouton *Démarrer* (logo Windows en bas à gauche) au début de la barre des tâches, puis sur l'icône *Paramètres* (roue crantée) dans la colonne gauche du menu *Démarrer*.

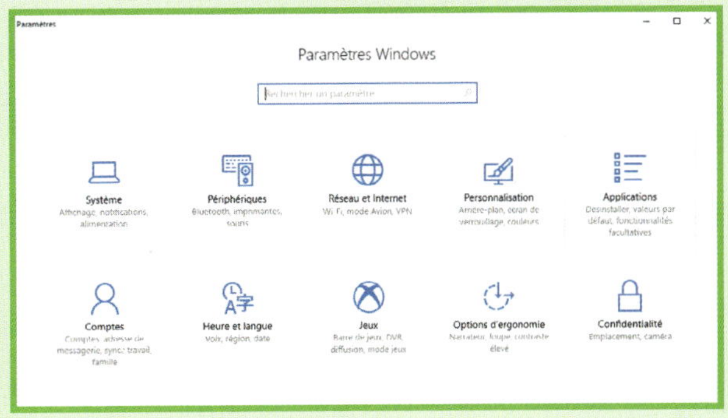

2 Dans le panneau *Paramètres* qui s'ouvre, cliquez sur *Applications*.

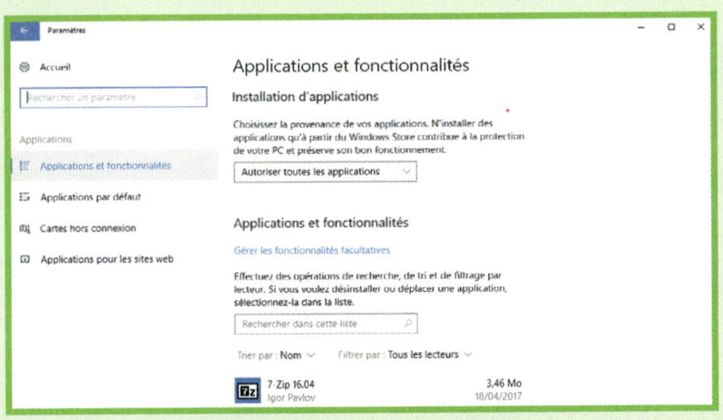

3 Cliquez sur *Applications et fonctionnalités* dans la colonne de gauche de la rubrique *Applications*, puis sur l'application à supprimer au centre de la fenêtre.

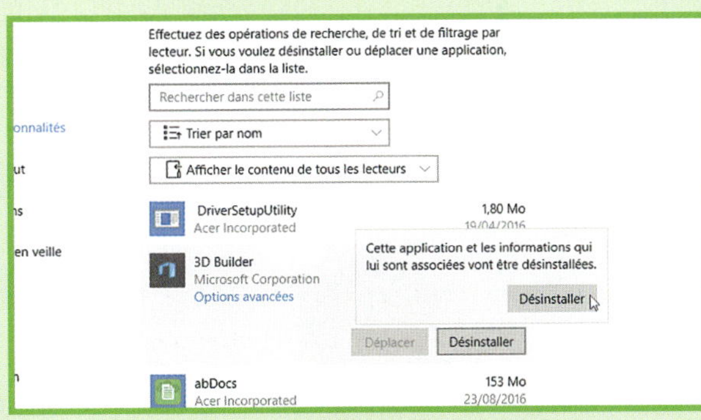

4 Cliquez sur le bouton *Désinstaller* qui apparaît, puis de nouveau sur *Désinstaller* dans la demande de confirmation. Windows supprime immédiatement l'application de votre ordinateur, ainsi que la commande associée dans le menu *Démarrer*. En revanche, il conserve tout fichier que vous auriez créé avec elle.

Il est impossible de désinstaller les applications intégrées à Windows 10. C'est pourquoi, quand vous cliquez sur l'une d'elles, le bouton correspondant apparaît grisé.

UTILISER UN TRAITEMENT DE TEXTE

Dans le cadre de vos activités professionnelles, associatives ou personnelles, vous serez forcément amené, un jour ou l'autre, à saisir un document. D'où l'importance de posséder un traitement de texte.

Le traitement de texte est un logiciel très puissant qui permet aussi bien de rédiger une simple lettre à une administration que d'écrire un ouvrage ou votre correspondance. Que vous choisissiez Word (de Microsoft) ou Writer (équivalent gratuit chez Open Office), vous aurez accès à des fonctions comparables. Même s'il sert d'abord à saisir du texte, un traitement de texte est bien plus qu'une simple machine à écrire. En effet, il peut corriger instantanément vos fautes d'orthographe ou de grammaire, garder la trace de toutes les modifications opérées ou encore créer des listes d'envoi simples. Les dernières versions de Microsoft Word permettent même de rédiger des notes pour un blog ou des pages web, et de placer automatiquement leur contenu en ligne.

Un traitement de texte possède une grande capacité d'automatisation : il peut notamment ajouter seul des dates, des numéros de page ou des formules de politesse. Toutes ces options vont de pair avec une certaine complexité, et les réactions du logiciel vous surprendront peut-être parfois. Mais en prenant le temps de bien intégrer les fonctions de base dès le départ, vous pourrez peu à peu utiliser sans problème les options plus avancées.

Il importe également de connaître les limites de cet outil. S'il reste possible de concevoir quelques effets de mise en page, comme du multicolonnage, ou d'insérer images, dessins ou tableaux, le traitement de texte n'est pas un logiciel de composition avancé. Les fonctions de mise en page permettent, tout au mieux, d'égayer vos textes ou de réaliser des documents graphiques simples, comme des cartons d'invitation. La réalisation de documents plus aboutis est toujours possible, mais risque d'être assez laborieuse. Les exemples pratiques que vous trouverez dans cet ouvrage (voir p. 332 et suivantes) vous serviront de guide.

Attention !

Prenez garde à la version de Word que vous utilisez. Si Word 2016 permet de visualiser un document créé avec une ancienne version du logiciel, le contraire n'est pas toujours possible. Et lorsqu'il l'est, vous risquez de déplorer certains changements d'apparence, car les nouvelles fonctions de présentation de Word 2016 ne seront pas prises en charge. Heureusement, il est toujours possible d'ouvrir et même de modifier un document récent dans une version antérieure grâce au Pack de compatibilité Microsoft Office (téléchargeable à la rubrique *Centre de téléchargements*, situé en bas de la page d'accueil du site de Microsoft www.microsoft.com/fr-fr, dans la catégorie *Office*).

Trucs & astuces

Presque chaque commande de base peut être exécutée par un raccourci clavier, comme *Ctrl* et *N* pour créer un nouveau document. Et la touche *Échap* permet de masquer un menu ou une boîte de dialogue sans rien exécuter.

● Tout au début de la barre de titre, la barre d'outils *Accès rapide* comporte 4 icônes très utiles pour enregistrer votre document, annuler ou répéter une action et basculer entre un affichage classique et un affichage optimisé pour un écran tactile.

● L'onglet *Fichier* donne accès aux fonctions de base de votre traitement de texte, essentiellement dédiées à la gestion de vos documents, comme *Ouvrir*, *Fermer*, *Enregistrer* et *Imprimer*. Cliquer dessus déroule un grand panneau avec les commandes à gauche et les options associées à chacune au centre. Il suffit alors de cliquer sur la commande, puis sur l'action à exécuter.

● Pratiquement toutes les commandes sont regroupées dans un long bandeau en haut de la fenêtre, appelé ruban. Celui-ci réunit dans sa partie supérieure plusieurs onglets qui ouvrent chacun une palette d'icônes et d'options, comme les intercalaires d'un classeur. Grâce au ruban, vous pouvez, entre autres, mettre en forme votre texte, insérer des images et créer un tableau ou un index.

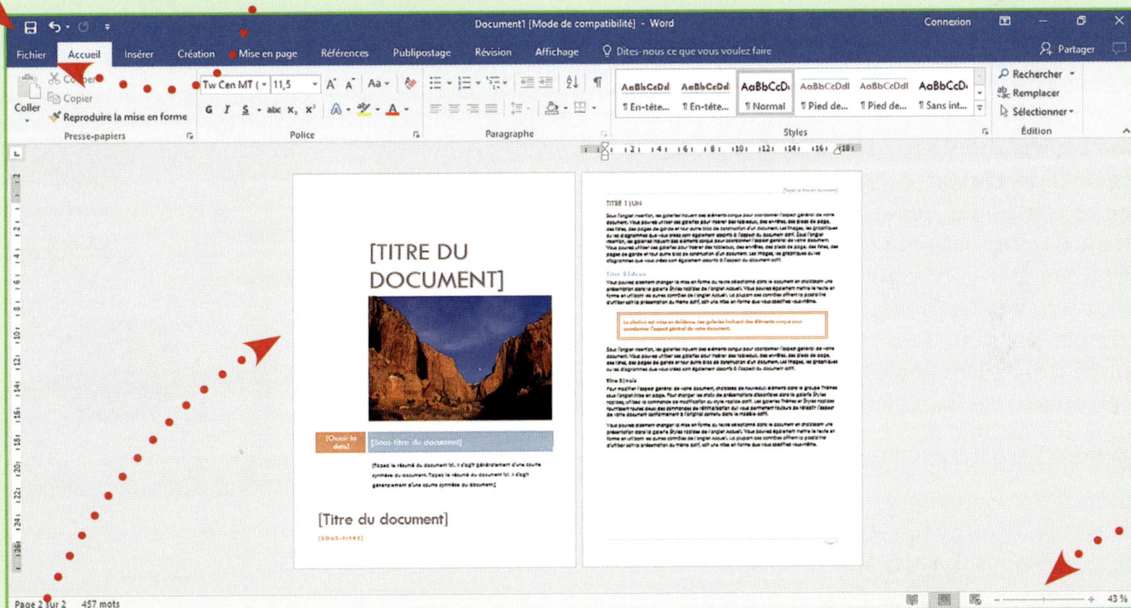

● Le centre de la fenêtre affiche le document dans lequel vous travaillez. Cette véritable feuille de papier virtuelle accueille le texte que vous saisissez et tous les éléments que vous ajoutez (images, tableaux, etc.). Quand il n'est pas visible en intégralité, vous pouvez accéder au contenu masqué en utilisant les barres de défilement verticale et horizontale ou la molette de la souris. Pour visualiser le document tel qu'il apparaîtra à l'impression, vous devrez l'afficher en mode *Page* (en allant dans l'onglet *Affichage*).

● La barre d'état joue deux grands rôles. D'une part, elle fournit des informations sur le document, comme le numéro de la page en cours, le nombre de mots et la langue utilisée. D'autre part, elle offre quelques icônes et un curseur de zoom pour modifier l'affichage. Néanmoins, comme pour le ruban, vous pouvez personnaliser le contenu de la barre d'état en cliquant dessus avec le bouton droit de la souris.

UTILISER UN TABLEUR

Le tableur constitue l'application idéale pour exploiter et présenter rigoureusement des valeurs chiffrées. Néanmoins, son mode de fonctionnement étant un peu particulier, sa prise en main requiert un petit apprentissage.

Contrairement aux apparences, un tableur ne sert pas uniquement à créer des tableaux : il s'agit en réalité d'un outil de calcul très évolué, utilisé aussi bien dans les milieux financiers que dans la gestion des entreprises classiques ou par les particuliers. Vous l'apprécierez tout spécialement pour gérer votre budget ou faire une prévision d'emprunt.

À son démarrage, un tableur affiche dans sa fenêtre une grande zone quadrillée, appelée « feuille de calcul ». Chaque colonne est désignée par une ou plusieurs lettres de l'alphabet, et chaque ligne est numérotée. La « case » créée à l'intersection d'une colonne et d'une ligne porte le nom de « cellule » et est désignée par la lettre de sa colonne et le numéro de sa ligne ; par exemple, C4 correspond à la quatrième cellule de la troisième colonne. Il est possible d'ajouter plusieurs feuilles de calcul dans un même fichier, lequel porte le nom de « classeur ». Vous pouvez saisir n'importe quel type de donnée dans une cellule (chiffre, texte, date ou autre) et entrer dans la feuille de calcul aussi bien vos kilomètres hebdomadaires à vélo que vos dépenses quotidiennes. Néanmoins, la grande force des tableurs réside dans leur capacité à effectuer des calculs mathématiques très poussés. Il vous suffit de fournir les valeurs à prendre en compte et d'indiquer le résultat que vous souhaitez connaître, par exemple la somme ou la moyenne. Et si vous modifiez l'une des valeurs, le tableur actualisera automatiquement toutes les formules qui prennent en compte cette donnée pour afficher le nouveau résultat. Ces applications sont capables de gérer des formules et des fonctions très complexes, mais leur utilisation réclame un minimum de connaissances mathématiques. Outre leurs puissantes capacités de calcul, les tableurs offrent de nombreuses possibilités pour améliorer la présentation de vos données. Cela va des options classiques de mise en forme, comme le soulignement du texte ou l'application d'une couleur de fond, à la création de graphiques (histogrammes, camemberts, etc.) synthétisant les résultats des calculs.

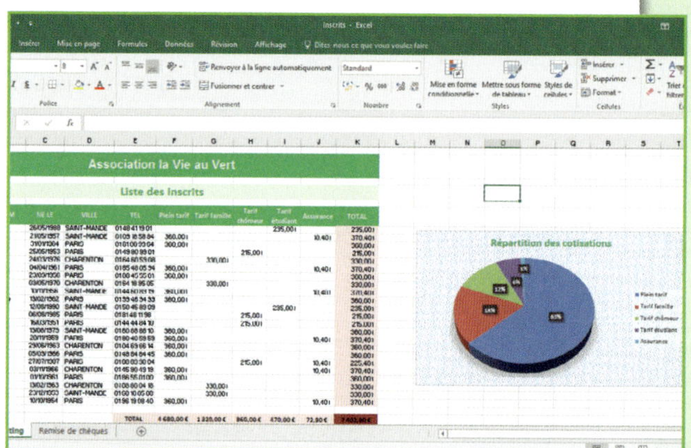

Le petit +

Pour saisir de grandes listes de chiffres, mieux vaut disposer d'un pavé numérique. Si votre clavier en est dépourvu (ce sera notamment le cas si vous possédez un petit PC portable), vous pouvez acheter un modèle indépendant sans fil pour quelques euros.

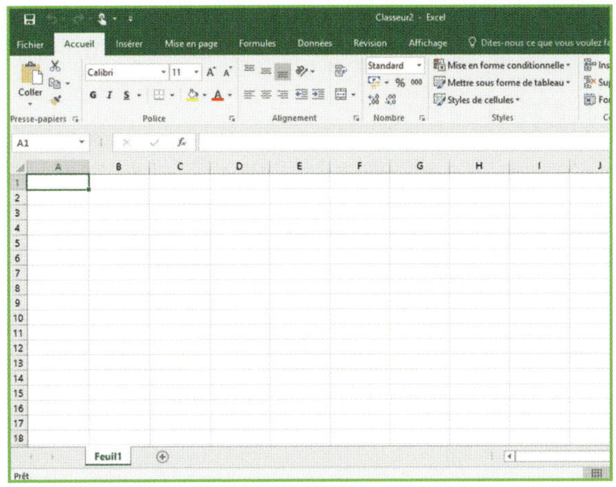

PREMIER CONTACT

Voici une feuille du tableur Excel 2016. Comme dans la fenêtre de Word, vous retrouvez la barre d'outils *Accès rapide*, l'onglet *Fichier*, le ruban et la barre d'état. Au-dessous du ruban figure la barre de formule qui affiche le contenu de la cellule active (c'est-à-dire celle dans laquelle se trouve le curseur). Toute la partie centrale de la fenêtre est occupée par la feuille de calcul, avec ses lignes numérotées et ses colonnes désignées par une lettre. Pour vous donner un aperçu des possibilités d'un tableur, nous prendrons l'exemple du nombre d'enfants présents à une fête. La première colonne affichera les noms de famille, et la deuxième le nombre d'enfants par famille.

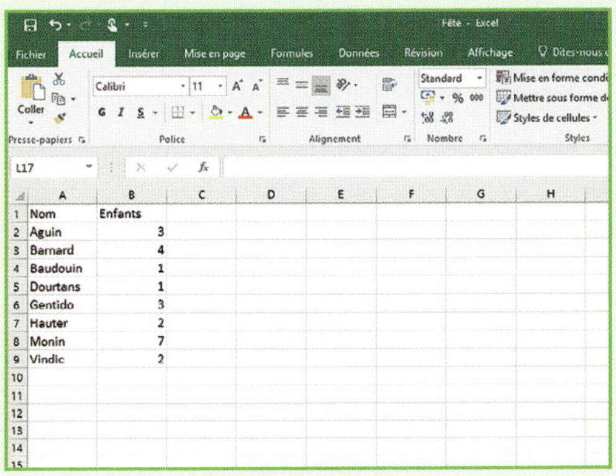

SAISIR DES DONNÉES

Commençons par l'en-tête des colonnes. Double-cliquez sur la première cellule, c'est-à-dire A1 : sa bordure devient plus épaisse, et un curseur clignote en son centre, elle devient la cellule active. Tapez l'en-tête de la colonne, dans notre exemple le mot « Nom ». Passez ensuite à la cellule d'à-côté en cliquant dessus ou en appuyant sur touche *Tabulation* du clavier (pour passer à la cellule au-dessous, il faut utiliser la touche *Entrée*). Le cadre épais entoure désormais la nouvelle cellule : tapez « Enfants ». Une fois les en-têtes saisis, cliquez sur la première cellule de la ligne suivante et poursuivez la saisie en veillant bien à n'inscrire qu'un seul nom ou chiffre par cellule.

EXÉCUTER UN CALCUL SIMPLE

Après avoir tout saisi, appuyez sur la touche *Entrée* du clavier pour quitter la cellule en cours, puis pointez la cellule qui contient le premier nom (A2, donc) ; quand le pointeur se transforme en croix, cliquez et, sans relâcher le bouton gauche de la souris, faites glisser celle-ci vers la droite et le bas jusqu'à ce que toutes les cellules avec les noms et les chiffres soient sélectionnées. Cliquez alors sur le bouton *Trier et filtrer* dans l'onglet *Accueil* du ruban, puis sur *Trier de A à Z*. La liste est maintenant classée par ordre alphabétique. En appliquant la même technique, sélectionnez juste les chiffres et cliquez sur le bouton *Somme*, à gauche du précédent. Le nombre total d'enfants s'affiche en bas de la colonne. Modifiez maintenant l'un des chiffres de la liste et vous constaterez qu'Excel ajuste automatiquement le résultat de la somme.

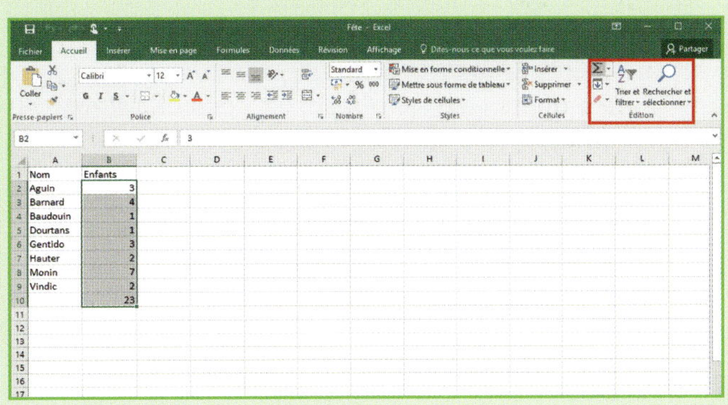

Trucs & astuces

Au départ, toutes les lignes d'une feuille de calcul possèdent la même hauteur, et toutes les colonnes la même largeur, mais vous pouvez modifier l'une et l'autre. Pointez la limite dans la marge entre les deux lignes ou colonnes à redimensionner et, quand le pointeur se transforme en double flèche, glissez-déposez la limite verticalement ou latéralement, jusqu'à obtenir la taille de ligne ou de colonne souhaitée.

UTILISER UN LOGICIEL DE PRÉSENTATION

Comme son nom l'indique, un logiciel de présentation permet de créer des présentations incluant du texte et des images, mais vous pouvez aussi y recourir pour réaliser des diaporamas.

Les logiciels de présentation créent des fichiers constitués de diapositives (ou *slides*, si on emploie le terme anglo-saxon) qui, au final, seront visionnées sous la forme d'un diaporama numérique : elles défileront automatiquement ou manuellement selon l'option choisie.
Vous pouvez inclure sur chacune de ces diapositives aussi bien du texte et des images que des éléments multimédia, comme du son (un discours, un morceau de musique ou des bruitages) ou des vidéos que vous avez tournées ou obtenues sur Internet. Il est également possible d'y ajouter des éléments interactifs, comme des liens Internet, des boutons ou des menus contextuels. Vous pourrez ainsi proposer à vos contacts une liste de différentes options parmi lesquelles ils pourront choisir : par exemple, leur soumettre plusieurs noms de restaurants pour savoir où ils préféreraient se réunir pour votre soirée annuelle. Il est aussi possible de définir la durée pendant laquelle chaque diapositive devra rester affichée et de choisir un effet de transition particulier (rouleau, fondu, etc.) entre chacune.

La plupart du temps, les présentations sont visionnées sur une télévision ou sur un écran mural par le biais d'un vidéoprojecteur, mais il existe d'autres moyens de les partager. Il est notamment possible de les enregistrer en tant que documents PDF ou pages web. Et bien sûr, vous pouvez toujours les imprimer.
Vous apprécierez donc les présentations aussi bien pour exposer un projet ou un compte rendu à un large public que pour transmettre une série de photos par mail à vos amis, quel que soit l'endroit où ils se trouvent. Si vous souhaitez vous lancer, vous pouvez utiliser par exemple le logiciel de présentation le plus connu de tous, Powerpoint, inclus dans la suite Office de Microsoft.

Le petit +

Il existe de plus en plus de logiciels de présentation en ligne, tels que Prezi, Zoho Show ou Google Slides. Bien que moins puissants que leurs homologues à installer sur votre PC tels que Powerpoint 2016, ils facilitent le partage des présentations, permettant le visionnage avec un simple navigateur web, depuis votre compte utilisateur en ligne.

Attention !

Insérer des images et des sons dans une présentation est aussi tentant que facile, mais méfiez-vous, car ces éléments sont souvent très lourds. Or, si votre diaporama renferme trop de contenu multimédia, il « pèsera » si lourd (pour employer l'expression consacrée) que vous ne pourrez pas l'envoyer par mail.

VOTRE CADRE DE TRAVAIL

Comme celle de Word ou d'Excel, la fenêtre de Powerpoint 2016, présentée ci-contre, intègre les composants classiques, tels que l'onglet *Fichier* et le ruban, avec les principales options et commandes du logiciel. La partie centrale est divisée en deux. Le panneau à gauche affiche toutes les diapositives de la présentation : pour en sélectionner une en vue de la consulter ou la modifier, il suffit de cliquer dessus. Elle s'affiche alors dans la partie centrale, votre zone principale de travail. Créons ensemble un début de diaporama très simple.

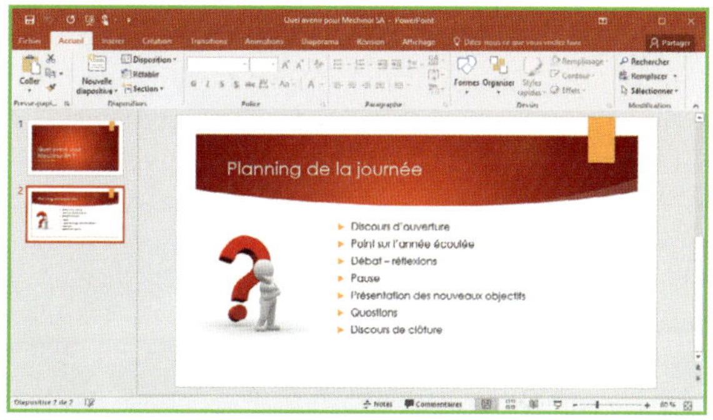

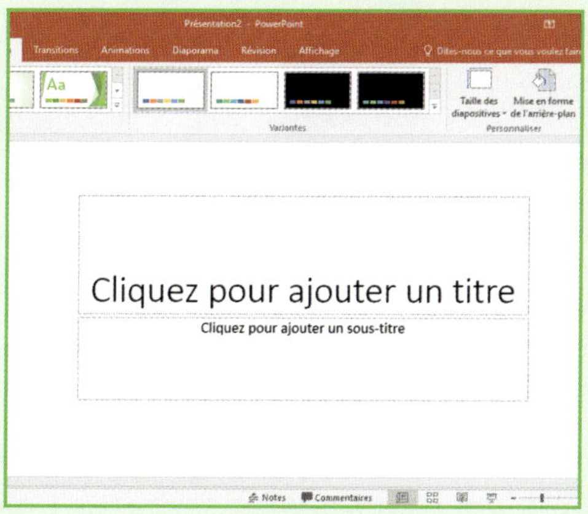

LA PREMIÈRE DIAPOSITIVE

Par défaut, Powerpoint affiche une diapositive blanche avec deux blocs de texte, un pour un titre et un pour un sous-titre ou du texte standard. Mais il prévoit tous les outils requis pour l'égayer, à commencer par les thèmes : ceux-ci définissent une présentation améliorée et cohérente des différents composants (texte, arrière-plan, etc.). Pour en appliquer un, cliquez sur sa vignette dans l'onglet *Création* du ruban. Ensuite, pour ajouter du texte, cliquez sur le bloc concerné, puis saisissez ce que vous souhaitez. Cela fait, vous pouvez profiter des poignées apparues sur le contour du bloc pour ajuster la taille de celui-ci. Et si vous voulez le déplacer, pointez le contour et, quand une quadruple flèche noire apparaît au bout du pointeur, glissez-déposez le bloc à l'endroit adapté.

INSÉRER UNE IMAGE

À moins de vouloir ajouter l'image sur la diapositive actuellement visible, cliquez sur *Nouvelle Diapositive* dans l'onglet *Accueil* du ruban. Une nouvelle vignette apparaît dans le panneau de gauche et la diapositive correspondante s'affiche dans la zone centrale de la fenêtre, avec deux blocs de texte. Pour ajouter une image, cliquez sur *Images en ligne* dans l'onglet *Insertion*, puis à droite de *Recherche d'images Bing* dans la fenêtre *Insérer des images*, et tapez un mot-clé caractérisant l'illustration recherchée. Cliquez sur l'image à ajouter pour la cocher, puis sur *Insérer*. Elle apparaît dans la diapositive : vous pouvez alors la déplacer, la redimensionner ou la faire pivoter. Vous pouvez également récupérer des images directement avec la fonction copier-coller de l'ordinateur (voir p. 58).

Trucs & astuces

Un son (ou un morceau de musique) inséré dans une diapositive est matérialisé par défaut par un petit haut-parleur. Il est possible de manipuler cette image comme une illustration classique, mais aussi de la changer en cliquant dessus avec le bouton droit et en choisissant *Remplacer l'image*.

LES COMPAGNONS, SMARTPHONES ET TABLETTES

Outils de communication, d'information et de divertissement, les smartphones et les tablettes sont des appareils bien utiles à nos activités quotidiennes.

Les smartphones et/ou les tablettes, ces périphériques connectés comparables à de petits ordinateurs, connaissent un succès croissant. Un smartphone vous permet de surfer sur Internet en Wi-Fi ou en 3G/4G, de communiquer par SMS ou MMS, de photographier et de retoucher vos images, de filmer, de gérer vos mails, d'accéder aux réseaux sociaux, d'écouter de la musique, de regarder des films ou la télévision, de jouer et d'accéder à bien d'autres services gratuits ou payants. Enfin, un smartphone sert aussi à téléphoner.
De son côté, la tablette est une sorte d'écran alternatif au PC et au smartphone. Compacte, légère, donc très mobile, elle offre des possibilités identiques à celles d'un smartphone, téléphonie en moins si elle n'accepte pas de carte SIM. Mais son écran de plus grande taille et, parfois, son clavier détachable facilitent les tâches bureautiques et la navigation sur Internet.
Mis à part les appareils bas de gamme, ces deux types d'appareil disposent de la fonctionnalité Bluetooth leur permettant de communiquer avec d'autres appareils compatibles.
À noter également l'existence de la « phablette », sorte de gros smartphone ou de petite tablette réunissant les spécificités de ces deux matériels. À l'avenir, son succès grandissant pourrait sonner le glas de la simple tablette.

PRÉSENTATIONS EXTÉRIEURE ET INTÉRIEURE D'UN SMARTPHONE

Tous les smartphones ont sensiblement la même forme et sont équipés des mêmes boutons et connecteurs. En fonction du modèle, les boutons seront physiques et/ou affichés sur l'écran.

- Les boutons de volume servent à régler le niveau sonore de l'appareil : hors communication, ils augmentent et diminuent le volume de la sonnerie ; en communication, ils agissent sur celui de l'écouteur ou du haut-parleur ; quand vous regardez un film ou écoutez de la musique, ils règlent le volume du média en cours de diffusion. Appuyez sur le bouton supérieur pour augmenter le volume, sur le bouton inférieur pour le baisser. Si vous diminuez totalement le volume, vous basculez le smartphone en mode silencieux ou vibreur.

- Le bouton d'accueil (*Accueil* sous Android, *Principal* sous iOS) permet de sortir votre appareil du mode veille. Il vous sert aussi à revenir à l'écran d'accueil de votre smartphone, c'est-à-dire celui qui s'affiche par défaut lorsque vous accédez au contenu de votre appareil. En fonction de votre appareil, ce bouton peut intégrer un lecteur d'empreintes digitales qui permet de sortir du mode veille sans avoir à saisir votre code. Le système de votre appareil (Android, iOS ou encore Windows) et/ou des applications permettent de modifier le comportement de ce bouton. Par exemple, une double pression pourra démarrer une application particulière.

- Un connecteur permet de brancher des écouteurs, un casque ou un kit main libre. Il peut être situé en haut ou en bas. Avec un kit main libre, vous pouvez téléphoner en laissant votre smartphone éloigné de votre oreille ; un moyen de se protéger contre d'éventuels effets néfastes pour la santé d'une utilisation prolongée des smartphones. Attention cependant, les kits mains libres sont interdits en voiture pour le conducteur.

- Le micro d'un smartphone est positionné sur la partie inférieure du boîtier et ne doit pas être obstrué si vous souhaitez que votre interlocuteur vous entende. Il est utilisé pour téléphoner, pour dicter du texte dans des applications compatibles (SMS par exemple), pour enregistrer des mémos sonores... Juste à côté se trouve la prise d'alimentation. Elle peut aussi être utilisée pour brancher, notamment sur les produits Apple, une carte microSD externe (avec un adaptateur) afin d'augmenter facilement la capacité de stockage de votre appareil ou pour transférer des fichiers vers un PC ou une tablette.

Trucs & astuces

Avec un câble mini jack, vous pouvez raccorder la prise casque du smartphone à l'entrée auxiliaire des enceintes de votre voiture ou de l'ampli de votre chaîne Hi-Fi afin de profiter d'une meilleure qualité d'écoute de vos musiques et de vos films.

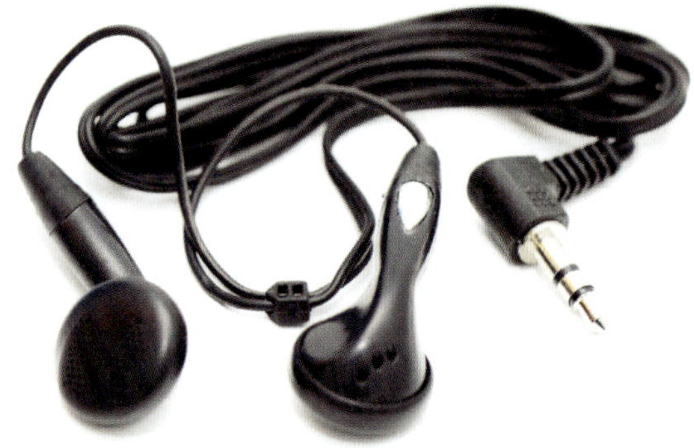

Attention !

Lorsque vous branchez un casque, vérifiez que le jack est bien enfoncé, sans quoi tout votre entourage profitera de la musique que vous écoutez ou de la bande-son du film que vous regardez.

L'écran est le lieu de toutes vos opérations. Le choix de sa taille dépend de vos usages. Les activités multimédia et bureautiques sont plus faciles sur un grand écran, tandis que la téléphonie et les SMS ne requièrent que peu d'espace. Pour le confort des yeux, privilégiez la technologie AMOLED, qui consomme peu d'énergie, et dont la qualité et la rapidité d'affichage sont supérieures au LCD.

L'écouteur interne de votre smartphone se situe en haut et au centre. Vous l'utilisez pour les conversations téléphoniques standards. Juste à sa droite, vous trouverez parfois une caméra grand angle très prisée des adeptes du selfy photo et vidéo. Le haut-parleur (ici à l'arrière) s'active lorsque vous basculez une conversation téléphonique en mode HP ou lorsque vous écoutez de la musique, regardez des vidéos, ou bien jouez à des jeux. Il est automatiquement désactivé lorsque vous insérez une prise casque (voir p. 69). Le volume sonore reste contrôlé par les boutons situés sur le côté de l'appareil.

Le bouton marche/arrêt est situé sur le flanc droit de l'appareil. Une pression rapide active ou désactive la mise en veille, tandis qu'une pression prolongée ouvre une boîte de dialogue permettant d'éteindre l'appareil, de le redémarrer, de basculer en mode *Avion* ou de désactiver, sur certains modèles, le mode *Urgence*.

La prise d'alimentation permet, avec le câble adéquat, de brancher votre appareil sur une prise de courant pour le recharger et de connecter l'appareil avec un PC via un câble USB.

La caméra arrière est souvent de meilleure qualité que celle située en façade puisqu'elle est destinée à utiliser le smartphone comme un appareil photo numérique. À sa droite, mais aussi parfois en dessous, une LED permet de prendre des photos au flash. Cette LED est également utilisée par les applications de lampe torche pour vous éclairer dans la nuit. Faites particulièrement attention à ne pas rayer la surface des caméras avant et arrière d'un mobile, sous peine de dégrader vos images.

À savoir

Sur un iPhone, l'ensemble des éléments présentés ici se situent aux mêmes emplacements.

Le petit +

Certains smartphones comme les Galaxy Note de chez Samsung intègrent un stylet qui permet d'écrire manuellement dans certaines applications.

Attention !

Tous les smartphones n'ont pas forcément un capot qui se retire pour accéder à la batterie, à l'emplacement de la carte SIM ou de la carte microSD. Sur un iPhone et sur certains Android, on ne peut pas retirer la batterie et la carte SIM s'insère dans un petit compartiment tiroir.

LA CARTE SIM

Vous insérerez la carte SIM fournie par votre opérateur de téléphonie mobile le plus souvent sous le capot, parfois sur le côté dans un petit tiroir prévu à cet effet (notamment sur le matériel Apple). Sans elle, vous ne pourrez appeler que les numéros d'urgence. Un détrompeur permettant de la positionner dans le bon sens, ne forcez jamais son insertion sous peine d'abîmer la carte et le smartphone. Certains appareils proposent deux emplacements de cartes SIM afin de pouvoir utiliser deux numéros sur un seul smartphone (même avec des opérateurs différents).

LA BATTERIE

La batterie fournit l'énergie nécessaire au fonctionnement de votre appareil. De type lithium-ion, elle se décharge plus ou moins vite selon les usages que vous faites de votre smartphone. Le Wi-Fi, le Bluetooth et la connexion 3G/4G sont ainsi particulièrement énergivores (voir aussi p.399) ; pensez à les désactiver si vous n'en avez pas l'utilité. Vous pouvez également économiser votre batterie en réduisant la luminosité de l'écran, en basculant l'appareil en mode veille quand vous n'en avez pas besoin ou en l'éteignant pendant la nuit. Un indicateur du niveau de batterie restant (exprimé en pourcentage) est affiché en haut de votre écran.

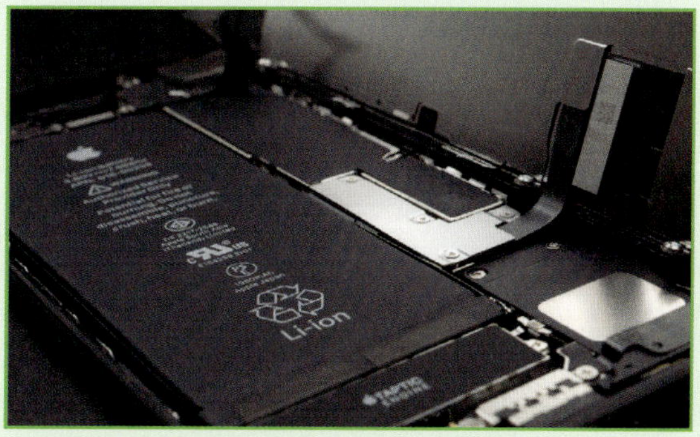

LA CARTE MICROSD

Aujourd'hui, le stockage interne d'un smartphone est très vite saturé par des photos, des films, des applications, et des jeux. Pour augmenter la capacité de stockage, la plupart des smartphones (sauf les appareils Apple) sont équipés d'un emplacement pour carte microSD qui est l'équivalent de la carte SD de votre appareil photo numérique. Il se situe soit à l'intérieur, soit à l'extérieur du smartphone. Dans ce second cas, vous pourrez insérer et retirer la carte sans ouvrir le capot ni retirer la batterie du smartphone. Bien qu'il existe des cartes microSD de grande capacité (512 Go), vérifiez la capacité maximale supportée par votre smartphone dans la notice ou la fiche technique (voir aussi p. 373).

À savoir

Les chargeurs dits « rapides » sont fournis avec quelques smartphones (les plus haut de gamme du marché). Ils permettent de retrouver 100 % d'efficacité d'une batterie complètement déchargée en 90 minutes environ.

Trucs & astuces

Des adaptateurs pour cartes microSD (en cartes SD ou en clé USB) permettent d'insérer celles-ci dans un lecteur USB ou un lecteur de carte SD sur le PC ou la tablette, facilitant ainsi la récupération de leur contenu.

LES TABLETTES

La tablette est un objet hybride par excellence, tantôt proche du smartphone, tantôt proche de l'ordinateur ; sa polyvalence est son principal atout.

UN LARGE SPECTRE D'APPAREILS

La tablette se présente sous des tailles très variables, certaines comportent même des claviers détachables. Les prix peuvent aller de quelques dizaines d'euros à plus de 1000 €. Certains modèles ressemblent tellement à un PC hybride qu'il devient difficile de faire la différence entre une tablette et un ordinateur, on parle alors de tablette hybride. Quant à la phablette, c'est un appareil entre le smartphone et la tablette, qui comporte une carte SIM pour téléphoner, mais dont la taille d'écran se rapproche de celle d'une tablette. Le choix entre PC, tablette, tablette hybride et phablette dépend de vos usages. Les jeux, les films, la navigation sur Internet sont toujours plus agréables sur un grand écran, mais l'encombrement pénalise la mobilité de l'appareil. Comme pour un ordinateur ou un smartphone, le prix d'une tablette dépend de la dimension de l'écran, de la rapidité du processeur, de la quantité de mémoire vive disponible, de la capacité de stockage et de la qualité d'affichage.

UN ENVIRONNEMENT TRÈS PROCHE DE CELUI D'UN SMARTPHONE

L'architecture d'une tablette est assez proche de celle d'un smartphone, au point qu'elle en reprend les boutons physiques et tactiles. Ainsi, sur une tablette Android, vous retrouverez la quasi-totalité des éléments présentés aux pages 69 et 70 ; l'iPad (la tablette du constructeur Apple), quant à lui, reprend le système iOS des iPhones. De ce fait, si vous maîtrisez votre smartphone, vous maîtriserez également les boutons et autres ports d'une tablette. En revanche, si vous choisissez une tablette Android alors que vous aviez l'habitude d'un iPhone, l'apprentissage d'un nouveau système d'exploitation risque d'être plus laborieux.

Trucs & astuces

Si la plupart des tablettes ne possèdent pas de support de carte SIM permettant de téléphoner en utilisant le forfait de votre opérateur de mobile, rien ne vous empêche de téléphoner en utilisant un système de visiophonie via le Wi-Fi grâce aux applications comme Skype (voir p. 158 et suivantes) ou Facetime.

LE CLAVIER DÉTACHABLE POUR TABLETTE

Le clavier détachable livré avec certaines tablettes ajoute des connecteurs et un dispositif de pointage.

Le petit +

Les possesseurs d'une tablette sans clavier pourront se procurer un clavier Bluetooth adapté à leur appareil sous Android ou iOS. Ces claviers sont aussi utilisables avec un ordinateur ou un smartphone.

- Le clavier est équipé de supports pour tablette, le système d'attachant variant selon la tablette. Sur certains claviers, vous insérerez la tablette jusqu'à ce que vous entendiez le bruit sec d'un clipsage assurant que l'appareil est bien solidaire de l'écran. Sur d'autres, le support est magnétique et il suffit d'approcher la base de la tablette des « crochets » du clavier pour que celle-ci soit attirée et se clipse automatiquement.

- La dalle tactile (touchpad) permet de déplacer le pointeur et de cliquer exactement comme sur un portable. Ce dispositif est idéal lorsque vous utilisez une tablette pour saisir du texte. Vous éviterez ainsi les incessants va-et-vient entre le clavier et l'écran tactile.

- Une prise mini HDMI permet de connecter la tablette à un écran externe ou à une TV afin de travailler dans un meilleur confort visuel, de regarder des films ou de jouer sur grand écran. Une prise micro HDMI est parfois présente directement sur la tablette. Dans tous les cas de figure, vous aurez besoin d'un câble spécial dit « mini HDMI » ou « micro HDMI » vers HDMI pour établir cette connexion entre votre appareil et l'écran.

- Une prise USB est généralement présente sur les claviers détachables, et parfois sur la tablette elle-même. Elle s'utilise comme celle d'un ordinateur. Elle permettra notamment de récupérer les images d'un appareil photo numérique ou les fichiers d'une clé USB ou d'un disque dur externe. Enfin, un emplacement pour carte microSD peut être présent sur la tablette ou son clavier détachable.

À savoir

les iPads sont dépourvus de port HDMI et USB. Vous devrez investir dans des adaptateurs spécifiques à chacune de ces prises qui se branchent sur le connecteur lightning. Vous trouverez ainsi de nombreux adaptateurs dont des lecteurs de cartes SD, des mini jack, des prises VGA, DVI, et même micro USB.

LES SYSTÈMES D'EXPLOITATION MOBILES

Comme les ordinateurs, les smartphones et les tablettes fonctionnent grâce à un système d'exploitation. Les deux plus répandus sont Android (qui appartient à Google) et iOS (le système exclusif des appareils développés par Apple).

À savoir

iOS et Android ne sont pas les seuls systèmes dans l'univers des smartphones et des tablettes. Certains matériels fonctionnent avec Windows 10, BlackBerry OS, Bada, Tizen, Firefox OS, Sailfish OS, Ubuntu Mobile, CyanogenMod, Fairphone Open Source OS, etc.

IOS POUR LES IPHONES ET IPADS

iOS est un système d'exploitation mobile développé par Apple qui équipe les iPhones, les tablettes de la gamme iPad et l'iPod Touch... c'est-à-dire un ensemble de matériels tactiles. Dérivé de macOS, dont il partage la technologie et les principales applications, il ajoute un accéléromètre qui permet, entre autres, d'afficher les images en mode paysage par simple rotation de l'écran. Il intègre également le multi-touch qui identifie des gestes à plusieurs doigts. Comme les systèmes d'exploitation Windows et macOS, iOS permet de configurer les iPhones en fonction des préférences de son utilisateur. Le système s'ouvre sur un écran d'accueil regroupant les vignettes de vos applications préférées. Il suffit de toucher l'une d'elles pour que l'application correspondante s'affiche. iOS est multitâche, c'est-à-dire que plusieurs programmes peuvent s'exécuter et interagir simultanément. Les habitués d'un ordinateur Mac retrouveront les applications par défaut de macOS, comme l'App Store (voir p. 80), Mail (voir p. 104), Safari (voir p. 111 et suivantes), iCloud (voir p. 86 et 381), etc. Les fonctionnalités iOS peuvent être enrichies par le téléchargement d'applications gratuites ou payantes disponibles sur un site dédié appelé App Store. Ce système gère les connexions Wi-Fi et Bluetooth.

ANDROID POUR LA GRANDE MAJORITÉ

Android est le système d'exploitation développé par Google et installé sur plus de 80 % des smartphones en circulation. La version d'Android que vous utiliserez dépendra de la gamme à laquelle appartient votre appareil. Donc, à l'inverse de iOS, tous les utilisateurs d'Android ne disposent pas du même système d'exploitation. Il repose sur le principe d'une interface à vignettes que vous configurerez selon vos besoins. L'utilisateur d'Android bénéficie d'un grand nombre d'applications, gratuites ou payantes, téléchargeables depuis le site Play Store et qui permettent d'ajouter de nouvelles fonctionnalités à leur appareil. Le système propose une application de téléphonie, de SMS/MMS, un navigateur web, une messagerie électronique, un lecteur multimédia, et bien d'autres choses encore. Pour se distinguer de la concurrence, les fabricants ajoutent une couche logicielle « maison » qui leur permet de proposer une interface graphique et quelques fonctions exclusives. Mais ils sont contraints d'intégrer par défaut les applications de Google, comme Gmail, Google Maps, Youtube, Drive, Hangouts, etc. Comme iOS, Android gère les connexions Wi-Fi et Bluetooth.

Le petit +

Android est également présent dans certaines télévisions, dans les boîtiers Google TV, ou même parfois dans des objets connectés.

LES BOUTONS DE VOS COMPAGNONS

À savoir

Vous retrouverez ces boutons et ces applications sur les tablettes fonctionnant avec le système d'exploitation Android. Toutefois, qu'il s'agisse d'un smartphone ou d'une tablette, une application ne fonctionnera que si votre appareil utilise une version d'Android pour laquelle elle a été développée.

LES BOUTONS ACCUEIL ET RETOUR SUR SMARTPHONES ANDROID

Les smartphones Android intègrent trois boutons dans la partie inférieure du smartphone (physique) ou de son écran (logiciel). La forme du bouton *Accueil* situé au centre (voir p. 69) varie en fonction du modèle de votre smartphone. Celui-ci permet de sortir votre appareil du mode veille et de revenir à l'écran principal depuis n'importe quelle application ; il sert également de lecteur d'empreinte digitale sur certains modèles. Si vous appuyez dessus plus de deux secondes ou le tapotez deux fois, vous activez la commande vocale *Google* de l'appareil.

Quand elle est visible en bas de l'appareil, la touche *Retour* d'un smartphone est tactile. Elle prend la forme d'une flèche courbée. Lorsque vous êtes dans une application, comme un navigateur web, cette touche permet de revenir sur la page précédente. Arrivée à la première page de l'application, elle remontera dans l'historique des écrans ouverts, et cela jusqu'à ce que vous reveniez à l'écran d'accueil. D'une certaine manière, la touche *Retour* remonte dans la hiérarchie des actions que vous accomplissez sur votre smartphone Android.

AFFICHER VOS APPLICATIONS RÉCENTES SOUS ANDROID

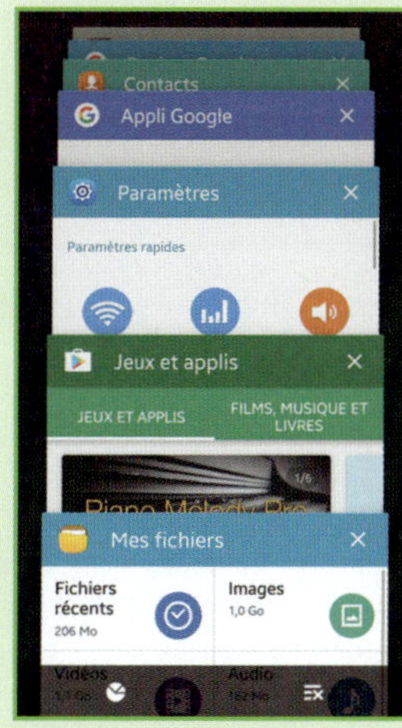

Le bouton de gauche sous l'écran permet d'accéder à la liste des applications en cours d'utilisation. C'est un raccourci pratique pour passer d'un programme à l'autre. Touchez la fenêtre de l'application pour l'ouvrir en plein écran ou sur son bouton de fermeture × (en haut à droite) pour la fermer. Pour fermer toutes les applications ouvertes, touchez l'icône située à droite sur l'écran. Vous pouvez également choisir les programmes à fermer en touchant l'icône en forme de camembert en bas à gauche. À savoir : sur les anciens smartphones sous Android 5 (et antérieurs), ce 3e bouton est un bouton *Menu*, et pour ouvrir la liste des applications récemment utilisées, il faut maintenir appuyé le bouton *Accueil* deux à trois secondes.

LE BOUTON PRINCIPAL DE L'IPHONE

À l'exception de l'iPhone X, les iPhones proposent un seul bouton appelé *Principal*. Il a sensiblement la même fonction que le bouton *Accueil* des smartphones Android. Sur les iPhones 5s, 6s, 7 et 8, ce bouton sert également de lecteur d'empreinte digitale afin de déverrouiller l'appareil sans saisir de mot de passe. Vous l'utiliserez aussi pour exécuter Siri (voir p. 91) et afficher la liste des applications ouvertes. Sur l'iPhone X, le bouton principal disparaît.

Le petit +

À la différence des anciens iPhones, le bouton principal des iPhones 7 et 8 est scellé dans la vitre. Il ne s'enfonce plus mais détecte la présence et la pression du doigt grâce à un moteur haptique. Ainsi, trois niveaux de clics (ou de sensibilité du bouton) sont disponibles, chacun exécutant une tâche précise. Vous réglerez leur sensibilité en allant dans les paramètres généraux de l'appareil puis dans *Bouton principal*.

L'ÉCRAN D'ACCUEIL DE VOTRE COMPAGNON

L'interface et les fonctionnalités d'un smartphone ou d'une tablette s'adaptent aux besoins de chaque utilisateur. Ainsi, vous définirez le contenu de l'écran d'accueil, le fond d'écran, le délai de mise en veille, la sonnerie du smartphone... voire le type de clavier.

L'ÉCRAN D'ACCUEIL ANDROID

L'écran d'accueil présente des icônes qui vous mènent vers vos applications favorites ou vers d'autres « bureaux », qui sont d'autres emplacements où ranger vos applications.
La barre de lancement rapide située en bas de l'écran regroupe cinq vignettes maximum. La vignette *Applis* est inamovible et donne accès à l'ensemble des applications installées sur votre appareil. Vous pourrez remplacer les quatre autres icônes de cette barre par les programmes que vous utilisez le plus régulièrement. Pour personnaliser votre écran d'accueil et sélectionner les applications que vous souhaitez y voir figurer, consultez la page suivante.
Entre la barre de lancement rapide et les icônes principales, des petites icônes blanches (principalement des petits carrés ou cercles) donnent accès aux différents bureaux d'Android qui permettent de créer des espaces thématiques pour regrouper l'ensemble des applications de bureautique, les jeux, les applications Internet, etc.
En personnalisant votre écran d'accueil, vous pouvez également ajouter des « widgets », petites interfaces graphiques donnant des informations comme l'heure, la date, la météo, la radio, vos messages, etc. Pour en ajouter, selon votre version d'Android, appuyez simplement sur une zone de l'écran jusqu'à l'apparition d'une série d'icônes en bas de l'écran ou appuyez longtemps sur le bouton de gauche qui génère la liste des applications (voir p. 75), ou appuyez juste une fois sur ce bouton ; touchez ensuite le bouton *Widgets*. Une liste vous est alors proposée. Les widgets se suppriment comme les applications (voir page suivante).
La zone de notifications située en haut de l'écran affiche des icônes qui informent sur certaines activités logicielles comme la connexion Wi-Fi, l'état du réseau de votre opérateur téléphonique, le niveau de charge de la batterie, mais aussi d'autres informations dont vous pouvez paramétrer au non l'affichage. C'est également dans cette partie de l'écran que s'afficheront les appels manqués et la réception des SMS.

L'ÉCRAN D'ACCUEIL IOS

Similaire à celui d'Android, l'écran d'accueil d'iOS se compose de plusieurs icônes d'applications ou de dossiers d'applications et d'une barre de lancement rapide (en bas de l'écran) entièrement personnalisable. Pour exécuter un programme ou ouvrir un dossier, touchez sa vignette. Une zone de notification en haut de l'écran vous informe de l'état de votre batterie, de l'heure, de l'état du réseau téléphonique.
Les petits points au-dessus de la barre de lancement rapide ont plusieurs fonctions : le premier petit point donne accès à un écran de widgets personnalisables avec vos applications. Ceux-ci permettent d'afficher des informations, comme la météo locale, sans lancer l'application correspondante et sont accessibles même quand l'iPhone ou l'iPad est verrouillé. Les autres petits points donnent accès aux différentes pages de l'appareil dans lesquelles vous pouvez organiser vos vignettes d'application et créer des dossiers (voir p. 78). Ces pages seront notamment utilisées pour regrouper des applications par thème.
Faire glisser son doigt vers le haut depuis la partie inférieure de l'écran permet d'ouvrir le *Centre de contrôle* : ce dernier donne accès à des icônes permettant d'activer et de désactiver certaines fonctions comme la connexion Wi-Fi, le Bluetooth, le passage de l'appareil en mode *Avion*, le réglage de la luminosité de l'écran, l'utilisation de la lampe torche, l'accès à l'appareil photo, etc. D'autres notifications apparaissent lorsque vous faites glisser la partie supérieure de l'écran vers le bas : elles correspondent à des informations mises à jour en temps réel par des widgets comme la météo ou encore des actualités. Vous recevez donc des notifications personnalisées, et c'est également dans cette partie de l'écran que s'afficheront les appels manqués et la réception des mails et SMS.

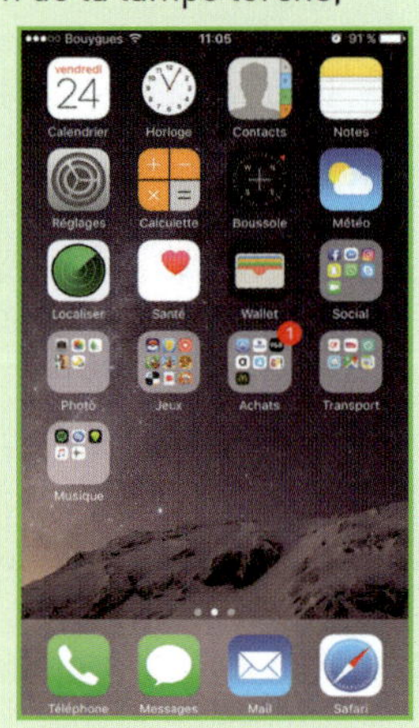

Personnaliser l'écran d'accueil Android

L'écran d'accueil d'Android regroupe les applications que vous utilisez régulièrement. Vous pouvez donc le personnaliser pour qu'il corresponde au mieux à votre utilisation.

1 Définir les vignettes de l'écran d'accueil. Ouvrez votre écran d'accueil en appuyant sur le bouton *Accueil* (voir p. 75). Touchez l'icône *Applis* en bas de l'écran et feuilletez les pages pour localiser la vignette de l'application à placer sur l'écran d'accueil. Maintenez votre doigt appuyé dessus. Quand l'écran d'accueil apparaît en incrustation, glissez-déposez la vignette dans un espace vide. Si nécessaire, réorganisez vos vignettes sur l'écran d'accueil en utilisant la même technique, notamment pour placer des applications sur la barre de lancement rapide (ou sur d'autres bureaux, voir p.76).

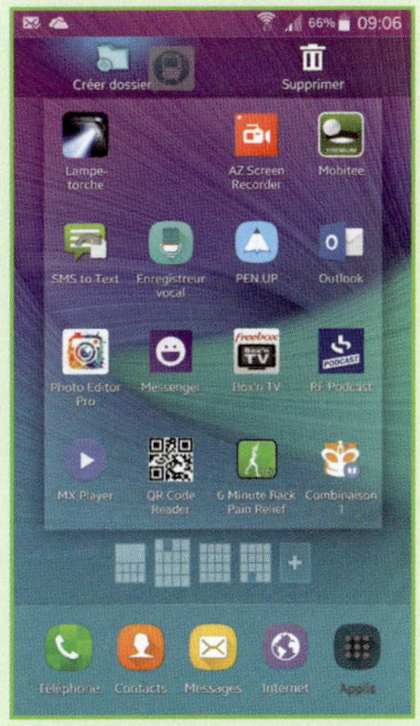

2 Grouper des applications dans des dossiers. Lorsque vous manquez d'espace, placez vos applications dans des dossiers thématiques. Par exemple, créez un groupe *Internet* pour tous les programmes en rapport avec le Net. Reprenez la procédure de la précédente étape, puis glissez-déposez la vignette sur l'icône *Créer un dossier* en haut à gauche. Nommez votre dossier et validez-le. Vous pouvez alors glisser-déposer ce dossier sur un espace vide de votre écran d'accueil (ou d'un « bureau »). Glissez-déposez d'autres applications directement dans ce dossier.

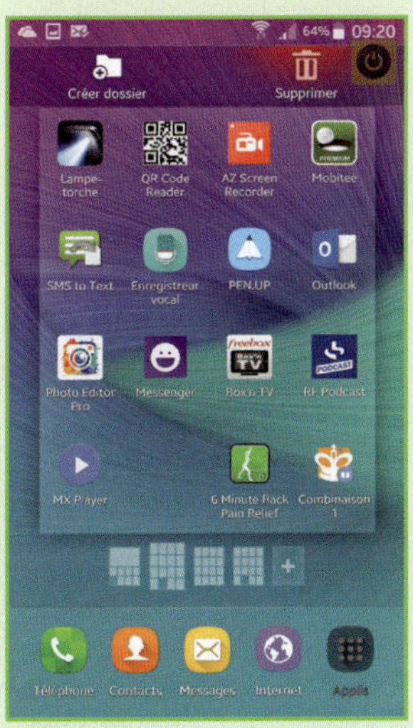

3 Supprimer des applications. Accédez aux vignettes des applications, sur l'écran d'accueil, un « bureau » ou un dossier. Maintenez le doigt appuyé sur l'élément à supprimer, puis glissez-déposez-le sur l'icône de la poubelle qui apparaît en haut à droite. La vignette disparaît sans message de confirmation. L'application correspondante n'est pas supprimée de votre smartphone. Vous la retrouverez en touchant l'icône *Applis* de votre appareil.

4 Désinstaller des applications. Vous installerez de nombreuses applications téléchargées depuis le Play Store (voir p. 81). Lorsque l'espace de stockage de votre smartphone devient limité, et que certaines applications vous paraissent inutiles, supprimez-les définitivement. Touchez l'icône *Applis* en bas de l'écran. Dans l'écran *Applications*, maintenez le doigt appuyé sur le programme à désinstaller. Glissez-déposez sa vignette sur l'icône *Désinstaller*. À savoir : certaines applications qui ont été installées automatiquement ne peuvent pas être désinstallées.

À savoir

Vous n'aurez pas à racheter les applications payantes que vous désinstallez. Vous les retrouverez sur le Play Store dans la rubrique *Mes jeux et applications* (en touchant l'icône sous forme de trois traits verticaux en haut à gauche) puis dans *Applications installées*.

Personnaliser l'écran d'accueil iOS

Comme Android, l'écran d'accueil d'un iPhone ou d'un iPad est personnalisable de la manière suivante.

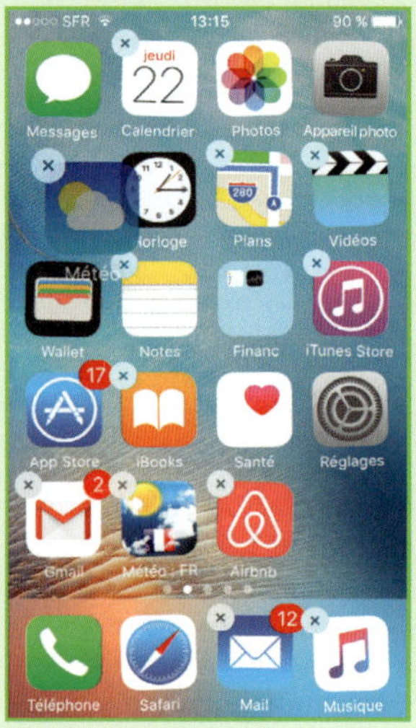

1 Définir les vignettes de l'écran d'accueil. Les applications sont réparties sur les différentes pages auxquelles vous accédez en feuilletant l'écran. Chaque nouvelle application apparaît en dernière position sur la dernière page accessible. Pour composer vos pages (*Accueil* y compris), maintenez votre doigt appuyé sur la vignette à déplacer et glissez-déposez-la dans un espace vide de la page choisie. Au besoin, placez la vignette la plus à droite ou à gauche possible pour changer de «bureau». Appliquez cette procédure pour réorganiser vos vignettes sur l'écran d'accueil et les autres pages.

2 Grouper des applications dans des dossiers. Vous pouvez regrouper vos applications dans des dossiers thématiques. Pour créer un dossier, appuyez sur une vignette jusqu'à ce que le contenu de l'écran vibre. Ensuite, maintenez le doigt enfoncé puis glissez-déposez cette vignette sur une autre vignette d'application qui appartiendra au même dossier. Dès que vous relâchez le doigt, le dossier apparaît. Vous pouvez en changer le nom, puis la position sur vos pages. Par la suite, glissez-déposez directement d'autres applications dans ce dossier.

3 Supprimer des applications et des dossiers. Depuis l'écran d'accueil ou l'une des pages, maintenez le doigt appuyé sur n'importe quelle vignette jusqu'à ce que le contenu de l'écran vibre et qu'une icône × apparaisse en haut à droite (uniquement pour les applications supprimables). Ensuite, touchez l'icône × de l'application à supprimer. Dans le message de confirmation qui apparaît (voir illustration) touchez le bouton *Supprimer*. Contrairement à un smartphone Android, supprimer une application revient à la désinstaller.

Certaines applications natives de l'iPhone ou de l'iPad ne peuvent pas être supprimées. Vous les identifierez grâce à l'absence d'une icône × dans l'angle supérieur gauche de leur vignette lorsque vous maintenez le doigt appuyé sur une vignette et que l'écran se met à vibrer.
Enfin, si vous avez synchronisé votre appareil avec iTunes (voir p. 86 et 87), cette désinstallation n'est pas définitive. En effet, dès votre prochaine synchronisation, l'application sera réinstallée automatiquement. Pour la supprimer définitivement, vous devez la supprimer de la bibliothèque iTunes.

PARAMÉTRER VOTRE SMARTPHONE

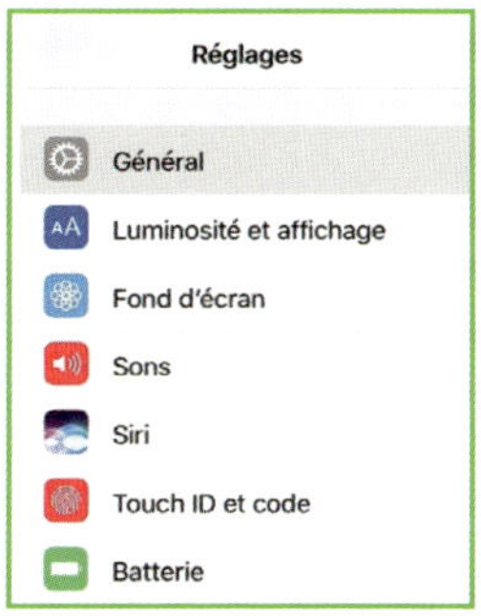

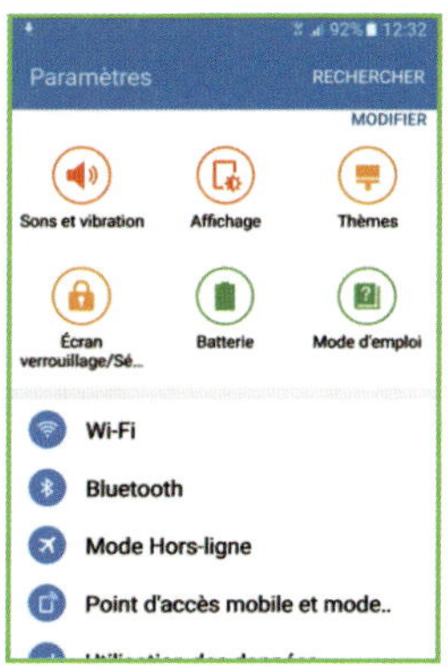

ACCÉDER AUX PARAMÈTRES

Touchez la vignette *Paramètres* de votre smartphone ou tablette Android, ou *Réglages* de votre iPhone ou iPad. Vous accédez à un ensemble de fonctionnalités qui permettent de régler le comportement de votre matériel comme la mise en veille, l'émission de sons et l'affichage de notifications, la date et l'heure, la langue de saisie, le déverrouillage de l'écran, la configuration de Siri ou de Google Talk, etc. C'est également dans les paramètres que vous choisirez votre fond d'écran (un arrière-plan fixe ou animé qui habillera les différents affichages de votre appareil).

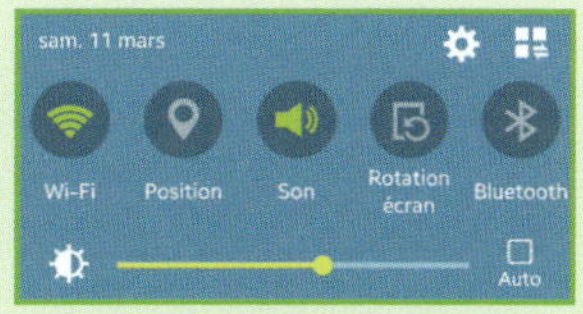

Android

iPhone

UTILISER LES RACCOURCIS ANDROID ET IOS

Le *Centre de contrôle* sur iPhone et iPad et le *Volet des raccourcis* sous Android donnent un accès immédiat à un ensemble de fonctions définies par défaut, mais que vous pouvez personnaliser. Sous Android, il est accessible par un glissement vers le bas de la partie supérieure de l'écran, sous iOS, par un glissement de la partie inférieure vers le haut. Faites défiler ce centre ou ce volet de gauche à droite et inversement pour accéder à d'autres fonctionnalités. C'est ici que vous activerez/désactiverez le Wi-Fi, le Bluetooth, la rotation de l'écran, que vous basculerez en mode *Avion*, passerez en mode *Vibreur*...
Il suffit de toucher l'icône correspondant à la fonction qui « s'allume » lorsque vous l'activez et qui s'éteint quand vous la désactivez. Sur certains appareils, vous pouvez définir les icônes à afficher et/ou modifier leur position : sous iOS, allez dans *Réglages* et *Centre de contrôle* ; sous Android 6, allez dans *Paramètres*, *Système* et *Système UI Turner* ; sous Android 7, touchez l'icône en forme de crayon en haut à droite du volet.

ACCÉDER À INTERNET

Avec votre smartphone, vous pouvez accéder à Internet de deux façons : soit en Wi-Fi, soit en 3G/4G, là où le réseau est disponible. Avec une tablette, vous utiliserez plutôt le Wi-Fi (sauf si votre tablette est équipée d'une carte SIM). Qu'il s'agisse de Wi-Fi ou de 3G/4G, vous devez préalablement activer ces fonctionnalités. Procédez-y rapidement via le *Centre de contrôle* de l'iPhone ou le *Volet des raccourcis* Android (voir ci-dessus). Une fois la connexion établie, lancez votre navigateur web, c'est-à-dire Safari sous iOS ou le navigateur Android par défaut. Vous pourrez utiliser d'autres applications de navigation web comme Chrome, Firefox ou encore Opera, que vous trouverez sur l'App Store et sur le Play Store (voir p. 80 et 81).

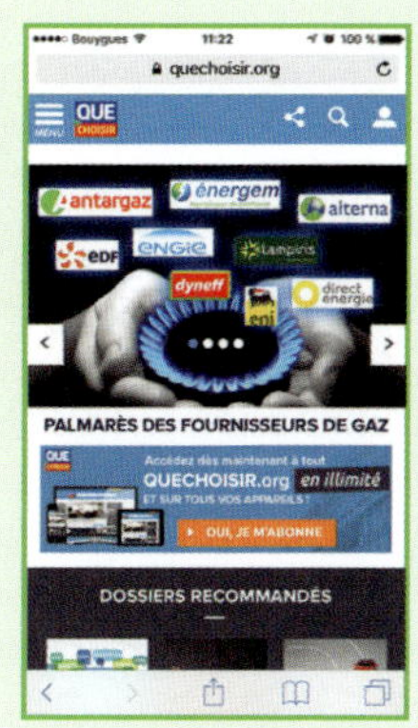

Trucs & astuces

Pour savoir quelle version d'Android ou de iOS équipe votre matériel, touchez l'icône *Paramètres* ou *Réglages*. Ensuite, sous Android, faites défiler le contenu de la page des paramètres et, touchez la mention *À propos de l'appareil* ; le numéro sera indiqué sous *Version Android*. Sur l'iPhone ou l'iPad, choisissez *Réglages*, *Général* et *Informations*. Le numéro sera indiqué sous *Version*.

Utiliser l'App Store sous iOS

Pour trouver les applications et exploiter toutes les fonctionnalités de votre iOS, direction l'App Store !

Le petit +

Si votre appareil sous iOS est synchronisé avec iTunes sur votre ordinateur, vous pourrez gérer l'App Store depuis votre PC (voir p. 87).

1 L'App Store est le centre de téléchargement des applications et mises à jour iOS des matériels Apple. Pour y accéder, touchez l'icône *App Store* de votre iPhone ou de votre iPad. Ce service propose de multiples programmes classés par catégories, comme jeux, enfants, divertissement, musique, etc. Le contenu de chacune est ensuite classé en sous-catégories.

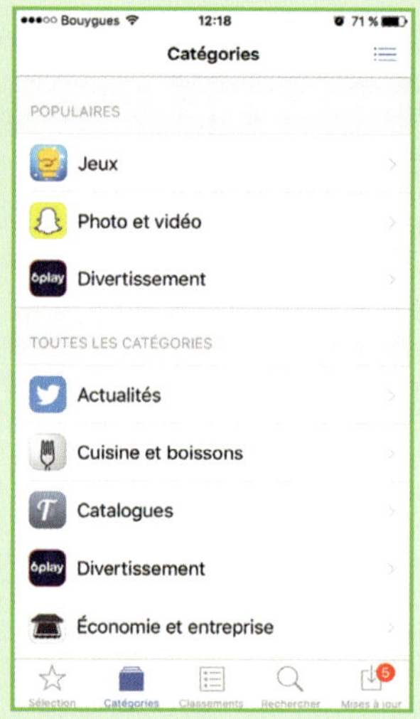

2 Pour trouver une application dans un domaine d'activité particulier, utilisez les catégories ou la fonction recherche : touchez l'icône *Rechercher* (la loupe en bas de l'écran), puis saisissez un terme dans le champ qui apparaît en haut de l'écran de l'App Store ; tapez un terme générique comme « SMS » et l'App Store proposera une série de catégories correspondantes. Pour en savoir plus sur une application, touchez sa vignette, puis sur l'un des onglets *Détails*, *Avis* et *Associés*. Faites défiler le contenu des onglets pour accéder à l'ensemble des informations.

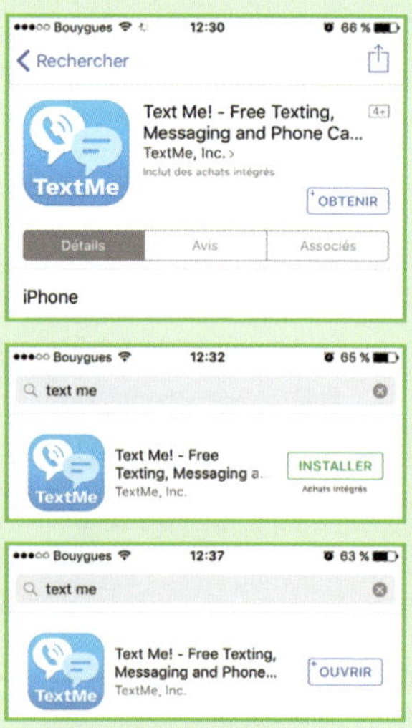

3 Si vous êtes convaincu par les détails et les avis, touchez les boutons *Obtenir* (ou le prix si l'application est payante) puis *Installer* (ou *Acheter*). Si vous avez configuré une confirmation de l'installation des applications par la saisie d'un mot de passe, il vous sera demandé. Une fois cette information communiquée, appuyez sur *Obtenir* ou *Acheter* (si l'application est payante). Une fois le téléchargement terminé, touchez le bouton *Ouvrir* : un écran vous demande si l'application pourra vous envoyer ou non des notifications. Les demandes d'autorisation varient d'une application à l'autre.

4 Pour récupérer d'anciennes applications téléchargées puis supprimées, touchez l'onglet *Mises à jour* en bas à droite, puis touchez *Achats*. Vous accéderez à la liste des applications que vous avez installées, ainsi qu'à celles que vous avez supprimées. Pour réinstaller une application supprimée, touchez l'icône en forme de nuage.

Pour configurer la confirmation de l'installation des applications par la saisie ou non d'un mot de passe, allez dans *Réglages, iTunes Store et App Store* puis dans *Réglages du mot de passe*.

À savoir

Les applications ne demandent l'autorisation d'accéder aux fonctionnalités de votre smartphone qu'une fois ouvertes. Vous avez la possibilité de refuser tout ou partie de cet accès. Attention toutefois à ne pas bloquer les fonctionnalités même de l'application !

Utiliser le Play Store sous Android

Pour télécharger des applications sous Android, passez par le Play Store.

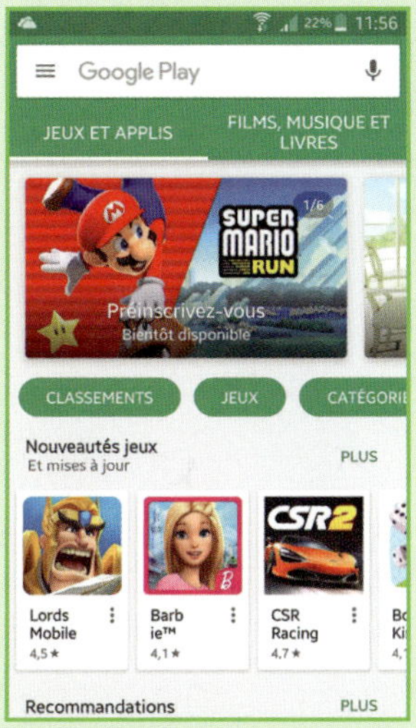

1 Sur l'écran d'accueil de votre smartphone ou de votre tablette Android, touchez l'icône *Play Store* pour accéder au site de téléchargement Play Store de Google. Vous y trouverez des programmes classés par catégories dans des domaines aussi variés que les jeux, des utilitaires, de la musique, des films, etc. Chaque catégorie dispose de sous-catégories.

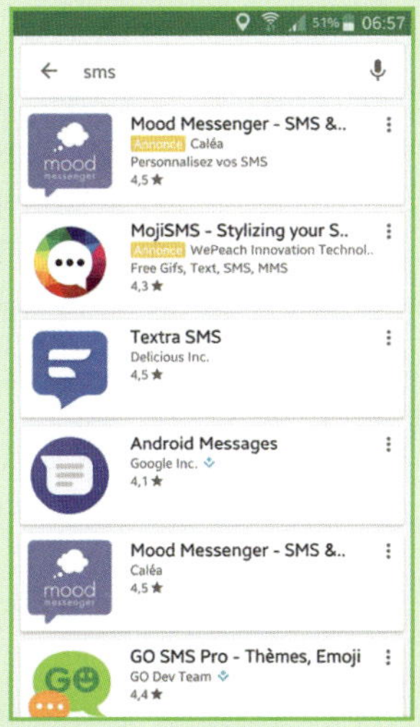

2 Vous pouvez chercher une application au hasard dans les diverses rubriques ou taper un terme générique dans le champ de saisie du Play Store. Par exemple, pour trouver d'autres applications SMS/MMS, saisissez « SMS ». Pour en savoir plus sur une application, touchez sa vignette et faites défiler verticalement la page pour prendre connaissance des avis. Pour obtenir plus d'informations sur l'application, parfois en anglais, touchez le lien *Lire la suite*.

3 Pour installer une application, appuyez sur le bouton *Installer*. Un écran vous indique tous les éléments auxquels l'application aura accès, c'est-à-dire les autres applications et certaines fonctionnalités de votre appareil. Ces éléments varient d'une application à l'autre. Pour télécharger l'application, touchez le bouton *Accepter*. Vous pouvez pratiquer d'autres activités pendant ces opérations, tandis que leur progression peut être suivie dans la barre de notification.

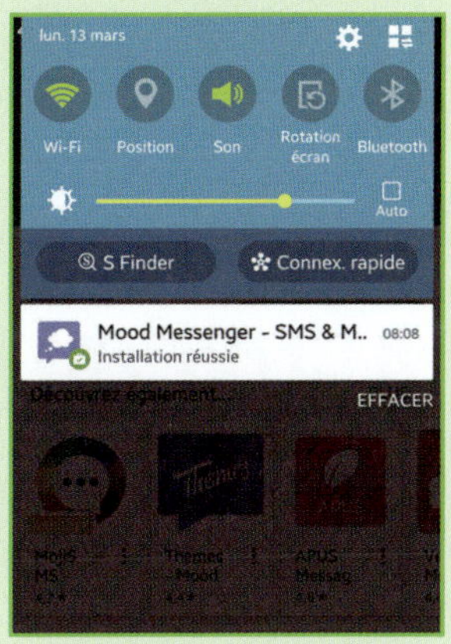

4 Une fois l'installation réussie, touchez le bouton *Ouvrir* qui apparaît sur la page de téléchargement du Play Store (vous pouvez aussi toucher la mention *Installation réussie* de la zone de notifications (voir illustration) ou bien appuyer sur la vignette de l'application dans la page *Applications* de votre appareil). Vous pouvez ensuite la déplacer vers les différents « bureaux » ou votre écran d'accueil si vous le souhaitez (voir p. 77). Vous pouvez aussi refuser à l'application l'accès à certains éléments qu'elle a réclamé à l'installation, si ceux-ci vous paraissent trop intrusifs (voir p. 359).

Trucs & astuces

Vous n'êtes pas convaincu par le descriptif et les avis ? Pour trouver une autre application du même type, touchez l'icône *Similaires*.

À savoir

Si vous n'êtes pas satisfait d'une application gratuite que vous avez téléchargée, vous pouvez la désinstaller (voir p. 77) pour en choisir une autre.

CONNECTER SES COMPAGNONS

Il est possible de partager des données entre appareils connectés via divers protocoles de communication. Toutefois, certaines incompatibilités existent, notamment entre les périphériques Android et iOS.

La multiplication des appareils informatiques pose un problème de centralisation des données provenant des PC de bureau, des ordinateurs portables, des tablettes, des smartphones... Pour faciliter l'échange de fichiers et d'informations entre tous ces appareils, il existe des techniques et des protocoles de communication efficaces, mais qui se heurtent à certaines limites. Si la connexion entre un PC et des smartphones Android ou iOS ne pose pas de problème majeur, les choses se compliquent entre les appareils sous Android et ceux sous iOS. Nous verrons alors comment le Cloud peut être une solution pratique pour opérer des échanges multiplateformes malgré les incompatibilités entre systèmes d'exploitation.

Connecter un appareil sous Android en USB

Le plus simple pour récupérer vos données reste la connexion USB avec un câble adéquat. Voici comment procéder.

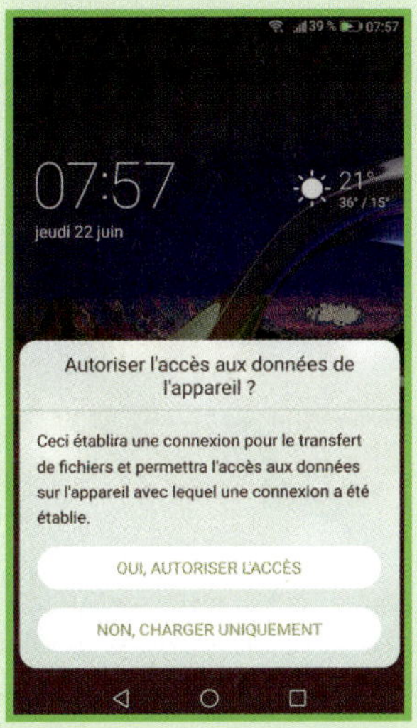

1 Branchez le câble USB à votre smartphone (via la prise de charge), puis connectez la prise USB au port USB de votre PC ou de votre tablette. Faites glisser le haut de l'écran vers le bas pour accéder aux options de connexion USB et choisissez *Transfert de fichiers média via USB* (ou *Connecté en tant que périphérique*).

2 Dans les options qui apparaissent sur votre smartphone, optez pour *Transfert des fichiers média* (ou *Périphérique multimédia*) ou *Transfert des images* (ou *Appareil photo*). Ces choix permettent de le faire apparaître sur votre PC comme un périphérique connecté. Dans la notification qui s'affiche dans la *Zone de notification* du PC, vous pouvez choisir entre *Transfert des fichiers média* (ou *Importer des images et des vidéos*) et *Synchroniser les fichiers* avec l'application Lecteur Windows Media (voir p. 324). Si cette notification n'est pas visible, passez directement à l'étape 3.

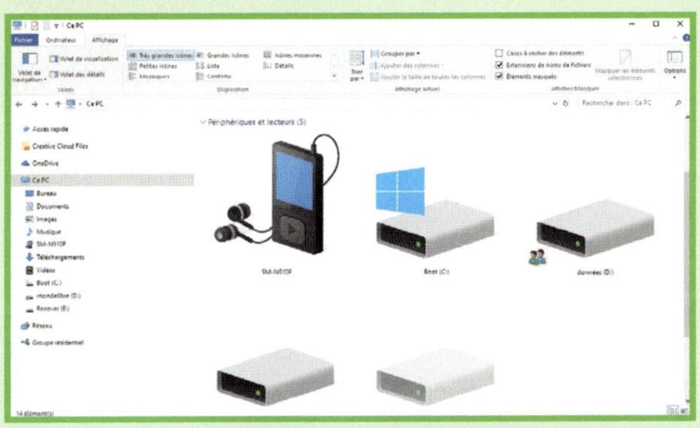

3 Le smartphone est affiché dans la section *Périphériques et lecteurs* de l'*Explorateur de fichiers*. Pour accéder à son contenu, double-cliquez sur son icône, puis sur le dossier *Phone*. Vous obtiendrez alors la totalité des dossiers et fichiers de l'appareil. Pour accéder aux fichiers sur la carte SD, sélectionnez le dossier *Card*.

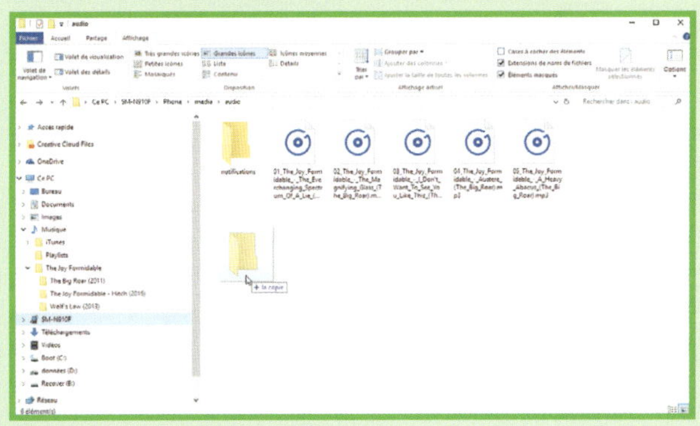

4 Localisez les fichiers qui vous intéressent dans les dossiers et sous-dossiers, puis copiez-les ou déplacez-les de votre appareil à votre PC ou tablette, et inversement. Par exemple, il sera facile de copier, dans le dossier *Audio*, *Music* ou *Musique* du smartphone, des fichiers MP3 stockés sur le PC. Vous pouvez également utiliser cette méthode pour supprimer des fichiers de votre smartphone.

Attention !

Lorsque vous accédez au contenu de votre smartphone, ne supprimez aucun dossier sous peine de rendre votre smartphone inutilisable ; déplacez uniquement des fichiers de données, jamais des fichiers système !

Trucs & astuces

Vous pouvez aussi connecter vos appareils entre eux grâce à la communication Bluetooth. Dès lors que cette fonctionnalité est présente, il suffit de l'activer sur les deux appareils, comme expliqué en pages 46 et 47.

Synchroniser un smartphone sous Windows 10 avec OneDrive

Le Cloud, périphérique de stockage distant, permet la synchronisation et la sauvegarde de fichiers auxquels tous vos appareils connectés à Internet peuvent accéder.

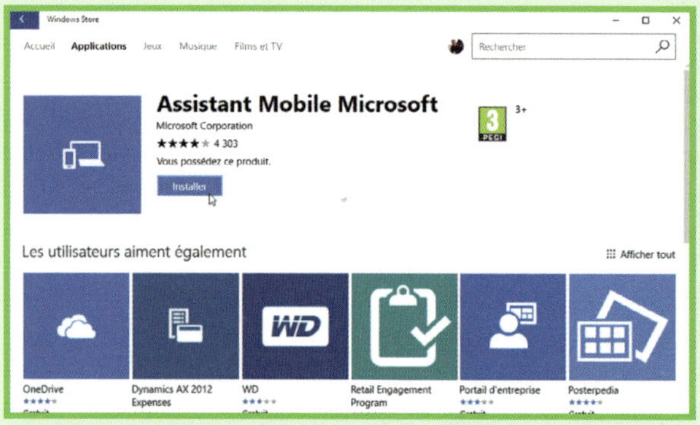

1 Branchez votre smartphone au port USB de votre PC, ou bien connectez-vous sur le réseau Wi-Fi de votre domicile. Sur votre PC, rendez-vous dans le Windows Store et, dans le champ *Rechercher*, tapez *Assistant Mobile*. Téléchargez cette application gratuite en cliquant sur le bouton *Installer*. Exécutez ce programme qui permet, avec un compte Microsoft, de synchroniser vos photos (notre exemple), vos musiques, vos contacts Skype, vos fichiers Office, vos calendriers et vos mails Outlook.com.

2 Dans l'écran d'accueil, cliquez sur le bouton *Commencer* du type de synchronisation à réaliser. Pour que la synchronisation fonctionne, vous devez utiliser le même compte Microsoft sur vos différents appareils. Cliquez sur le bouton *Si c'est bien moi !* en bas à droite. L'échange des photos, par exemple, se fera via votre espace OneDrive (cloud de Microsoft). Si ce n'est déjà fait, téléchargez One Drive sur votre appareil sous Android. Cliquez sur *Suivant* et confirmez que vous êtes bien connecté sur ce périphérique à votre compte OneDrive.

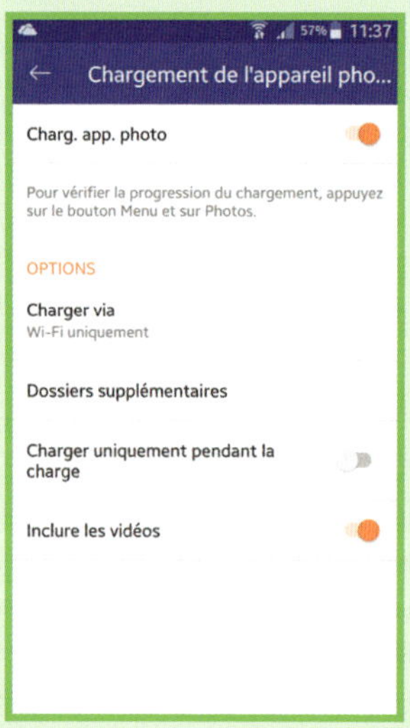

3 Dans les paramètres de OneDrive, activez l'option *Charg. app. photo* et confirmez dans *Assistant Mobile*. Cliquez sur *Terminé*. Ouvrez l'application Photos sur le PC. Toutes les photos présentes sur votre smartphone s'y affichent. L'icône du bouton *Actualiser* tourne, indiquant la synchronisation en cours. Les photos sont parallèlement téléchargées dans le dossier *Images* de OneDrive. À chaque ouverture du programme Photos (si votre smartphone est connecté en Wi-Fi ou au port USB du PC), la synchronisation s'effectuera.

4 Une fois la synchronisation terminée, vos images seront accessibles depuis n'importe quel appareil pouvant accéder à OneDrive, soit depuis un navigateur web pour les PC, soit avec l'application OneDrive pour les appareils sous Android et ceux sous iOS. Vous pourrez alors libérer de l'espace sur votre smartphone en supprimant des images que vous retrouverez facilement, dès lors que vous disposerez d'un accès à Internet.

Le petit +

Google Sync permet de synchroniser votre compte Google avec tous vos appareils. Sur votre appareil sous Android, activez la synchronisation via *Paramètres* puis *Comptes*. Touchez l'icône Google, et activez tout ou une partie des synchronisations proposées. Dès lors, si vous avez activé la synchronisation, toutes les modifications portées sur votre agenda ou vos mails sur PC ou Android seront répercutées sur l'un ou l'autre appareil.

Synchroniser votre Android avec AirDroid

Cette application synchronise le contenu de votre smartphone et de votre tablette Android, via USB, Wi-Fi, Cloud et Bluetooth ; elle permet aussi de contrôler votre smartphone à distance, via votre ordinateur.

Attention !

Certaines fonctionnalités, comme la sauvegarde des vidéos, ne sont possibles qu'avec l'abonnement « Premium ».

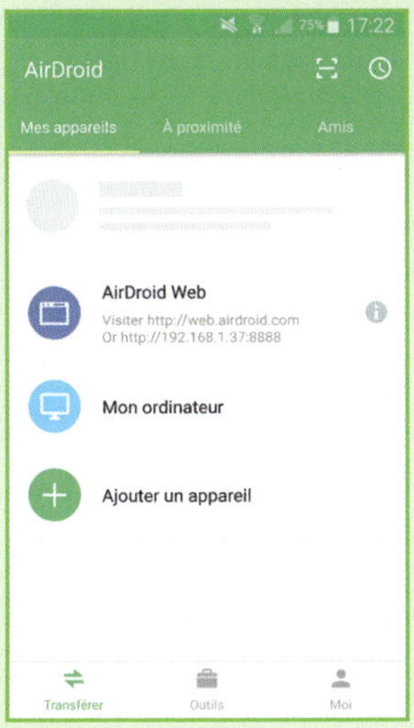

1 Depuis votre appareil sous Android, téléchargez et installez AirDroid. Pour vous inscrire (gratuitement), définissez un mot de passe, un pseudo et touchez le bouton *Inscription*. Affichez l'onglet *Mes appareils* : l'option *Ajouter un appareil* permet de déclarer un autre smartphone sur lequel l'application est installée ; l'option *Mon ordinateur* vous permettra de vous connecter avec votre PC lorsque celui-ci sera à son tour équipé de AirDroid. Pour que votre smartphone puisse s'afficher sur votre PC, ouvrez-le et touchez *Outils*, puis *Notification sur le bureau* et *Activer*. Activez ensuite le *Service de notification miroir*.

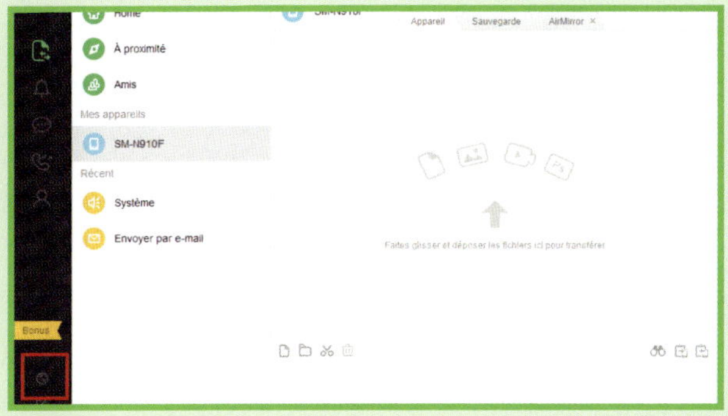

2 Depuis votre PC, rendez-vous sur https://www.airdroid.com/fr/get.html, puis téléchargez, installez et exécutez le programme et connectez-vous avec les identifiants du compte AirDroid de votre smartphone ; ce dernier apparaît. En cliquant sur *AirDroid web* en bas à gauche, vous accéderez à de nombreuses fonctionnalités de votre smartphone affichées dans une page web (ajouter ou récupérer des contacts, faire un imprime-écran à distance, etc.). Votre smartphone doit être connecté en Wi-Fi et ne pas être en veille.

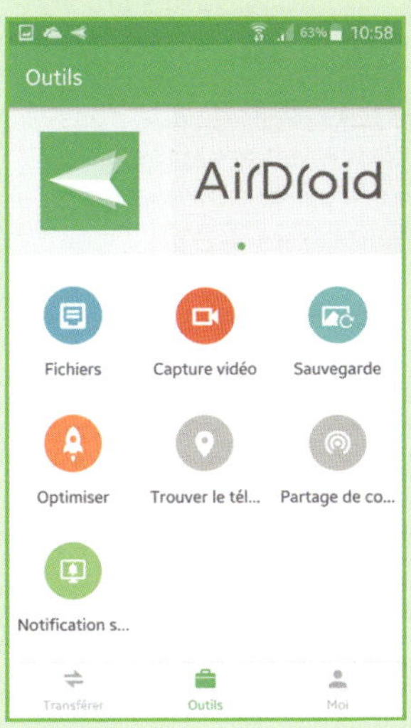

3 Utilisez votre réseau local Wi-Fi pour sauvegarder sur PC des fichiers de votre smartphone. Cliquez sur l'onglet *Sauvegarde*, puis sur le bouton du même nom. Sur le smartphone, touchez *Outils* (en bas), puis *Sauvegarde*. Validez la sauvegarde automatique avec le bouton *Sauvegarde* et choisissez l'ordinateur sur lequel vous voulez la faire. Dans les paramètres de AirDroid depuis votre PC, vous pouvez changer le dossier de sauvegarde, qui est par défaut C:\Users\<nom utilisateur>\Documents\AirDroid\Backup.

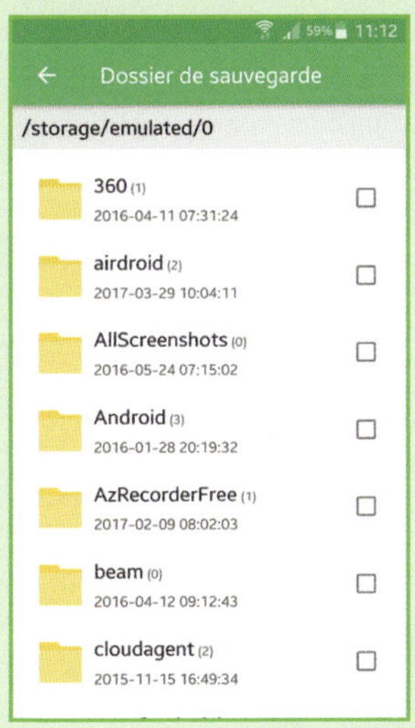

4 Par défaut, AirDroid ne sauvegarde que le dossier DCIM (qui contient les photos stockées dans la mémoire de votre appareil). Pour sauvegarder un autre dossier (contenant par exemple des photos sur votre carte SD), touchez *Dossier de sauvegarde* et cochez-le dans la liste des dossiers de votre appareil puis touchez *Sauvegarde*. Sur PC, cliquez sur *Sauvegarde* puis, sur *Ouvrir le dossier* pour vérifier le contenu sauvegardé. Contrairement aux systèmes de synchronisation basés sur le Cloud, les fichiers de votre appareil sont copiés sur le disque dur local de votre PC.

À savoir

Il existe d'autres applications de synchronisation comme SideSync pour les smartphones Samsung, SyncMe Wireless, et bien d'autres que vous découvrirez sur le Play Store (voir aussi p. 382).

SYNCHRONISER UN IPHONE OU IPAD

La synchronisation d'un appareil sous iOS a deux objectifs : la récupération de certaines données de votre PC (vos playlists ou vos favoris Internet, notamment) sur votre appareil mobile, et la synchronisation du contenu de votre appareil, via l'iCloud.

À savoir

Il n'est pas possible de synchroniser le contenu de son iPhone avec son PC. Vous devez transférer manuellement ce contenu (voir p. 246) ou le synchroniser sur le Cloud via le service Apple iCloud, qui sert également de sauvegarde (voir ci-dessous et p. 381).

SYNCHRONISER DES CONTENUS DE VOTRE PC AVEC VOTRE IPHONE OU VOTRE IPAD

Vous pouvez synchroniser certains contenus de votre ordinateur avec votre iPhone ou votre iPad. Cela vous permet de gérer vos musiques, vos films, vos séries TV, vos applications, vos photos, mais également vos contacts, vos calendriers et vos « signets » (appelés également favoris ou marque-pages selon votre navigateur Internet) depuis votre PC, puis de les synchroniser sur votre appareil mobile. Connectez votre appareil à votre PC avec un câble USB afin de paramétrer cette synchronisation via iTunes ; vous accéderez aux différents types de fichiers via la colonne de gauche sur la page iTunes consacrée à votre appareil. Préparez d'abord sur votre ordinateur le ou les fichiers à synchroniser sur votre iPhone ou iPad (voir « Attention ! »). iTunes vous proposera alors des options de synchronisation selon le type de fichier. Vous pouvez par exemple choisir de ne synchroniser que les vidéos que vous n'avez pas encore regardées ou de ne sélectionner, dans le cas de la musique (voir aussi p. 325), que les titres d'une playlist, d'un artiste, d'un album ou d'un genre... Vous avez également la possibilité de remplacer complètement les contacts, calendriers et signets de votre appareil sous iOS par ceux de votre PC ou bien de les compléter. Pour les applications, voir la page suivante. Dès lors que vous avez soigneusement sélectionné les éléments à synchroniser, vous n'aurez plus à les gérer que sur votre PC (dans la bibliothèque iTunes) et toute modification sera synchronisée via iTunes à chaque connexion USB.

Attention !

La synchronisation passe obligatoirement par iTunes et sa bibliothèque. Si les séries TV, les musiques et les films achetés dans l'iTunes Store (voir p. 222) arrivent directement dans la bibliothèque, les autres types de fichier doivent d'abord être ajoutés dans la bibliothèque iTunes (en allant dans *Fichier* puis *Ajouter un fichier à la bibliothèque...*) pour qu'ils soient accessibles pour la synchronisation.

SYNCHRONISER VIA ICLOUD

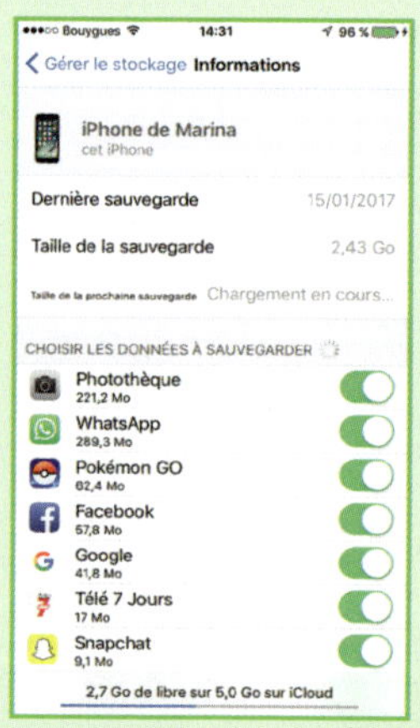

Le nuage informatique d'Apple peut être utilisé comme espace de synchronisation où vous gérerez vos musiques, photos, contacts, évènements, etc. Ce système maintient vos données à jour pour tous vos appareils sous iOS et votre PC (via iCloud.com). Vous disposez gratuitement d'un espace de 5 Go, que vous pouvez augmenter en souscrivant un abonnement. Pour sélectionner les données que vous souhaitez synchroniser, il suffit de toucher l'icône *Réglages* de votre appareil, puis *Stockage local et iCloud*. Dans la section *iCloud*, touchez *Gérer le stockage*, puis l'icône de votre appareil. Il suffit dès lors de positionner le commutateur des différentes sources de données pour les synchroniser (ou les retirer de la synchronisation). Bien entendu, vous devez être connecté à Internet (via la Wi-Fi ou le réseau 3G/4G) pour que la synchronisation avec iCloud s'opère (voir aussi p. 381).

Synchroniser vos applications téléchargées sur iTunes avec un appareil sous iOS

Vous pouvez utiliser l'App Store sur votre PC avec iTunes, notamment pour éviter d'entrer vos données bancaires sur votre appareil mobile. Voici comment les récupérer sur votre appareil.

1 Sur iTunes, cliquez sur la barre de sélection du menu en haut à gauche pour ajouter le menu *Apps* après avoir cliqué sur *Plus de menus...* Vous pourrez alors gérer vos applications téléchargées dans la bibliothèque, mais surtout accéder à l'App Store en cliquant sur l'onglet *App Store*. Vous pourrez alors explorer l'App Store directement depuis votre PC.

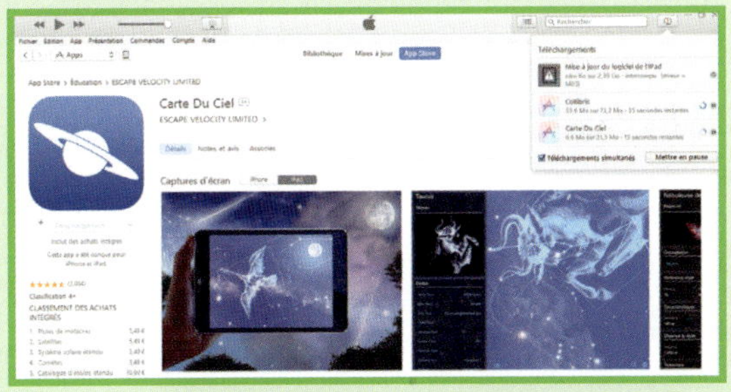

2 Recherchez une application en explorant les catégories ou en utilisant la barre de recherche en haut à droite. Une fois l'application souhaitée trouvée, cliquez dessus puis sur *Obtenir* (application gratuite) ou sur *Acheter* (application payante). Vos identifiants Apple vous seront demandés, puis l'application sera téléchargée dans la bibliothèque. Pour voir la progression du téléchargement, cliquez sur l'icône de flèche à gauche de la barre de recherche.

3 Allez dans le menu de votre appareil sous iOS branché au PC avec un câble USB en cliquant sur l'icône le représentant en haut à gauche. Cliquez sur *Apps* dans le volet gauche. Vous retrouverez les applications de votre bibliothèque. Si c'est la première fois, cliquez d'abord sur *Synchroniser* en bas de la fenêtre. iTunes vous demandera confirmation, vos identifiants Apple puis, sécurité oblige, un code de confirmation qui sera affiché sur votre appareil sous iOS. Cliquez sur le bouton *Installer* à droite des vignettes des applications pour les installer sur votre appareil.

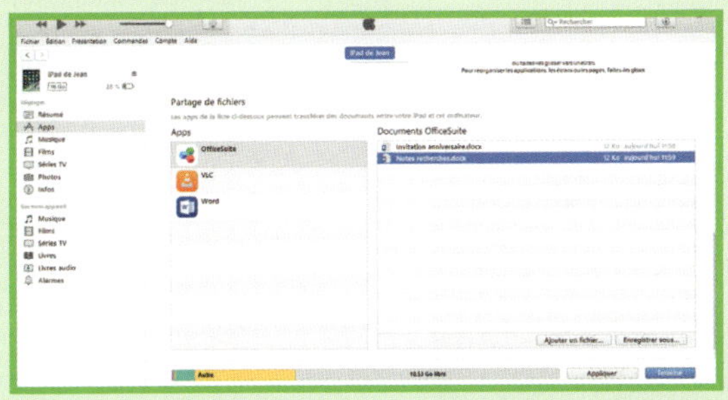

4 Vous pouvez aussi transférer des fichiers directement dans des applications si celles-ci le permettent. En descendant plus bas dans la page *Apps*, allez dans la partie *Partage de fichiers*. En cliquant sur l'application qui vous intéresse, choisissez soit de récupérer un fichier de l'appareil sur votre PC (*Enregistrer sous...*), soit d'en ajouter un de votre PC sur votre appareil sous iOS (*Ajouter un fichier...*).

Trucs & astuces

Réorganisez les icônes de votre iPhone ou de votre iPad directement sur PC dans son interface affichée par iTunes : commencez par double-cliquer sur la page dont vous souhaitez ordonner les icônes, puis glissez-déplacez-les aux emplacements qui vous conviennent ; enfin, dans la partie inférieure droite d'iTunes, cliquez sur le bouton *Synchroniser ou Appliquer* pour que la réorganisation se retrouve sur votre appareil mobile.

Partager vos fichiers avec AirDrop pour les appareils sous iOS

AirDrop est une application iOS native qui permet de partager instantanément vos photos, vidéos et autres avec les appareils Apple à proximité (quelques mètres).

1 Ouvrez une application (Photos, par exemple) sur votre iPhone ou iPad et localisez le contenu à partager. Pour effectuer une multi-sélection, touchez *Choisir* puis *Sélectionner*, puis les éléments concernés, comme des photos, des contacts ou même des applications (dans ce cas, maintenez la pression de votre doigt sur l'icône de l'application). Enfin, touchez *Partager* ou l'icône du petit carré contenant une flèche pointée vers le haut. Touchez le nom d'un utilisateur d'Airdrop (ou son appareil Apple).

2 Lorsque vous êtes destinataire du contenu partagé via AirDrop, un message d'alerte, accompagné d'un aperçu, s'incruste sur votre écran. Touchez le bouton *Accepter* pour enregistrer ce contenu sur votre iPhone (ou iPad) ou sur *Refuser* si ce partage ne vous intéresse pas. Le contenu accepté s'ouvre alors dans l'application d'où il a été partagé. Ainsi, les photos s'ouvrent dans Photos, les sites web dans Safari, et les liens des applications dans l'App Store.

3 Pour déterminer les personnes qui pourront voir votre iPhone ou iPad dans AirDrop et les autoriser à vous envoyer du contenu, ouvrez le *Centre de contrôle* en faisant glisser le bas de l'écran vers le haut. Touchez l'icône AirDrop. Optez pour *Réception désactivée* afin d'exclure toute demande de partage AirDrop ; *Contacts uniquement* pour que votre iPhone ne soit visible que de vos contacts ; *Tout le monde* pour permettre à tous les appareils sous iOS situés à proximité utilisant AirDrop de partager du contenu avec vous.

FAIRE COMMUNIQUER DES APPAREILS SOUS IOS AVEC LES AUTRES

AirDrop est une application faisant partie intégrante de l'univers Apple. Elle n'est pas compatible avec les systèmes Android ou Windows. Pour échanger des fichiers avec un Android depuis un appareil sous iOS, ou inversement, copiez-les sur un cloud (comme Dropbox, OneDrive, ou iCloud) qui nécessite simplement une adresse mail pour y ouvrir un compte indépendamment de l'appareil que vous utilisez. Téléchargez ces applications de Cloud depuis le Play Store et l'App Store. Vous pouvez également échanger vos fichiers entre ces deux appareils par mail et via les réseaux sociaux.

PROFITER DU WI-FI AVEC SON COMPAGNON

La connexion sans fil en Wi-Fi des smartphones et tablettes permet d'utiliser ces appareils pour surfer sur Internet, intervenir sur les réseaux sociaux ou envoyer et recevoir des mails sans passer par le réseau 3G/4G.

LE RÉSEAU WI-FI PERSONNEL

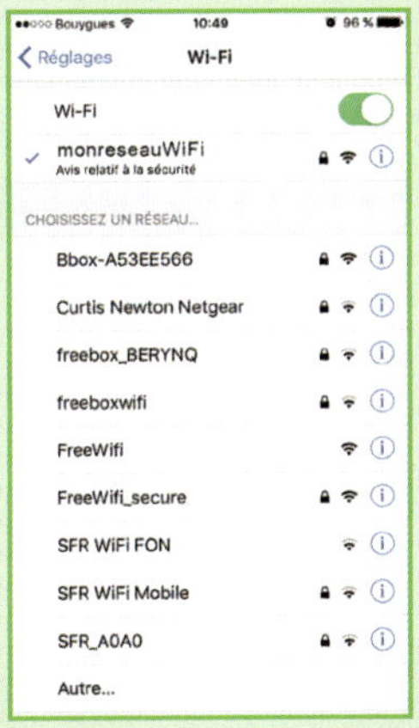

Il s'agit du réseau sans fil accessible via votre box et que vous avez appris à configurer aux pages 43 et suivantes. Pour que votre smartphone ou votre tablette s'y connecte, vous devez accéder aux paramètres Wi-Fi en appuyant de manière prolongée sur l'icône *Wi-Fi* sous Android et en accédant aux *Réglages* sous iOS. Dans la liste des réseaux détectés dans votre entourage, touchez le nom de votre réseau sans fil et entrez son mot de passe, c'est-à-dire sa clé de sécurité. Vous procéderez ainsi lorsque vous souhaiterez utiliser le réseau d'un ami, d'un bar, d'un hôtel, d'un aéroport, etc. Lorsque vous ne souhaitez plus utiliser le Wi-Fi, touchez simplement son icône dans le volet des raccourcis sous Android et le *Centre de contrôle* sous iOS (voir p. 79).

LES RÉSEAUX WI-FI PUBLICS

Le Wi-Fi investit les lieux publics tels que les cafés, les parcs, les halls de gare, etc. Sa présence dans un commerce est devenue un argument supplémentaire pour attirer les clients. Ce réseau est donc ouvert, en ce sens que tout un chacun peut s'y connecter sans aucune clé de sécurité. Cela pose le problème de la sécurité de vos données. En effet, une personne mal intentionnée peut alors pratiquer une simple surveillance passive de l'activité de l'appareil, voire attirer les utilisateurs vers des sites factices où les dommages risquent d'être beaucoup plus importants, notamment avec la récupération de données confidentielles. Pour ne pas s'exposer à ce risque, connectez-vous uniquement à des sites sécurisés dont l'adresse est précédée d'un verrou et de la mention « HTTPS ». L'idéal reste d'utiliser ces connexions via un VPN (réseau privé virtuel), malheureusement le plus souvent payant et complexe à mettre en œuvre (voir p. 135 et 136). Donc, évitez autant que faire se peut de vous connecter à des réseaux publics (voir aussi p. 45).

POINT D'ACCÈS MOBILE

Vous pouvez transformer votre smartphone Android ou iOS en point d'accès mobile que d'autres appareils (par exemple une tablette ou un PC sans accès à Internet) utiliseront pour se connecter à Internet lorsqu'aucune connexion Wi-Fi n'est accessible. Pour activer cette fonctionnalité sous Android, ouvrez les *Paramètres*, puis, dans la section *Données mobiles* (ou *Connexions*), touchez *Données mobiles* (ou *Modem et point d'accès mobile*, sachant que vous devez parfois passer d'abord par *Plus de réseaux*). Ensuite, touchez *Point d'accès Wi-Fi mobile* et activez la fonction (qui peut se nommer *Point d'accès mobile*). Elle a pour conséquence d'activer les données mobiles (3G/4G) et de permettre à d'autres appareils de se connecter à Internet via votre réseau mobile. Vous pouvez éventuellement configurer le point d'accès en allant dans l'icône des trois petits points en haut à droite pour déterminer un délai d'expiration, changer le nom du réseau, etc. Sur un iPhone, touchez la vignette *Réglages*. Choisissez ensuite *Partage de connexion* et activez cette fonction dans le nouvel écran qui s'affiche. Le smartphone Android ou iOS est identifié comme une borne Wi-Fi accessible en entrant le mot de passe indiqué par le smartphone qui partage la connexion. Très pratique quand vous voulez surfer sur un plus grand écran que le smartphone (PC ou tablette) et que vous n'avez aucun autre accès à Internet. Sachez cependant que cela consomme vos données comme si vous étiez en 3G/4G avec votre smartphone.

SAUVEGARDER ET IMPRIMER

En informatique, la sauvegarde est primordiale : elle assure la pérennité de vos données grâce à une copie sur un disque dur interne ou externe, une clé USB, un CD/DVD, voire sur le Cloud. Quant à l'imprimante, elle donne une réalité physique à vos documents et autres photographies via des sorties sur papier.

L'informatique se caractérise par la grande obsolescence des données, mais aussi du matériel qui les contient. Il est donc essentiel d'effectuer régulièrement une sauvegarde des fichiers que vous souhaitez conserver, notamment vos photos numériques ou vos documents, afin de pouvoir les récupérer sur un autre support en cas de panne du disque dur, de la clé USB ou de la carte mémoire... mais aussi en cas de suppression accidentelle. Vous pourrez utiliser ponctuellement un lecteur MP3 ou multimédia ou même votre smartphone pour effectuer des copies, que vous sauvegarderez ensuite au plus vite sur un des périphériques précités. Une tendance récente consiste à sauvegarder les fichiers sur le Cloud, mais au-delà d'un certain nombre de gigaoctets, le coût de l'abonnement est élevé ; la meilleure solution reste donc l'usage d'un disque dur externe, plus sûr en termes de confidentialité des données. Enfin, l'impression permet aussi la sauvegarde physique de vos documents numériques.

RECHERCHER DES FICHIERS

Avant de sauvegarder vos fichiers, il est essentiel de savoir comment les retrouver facilement parmi les milliers qui envahiront rapidement votre ordinateur, votre smartphone ou votre tablette, quel que soit le système d'exploitation que vous utilisez.

RECHERCHER DES FICHIERS AVEC ANDROID

L'arborescence des dossiers d'un smartphone ou d'une tablette Android complexifie la recherche des fichiers stockés sur l'appareil. Tout va bien jusqu'au jour où vous ne retrouvez plus un texte ou une photo. Pour accéder à l'ensemble des fichiers de votre appareil, utilisez le gestionnaire de fichiers appelé *Mes Fichiers* ou *Gestionnaire de fichiers*. Il ouvre un écran regroupant les principaux dossiers, c'est-à-dire *Images*, *Vidéos*, *Audio*, *Documents*, etc. Touchez une des catégories pour accéder à la liste des dossiers et fichiers qu'elle contient. Pour rechercher un fichier précis, touchez l'icône *Loupe* en haut à droite. Dans le champ *Rechercher* qui apparaît, saisissez le nom d'un fichier et appuyez sur l'icône *Loupe* du clavier pour lancer la recherche. Si vous saisissez simplement l'extension ou la nature du fichier comme « jpg », « document », « pdf », etc., vous afficherez tous les types de fichiers correspondant stockés sur l'appareil (sur des appareils un peu anciens, vous trouverez une fonction recherche dans le menu de *Mes fichiers*). Sur certains appareils, vous pouvez préciser votre requête après une première recherche : touchez les trois points verticaux en haut à droite et exécutez *Recherche avancée*. Indiquez le *Nom de fichier*, l'*Emplacement*, le *Type de fichier* (document, image etc.), éventuellement la *Date*, et enfin, l'*Extension*. Appuyez ensuite sur le bouton *Rechercher* et Android affichera le ou les fichiers correspondant à vos critères. Une fois un fichier coché, touchez les trois points verticaux en haut à droite pour le déplacer, le copier, le renommer ou voir sa taille et son chemin exact dans *Détails* (afin de le retrouver si vous souhaitez le copier sur PC).

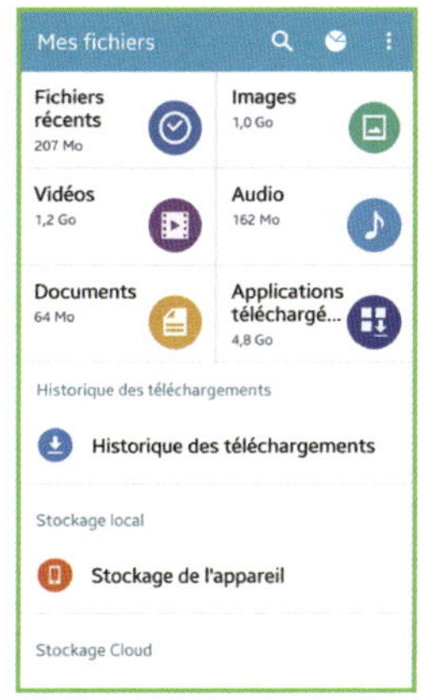

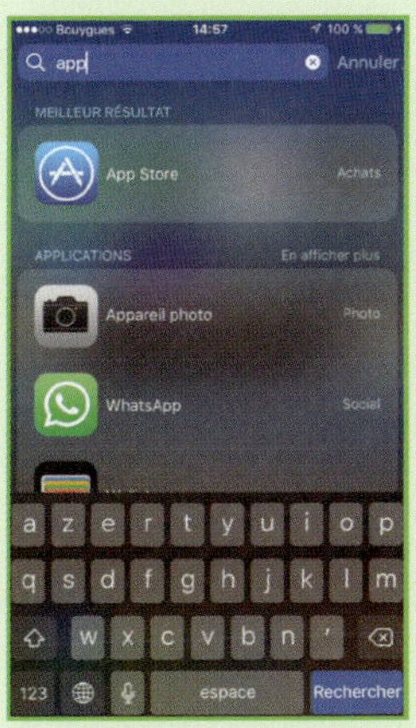

RECHERCHER DES FICHIERS SOUS IOS AVEC SPOTLIGHT

Fonctionnalité historique des systèmes d'exploitation Apple, Spotlight permet de rechercher des personnes, des lieux, des fichiers et des programmes spécifiques sur votre iPhone ou votre iPad. Pour démarrer Spotlight, effleurez l'écran d'accueil ou n'importe quelle autre page du centre vers le bas. Dans le champ qui apparaît, tapez l'objet de votre recherche. Dès les premières lettres saisies, l'iPhone affiche des résultats classés par rubriques : *Meilleur résultat* (au plus proche de votre requête), *Applications* (applications dont le nom contient les lettres saisies), *Mail* (si des mails contiennent des éléments correspondant à votre saisie) ou encore *Messages* (échanges réalisés avec l'application Messages). En fonction de la demande, Spotlight vous proposera des liens vers Wikipédia, des séries TV, une succession de sites web, des plans (pour se rendre dans un lieu), des objets vendus sur l'App Store ou l'iTunes Store, des vidéos sur le Web, etc.

RECHERCHER DES FICHIERS SOUS IOS AVEC SIRI

Siri est à l'iPhone ce que Cortana est à Windows 10 (voir p. 58). Il s'agit d'un assistant vocal qui peut théoriquement répondre à n'importe quelle question. Bien que vous puissiez l'interroger sur le temps qu'il va faire, Siri pourra aussi être sollicité pour localiser des fichiers et des programmes sur votre smartphone ou tablette. Ouvrez Siri en maintenant une pression sur le bouton *Principal* de votre iPhone. Ensuite, posez votre question le plus naturellement possible, comme « où sont mes photos ? » et Siri ouvrira l'application Photos. Siri est moins compétent que Spotlight pour effectuer des recherches précises, car il s'agit avant tout d'un assistant destiné à ouvrir les bonnes applications, à activer les bons services, et à trouver des éléments sur le Web pour améliorer votre productivité et votre expérience de l'iPhone ou de l'iPad.

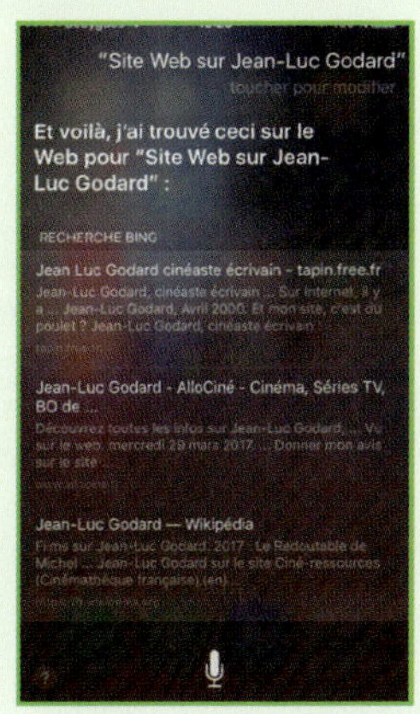

Rechercher des fichiers sous Windows 10

À savoir

Vous pouvez rechercher des fichiers via la fonction Cortana de Windows 10, étudiée à la page 58.

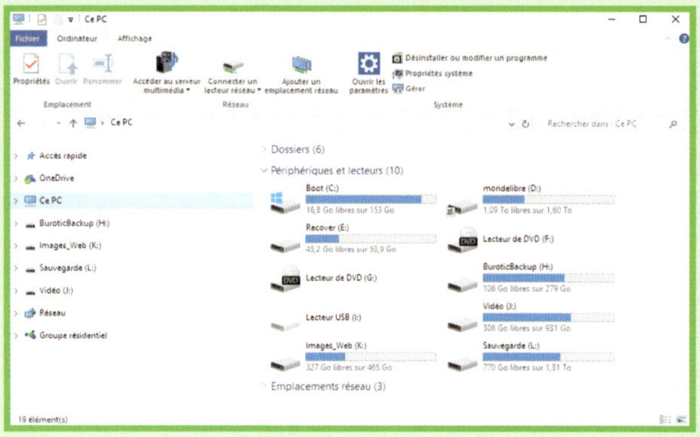

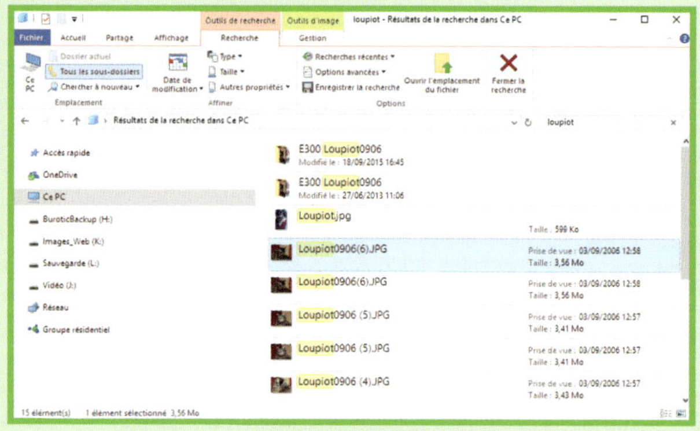

1 Voici une méthode de recherche classique sous Windows qui consiste à utiliser l'*Explorateur de fichiers* (voir p. 50) par un clic sur son icône (en forme de dossier jaune) dans la barre des tâches. Ensuite, dans le *Volet de navigation* à gauche, sélectionnez le disque dur sur lequel vous souhaitez lancer la recherche. Pour effectuer cette recherche sur la totalité des disques de votre système, sélectionnez *Ce PC*.

2 Dans le champ en haut à droite *Rechercher dans: Ce PC* (ou nom d'un autre lecteur), saisissez l'objet de votre recherche, qu'il s'agisse d'un nom de fichier, d'un mot dans un texte ou d'un type de fichier, comme «JPG» pour retrouver des photos à ce format. Validez en appuyant sur la touche *Entrée*. Une barre de progression verte apparaît dans la barre d'adresse de l'*Explorateur de fichiers*. Au bout de quelques minutes, tous les éléments correspondant à votre requête sont listés dans la partie droite de la fenêtre. Double-cliquez sur un fichier pour l'ouvrir ou bien sur l'icône *Ouvrir l'emplacement du fichier* pour accéder au disque, dossier ou sous-dossier où il est enregistré.

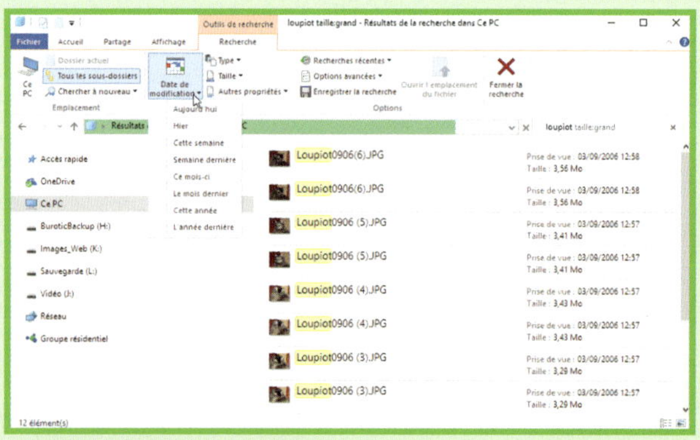

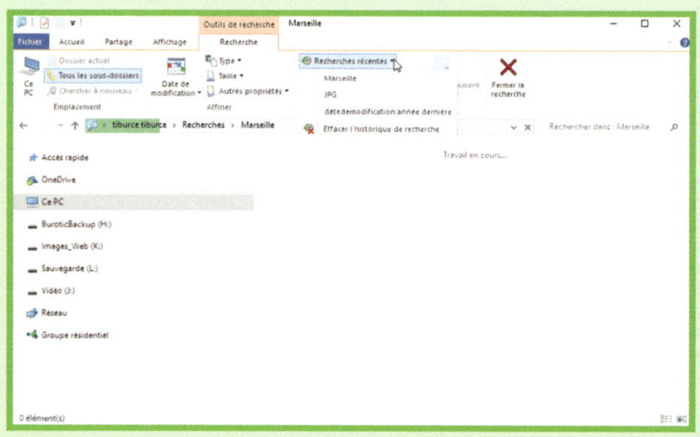

3 Pour limiter le nombre de fichiers trouvés, utilisez les filtres de l'onglet *Outils de recherche* (qui apparaît en haut de l'*Explorateur de fichiers* quand vous cliquez dans la zone de recherche). Vous pouvez ainsi exclure les sous-dossiers (option en haut à gauche), rechercher en fonction d'une *Date de modification* du fichier, de sa *Taille*, de son *Type* (contact, document, courrier électronique, etc.), d'*Autres propriétés*, ou bien encore en fonction d'*Options avancées* telles que *Contenu du fichier*, *Fichiers système*, etc. Plus vous définirez de critères et plus votre recherche sera précise.

4 Pour conserver vos critères de recherche et les réutiliser ultérieurement, cliquez sur *Enregistrer la recherche*. Par défaut, son nom est formé avec vos critères de recherche. Vous pouvez le changer dans la boîte de dialogue *Enregistrer sous*. Cliquez sur le bouton *Enregistrer*; vous pourrez ensuite le retrouver dans le menu local de l'icône *Recherches récentes*. Pour effacer les requêtes enregistrées, choisissez la commande *Effacer l'historique des recherches*.

UNE SAUVEGARDE PHYSIQUE

LES DISQUES DURS

Les disques durs peuvent être internes ou externes. Le disque interne est installé dans l'ordinateur tandis que le disque externe est inséré dans un boîtier qui se branche à un port USB (et plus rarement IEEE 1394) d'un PC ou d'une tablette. Il existe deux tailles de disques durs internes : ceux de 2,5 pouces équipent les ordinateurs portables et les PC Tout-en-un ; ceux de 3,5 pouces, les plus gros, sont destinés aux PC de bureau et permettent des capacités de stockage bien supérieures à celles des premiers. De manière générale, évitez de laisser un disque externe connecté en permanence à votre PC, vous réduirez ainsi les risques de contamination par un virus. C'est particulièrement important lorsque vous effectuez une sauvegarde.

Sachez qu'il existe aussi des disques durs « multimédia » (dont celui de votre box, le cas échéant) qui intègrent la connectique et le logiciel nécessaires à la diffusion sur une TV des films qu'ils contiennent (voir p. 37).

Le petit +

N'oubliez pas qu'il existe des systèmes de sauvegarde automatique. Pour cela reportez-vous à la page 379.

DÉCONNECTER AVANT DE RETIRER

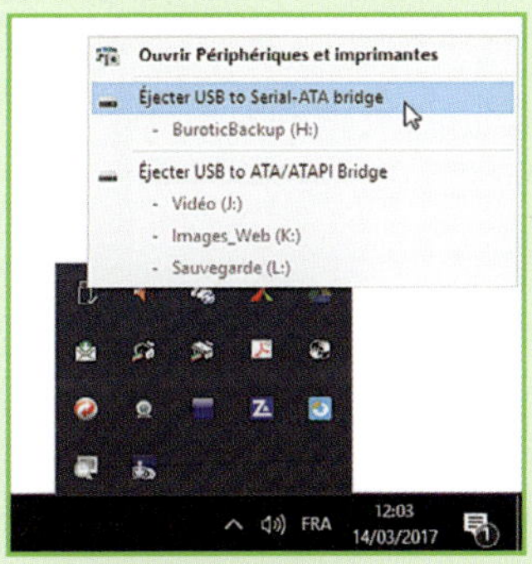

Pour éviter de débrancher un disque dur ou une clé USB pendant une opération de lecture ou d'écriture risquant de corrompre les données ou d'endommager le support, cliquez sur l'icône de déconnexion affichée dans la *Zone de notification* en bas à droite de votre ordinateur. Dans le menu local qui s'ouvre, cliquez sur le nom de votre périphérique. Vous serez alors invité à « retirer le périphérique en toute sécurité ».

LA CLÉ USB

La clé USB est généralement utilisée comme un support de stockage temporaire permettant d'effectuer une sauvegarde de vos fichiers pour les copier ensuite sur le disque dur interne de votre ordinateur. Enfin, vous en ferez directement une sauvegarde sur un disque externe. C'est un dispositif très mobile qui permet aussi d'échanger rapidement des fichiers, voire de diffuser des films en la connectant sur le port USB d'une TV LED/LCD. Sa connectique est universelle et elle fonctionne sur des ports USB 3.0 (pour un débit de données maximum) ou USB 2.0. Un détrompeur évite de l'insérer dans le mauvais sens. Avant de la retirer, conformez-vous aux explications du paragraphe DÉCONNECTER AVANT DE RETIRER.

Attention !

Le disque dur à plateaux résiste mal aux chocs, notamment lorsqu'il est en fonctionnement ; la clé USB, quant à elle, peut facilement être égarée ou détériorée lors de vos déplacements. Il est donc impératif de conserver sur deux supports différents vos données importantes (photos, documents administratifs, etc.). Vous pouvez également graver des données sur des DVD. Cependant, il vous faudra 111 DVD de 4,5 Go pour stocker l'équivalent d'un disque dur de 500 Go !

À savoir

Aucun support de sauvegarde physique n'est pérenne. Ils ont toujours une durée de vie plus ou moins élevée, allant de 1 an pour les clés USB de mauvaise qualité à 15 ans pour le Blu-ray. Les disques durs, quant à eux, ont une durée de vie estimée à 5 ans. Il faut donc penser à dupliquer ses données et à les migrer régulièrement sur des supports plus récents.

L'IMPRESSION, UNE SAUVEGARDE SUR PAPIER

Les imprimantes multifonctions séduisent aujourd'hui de nombreux utilisateurs car elles regroupent trois ou quatre périphériques en un seul. Elles permettent donc un gain de place considérable. Pour choisir le modèle le mieux adapté à vos besoins (l'offre disponible est très importante), posez-vous les bonnes questions. Allez-vous imprimer du texte ou surtout des photos ? Quelle est votre fréquence d'impression ? Quelle qualité souhaitez-vous ? Vous faut-il un scanner ou un kit d'impression d'étiquettes pour CD/DVD ? Les réponses vous aideront à déterminer la technologie d'impression (jet d'encre, laser ou sublimation thermique) convenant le mieux à vos usages. N'hésitez pas à consulter des tests comparatifs pour faire votre choix.
La plupart de ces imprimantes sont aujourd'hui équipées de la technologie Wi-Fi et certaines offrent des fonctionnalités comme la photocopie ou l'impression directe des photos depuis un appareil photo numérique ou une carte mémoire, vous évitant ainsi d'avoir à passer par votre PC.

JET D'ENCRE

Les imprimantes jet d'encre sont très populaires car elles permettent d'imprimer du texte et des photos ; certains modèles incluent également un kit d'impression d'étiquettes pour CD/DVD. Les machines d'entrée de gamme coûtent autour de 40 €, alors que les modèles grand format dépassent les milliers d'euros. Reposant sur un dispositif de quatre cartouches minimum (CMJN), ces imprimantes polyvalentes excellent dans l'impression des photos et restent très performantes dans celle des textes (et bien sûr des documents intégrant ces deux éléments). Mais leur principal inconvénient est leur consommation d'encre importante. D'autant que l'encre est aussi utilisée pour nettoyer, à intervalles réguliers, les buses encrassées. Ces imprimantes acceptent un large choix de formats de papier, notamment deux dits « Qualité photo » en mat ou en brillant. Ainsi, il est très facile de sortir vos photos en format 10 x 15 comme vous le faisiez en argentique. Lorsqu'elles sont équipées d'un lecteur de carte mémoire et d'un écran LCD, elles permettent d'imprimer directement des photos sans passer par le PC ou la tablette. Dans ce cas, les réglages de la qualité d'impression s'effectuent directement sur l'écran de l'imprimante. La plupart des imprimantes jet d'encre embarquent la technologie Wi-Fi (voir page suivante).

LASER

Bien qu'il existe des modèles d'imprimantes laser couleur, celles-ci sont moins performantes pour l'impression de photographies (notamment car le choix du type de papier utilisable est beaucoup plus réduit que sur les imprimantes jet d'encre). En revanche, les imprimantes laser intéresseront ceux qui impriment de gros volumes de texte car elles offrent une vitesse d'impression élevée et consomment beaucoup moins d'encre que les imprimantes jet d'encre. Cependant, sachez que la technologie laser est grosse consommatrice d'énergie car elle a besoin de chaleur pour fixer l'encre sur le papier. Si la polyvalence ou l'impression de photographies sont une priorité pour vous, et que vous n'êtes pas un gros consommateur de documents, portez plutôt votre choix sur un modèle jet d'encre.

SUBLIMATION THERMIQUE

Pour imprimer des photos en format 10 x 15, vous pouvez vous orienter vers la sublimation thermique. Bien que le coût de la photo soit maîtrisé via des kits de ruban thermique qui déterminent un nombre précis d'impressions encre et papier (entre 30 et 50 centimes la photo 10 × 15), vous ne pourrez pas imprimer de texte ou faire des photocopies. Bien entendu, il existe des modèles capables d'imprimer sur des feuilles plus grandes (A4 par exemple). Ces imprimantes coûtent plus cher que les jet d'encre et les laser. Certains modèles sont conçus pour l'impression rapide des photos provenant d'un smartphone ou d'une tablette, mais avec un coût d'environ 50 centimes par photo.

À savoir

Les impressions via imprimantes thermiques 10 x 15 ont un coût plus élevé que les impressions issues des bornes en magasin ou des sites de photos en ligne.

Le petit +

La qualité d'impression « brouillon » est idéale pour vos essais de mise en page car elle consomme moins d'encre.

Utiliser une imprimante en Wi-Fi

Les imprimantes se connectent à un ordinateur via un câble USB qui n'est pas toujours fourni. Mais pour faciliter l'utilisation de votre matériel avec tous vos appareils connectés, optez pour une imprimante Wi-Fi. Aujourd'hui, même des modèles d'entrée de gamme en sont équipés.

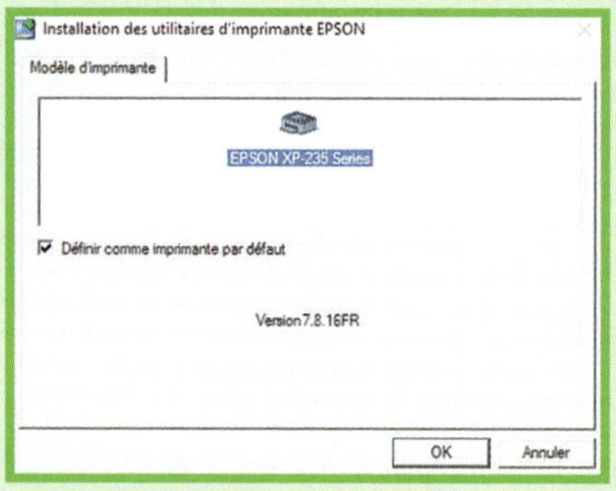

1 Si nécessaire, commencez par installer le pilote fourni sur CD par le constructeur de l'imprimante ou bien téléchargeable depuis son site web. C'est ce petit logiciel qui permet à vos appareils de reconnaître l'existence de l'imprimante, qu'elle soit utilisée en USB ou en Wi-Fi. Un assistant d'installation vous demandera de mettre votre imprimante sous tension.

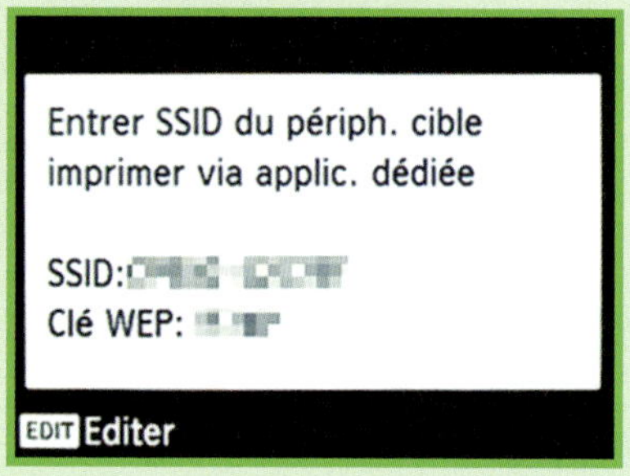

2 Pour connecter l'imprimante à votre réseau sans fil, passez par son écran LCD et les options Wi-Fi. À l'instar d'un PC, d'une tablette ou d'un smartphone, vous sélectionnerez le SSID (nom) de votre réseau dans la liste des réseaux identifiés, puis la clé de sécurisation. Dès cet instant, l'imprimante sera accessible sur votre réseau. Si l'imprimante Wi-Fi n'a pas d'écran LCD, l'activation Wi-Fi se fait en la branchant à un port USB de votre ordinateur ou tablette. Un assistant vous guide alors dans l'activation des fonctionnalités Wi-Fi selon votre SSID et la clé de sécurité. Cette opération n'intervient qu'une seule fois, sauf si vous changez ces deux dernières informations.

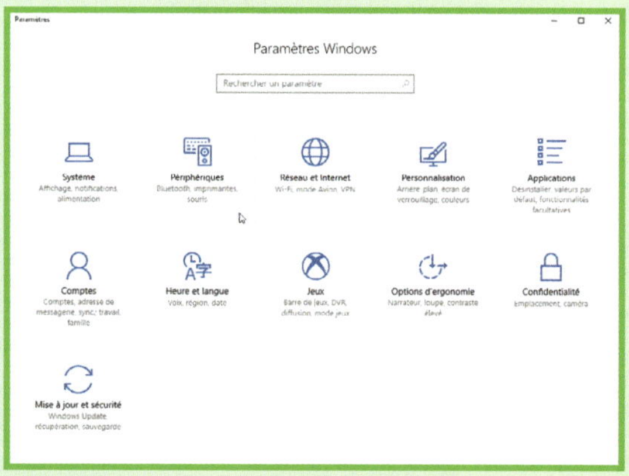

3 Si l'assistant n'identifie pas votre imprimante, cliquez sur le bouton *Démarrer* (en bas à gauche) de l'écran de votre PC, puis sur *Paramètres* (roue crantée). Dans la fenêtre *Paramètres Windows*, choisissez *Périphériques*. Dans la catégorie *Imprimantes et scanners* (à choisir sur la droite), cliquez sur *Ajouter une imprimante ou un scanner*. Windows lance alors une recherche des périphériques avec ou sans fil et liste les nouveaux appareils identifiés.

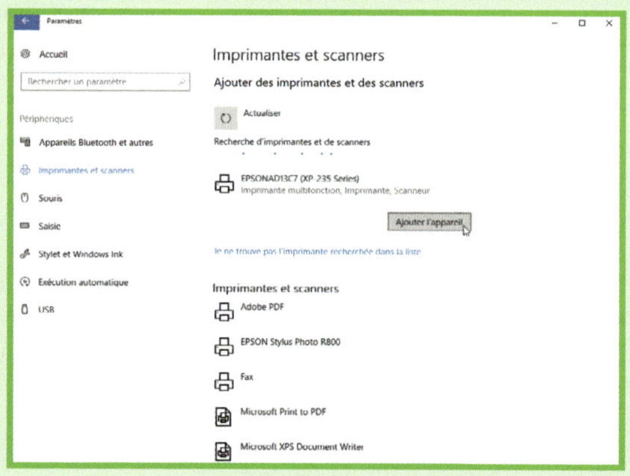

4 Cliquez sur le nom de votre imprimante, puis sur le bouton *Ajouter l'appareil*. Windows vérifie alors que le SSID et la clé de sécurisation sont corrects et lance la procédure d'installation du matériel, qui pourra ainsi être utilisé par le PC. Attention : vous devez effectuer cette procédure sur chacun de vos ordinateurs, tablettes et smartphones. À partir de cet instant, l'imprimante sera listée dans les périphériques d'impression. Vous utiliserez alors les fonctionnalités de son pilote pour régler les paramètres d'impression (couleur, noir et blanc, qualité photo ou non, etc.).

IMPRIMER À PARTIR D'UN SMARTPHONE

Le petit +

Certaines imprimantes mobiles fonctionnant sur batterie se connectent à des PC, smartphones et tablettes en Bluetooth, évitant ainsi tout problème de câblage.

LE SERVICE D'IMPRESSION D'ANDROID

Sous Android, vous pouvez installer un service d'impression via *Paramètres, NFC et Partage* puis *Impression* (ou directement *Impression*). Touchez *Télécharger le plug-in*. Cette action ouvre la rubrique concernée du Play Store. Choisissez le service de votre fabricant, comme Canon, Epson, etc., ou un service plus générique comme *Impression* ou *Printer on Print*. Dans le menu local qui apparaît, optez pour *Installer* (voir p. 81). Une fois le service installé, revenez dans les paramètres d'impression et activez le plug-in. Il va scanner votre réseau et afficher votre imprimante sans fil. Vous pouvez aussi l'ajouter manuellement en touchant l'option *Ajouter une imprimante* et en entrant l'adresse IP de l'imprimante (voir p. 35). Dès cet instant, toute application compatible avec le service d'impression de votre smartphone pourra envoyer des documents vers l'imprimante.

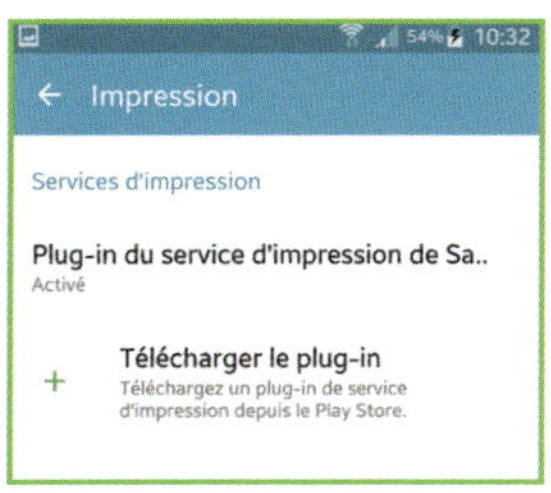

LE WI-FI DIRECT

Le Wi-Fi Direct permet de mettre en relation deux appareils compatibles pour effectuer du transfert de données sans fil ou imprimer sans passer par votre box (routeur). Il suffit d'activer cette fonction sur les deux appareils pour qu'ils se reconnaissent et communiquent entre eux. Si vous ne voyez pas votre imprimante dans la liste des périphériques compatibles, c'est qu'elle ne dispose pas de cette fonctionnalité ou que vous ne l'avez pas encore activée (consultez le manuel de votre imprimante pour savoir comment). Sous Android, l'activation se fait dans les paramètres *Wi-Fi* du smartphone ou de la tablette, en touchant les trois points verticaux en haut à droite puis en choisissant *Wi-Fi Direct*. L'appareil scanne alors le réseau direct ainsi établi pour identifier et lister les périphériques disponibles. Les deux appareils connectés pourront échanger des données via les boutons de partage (en choisissant *Wi-Fi Direct*) dans la *Galerie*, l'application Photos ou l'explorateur de fichiers, par exemple. Sous iOS, la fonctionnalité Wi-Fi Direct pour les imprimantes est prise en charge par l'application Airprint (à condition que l'imprimante soit compatible), installée par défaut sur tout appareil sous iOS. Il suffit ensuite de partager un fichier et de choisir l'option *Imprimer*. L'appareil détectera automatiquement l'imprimante et proposera des options similaires à l'impression sur PC.

DES APPLICATIONS POUR IMPRIMER EN DIRECT

Lorsque votre imprimante n'est pas compatible Wi-Fi Direct ou qu'aucune application n'a été développée pour smartphone ou tablette, vous pouvez utiliser une application spécifique comme Happy2Print sous Android (gratuite et très simple à utiliser), Printer Pro Lite sous iOS (gratuit) ou encore PrintCentral (iOS, payant). Ce type de programme localise l'imprimante sur le réseau. Il suffit alors de suivre une rapide procédure d'installation avant d'utiliser cette application pour sélectionner les documents à imprimer et les envoyer à l'imprimante. Avec certaines imprimantes, vous disposerez d'options proposées par le pilote d'impression d'origine (qualité d'impression, profil de papier, etc.).

Trucs & astuces

Certaines imprimantes reliées à Internet disposent de leur propre adresse mail : elles permettent ainsi l'impression à distance par l'envoi d'un simple mail. Google a mis au point un service similaire avec Google Cloud Print, qui nécessite cependant un compte Google et une longue procédure de configuration.

LOADING
75°
60°
45°
30°
15°
0°
15°
30°
45°
60°
75°

SOYEZ 100 % PRO AVEC INTERNET

EXPLOREZ UN NOUVEAU MONDE

Maintenant que vous avez appris les bases pour vous servir de votre appareil, il est temps d'utiliser l'un de ses outils les plus précieux : Internet. Bienvenue dans un monde de pages web et de mails !

La navigation sur Internet (ou sur le Web) est l'une des fonctions les plus prisées sur les ordinateurs, smartphones et tablettes. Il est bien sûr possible d'utiliser tous ces matériels sans s'y connecter pour travailler, créer des documents utilisant plusieurs programmes, jouer, gérer photos et vidéos, mais Internet permet d'ouvrir les portes d'un univers bien plus vaste, une véritable « toile » que tissent des ordinateurs partout autour du globe. Cela vous offre la possibilité d'être en contact avec vos proches... comme avec le monde entier ! Que ce soit pour regarder des vidéos, s'informer, envoyer des mails à sa famille et à ses amis, se connecter à son réseau social favori ou faire des recherches, Internet est un outil facile d'accès qui a su conquérir des milliards d'utilisateurs.
Pour vous permettre d'utiliser rapidement Internet, nous allons vous expliquer comment y accéder à travers un fournisseur d'accès à Internet (FAI), échanger des messages grâce aux boîtes mail (les messageries de courriers électroniques) et découvrir les différents navigateurs.

AVOIR LES BONNES CLÉS

● Le « Web » (ou « la Toile » en français) porte bien son nom : il s'agit d'un immense réseau d'ordinateurs appelés « serveurs ». Ils fonctionnent sans s'arrêter pour que n'importe quel appareil puisse s'y « connecter » afin de consulter ou de modifier ses données… C'est un peu comme une multitude de maisons virtuelles que vous pourriez visiter grâce à votre ordinateur ; et tout comme les maisons, pour pouvoir pénétrer dans chacune, il vous faut connaître son « adresse » ou « URL ». « https://www.quechoisir.org » est, par exemple, une URL typique commençant par un protocole (ici « https ») suivi des différents « domaines » dont est constituée l'adresse.

● Pour accéder à Internet avec un ordinateur, vous avez besoin d'un abonnement auprès d'un « fournisseur d'accès à Internet » (FAI) qui met à votre disposition une « box » Internet . Celle-ci se branche sur la prise téléphonique ou sur une prise spéciale en fonction de votre abonnement (pour le câble ou la fibre). C'est un peu différent sur les smartphones (et certaines tablettes), qui, en plus de pouvoir se connecter à votre box sans fil, peuvent accéder à Internet via la communication satellite (la « 3G » ou « 4G ») au moyen d'une carte SIM liée à votre forfait mobile. Attention, l'accès Internet via un forfait mobile est souvent limité en quantité de données que vous pouvez consulter. Dans tous les cas, lisez attentivement l'offre de ces fournisseurs et n'hésitez pas à prendre contact avec eux pour toute question !

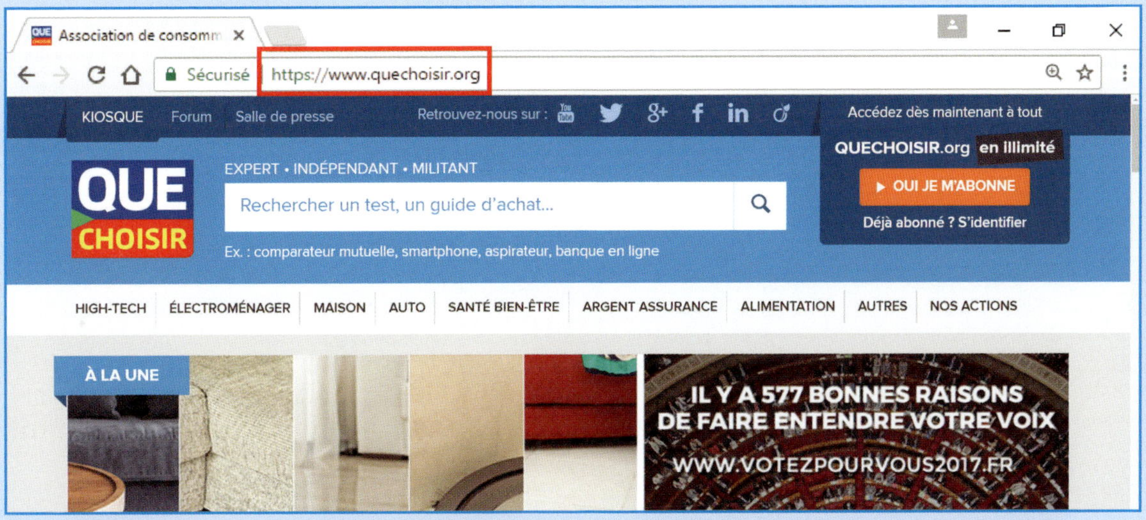

● Votre box est l'appareil qui reçoit Internet (voir p. 30 et suivantes). Pour en profiter, votre ordinateur doit s'y connecter. La manière la plus simple et la plus rapide est d'utiliser un câble RJ45 qui est généralement fourni en même temps que la box par votre FAI. Cependant, si votre box est trop loin de votre ordinateur ou que vous voulez y connecter votre tablette ou votre smartphone afin d'économiser vos données mobiles, vous pouvez également utiliser le Wi-Fi (voir p. 41 et suivantes).

● La rapidité d'affichage des pages sur Internet dépend de plusieurs facteurs dont le plus important est le débit. Il s'agit de la quantité de données qui passe sur une ligne. Il s'exprime généralement en Mégabits par seconde. Plus le débit alloué par votre FAI est important, plus la quantité de données qui peut être envoyée et reçue en une seconde est importante. Bien sûr, d'autres facteurs peuvent ralentir votre ordinateur, comme votre type de branchement. La fibre optique est plus rapide que le câble, lui-même plus rapide que l'ADSL et sa prise téléphone classique (voir p. 33).

Le courrier électronique (en anglais e-mail) est appelé en français courriel, ou mél en abrégé. Le terme le plus couramment utilisé par les internautes étant le mot mail, c'est ce dernier que nous retiendrons dans ce livre.

LE COURRIER ÉLECTRONIQUE

Le courrier électronique est un moyen simple d'envoyer de manière instantanée des messages et/ou des fichiers à des correspondants éloignés. Ses avantages font de lui l'une des utilisations d'Internet les plus populaires. Pour envoyer un message, vous avez besoin de l'adresse mail de votre correspondant, comme pour une lettre physique. Vous-même recevrez votre courrier électronique dans votre « boîte mail » dotée de votre propre « adresse mail », ce qui permettra à vos correspondants de vous joindre.

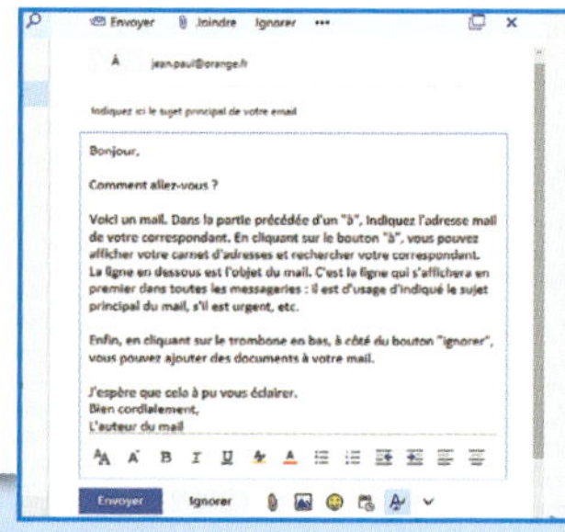

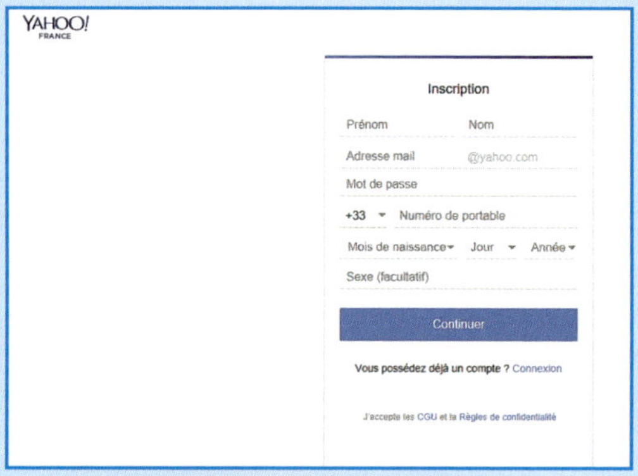

L'ADRESSE MAIL

Votre boîte et votre adresse mail sont bien sûr indispensables pour envoyer et recevoir du courrier électronique. Votre adresse est en général composée ainsi : votreprenom.votrenom@nomdufournisseur.fr.
Une adresse mail vous est automatiquement attribuée par votre fournisseur Internet mais, si vous le préférez, il est aussi possible d'ouvrir un compte mail chez une entité tierce (comme Gmail, Yahoo! Mail, Aol Mail ou Outlook.com) qui propose ce service gratuitement, voire chez un hébergeur payant (comme OVH ou 1&1) qui vous offre la possibilité d'employer votre propre nom de domaine (l'indication après le « @ » dans une adresse mail) et d'être mieux suivi, en cas de piratage de votre compte notamment. Attention cependant, si vous créez plusieurs comptes mail, à bien noter identifiants et mots de passe pour vous y retrouver !

L'ADRESSE MAIL DONNÉE PAR LE FAI

Lorsque vous souscrivez un abonnement auprès d'un fournisseur d'accès à Internet, il vous envoie systématiquement une adresse mail qu'il utilisera par défaut pour pouvoir vous contacter : il faut donc la conserver précieusement. En plus de cela, vous aurez généralement la possibilité d'ouvrir d'autres boîtes mail pour le reste de votre famille. Attention, si vos nom et prénom sont « courants », il est probable que l'adresse par défaut de votre FAI soit déjà prise par l'un de vos homonymes. Dans ce cas, votre FAI vous proposera des alternatives parmi lesquelles vous choisirez celle qui vous convient le mieux ou sera la plus simple à retenir.

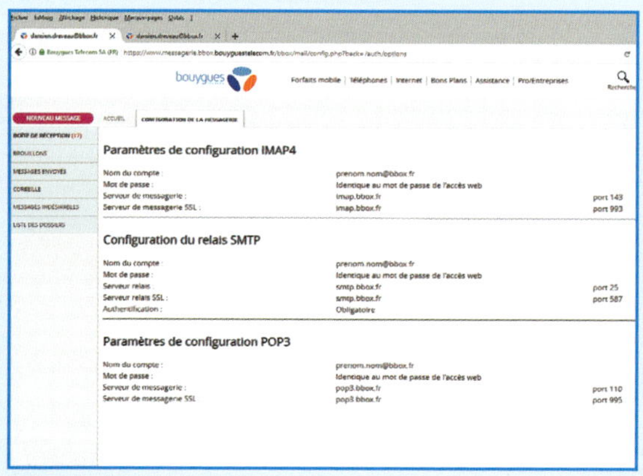

À savoir

Un courrier électronique simple peut être produit comme preuve juridique, à condition qu'il soit signé numériquement, c'est-à-dire comportant les identifiants Internet nécessaires : adresses électroniques des émetteur et récepteur, date.

Le petit +

Votre boîte mail est une fenêtre très populaire vers Internet... Elle est donc la cible de nombreux malwares dont il conviendra de se protéger (voir p. 346 et suivantes et p. 362 et suivantes).

Attention !

Malgré leur popularité, certains fournisseurs d'adresses mail gratuites sont connus pour prendre un certain nombre de libertés avec les informations personnelles de leurs utilisateurs. Vos mails sont sur leurs serveurs, après tout ! Il existe cependant des solutions de cryptage pour pallier cela : Enigmail, si vous utilisez un logiciel de messagerie, ou Mailvelope, une extension pour votre navigateur (sur Chrome et Firefox uniquement), permettant d'encrypter vos mails si vous passez par une messagerie en ligne.

DIFFÉRENCES ENTRE MESSAGERIES EN LIGNE ET LOGICIELS

Sur le plan de l'utilisation, il y a peu de différences entre les logiciels de messagerie comme Outlook et les sites web de messagerie comme Gmail ou Yahoo! Mail, les deux formats disposant à peu près des mêmes fonctionnalités. La principale différence se trouve dans le fait qu'un logiciel de messagerie est installé sur votre ordinateur ; vous pouvez donc le démarrer sans même avoir accès à Internet... Vous ne pourrez rien envoyer et recevoir, mais vous pourrez consulter vos mails déjà reçus ou envoyés. Une messagerie sur un site web confie tous vos mails et contacts à un prestataire tiers et ne vous est accessible qu'en vous connectant à ce dernier, et donc à Internet... Cela dit, une messagerie en ligne est plus facilement accessible via un grand nombre d'appareils différents (notamment smartphones et tablettes), puisqu'elle requiert uniquement un navigateur Internet. Les applications de messagerie utilisées sur les appareils mobiles fonctionnent, elles, comme les logiciels de messagerie.

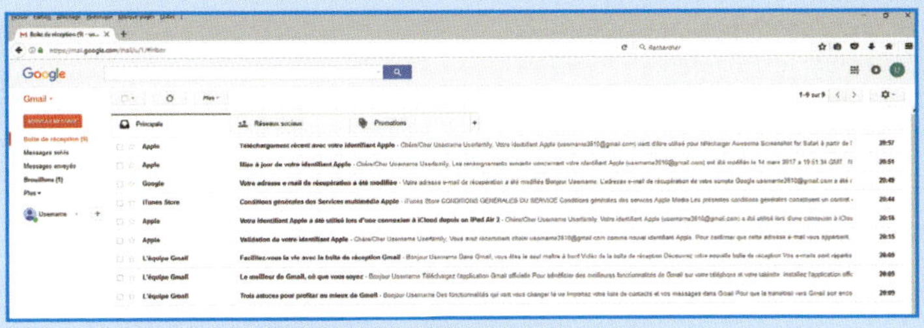

LES MESSAGERIES EN LIGNE

Maintenant que vous possédez une adresse et une boîte mail, il faut trouver la bonne manière d'y accéder ! Le moyen le plus utilisé est la messagerie en ligne (ou « webmail »). Les FAI, par exemple, proposent tous une partie « mail » sur l'espace client de leur site permettant d'envoyer et de recevoir des messages. Les possibilités de cette boîte mail sont un peu limitées (système de rangement basique, multi-compte difficile, etc.), mais conviennent tout à fait à un usage normal. D'autres messageries en ligne très populaires, comme Gmail de Google ou Outlook.com de Microsoft, possèdent des fonctionnalités plus poussées.

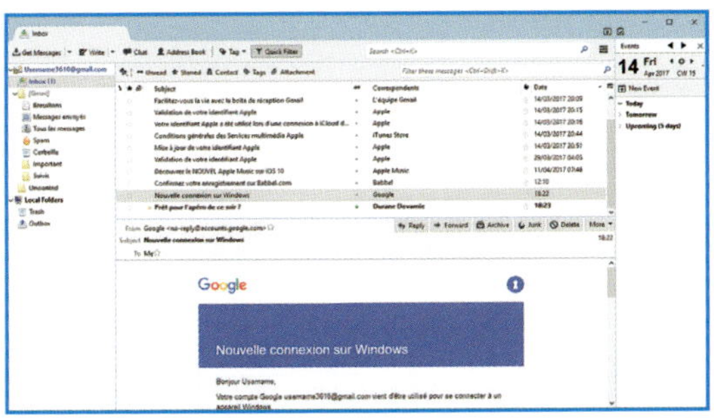

LES LOGICIELS DE MESSAGERIE

Un autre moyen d'accéder à vos mails est d'installer sur votre ordinateur un logiciel de messagerie. Les plus connus sont Microsoft Outlook (payant) ou Mozilla Thunderbird (gratuit). L'interface est très similaire aux messageries en ligne : une suite de lignes représentant les messages que vous avez reçus, gras ou surlignés notamment s'ils sont nouveaux. Vous pouvez aussi créer des dossiers pour ranger les mails et profiter des fonctions de carnet d'adresses (suggestion d'adresses mail de vos contacts les plus fréquents quand vous écrivez des messages).

ATTENTION À VOS MAILS !

Au fur et à mesure de votre utilisation de l'outil Internet, vous recevrez de plus en plus de mails contenant des publicités plus ou moins douteuses. Ces « spams », comme on les appelle, peuvent être supprimés sans état d'âme. La plupart des messageries proposent un tri automatique de ces mails, mais qui n'est pas toujours très efficace... De manière générale, il vaut mieux supprimer tout mail dont vous ne connaissez pas l'émetteur, surtout ceux accompagnés d'une pièce jointe : il peut en effet s'agir d'un virus ou d'un logiciel espion ! Mais nous reviendrons sur ces questions de sécurité aux pages 138 et suivantes.

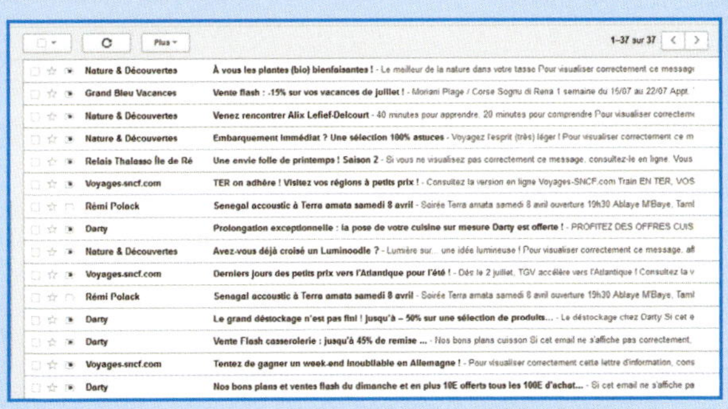

LES MAILS SUR SMARTPHONE ET TABLETTE

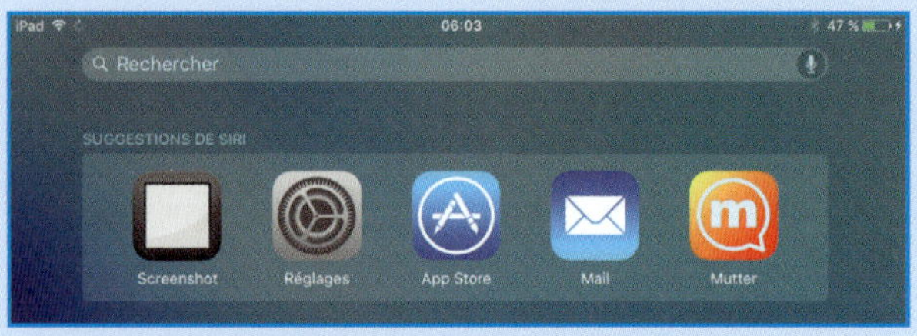

DES MAILS SUR SES APPAREILS MOBILES

Quoi de plus pratique que de pouvoir vérifier à n'importe quel endroit et à n'importe quel moment si on a reçu des mails, et de pouvoir les consulter ! Pour cela, il vous faudra configurer votre application mail mobile pour qu'elle se connecte à votre boîte mail (ou à vos boîtes mail). Sous iOS, vous trouverez facilement l'application Mail sur l'écran d'accueil. Utilisez votre mot de passe et votre adresse mail personnelle pour configurer l'application une bonne fois pour toutes.

Sous Android, l'application se nomme Email et se trouve aussi sur l'écran d'accueil. Votre appareil aura d'ailleurs peut-être déjà votre adresse mail en mémoire et vous la proposera, vous évitant de la rentrer à nouveau ! Enfin, il est à noter qu'en plus des applications par défaut, vous pouvez toujours télécharger les applications spécifiques à votre messagerie telles que Gmail, Yahoo! Mail, Microsoft Outlook...

EMAIL, L'APPLICATION ANDROID

L'application Email possède une présentation assez différente d'une messagerie sur PC, mais est identique en termes de fonctionnalités. Vous visualisez une liste de messages, sur fond blanc en cas de nouveau message, sur fond grisé si vous avez déjà lu le message. Touchez le message pour le lire. Des boutons en bas de l'écran permettent de répondre à un interlocuteur (la flèche courbe en bas à gauche), à tous les interlocuteurs de la discussion (les deux flèches courbes superposées), ou de transférer le message à un autre interlocuteur (la flèche droite). Vous pouvez aussi revenir en arrière avec la flèche « retour » en haut à gauche ou afficher d'autres options en appuyant sur les trois petits points verticaux. Il est possible de supprimer directement un message sans l'ouvrir (utile en cas de mail suspect) en faisant glisser son doigt sur le côté (de gauche à droite ou de droite à gauche), ce qui fait apparaître l'option « supprimer ». La petite étoile, elle, permet de sauvegarder rapidement un mail dans ses favoris. Pour écrire un nouveau mail, touchez l'icône en forme de feuille avec un stylo en bas à gauche de la liste des mails. Enfin, vous pouvez naviguer dans votre boîte mail en cliquant sur l'icône en forme de dossier (en bas à droite) ou de loupe si vous voulez chercher par mot-clé précis.

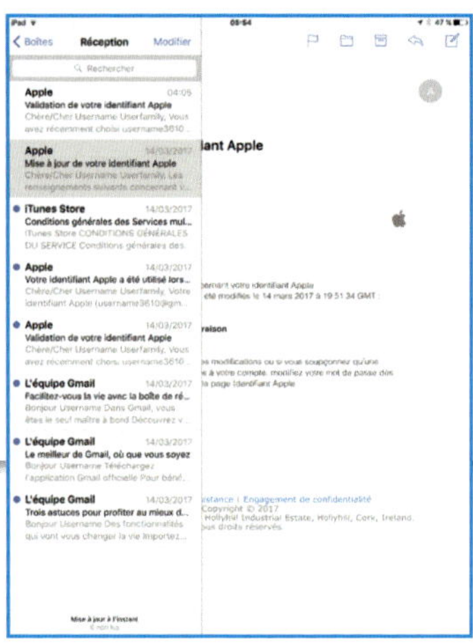

MAIL, L'APPLICATION IOS

Sous iOS, la présentation est différente. On accède à la boîte mail en touchant *Réception*, ce qui ouvre un petit onglet des derniers messages reçus, avec un point bleu pour ceux qui n'ont pas encore été lus. Faire glisser son doigt vers la droite sur un message permet de le marquer au choix comme un message lu ou non lu. Faire glisser son doigt vers la gauche affiche plusieurs options comme l'archivage du mail, son déplacement, sa suppression... ou des options de réponse et de transfert du mail à un autre destinataire. Pour rédiger un mail, touchez l'icône en forme de feuille avec un stylo en bas à droite. Vous pouvez naviguer dans votre boîte mail en touchant simplement l'option *Boîtes* en haut à gauche ou en balayant votre écran de gauche à droite.

Trucs & astuces

Les applications mail ne prennent pas toujours en compte les pièces jointes. Pour en envoyer par mail via un smartphone, il peut être plus simple de sélectionner le fichier à envoyer (une photo dans la Galerie par exemple) et de le partager en choisissant l'option Mail.

PARAMÉTRER UN COMPTE ANDROID

Normalement, votre compte mail est assez simple à rentrer dans votre appareil. Mais il peut arriver que cela ne fonctionne pas ou que vous souhaitiez entrer plusieurs comptes mail. Dans tous les cas, il vous faudra, dans l'application Email, cliquer sur l'icône des trois points verticaux, puis sur *Paramètres* et *Gérer les comptes*. Cliquez sur + pour entrer une nouvelle adresse puis remplissez les informations demandées. Touchez *Suivant*. Si la connexion échoue, vérifiez dans votre adresse mail à paramétrer que votre fournisseur n'a pas bloqué cette opération. Par exemple, une adresse Gmail ne peut être ajoutée sans avoir décoché la sécurité *Accorder l'accès aux applications sécurisées* sur le site, dans votre compte Google. L'application cherchera également les réglages de messagerie automatiquement mais peut ne pas les trouver. Il faudra alors saisir les informations du compte (en sélectionnant *Configuration manuelle* une fois entrée l'adresse mail) ; renseignez-vous auprès de votre fournisseur de messagerie pour obtenir ces données (type de compte – IMAP, POP, etc. -, adresse du serveur, port…). Une fois la connexion établie, vous pouvez définir la fréquence de la synchronisation, décider s'il s'agit de l'adresse mail par défaut pour l'application, ou même renommer l'adresse mail. Vous pourrez alors visionner l'un ou l'autre compte grâce au menu déroulant en haut à gauche de la boîte de réception (les trois traits horizontaux). En cas de difficulté, n'hésitez pas à rechercher de l'aide sur Internet !

À savoir

Les comptes POP téléchargent les mails depuis le serveur dans votre boîte mail. Cela permet de travailler sur ses mails reçus sans connexion Internet, mais les mails téléchargés ne seront disponibles que sur la boîte mail de l'appareil où ils ont été réceptionnés. Les comptes IMAP travaillent sur le serveur, la messagerie n'étant qu'un portail vers les messages stockés sur le serveur ; toute modification effectuée dans la boîte mail est ainsi synchronisée sur tous les appareils.

PARAMÉTRER UN COMPTE IOS

Pour accéder aux paramètres de votre compte iOS, il vous suffit d'aller à l'écran d'accueil puis dans *Réglages* ; *Mail* ; *Comptes* ; *Ajouter un compte*. Une liste de fournisseurs de messagerie vous sera proposée, mais vous pouvez aussi choisir *Autre* si vous souhaitez entrer votre adresse manuellement. Par défaut, l'application essayera de trouver vos réglages de messagerie, mais comme dit précédemment, cela peut échouer. Il vous faudra alors contacter votre fournisseur de messagerie pour obtenir des informations plus détaillées comme le nom d'hôte ou le type de compte (IMAP ou POP). Après cela, il devrait être possible d'accéder facilement aux mails de cet autre compte sur l'application Mail !

AUTRES APPLICATIONS DE MESSAGERIES

Comme pour les navigateurs (voir p. 111), vous pouvez rechercher d'autres applications de gestion de messagerie. En plus des classiques (Gmail, Outlook), il existe par exemple BlueMail, qui propose une option permettant de ranger les mails par comptes paramétrés et par contacts pour mieux séparer travail et loisir. K-9 Mail, open source et très complet, est doté d'un excellent moteur de recherche et de réglages de la taille de la police ou de la sonnerie en fonction de l'expéditeur. Citons également ProtonMail, qui offre une bonne sécurité en proposant par défaut un encryptage puissant de vos mails, ou encore Solmail, dont l'interface est prévue pour faciliter l'utilisation sur petit écran grâce à sa gestion des messages par simple balayage.

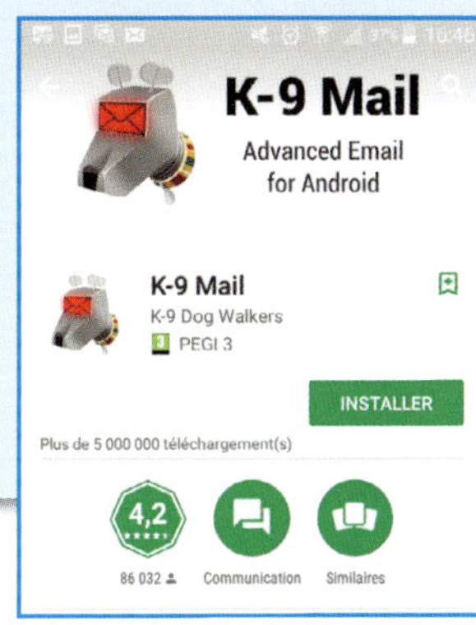

Le petit +

Certains sites ont répertorié les adresses des serveurs de messagerie des principaux fournisseurs d'adresses mail pour vous aider dans votre paramétrage : voir par exemple http://www.commentcamarche.net/faq/893-parametres-de-serveurs-pop-imap-et-smtp-des-principaux-fai.

COMMENT NAVIGUER

Parcourir Internet se fait au moyen d'un programme spécifique : le navigateur. Ce dernier vous permet de visiter une multitude de sites... Mais s'y retrouver parmi une telle masse est difficile : des « moteurs de recherche » existent pour vous faciliter la tâche !

Si Internet était une mer, le navigateur serait votre bateau : un outil indispensable pour naviguer dans cet océan d'informations. En plus de la simple récupération de données, le navigateur a aussi pour mission « d'interpréter » les différentes informations qu'il reçoit. En effet, un site web ne contient pas uniquement du texte brut, il renferme aussi des informations de mise en page qui permettent d'afficher images et textes dans un ordre donné. Ces informations sont donc extraites et interprétées par le navigateur qui en restitue le contenu d'une manière organisée... Le navigateur est donc extrêmement important et beaucoup de sociétés ont leur « navigateur propre ». Celui de Microsoft avec Windows 10 est Microsoft Edge (anciennement Internet Explorer sous Windows 7) ; pour les smartphones et tablettes, celui d'Apple sous iOS est Safari/Safari Mobile et les systèmes Android privilégient souvent Chrome, bien que certains constructeurs proposent leur propre navigateur comme Internet de Samsung. Il en existe bien d'autres, comme Opera ou Firefox. Dans cette partie, nous vous expliquerons comment choisir et utiliser votre navigateur, vous servir d'un moteur de recherche et de quelques sites web phares.

AVANT D'EMBARQUER

UN PETIT MOT SUR LA MISE À JOUR SUR PC

Les programmes étant de plus en plus complexes, ils présentent plus souvent qu'auparavant des bugs ou des failles de sécurité. Pour pallier cela, les développeurs offrent des mises à jour pour leurs logiciels. La plupart se téléchargent automatiquement. Pour vérifier si vous êtes à jour en ce qui concerne Windows, cliquez sur le bouton Windows en bas à gauche de votre écran, puis sur *Paramètres* (roue crantée) et *Mise à jour et sécurité*. Il ne vous reste plus qu'à vérifier que vous êtes à jour. En cas de problème signalé, n'hésitez pas à noter le nom de l'erreur pour rechercher des solutions sur Internet.

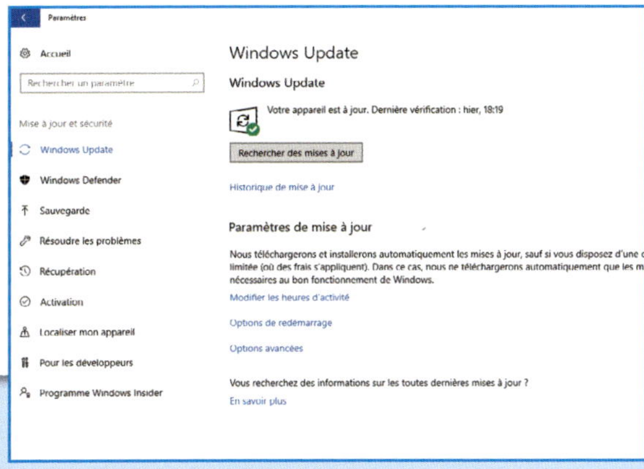

MISE À JOUR ET MOBILE

La mise à jour de votre mobile est tout aussi importante que celle de votre PC... Normalement, vous êtes averti automatiquement de toute nouvelle mise à jour. Cependant, n'hésitez pas à vérifier : sous iOS, allez dans *Réglages*, *Général*, puis *Mise à jour logicielle* pour vous assurer qu'il n'y a pas de problème ; sous Android, allez dans *Paramètres*, puis dans *À propos de l'appareil* (parfois, après avoir touché *Plus*), enfin dans *Mises à jour logicielles* et *Mettre à jour maintenant*.

LE CHOIX DU NAVIGATEUR SUR PC

Le choix du navigateur est une décision importante qui dépend surtout de votre utilisation. Windows 10 propose par défaut le navigateur Microsoft Edge, puissant mais peu personnalisable. Certains préfèrent opter pour Google Chrome, qui met en avant l'environnement Google et son moteur de recherche, ou Mozilla Firefox pour ses possibilités de customisation ainsi que son indépendance, puisqu'il n'est pas détenu par un grand groupe. Quant à Opera, il propose nativement de nombreuses options, telles qu'Opera turbo qui affiche plus rapidement les pages web (utile pour les petites connexions), un client de messagerie, etc. Enfin, pour les adeptes de l'environnement Apple, Safari est également disponible sur PC. N'hésitez pas à les télécharger et à les essayer !

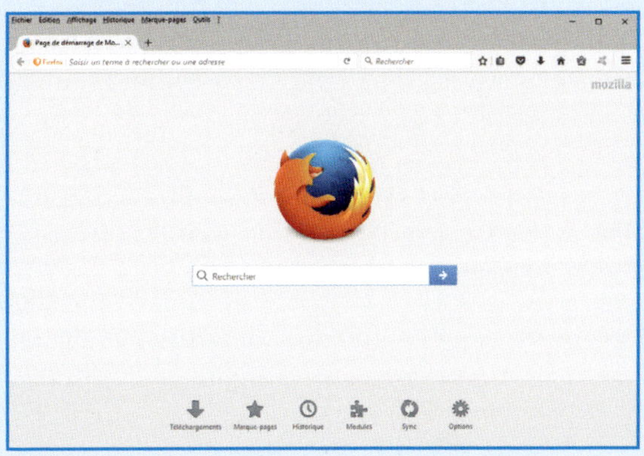

À savoir

Sur smartphone et tablette, vous pouvez aussi utiliser, en plus du navigateur de base, un autre navigateur de votre choix, en téléchargeant l'application concernée sur l'App Store ou le Play Store (voir p. 80 et 81). Vous aurez ainsi accès à Firefox Mobile, Opera, Chrome Mobile, Safari Mobile... selon vos goûts par rapport à l'interface et aux fonctionnalités.

Trucs & astuces

Si l'affichage de la page vous semble trop petit ou trop gros, il est possible de modifier le niveau de zoom en jouant avec la molette de la souris tout en maintenant la touche *Ctrl* enfoncée. Tous les éléments de la page seront alors réduits ou agrandis.

LES LIENS DE NAVIGATION

Il est finalement assez rare de recopier une adresse à la main dans la barre d'adresse du navigateur, c'est beaucoup trop long et contraignant ! À la place, les sites possèdent toujours des liens qui permettent de passer sans peine d'une page à l'autre. Ces liens dits « hypertexte » sont souvent représentés par des mots en bleu qui se soulignent lorsque l'on passe le curseur dessus… Cette fonction interactive, impossible à concevoir pour un livre ou un magazine papier, a cependant un revers : Internet est tellement vaste et dense que, d'un clic à l'autre, vous pouvez vous retrouver sur un site dont le sujet ne correspond plus à ce que vous cherchiez à la base. Vous disposez alors des flèches *Précédent* et *Suivant*, à gauche de la barre d'adresse, pour revenir en arrière ou repartir en avant dans votre navigation.

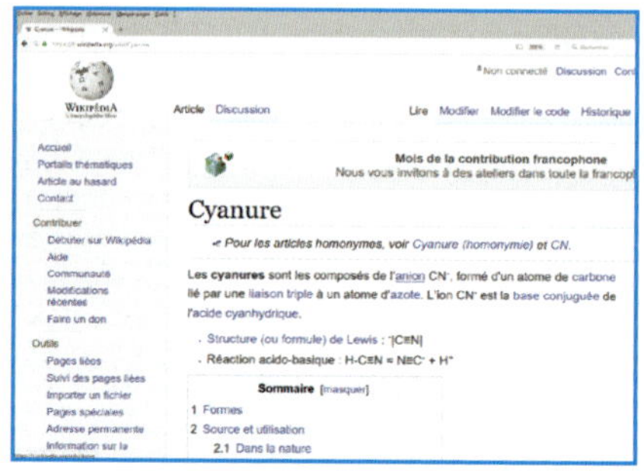

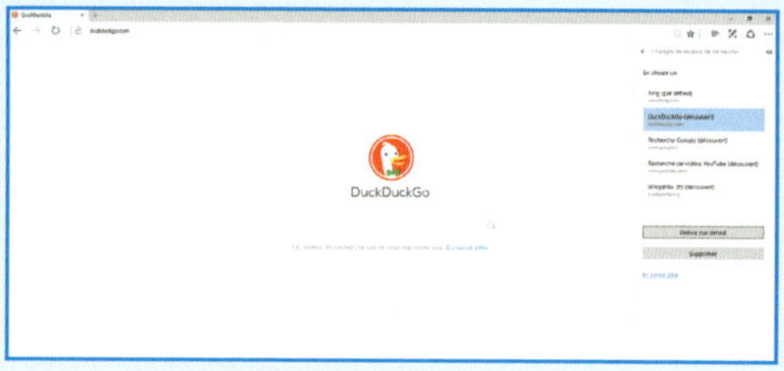

LES MOTEURS DE RECHERCHE

Que ce soit sur ordinateur ou appareil mobile, Internet propose une multitude d'informations qu'il faut savoir trier. Les navigateurs vous facilitent la tâche en vous proposant des raccourcis vers vos sites favoris ou des accès rapides vers les moteurs de recherche (voir p. 114). Ainsi, certains navigateurs ont une barre de recherche rapide alors que d'autres laissent à l'utilisateur la possibilité de taper des mots clés dans la barre d'adresse pour que la requête soit envoyée directement à son moteur de recherche favori. Sur PC, pour changer le moteur de recherche par défaut sur Edge, accédez d'abord au site web du moteur de recherche de votre choix, puis cliquez sur les trois petits points en haut à droite de Edge, et allez dans *Paramètres*, puis dans *Afficher les paramètres avancés*, enfin, dans *Changer de moteur de recherche* ; cliquez sur celui que vous avez choisi puis sur *Définir par défaut*.

LA SÉCURITÉ ENCORE ET TOUJOURS

Surfer sur Internet, c'est visiter les adresses des autres machines du réseau pour y trouver les informations qu'elles diffusent… Cependant, gardez à l'esprit que votre ordinateur a une adresse dite « IP » qui permet de l'identifier sur le réseau (voir p. 35). À partir de là, de nombreux sites visités chercheront à récupérer une partie de vos données personnelles. N'indiquez vos coordonnées que si vous le jugez nécessaire. De même, tout acte d'achat doit se faire dans un environnement sécurisé. Ce dernier se repère par un petit cadenas proche de la barre d'adresse ou par la mention « https » au lieu de « http » dans l'adresse du site. Pour encore plus de sécurité, faites en sorte que vos mots de passe ne contiennent pas de mots intelligibles ou de date de naissance, mais plutôt un mélange hétéroclite de minuscules/majuscules/chiffres, en rajoutant si possible des signes spéciaux (%, #…).

Le petit +

Que ce soit sur PC ou sur smartphone et tablette, quand vous ouvrez un nouvel onglet, la très grande majorité des navigateurs affichent vos sites les plus visités sur la page. N'hésitez pas à personnaliser cet espace pour retirer les sites que vous ne souhaitez pas voir apparaître et ne garder que vos sites préférés.

Maîtriser l'interface Microsoft Edge

Voici un aperçu de quelques fonctionnalités intéressantes de Microsoft Edge (proposé par défaut avec Windows 10), et que l'on retrouve généralement chez les autres navigateurs.

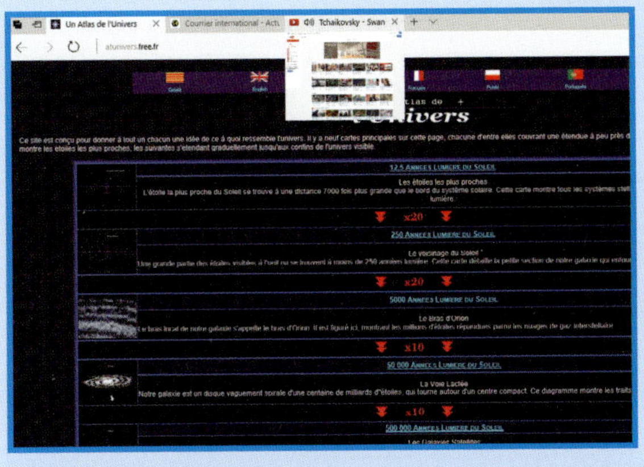

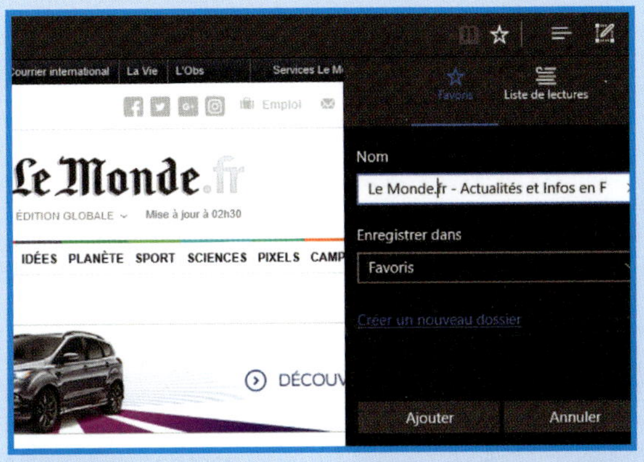

1 Onglets. Utiliser les onglets est un moyen très pratique de naviguer, puisque cela permet de garder ouverts plusieurs sites au sein d'une même fenêtre Microsoft Edge. Pour ouvrir un nouvel onglet, cliquez sur le signe + en haut de Edge. Quand vous avez ouvert plusieurs onglets, cliquez sur l'un d'entre eux pour accéder audit site. Quand vous cliquez sur un lien hypertexte avec la roulette de votre souris (voir p. 108), le contenu de la page s'affiche dans un nouvel onglet. Edge permet aussi de mettre de côté des onglets en cliquant sur l'icône en forme de fenêtre avec une flèche en haut à gauche.

2 Favoris et Liste de lectures. Si une page vous intéresse, vous pouvez cliquer sur la petite étoile à droite de la barre d'adresse (ou utiliser *Ctrl + D*) afin d'ouvrir le menu des favoris qui vous permet de sauvegarder les sites qui vous intéressent le plus. Dans Edge, cette fonction est complétée par la *Liste de lectures*, qui permet d'enregistrer la page choisie sur une liste qui répertorie ainsi les articles que vous souhaitez lire plus tard. Vous pouvez les consulter en cliquant sur l'icône représentant trois lignes horizontales en haut à droite sur la barre de navigation.

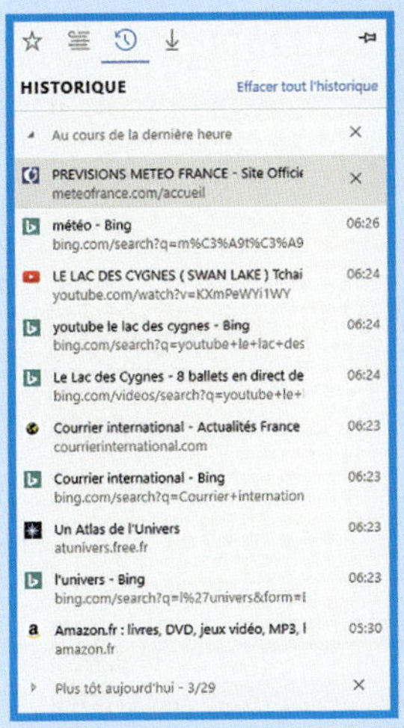

3 Historique et téléchargement. En cliquant sur l'icône représentant trois lignes horizontales en haut à droite, vous trouverez un menu avec quatre onglets : les deux premiers représentent les favoris et la liste de lecture. Le troisième est l'historique, une fonction bien pratique pour retrouver une page que vous avez déjà visitée et sur laquelle vous voulez revenir. Dans Microsoft Edge, l'historique se présente sous forme de liste triée par dates. Les autres navigateurs (Chrome, Firefox, Opera, Safari, etc.) proposent des outils plus avancés comme une barre de recherche spécifique. Enfin, le dernier onglet permet de voir les différents fichiers que vous avez téléchargés sur votre ordinateur. Cliquez sur *Ouvrir le dossier* pour voir l'ensemble de vos téléchargements.

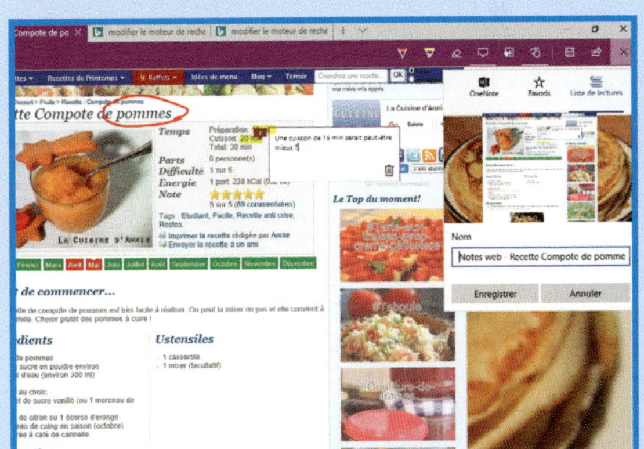

4 Mode lecture et Note web. Le « Mode lecture » s'utilise en cliquant sur le petit livre à côté de l'étoile des favoris. Il permet, si la page est compatible, de la transformer en simple page de texte, idéal pour se concentrer sur un long article à lire ! Enfin, les « Notes web » permettent d'écrire et de sauvegarder des notes personnelles sur les sites que vous visitez. Pour cela, il suffit de cliquer sur l'icône en forme de stylo. Pour sauvegarder vos notes, cliquez sur l'icône en forme de disquette : vous pouvez les conserver dans vos favoris, votre liste de lecture, ou les enregistrer sur OneNote.

Gérer ses sites « favoris » avec Chrome

Quand on utilise la fonction «Favoris» des moteurs de recherche, on peut vite accumuler des centaines de liens vers des sites. Pour vous y retrouver, vous pouvez les classer. Voilà comment faire avec Chrome (ce type de fonctionnalité étant également disponible dans les autres navigateurs).

À savoir

Toutes ces étapes sont compatibles avec Firefox, à ceci près que le moteur de recherche utilise le terme de «marque-page» à la place de celui de «favori».

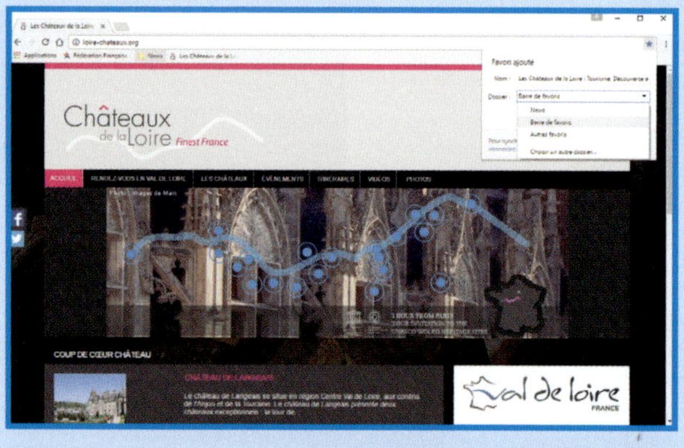

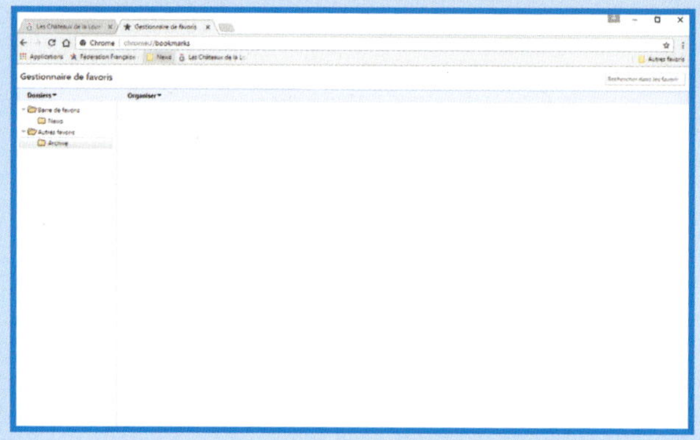

1 Créez votre favori en appuyant sur la petite étoile à côté de l'adresse web (ou faites *Ctrl + D*). Vous pouvez choisir de le mettre dans *Barre de favoris*, il sera alors affiché sous la barre d'adresse en accès rapide (si la ligne n'apparaît pas, faites *Ctrl + Maj + B*) ; si vous optez pour *Autres favoris*, le site sera référencé dans un dossier un peu moins facilement accessible.

2 Par défaut, ces deux options se suffisent à elles-mêmes, mais pour mieux ranger vos favoris, cliquez sur les trois points verticaux à droite, puis sur *Favoris* et *Gestionnaire de favoris* pour faire apparaître la page permettant de les classer. Pour chaque dossier principal (*Barre de favoris* et *Autres favoris*), vous pouvez notamment créer des sous-dossiers en allant dans la section *Organiser*.

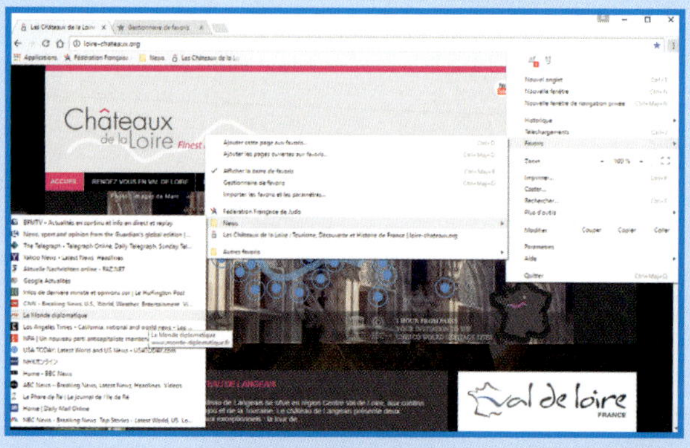

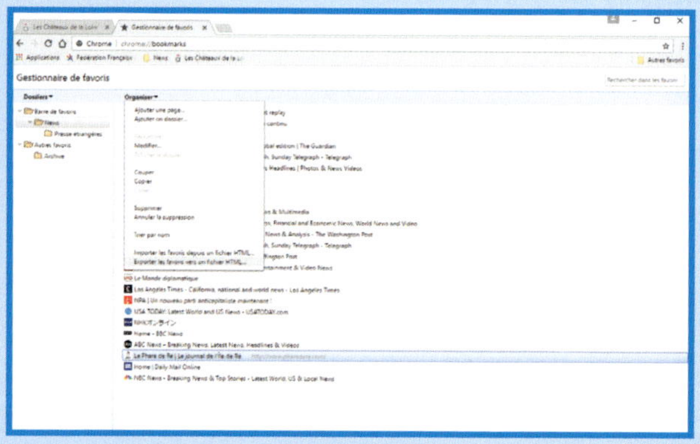

3 Ces sous-dossiers fonctionnent comme sous Windows. Vous pouvez les renommer en faisant un clic droit dessus, y glisser-déposer les favoris de votre choix, sélectionner plusieurs éléments avec la touche *Shift* avant de tout déplacer en bloc grâce au clic gauche, etc.

4 La page permettant de gérer les favoris offre un certain nombre d'options... En cliquant sur *Organiser*, il est possible de trier les favoris d'un même dossier dans l'ordre voulu, mais aussi d'exporter le contenu du dossier en un fichier html. Ce fichier vous permet de sauvegarder sur un support extérieur vos sites préférés afin de les transférer sur un autre appareil et/ou navigateur. Pour importer les favoris d'un fichier HTML, il suffit de cliquer sur *Organiser* et de choisir l'option *Importer*.

LA NAVIGATION SUR MOBILE

UNE INTERFACE ADAPTÉE À LA TAILLE DE VOTRE ÉCRAN

La principale différence de navigation entre appareils « mobiles » et ordinateur, en plus de la plus petite taille de l'écran, se trouve dans l'utilisation de l'écran tactile en lieu et place de la souris. « Cliquer » se fait donc en touchant avec le doigt l'élément concerné. En plaçant deux doigts sur l'écran et en les écartant vous pouvez zoomer... et annuler ce zoom en rapprochant vos doigts. Pour faire l'équivalent d'un clic droit, il faut généralement garder son doigt appuyé un court moment à l'endroit concerné, pour qu'un menu apparaisse.

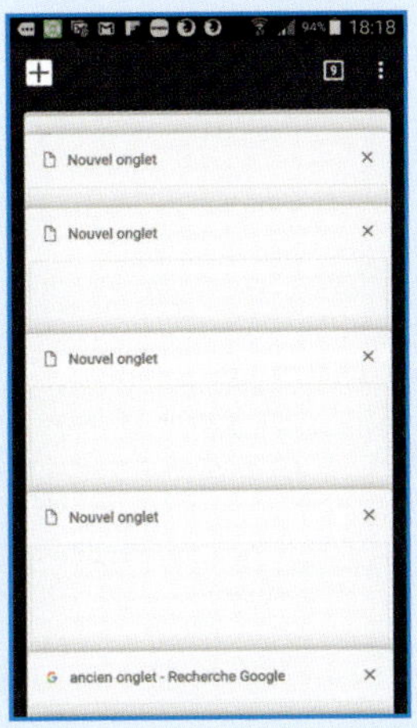

UTILISATION DES ONGLETS

Comme sur PC, on peut gérer des onglets de navigation sur smartphone et tablette : sous Chrome ou Firefox, vous accédez à *Nouvel onglet* en touchant les trois points verticaux en haut à gauche de la page web ouverte ; sur Opera, vous devez toucher la petite case avec un numéro en bas de la page puis le signe + ; sur Safari, touchez l'icône des deux carrés superposés en bas à droite puis le signe +. Tous les navigateurs populaires vous proposent par ailleurs d'ouvrir un lien dans un nouvel onglet si vous laissez votre doigt appuyé sur le lien (sur Safari, appuyez et glissez vers le haut pour choisir *Nouvel onglet*). L'icône « + » (Opera), l'icône des deux carrés (Safari) ou l'icône de carré indiquant le nombre d'onglets ouverts (Firefox, Chrome, navigateur Samsung...), généralement situées à droite de votre barre d'adresse ou en bas à droite, permettent de gérer les onglets ouverts (en afficher ou en supprimer par exemple).

HISTORIQUE

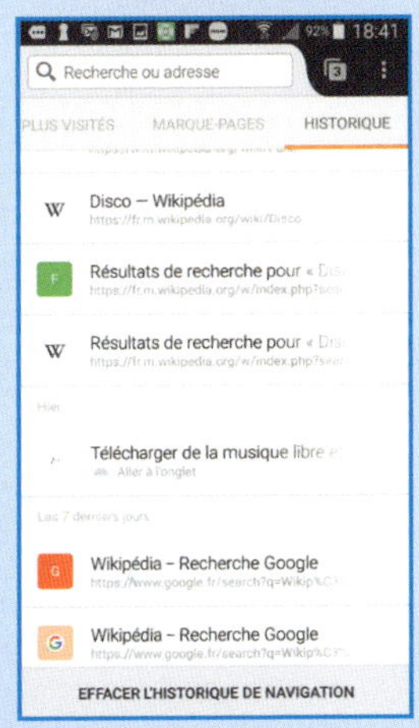

L'historique permet de voir les dernières pages visitées. On retrouve cette fonctionnalité dans le menu principal du navigateur (icône avec trois points verticaux pour Chrome et Firefox, par exemple), soit directement dans le menu *Historique* (comme pour Chrome), soit dans un onglet du menu *Favoris* (navigateur Samsung), soit directement sur la page d'accueil pour Opera. À noter : Safari ne possède pas d'historique et préfère garder en mémoire les dernières pages visitées que vous pouvez consulter en laissant votre doigt appuyé sur la touche *Page précédente* ou sur le signe +.

À savoir

Les appareils mobiles sont devenus de plus en plus populaires pour surfer sur Internet. Afin de pouvoir en profiter en Wi-Fi, il vous faudra connecter votre appareil au réseau. Pour cela, regardez l'étiquette derrière votre box Internet, notamment le SSID (nom de la box) et le mot de passe de la box : il s'agit des informations à rentrer pour s'y connecter. Sous iOS, lors du premier démarrage de l'iPhone ou de l'iPad, il vous sera demandé de configurer votre réseau et d'y insérer le mot de passe. Sinon, vous pouvez aller dans les *Réglages* pour retrouver l'option *Wi-Fi*. Sous Android, faites glisser votre doigt du haut de l'écran vers le bas pour faire apparaître un menu qui comporte la rubrique *Wi-Fi* : appuyez dessus pour ouvrir le menu de connexion. Vous pouvez aussi y accéder en allant dans *Paramètres* (la roue crantée) puis dans *Wi-Fi*. Une fois dans le menu *Wi-Fi*, quel que soit votre smartphone ou votre tablette, vous pourrez choisir votre réseau et insérer le mot de passe.

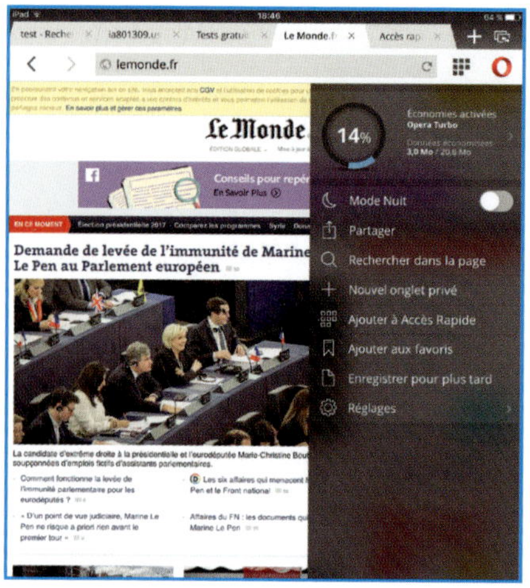

OPTIONS AVANCÉES

Tous les navigateurs disposent d'un « menu principal » qui contient un certain nombre d'options avancées permettant, par exemple, de configurer le moteur de recherche désiré, de refuser le partage de vos données personnelles avec le développeur… N'hésitez pas à l'explorer.
En général, il s'agit du bouton le plus à droite à côté de la barre d'adresse : le « O » dans Opera, les trois points verticaux pour Chrome ou Firefox, le bouton *Plus* puis *Paramètres* pour Internet de Samsung. Pour Safari, sous iOS, il faut se rendre, en dehors de l'application, dans *Réglages* puis *Safari* pour accéder aux options avancées.

NAVIGATION PRIVÉE

Un site que vous visitez vous envoie la plupart du temps des petits fichiers (« cookies ») qui lui permettent d'enregistrer des informations vous concernant. Cette fonction aide par exemple les entreprises à connaître la fréquentation de leur site, mais elle vous permet également de ne pas avoir à saisir à nouveau vos identifiants de connexion sur un site que vous visitez régulièrement et qui requiert une inscription. Si vous êtes opposé à l'utilisation de cookies par les sites, gardez votre doigt appuyé sur le lien qui mène au site pour passer en mode « navigation privée », c'est-à-dire une navigation qui ne laisse aucune trace, même dans votre propre historique ! Cela vous permet de surfer sur Internet sans que vos informations (votre historique de recherche, les vidéos regardées, les achats effectués, etc.) ne soient récupérées par les sites, pour vous proposer des publicités ciblées, ou par les moteurs de recherche, qui tiennent compte de vos précédentes recherches dans l'affichage de leurs résultats. Attention, certains sites ne peuvent fonctionner correctement dans ce mode et, selon votre navigateur, vous devrez peut-être aller dans le menu de gestion d'onglets (voir UTILISATION DES ONGLETS, p.111) pour trouver l'option de navigation privée (voir p. 137).

PAGES HORS CONNEXION

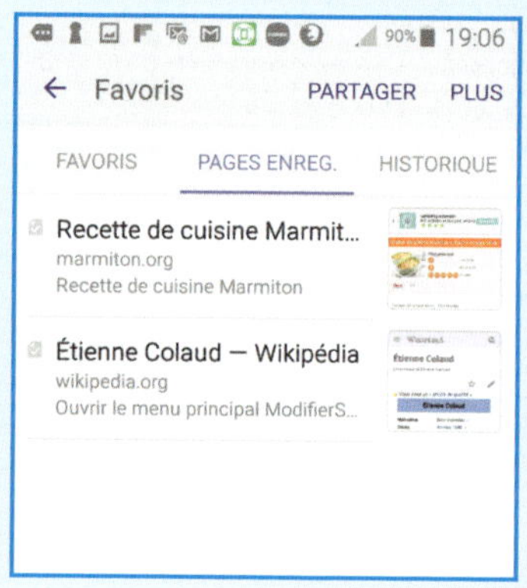

Plusieurs navigateurs permettent de sauvegarder une page pour pouvoir la consulter hors connexion. Pour Opera, choisissez l'option *Enregistrer pour plus tard* dans le menu principal ; vous pourrez ensuite consulter la page, même sans réseau, dans le dossier *Page hors ligne* situé sur la page d'un onglet vierge. Pour l'application Internet de Samsung, allez dans le menu *Plus* en haut à droite, puis touchez *Enregistrer la page web* ; la page est alors consultable dans le menu de favoris (icône dans la barre d'outils en bas de l'écran) dans *Pages enregistrées*. Pour Chrome, allez dans le menu (les trois points verticaux), touchez en haut l'icône avec la flèche vers le bas ; vous retrouverez la page dans le même menu sous *Téléchargements*. Si votre navigateur ne possède pas cette option, vous pouvez toujours imprimer la page désirée sous format pdf en touchant *Imprimer* dans les options de votre navigateur ou dans les options de partage pour Android, ou *Enr. Le PDF dans iBooks* dans les options de partage sous iOS, pour la consulter quand vous le souhaitez !

Trucs & astuces

Internet, ce n'est pas seulement de la consultation mais aussi du partage… Ainsi, beaucoup de navigateurs rendent le partage de pages web facile d'accès et ont une option « partager » dans leur menu principal. Sur Safari, le bouton de partage est représenté par un carré avec une flèche. Sous Android, il est le plus souvent dans le menu principal (le O dans Opera, les trois points verticaux pour Chrome ou Firefox…). En cliquant dessus, vous pouvez partager le lien via les différentes applications que vous avez installées (notamment la messagerie mail, l'application Notes et les réseaux sociaux), ce qui est pratique sur un smartphone où le copier-coller de lien est bien plus laborieux que sur ordinateur.

Gérer ses sites « favoris » sur smartphone et tablette

Les navigateurs mobiles ont des fonctions de «favoris» similaires aux navigateurs sur ordinateur. Mais les contraintes ergonomiques liées à la taille des écrans rendent parfois plus difficile l'accès à ces fonctions. Voici comment faire avec Safari sur iPhone et iPad et Chrome sous Android.

1 SAFARI : Pour créer un favori sous Safari, vous pouvez appuyer sur le carré avec une flèche à droite de la barre d'adresse (en bas sur iPhone) puis sur *Ajouter aux favoris*. Un menu s'affiche, où vous pouvez écrire le nom du lien favori et choisir le dossier dans lequel le ranger. Vous ne pouvez pas créer de nouveau dossier à partir de ce menu. Cela ne peut se faire qu'en suivant la procédure de l'étape 2.

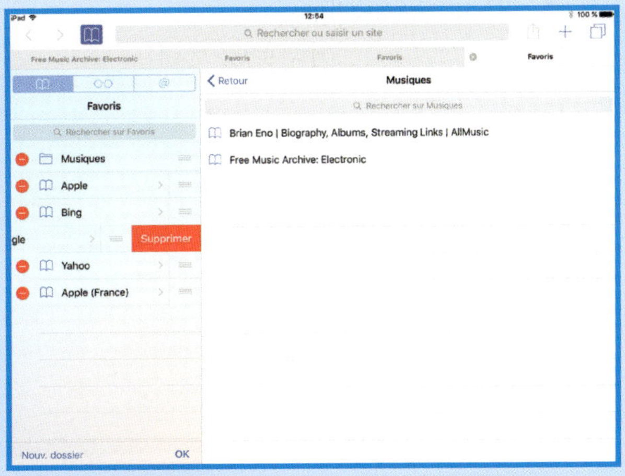

2 SAFARI : Pour accéder au menu de gestion des favoris, cliquez sur l'icône en forme de livre à gauche de la barre d'adresse (en bas sur iPhone). Une fois ouvert, cliquez sur l'onglet en forme de livre pour accéder aux favoris (ou sur *Signets* puis *Favoris* sur iPhone). Vous pouvez alors cliquer sur un site pour y accéder. En cliquant sur *Modifier* en bas à droite de l'onglet *Favoris*, touchez le bouton rouge puis *Supprimer* pour supprimer un site, cliquez dessus (ou sur les trois traits horizontaux sur iPhone) pour modifier son nom ou allez dans *Nouv. dossier* pour créer de nouveaux dossiers.

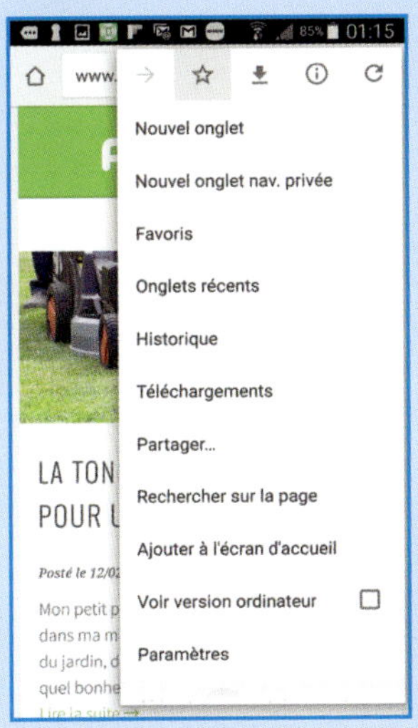

3 CHROME MOBILE : Pour ajouter un site dans vos favoris, allez sur le site en question, cliquez sur l'icône en forme de trois points verticaux puis sur la petite étoile tout en haut du menu qui s'ouvre. Vous pouvez changer le nom de la page ainsi sélectionnée mais aussi son emplacement.

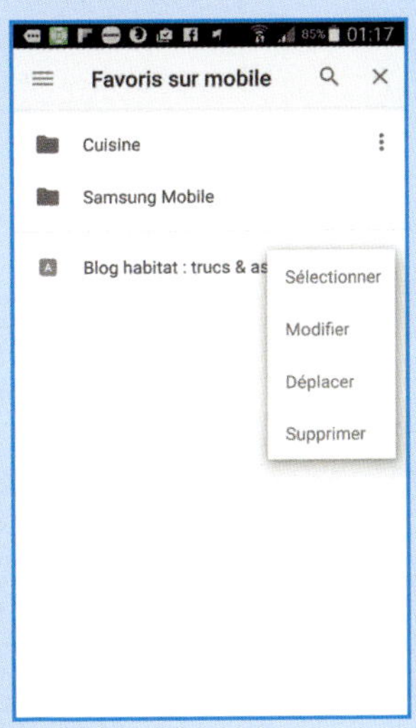

4 CHROME MOBILE : Pour gérer les favoris (et les classer notamment), cliquez à nouveau sur l'icône en forme de trois points verticaux puis sur *Favoris*. Il est possible de modifier le nom des favoris ou des dossiers (en cliquant sur les trois points verticaux à côté d'un des liens, puis sur *Modifier* pour changer le nom ou *Déplacer* pour trouver l'option *Nouveau dossier*) mais le menu est davantage conçu pour la consultation. Une fonction de recherche est même disponible (icône en forme de loupe).

UTILISER UN MOTEUR DE RECHERCHE

Avant même la mise en place d'Internet, la question de savoir comment retrouver les différentes informations disponibles s'est posée, et de nombreux moteurs de recherche ont alors vu le jour. Les « vrais » moteurs de recherche ne sont pas nombreux. Aux géants Google, Bing et Yahoo! s'ajoutent Baidu (75 % du marché chinois), Naver (Corée du Sud, 45 % du marché), Yandex (Russie, 40 % du marché) et Seznam (République tchèque, 20 % du marché). Qwant, moteur français en plein développement, affirme qu'il possède son propre robot d'indexation du Web et son propre algorithme de recherche. Mais la majorité des autres moteurs alternatifs dépendent de Google, Bing et Yahoo!.

Ces moteurs s'appuient sur d'immenses bases de données dans lesquelles sont indexés les mots présents sur les pages de très nombreux sites Internet. Ils utilisent pour cela des robots qui parcourent le Web, en permanence et automatiquement, afin d'enrichir cette base de données.

L'utilisation d'un moteur de recherche est facile : vous cliquez sur le champ de recherche, vous tapez les mots voulus puis vous appuyez sur la touche *Entrer* ; le moteur de recherche consultera sa base de données pour en extraire les résultats que son algorithme lui indique comme les plus appropriés.

Le secret, pour une recherche fructueuse, est le bon choix des mots que vous saisissez et un peu de méthode. Faites cependant bien attention aux liens sponsorisés qui se trouvent soit à part (dans une autre colonne, par exemple), soit au début de la liste de résultats ; il s'agit de liens commerciaux qui ne correspondent pas forcément à votre demande !

Pour enrichir leurs bases de données, les navigateurs ont le défaut de récupérer toutes vos recherches, et, par ce biais, en apprennent beaucoup sur vous, ce qui leur permet de vous présenter, notamment, des publicités ciblées... Si cette pratique vous déplaît, il existe des navigateurs plus discrets, comme duckduckgo.com, qui annonce fonctionner sans récolter vos données et sans subir le joug de Google sur les pages à mettre en avant. Qwant déclare aussi ne pas pister les utilisateurs, ne conserver aucune donnée, pas même l'adresse IP, et propose des pages de résultats innovantes, avec une présentation sur trois colonnes selon la provenance des résultats : « Web », « Actualités » ou « Social ». Mais si vous tenez à utiliser Google sans pour autant être surveillé par le géant, sachez qu'il est possible de choisir un moteur comme StartPage, qui utilise le moteur Google et vous permet de garder votre historique (contrairement à la navigation privée, voir p. 112 et 137) sans pour autant envoyer vos données de navigation à Google.

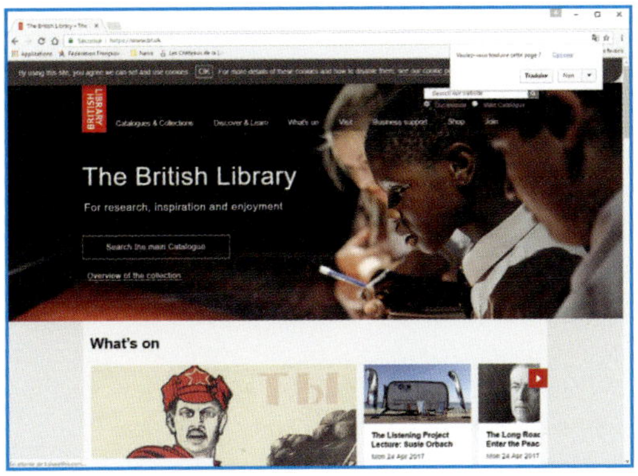

TRADUIRE DANS LA LANGUE DE SON CHOIX

Si Internet est mondial, beaucoup d'informations ne sont disponibles qu'en anglais. Si vous ne maîtrisez pas la langue de Shakespeare, vous pouvez utiliser des sites comme Google Traduction ou Yandex Translate, qui permettent de traduire automatiquement les pages désirées (voir p. 126). Une fois le site de traduction ouvert, copiez l'adresse de la page que vous souhaitez traduire, configurez la langue voulue, et vous obtiendrez une traduction approximative mais utile. Si votre navigateur est Chrome, la traduction est incluse par défaut (icône avec un G à côté de l'étoile des favoris) et peut même vous être proposée automatiquement. Sur Firefox, vous pouvez installer l'extension Google Translator.

LES RECHERCHES D'AUTRES SUPPORTS

Par défaut, les moteurs de recherche renvoient à des sites web ; cependant, après avoir recherché certains termes, vous pouvez appuyer sur les boutons *Images*, *Vidéos* ou autre pour une recherche sur ces types de contenu. Si votre moteur de recherche le permet, n'hésitez pas à regarder l'onglet *Actualité* pour consulter les dernières nouvelles sur les sujets qui vous intéressent. Chaque moteur propose différentes options qui le distinguent des autres : Yahoo! met en avant sa communauté de Yahoo! Answers avec l'onglet *Questions/Réponses*, Bing et Google offrent des cartes, Qwant permet de rechercher des termes dans les réseaux sociaux, etc. Une autre possibilité, surtout offerte par Google, est de mettre une image au lieu de mots dans la barre de recherche pour trouver tous les sites l'utilisant ou rechercher des images similaires Pour cela, cliquez sur l'icône en forme d'appareil photo sur la page Google Image, disponible en cliquant sur *Images* sur la page d'accueil de Google.

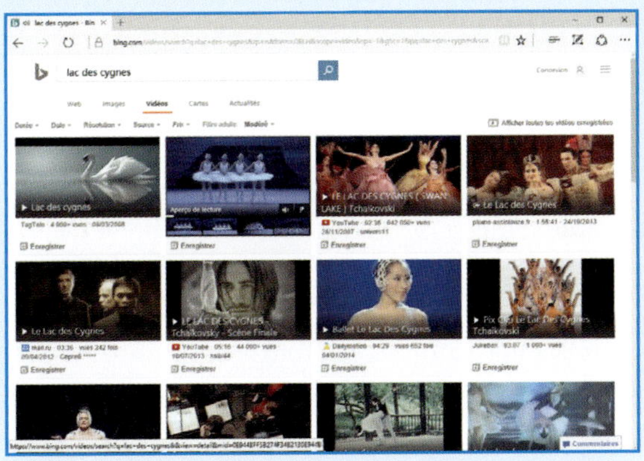

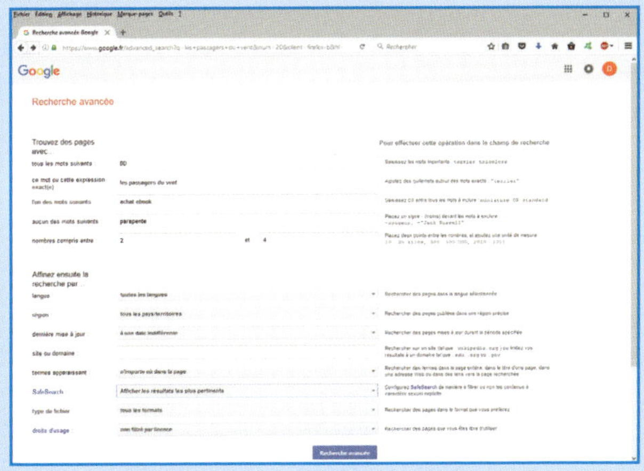

RECHERCHE AVANCÉE

Certains moteurs possèdent des options de recherche avancées. Bing ou Yahoo! proposent principalement de rechercher en tenant compte de la langue et de la date de parution de la page. Google offre plus de possibilités : cliquez sur *Paramètres* en bas à droite de la page d'accueil puis sur *Recherche avancée* ; vous aurez alors davantage d'options comme le type de fichier ou la possibilité de chercher au sein d'un site en particulier.

Trucs & astuces

Si vous cherchez la définition d'un mot, n'hésitez pas à le faire suivre de « définition » dans le moteur de recherche afin de trouver directement son sens.

Trucs & astuces

Chaque moteur de recherche emploie une méthode de recherche (algorithme) différente. Si vous ne trouvez pas votre réponse sur un moteur, n'hésitez pas à explorer les autres, qui pourront donner des résultats très différents !

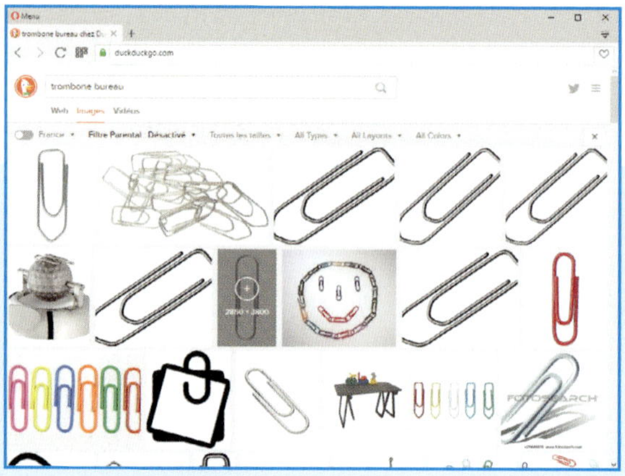

UN MOT, PLUSIEURS RÉSULTATS

Si les moteurs de recherche permettent de nombreuses choses, il faut savoir être précis. Ainsi, si vous recherchez le mot « trombone » sur Internet en pensant à l'accessoire de bureau, vous risquez fortement de tomber sur l'instrument de musique ! Pour optimiser votre recherche, vous pouvez soit ajouter un mot (« trombone bureau »), soit ajouter un mot « à bannir », en utilisant un tiret suivi du mot à éliminer. (« trombone -instrument »).

RECHERCHER DES SOLUTIONS

Si vous recherchez la solution à un problème, sachez qu'Internet regorge de forums d'aide sur lesquels vous pouvez vous inscrire pour poser une question. Mais il est plus que probable que votre question ait déjà reçu une réponse quelque part sur le Web. N'hésitez alors pas à écrire une question entière (par exemple : « Où se trouve le voyant adsl de ma box ? »). En cas de problème informatique, saisissez directement le numéro de l'erreur que vous obtenez (par exemple : « erreur 0x800ccc0e ») pour obtenir des réponses précises.

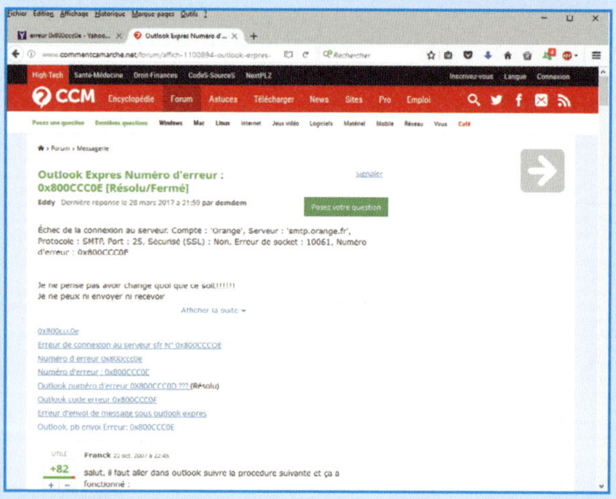

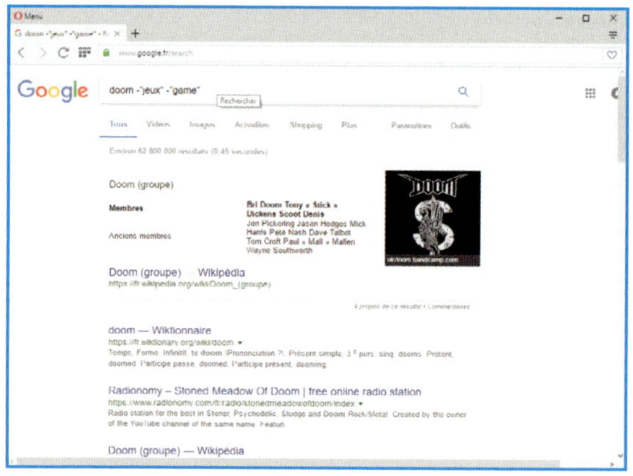

AFFINER SA RECHERCHE

En dehors de la recherche avancée qui permet beaucoup de choses (voir p. 115), quelques astuces peuvent vous aider. N'hésitez pas à préciser votre recherche en donnant plusieurs mots dans une recherche (« trombone musique »). S'il s'agit d'une expression ou d'un titre de film peu connu, il est préférable de les mettre entre guillemets pour ne rechercher que les pages contenant la totalité des mots de votre recherche dans l'ordre. Utilisez le tiret (« - ») permet de retirer un mot de votre recherche ; vous pouvez donc combiner guillemets et « - » pour bannir tout un groupe de mots. Enfin, inutile de vous encombrer d'accents ou de majuscules, les moteurs de recherche n'en tiennent pas compte.

Le petit +

Pour des recherches plus pointues, il existe aussi des moteurs spécialisés, notamment dans les ressources scientifiques, comme www.base-search.net, scholar.google.fr, ou encore www.rechercheisidore.fr pour les sciences humaines et worldwidescience.org pour les sciences dures.

LA RECHERCHE SUR SMARTPHONE ET TABLETTE

NOTIONS GÉNÉRALES

La recherche sur smartphone et tablette est assez proche de celle sur ordinateur. Le concept de mot-clé et les fonctions associées restent les mêmes. Seule la présentation change (en général, la barre de recherche est confondue avec la barre d'adresse). Une option très présente sur les moteurs de recherche disponibles sur appareils mobiles est de prononcer dans son appareil les mots-clés recherchés. Si cette fonction est disponible, vous trouverez une icône en forme de micro. Il vous suffit d'appuyer dessus.

FONCTIONS DE SUGGESTIONS DE RECHERCHE

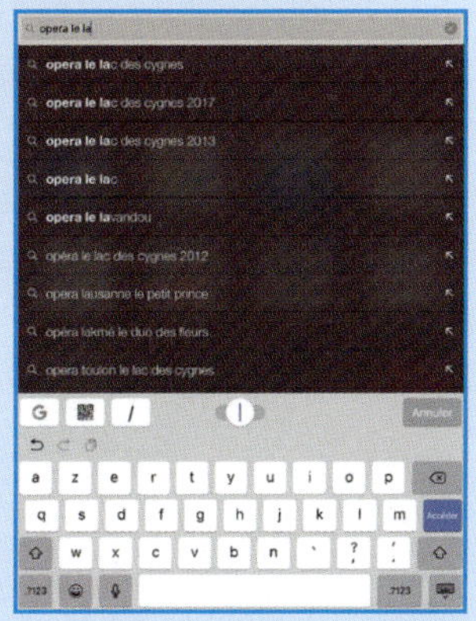

En utilisant les barres de recherche, vous remarquerez que votre navigateur vous proposera des suggestions visant à compléter votre recherche. Safari prédira même votre requête en la recherchant aussi dans la page actuelle alors que Chrome et Firefox rechercheront également dans vos favoris. Dans le cas d'Opera, au moment d'écrire votre requête, vous pouvez changer à la volée votre moteur de recherche par défaut, utiliser un curseur pour pouvoir corriger avec précision vos mots-clés, si besoin, ou scanner un QR code au moyen de boutons spéciaux facilement identifiables sur votre clavier virtuel.

LES OPÉRATEURS VOCAUX

Les fabricants d'appareils mobiles mettent en avant leurs opérateurs vocaux, qui peuvent vous assister dans l'utilisation de votre appareil. Sous Android, appuyez deux fois sur le bouton *Accueil* à partir de la version 6 (pour les versions antérieures, vous pouvez aussi accéder à l'application *Recherche vocale* ou *Google* ou dire « Ok Google » à voix haute) ; lors de la première utilisation, vous aurez d'abord à configurer l'assistant. Vous pouvez aussi appuyer sur l'icône micro dans les barres de recherche Google. Sous iOS, appuyez longuement sur le bouton principal (ou dites « Dis Siri » à voix haute). Il ne reste plus qu'à enregistrer votre demande : « Réveille-moi demain à 7 heures », « Quelle est la météo à Tokyo ? », « Appeler Christophe Dupont », etc. Expérimentez et voyez si la fonction vous plaît, sinon, vous pouvez la désactiver.

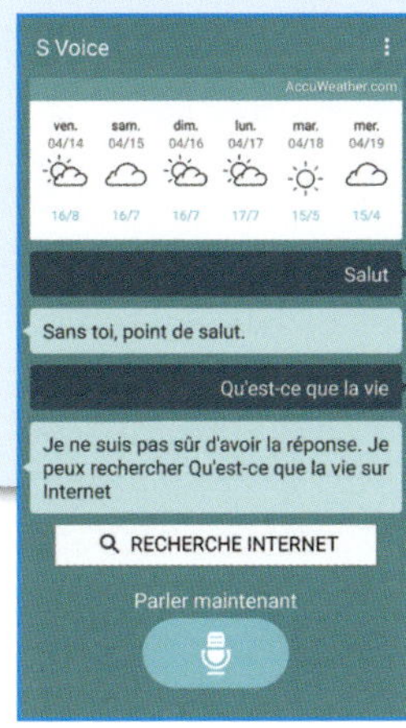

Trucs & astuces

Vous pouvez désactiver l'assistant vocal sur smartphone : sous Android, allez sur l'application *Google*, touchez les trois traits horizontaux en haut à gauche, puis, dans *Paramètres*, allez dans *Voix* et *Détecter « Ok Google »* pour désactiver l'option. Toujours dans les paramètres de l'application, allez dans *Google on Tap* pour désactiver l'accès via le bouton principal. Vous pouvez également désactiver l'application *Google* en allant dans *Paramètres* puis dans *Gestionnaire des applications*. Dans l'onglet *Tout*, appuyez sur *Appli Google* et sur *Désactiv.* Sous iOS, allez dans *Réglages* puis *Siri*. Désactivez Siri en basculant l'interrupteur dans l'option *Siri*.

DÉCOUVRIR ET APPRENDRE AVEC INTERNET

On trouve tout, ou presque, sur le Web... Encore faut-il savoir s'y retrouver face à une telle masse de données. Voici les points essentiels à prendre en compte pour bien s'orienter.

Internet est une formidable source de connaissances... Et pour cause, sa fonction première est de stocker des informations de toutes sortes. Celles-ci ont d'abord été présentées sous la forme de sites Internet très basiques mais, au fil des années, le Web s'est diversifié et propose aujourd'hui une exceptionnelle richesse de données ; autant de manières de découvrir et d'apprendre de nouvelles choses ! Encyclopédies et dictionnaires, sites d'actualité, sites d'information variés, images et vidéos, exploration géographique... les ressources du Web semblent infinies.

Voici donc un aperçu de ce qu'Internet peut vous proposer d'utile. Mais attention, si le Web offre autant de contenus, il n'est pas toujours fiable ; il vous faut donc apprendre à vérifier les sources et éviter les nombreux sites de désinformation.

ENCYCLOPÉDIES TRADITIONNELLES ET COMMUNAUTAIRES

Près de deux millions d'articles : voilà ce qu'offre gratuitement la version française de la très célèbre encyclopédie communautaire en ligne Wikipédia (https://fr.wikipedia.org). Apparue en 2001, elle est consultable et, surtout, modifiable par tous, puisque ce sont les internautes qui ajoutent et corrigent les informations contenues dans les différents articles proposés. Grâce à ce système de communauté, les articles bénéficient pour la plupart de mises à jour rapides au gré de l'actualité. Quel que soit le sujet qui vous intéresse, il y a de fortes chances que vous le trouviez traité sur l'encyclopédie en ligne.

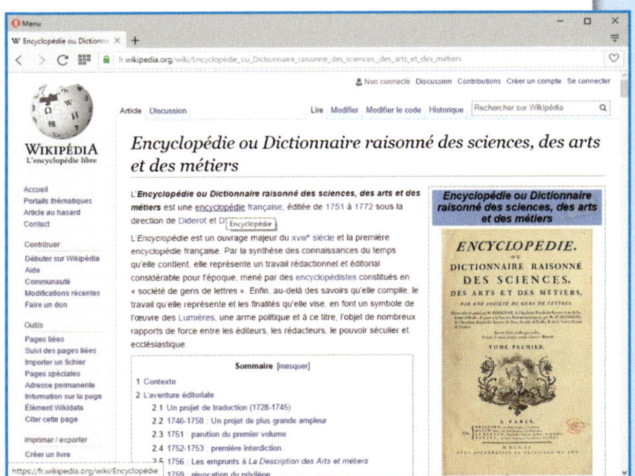

Plus généralement, c'est Internet tout entier qui est une source prodigieuse d'information : cinéma, sciences, géographie, histoire… tout le savoir du monde est à portée d'une simple requête sur un moteur de recherche. Et quand l'information n'existe pas en français, vous la trouverez sûrement en anglais, les sources dans cette langue étant les plus complètes (dans ce cas, n'hésitez pas à tester la traduction de texte sur Internet, voir p. 115 et 126). Mais que vaut cette information ? Sur les encyclopédies communautaires, les auteurs sont multiples et souvent anonymes. Une même fiche peut être rédigée et modifiée par des dizaines de personnes dont les compétences ne sont pas forcément certifiées, même si la communauté évalue et vérifie autant d'articles que possible. Il arrive donc que des articles soient incomplets et/ou inexacts, ce qui est souvent précisé sur la fiche elle-même (sur Wikipédia, la mention « citation nécessaire », par exemple). A contrario, les articles des encyclopédies et dictionnaires traditionnels sont étayés, documentés et signés par des spécialistes reconnus, dont les écrits font référence. Mais leur accès est payant et les sujets abordés ne sont pas aussi diversifiés que sur les sites communautaires. Alors, que choisir ? La réponse dépend des usages et exigences de chacun, mais il serait dommage de se priver de ces ressources gratuites mises à votre disposition, la règle d'or étant de diversifier au maximum ses sources et de les recouper. Ce que permet justement Internet !

TROUVER DES SOURCES FIABLES

Où chercher une information ou un document sur Internet ? Cette sélection vous offre un petit tour d'horizon des sources incontournables.

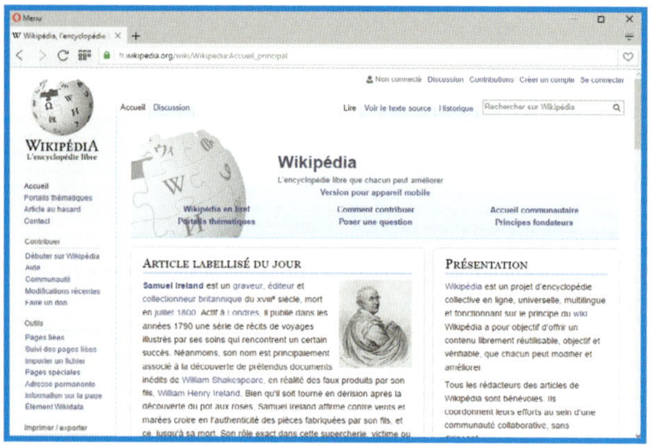

● **Wikipédia** (http://fr.wikipedia.org) est la source d'information la plus complète du Web. La majorité des recherches encyclopédiques aboutissent sur ce site. La qualité des articles est aléatoire mais le site est très utile pour une première recherche. À savoir : les articles dotés d'une étoile ont été revus et évalués ; une étoile dorée signale un article « de qualité » et une étoile grisée un « bon contenu ».

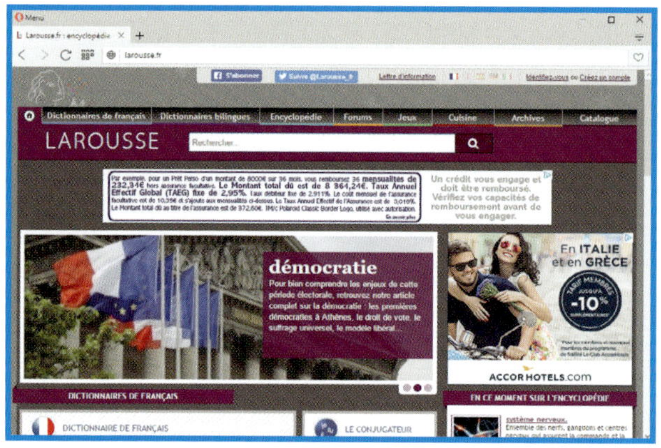

● **Larousse** (www.larousse.fr) propose un dictionnaire de plus de 135 000 définitions ainsi qu'une encyclopédie participative plus surveillée, mais moins riche que Wikipédia. Petit bémol : l'interface n'est pas très conviviale et la présence de publicités et de liens sponsorisés est assez prégnante.

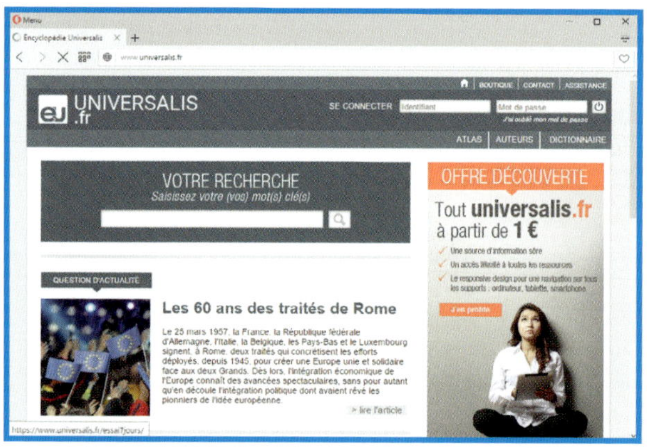

● **Encyclopaedia Universalis** (www.universalis.fr) propose une encyclopédie payante dont les articles ont été rédigés par des auteurs spécialistes. Plusieurs formules d'abonnement sont proposées : trois mois, un an ou deux ans, toutes avec reconduction tacite de l'abonnement. Soyez donc vigilant le jour où vous ne souhaitez plus être abonné, pensez à vous désabonner en temps et en heure.

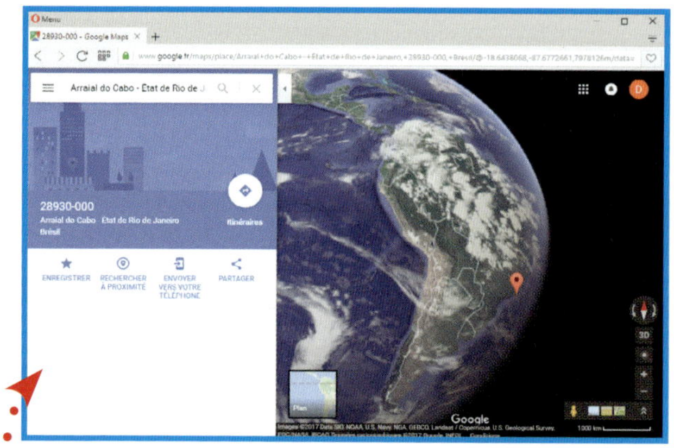

● **Google Maps** (maps.google.fr) est une véritable mine de contenu géographique (voir p. 129 et 131). Le mode *Plan* permet de voir facilement les routes, le menu *Itinéraire* (icône en forme de flèche dans un losange bleu) de calculer le trajet entre deux points et le menu *Street View* (icône en forme de bonhomme jaune) de voir l'endroit sélectionné comme si vous y étiez ! Et pour enrichir votre découverte, pensez aussi à Google Earth, qui offre une expérience 3D très poussée.

La visualisation en 3D de Google Maps peut être exigeante pour votre machine. Si l'affichage est trop saccadé, repassez en vue traditionnelle à l'aide des boutons *Satellite* ou *Plan*.

Le petit +

Si vous lisez l'anglais, de nombreux autres sites s'offrent à vous, comme celui de la NASA, particulièrement riche, ou thefreelibrary.com, qui propose de nombreux journaux techniques consultables gratuitement.

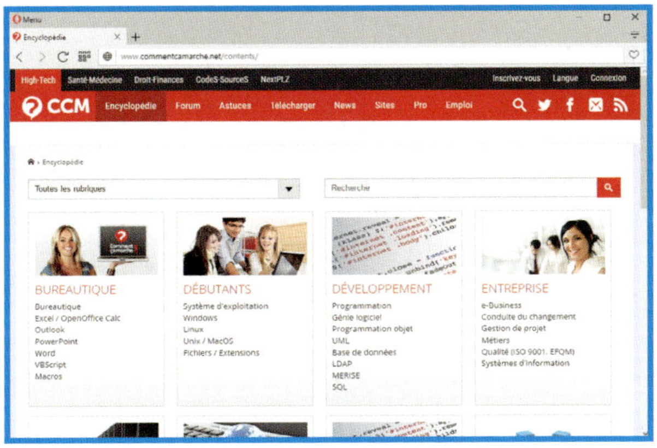

● **Comment ça marche** (http://www.commentcamarche.net) est un portail très utile pour toute question concernant votre matériel informatique. Il propose de nombreux tutoriels pour mieux comprendre la sécurité sur le Web, la bureautique, le réseau ou les systèmes d'exploitation. Idéal pour approfondir ce que vous lisez dans cet ouvrage ! Fort de sa communauté, le forum peut également vous aider à résoudre des problèmes précis.

● **Gallica** (www.gallica.bnf.fr) est une bibliothèque numérique spécialisée dans la numérisation de documents divers comme des livres, des périodiques ou des manuscrits anciens. Si le format « image » rend la lecture parfois difficile (ce qui est à relativiser vu la qualité de l'image, la possibilité de faire défiler les pages verticalement ou le mode « vocal »), l'intérêt historique est fascinant et le site totalement gratuit !

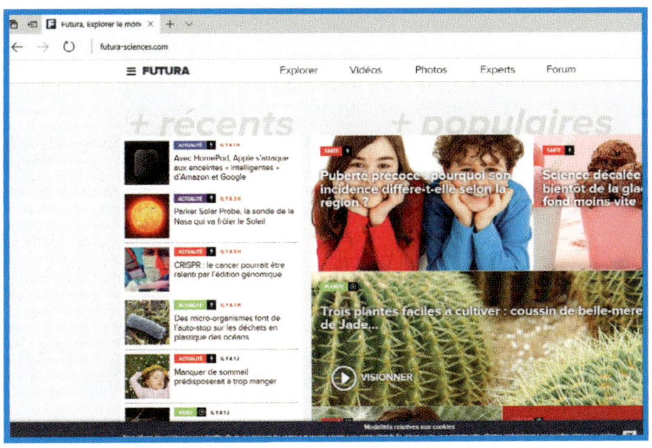

● **Futura-Sciences** (www.futura-sciences.com) est un portail en français intéressant sur l'actualité scientifique. Le site propose des rubriques « sciences », « santé », « technologie », « maison », « planète », avec des articles écrits par des spécialistes (dont le CV est consultable pour certains).

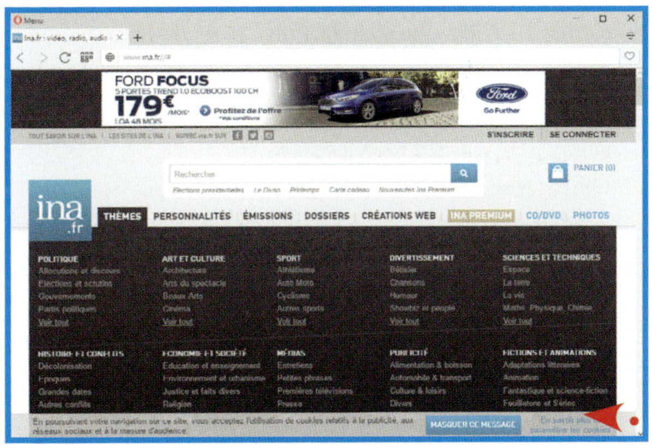

● **L'INA** (www.ina.fr) est le site officiel des archives de l'Institut national de l'Audiovisuel chargé de la sauvegarde du patrimoine audiovisuel français et disposant donc d'une énorme quantité de photos, émissions TV et radio. Des extraits sont consultables gratuitement mais il faut payer pour les émissions complètes. L'INA poste également nombre de ses archives sur Youtube ou Dailymotion.

Le lecteur multimédia de Windows permet de lire toutes les archives audio et vidéo du site de l'INA, il n'y a pas de lecteur propriétaire à télécharger en plus.

TROUVER DES IMAGES

RECHERCHER DES IMAGES AVEC LES MOTEURS DE RECHERCHE

Tous les moteurs modernes permettent aisément la recherche d'images (voir aussi p. 115) avec des options avancées de recherche intéressantes (*Outils* sur Google, *Filtre* sur Bing ou, après une première recherche sur Yahoo!). Vous pouvez ainsi chercher des images en fonction de leur taille, de leur orientation (format paysage ou portrait) ou de leur ton (défini par une couleur). Il est également possible de faire une recherche uniquement parmi les images animées (aussi appelées GIF). Des options spécifiques similaires sont disponibles pour la recherche de vidéos.

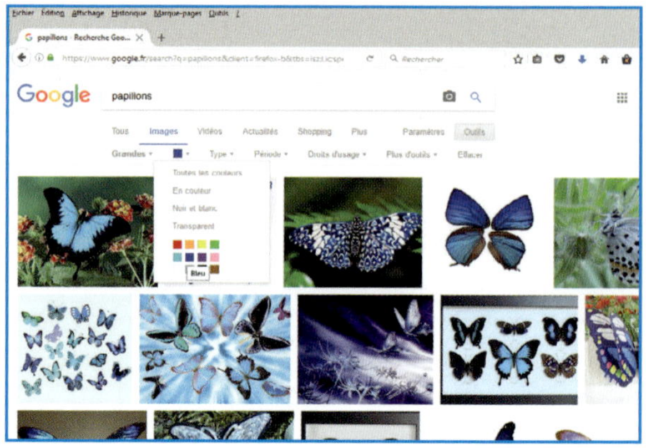

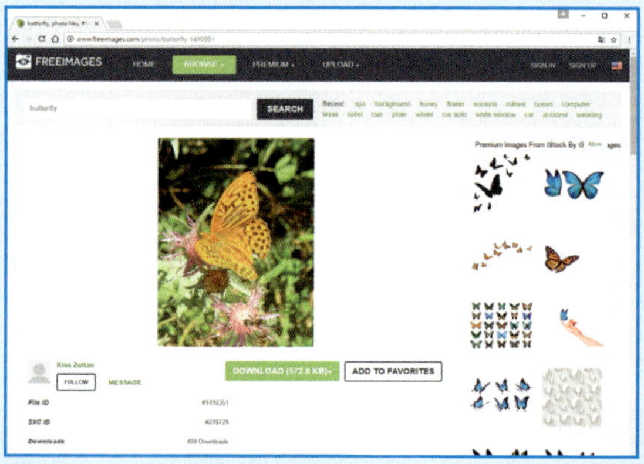

DÉFINITION ET IMPRESSION

Lorsque vous récupérez des images que vous souhaitez imprimer, il est important de comprendre qu'elles sont constituées de pixels ou « points ». À partir d'une certaine densité de points, l'image imprimée apparaît nette et précise. Cette quantité, c'est la « définition » (ou « résolution »), exprimée en points par pouce (ppp, dpi en anglais). À partir de 240 ppp, l'image est bonne pour l'impression, 300 étant le standard professionnel. Le Web travaille plutôt avec des définitions de 72 ou 96 ppp, ce qui donne un résultat décevant à l'impression même s'il paraît bon à l'écran. Pour résoudre cette difficulté, vous pouvez rechercher des images plus grandes sur votre moteur de recherche (avec l'option *supérieur à 2Mpx*, par exemple). Vous pouvez également diminuer la taille d'affichage de votre image, ce qui augmentera sa résolution et lui donnera donc un meilleur rendu lors de l'impression.

DROIT DES IMAGES ET ACHAT

Même si elles semblent libres d'accès, les images trouvées sur Internet sont rarement libres de droit : bien qu'une utilisation strictement personnelle soit possible, il est la plupart du temps interdit de les utiliser dans un cadre professionnel ou public (pour les mettre sur votre site web, par exemple) sans obtenir une autorisation, voire payer des droits (voir p. 144 et 146). Savoir d'où provient l'image et s'arranger avec son auteur peut être une solution. Une autre solution consiste à rechercher ce que vous souhaitez sur des sites spécialisés (banques d'images) : certains vous proposeront des photos gratuites, d'autres payantes (voir p. 342). Vérifiez bien les conditions d'utilisation (ou licences) qui précisent ce que vous avez le droit ou non de faire avec l'image sélectionnée.

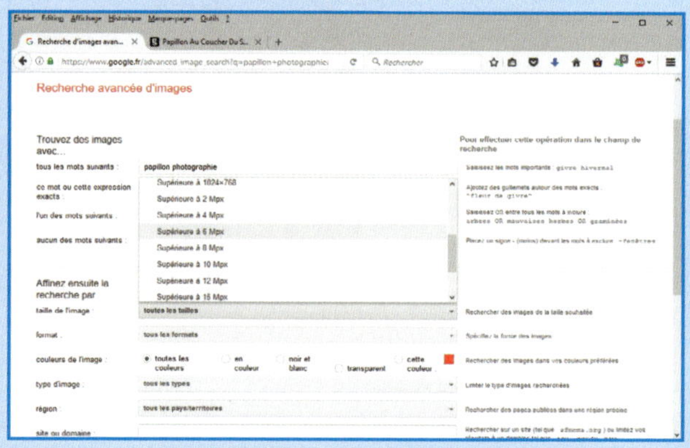

Le petit ⊕

Flickr (www.flickr.com) est un réseau social et hébergeur d'images pour photographes et amateurs d'images. Il est idéal pour trouver de beaux clichés, partager ses photos et découvrir des talents. Les images sont utilisables sous conditions et certaines fonctionnalités sont payantes (voir aussi p. 179).

Trouver une définition… et plus sur Internet

Une définition vous manque ? Internet peut rapidement vous aider.
Encore faut-il avoir les bons réflexes !

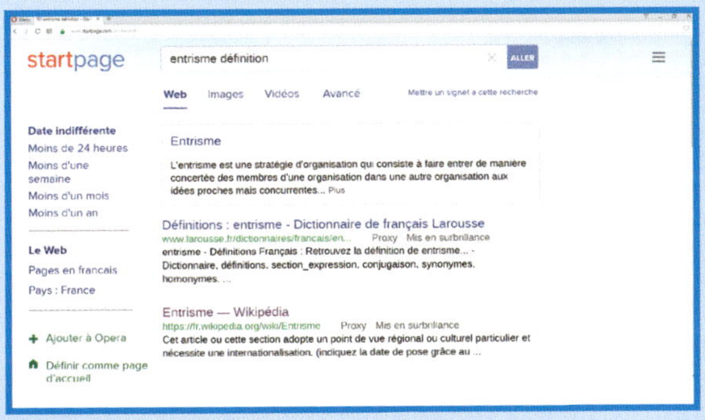

1 **Moteurs de recherche.** Votre premier réflexe sera certainement de les utiliser (d'autant que les barres de recherche ou les assistants vocaux sur mobile offrent un accès rapide), mais ils ne garantissent pas forcément les résultats les plus sûrs, même s'ils mettent généralement en avant les dictionnaires les plus courants. Certains moteurs de recherche affichent directement la définition tout en haut des résultats.

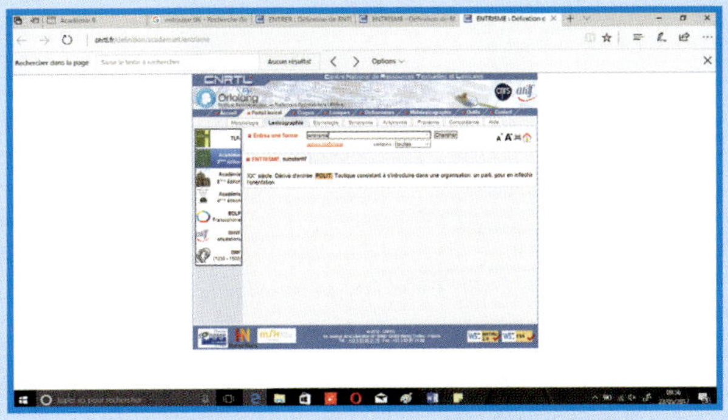

2 **Dictionnaires spécialisés.** Pour une recherche plus précise, rien ne vaut les différents dictionnaires en ligne créés par des professionnels, comme celui de Larousse. Le trésor de la langue française informatisé (http://atilf.atilf.fr/tlf.htm), le dictionnaire de l'Académie française (http://atilf.atilf.fr/academie9.htm) et le CNRTL (www.cnrtl.fr) sont aussi très pointus.

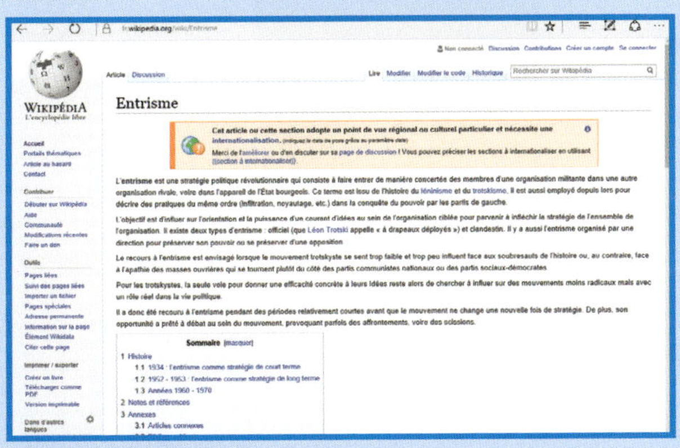

3 **Wikipédia.** Les articles d'une encyclopédie vont au-delà de la simple définition mais peuvent se révéler utiles pour une recherche approfondie. Utilisez un moteur de recherche comme Google, Bing ou Yahoo! en cliquant sur le résultat Wikipédia. L'outil de recherche interne de Wikipédia est nettement moins ergonomique.

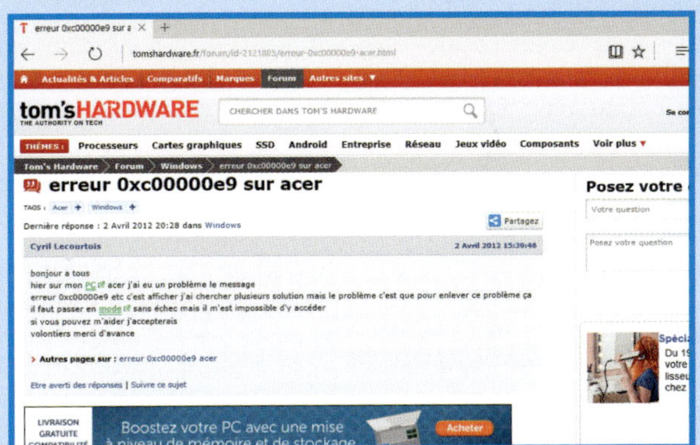

4 **Forum de sites spécialisés.** Pour des informations plus techniques, n'hésitez pas à consulter les « forums », ces sites de discussion où les utilisateurs s'échangent des messages autour des sujets qui les intéressent. Et si vous ne trouvez pas ce que vous recherchez dans les messages déjà postés, inscrivez-vous pour poser votre question ! Seul problème : le délai de réponse est incertain…

À savoir

Lorsque l'on cherche une information sur Internet, il faut savoir trouver la bonne source. Certains sites sont plus rigoureux que d'autres, bien sûr, mais la clé du succès est le recoupement d'informations entre diverses sources. Tentez d'adopter la posture du chercheur ou du journaliste et analysez ce que vous voyez, en faisant attention aux liens publicitaires présents en début de résultats sur les moteurs de recherche.

SUIVRE L'ACTUALITÉ SUR LE NET

Avec votre PC ou un appareil mobile, vous accédez à de nombreuses sources d'information, que ce soit la presse écrite, la radio ou la télévision.

AVEC UN NAVIGATEUR WEB

Un simple navigateur web suffit pour afficher le contenu de la presse en ligne (ici *Le Monde*). Par rapport à la version papier de votre journal favori (*Libération*, *Le Figaro*, *L'Express*, *Télérama*, *L'Équipe*, etc.), l'information est traitée en continu, mais le contenu gratuit ne représente qu'une partie de ce qui est publié : pour avoir accès à tous les articles, vous devez vous abonner. Certains journaux proposent de consulter gratuitement un nombre limité d'articles. Les journaux sont également disponibles dans un format qui convient aux tablettes et aux smartphones. Il existe souvent une version PDF du journal que vous téléchargez pour lire sans connexion (dans les formules d'abonnement ou payant à l'unité). Vous avez aussi la possibilité de vous inscrire à des lettres d'information gratuites afin de recevoir l'actualité par mail.

AVEC UNE TABLETTE OU UN SMARTPHONE

Il existe deux méthodes pour consulter la presse avec une tablette ou un smartphone. Vous pouvez utiliser le navigateur Internet de votre appareil mobile et le site affiche, dans la majorité des cas, une version optimisée pour une taille réduite. Souvent, vous avez aussi la possibilité de télécharger une application spécifique pour votre appareil mobile. Cette dernière permet une meilleure interaction avec le journal, et vous propose des alertes en fonction de l'actualité, voire de vos préférences paramétrées. Lorsque vous consultez la version web d'un journal, si l'application existe, un lien peut apparaître pour vous proposer de télécharger cette application. L'utilisation de l'application via un appareil mobile permet d'accéder aux pages gratuites mais aussi de s'abonner au journal en ayant une interface adaptée à la taille de l'écran.

LES JOURNAUX « PUREMENT » NUMÉRIQUES

Certains journaux n'existent pas en version papier, ils sont disponibles uniquement sur Internet. Le site *Mediapart* en est un parfait exemple : vous y trouvez des articles, des dossiers, des vidéos, et vous pouvez vous abonner à l'édition numérique du site. On peut aussi citer *Huffington Post* ou *AgoraVox*. Lors de vos recherches, vous trouverez certainement des journaux numériques très orientés politiquement ou idéologiquement ; croisez donc vos sources d'information pour faire le tri entre le vrai et le faux. Vous aurez également accès à des journaux numériques spécialisés dans un domaine précis, tel *Le Journal du Net* (JDN) ou *Le Monde informatique* pour les actualités sur les nouvelles technologies. Il existe aussi des journaux parodiques comme le *Gorafi* ou *Bilboquet Magazine*.

Le petit +

Les médias d'information en ligne ont très souvent un compte twitter que vous pouvez suivre (voir p. 181) pour recevoir l'information en continu. Bien que ce ne soient que des informations très concises (limitées à 140 caractères), certains utilisateurs préfèrent opter pour cette solution plutôt que de devoir télécharger les différentes applications de tous les journaux qu'ils veulent suivre.

Attention !

Prenez garde si vous regardez des vidéos en déplacement : selon votre abonnement mobile, vous risquez de payer des consommations hors forfait. Si votre quantité de données est limitée, préférez les connexions Wi-Fi pour consulter les vidéos.

LES CHAÎNES DE TÉLÉVISION

Si vous préférez la télévision à la presse écrite, sachez que les chaînes d'information (LCI, BFMTV, etc.) et généralistes (TF1, France Télévisions, M6, etc.) proposent sur leur page web un lien permettant d'y accéder au direct. Là encore, si vous utilisez une tablette ou un smartphone, vous trouverez souvent une application dédiée à la chaîne d'information qui vous permettra d'accéder directement au contenu de la chaîne, mais aussi de recevoir des alertes d'information. Vous avez manqué le journal télévisé ? Le service Replay sur le site de votre chaîne vous permettra de le visionner, en plus d'autres émissions (voir p. 212).

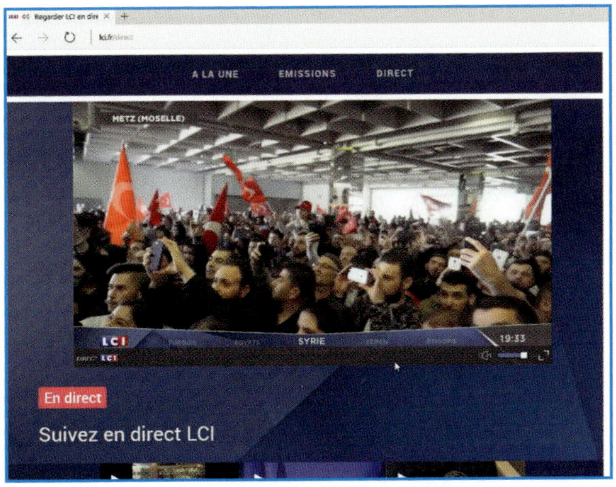

LA RADIO

En plus de la presse écrite et des journaux télévisés, votre ordinateur ou votre appareil mobile vous donnent également accès aux programmes en direct de nombreuses radios. Par exemple, la page web de la radio France Info donne accès au direct de la radio. Si vous utilisez un appareil mobile, vous pouvez télécharger l'application dédiée si elle existe. Cette dernière vous permettra, par exemple, de configurer des alertes en fonction des informations que vous souhaitez suivre. Si vous voulez réécouter une chronique précise, vous trouverez sur la plupart des sites des liens vous permettant d'y accéder. Si vous utilisez la radio en déplacement, sachez qu'elle est moins gourmande en données que la vidéo.

LES AGRÉGATEURS D'ACTUALITÉS

Vous pouvez aussi utiliser les agrégateurs d'actualités qui regroupent des articles provenant de plusieurs sources. La page d'accueil de votre fournisseur d'accès Internet peut proposer ce service en mettant en avant les sujets les plus brûlants ou les plus consultés. Les moteurs de recherche ont souvent des outils (Google Actualités, Bing News ou Yahoo! Actualités) permettant d'effectuer des recherches dans les différentes sources d'information en utilisant des catégories, des mots-clés. Certains d'entre eux proposent de paramétrer des alertes afin d'être averti lorsqu'une information sur un sujet précis est publiée. Il existe également des sites ou des applications dédiés, comme Flipboard ou News Republic (application seulement), où vous pouvez personnaliser les sources d'information à regrouper.

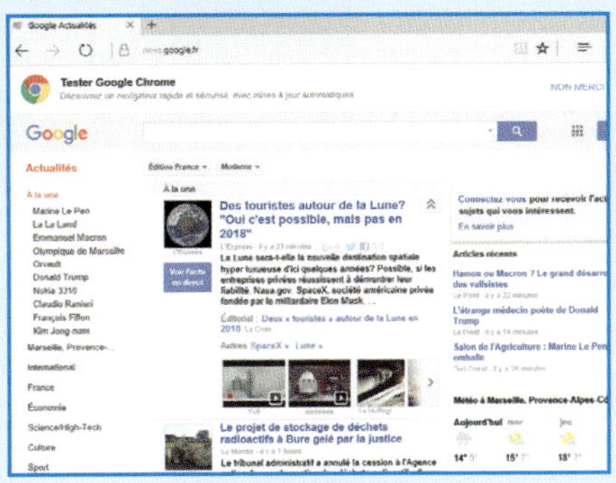

À savoir

La différence entre les sites de presse écrite, de radio et de télévision tend à se réduire, du moins au premier coup d'œil. En effet, tous ces sites affichent aujourd'hui des vidéos tandis que les sites de radio et de télévision proposent des versions écrites de certaines chroniques.

Apprendre des langues sur la Toile

Internet est un réseau mondial où toutes les langues sont présentes. C'est donc un outil idéal pour les apprendre !

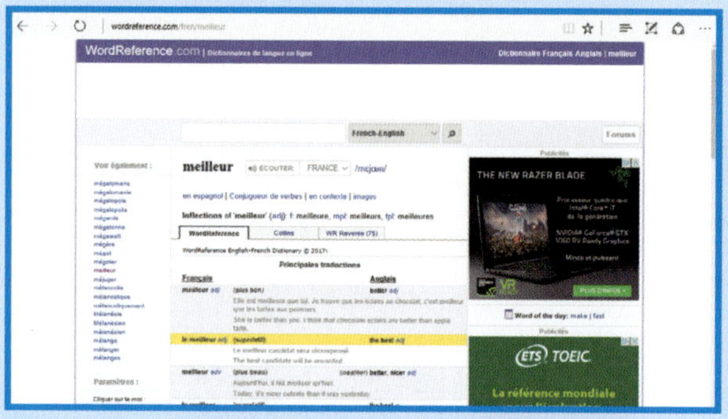

1 **Trouver la traduction d'un mot.** Si vous cherchez l'équivalent d'un mot dans une langue étrangère, il existe de nombreux dictionnaires pour vous y aider. Vous pouvez notamment tester WordReference, très complet ; n'hésitez pas à utiliser la fonction « Word Reference Reverse », qui permet notamment de trouver des synonymes. Linguee vous offre la possibilité de comparer des corpus de textes et leur traduction pour voir comment des traducteurs professionnels ont interprété une expression ou un mot.

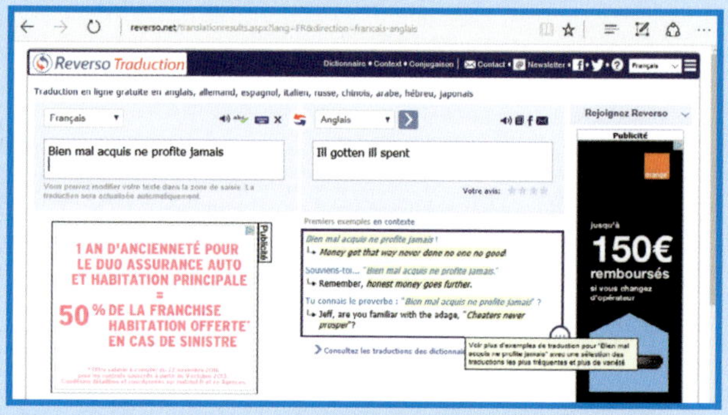

2 **Traduire un texte.** Pour traduire un texte complet, vous pouvez utiliser Google Traduction. Une alternative moins connue est Reverso, qui propose une qualité de traduction supérieure, plus performante pour les proverbes, bien que plus lente. En créant un compte, Reverso vous permettra également de traduire directement des sites web ou des documents, dans une limite de 8 000 mots, avec un compte gratuit. Dans tous les cas, les résultats de la traduction sont parfois étranges, l'outil n'étant pas encore entièrement maîtrisé...

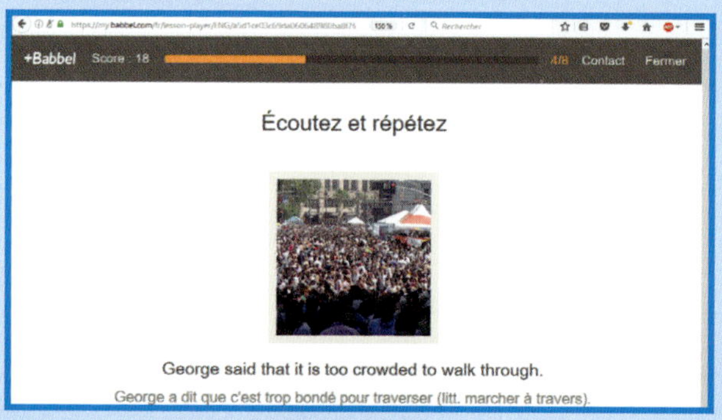

3 **Sites d'apprentissage des langues.** De nombreux sites vous proposeront d'apprendre des langues étrangères (Babbel, Duolingo, Busuu, etc.). Le contenu gratuit est assez impersonnel et peu convaincant ; un encadrement de qualité nécessite de prendre un abonnement.

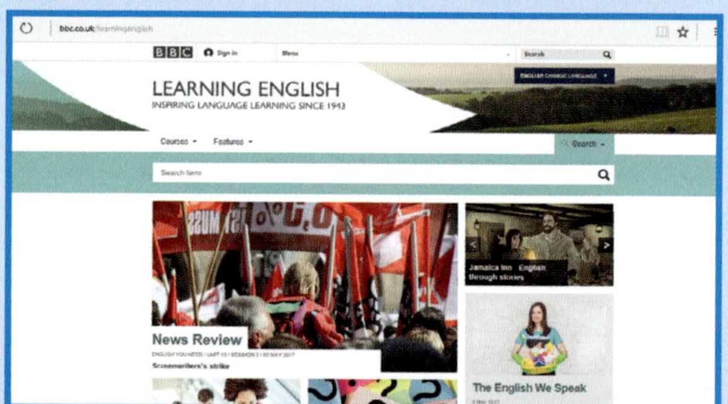

4 **Les sites étrangers.** Internet propose une grande quantité de documents, notamment des vidéos, dans la langue que vous souhaitez. Sur Youtube, certaines vidéos ont un service de sous-titrage (bouton *CC* ou rectangle dans le menu en bas à droite de la vidéo pour les activer et roue crantée pour les régler), souvent en anglais (attention, les sous-titres « autogénérés » sont en général de très mauvaise qualité). BBC Learning English propose, quant à lui, des cours gratuits en s'appuyant sur l'actualité.

Trucs & astuces

Trouver l'équivalent d'un évènement historique, d'un nom de film ou d'un terme scientifique dans une autre langue peut être délicat. Un petit truc consiste à consulter la page française de Wikipédia sur le terme recherché, puis de cliquer en bas à gauche sur la langue de votre choix : cela affichera la page équivalente et vous permettra de lire à la source les termes d'usage dans la langue voulue !

Les langues sur smartphone et tablette

De nombreuses ressources sont également disponibles sur smartphone et tablette.

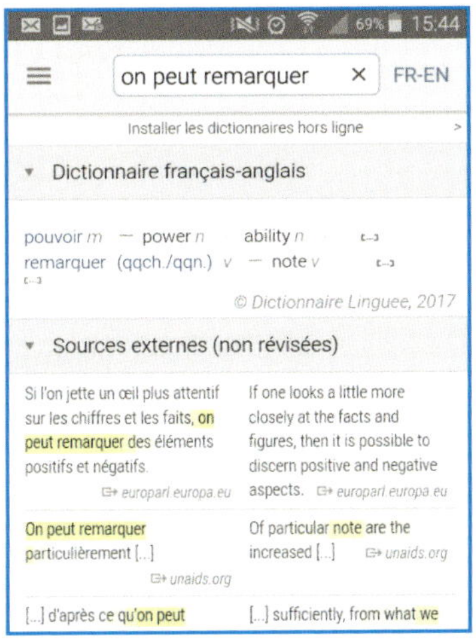

LES SITES DE TRADUCTION SUR SMARTPHONE ET TABLETTE

La plupart des sites de traduction cités en page précédente disposent d'une application équivalente sur smartphone et tablette. Reverso ou Google Traduction, par exemple, sont téléchargeables gratuitement. Mais leur utilisation requiert une connexion à Internet. Si vous souhaitez utiliser un service de traduction sans réseau, vous pouvez télécharger des applications qui fonctionnent « hors ligne » comme Linguee ou les dictionnaires payants de Larousse, du Robert, de Collins, etc. La base de données est installée sur votre appareil et seules les mises à jour nécessitent une connexion… Assez utile en voyage lorsque la définition d'un mot vous échappe et qu'il n'y a pas de réseau !

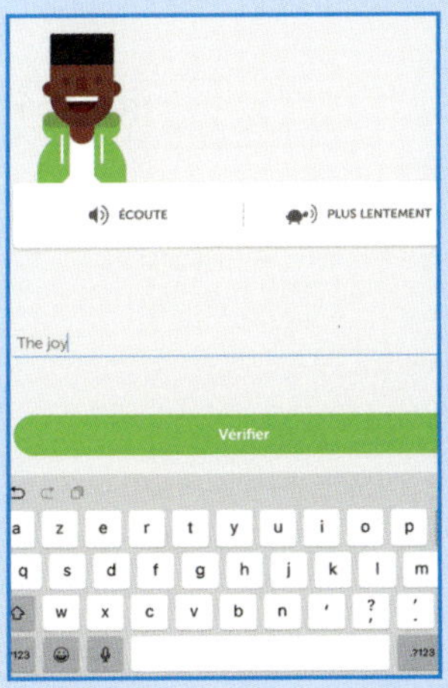

LES APPLICATIONS D'APPRENTISSAGE DES LANGUES

De la même manière, les différents sites d'apprentissage de langue ont leur application mobile, à utiliser en complément du site ou exclusivement, facilitant ainsi la pratique régulière. Babbel, Busuu ou Duolingo proposent des applications qui encouragent une utilisation journalière. À noter : MosaLingua (qui propose par ailleurs des applications d'apprentissage de différentes langues payantes) met gratuitement à disposition une application Test TOEIC.

ET LES ALPHABETS NON LATINS ?

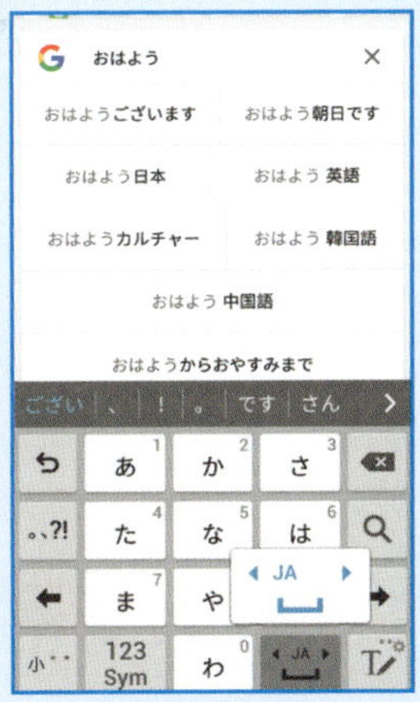

Si vous souhaitez apprendre l'arabe ou le japonais, n'hésitez pas à chercher sur Internet des sites spécifiques à la langue qui vous intéresse et les applications mobiles associées (japprendslarabe.net, ici-japon.com, chine-nouvelle.com, etc.). Ces programmes afficheront des mots de vocabulaire dans des alphabets que votre clavier habituel ne pourra pas retranscrire. Il vous faudra alors ajouter une nouvelle langue dans votre clavier virtuel : sous iOS, allez dans *Réglages, Général, Clavier, Claviers* puis *Ajouter un clavier*. Sous Android, dans *Paramètres, Langue et Saisie, Clavier* puis *Sélectionner langue de saisie*. Quand le clavier est ouvert, vous pouvez en changer en touchant longtemps l'icône de globe terrestre (iOS) ou en faisant glisser votre doigt longtemps sur la barre espace du clavier virtuel (Android).

Le petit +

Sur mobile, vous pouvez changer la langue de votre opérateur vocal (Siri sous iOS par exemple, voir p. 91) pour pouvoir vous entraîner à converser avec lui tous les jours. S'il ne comprend pas ce que vous dites, c'est que vous n'avez pas encore tout à fait le bon accent !

LIRE SUR PC... ET AILLEURS !

Attention !

Les livres gratuits que l'on trouve sur Internet sont le plus souvent des livres « entrés dans le domaine public » (voir « À savoir » p. 143). Ils sont alors en libre accès. Ne téléchargez pas gratuitement le dernier best-seller : c'est du piratage !

LES LISEUSES

Pour lire facilement et en toutes circonstances, il existe un appareil appelé liseuse ou « e-reader », c'est-à-dire un livre électronique. Le principe est simple : depuis votre PC (ou directement sur votre appareil), vous pouvez acheter, télécharger et transférer votre livre virtuel sur votre liseuse. Ces appareils utilisent la technologie de l'encre électronique, moins fatigante pour les yeux que la lecture sur les écrans de smartphone ou tablette. Ils consomment aussi moins d'énergie, la batterie pouvant durer jusqu'à plusieurs semaines ! Plusieurs modèles sont disponibles (Kindle d'Amazon, Kobo de la Fnac, Cybook de Bookeen...) : attention, ils n'ont pas forcément tous accès aux mêmes catalogues de livres (voir LES « FICHIERS LIVRES »).

LES « FICHIERS LIVRES »

Les livres électroniques s'acquièrent via un magasin digital. Le livre est récupéré sous la forme d'un fichier numérique dont le format peut être propriétaire ou « fermé » (Amazon et FNAC), ou bien « ouvert », comme l'epub, le .doc ou le .pdf, et parfois sans protection (sans « DRM »). Toutes les liseuses ne pouvant lire tous les formats de fichiers, il convient de se renseigner sur les possibilités de son appareil. Ainsi, l'appareil Kindle d'Amazon, s'il a un très bon rapport qualité/prix, ne vous permet de lire que les livres au format « Kindle », un format privé avec des protections (« DRM ») empêchant leur lecture sur tout autre type de liseuse. La Fnac met aussi des protections sur ses livres électroniques pour empêcher le piratage, mais les liseuses Kobo lisent plusieurs formats, comme le epub ou les fichiers PDF. Si votre appareil ne lit que les epubs et que votre livre est en format pdf, tapez simplement « conversion pdf epubs » sur Internet pour trouver des sites ou des programmes permettant de faire la conversion.

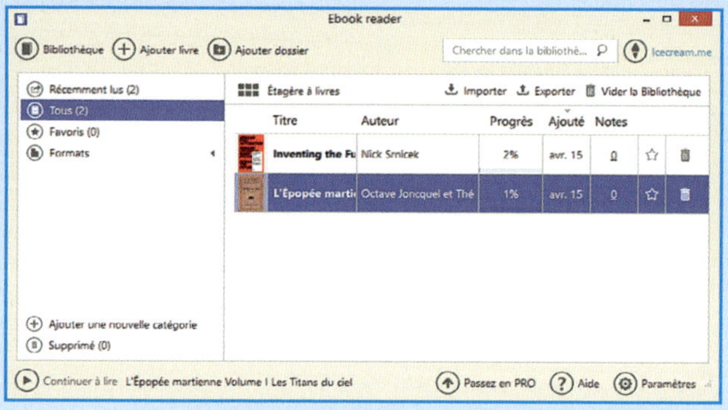

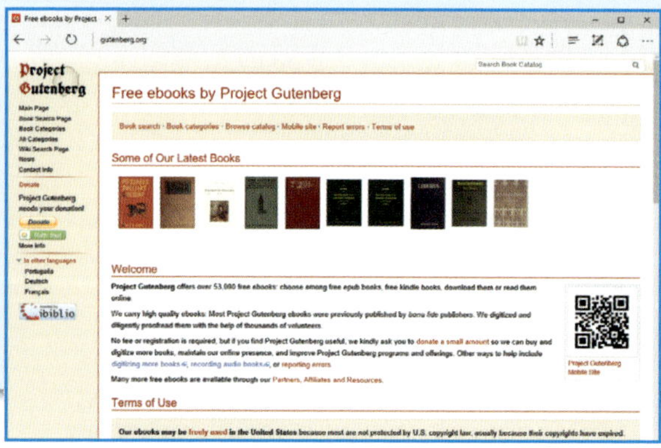

DES LIBRAIRIES GRATUITES

En dehors des librairies payantes comme l'App Store, Amazon ou Fnac.com (qui ont aussi une offre de livres gratuits, quand le texte est dans le domaine public, voir « À savoir » p. 143), il est possible de télécharger gratuitement de nombreux livres, et dans des formats ouverts. Certains sites sont des mines d'or : www.gutenberg.org proposent des dizaines d'ouvrages multilingues dans différents formats. Idem chez Gallica, le portail de la BNF (http://gallica.bnf.fr). Citons encore www.ebooksgratuits.com, www.livrespourtous.com, www.europeana.eu ou encore Google (books.google.com).

Le petit +

Si votre appareil supporte le format pdf et peut importer des fichiers depuis votre PC, vous pouvez créer vos propres « ebooks » en vous rendant dans Word ou Open Office : allez dans *Fichier*, puis *Imprimer*, et dans la rubrique *Imprimante*, sélectionnez *Microsoft Print to Pdf* qui générera un fichier pdf que vous pourrez sauvegarder.

LES APPLICATIONS DE NAVIGATION GPS

GOOGLE MAPS POUR IOS ET ANDROID

Vous pouvez télécharger l'application Google Maps sur les appareils sous iOS (elle est installée par défaut sur les appareils sous Android). Pour obtenir un itinéraire, la procédure est pratiquement la même que sur votre PC (voir p. 131). Touchez le bouton bleu Itinéraire puis indiquez le point de départ et le point d'arrivée. Si votre appareil est équipé d'un GPS et que la géolocalisation est activée, vous pouvez utiliser votre position actuelle comme point de départ. Notez qu'il est possible de télécharger la carte pour être certain que l'application fonctionne lorsque vous n'avez ni réseau cellulaire, ni Wi-Fi. Pour cela, recherchez sur Google Maps la zone ou l'itinéraire que vous souhaitez télécharger, ouvrez le menu, puis touchez *Zones hors connexion*. Dans la section *Télécharger une zone hors connexion*, cliquez sur *Zone personnalisée* et téléchargez le plan (que vous retrouverez ensuite en cliquant dans le menu sur *Zones hors connexion*).

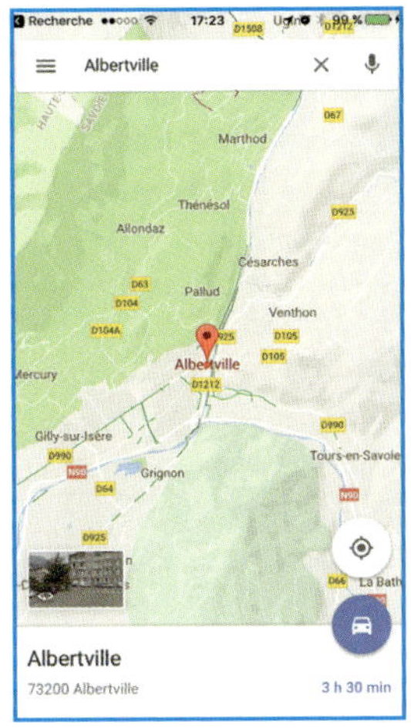

PLANS POUR IOS

Plans est l'application installée par défaut sur les iPhones et les iPads. Comme Google Maps, elle vous offre la possibilité d'établir un trajet. Pour cela, utilisez la zone de recherche pour trouver votre destination. Touchez le bouton *Itinéraire* pour afficher les itinéraires possibles, puis, après avoir sélectionné celui qui vous intéresse, touchez *OK* pour démarrer le guidage. La navigation s'affiche à l'écran et les instructions vocales, tel un GPS, vous sont données à mesure que vous vous déplacez. Touchez le bouton *Fin* pour arrêter la navigation. Notez qu'il n'est pas possible de télécharger la carte de l'itinéraire pour la consulter hors connexion.

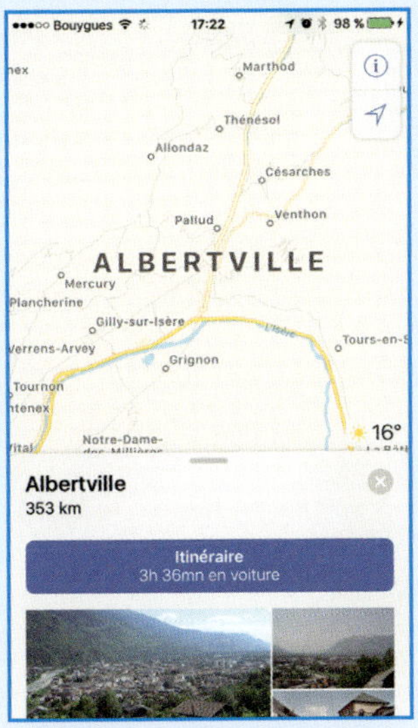

WAZE

Il s'agit d'une application gratuite disponible pour iOS et Android qui présente l'avantage d'être communautaire. Un accident s'est produit ? Une route est fermée pour cause de travaux ? Les utilisateurs signalent en temps réel l'état de la route, ce qui vous permet de modifier votre trajet en fonction des difficultés de circulation. Vous pouvez aussi trouver la station-service la moins chère sur votre itinéraire grâce aux tarifs partagés par les autres utilisateurs. Du fait de cette interactivité, le système ne fonctionne pas hors connexion.

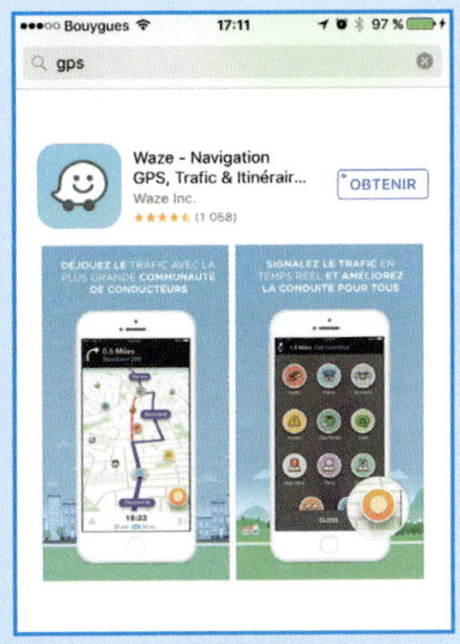

Attention !

Pour profiter des instructions de guidage en temps réel, votre appareil doit être équipé d'une puce GPS. Ce n'est pas le cas de tous les appareils mobiles. N'oubliez pas d'activer la géolocalisation sur votre appareil si vous l'avez désactivée (généralement, l'application se charge de vous le rappeler si nécessaire).

À savoir

Même si vous téléchargez les cartes à l'avance, une connexion à Internet reste indispensable pour recevoir en temps réel les informations concernant votre parcours : les embouteillages, les accidents, les zones à risque, etc.

Le petit +

Les marques réputées pour leurs GPS embarqués proposent des versions pour tablette et smartphone. C'est le cas de TomTom, l'une des marques pionnières dans le domaine.

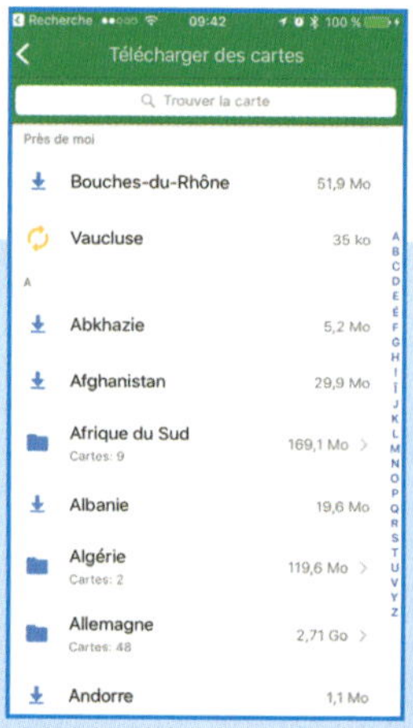

MAP.ME ET HERE WE GO

Ces applications de cartographie sont disponibles pour Android et iOS. Gratuites, elles ont pour avantage de proposer le téléchargement de cartes permettant d'utiliser l'application hors ligne. Ainsi, vous n'avez pas besoin d'une connexion pour consulter les plans en cours de route. Mais mieux vaut ne télécharger que les cartes dont vous avez besoin afin de ne pas surcharger l'espace de stockage de votre appareil.

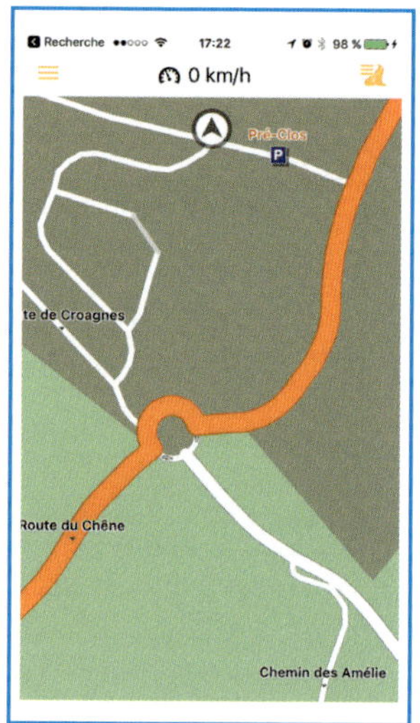

AVOIR UNE APPLICATION PAYANTE ?

Si les applications gratuites (Google Maps, Plans, Waze...) peuvent satisfaire un conducteur occasionnel, force est de constater qu'elles ne proposent pas toujours les solutions les plus pertinentes. Les applications payantes telles que TomTom, CoPilot (ALK), Sygic, Navigon (Garmin) ou iGo offrent souvent une qualité de cartes supérieure mais surtout une expérience de navigation bien meilleure (guidage sonore, choix de parcours mieux adaptés...). Gourmandes en espace de stockage, ces applications chargent l'ensemble de la cartographie sur l'appareil, ce qui permet de consulter les cartes hors connexion tout en profitant des fonctionnalités de l'application. Cependant, malgré des prix en baisse, ces applications nécessitent dans la plupart des cas des abonnements à l'année (souvent une vingtaine d'euros). Il faut donc bien réfléchir à ses besoins avant d'investir.

LA NAVIGATION AU VOLANT

Le navigateur ne doit pas vous distraire de la conduite : il est censé être une aide, surtout pas une gêne. Faites l'acquisition d'un support pour votre appareil mobile afin que ce dernier soit correctement fixé au tableau de bord. N'oubliez pas que l'utilisation du GPS consomme de l'énergie et la batterie de votre appareil risque de se vider rapidement. Pensez à utiliser un adaptateur pour allume-cigare afin de brancher votre appareil. Certains programmes de navigation vous signalent les zones à risque ou les zones de danger (en France, elles indiquent surtout les zones qui comportent des radars). Certains pays interdisent toutefois d'intégrer les radars dans les zones de danger ; pensez alors à désactiver cette fonctionnalité.

Trucs & astuces

Lorsque vous n'avez plus besoin de l'application de navigation, fermez-la et ne la laissez pas en arrière-plan. Vous économiserez de la batterie et vous éviterez d'envoyer vos données de localisation à l'éditeur de l'application. Ce dernier peut en effet revendre ces données de façon anonyme.

Préparer un trajet sur votre PC

De nombreux sites Internet (Google Maps, ViaMichelin) ou programmes sont disponibles pour préparer un trajet sur votre ordinateur, que vous pourrez ensuite imprimer ou envoyer sur votre smartphone pour être guidé en temps réel. Voici l'exemple de Google Maps.

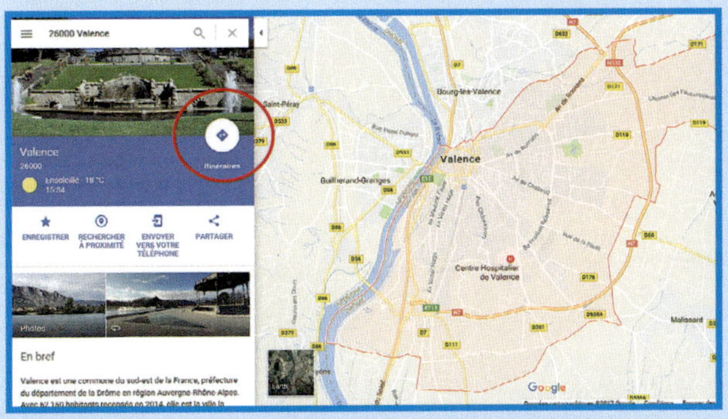

1 Ouvrez Google Maps, en cliquant sur *Maps* dans le menu de la page d'accueil de Google ou en saisissant www.google.fr/maps. Dans la zone *Rechercher* de Google Maps, saisissez votre point de départ, puis lancez la recherche. La carte affiche l'emplacement saisi. Un bouton *Itinéraire* apparaît dans la colonne à gauche de la fenêtre. Cliquez sur ce bouton, puis cliquez sur la double flèche (à droite dans la zone de recherche) pour que l'endroit saisi apparaisse bien comme point de départ.

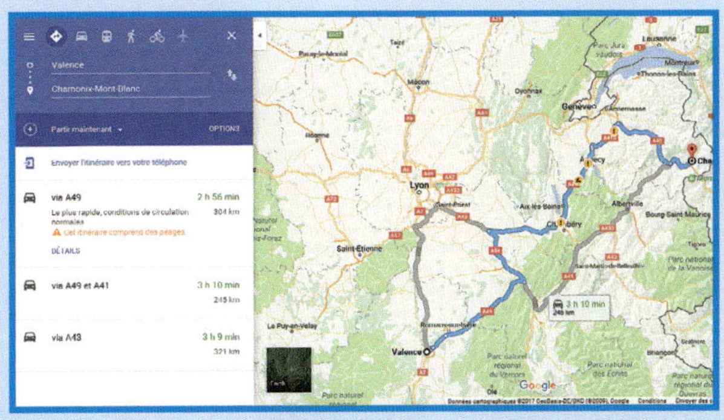

2 Saisissez la destination sur la deuxième ligne. Dans la partie supérieure du volet de gauche, vous pouvez choisir un mode de transport. Les différents trajets proposés s'affichent à la fois dans le volet de gauche et sur la carte, le trajet en bleu indiquant celui qui est sélectionné. Vous pouvez choisir un autre trajet en cliquant dessus dans le volet ou sur la carte. Vous pouvez également modifier votre parcours en cliquant sur le trajet et en le faisant glisser vers l'endroit où vous souhaitez passer. Des pastilles orange et des zones rouges ou orange indiquent les problèmes que vous pouvez rencontrer sur la route.

3 Vous souhaitez voir à quoi ressemble un point particulier de votre parcours ? Cliquez sur le bonhomme en bas à droite de l'écran et faites-le glisser sur la carte pour ouvrir le mode Street View. Il n'est pas nécessaire de calculer un trajet pour utiliser ce mode, vous déposez le bonhomme sur la carte quand vous le souhaitez. Tous les endroits ne sont pas accessibles dans ce mode, mais c'est très pratique pour explorer un lieu où l'on veut se rendre.

4 Une fois que vous avez calculé votre itinéraire et cliqué sur l'itinéraire choisi, trois icônes en haut de la colonne de gauche permettent, respectivement (de gauche à droite) : d'envoyer le parcours sur un appareil mobile en utilisant un compte Google ; d'obtenir un lien, que vous utilisez dans un mail, par exemple ; d'imprimer le parcours avec les cartes ou uniquement avec le texte.

SE PROTÉGER TOUT EN NAVIGUANT

Surfer sur Internet demande un peu d'effort et une « hygiène numérique » indispensable. Pour se prémunir contre les dangers d'Internet, voici quelques règles à connaître.

Utiliser Internet est aujourd'hui devenu indispensable. L'outil est riche, pratique, rapide. Mais Internet n'est pas un monde anodin. Les règles qu'il est préférable de connaître et de respecter sont nombreuses si l'on veut se prémunir contre les risques d'un accident 2.0. Des moyens simples à mettre en œuvre existent pour se protéger du spam, du phishing, d'un logiciel de rançonnage (ransomware), d'une usurpation d'identité ou du vol de ses informations. Il convient donc de maîtriser ses options de navigation et les outils utilisés. Dans cette partie, nous verrons aussi comment contrôler les données que collectent et exploitent les sites Internet, souvent sans notre accord et sans que nous en soyons conscients. En résumé, ce mode d'emploi de votre Internet va vous permettre de vous prémunir contre ces espions qui ne vous veulent pas toujours du bien.

SÉCURISER SON ORDINATEUR, SA TABLETTE, SON SMARTPHONE

Sur Internet, se sécuriser n'est pas si compliqué. Un antivirus, une bonne compréhension de vos options de navigation et quelques règles de base vous protégeront des maux 2.0. N'oubliez jamais que c'est l'interface entre la chaise et le clavier, l'humain, qui est la première faille de sécurité.

Vous surfez ? Vous diffusez donc des informations parfois sans même le savoir. S'inscrire sur un site Internet ou un forum doit se faire après réflexion. L'hébergeur du site est-il en France ? Suis-je obligé de m'inscrire ? La réputation du site est-elle bonne ? Pour vous aider dans votre choix, vous pouvez par exemple télécharger l'application gratuite Netcraft (www.netcraft.com). Cette barre s'attache à votre navigateur, vous propose de connaître le pays d'hébergement du site que vous souhaitez visiter, et vous indique si le site est connu, officiel et de bonne réputation. Elle ne fonctionne que sur Chrome et Firefox.

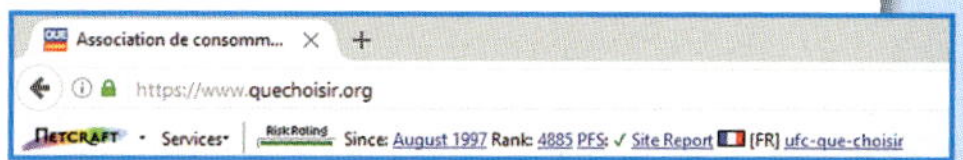

Surfer sur la Toile, c'est aussi cliquer sur des liens et télécharger des fichiers, des images ou des programmes. Pour éviter de tomber sur un piège numérique, tel le code de rançonnage d'un pirate qui chiffrera votre disque dur et vous réclamera de l'argent, un antivirus est indispensable. Il existe des dizaines d'antivirus : des gratuits comme Avira, AVG ou Avast ; des payants comme Norton, Kaspersky, G Data, etc. (voir p. 362 et suivantes). Pour les smartphones et autres tablettes, un antivirus peut aussi s'avérer utile. Les smartphones sont de véritables ordinateurs embarqués. Ils sont devenus la première cible des pirates, car les 7,4 milliards d'abonnements mobiles dans le monde attirent les convoitises. Si le chiffrement des données sur iPhone est automatique (un algorithme les crypte pour les protéger), la protection des données sur les appareils sous Android se fait manuellement : il faut activer ce chiffrement en vous rendant dans *Paramètres* (la roue crantée), puis dans *Écran de verrouillage et sécurité* ou *Sécurité* et enfin dans *Cryptage des données* ou *Crypter l'appareil*. Vous pouvez aussi chiffrer votre carte SD.

La mise à jour de vos logiciels est indispensable et doit être activée en mode automatique (voir p. 56 et 383). Elle permet de corriger failles et bugs. Si vous avez besoin de connaître les logiciels qui nécessitent d'être mis à jour, vous pouvez aussi utiliser des outils gratuits comme SUMo (www.kcsoftwares.com). Soyez également prudent quand vous téléchargez un fichier : il est toujours préférable de l'analyser avant de l'ouvrir, même lorsqu'il provient d'une source connue. Les portails Virus Total (www.virustotal.com) ou Virus Scan Jotti (https://virusscan.jotti.org) permettent de contrôler les fichiers. Vérifiez aussi que personne n'a pris la main sur votre webcam. Pour vous en assurer, utilisez le logiciel gratuit Who Stalks My Cam (www.phrozensoft.com), qui vous permet de contrôler votre webcam, mais aussi de bloquer un éventuel espionnage en cours.

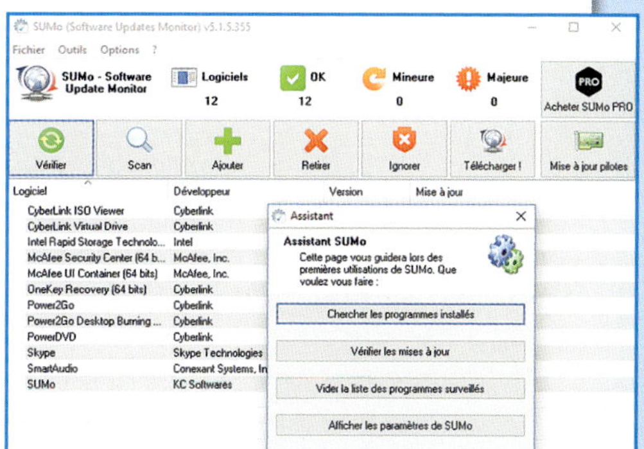

Le petit ⊕

Edge, le navigateur de Windows 10, vous offre des sécurités par défaut. Si vous préférez des solutions de sécurisation plus poussées et personnalisables, sachez que Firefox, Opera et Chrome vous permettent de paramétrer de nombreuses options.

Le petit ⊕

Internet n'est pas une zone de non-droit : l'insulte, la diffamation, le harcèlement et autres délits peuvent y être poursuivis. Certains contenus sont également illicites. Deux sites existent pour signaler les contenus frauduleux et comportements répréhensibles : www.pointdecontact.net et www.internet-signalement.gouv.fr.

INTERNET : VICES ET VERTUS POUR LES DÉBUTANTS

Le Web est un outil de partage d'information et de communication et, comme pour tout outil, il convient d'apprendre à s'en servir correctement afin d'éviter les dangers.

Internet est devenu le média de référence d'une grande partie de la population. Il permet une communication constante, grâce notamment à la montée fulgurante des réseaux sociaux comme Facebook, Twitter ou Instagram, mais aussi grâce aux mails, forums et autres programmes de messagerie instantanée. Internet propose une infinité de sites sur une infinité de sujets... Aux côtés de sites sérieux et reconnus prolifèrent une multitude de pages au contenu discutable affichant des informations partielles ou douteuses, voire totalement fausses. Certains sites ont pour objectif d'attirer les internautes pour gagner de l'argent au moyen de revenus publicitaires, d'autres cherchent à influencer l'opinion publique en se livrant à la désinformation, souvent en jouant la carte du sensationnalisme. Ces sites peuvent se faire connaître en faisant de la publicité sur un site plus sérieux ou en étant relayés par les réseaux sociaux. Initier les nouveaux utilisateurs d'Internet, notamment les plus jeunes, à ne pas croire aveuglément ce qui est partagé par leurs connaissances et à questionner systématiquement l'origine d'une information est devenu un enjeu indispensable pour lutter contre la désinformation sur Internet.

Si vous doutez d'un site, n'hésitez pas à poser la question de sa fiabilité dans un moteur de recherche, vous tomberez sûrement sur des réponses différentes, mais cela vous aidera à vous faire une idée !

Enfin, la montée des réseaux sociaux a également fait perdre à beaucoup le sens de ce qui est « privé » ; il ne faut jamais oublier que tout ce que vous postez sur Internet peut être réutilisé à votre insu, que ce soit par vos connaissances, des inconnus ou même les entreprises qui gèrent les réseaux que vous utilisez, avec le risque que ces informations soient revendues aux plus offrants... Attention à vos données personnelles.

À savoir

L'association e-enfance s'est spécialisée dans la sensibilisation des enfants aux bonnes pratiques numériques et le conseil aux parents pour aider ceux-ci à mieux encadrer les usages de leurs enfants. Elle met à disposition un numéro gratuit Net Écoute (0800 200 000) et un tchat en direct (www.netecoute.fr) afin de guider enfants, adolescents et parents face aux problèmes liés à l'utilisation d'Internet.

PROTÉGER SA VIE PRIVÉE

Surfer sur Internet est fabuleux, mais pas sans risque. Voici quelques règles à respecter pour préserver sa vie privée, que ce soit sur ordinateur, tablette ou smartphone.

Facebook, Twitter et autres espaces de rencontres 2.0 sont de véritables nids à informations privées. Vérifiez toujours les options de confidentialité proposées et ne diffusez pas d'information concernant votre vie intime, même si le site Internet ou le réseau social vous annoncent sécurisation et confidentialité. Si des pirates, votre patron ou un État n'y ont pas accès directement, le site Internet y a accès, lui !

Si vous avez besoin de vous exprimer, un pseudonyme est indispensable. Un mot de passe et un mail unique par site vous éviteront de laisser traîner vos « clés numériques ». Si un pirate met la main sur votre précieux sésame, il n'aura pas accès à vos autres espaces. Très sécurisée, la double authentification, simple à mettre en place à partir de votre téléphone portable, vous permet de recevoir un second code d'accès, en plus de votre mot de passe, qui change toutes les 30 à 60 secondes. De nombreux sites utilisent cette option de sécurité. Ne vous en privez surtout pas ! Le site Two Facto Auth (twofactorauth.org) référence les portails web qui exploitent cette protection unique et efficace.

Quand vous surfez en Wi-Fi, surtout via des relais publics, vous pouvez utiliser un VPN pour sécuriser vos échanges. Il existe des solutions gratuites, comme le VPN intégré au navigateur Opera ou des extensions diverses à télécharger sur Firefox ou Chrome (voir aussi p. 45). Méfiez-vous toutefois de ces options : la gratuité implique souvent la récupération de vos données personnelles ou peut se traduire par un confort de navigation laissant à désirer. Vous trouverez donc surtout des VPN payants comme HideMyAss, VyprVPN, Uppersafe (qui proposent des extensions pour Firefox et Chrome mais pas pour Edge ou d'autres navigateurs), CyberGhost (aussi en version gratuite et limitée), etc. Nombreux sont ceux qui fonctionnent sous PC, smartphone et tablette.

Il vous est aussi possible de bloquer les publicités, grandes pourvoyeuses de données. Le logiciel Adblock (getadblock.com) permet de bloquer l'affichage des annonces, mais certains sites bloquent à leur tour Adblock, leurs revenus baissant drastiquement avec l'interdiction de l'affichage des publicités. Il existe d'autres bloqueurs tels que AdThwart, Ghostery (pour Edge) ou encore Crystal (sur smartphone). Le navigateur Opera sur PC, Android et iOS propose de bloquer la publicité par défaut. À noter toutefois que si ce genre de logiciels se développait, l'équilibre financier des sites vivant de la publicité (et ils sont très nombreux) pourrait s'en trouver menacé.

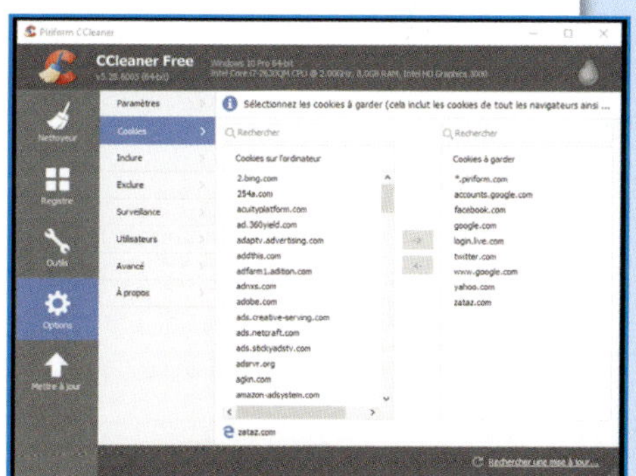

Pour finir, nettoyez fréquemment votre machine avec un utilitaire spécifique, CCleaner par exemple (www.piriform.com). Il permet, sur PC et Android, la destruction des cookies et autres données qui peuvent être collectés par les sites. L'environnement fermé des iOS ne permet toutefois pas ce genre de manipulation simple.

Trucs & astuces

On l'oublie souvent, mais la carte SD d'un smartphone ou d'un appareil photographique et le disque dur d'une console de jeux ou d'un ordinateur transportent énormément de données. Vous souhaitez revendre votre matériel ? Assurez-vous que les données sont complètement détruites. Les effacer n'est pas suffisant, il est toujours possible de les récupérer. Le logiciel Eraser (eraser.heidi.ie), entre autres, vous aidera dans cette tâche.

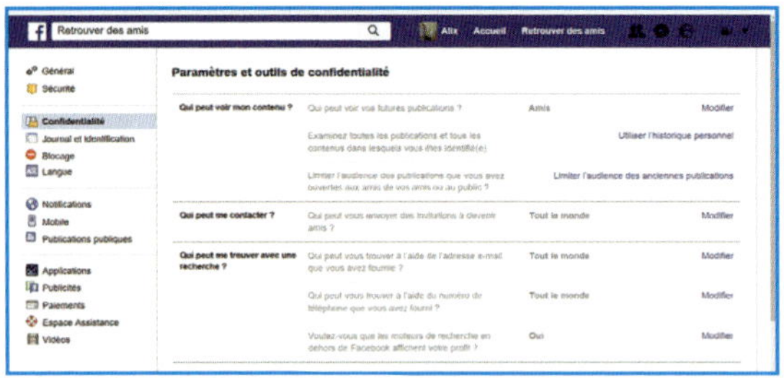

SE PROTÉGER SUR LES RÉSEAUX SOCIAUX

Sur les réseaux sociaux, il est primordial de protéger les informations que l'on diffuse. Des options de confidentialité existent : il suffit de passer en mode « privé », « ami » ou « confidentiel » pour éviter de faire fuiter les données que l'on ne souhaite pas rendre publiques. Mais le moyen le plus sûr reste de ne pas les diffuser ! Sur Facebook, la rubrique *Personnaliser* dans *Paramètres* permet de sélectionner les personnes autorisées à voir vos messages, photos, etc. (voir aussi p. 170 et suivantes). Vous souhaitez savoir si une de vos photos est utilisée sur Internet ? L'option *Image* de Google vous sera très utile (https://images.google.com) : sélectionnez l'appareil photo, à droite de la barre de recherche, cliquez sur *Importer une image* puis sur *Choisissez un fichier*. Google se chargera de comparer votre portrait avec les milliards d'images sauvegardées dans sa base de données. Pour connaître votre visibilité sur les réseaux sociaux, utilisez les sites Webmii.com ou encore klout.com.

MASQUER SON IDENTITÉ SUR INTERNET

Pour protéger sa vie privée sur les réseaux, il est conseillé d'utiliser un VPN. Le navigateur Opera propose, nativement, cette option. Attention, nous ne savons pas sur quel serveur transitent les données. Elles passent par une filiale d'Opera au Canada, SurfEasy. Pour activer le VPN gratuit d'Opera, rendez-vous dans les paramètres du navigateur (*Réglages*), en haut à gauche, sélectionnez *Vie privée & Sécurité* et cochez la case *Activer VPN*. Il vous est possible de sélectionner *Bloquer les pubs* ou encore *Interdire le suivi* de votre trafic de navigation. D'autres navigateurs comme Epic Privacy Browser (epicbrowser.com) ou UR Browser (ur-browser.com) proposent nativement des accès gratuits par VPN. Il est possible d'utiliser des services payants comme VyprVPN, Uppersafe ou autre sur PC, smartphone ou tablette. Il suffit de sélectionner un pays pour s'y connecter et surfer sous cette nouvelle identité. L'outil chiffre vos données et empêche de suivre vos visites ou vos téléchargements. Dernier point, le navigateur TOR n'est pas à négliger (www.torproject.org).

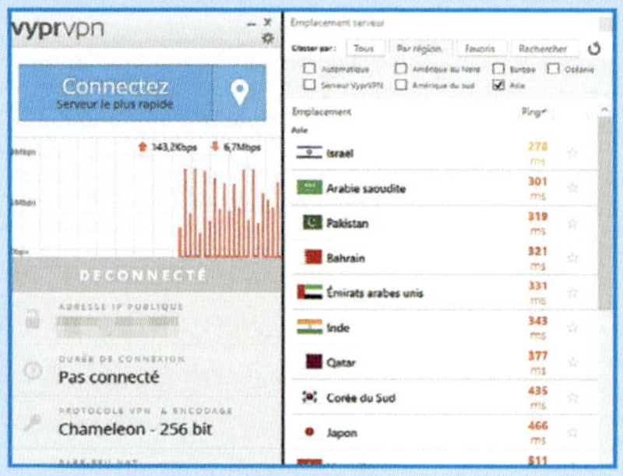

Certes plus lent, il permet de cacher ses connexions sans possibilité de les tracer. Votre IP est masquée grâce à des millions d'ordinateurs dans le monde.

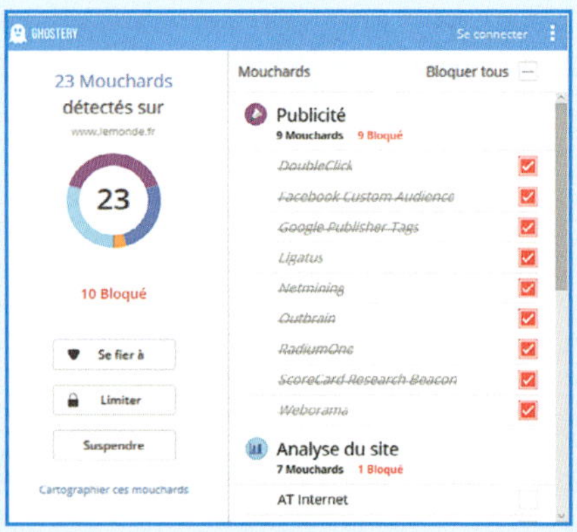

DÉTRUIRE OU NETTOYER SES COOKIES

L'un des vecteurs de fuite d'information sur Internet reste les cookies. Pour faire simple, ce sont des petits fichiers textes que les sites injectent dans votre appareil (ordinateur, smartphone ou tablette) pour vous reconnaître. Ils vous permettent, par exemple, de vous rendre sur un site sans avoir à ressaisir les identifiants que vous avez gardés en mémoire, mais certains vous espionnent également. Il est donc conseillé de les trier, voire de tous les supprimer en cas de doute. L'outil gratuit CCleaner remplit parfaitement cette tâche. Sur PC, il suffit de sélectionner l'option *Nettoyage* pour faire disparaître les fichiers intrusifs. Attention, ils reviennent à chaque visite des sites. Il faut donc configurer CCleaner de manière à lancer un nettoyage complet à chaque fermeture de votre navigateur favori. Sur les appareils mobiles, il faut sélectionner le bouton *Analyser* pour détruire les cookies. Vous pouvez aussi utiliser l'application Privacy Badger de l'Electronic Frontier Fondation dans votre navigateur ; elle ne fonctionne toutefois pas sous Edge. Elle permet de contrôler les traceurs et cookies imposés par les sites web que vous visitez. Pour Edge, l'application Ghostery (www.ghostery.com) propose les mêmes options de Privacy Badger.

Trucs & astuces

Une autre solution pour se débarrasser des cookies, que ce soit sur PC ou sur les appareils mobiles, est de passer par le navigateur : cherchez le menu *Historique* de votre navigateur et demander à effacer les cookies. Sur Edge, par exemple, cliquez sur l'icône Hub de Edge (les 3 lignes horizontales en haut à droite), et allez dans *Historique*. Cliquez sur *Effacer tout l'historique*. Cochez *Cookies et données de sites web enregistrées* et activez l'option *Toujours effacer lorsque je ferme le navigateur*.

CHIFFRER VOS DONNÉES

Dans votre ordinateur, sur une clé USB, dans le Cloud, vos données peuvent être lues, consultées, modifiées par erreur ou par malveillance. Il peut être utile de les chiffrer, c'est-à-dire de crypter vos données pour les protéger, à l'aide d'un algorithme. Il existe de nombreuses solutions de chiffrement gratuites ou payantes (voir aussi p. 358). L'une des plus simples et rapides à mettre en place consiste à utiliser le logiciel gratuit 7-Zip (www.7-zip.org). Son principe est de créer une archive compressée (voir p. 225) que vous avez la possibilité de protéger avec un mot de passe et un chiffrement de type militaire. Si votre fichier est copié, par mégarde ou par un pirate, il reste illisible sans le précieux sésame d'ouverture. Installez 7-Zip et ouvrez-le. Sélectionnez le dossier à chiffrer dans l'explorateur de 7-Zip et cliquez sur *Ajouter* (icône +). Une fenêtre s'ouvre dans laquelle vous pouvez saisir un mot de passe. Il ne vous restera plus qu'à choisir la méthode de chiffrement : sélectionnez le codage AES-256, un chiffrement de type militaire, et cochez l'option *Chiffrer les noms de fichier* (pour les archives au format 7z seulement). Ce dernier cas empêche de connaître les intitulés des fichiers protégés. Ce type de protection est fortement recommandé si vous sauvegardez des données à l'extérieur, par exemple sur le Cloud.

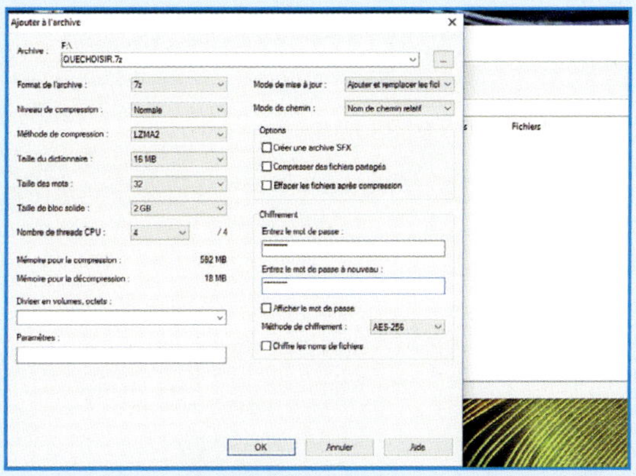

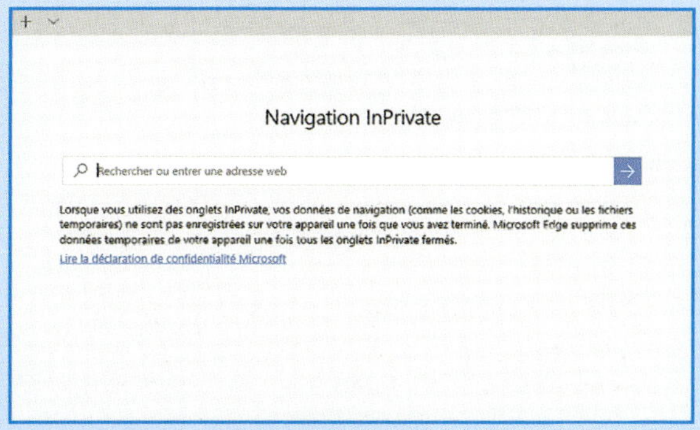

NAVIGUER DE FAÇON PRIVÉE

Les navigateurs Internet proposent une option appelée « navigation privée ». L'idée est de fournir un minimum d'informations aux sites que vous visitez. Mais cela ne permet pas de cacher votre localisation, ni votre adresse IP. Vous pouvez accéder à cette option en faisant un clic droit sur l'icône de votre navigateur (quel qu'il soit) dans votre barre des tâches et en cliquant sur l'option *Nouvelle fenêtre InPrivate* (Edge), *Nouvelle fenêtre de navigation privée* (Chrome et Firefox), etc. La navigation privée existe aussi sous iOS et Android. Sur Safari (iOS), cliquez en bas à droite sur l'icône des onglets, puis en bas à gauche sur *Privée*. Pour Android, lancez le navigateur de base et optez pour le mode *Incognito* ou cliquez sur *Onglets* (en bas à droite) puis sur *Plus* (en haut à droite) pour choisir *Nouvel onglet secret*. À noter que, sur certains modèles, le navigateur de base n'a pas ce mode ; optez dans ce cas pour d'autres navigateurs tels que Firefox, Chrome ou Opera pour disposer de cette option. Dans tous les cas, si cela permet de bloquer certaines informations que vous envoyez aux sites visités ou aux autres personnes qui ont accès à l'ordinateur de consultation, cela ne cache aucunement ce que vous faites, ce que vous lisez ou votre adresse IP. Vous pouvez combiner cette option « privée » avec l'utilisation d'un VPN pour garantir un anonymat total (ou presque).

CRÉER UN COMPTE INDIVIDUEL SUR VOTRE PC

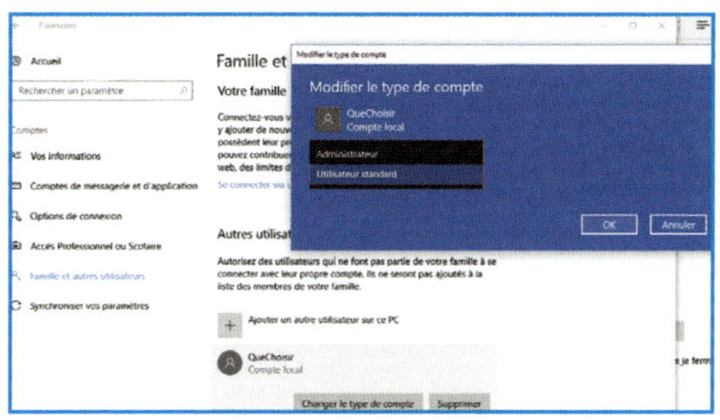

Si vous êtes plusieurs membres de la famille à utiliser l'ordinateur de la maison, vous pouvez proposer un compte d'accès par utilisateur. Ces nouveaux comptes ne doivent pas être créés en mode « administrateur » mais en mode « utilisateur standard ». Sous Windows, cliquez sur le menu *Démarrer* (icône Windows de la barre des tâches), puis sur *Paramètres* (la roue crantée), et enfin sur *Comptes*. Dans l'onglet *Famille et autres utilisateurs*, cliquez sur l'icône + de *Ajouter un autre utilisateur sur ce PC*. Vous pouvez créer un compte via un numéro de téléphone, une adresse mail, un compte Microsoft ou bien en attribuant un nom d'utilisateur et un mot de passe local. Une fois le compte créé, l'utilisateur est par défaut un « utilisateur standard », mais vous pouvez également lui attribuer un compte « administrateur » en cliquant sur *Changer le type de compte* dans la partie *Autres utilisateurs* de l'onglet *Famille et autres utilisateurs*.

ÉVITER ARNAQUES, PIÈGES ET AUTRES CHAUSSE-TRAPPES

Sur Internet, les arnaques se multiplient. Certaines, grossières, sont facilement identifiables, mais d'autres sont plus subtiles. Certains signes peuvent toutefois vous aider à les reconnaître.

Quand vous vous connectez sur Internet, que ce soit pour surfer, recevoir des mails ou télécharger des documents, il est important de vérifier les liens et les sites que vous utilisez. Si une annonce vous promettant monts et merveilles (par exemple le dernier smartphone à la mode pour 1 euro) doit en principe vous mettre la puce à l'oreille, d'autres arnaques, moins évidentes et mieux pensées par les pirates, peuvent vous piéger. Parmi les exemples à garder en mémoire, les fausses alertes virales ou de mises à jour de logiciels, qui apparaissent sous forme de fenêtre criarde sur votre écran. Elles annoncent que votre ordinateur est rempli de codes malveillants. Si vous utilisez un antivirus, pas de risque. Pour faire disparaître ces « publicités » malveillantes, il suffit de cliquer sur les touches *Ctrl*, *Alt* et *Suppr* et de fermer le navigateur en cours d'utilisation. Ce type d'annonce est surtout diffusé sur des sites douteux, prudence donc quant aux espaces visités.

Même circonspection à avoir avec les mails. Les courriers électroniques peuvent transporter un fichier joint ou un lien dangereux. Peu importe l'interlocuteur, méfiez-vous des pièces jointes dont le suffixe est .zip ou .rar. Refusez systématiquement les .exe, .bak, .bas. Bref, si vous recevez un facture123456.doc.exe, sachez qu'un piège se cache derrière ce fichier. En cas de doute, plusieurs sites d'analyses gratuites existent comme Virus Total ou encore Jotti's Malware Scanner qui permettent de contrôler les pièces jointes ou le lien proposé dans le courrier électronique douteux. Pour Virus Total par exemple, une fois sur le site, sélectionner *fichier* pour analyser la pièce jointe que vous avez sauvegardée sur votre ordinateur. Il est conseillé de la placer dans un dossier que vous pouvez détruire ensuite. L'analyse vous fera découvrir le niveau de dangerosité d'un fichier, d'un lien Internet ou encore d'un site qui vous propose de télécharger un document. Vous avez un doute sur le fichier reçu ? Ne l'exécutez jamais sur votre poste avant analyse.

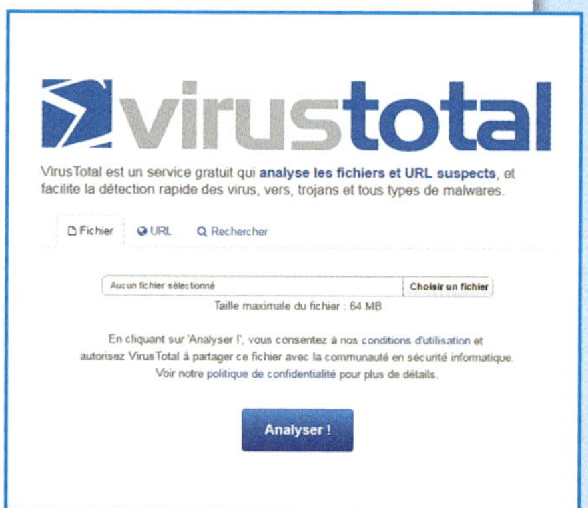

Se tenir informé est vital dans ce domaine qui évolue très vite. Vous pouvez ainsi réaliser une veille sur la sécurité informatique (voir page suivante). Face aux arnaques et fausses informations, HoaxBuster (www.hoaxbuster.com) ou encore Signal Arnaques (www.signal-arnaques.com) permettent d'être informé des dernières malveillances découvertes par les internautes. Il est également utile de s'assurer de la réputation d'un site Internet et de l'interlocuteur qui vous vante ses mérites. Si vous recevez une photo, essayez de vérifier l'identité de la personne affichée. Le site USA Cyborg (usacyborg.com) peut vous permettre de savoir si cette personne existe réellement ou si ce n'est qu'un support numérique à une arnaque. Son utilisation est très simple. Via les navigateurs Chrome ou Firefox seulement, et après avoir installé l'application Fast Image Research, vous sélectionnez la photo reçue. L'outil vous montrera toutes les images ressemblantes. À vous de confirmer ou non l'identité de votre interlocuteur. Le site TinEye (www.tineye.com) propose le même type de recherche.

Soyez aussi attentif aux arnaques par téléphone : pingcall, spams par SMS, ransomware, etc. Dans ce domaine, la créativité ne connaît pas de limites (voir pages suivantes) !

S'INFORMER, C'EST DÉJÀ SE SÉCURISER

Face à la masse d'attaques, il est important de réaliser une veille de « sécurité informatique ». Il existe pour cela de nombreux sites d'information. Le site gouvernemental de l'ANSSI (www.ssi.gouv.fr) est une première entrée en matière. D'autres sont spécialisés dans l'actualité brûlante de la sécurité informatique comme ZATAZ (www.zataz.com), Sekugiri (www.sekurigi.com) ou encore le blog BugBrother (bugbrother.blog.lemonde.fr). Enfin, les magazines informatiques en ligne (01net, Le Monde informatique, etc.), voire les suppléments informatiques des journaux généralistes, donnent des informations précieuses dans ce domaine en constante évolution.

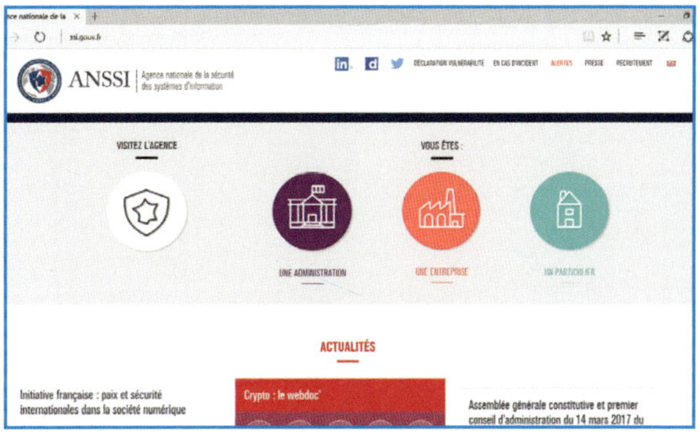

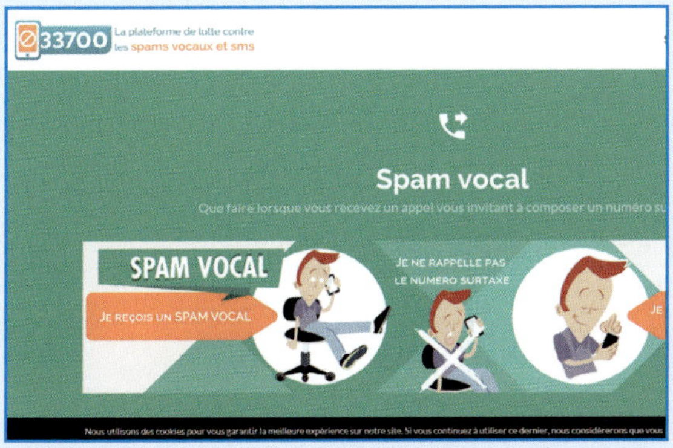

PINGCALL

Cette arnaque, baptisée aussi « appel en absence », « appel à rebond » ou « spam vocal », a pour objectif de vous faire rappeler un numéro surtaxé. Première technique : votre téléphone sonne une seule fois puis s'arrête... Autre technique de plus en plus courante : votre interlocuteur, un message préenregistré, vous fait croire qu'il vous entend mal, que son appel est coupé ou qu'il appartient à un service administratif souhaitant vous joindre rapidement. Dans les deux cas, la mission de l'escroc est de vous pousser à rappeler. Ne le faites pas si vous ne connaissez pas le numéro de téléphone affiché (souvent un numéro commençant par 089) ; vous rappellerez une ligne surtaxée et la somme, qui peut être importante, sera prélevée sur votre facture de téléphone. Comme le rappelle le site du ministère de l'Intérieur, envoyez gratuitement un SMS au 33 700 avec la mention « Spam vocal », suivi du numéro suspect ou rendez-vous sur le site www.33700.fr. Vous recevrez un accusé de réception.

SPAM PAR SMS

Les spams ne polluent pas seulement les mails (voir page suivante), ils s'invitent aussi de plus en plus dans les SMS ou MMS reçus sur les téléphones portables (vous faisant croire que le message vient d'un ami, que vous avez gagné un cadeau, qu'un paquet doit vous être livré...). Ils vous incitent à rappeler une ligne surtaxée (commençant souvent par 089). Vous pouvez transférer ces spams par SMS (sans les modifier) au 33 700. Vous recevrez alors un SMS vous invitant à renvoyer le numéro depuis lequel vous a été transmis le SMS abusif. L'envoi de ces messages au 33 700 est gratuit, mais cela ne signifie pas que vous ne recevrez plus ce type de courrier électronique. Ces signalements seront transmis aux opérateurs qui, si le caractère frauduleux des messages est avéré, prendront les mesures qui s'imposent (fermeture du service, transmission à la répression des fraudes, etc.). Pour plus d'information, allez sur www.33700.fr.

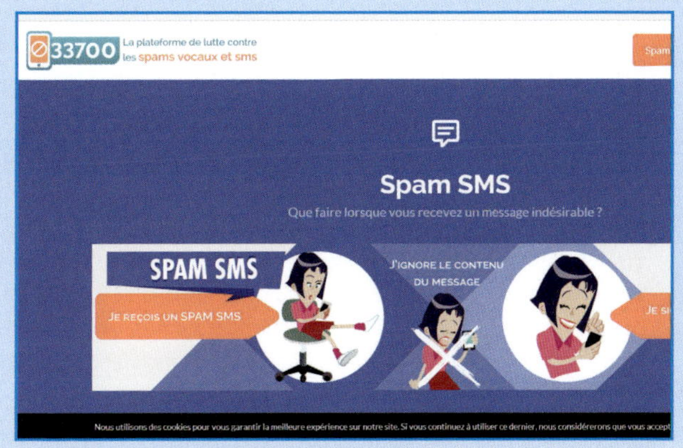

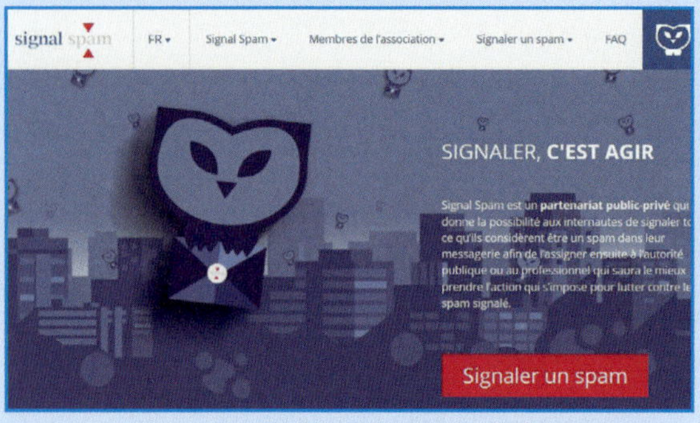

SPAM

Le spam, ou pourriel, est un courrier électronique non sollicité. La plupart du temps, il s'agit d'une annonce publicitaire pour un site ou des produits. Toutes les solutions de sécurité informatique des éditeurs d'antivirus proposent un bloqueur de messages indésirables incorporé. Si vous utilisez les logiciels de messagerie tels que Thunderbird, Outlook, mais aussi ceux de Free, Orange, Google et Yahoo!, un filtre natif permet de sélectionner un mail et de le noter comme « indésirable ». À titre d'exemple : sur Thunderbird, cliquez sur *Outils*, *Options* et sélectionnez la fenêtre *Sécurité* et enfin l'onglet *Indésirables* ; pour Outlook, faites un clic droit sur le message reçu, et allez à la rubrique *Indésirable* ; sur zimbra.free.fr, faites aussi un clic droit, et sélectionnez *Marquer comme spam*. En France, il est possible d'alerter le site Signal Spam (www.signal-spam.fr) pour faire bloquer les messages considérés comme malveillants. Entre octobre et décembre 2016, 2 222 634 spams ont été référencés et bloqués par Signal Spam.

Trucs & astuces

Vous souhaitez vous inscrire sur un forum, un site, une boutique en ligne ? Vous pouvez créer une adresse électronique dédiée à ce service. Les sites jetable.org ou crazymailing.com, entre autres, permettent de créer gratuitement des mails éphémères. Le portail Yopmail.com, quant à lui, offre la possibilité de recevoir des mails sans être obligé de fournir son identité réelle. Vous pouvez ainsi créer une adresse mail par site ou boutique pour éviter de fournir votre adresse officielle et d'être noyé sous la publicité intempestive et les spams. En outre, si le serveur d'un des sites où vous êtes inscrit se fait attaquer par un pirate, ce dernier n'aura pas accès aux identifiants de l'ensemble de vos autres espaces.

PHISHING

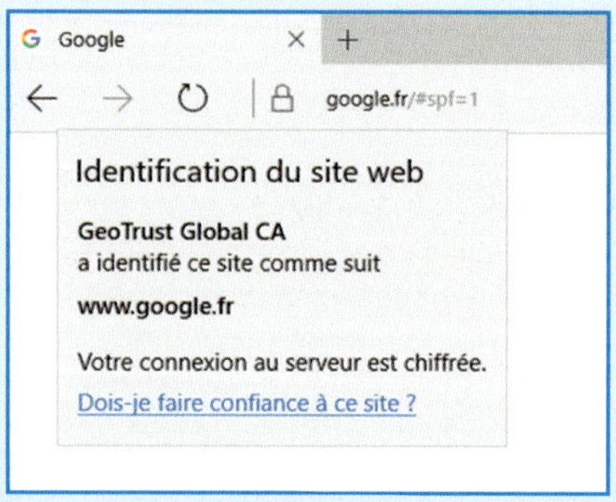

Dans la famille des escroqueries en vogue, le phishing, appelé aussi hameçonnage, est une escroquerie qui consiste à essayer de récupérer vos données confidentielles. Il prend généralement la forme d'un mail faussement officiel : le cyber escroc se fait passer pour une banque, un fournisseur d'accès à Internet, une administration (comme la CAF ou la caisse d'assurance maladie...) et vous réclame vos identifiants de connexion (login/mot de passe), vos données bancaires, vos informations personnelles (numéro de carte d'identité, numéro de sécurité sociale...), etc. Ne répondez surtout pas, et, en cas de doute, appelez directement l'organisme concerné. Vous pouvez dénoncer ce genre d'escroqueries sur www.internet-signalement.gouv.fr. Vous pouvez aussi signaler un phishing sur le site Phishing Initiative (https://phishing-initiative.fr).
Parfois, le phishing se fait via un site Internet. Les navigateurs Chrome ou Firefox sont généralement en mesure de reconnaître un vrai site de sa copie : ils passent au rouge et vous indiquent la dangerosité du site que vous tentez de visiter. Il est fortement conseillé d'utiliser des outils tels que Netcraft (voir p. 133). Ce gardien fonctionne sous Opera, Chrome et Firefox mais pas encore sous Edge. Il vous indique, dans la barre de votre navigateur, si le site visité est officiel ou non. Sur les boutiques en ligne, assurez-vous toujours de la présence du HTTPS dans la barre de navigation (voir p. 200).

RANSOMWARE SUR PC

Le ransomware, aussi connu sous les noms de cryptolocker ou de rançonnage, a pour but de chiffrer les informations contenues dans votre ordinateur. L'idée du pirate : vous faire payer sa prise d'otage. Au paiement, les données sont déchiffrées... ou pas. Le ransomware prend le plus souvent les traits d'une facture ou d'un bon de commande. Il est fortement conseillé de ne pas payer. Il n'existe pas de protection efficace contre ce genre de malveillance, aussi la prudence est-elle de mise : ne cliquez pas sur n'importe quel fichier joint et pensez à sauvegarder vos données pour pouvoir les réinstaller en cas de besoin. Pour en savoir plus, consultez le site Malekal, à la pointe sur ce sujet (http://www.malekal.com/virus-securite/ransomwares). Plusieurs éditeurs d'antivirus, comme Kaspersky (https://noransom.kaspersky.com) ou GData (https://secure.gd/dl-ransomwarecleaner) proposent des solutions pour déchiffrer les fichiers pris en otage par certains ransomwares comme CoinVault ou encore CryptXXX. Malheureusement, il existe des centaines de ransomwares différents et autant de codes bien souvent indéchiffrables.

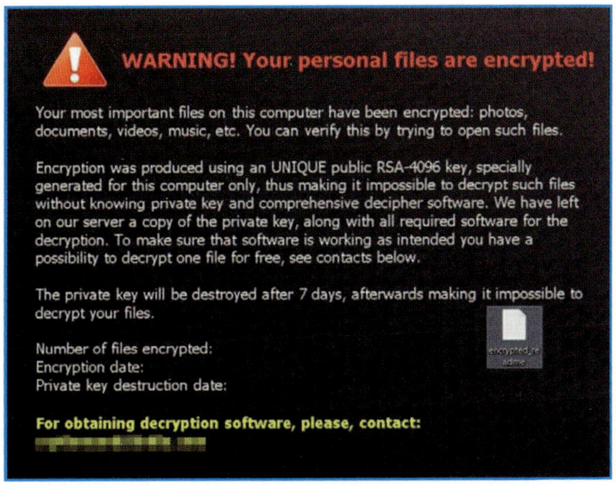

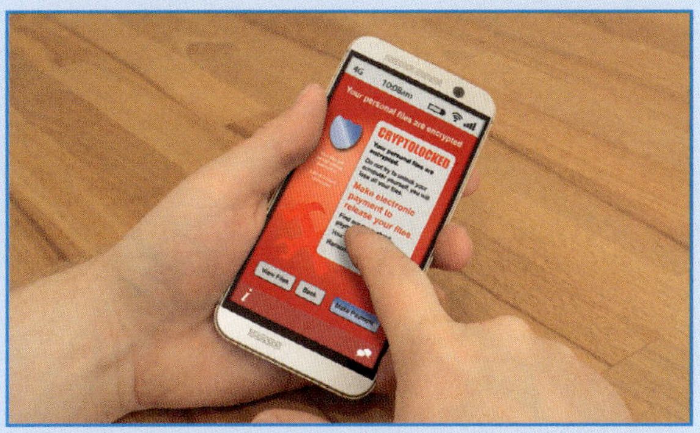

RANSOMWARE SUR APPAREILS MOBILES

Les ransomwares sur smartphone et tablette sont de plus en plus répandus. Il n'existe toutefois pas vraiment d'application pour s'en protéger. Pour s'en débarrasser, il faut allumer votre appareil en mode sans échec (Android) ou en mode récupération (iOS). L'accès à ce mode dépend du constructeur et du modèle de l'appareil (voir p. 396 et 397) ; il permet d'allumer votre smartphone sans lancer d'application. Vous pouvez ensuite retirer les applications inconnues qui bloqueraient votre appareil (les ransomwares peuvent avoir des noms qui font « officiels », comme Security Update, méfiance donc). Sous iOS, les ransomwares ne contaminent votre appareil que via iCloud ou Safari. Supprimer les données de navigation dans les réglages de l'appareil et changer le mot de passe de votre compte iCloud devrait vous aider à vous en débarrasser. Ce ne sont toutefois que des solutions incertaines et les ransomwares évoluent très vite. Faites des sauvegardes régulières de vos données afin de pouvoir réinitialiser votre appareil en cas de besoin.

SUPPORT USB, CARTE SD

L'infiltration d'un ordinateur peut aussi se faire à partir d'un support amovible comme une clé USB ou une carte SD. Pour se protéger de l'exécution automatique, et donc de l'infiltration, volontaire ou non, d'un code malveillant, il est conseillé d'utiliser des programmes comme USB immunizer, Ninja Pendisk ou encore USB Keyboard Guard (www.gdata.fr/fr-usb-keyboard-guard). Ce dernier protège votre ordinateur dès qu'une clé USB est insérée dans l'un de ses ports. Si vous avez des doutes sur un support amovible, analysez-le sur ordinateur avant de l'utiliser sur votre smartphone ou votre tablette.

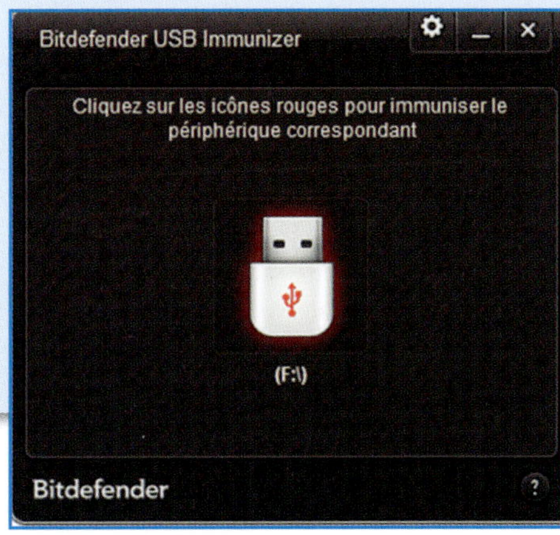

LÉGAL, ILLÉGAL ?

Internet est un espace de liberté conditionnelle où les utilisateurs ne peuvent pas tout se permettre, sous peine de sanctions plus ou moins lourdes.

Internet est un lieu d'expression où tout internaute peut diffuser ou consulter des informations et échanger dans un cadre public ou privé via des blogs, des sites, des forums et des réseaux sociaux.

Toutefois, comme tout support de diffusion, Internet s'utilise dans un cadre juridique précis qui régit l'utilisation des publications sur le Web. Comme le numérique facilite la copie de textes et le téléchargement de photos, de vidéos, de musiques, nous verrons que leur exploitation est encadrée par la législation sur les droits d'auteur, qui protège le travail des artistes contre une utilisation abusive de leurs œuvres. Nous verrons également les limites appliquées au téléchargement et au streaming, et les règles édictées par la loi Hadopi. Par méconnaissance ou manque d'information, il est très facile de se trouver en infraction avec les dispositions légales en matière de protection des droits sur Internet. Or, personne n'est censé ignorer la loi. Au moindre doute, n'hésitez pas à consulter des avocats spécialisés en droit de la propriété intellectuelle, notamment en informatique et télécommunication, dont vous trouverez une liste sur le site web de chaque barreau de France.

LE PRINCIPE DE LA PROPRIÉTÉ ET DES DROITS

Beaucoup d'utilisateurs d'Internet ont pris l'habitude de penser que, dans cet espace, tout est, sinon gratuit, tout du moins libre d'utilisation puisque libre d'accès. Pourtant, le Web est encadré par des lois qui protègent, entre autres, la propriété intellectuelle. La « virtualité » d'Internet n'autorise pas à faire n'importe quoi impunément.

Toute publication sur Internet (textes, images, vidéos, sons) est l'œuvre d'un ou de plusieurs auteurs, titulaires des droits moraux et patrimoniaux de leur travail. Le droit patrimonial est le droit d'exploitation de l'œuvre. Il peut être cédé notamment à des éditeurs et des producteurs moyennant une rémunération. De ce fait, toute reproduction sans autorisation ou, pire encore, toute appropriation sont interdites. Un auteur est cependant libre de choisir de mettre son œuvre à la disposition gratuite du public.

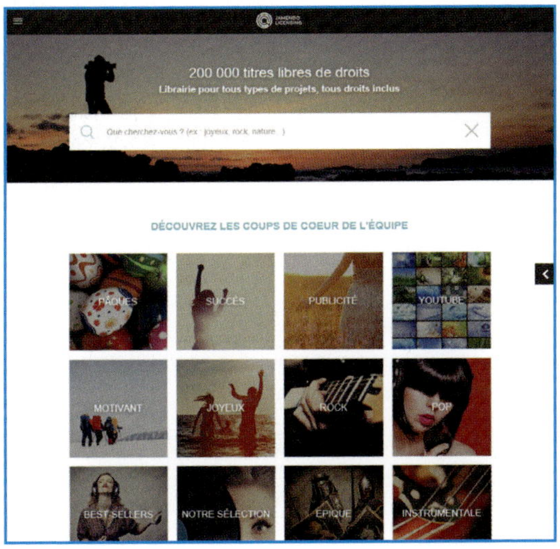

Sur Internet, les publications de documents dont l'auteur, l'éditeur ou le producteur sont identifiés ne peuvent pas être utilisées quelle que soit la forme sans autorisation préalable, que l'utilisation soit gratuite ou payante. En revanche, il existe des œuvres tombées dans le domaine public, ce qui signifie que vous pouvez alors les utiliser plus librement. En effet, soit l'auteur a explicitement renoncé à ses droits patrimoniaux sur l'œuvre, soit la période d'exercice de ces droits par l'auteur ou ses ayants droit est dépassée (voir « À savoir »).

Avant d'utiliser des images, des documents, etc., récupérés sur Internet, vérifiez bien leurs conditions d'utilisation pour ne pas tomber dans l'illégalité.

À savoir

En France, une œuvre entre dans le domaine public 70 ans après la mort de l'auteur (durée à laquelle il faut ajouter celle des guerres mondiales ainsi qu'une période de 30 ans supplémentaires pour les auteurs « morts pour la France »). Elle est alors en libre accès. La législation est toutefois différente selon les pays, même si Internet donne l'impression d'un monde sans frontière ; attention donc à bien vous renseigner lors de la réutilisation d'une œuvre provenant d'un autre pays.

QUE PEUT-ON FAIRE OU NE PAS FAIRE ?

TÉLÉCHARGEMENT

Tout site qui propose du contenu en téléchargement doit avoir obtenu l'accord de son auteur. Sachez que le fait qu'un contenu soit payant n'est pas une preuve de sa légalité. Aussi, l'internaute qui télécharge un contenu non autorisé devient coupable de délit de recel de contrefaçon. La vigilance est donc de mise si l'on vous propose de télécharger gratuitement, ou à un prix défiant toute concurrence, de la musique, des vidéos, des livres, etc.

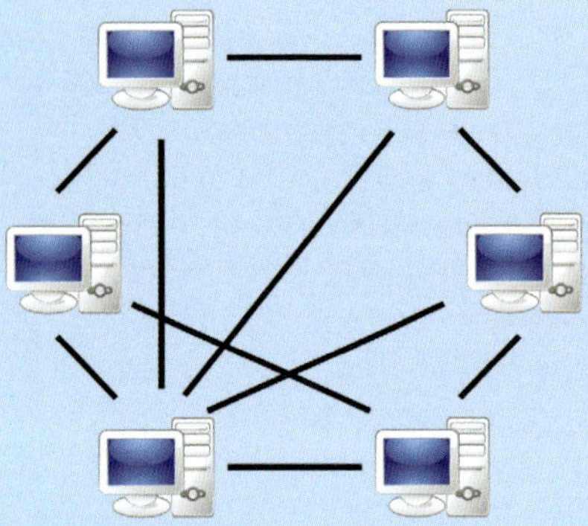

PEER-TO-PEER

Le Peer-to-peer («pair à pair» ou «d'égal à égal»), plus connu sous l'acronyme P2P, est un système d'échange basé sur un réseau d'ordinateurs qui sont à la fois clients et serveurs. Grâce à un logiciel spécifique comme Bittorrent ou uTorrent, l'internaute télécharge un fichier dont il collecte des parties sur différents ordinateurs du réseau, le logiciel se chargeant de les réunir pour délivrer, au final, le fichier complet. L'ordinateur de l'utilisateur devient alors à son tour fournisseur des parties qu'il a déjà téléchargées. Un problème survient lorsque, par ce système, vous téléchargez (donc diffusez aussi) du contenu illégal, c'est-à-dire pour lequel les auteurs n'ont pas donné leur autorisation, comme des disques et des films. La loi Hadopi (voir p. 147) a été principalement édictée contre le P2P.

REPRISE ET LIEN SUR VOTRE SITE

La reprise ou rediffusion de textes, photos, vidéos, sons, illustrations, etc. est liée à l'autorisation explicite ou non que l'auteur a donnée sur l'exploitation de sa création. Certaines licences, notamment Creative Commons (https://creativecommons.org/licenses/by-sa/2.0/fr), définissent les limites de cet usage. Sachez qu'en l'absence de cadre précis, la reprise est interdite. Toutefois, il existe une exception : le droit de courte citation. En effet, en France, la jurisprudence a admis qu'il était possible de reproduire un extrait d'une œuvre littéraire à condition que la longueur de ce dernier soit limitée à ce qui est nécessaire à sa compréhension. Par ailleurs, créer des liens vers du contenu non autorisé engagera votre responsabilité si l'illégalité de la page est établie.

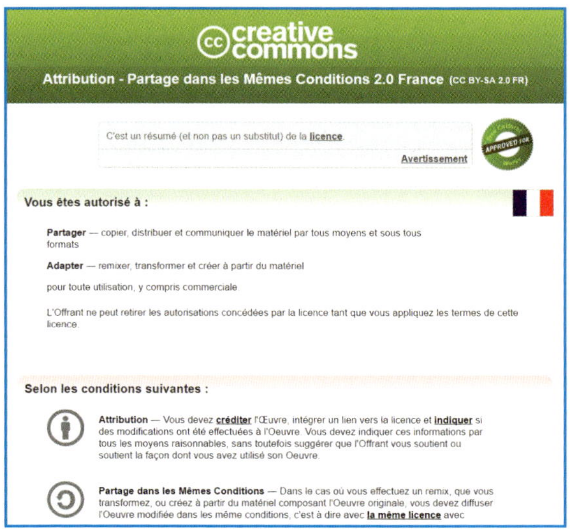

Trucs & astuces

Vous ne connaissez pas l'origine d'un contenu et vous avez des doutes sur sa légalité ? Abstenez-vous de le publier ! Vous éviterez ainsi bien des problèmes potentiels.

STREAMING

Le streaming est la diffusion d'un contenu audio ou vidéo à distance que l'on ne peut consulter qu'en ligne depuis un navigateur web ou une application dédiée. Le fichier consulté n'est pas téléchargé sur l'appareil de lecture (PC, tablette ou smartphone). Certains programmes, voire certains sites, permettent cependant de télécharger ce contenu exactement comme lorsque vous enregistrez des émissions de radio ou de télévision. Cela est légal si et seulement si le diffuseur a acquis les droits d'exploitation de ce contenu. Si l'usage que vous en faites est restreint au cadre familial, vous restez dans la légalité de son utilisation. La polémique autour de sites comme Youtube, Dailymotion et Vimeo tient au fait que bien des contenus sont diffusés sans demande préalable adressée à leurs auteurs. Vous n'êtes donc pas fautif de les consulter car, dans ce cas, seul l'internaute ayant publié ce contenu engage sa responsabilité. Il suffit d'ailleurs qu'un auteur, un éditeur, ou un producteur fasse une réclamation pour que le contenu ne soit plus accessible.

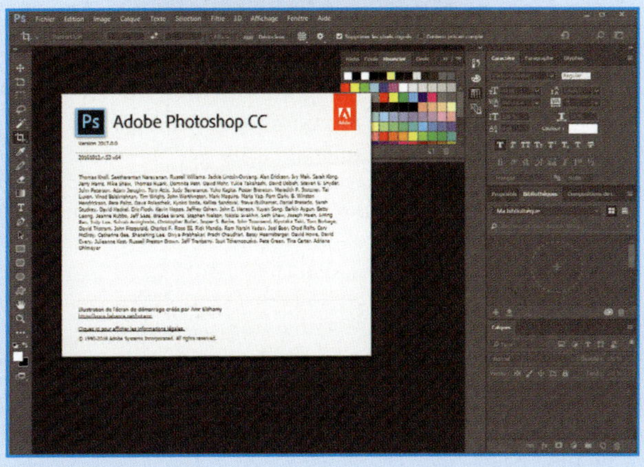

LOGICIELS

L'utilisation des logiciels est strictement limitée par la loi et ne fait l'objet d'aucune exception à la copie privée. Aussi, lorsque vous utilisez un programme payant au-delà de sa période d'essai, vous êtes obligatoirement dans l'illégalité, et d'autant plus si une version piratée est installée sur votre ordinateur, tablette ou smartphone. L'utilisateur dispose d'un droit à une copie de sauvegarde (pour usage personnel uniquement) selon les dispositions de l'article L122-5 alinéa 2 du code de la propriété intellectuelle.

ENREGISTREMENT ET COPIE DE DVD

Le droit à la copie privée date de la loi Lang de 1985, révisée en 2012, qui précise que les copies doivent être réalisées à partir d'une source licite. En revanche, l'utilisation de cette copie doit rester privée. Lorsque le DVD est protégé contre la copie, on se retrouve face à un paradoxe puisque l'utilisateur ne peut plus exercer son droit. La jurisprudence s'est basée sur le fait que cette copie est une exception et non un droit, ce qui empêche quiconque d'attaquer l'éditeur d'un DVD protégé contre la copie. Dans ce cas, un particulier devra saisir la Hadopi pour tenter d'obtenir la possibilité de copier un titre.

À savoir

Les logiciels phares de l'édition graphique comme Adobe CC et bureautique comme Microsoft Office nécessitent un abonnement pour être utilisés, limitant ainsi les versions piratées et évitant les copies de sauvegarde. La validité de l'abonnement est vérifiée à chaque utilisation du logiciel.

QUE PEUT-ON FILMER ET PHOTOGRAPHIER ?

Bien que la technologie numérique permette de filmer et de photographier à tout moment avec un smartphone, une tablette, un appareil photo ou un caméscope, sachez que le droit restreint ce que la technique autorise dès lors que votre usage dépasse la sphère privée.

PAYSAGE, ANIMAUX ET MONUMENTS

Le ciel, la mer, la montagne, les rivières, les nuages… peuvent être filmés et photographiés sans restriction car ils font partie d'un patrimoine naturel qui reste, d'une certaine manière, la propriété de tous. En revanche, les bâtiments, les parcs, marchés, jardins sont autorisés si et seulement si vous n'en faites pas un usage commercial ou professionnel. Pour certains monuments, le cadre est plus strict et dépend parfois de leurs ornements. Ainsi, vous pouvez photographier la tour Eiffel en plein jour, mais pas la nuit lorsqu'elle est éclairée. En effet, l'éclairage de la tour Eiffel étant privé, vous devez préalablement demander l'autorisation si vous envisagez de publier cette photo, c'est-à-dire de l'utiliser hors du cadre privé. Dans certains lieux, comme les musées et châteaux, les photos sont interdites afin d'éviter que la lumière des flashs n'abîme les œuvres. Cela peut-être aussi le cas dans un lieu de culte où l'on cherche à garantir la tranquillité des fidèles. Il est possible de filmer et de photographier des animaux sauvages, mais pour les animaux domestiques, vous devez obtenir l'autorisation de leur propriétaire.

LES ŒUVRES D'ART

Les œuvres d'art sont régies par la législation sur le droit d'auteur, lui-même défini par la Code de la propriété intellectuelle qui, dans son article L. 123-1, stipule que « L'auteur jouit, sa vie durant, du droit exclusif d'exploiter son œuvre sous quelque forme que ce soit et d'en tirer un profit pécuniaire. Au décès de l'auteur, ce droit persiste au bénéfice de ses ayants droit pendant l'année civile en cours et les soixante-dix années qui suivent. » Aussi, vous ne pouvez pas filmer ou photographier une œuvre et la publier librement tant qu'elle n'est pas tombée dans le domaine public (voir « À savoir » p. 143), sauf, d'après la jurisprudence, si elle figure en arrière-plan ou qu'elle occupe une place très secondaire.

LE DROIT À L'IMAGE DES PERSONNES

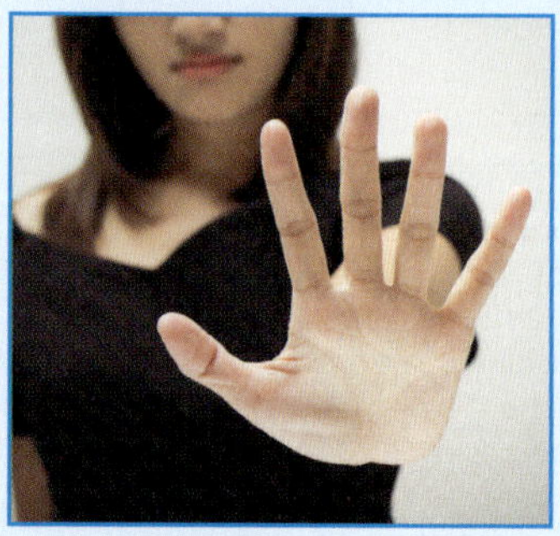

Toute personne physique a le droit de disposer de son image au titre du respect de la vie privée, selon l'article 9 du Code civil. Dans un environnement médiatique et numérique propice à la duplication des images, la société est devenue de plus en plus procédurière. Il est donc fortement conseillé de demander l'autorisation des personnes que vous souhaitez filmer ou photographier, car elles seront en droit de vous demander d'effacer les images que vous venez d'enregistrer. En revanche, la reproduction d'une image d'un groupe de personnes dans un lieu public est permise. Vous n'avez pas besoin d'obtenir l'accord de chaque individu figurant sur vos images. Cependant, la jurisprudence émet cette réserve : aucune personne ne doit être individualisée, et la publication doit rester dans le cadre strict du droit à l'information. On entend alors par « individualisée » toute personne qui devient le sujet principal de l'image si elle y est identifiable. Enfin, si vous photographiez quelqu'un dans un cadre privé, vous ne pouvez pas diffuser publiquement l'image sans son autorisation explicite.

DIFFUSION ET PROTECTION DE LA CRÉATION SUR INTERNET : LES LOIS HADOPI

Les lois du 12 juin 2009 dites Hadopi et celles du 1 et du 31 décembre 2009 dites Hadopi 2 visent à favoriser la diffusion et la protection de la création sur Internet en luttant contre le téléchargement illégal de films, de musiques et de contenus protégés par le droit d'auteur.

Le contrôle du téléchargement illégal fonctionne sur l'identification de l'adresse IP de l'ordinateur, de la tablette ou du smartphone utilisés. Cette adresse, attribuée à chaque abonné à Internet par son FAI, établit la communication entre vos appareils et les serveurs. Tout appareil qui se connecte à votre réseau pour récupérer des fichiers vidéo ou musicaux, utilise votre adresse IP. Dans le cadre de la lutte contre le piratage des œuvres, les sociétés d'ayant droits ont mis en place des logiciels qui surveillent les échanges de données sur les réseaux peer-to-peer. Si votre PC et votre connexion sont utilisés pour récupérer ou fournir un fichier soumis au droit d'auteur sans qu'il y ait eu paiement de droits, l'adresse IP est « flashée » et transmise à la Hadopi (Haute Autorité pour la diffusion des œuvres et la protection des droits sur Internet). Cette autorité demande au FAI de lui transmettre l'identité de l'abonné, qui reçoit ensuite un premier mail d'avertissement. En cas de réitération dans un délai de six mois suivant l'envoi du premier avertissement, la Commission de protection des droits peut enclencher la seconde étape de la réponse graduée, c'est-à-dire l'envoi d'un nouveau mail d'avertissement doublé d'une lettre recommandé avec AR. Si l'activité de téléchargement se poursuit dans l'année qui suit cette seconde étape, la commission informe l'abonné par lettre recommandée avec AR qu'il peut faire l'objet de sanctions pénales. Ce n'est qu'après délibération que la Commission de protection des droits peut transférer le dossier au parquet. La sanction maximale encourue est une amende de 1 500 € pour un particulier. À toutes les étapes de la procédure, l'abonné peut adresser ses observations par mail ou par courrier postal à la Hadopi. Détail qui a son importance : la loi ne sanctionne pas le téléchargement illégal *stricto sensu*, mais le fait que la connexion de l'abonné serve à cet usage. Si l'abonné n'a pas effectué de téléchargement illégal mais que sa ligne a été piratée, il reste responsable, car il n'a pas su sécuriser sa connexion.

La position de l'UFC-Que Choisir

Les lois Hadopi ont de nombreux opposants, au nombre desquels l'UFC-Que Choisir. En effet, ces lois visent à protéger principalement les majors de l'industrie du disque qui se plaignent de la chute de la vente de CD. Cependant, les modes de consommation de la musique changent : on vend effectivement moins de disques, mais beaucoup plus de musique en ligne, une partie de ces ventes échappant aux gros labels. Les lois Hadopi, uniquement répressives, n'ont donc, en tant que telles, aucune retombée positive pour les artistes-créateurs. De plus, techniquement, elles sont déjà dépassées : les pirates chevronnés, ceux qui savent comment se cacher, ont déserté le peer-to-peer depuis longtemps déjà et ont trouvé de nouvelles techniques pour télécharger illégalement sans être inquiétés. Tout un chacun peut aussi se faire pirater sa connexion Internet et des personnes qui n'ont pas téléchargé risquent de se retrouver condamnées, d'autant que c'est à elles d'apporter la preuve de leur innocence (la charge de la preuve est inversée, ce qui est rare en droit français). L'UFC-Que Choisir déplore ainsi le choix de soutenir une industrie déclinante au détriment du consommateur.

PROTÉGER SA CONNEXION ET SON ORDINATEUR

Selon les lois Hadopi, si quelqu'un utilise votre adresse IP pour télécharger illégalement, vous en serez tenu pour responsable. Se pose alors la question de savoir comment protéger efficacement son réseau sans fil, bien plus facile à pénétrer qu'une connexion Ethernet. Comme expliqué page 42, vous devez protéger votre accès au réseau avec l'un des protocoles de cryptage suivants : WPA ou WPA2 (le plus efficace). Hadopi a rédigé des fiches pratiques qui vous aideront à sécuriser votre accès (www.hadopi.fr/comment-securiser-mon-acces-internet-ordinateur-ou-boitier-de-connexion), tout en précisant sur sa page www.hadopi.fr/existe-t-il-des-logiciels-de-securisation-gratuits ne pas être en mesure de vous conseiller sur un type de logiciel en particulier. Vous allez donc devoir vous débrouiller seul (voir p. 43, 44 et 55). Commencez par choisir une clé de sécurisation aussi sophistiquée que possible via l'interface de configuration Wi-Fi mise à votre disposition par votre FAI. Vous pouvez ensuite mettre en œuvre des mesures qui vous permettront de contrôler les téléchargements sous Windows 10. Il suffit pour cela d'assigner aux autres membres de votre famille un compte utilisateur standard sur lequel vous désactiverez le téléchargement de fichiers et donc la possibilité d'installer un logiciel P2P. Rendez-vous sur le compte utilisateur que vous souhaitez contrôler, tapez « Panneau de configuration » dans la zone de recherche de *Cortana*, en bas, puis cliquez sur *Panneau de configuration*. Dans la fenêtre qui s'ouvre, cliquez sur *Réseau et Internet* puis sur *Options Internet*, choisissez l'onglet *Sécurité*, et sélectionnez *Personnalisez le niveau*... Tout en bas de la fenêtre *Paramètres de sécurité – Zone Internet*, sélectionnez *Désactiver* dans *Téléchargement de fichiers*.

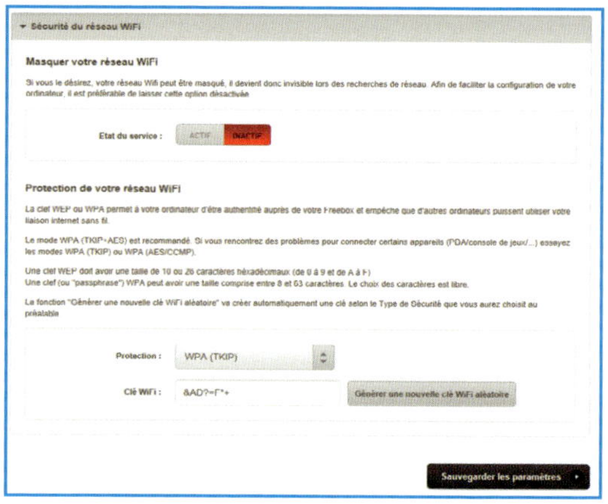

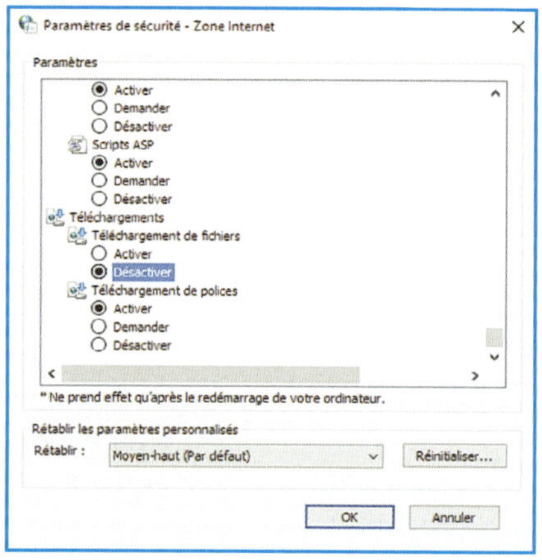

QUE FAIRE EN CAS D'AVERTISSEMENT

Les avertissements vous parviendront à l'adresse mail de contact que vous avez communiquée à votre FAI. Commencez par vérifier que le mail provient bien de la Haute Autorité. Vous pourrez alors faire valoir vos observations auprès de la Commission de protection des droits, notamment en demandant des précisions sur le contenu des œuvres téléchargées ou partagées par voie électronique via un formulaire disponible à cette adresse : https://cpdform.hadopi.fr.

Trucs & astuces

Dans les navigateurs web Microsoft Edge, Firefox, Chrome, Safari etc., vous pouvez renforcer la sécurisation de votre environnement informatique en empêchant le téléchargement dans les paramètres de sécurité.

LA LIBERTÉ D'EXPRESSION SUR INTERNET

Selon l'article 10 de la Convention européenne des droits de l'homme, « toute personne a le droit à la liberté d'expression. Ce droit comprend la liberté d'opinion et la liberté de recevoir ou de communiquer des informations ou des idées sans qu'il puisse y avoir ingérence d'autorités publiques et sans considération de frontière ». Appliqué à Internet, cela induit que le blogueur, le commentateur, le photographe, le vidéaste, etc., peuvent exercer pleinement ce droit. Or qui dit « liberté d'expression » dit cadre dans lequel elle peut s'exercer. Ainsi, vous pouvez critiquer et émettre des appréciations, mais en aucun cas publier de fausses allégations, tenir des propos diffamatoires (c'est-à-dire qui atteignent la personne dans son honneur ou sa considération) ou injurieux, et réaliser des actions constitutives de délits. Les discours appelant à la violence, à la haine, à la discrimination ou qui font l'apologie d'un crime ou d'un délit tombent sous le coup de la loi. Gardez toujours à l'esprit que la moindre de vos publications sur Internet, notamment via les forums, les blogs et les réseaux sociaux, peut toucher un large public. En tant qu'auteur (ou éditeur), vous engagez votre responsabilité juridique. En revanche, dès lors que vous écrivez à des personnes en privé via les messageries instantanées, par mail ou par SMS, vous ne risquez de problèmes que si le destinataire de votre message porte plainte contre vous.

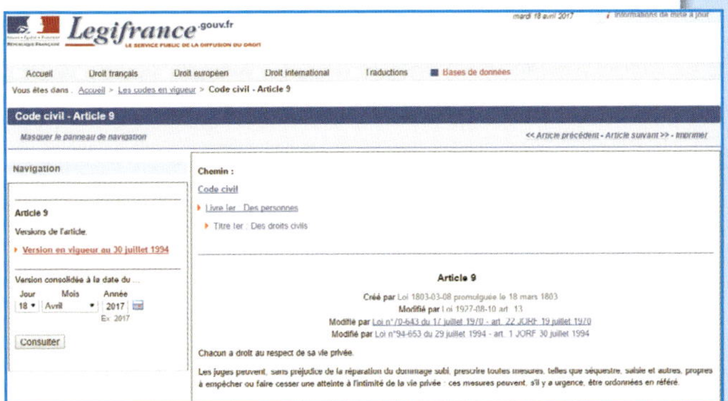

Votre liberté d'expression est également limitée par le respect de la vie privée des personnes. Ainsi vous ne pouvez pas divulguer le bulletin de santé d'un individu, révéler ses orientations religieuses, politiques ou sexuelles. De même, il vous faudra respecter le droit à l'image de chacun. Par conséquent, vous ne pouvez pas publier sur Facebook, par exemple, la photo d'une personne seule sans avoir obtenu son accord préalable. Elle sera en droit de vous demander, et d'obtenir, la suppression de l'image en question. Si vous n'obtempérez pas, elle pourra saisir la justice et réclamer des dommages et intérêts. Reportez-vous à la page 146 pour plus de détails sur l'utilisation de vos vidéos et de vos photos. En conclusion : soyez prudent, surtout sur les réseaux sociaux où l'on a tendance à croire que tout est permis, et n'oubliez pas, vous aussi, de protéger votre vie privée.

AVOIR UNE COMMUNICATION PRIVÉE

Lorsque vous publiez sur un réseau social comme Facebook, votre communication est considérée comme publique, même si vous la partagez uniquement avec vos amis. Avec le mail et les services de messagerie, vous définissez plus précisément votre interlocuteur.

Une communication privée est une communication qui s'établit avec une ou plusieurs personnes bien définies. Par exemple, si vous publiez un message sur Twitter à l'attention de vos connaissances, votre message n'aura aucun caractère privé. Si les gens qui vous suivent voient votre message, n'importe quelle autre personne consultant Twitter y aura aussi accès. Vous avez la possibilité de limiter la lecture de vos tweets aux seules personnes qui vous suivent, mais là encore, il est difficile de parler de communication privée dans la mesure où vous ne contrôlez pas vraiment qui vous lit. Vous pouvez néanmoins avoir une conversation privée sur Twitter ou Facebook lorsque vous échangez avec une personne précise via un message privé (MP ou DM en anglais, *direct message*), ou bien utiliser d'autres outils qui vous permettent de choisir la ou les personnes avec lesquelles vous souhaitez échanger. Le mail est l'exemple le plus simple : vous envoyez un message à une personne (ou plusieurs) en particulier et l'échange s'effectue uniquement entre vous. Une communication privée est également possible avec d'autres types d'applications ou de messageries, comme la visiophonie, avec Skype par exemple, ou le tchat, c'est-à-dire l'échange instantané de messages textes.

Installer Inbox de Google sur un PC

La messagerie Inbox de Google, l'interface alternative de Gmail, est accessible sur PC à l'aide d'un navigateur web et sur smartphone ou tablette via une application. Mais il faut avant tout configurer son compte Google.

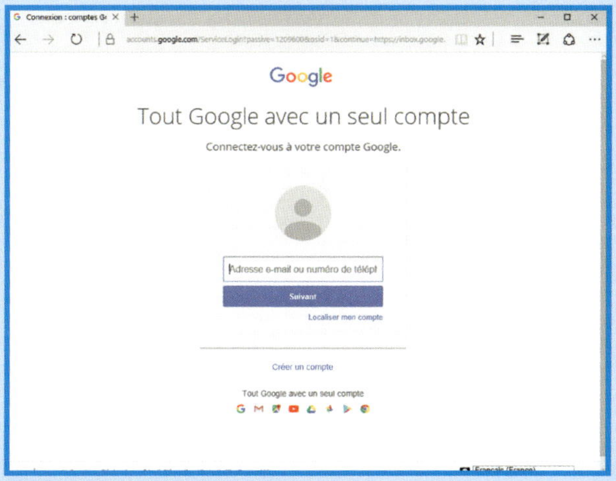

1 Dans un navigateur web, saisissez l'adresse inbox.google.com pour accéder au service de messagerie de Google. Vous arrivez alors sur la page d'identification de Google, commune à tous les services Google et qui nécessite une authentification. Si vous ne possédez pas de compte Google, cliquez sur *Créer un compte.*

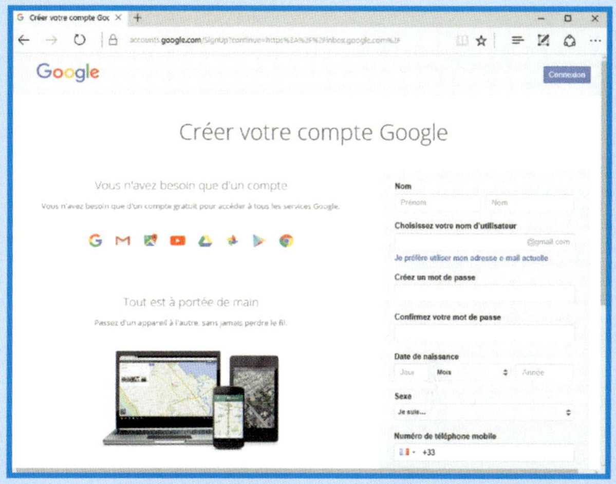

2 Si vous possédez déjà un compte Google, saisissez vos identifiants puis passez à l'étape 4. Dans le cas contraire, saisissez toutes les informations demandées pour créer votre compte. Dans la section *Définir votre nom d'utilisateur*, créez votre adresse mail @gmail.com. Google vérifie que le nom que vous proposez n'est pas déjà utilisé. Vous avez la possibilité d'utiliser votre adresse mail actuelle si vous ne souhaitez pas créer de nouvelle adresse. Pour cela, cliquez sur *Je préfère utiliser mon adresse mail actuelle.* Lorsque vous avez terminé, cliquez sur *Étape suivante.*

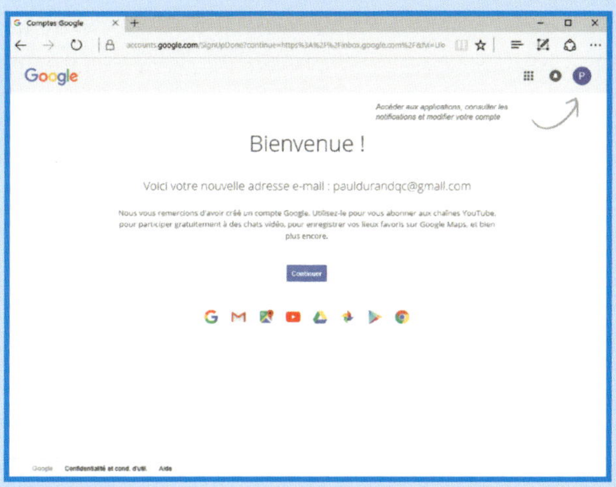

3 Après avoir accepté les conditions générales d'utilisation, une fenêtre vous indique que vous avez créé votre compte avec succès. Saisissez de nouveau l'adresse inbox.google.com dans la barre d'adresses de votre navigateur pour retourner dans la messagerie.

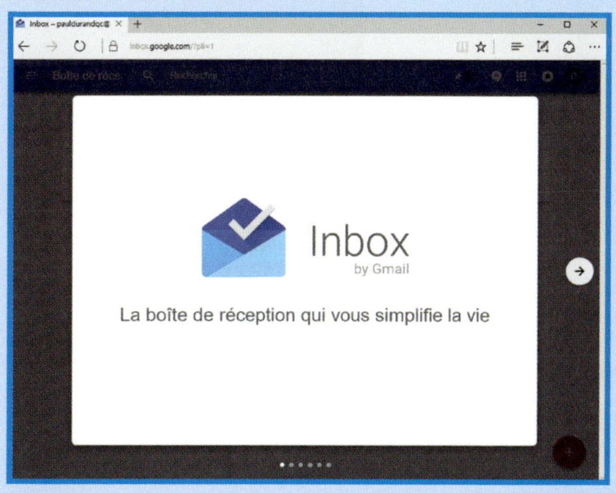

4 Après avoir créé votre compte (ou vous être identifié), la messagerie apparaît. Lorsque vous venez pour la première fois, un écran de bienvenue s'affiche. Cliquez sur la flèche au centre à droite pour faire défiler la présentation de la messagerie.

Installer Inbox sur smarphone ou tablette

Ici nous utilisons un iPhone mais les manipulations sont équivalentes sur d'autres appareils.

iOS & ANDROID

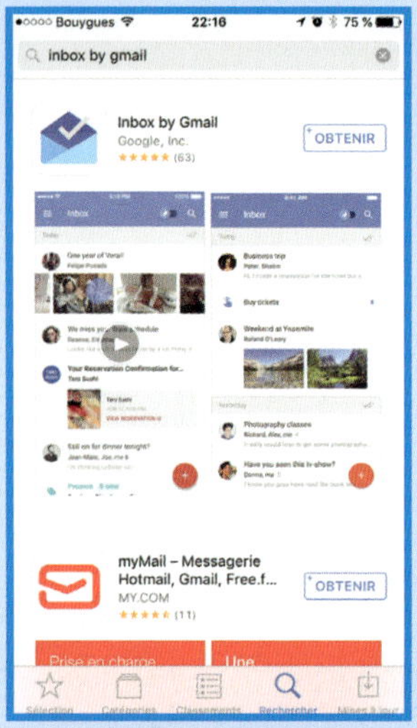

1 Commencez par télécharger l'application en vous rendant sur le store de votre appareil (App Store ou Play Store, voir p. 80 et 81). Une fois l'application téléchargée et installée, ouvrez-la.

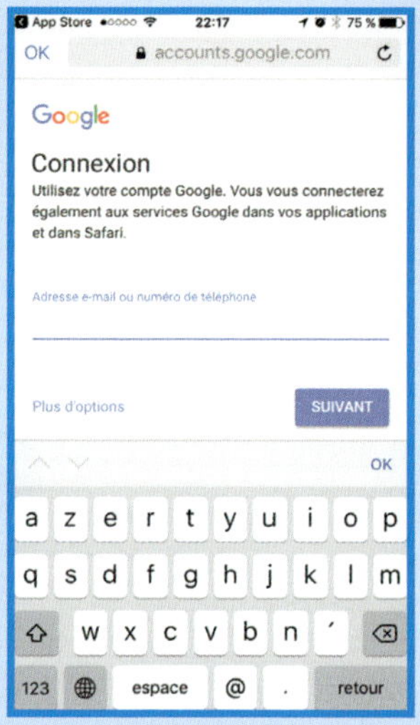

2 Lorsque l'écran d'accueil s'affiche, touchez le lien *Connexion*. Dans le nouvel écran qui apparaît, touchez *Ajouter un compte* puis saisissez vos identifiants. Si vous n'avez pas de compte Google, vous devez en créer un. Pour cela, touchez le lien *Plus d'options* et choisissez *Créez un compte*. Si vous avez déjà un compte Google et que vous l'avez configuré sur votre appareil pour accéder à d'autres services de Google, ce compte apparaît dans la liste. Touchez ce compte pour l'utiliser.

3 Différents écrans peuvent s'afficher selon votre système afin de vous demander d'autoriser l'application à effectuer certaines opérations, par exemple envoyer des notifications lorsque vous recevez de nouveaux mails. Dès que vous avez répondu aux éventuelles questions, une présentation de l'application s'affiche.

4 Une fois que vous avez terminé la configuration et la découverte du programme, la boîte de réception s'affiche. Même si vous venez de créer votre compte, vous avez déjà reçu du courrier. Il s'agit de messages automatiques envoyés par Google afin de vous fournir quelques informations sur la messagerie. Malgré les petites différences liées aux tailles d'écran, les versions pour smartphone et pour PC se ressemblent. La boîte de réception s'affiche et le menu permettant la navigation est accessible en haut à gauche.

À savoir

Au moment où nous écrivons ces lignes, Google indique qu'Inbox est « une nouvelle expérience conçue et développée parallèlement à Gmail ». Cela signifie que les deux systèmes vont coexister : Gmail propose une interface traditionnelle alors qu'Inbox veut innover en considérant les mails comme des tâches (pouvant être marquées comme « terminées » ou être reportées à plus tard). Inbox se veut également plus dynamique, affichant le contenu des pièces jointes dès la page d'accueil et classant automatiquement vos mails par catégories.

Utiliser Inbox

Découvrez quelques commandes essentielles de l'application de messagerie Inbox de Google. Quelle que soit la version que vous utilisez (web, smartphone ou tablette), les commandes sont les mêmes.

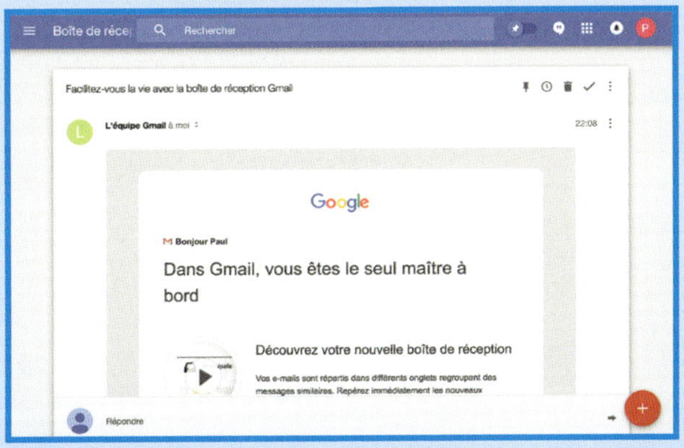

1 Pour afficher le contenu d'un message, double-cliquez dessus (ou touchez-le sur un smartphone ou une tablette). Pour répondre au message, cliquez sur le bouton *Répondre* en bas à gauche (sur les versions smartphone et tablette, lorsque le message est trop long, vous voyez un bouton *Répondre* en bas à droite de l'écran).

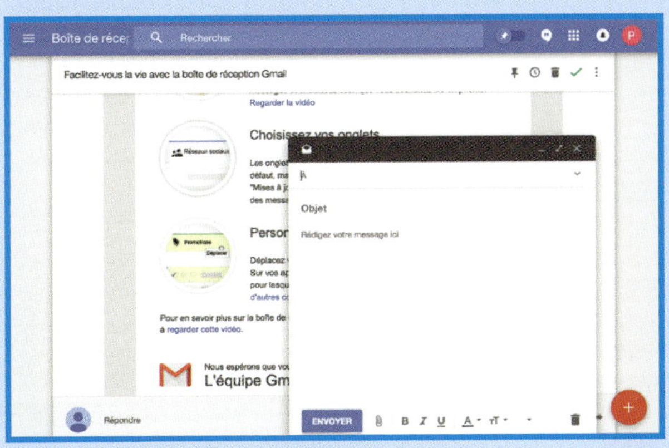

3 Pour envoyer un nouveau message, cliquez sur le bouton rouge + placé en bas à droite de l'écran. Choisissez ensuite *Nouveau message* (le + dans le bouton rouge se transforme en crayon). Vous avez aussi la possibilité de créer un rappel. Indiquez le destinataire du mail, rédigez le message et cliquez sur *Envoyer* pour terminer.

2 Vous avez la possibilité de supprimer le message que vous êtes en train de lire en cliquant sur l'icône de la corbeille, en haut à droite. La punaise permet d'épingler le message pour le rendre plus visible ; l'horloge de le mettre en attente pour qu'il vous soit représenté à l'heure et la date de votre choix. La coche permet d'indiquer que vous avez terminé : le message est alors déplacé dans la section *Terminé*. Le menu (trois points verticaux) permet d'obtenir une liste d'options pour déplacer ou catégoriser le message.

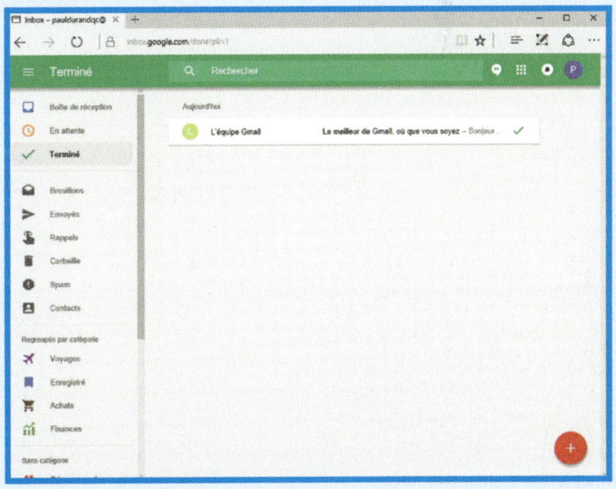

Le menu de l'application (trois traits horizontaux en haut à gauche) permet d'afficher le contenu des différents dossiers ou des catégories. Vous accédez aussi aux messages terminés ou en attente. Un même message peut se trouver dans plusieurs dossiers. Par exemple, vous avez placé un mail dans la catégorie *Réseaux sociaux* et vous avez indiqué qu'il était « terminé » : vous le retrouverez alors dans le dossier *Terminé* et dans le dossier *Réseaux sociaux*.

Écrire un mail

Vous allez envoyer un mail ? Il existe quelques règles de base pour composer correctement le message avant de l'envoyer.

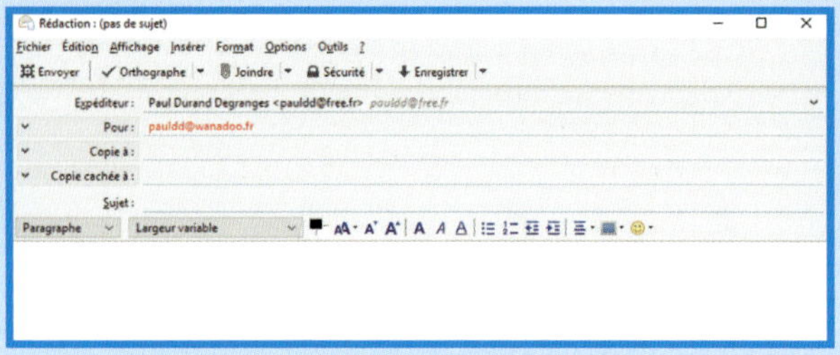

1 Cliquez sur le bouton de votre application de messagerie qui permet de créer un nouveau message. Une nouvelle fenêtre s'affiche et différentes zones de saisie vierges apparaissent. Le curseur se trouve dans la zone *À* (ou *Pour*). Vous allez saisir dans cette zone l'adresse mail du destinataire. Vous pouvez saisir plusieurs adresses mail. Pour cela, saisissez la première adresse, puis un espace. Généralement, l'application de messagerie comprend que vous avez saisi la première adresse. Si cela ne fonctionne pas, essayer une virgule ou un point-virgule à la place de l'espace.

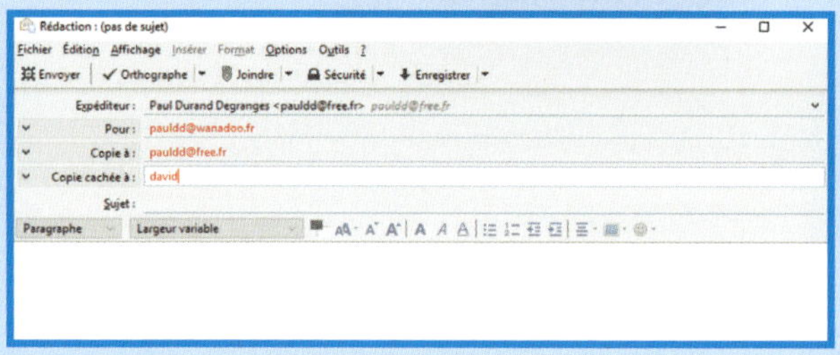

2 Dans la zone *CC* (ou *Copie à*), vous pouvez saisir l'adresse mail de personnes qui ne sont pas les destinataires directs du message, mais qui peuvent en prendre connaissance. La zone *CCI* (ou *Copie cachée à*) permet d'envoyer le message à certaines adresses que les autres destinataires ne pourront pas voir.

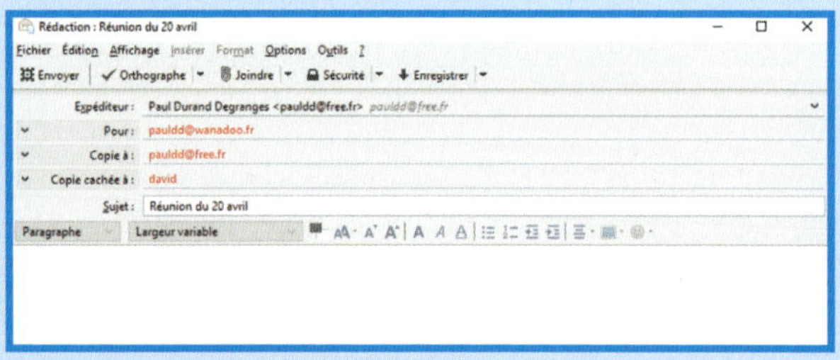

3 La zone *Objet* (ou *Sujet*) permet de saisir l'objet du message. Pensez au destinataire : même si c'est un proche et que vous saisissez « Coucou », il n'aura aucune idée du contenu du message. Si à la place vous indiquez « Repas de famille de la semaine prochaine », le contenu du mail est déjà plus clair et votre correspondant prendra peut-être le temps de lire le message, même si son emploi du temps est surchargé !

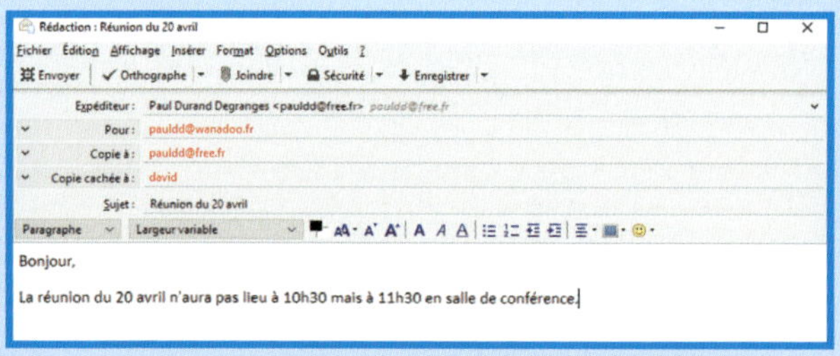

4 Saisissez maintenant le texte du message. Vous pouvez utiliser les outils de mise en forme du texte disponibles dans l'application. Attention toutefois si vous faites une mise en forme complexe ; selon l'application de messagerie utilisée par le destinataire, le message peut ne pas apparaître tel que vous l'avez conçu. Un bouton (souvent sous la forme d'un trombone) permet d'ajouter des pièces jointes à vos messages. Vous pouvez y placer tout type de fichier (texte, image...).

À savoir

Il arrive souvent que les champs *CC* et *CCI* ne soient pas visibles dans la fenêtre de saisie d'un mail. Un bouton ou une option de menu, selon le gestionnaire de mails utilisé, permettent de les faire apparaître.

Attention !

Ce n'est pas parce que vous envoyez un mail à des connaissances que vous pouvez oublier la « nétiquette ». Soyez courtois et poli, n'écrivez pas en majuscule (cela revient à crier), évitez le langage SMS. Gardez à l'esprit que l'humour ne passe pas toujours bien par écrit, même en utilisant des émoticônes.

LES PIÈCES JOINTES

Vous pouvez ajouter un grand nombre de pièces jointes à un mail, comme des photos ou tout autre document. Il faut être toutefois particulièrement attentif à la taille de l'envoi. Les fournisseurs d'accès à Internet imposent une taille maximale, généralement de 10 Mo. Il se peut aussi que votre prestataire accepte une taille de 10 Mo ou plus, mais que le FAI du destinataire n'autorise pas les messages supérieurs à 5 Mo par exemple. Pour les photos, évitez d'envoyer des fichiers en haute résolution. Si vous devez transmettre des fichiers volumineux, utilisez dl.free (voir p. 229), une application FTP (voir p. 230), Wetransfer (voir « Trucs & astuces » p. 229) ou Yousendit, ou bien passez par un service de Cloud (voir p. 231 et suivantes).

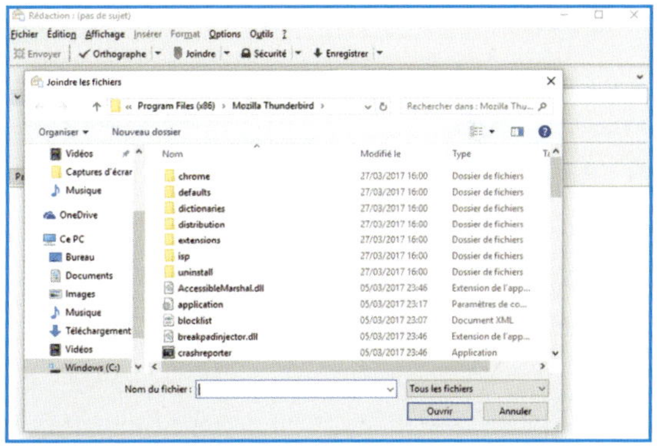

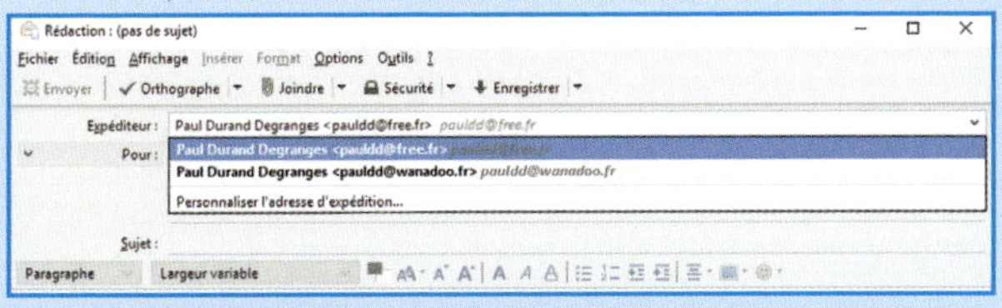

CHANGER DE COMPTE POUR L'ENVOI

Il est possible de posséder plusieurs comptes de messagerie, un compte professionnel et un compte privé, par exemple. Lorsque vous créez un nouveau message et que vous avez configuré plusieurs comptes dans l'application de messagerie, vous pouvez cliquer sur votre adresse mail, généralement tout en haut de la fenêtre de nouveau message. Dans la liste déroulante qui apparaît, sélectionnez le compte que vous souhaitez utiliser pour votre message.

RÉPONDRE ET TRANSFÉRER

Il existe deux manières de répondre : répondre seulement à l'expéditeur du mail en cliquant sur *Répondre*, ou répondre à l'expéditeur ainsi qu'aux autres destinataires du message en cliquant sur *Répondre à tous* (s'il y avait des destinataires en *CCI*, ils n'apparaissent pas dans le message et ils ne recevront pas votre réponse). Attention donc de ne pas vous mélanger entre les deux. Lorsque vous répondez à un message, tous les champs sont renseignés. Vous avez la possibilité de modifier les champs destinataires (*À*, *CC*, *CCI*) et objet. Vous pouvez écrire au-dessus du message auquel vous répondez, ou insérer vos commentaires dans le message pour répondre point par point. Vous pouvez aussi transférer un message pour l'envoyer à d'autres destinataires. L'icône *Transférer* ressemble souvent à une flèche pointant vers la droite. Dans ce cas, les champs des destinataires sont vides et c'est à vous de les saisir. Dans le corps du message, indiquez pourquoi vous le transférez.

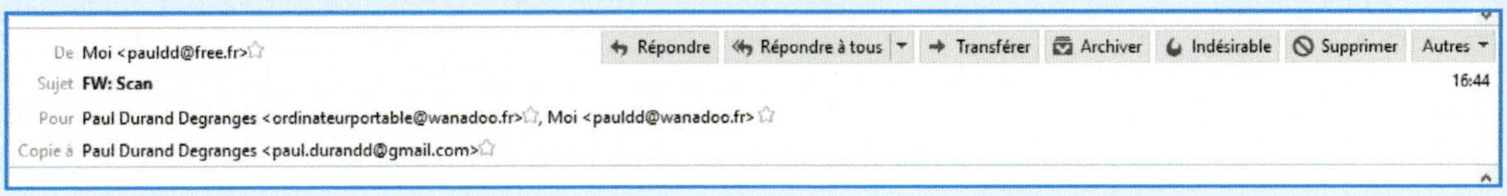

Trucs & astuces

Vous souhaitez envoyer un message à plusieurs personnes sans divulguer toutes les adresses mail ? C'est simple : insérez votre adresse mail dans le champ *À* (ou *Pour*) et placez tous les destinataires dans le champ *CCI*.

ALLER PLUS LOIN AVEC LES MAILS

Attention !

Cela semble aller de soi, mais pour envoyer ou recevoir des mails, vous devez être connecté à Internet. C'est vrai avec votre PC, mais aussi avec votre smartphone ou votre tablette. Si vous n'êtes pas connecté au Wi-Fi et que vous n'avez pas de réseau cellulaire 3G/4G, vous ne pouvez pas échanger de mails.

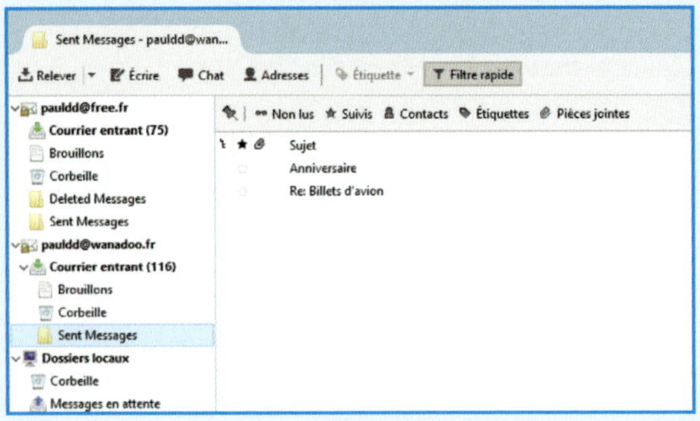

VÉRIFIER L'ENVOI DES MAILS

Lorsque vous envoyez un mail, il est placé dans le dossier *Boîte d'envoi* le temps du transfert vers le serveur de votre FAI. Une fois distribué, il disparaît de la boîte d'envoi et se place dans le dossier *Éléments envoyés*. Avec les connexions par ADSL, fibre ou 4G, l'opération est quasiment instantanée (sauf si vous avez des pièces jointes importantes). Si le mail reste bloqué dans la boîte d'envoi, vous avez sans doute un problème de connexion à Internet. Lorsque la connexion sera rétablie, le message sera envoyé par votre messagerie (si celle-ci est restée ouverte). Quelques rares applications proposent de demander une confirmation de réception ou une confirmation de lecture. En pratique, cette fonction ne sert souvent à rien : la majorité des applications n'en tiennent pas compte et ne renvoient pas la confirmation.

RECEVOIR LES MAILS

Pour recevoir les mails, votre logiciel de messagerie doit se connecter au serveur de votre prestataire de mails (votre FAI, Google, Yahoo!, etc.). Ainsi, un logiciel de messagerie se connecte à intervalles réguliers au serveur pour vérifier la présence de nouveaux courriers. Vous avez la possibilité de régler la fréquence de connexion. Sur votre PC, cela ne pose aucun problème, en revanche sur un smartphone ou une tablette, si vous configurez une fréquence de relevage des courriers très courte (par exemple toutes les 3 minutes), vous consommerez beaucoup d'énergie. Certaines applications et certains serveurs utilisent ce que l'on appelle le push : lorsqu'un mail arrive sur le serveur, celui-ci envoie une notification pour que votre smartphone le récupère. La fréquence de connexion ne peut pas être réglée sur les messageries en ligne, qui fonctionnent en continu dès qu'elles sont connectées.

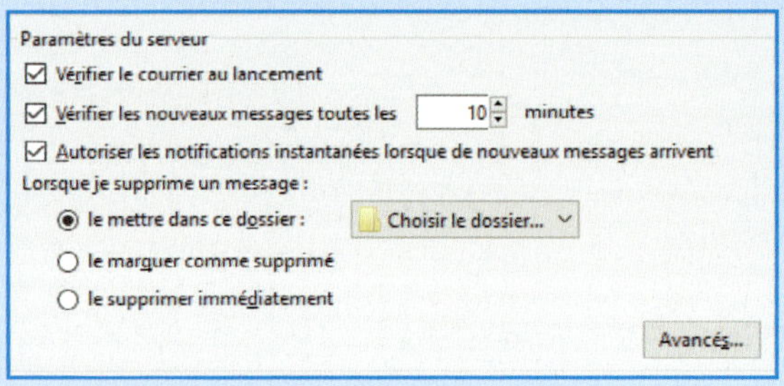

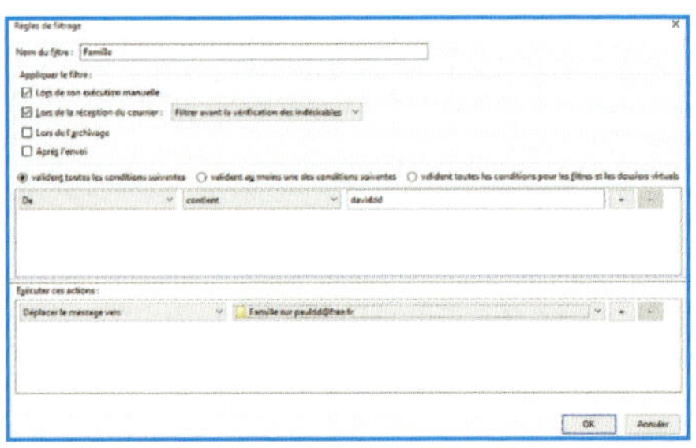

CLASSER AUTOMATIQUEMENT LES MAILS

La majorité des logiciels de messagerie et certaines messageries en ligne proposent la création de règles qui vous permettent de classer automatiquement les mails reçus. Par exemple, si vous avez une activité dans une association, vous pouvez créer une règle qui indique que tous les mails provenant de membres de cette association iront directement dans un dossier que vous avez appelé « Association ». Vos règles sont classées par ordre d'importance, de sorte que si plusieurs d'entre elles s'appliquent à un même message, votre messagerie ira classer ce dernier dans le dossier dont la règle prévaut sur les autres : prenons le cas d'un mail qui vous a été envoyé par une personne membre de l'association pour laquelle vous avez créé une règle, mais qui vous est adressé sur votre messagerie professionnelle, laquelle est, elle, aussi soumise à une règle qui classe les messages dans un dossier que vous avez appelé « Professionnel ». Le mail reçu ne se retrouvera pas dans les deux dossiers, mais uniquement dans le dossier lié à la règle que vous avez définie comme étant prioritaire.

À savoir

Vous pouvez créer des règles simples sur les messageries en ligne comme Inbox (ou Gmail), Yahoo! Mail, Orange Mail, etc., mais vous ne pouvez pas créer des niveaux de règles complexes comme c'est le cas avec des applications telles que Outlook, Courrier ou Thunderbird.

UTILISER UNE LISTE DE DIFFUSION

Une liste de diffusion permet d'envoyer un mail à un ensemble de personnes abonnées à la liste. Par exemple, si vous faites partie d'une association, vous pouvez créer une liste de diffusion qui permet d'échanger des mails entre tous les membres de l'association. Plutôt que de saisir l'adresse de toutes les personnes auxquelles vous souhaitez envoyer le mail, vous saisissez l'adresse de la liste de diffusion. Votre message est ensuite transmis à l'ensemble des abonnés. Lorsque l'un d'eux répond, son message est là encore envoyé à l'ensemble de la liste. Il est toujours possible de répondre directement à l'expéditeur d'un mail en évitant que toute la liste le reçoive. La plupart du temps, la méthode est identique à celle utilisée pour un message normal : on utilise les boutons *Répondre* pour répondre au seul expéditeur et *Répondre à tous* pour tous les abonnés de la liste ; mais il arrive qu'elle varie selon le type de liste.

CRÉER UNE LISTE DE DIFFUSION AVEC YAHOO!

Pour créer un groupe, affichez la page http://fr.groups.yahoo.com et cliquez sur le lien ; puis cliquez sur le lien *Créer un nouveau groupe*. Si vous ne possédez pas déjà un compte Yahoo!, suivez le lien permettant d'en créer un. Lors de sa création, vous classez votre liste de diffusion dans une catégorie. Renseignez les différents champs pour décrire votre groupe et lui attribuer son adresse, puis validez la création. Sélectionnez ensuite un profil ou créez un profil spécifique pour votre liste. Vous pouvez ensuite personnaliser le groupe et inviter d'autres personnes à y participer. Dans les options de personnalisation, vous pouvez choisir de ne pas faire apparaître votre groupe dans les listes de Yahoo! et, dans ce cas, vous choisissez les personnes qui en feront partie. Si vous créez un groupe pour communiquer facilement entre les membres du bureau d'une association, par exemple, optez pour un groupe privé qui n'apparaît pas dans les listes de Yahoo!.

CRÉER UNE LISTE DE DIFFUSION AVEC GOOGLE

Rendez-vous à l'adresse http://groups.google.com puis cliquez sur le bouton *Créer un groupe*. Utilisez les identifiants de votre compte Google ou créez-en un. Dans la page suivante, renseignez les différents champs. Choisissez *Liste de diffusion* pour créer une liste dans la liste déroulante *Type de groupe*. Dans la partie *Autorisations de base*, la liste *Rejoindre le groupe* permet de choisir les modes d'inscription : *Public* (pas d'inscription requise), *Utilisateurs invités uniquement* (le choix le plus privé) ou *Tout le monde peut demander à rejoindre le groupe*. Terminez en cliquant sur *Créer*. Invitez ensuite les intervenants de votre liste. Une fois qu'ils auront accepté l'invitation, il vous suffira d'envoyer vos mails à l'adresse de votre liste pour que ceux-ci soient transmis à l'ensemble des contacts invités.

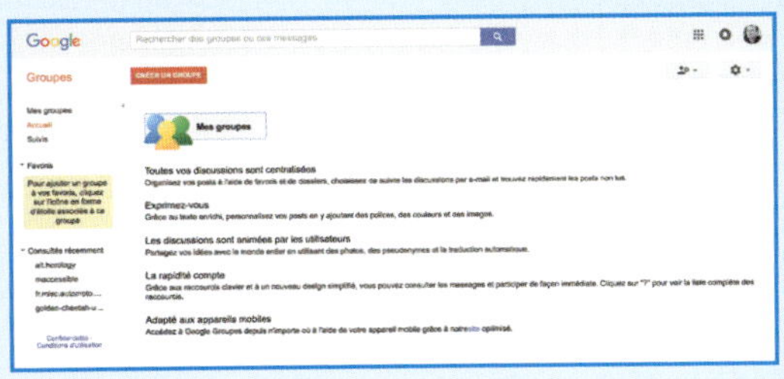

Le petit ➕

Pour envoyer un mail à un très grand nombre de personnes, vous pouvez aussi utiliser des services de newsletter comme MailChimp (gratuit jusqu'à 6 000 mails par mois) : il permet de créer des listes d'abonnés (à partir d'un fichier Excel, d'un retour de formulaires ou en les saisissant), d'envoyer des mails avec une mise en page sophistiquée et d'analyser les retours (voir si le mail a été lu, par exemple).

COMMUNIQUER AVEC SKYPE

Le petit +

Skype existe sur PC, Mac, smartphones et tablettes (Android et iOS). C'est un excellent moyen de communiquer avec des proches à l'étranger. Pour utiliser Skype, vous devez être connecté au Wi-Fi ou au réseau 3G/4G (attention à votre forfait avec ce dernier type de connexion).

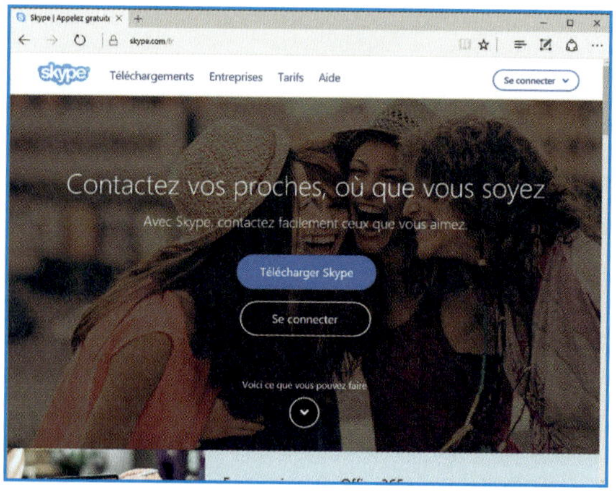

INSTALLER SKYPE

Avant de pouvoir utiliser Skype, vous devez l'installer sur votre ordinateur. Pour cela, rendez-vous sur la page www.skype.com/fr puis cliquez sur *Télécharger Skype*. Une fois le téléchargement terminé, procédez à l'installation du programme. Vous aurez besoin d'un compte Skype ou d'un compte Microsoft. Si vous n'en possédez pas, toujours sur la même page, cliquez sur le bouton *Se connecter*, puis, dans le menu qui s'affiche, cliquez sur *S'inscrire*. Suivez les instructions pour créer votre compte.

INSTALLER SKYPE SUR MOBILE

Pour obtenir Skype sur votre smartphone ou votre tablette, rendez-vous sur l'App Store (pour iOS) ou sur le Play Store (pour Android). Une fois l'application installée, vous utilisez vos identifiants Skype pour vous connecter. Si vous ne possédez pas d'identifiant, vous avez la possibilité d'en créer à partir de l'application. Une fois connecté, suivez les instructions pour effectuer les éventuels réglages complémentaires (par exemple sous iOS vous devez, entre autres, autoriser l'utilisation de la caméra ou l'envoi de notifications).

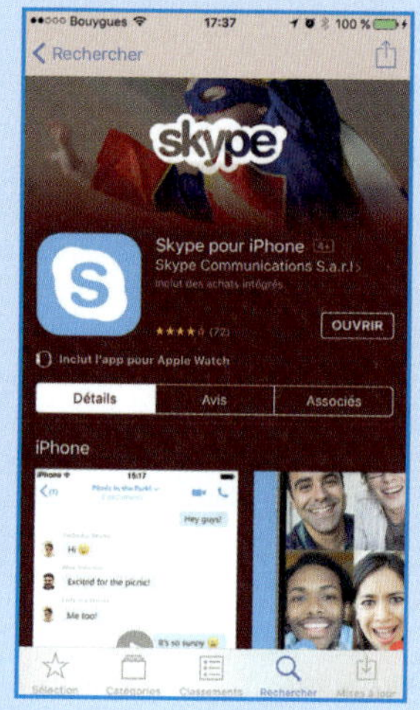

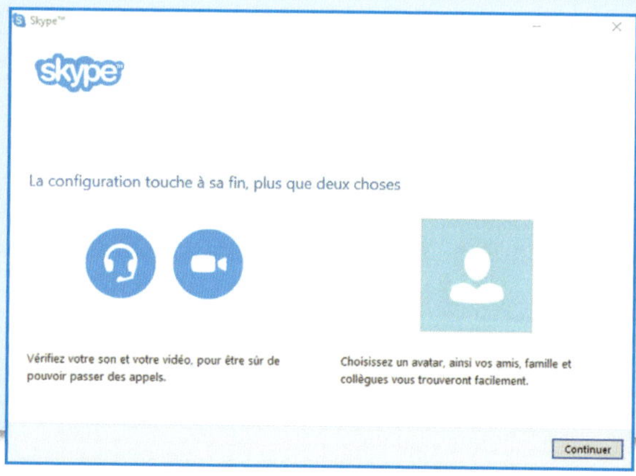

CONFIGURER SKYPE

Lorsque vous démarrez Skype pour la première fois, vous devez saisir vos identifiants de connexion. Il s'agit des identifiants que vous avez utilisés pour créer votre compte Skype. Si vous n'avez pas de compte Skype, il est toujours temps d'en créer un. Une fois identifié, un écran vous propose de tester votre micro et votre caméra afin d'obtenir une qualité de son et d'image optimale. Vous avez aussi la possibilité de choisir un avatar. Cliquez sur le bouton *Continuer* et suivez les instructions pour finaliser les réglages et créer votre avatar. Vous avez la possibilité de vous servir de votre webcam pour vous prendre en photo et d'utiliser cette dernière comme image pour votre compte Skype.

À savoir

Dans les contacts, vous trouvez *Echo / Sound Test Service*. Il s'agit d'un service permettant de vérifier que votre installation fonctionne correctement pour téléphoner (uniquement la voix, pas la visiophonie).

Attention !

Pour entrer en contact avec un autre utilisateur de Skype, celui-ci doit être connecté, c'est-à-dire que son appareil doit être allumé et l'application Skype ouverte.

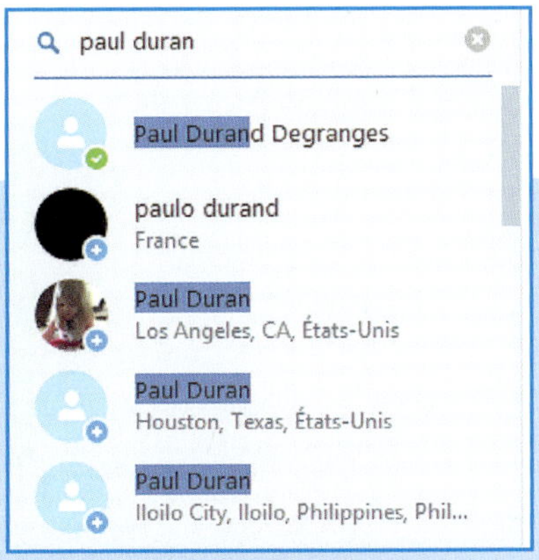

GÉRER LES CONTACTS SKYPE

Pour envoyer un mail, il vous suffit de connaître l'adresse de votre destinataire ; pour téléphoner à quelqu'un, vous n'avez besoin que de son numéro de téléphone. Mais, avec Skype, votre correspondant doit être lui aussi inscrit (et bien entendu avoir installé Skype sur son ordinateur ou son appareil mobile). Pour ajouter un contact, saisissez son adresse de messagerie ou son nom dans la zone *Rechercher*. Cliquez ensuite sur le bouton *Rechercher dans Skype*. Si vous avez utilisé une adresse mail, Skype vous indiquera si elle est connue ou non. Si vous avez saisi un nom, vous obtiendrez la liste des noms correspondants. Lorsque vous avez trouvé la personne souhaitée, cliquez dessus puis cliquez sur *Ajouter aux contacts*. Votre contact recevra la demande et devra la valider.

TCHATTER AVEC DES MESSAGES TEXTE

Lorsque vous tchattez en mode texte, vous saisissez votre message au clavier et vous l'envoyez avec la touche *Entrée*. Cela ressemble aux SMS, mais vous utilisez le service Skype pour cela. Sélectionnez le contact avec qui vous souhaitez tchatter, puis saisissez votre message et envoyez-le. La conversation s'affiche à l'écran avec une présentation semblable à celle que vous trouvez pour les SMS sur smartphone.

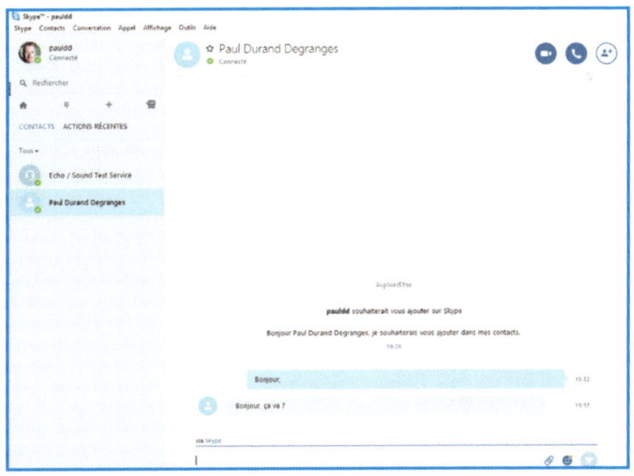

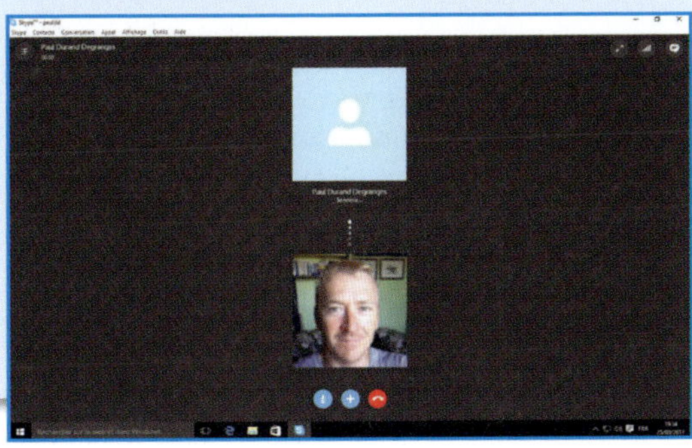

CONVERSATION VOCALE

Si vous n'avez pas de forfait illimité ou si votre correspondant est à l'étranger et que la destination n'est pas incluse dans votre forfait, vous pouvez utiliser Skype avec une connexion Wi-Fi ou une connexion 3G/4G si votre forfait le permet. Pour appeler un contact Skype, sélectionnez-le puis cliquez sur l'icône du téléphone. Si votre correspondant est connecté à Skype, il sera averti de votre appel et vous devrez attendre qu'il l'accepte. Quel que soit le type d'application Skype utilisée par votre correspondant (sur appareil mobile ou sur PC), son statut indique s'il est ou non en ligne.

À savoir

Avec les versions de Skype pour les appareils mobiles, vous pouvez recevoir des notifications quand une personne cherche à vous joindre. Si vous le souhaitez, il vous est possible de les désactiver : sous Android, allez dans *Paramètres*, *Sons et notifications* puis *Notif. des applications* ; sous iOS, allez dans *Réglages* puis *Notifications*. Sur les deux systèmes, choisissez ensuite *Skype* et bloquez les notifications.

CRÉER UNE CONVERSATION

Vous pouvez utiliser Skype pour établir une conversation en ligne avec plusieurs interlocuteurs. Pour cela, vous devez créer une conversation et inviter les participants. Dans le menu *Contacts*, cliquez sur *Créer une nouvelle conversation*. Une fenêtre s'affiche et la liste de vos contacts apparaît. Sélectionner les personnes que vous souhaitez inviter. Vous pouvez ensuite échanger par message texte ou utiliser la voix ou la vidéo. Vous avez également accès à différents outils comme l'échange de photos ou de fichiers entre les participants à la conversation.

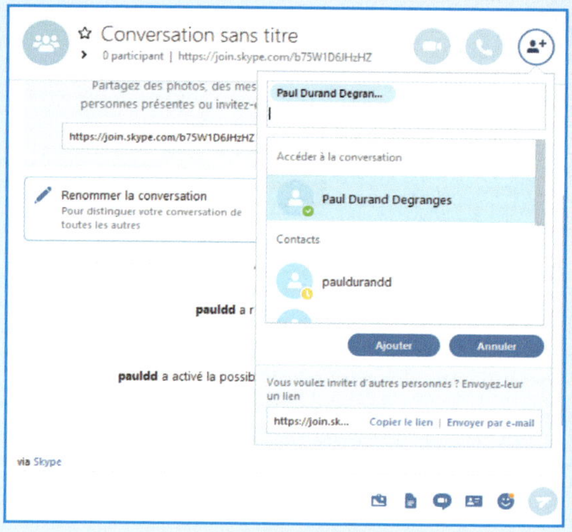

PASSER UN APPEL VIDÉO

Si votre ordinateur est équipé d'une webcam (ou que vous utilisez un smartphone ou une tablette avec une caméra frontale qui fonctionne) et si votre correspondant en possède également une, vous pouvez converser en visiophonie. Pour appeler votre correspondant, comme pour la conversation vocale, sélectionnez-le et cliquez sur l'icône représentant une caméra. Votre correspondant reçoit une notification lui indiquant que vous souhaitez démarrer une conversation vidéo. Il doit accepter l'appel pour que la communication s'établisse. Si votre correspondant ne possède pas de caméra, il ne pourra pas envoyer d'image mais il verra la vôtre. Le fonctionnement est identique sur PC ou sur appareil mobile. Il est possible de désactiver (et d'activer) la caméra à tout instant et de répondre en mode audio uniquement.

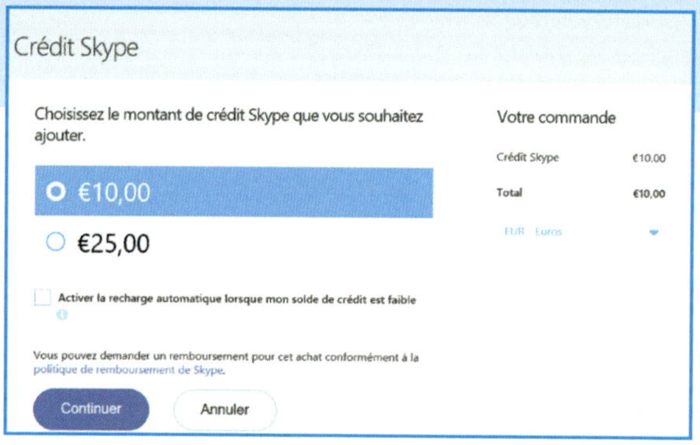

SMS ET APPELS VERS UN NUMÉRO DE TÉLÉPHONE

Skype permet aussi d'envoyer des SMS ou d'appeler une ligne fixe ou un smartphone. Pour cela, vous pouvez avoir besoin d'acheter du crédit. Ouvrez le menu *Skype*, puis sélectionnez l'option *Acheter du crédit Skype*. Votre navigateur Internet s'ouvre et vous êtes dirigé sur une page du site de Skype où vous pouvez acheter du crédit. Pour appeler un téléphone, ouvrez le menu *Appel*, puis choisissez *Appeler un téléphone*. Pour envoyer un SMS, faites un clic droit sur le contact puis choisissez *Envoyer un SMS*.

Trucs & astuces

Vous pouvez passer à tout moment de l'audio à la vidéo. Il suffit de cliquer sur l'icône en forme de caméra pour activer ou désactiver la caméra. Vous pouvez aussi tchatter simultanément à l'appel audio/vidéo en cliquant sur l'icône en forme de bulle. Utile pour envoyer des fichiers (en les glissant dans la conversation écrite) ou des notes écrites destinées à votre correspondant.

DÉCOUVRIR D'AUTRES SERVICES DE COMMUNICATION ET DE MESSAGERIE

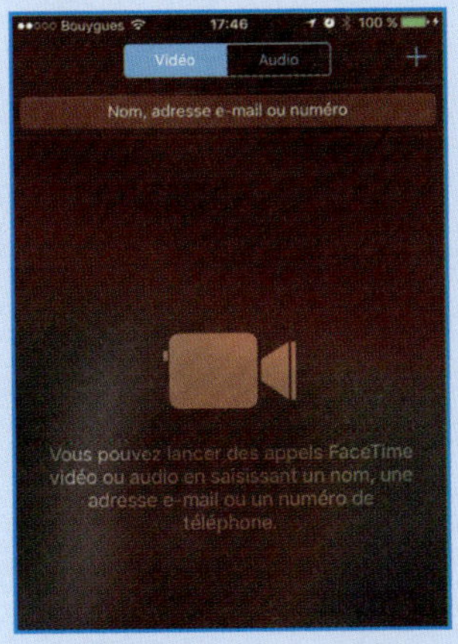

FACETIME

Facetime est une application de téléphonie/visiophonie d'Apple installée par défaut sur les iPhones, les iPads, les iPod Touch et les Mac. Sur un iPhone, votre numéro de téléphone est automatiquement utilisé pour les appels Facetime, mais vous avez aussi la possibilité d'ajouter une adresse mail. Pour appeler une personne, dans l'application Facetime, saisissez le numéro de téléphone ou l'adresse mail du correspondant, puis touchez l'icône de la caméra pour un appel vidéo ou l'icône du téléphone pour un appel audio. Sachez qu'il n'existe pas de version PC ni de version Android de cette application. Si vous n'êtes pas connecté au Wi-Fi, Facetime peut également s'utiliser via le réseau mobile. Attention cependant à la consommation de vos données si votre forfait est limité. Enfin, pour configurer Facetime sur votre appareil, vous devez commencer par configurer votre compte iCloud. Si vous n'en possédez pas, le système vous proposera d'en créer un gratuitement.

SNAPCHAT

Snapchat est une application gratuite qui permet le partage de photos et de vidéos. Elle est disponible uniquement sur les appareils mobiles iOS et Android (il n'existe pas de version PC). La particularité de cette application est l'existence d'une limite de temps de visualisation du fichier envoyé à ses destinataires. Au lancement de l'application, chaque photographie ou vidéo envoyée ne pouvait être visible par son ou ses destinataires que durant une période de temps allant d'une à dix secondes. Aujourd'hui, Snapchat vous offre également la possibilité de laisser afficher votre photo ou votre vidéo indéfiniment.

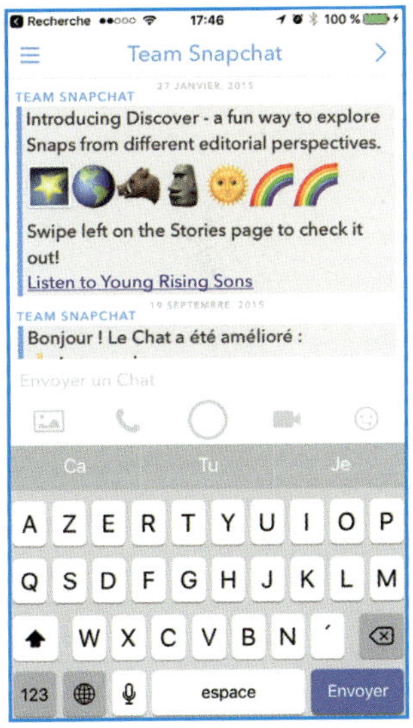

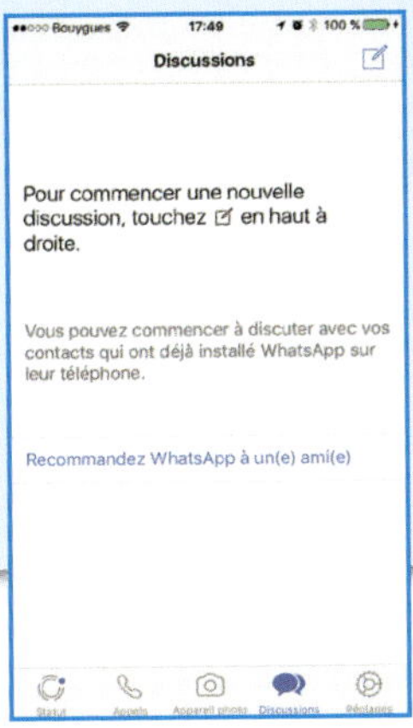

AUTRES APPLICATIONS DE COMMUNICATION

Il existe de nombreuses autres applications pour communiquer avec vos proches, comme LIME, Hangouts de Google ou Trillian, qui permet de gérer ses mails et de contacter directement (en mode vidéo, audio ou texte) non seulement les utilisateurs de Trillian mais également ceux de Facebook, Twitter, Google Talk, AIM, ICQ, etc. L'application WhatsApp permet quant à elle de tchatter à l'aide de messages texte ou vocaux et d'envoyer des fichiers (images, vidéos...) tout en chiffrant vos conversations pour les protéger (voir p. 137). Dès son installation, WhatsApp récupère les numéros de téléphone de tous vos contacts utilisant l'application. Mais toutes ces applications ne sont pas compatibles entre elles : pour choisir celle qui vous conviendra le mieux, interrogez vos proches et les personnes avec qui vous souhaitez communiquer pour connaître l'application la plus utilisée. Vous avez aussi la possibilité d'en utiliser plusieurs.

À savoir

Les applications fonctionnent en étant connectées à Internet, ce qui ne pose pas de problème en Wi-Fi, mais elles sont consommatrices de données en 3G/4G : l'envoi de messages texte et d'émoticônes ne consomme pas énormément de données, les appels voix en consomment moyennement, l'envoi de photos dans les messages beaucoup plus ; quant aux appels vidéo, ils sont très gourmands.

CONTACTS BIEN GÉRÉS ET AGENDA PARTAGÉ

Vous pouvez synchroniser vos contacts et votre agenda afin de les utiliser où que vous soyez avec n'importe quel appareil connecté.

Les PC, tablettes et smartphones permettent, grâce à des applications dédiées, de se constituer un répertoire téléphonique et un carnet d'adresses détaillés. Ces derniers vous seront utiles pour passer vos coups de fil, envoyer des SMS/MMS et des mails et, plus généralement, avoir à portée de main les adresses dont vous avez besoin. Il est possible d'exporter vos contacts sous la forme de fichiers au format universel que vous pouvez ensuite réimporter dans d'autres programmes et appareils. Mais plutôt que cette dernière solution, nous vous conseillons de synchroniser vos répertoires et carnets d'adresses entre vos différents appareils : ainsi, tout contact ajouté, tout rendez-vous pris sur votre smartphone sera immédiatement répertorié sur votre PC ou votre tablette, et inversement. Vous pouvez aussi partager vos agendas avec les membres de votre famille.

PRENDRE SOIN DE SES CONTACTS

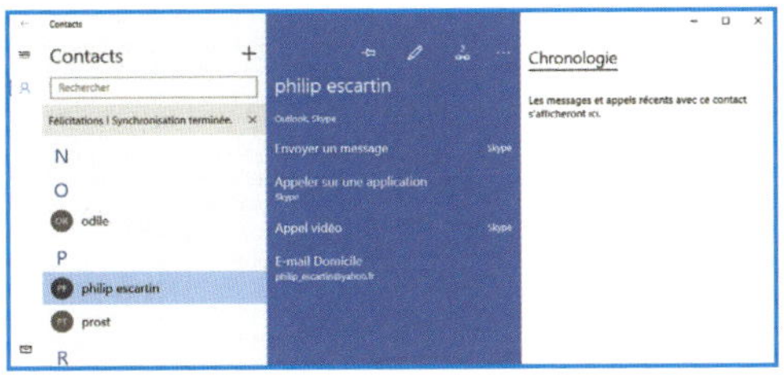

CRÉER ET ENTRETENIR

Sur PC, l'outil de communication le plus utilisé reste le courrier électronique, soit via un logiciel de messagerie électronique installé sur votre ordinateur comme Microsoft Outlook (logiciel de communication de la suite Office de Microsoft), Courrier (installé par défaut avec Windows), et Thunderbird, soit en consultant un service de messagerie en ligne tel Gmail, Outlook.com, Yahoo! Mail, voire le webmail de votre FAI. Tous ces outils mettent à votre disposition un module (souvent appelé *Contacts*) qui gère un carnet d'adresses électroniques détaillé. Windows met également à votre disposition une application appelée Contacts, en interface directe avec son logiciel Courrier.

EXPORTER VOS CONTACTS

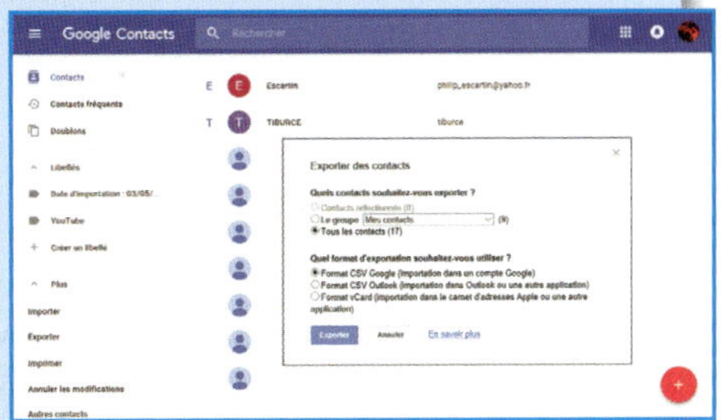

Comme la création d'un carnet d'adresses détaillé demande du temps, pensez à en assurer la sauvegarde afin de récupérer rapidement celui-ci en cas de souci d'ordinateur ou de changement de logiciel de messagerie. Les répertoires créés sur des webmails, comme Google Contacts ou Yahoo! Mail, sont systématiquement sauvegardés sur le serveur, et non sur votre ordinateur. En revanche, ce n'est pas le cas pour les programmes de messagerie comme Thunderbird ou Microsoft Outlook. Afin de sauvegarder vos contacts, il faut d'abord les exporter : allez dans *Fichier*, puis dans *Exporter* (ou équivalent). L'opération crée un fichier (généralement au format universel .csv) qui est stocké sur le disque dur de votre ordinateur ; sauvegardez-le sur un autre support. Il sera alors possible de réimporter ce fichier en sélectionnant *Fichier*, puis *Importer*. En fonction du logiciel utilisé, l'exportation ou l'importation du carnet d'adresses peut s'avérer plus ou moins complexe. En cas de difficulté, vous trouverez facilement sur Internet des informations décrivant la procédure adaptée à votre programme de messagerie.

LES CONTACTS DE MESSAGERIE INSTANTANÉE

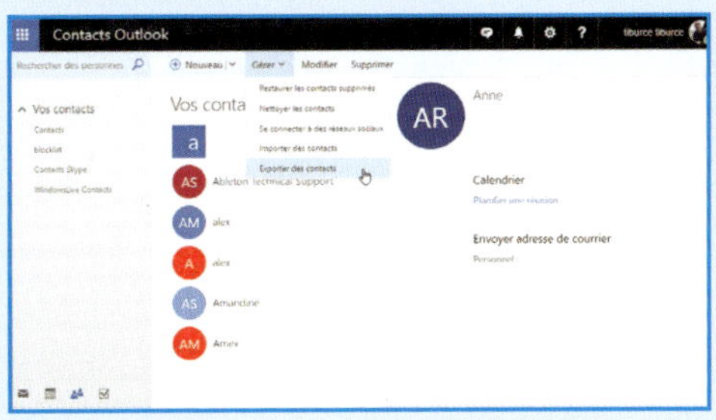

Les webmails, les messageries instantanées comme Hangouts (Google), Yahoo! Messenger, Messenger de Facebook, ou encore WhatsApp, ainsi que les logiciels de communication comme Skype stockent leurs contacts en ligne sur des serveurs sécurisés. Vous ne perdrez donc pas vos contacts suite à une panne d'ordinateur. Dès que vous disposez d'un accès à Internet et que vous vous connectez à ces services, vos adresses sont accessibles. Si vous changez de serveur de messagerie (vous souhaitez abandonner Google pour Yahoo! ou Outlook par exemple), pensez à exporter le carnet d'adresses du serveur actuel afin de l'importer dans le nouveau.

À savoir

Vous pouvez gérer votre webmail Google, Yahoo! ou Outlook avec un programme comme Thunderbird ou Courrier. Dans ce cas, les contacts que vous y avez créés seront automatiquement importés dans le carnet d'adresses de l'application. En revanche, si vous utilisez Contacts de Windows, vous devrez importer manuellement le carnet d'adresses de votre webmail.

Trucs & astuces

Pour une sauvegarde sécurisée de vos contacts, importez le contenu du fichier .csv dans le module *Contacts* de votre webmail Google, Yahoo! ou Outlook. Il sera ainsi stocké sur un serveur distant et vous y accéderez facilement dès que vous disposerez d'une connexion à Internet.

GÉRER DES CONTACTS AVEC UN SMARTPHONE SOUS ANDROID

L'application Contacts, présente par défaut sous Android, contient votre carnet d'adresses, qui vous servira à téléphoner ainsi qu'à envoyer et recevoir des SMS, des MMS et des mails.

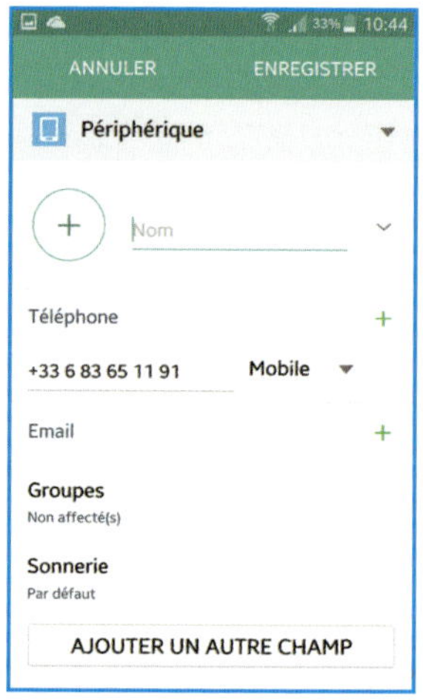

AJOUTER DES CONTACTS

Avec les smartphones Android, l'ajout de contacts peut se faire suite à la réception d'un SMS ou d'un coup de téléphone. Ouvrez le SMS, puis le menu local de l'application *Message*, et choisissez *Nouveau contact*. Pour l'enregistrer depuis un appel, ouvrez l'application Téléphone et touchez l'appel jusqu'à l'apparition d'un menu contextuel dans lequel vous appuierez sur *Nouveau contact*. Il ne vous reste plus qu'à remplir sa fiche. Pour supprimer un contact, ouvrez l'application Contacts et appuyez sur le nom de la personne pour ouvrir sa fiche. Touchez l'icône Plus en bas de l'écran puis, dans le menu local, choisissez *Supprimer le contact*. Pour ajouter des contacts sans message préalable, ouvrez l'application Contacts, touchez l'icône + (Nouveau contact), et remplissez la fiche que vous validerez par *Enregistrer* (ou une coche en haut à droite). Si vous ajoutez une adresse mail dans le champ *Email*, vous pourrez très facilement envoyer des courriers électroniques depuis l'application Contacts de votre smartphone.

EXPORTER SES CONTACTS

Lorsque vous gérez votre smartphone avec un compte Google (souvent votre adresse Gmail principale et le mot de passe qui y est associé), vos contacts sont sauvegardés automatiquement sur le compte en question. Toutefois, compte Google ou pas, vous avez la possibilité d'exporter vos contacts. Ouvrez l'application *Contacts* et touchez l'icône Plus (trois points) en bas à droite. Dans le menu local, allez dans *Paramètres* puis choisissez *Importer/Exporter*. Dans l'écran *Importer/Exporter des contacts*, touchez *Exporter vers une mémoire de stockage*. Notez le chemin d'accès au fichier .vcf qui va être créé, puis touchez *Exporter*. Dans la boîte de dialogue *Exporter les contacts depuis*, cochez les applications dont vous souhaitez exporter les contacts. Pour ceux de votre smartphone, choisissez *Téléphone* et *Carte SIM*, puis validez avec *OK*. Localisez alors le fichier .vcf, et sauvegardez-le sur votre PC, un support amovible ou sur le Cloud afin de récupérer vos contacts en cas de panne ou de changement de smartphone.

SYNCHRONISER SES CONTACTS MAIL

La synchronisation de vos adresses de messagerie électronique ne se fait pas directement sur l'application mail de votre smartphone, et ce que vous utilisiez les applications fournies par défaut (Mail sous iOS ou Email sous Android, voir p. 104) ou une autre application (voir p. 105). Elle se fait directement sur le compte de votre webmail (Orange Mail, Gmail, Yahoo! Mail, Outlook.com, etc.) dès lors que vous avez activé la fonction *Synchroniser les contacts* dans les paramètres de votre compte de messagerie. Tous les contacts ajoutés, modifiés et supprimés depuis le webmail (voir p. 103) seront ainsi actualisés automatiquement sur votre smartphone ou votre tablette.

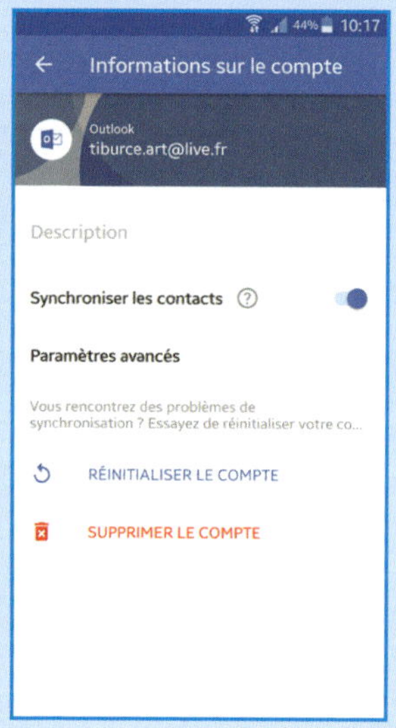

GÉRER DES CONTACTS AVEC UN IPHONE

L'application Contacts de votre iPhone permet de gérer un carnet d'adresses qui sera utilisé pour téléphoner, envoyer des SMS et des mails.

AJOUTER DES CONTACTS

Vous pouvez ajouter des contacts suite à un coup de téléphone ou la réception d'un SMS. Pour cela, affichez le message ou le journal des appels et touchez l'icône *i* située à droite du numéro de téléphone ou en haut à droite dans l'application Messages. Dans le nouvel écran qui apparaît, touchez *Nouveau contact*, remplissez la fiche et appuyez sur *Ok* en haut à droite. Il est aussi possible d'ajouter quelqu'un directement depuis l'onglet *Contacts* (accessible en bas de l'écran dans l'application Téléphone). Touchez le signe + en haut à droite et remplissez la fiche *Nouveau contact* qui apparaît. Ajoutez ce contact en touchant *OK* en haut à droite. Il suffit d'ouvrir la fiche d'un contact et d'utiliser les icônes situées sous son nom pour envoyer un SMS/MMS (icône de bulle), lui téléphoner (icône de téléphone), converser en visiophonie (icône de caméra), ou envoyer un mail (icône d'enveloppe).

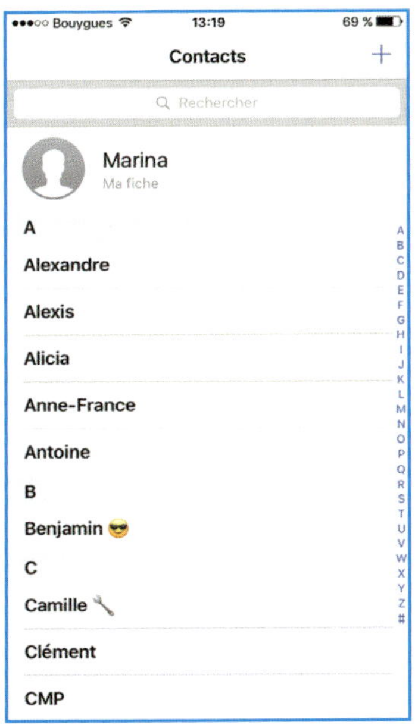

EXPORTER DES CONTACTS

Sur un iPhone, la sauvegarde des contacts se fait sur iCloud. Il suffit pour cela d'ajouter l'application Contacts à l'opération de sauvegarde régulière que fait l'iOS sur iCloud (voir p. 381). Accédez aux *Réglages* et touchez *Contacts*. Dans cet écran, appuyez sur *Comptes* puis sur *iCloud*. Basculez le commutateur *Contacts* en position *ON*, c'est-à-dire vert. Vos contacts seront ainsi sauvegardés périodiquement sur le Cloud d'où vous pourrez les restaurer en cas de souci avec l'iPhone. En revanche, il est plus complexe d'exporter un carnet d'adresses de l'iPhone pour l'utiliser sur un autre appareil ou logiciel. Pour cela, vous devez utiliser une application spécifique comme AnyTrans, FonePaw Transfer iOS ou Leawo iOS Data Recovery. Vous pourrez alors obtenir un fichier .csv modifiable, VCF Vcard ou une page web HTML contenant tous les contacts de votre iPhone.

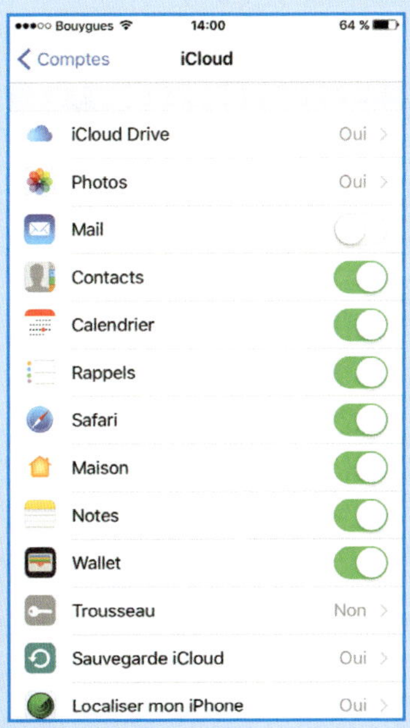

Partager un calendrier sur Google Agenda

Google Agenda, également connu sous le nom de Calendar, permet de gérer votre emploi du temps en ligne et de partager vos rendez-vous avec votre famille, des amis ou vos collaborateurs.

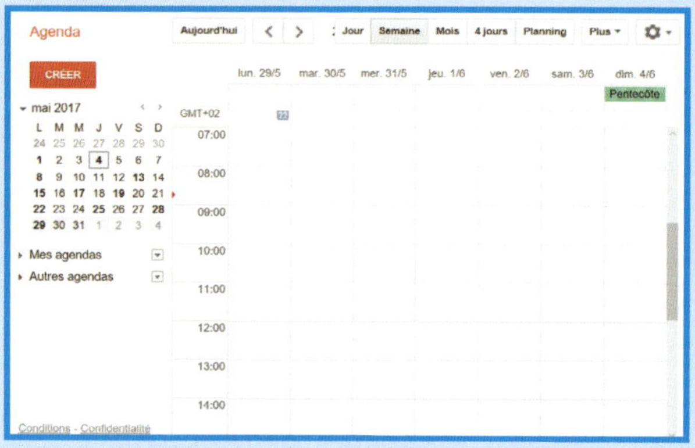

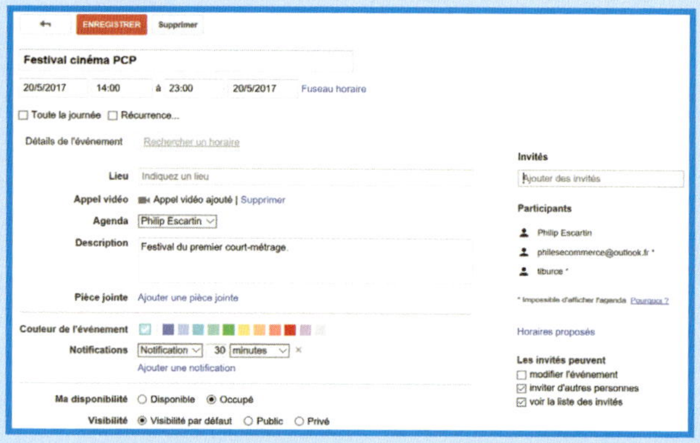

1 Pour profiter pleinement du service Agenda de Google (notamment pour le synchroniser avec votre smartphone), utilisez la même adresse mail que celle de votre compte Google. Ouvrez votre navigateur web, rendez-vous à l'adresse calendar.google.com et connectez-vous avec l'adresse mail que vous utilisez pour gérer votre agenda sur votre smartphone. Vous accéderez à un agenda composé de calendriers sur plusieurs années.

2 La création d'un évènement, c'est-à-dire d'un rendez-vous, ou le rappel d'une date importante s'effectuent par un clic sur le bouton *Créer*. Donnez un nom significatif à l'évènement, puis indiquez les dates et heures de début et de fin dans les menus locaux situés sous le titre. Précisez le lieu, tapez une description, activez ou non une visioconférence (appel vidéo), et ajoutez éventuellement des pièces jointes. Pour mieux identifier l'évènement dans le calendrier, assignez-lui une couleur.

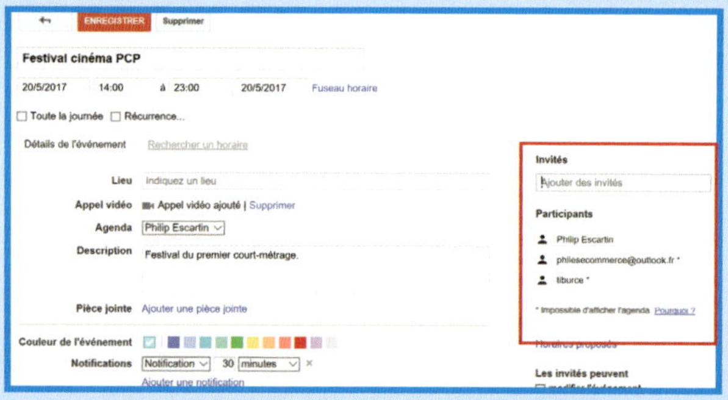

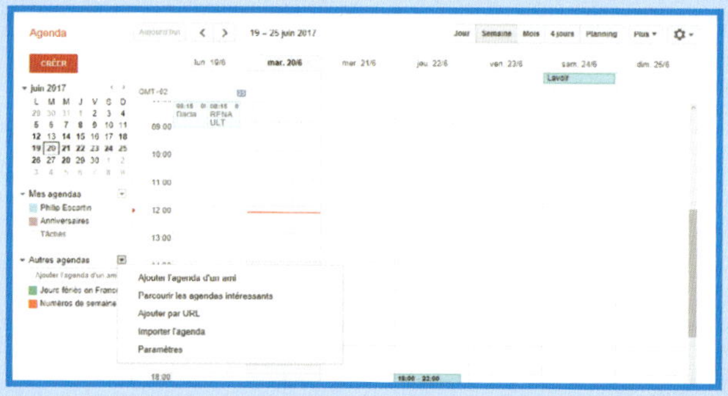

3 Pour partager un évènement, cliquez sur *Ajouter des invités* dans la section *Invités* située sur la droite. Ajoutez leurs adresses mail et validez avec la touche *Entrée*. Cochez ou décochez les actions que vos invités sont autorisés à faire sur l'évènement. Enfin, en bas de la fenêtre, définissez la visibilité de l'évènement en choisissant *Par défaut*, *Public* ou *Privé*. Puis cliquez sur *Enregistrer*. Dans le message demandant confirmation de l'envoi des invitations, cliquez sur *Envoyer*.

4 Pour afficher un agenda fait sur Google Agenda provenant d'une autre source, ouvrez le menu local *Autres agendas* en bas à gauche et choisissez *Ajouter l'agenda d'un ami*. Saisissez ensuite l'adresse mail de votre contact, qui doit être liée à son compte Google : ce dernier reçoit une notification qui, s'il l'accepte, vous permettra d'accéder au contenu de son agenda. *Importer l'agenda* permet d'importer, depuis un PC, un agenda au format .ical ou .csv créé sur un autre logiciel et de l'afficher dans Google Agenda. Vous pouvez aussi ajouter du contenu à votre agenda (noms des saints, jours fériés, etc.) depuis la base de données *Agendas intéressants*.

Trucs & astuces

Pour partager votre agenda, ouvrez le menu local *Mes agendas* dans la colonne de gauche et cliquez sur la flèche située à droite du nom de l'agenda à partager. Dans la fenêtre qui s'ouvre, choisissez *Partager cet agenda*, saisissez les adresses mail des personnes avec qui vous souhaiter le partager et cliquez sur *Enregistrer*.

SYNCHRONISER GOOGLE AGENDA AVEC UN APPAREIL SOUS ANDROID OU IOS

L'intérêt de disposer d'un agenda en ligne est de l'avoir à portée de main quel que soit l'appareil que vous utilisez. Ainsi, les évènements saisis, modifiés et effacés depuis un navigateur web ou votre smartphone seront systématiquement actualisés sur tous vos appareils.

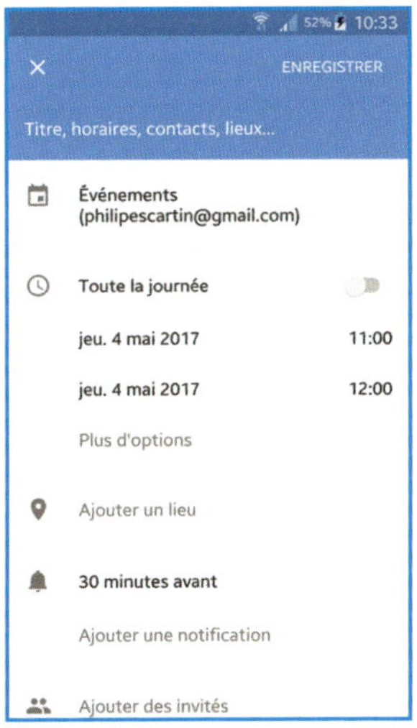

SYNCHRONISER SOUS ANDROID

Pour que la synchronisation opère sans problème sous Android, utilisez l'application par défaut S Planner de votre appareil, ou bien téléchargez Google Agenda depuis le Play Store. Veillez alors à utiliser sur votre smartphone l'adresse mail utilisée pour Google Agenda. Sachez également que vous pouvez gérer plusieurs agendas simultanément du moment que vous ajoutez leur adresse mail (celle liée à leur compte Google) à votre smartphone Android. Dès que l'application Agenda est installée avec l'adresse mail de votre compte Google, les évènements sont synchronisés. Ainsi, tout ajout, modification, suppression d'un évènement depuis le smartphone ou la tablette Android se répercutera dans la version en ligne d'Agenda (et réciproquement). Pour forcer la mise à jour sous Android, affichez un calendrier, puis touchez les trois points verticaux en haut à droite. Dans le menu local qui s'ouvre, appuyez sur *Actualiser*.

SYNCHRONISER SOUS IOS

La technique la plus simple et la plus efficace pour synchroniser vos évènements Google Agenda sur votre iPhone ou votre iPad consiste à installer l'application Google Agenda que vous téléchargerez via iTunes ou l'App Store. Connectez-vous ensuite à votre compte Google, c'est-à-dire celui à partir duquel vous utilisez Agenda sur votre ordinateur. Une fois cette connexion établie, toutes les modifications et tous les ajouts, et suppressions d'évènements réalisés soit depuis l'ordinateur, soit depuis l'iPhone ou l'iPad, seront synchronisés. Si vous préférez utiliser l'application Calendrier installée par Apple sur votre iPhone, sachez que vous pouvez la synchroniser avec Google Agenda en allant sur *Comptes, Ajouter un compte* puis sur *Google* pour ajouter votre compte. Tous les évènements que vous ajouterez dans Google Agenda depuis votre PC ou votre tablette seront alors affichés dans l'application Calendrier d'Apple.

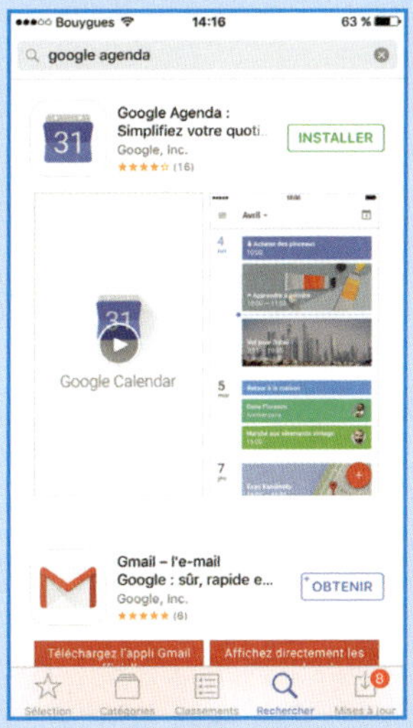

Le petit +

Il est possible d'assigner plusieurs alarmes à vos évènements Google Agenda. Ainsi, que vous soyez devant l'écran de votre PC, que vous vous divertissiez sur votre tablette ou n'ayez que votre smartphone à portée de main, ces alarmes vous rappelleront vos rendez-vous programmés.

ACCÉDER AUX RÉSEAUX SOCIAUX

Internet est un lieu d'échanges en tous genres diffusés notamment à travers les réseaux sociaux. À vous de trouver celui qui satisfera le mieux vos besoins de communication.

Les réseaux sociaux ont révolutionné notre manière de communiquer. Dans un monde connecté par Internet disponible 24 h/24 sur nos PC, tablettes, et smartphones, il est désormais possible de partager des informations, des photos, des vidéos, des messages ou de discuter en temps réel via des réseaux sociaux comme Facebook, Twitter, LinkedIn, Flickr et bien d'autres encore. Ces plateformes vous permettent de rester en contact permanent avec votre famille et vos amis, de publier votre « actualité », ou bien encore de faire état de vos créations. Facebook est le plus complet de tous tandis que Twitter n'autorise que des messages de 140 signes (avec photo et vidéo). Quant à LinkedIn et Viadeo, ils sont faits pour tisser des liens professionnels (dépôt de CV, recherche d'emploi), voire politiques. Enfin Flickr, Pinterest et Instagram sont spécialisés dans la publication de photos.

Ouvrir un compte Facebook

Facebook est devenu LE réseau social de la communication, dont peu de personnes parviennent à se passer aujourd'hui. Vous devez y créer un compte via votre PC, votre tablette, ou, comme expliqué ici, votre smartphone.

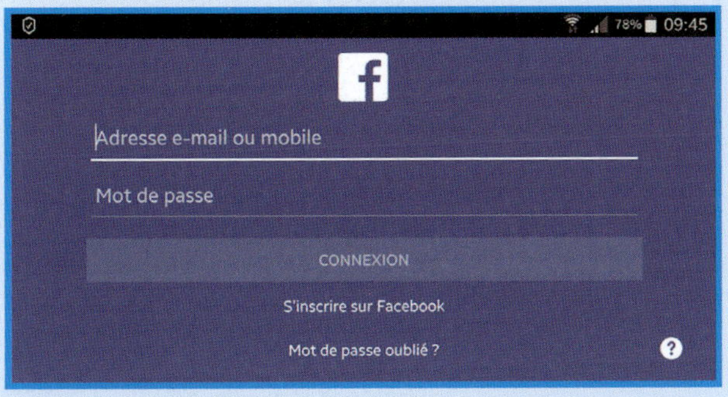

1 Si l'application Facebook n'est pas installée par défaut sur votre appareil, téléchargez-la depuis le Play Store (Android) ou l'App Store (iPhone) comme expliqué aux pages 80 et 81. Ouvrez-la, et touchez la mention *S'inscrire sur Facebook*. Sur PC, rendez-vous sur le site www.facebook.com et remplissez le formulaire d'inscription.

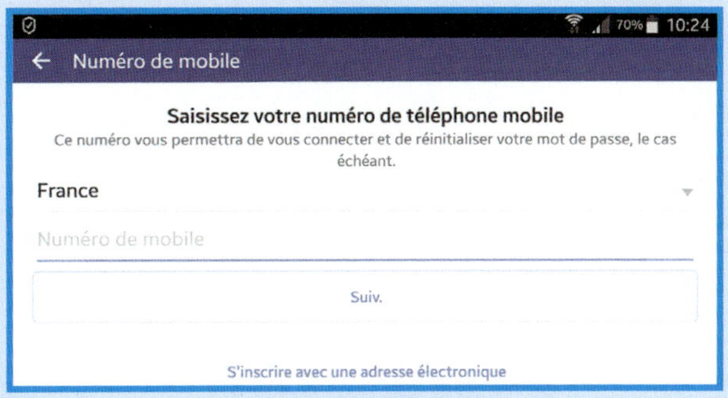

2 Sur l'écran qui suit, touchez *Suiv.* Vous pouvez alors utiliser votre numéro de téléphone ou une adresse mail comme identifiant Facebook. Ici, choisissez *S'inscrire avec une adresse électronique*. Saisissez une adresse mail existante, et touchez le bouton *Suiv.* Indiquez les informations demandées par Facebook : nom, prénom, âge, sexe, et mot de passe.

3 Commencez par choisir une image de profil qui sera visible par tous, soit en prenant une photo avec votre smartphone, soit en la choisissant parmi celles qui y sont stockées, ou touchez *Ignorer* en haut à droite. Ajustez la photo dans l'interface *Déplacer et redimensionner*, puis touchez *Terminé*. Ensuite, touchez le bouton *Démarrer* pour ajouter des amis, puis *Terminé*. Validez votre inscription avec le code de confirmation envoyé par mail ou par SMS. Vous voici sur Facebook. Vous pouvez alors inviter des relations via le bouton *Ajouter des amis* situé à droite des vignettes des amis suggérés, ou sur *Ignorer* pour y revenir plus tard.

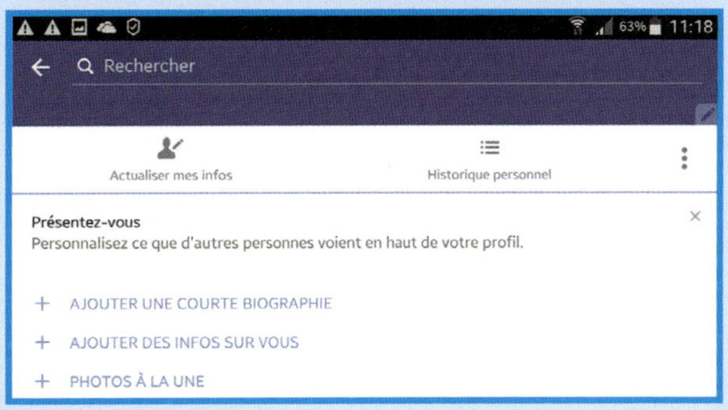

4 Pour personnaliser votre page d'accueil, appuyez sur l'icône des trois traits horizontaux, puis sur votre photo afin d'afficher votre profil. Ajoutez une photo dite « de couverture » qui viendra se placer dans un grand bandeau en haut de la page et des informations comme votre biographie. Touchez *Actualisez mes infos* pour modifier vos données. Ces informations seront accessibles dans la section *À propos de votre compte*.

À savoir

La procédure d'inscription sur Facebook est sensiblement la même via un PC, une tablette ou un iPhone. Sur PC et tablette, vous affichez davantage d'informations simultanément du fait de l'utilisation d'un écran plus grand que celui d'un smartphone.

Paramétrer la confidentialité sur Facebook

Avant de vous servir de Facebook, il est important de sécuriser votre compte et d'en limiter l'accès aux personnes qui ont toute votre confiance. Voici comment faire sur PC et smartphone (nous utiliserons pour cette procédure les écrans d'un PC).

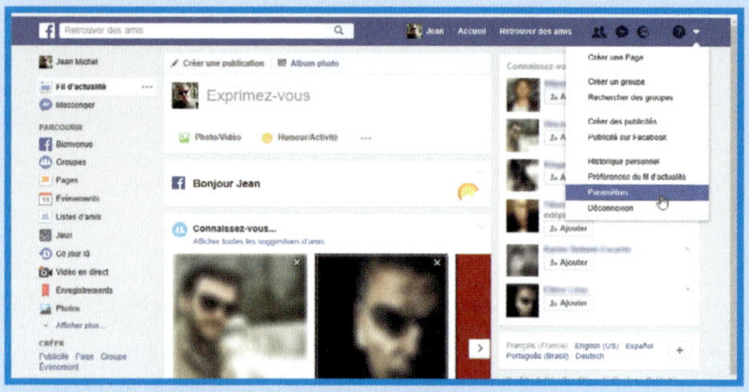

1 Votre page Facebook peut être ouverte à tous ou, au contraire, restreinte à une liste d'intimes que vous choisirez. C'est ce qu'on appelle le « niveau de confidentialité ». Pour le paramétrer, cliquez sur le chevron en haut à droite. Dans le menu local, choisissez *Paramètres*. Sur smartphone, touchez les trois traits horizontaux, faites défiler le contenu de l'écran, et appuyez sur *Paramètres du compte*.

2 Dans la colonne de gauche, cliquez ou touchez la catégorie *Confidentialité*. Les informations dont l'accès peut être restreint apparaissent dans *Paramètres et outils de confidentialité* sur votre ordinateur ou *Prise de contact* sur votre smartphone. Pour changer leurs propriétés, cliquez sur le lien *Modifier* sur votre PC ou touchez le chevron situé à droite de la rubrique sur votre smartphone.

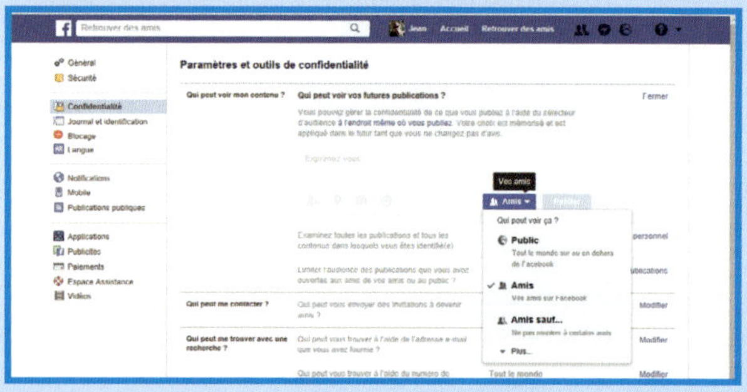

3 Pour définir les personnes qui pourront lire vos publications et/ou vous contacter, cliquez sur le lien *Modifier* (chevron dirigé vers la droite sur smartphone), à droite de chacune de ces mentions. Ouvrez le menu local de confidentialité, et choisissez *Amis*, voire *Moi uniquement* (en fonction du paramètre). Pour accéder à des options supplémentaires de confidentialité sur ordinateur, cliquez sur *Plus*. Sur smartphone, vous n'avez souvent que trois choix : *Public*, *Amis*, et *Moi uniquement*. Vous définissez ainsi des réglages par défaut qui pourront être modifiés au cas par cas lors de vos publications.

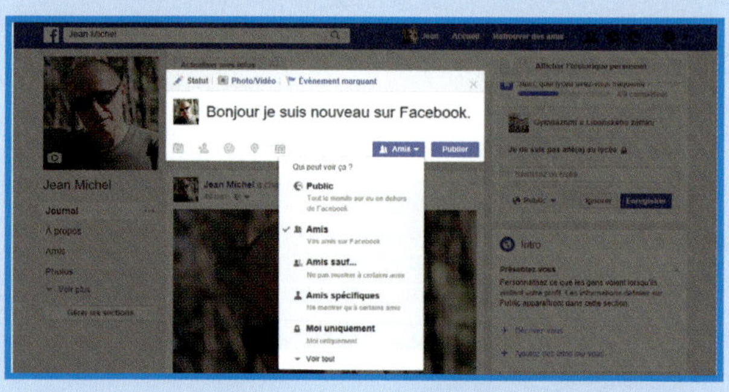

4 Lorsque vous publiez un message, Facebook applique la confidentialité définie dans vos paramètres. Pour la modifier ponctuellement, ouvrez le menu local l'affichant et choisissez-en une autre, par exemple *Public* pour que toute personne utilisant Facebook puisse lire votre publication, ou *Moi uniquement* pour que vous seul puissiez la voir. Sur smartphone, vous devez toucher la mention affichée en haut à gauche, puis le niveau de confidentialité souhaité. Cette fois, comme précédemment sur ordinateur, vous disposez du choix *Plus* qui donne accès à d'autres options de confidentialité.

Le petit +

Pourquoi ne pas créer un compte Facebook pour chacune de vos activités ? L'un d'eux sera réservé à vos contacts professionnels ; un deuxième se consacrera aux échanges avec votre famille et vos amis ; enfin un troisième sera ouvert au reste du monde.

AJOUTER DES AMIS SUR FACEBOOK

AJOUTER DES AMIS

Lorsque vos amis sauront que vous disposez d'un compte Facebook, ils chercheront à vous contacter et à vous ajouter à leurs amis. Vous recevrez ainsi des demandes d'ajout sous forme « d'invitations », symbolisées par un numéro qui indique le nombre de demandes d'invitation et s'affiche sur l'icône représentant deux silhouettes humaines (sur ordinateur comme sur smartphone). Cliquez ou touchez l'icône puis le bouton *Confirmer* ou *Supprimer l'invitation*. Lorsque vous activez cette icône, Facebook affiche la liste de personnes susceptibles de vous intéresser. Pour les inviter à devenir vos amis, cliquez ou touchez le bouton *Ajouter*.

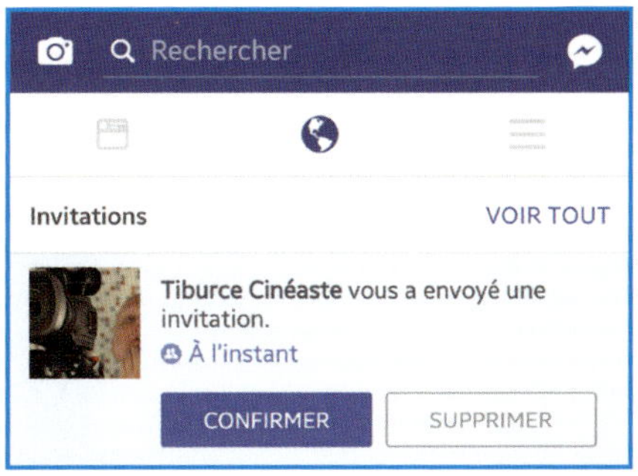

LES AMIS DE MES AMIS...

Le principe du réseau social est de mettre en relation des personnes qui partagent des centres d'intérêt. Facebook les appelle un peu trop vite des « amis ». L'un des moyens de développer votre réseau relationnel consiste à inviter les amis de vos amis. Pour vous faciliter la tâche, Facebook vous soumet, dans diverses parties de son interface, une liste de personnes à inviter. Lorsque vous cliquez ou touchez l'icône des silhouettes d'amis, Facebook vous suggère des amis sous forme de vignettes affichant leur photo de profil. Pour envoyer une invitation à un ou plusieurs d'entre eux, cliquez ou touchez le bouton *Ajouter* situé à droite de leur nom aussi bien sur ordinateur que sur smartphone. Lorsque vous débutez sur Facebook, une section *Connaissez-vous* apparaît en premier lieu sur votre profil. Le bouton *Ajouter* figure alors sous les vignettes des utilisateurs suggérés. Vous pouvez également visiter la page de chacun d'eux, et tenter d'établir le contact. Lorsque vous cliquez sur *Ajouter*, un message est alors envoyé à la personne qui ne deviendra votre « ami » qu'après avoir accepté l'invitation. Vous pouvez ajouter un message privé pour expliquer les raisons de votre invitation.

... MAIS C'EST MOI QUI CHOISIS !

Il peut arriver que certains « amis d'amis » acceptés trop rapidement deviennent indésirables. Dans ce cas, vous pouvez les « bloquer » pour qu'ils disparaissent de votre liste d'amis et ne puissent plus vous contacter. Attention car cette action sera bien évidemment mal perçue par les personnes concernées. Même virtuelles, les relations humaines sont compliquées... Pour gérer vos « listes noires », accédez aux *Paramètres* (voir p. 170, étape 1), et affichez le contenu de la catégorie *Blocage*. Dans la page *Gérer le blocage*, localisez le champ de saisie *Bloquer des utilisateurs* et saisissez le nom du compte Facebook à bloquer, puis cliquez sur le bouton *Bloquer*. Facebook affiche un message rappelant les conséquences d'un blocage. Confirmez par un clic sur le bouton *Bloquer <prénom du contact>*. Vous serez ainsi plus tranquille. Pour rétablir un contact, cliquez sur le lien *Débloquer* situé à droite de son nom dans la liste des utilisateurs bloqués.

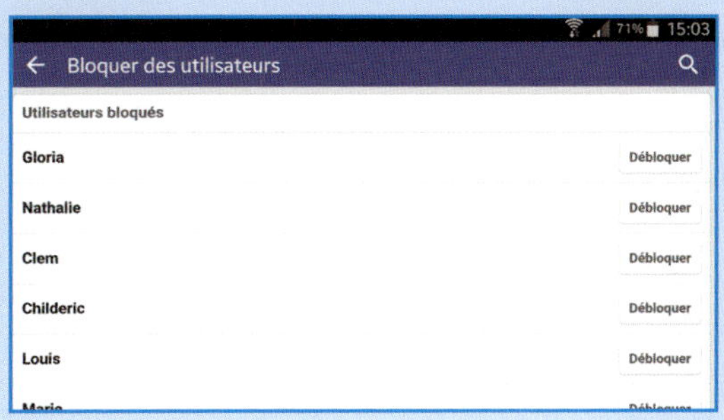

Le petit +

Avec un système basé sur les « amis d'amis », vous risquez d'être submergé de contacts avec lesquels vous n'aurez sans doute pas envie de tout partager : reportez-vous aux pages 170 et 174 pour apprendre à régler et contrôler votre profil et à organiser vos contacts Facebook.

Publier un message sur Facebook depuis un PC

L'une de vos principales activités consistera à publier des messages, des photos et des vidéos. La procédure de publication diffère selon que vous l'effectuez sur un PC, sur une tablette ou un smartphone. Voici comment procéder sur PC depuis la page *Accueil* de votre compte.

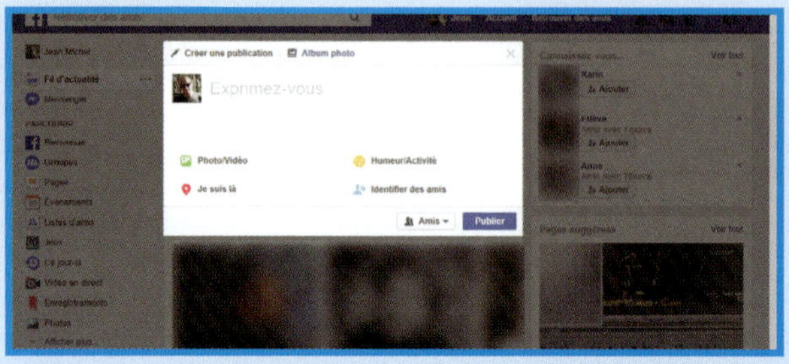

1 Vous pouvez publier un message depuis l'accueil de votre compte Facebook ou depuis votre profil dans la zone de saisie *Exprimez-vous*, au bas de laquelle quatre icônes légendées apparaissent dès que vous cliquez. Saisissez votre texte, relisez-le bien et cliquez sur le bouton *Publier*. Pour ajouter votre localisation et indiquer votre humeur ou votre activité du moment, cliquez respectivement sur les boutons *Je suis là* et *Humeur/Activité* (voir étape 2).

2 Dans le champ *Où êtes-vous ?* qui apparaît quand vous cliquez sur *Je suis là*, saisissez le nom du lieu d'où vous publiez ou sélectionnez-le dans la liste des propositions qui s'affichent. Cela renvoie à la page Facebook de l'endroit spécifié. Ensuite, cliquez sur *Humeur/Activité* et, dans le menu local qui apparaît, choisissez un statut dans les sous-menus proposés, comme *Je me sens* puis *Très bien*. Le lieu et votre humeur (ou activité) apparaissent en bas du message (voir illustration).

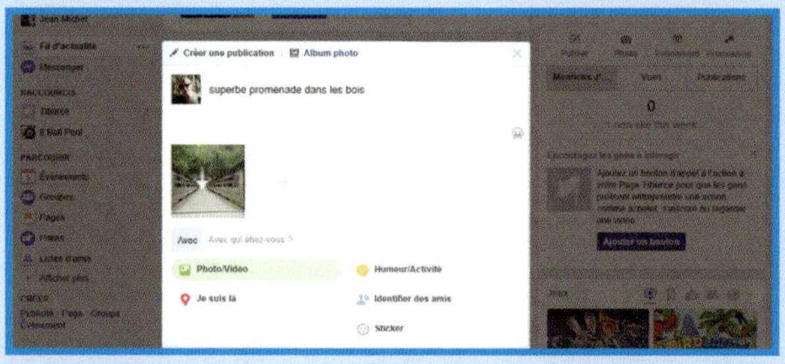

3 Ajoutez une photo et/ou une vidéo (avec ou sans message) par un clic sur le bouton du même nom. Depuis la boîte de dialogue *Ouvrir*, parcourez vos fichiers et cliquez sur le fichier photo ou vidéo à importer, puis sur le bouton *Ouvrir*. Pour ajouter d'autres images et/ou films, cliquez sur la vignette affichant le signe +, et répétez la procédure. Avant de publier le message, vous pouvez modifier la confidentialité de la publication.

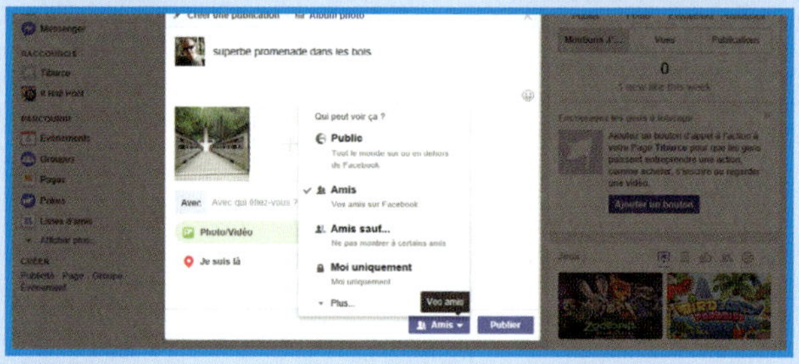

4 Pour modifier le niveau de confidentialité d'un message, ouvrez le menu local situé à gauche du bouton *Publier*. Choisissez *Public*, *Amis*, *Amis sauf* ou *Plus*. Cette dernière option affiche deux autres possibilités : *Amis spécifiques* et *Moi uniquement*. La première permet d'indiquer nominativement les utilisateurs qui verront ou ne verront pas cette publication. En sélectionnant la seconde, vous serez la seule personne à voir votre publication. Enfin, cliquez sur le bouton *Publier*.

Vous pouvez identifier des amis dans vos publications, photos, et vidéos. Cliquez sur le bouton *Identifier des amis* (en bas à gauche), et tapez leur nom de profil dans le champ *Avec qui étiez-vous ?* Cliquez sur leur vignette dans la liste qui s'affiche. Ainsi, vos amis et les amis de vos amis auront accès à cette publication. Pour garantir leur vie privée, sachez que vos amis peuvent annuler leur identification dans vos publications.

À savoir

À l'inverse de Twitter, Facebook ne limite pas le nombre de caractères. Si votre texte est long, seules quelques lignes seront affichées, et la mention *Afficher la suite* apparaîtra en bas à droite du message. Cliquez dessus pour lire la totalité de la publication. En fonction de la longueur du texte, la taille des caractères sera plus ou moins grande.

Publier un message sur Facebook depuis un smartphone

L'interface de Facebook sur smartphone diffère de celle sur PC. De même, la procédure et les options disponibles sont sensiblement différentes depuis votre page d'accueil appelée « fil d'actualité » ou depuis celle de votre profil.

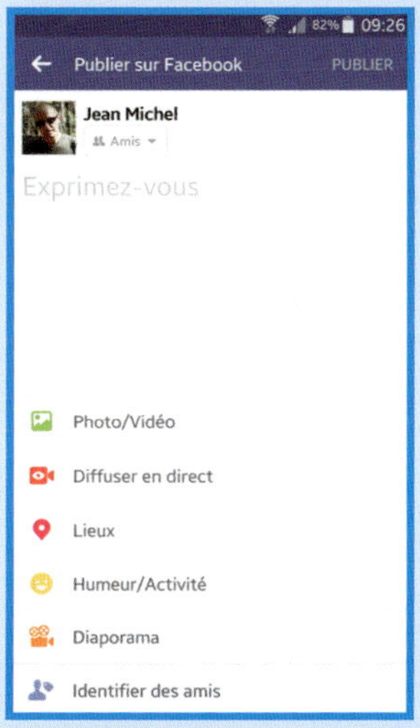

1 Pour publier un message dans l'interface de la version mobile de Facebook, touchez le champ *Exprimez-vous* et saisissez votre texte. Touchez ensuite la mention *Publier* en haut à droite. Comme sur la version PC vous pouvez, avant de publier, ajouter des photos/vidéos, indiquer votre localisation, votre humeur/activité, modifier la confidentialité par défaut, créer un diaporama et diffuser en direct.

2 Pour ajouter des images et/ou des films accompagnant ou non un message, touchez l'icône *Photo/Vidéo*. Parcourez la galerie multimédia de votre smartphone et touchez la ou les vignettes du ou des fichiers à sélectionner, puis touchez la mention *Terminé* en haut à droite. Pour localiser la publication, identifier des amis et indiquer votre humeur ou votre activité du moment, touchez les icônes situées en bas de la publication.

3 Pour localiser le lieu où vous vous situez, touchez l'icône rouge en bas à droite puis la mention *Lieux*. Dans le champ *Rechercher des lieux*, saisissez le nom de l'endroit afin d'insérer un lien vers le compte Facebook de ce lieu. Touchez la proposition correspondante. Touchez l'icône jaune puis *Humeur/Activité* pour insérer des émotions, des stickers ou des activités en choisissant un de ces onglets. Optez ensuite pour une de ces options représentant votre humeur ou ce que vous faites actuellement. Touchez *Identifier des amis* pour indiquer vos amis Facebook qui sont présents dans cette publication.

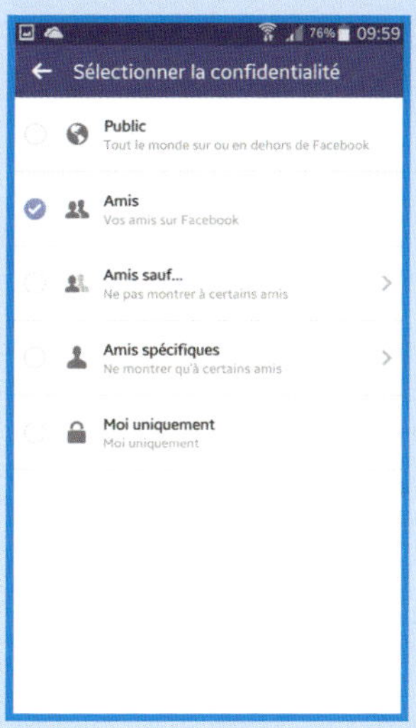

4 Enfin, définissez le niveau de confidentialité de votre publication en touchant le menu local situé sous votre nom de profil. Choisissez entre *Public*, *Amis*, ou *Amis sauf*. Touchez la mention *Plus* pour définir plus précisément qui verra ou non votre publication : *Amis spécifiques* permet d'indiquer qui de vos contacts Facebook verra cette publication. Saisissez son nom dans le champ *Rechercher un ami ou une liste*, puis touchez la vignette de l'ami concerné. Validez en appuyant sur la flèche en haut à gauche pour revenir à votre message, puis touchez *Enregistrer*.

Trucs & astuces

Vous pouvez appliquer un filtre de retouche à une image en faisant glisser votre doigt dessus de gauche à droite ou de droite à gauche. Une barre verticale blanche permet de prévisualiser le résultat une fois le filtre appliqué. Si vous êtes satisfait, validez l'application en faisant glisser la barre jusqu'au bord gauche ou droit de l'image. Touchez le bouton *Modifier* pour recadrer, ajouter du texte, dessiner, incruster une émoticône ou appliquer l'un des filtres disponibles.

Créer une liste d'amis sur Facebook

Les listes d'amis vous permettent de sélectionner les personnes avec qui vous souhaitez partager des publications particulières, ou au contraire celles que vous voulez écarter. Vous pouvez par exemple créer une liste composée de vos collègues de bureau ou encore de personnes qui partagent vos goûts artistiques.

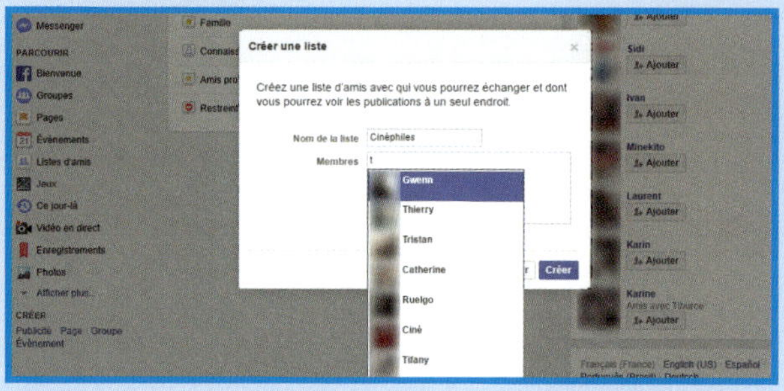

1 Cliquez sur *Accueil* et, dans la section *Parcourir* de la colonne de gauche, choisissez *Listes d'amis*. Dans le panneau qui apparaît, cliquez sur le bouton *Créer une liste*. Dans la boîte de dialogue qui s'ouvre, remplissez le champ *Nom de la liste* puis composez-la en saisissant le nom de vos amis dans le champ *Membres*. Cliquez sur les propositions de Facebook (voir illustration).

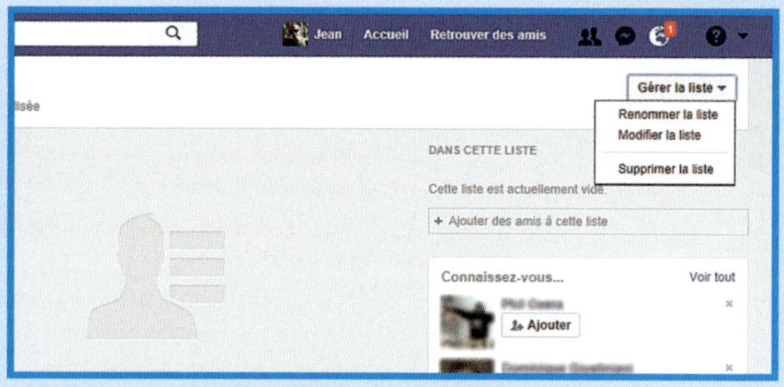

2 Pour supprimer un ami ajouté par erreur, cliquez sur l'icône *X* située en haut à droite de son nom dans la liste *Membres*. Une fois votre liste constituée, cliquez sur le bouton *Créer*. Affichez vos listes en cliquant sur *Listes d'amis* dans la colonne gauche de l'*Accueil*. Pour modifier une liste, cliquez sur son nom puis ouvrez le menu local *Gérer la liste*. Vous pourrez la renommer, la modifier ou la supprimer.

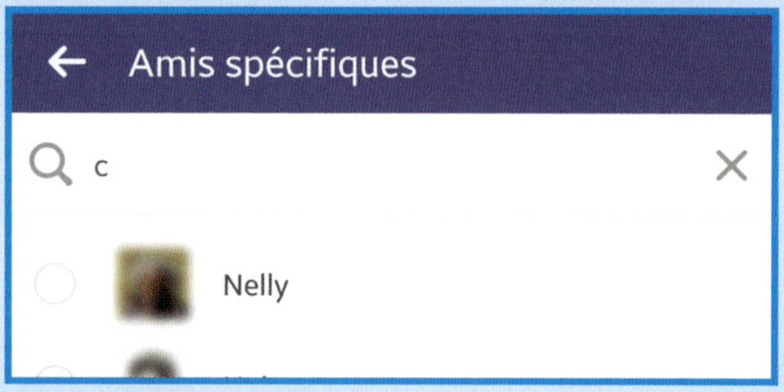

3 Pour limiter la confidentialité d'une publication à une liste d'amis, choisissez *Amis spécifiques* (*Plus* puis *Amis spécifiques* sur smartphone) dans le menu local des paramètres de confidentialité après avoir créé votre message. Saisissez les premières lettres du nom de la liste, puis choisissez-la parmi les propositions qui s'affichent. Cliquez ensuite dans le petit cercle situé à droite du nom de votre liste sur ordinateur (à gauche sur smartphone et tablette). Grâce aux listes, vous limitez l'accès de vos publications à des amis précis. Cliquez sur *Enregistrer les modifications* puis sur *Publier*. Sur smartphone, revenez à votre message en touchant la flèche en haut à gauche, puis sur *Publier*.

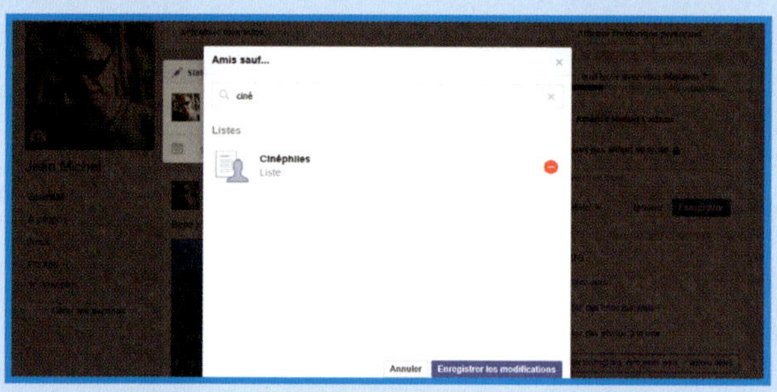

4 Il est également facile d'interdire l'accès d'une publication à une liste d'amis. Cette fois, dans le menu local de confidentialité, choisissez *Amis sauf*. Dans la boîte de dialogue du même nom (sur ordinateur) ou dans la liste qui apparaît (sur smartphone), cliquez dans le champ de saisie et entrez le nom de la liste contenant les amis auxquels vous voulez interdire l'accès à la publication. Cliquez dans le petit cercle à droite ou à gauche du nom de liste qui se transforme alors en symbole d'interdiction. Cliquez sur *Enregistrer les modifications* ou touchez la flèche en haut à gauche pour remonter jusqu'au message. Ensuite, optez pour *Publier*.

À savoir

Facebook crée certaines listes automatiquement afin de grouper vos amis de lycée, de fac, les membres de votre famille. Tout utilisateur répondant aux mêmes critères que vous, comme la fréquentation du même lycée, fera partie de cette liste dont vous gérerez le contenu.

Créer des groupes sur Facebook

Les groupes sont des entités Facebook qui réunissent des utilisateurs liés par un même centre d'intérêt. Vous pouvez créer un groupe pour y inviter des amis ou bien rejoindre un groupe existant. En règle générale, l'adhésion à un groupe se fait sur invitation d'un de ses membres.

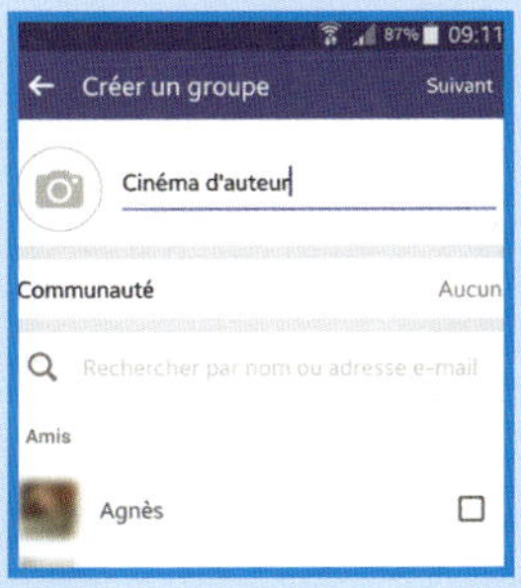

1 Cliquez sur *Accueil* puis, dans la section *Parcourir* de la colonne de gauche, sélectionnez *Groupes* (sur smartphone, touchez les trois traits verticaux et faites défiler le contenu de l'écran). Cliquez ensuite sur *Créer un groupe* (*Créer* puis *Créer un groupe* sur smartphone). Donnez un nom à votre groupe puis, dans le champ *Ajouter des personnes* (*Rechercher par nom ou adresse mail* sur smartphone), saisissez le nom des amis que vous souhaitez ajouter au groupe. Vous pouvez également cliquer sur le nom des amis dans la liste qui s'affiche. Sélectionnez ensuite la confidentialité du groupe par un clic sur le menu local affichant *Groupe fermé* par défaut. Sur smartphone, touchez *Suivant* en haut à droite.

2 Vous avez alors le choix entre trois types de groupes : *Groupe public*, *Groupe fermé* ou *Groupe secret*. Si le groupe est *Public*, toute personne possédant un compte Facebook peut voir son contenu, ses membres, et y adhérer sans être invité. *Fermé* définit un groupe dont vous ne voyez que l'intitulé et auquel vous ne pouvez adhérer que si on vous le propose ou après acceptation de votre demande. Enfin, *Secret* détermine un groupe dont l'existence et le contenu ne sont connus que de ses membres. Après avoir défini le niveau de confidentialité, cliquez sur *Créer*. Sur ordinateur, choisissez une icône identifiant votre groupe.

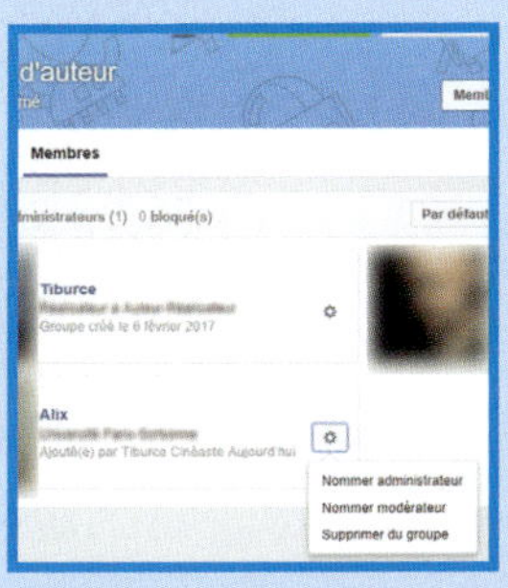

3 Une fois le groupe créé, vous pouvez ajouter une photo de couverture, écrire des publications, inviter de nouveaux amis en cliquant sur le bouton *Ajouter des membres* situé à droite de leur vignette dans la section du même nom ou sur l'onglet *Membres* de la page du groupe. La vignette de chaque membre apparaît alors dans la section *Membres*. Pour gérer les membres du groupe, cliquez sur le nombre de membres affiché dans cette section. Ensuite, cliquez sur l'icône de la roue crantée pour accéder aux commandes : *Nommer modérateur*, *Nommer administrateur*, *Supprimer du groupe* ou *Quitter le groupe*. Sur smartphone, la procédure est plus complexe, aussi nous vous conseillons de gérer vos groupes sur PC.

4 Les publications dans un groupe fonctionnent de la même manière que dans un compte Facebook standard. Les membres peuvent commenter et « liker » les publications de tous les membres dans la section *Discussion*. En tant que créateur d'un groupe, vous en êtes l'*Administrateur*, c'est-à-dire que vous décidez de toute l'activité du groupe, donc de sa disparition éventuelle. Vous pouvez également nommer d'autres administrateurs, voire quitter le groupe et ainsi passer la main.

Pour fermer définitivement un groupe, commencez par en supprimer tous les membres dans la section *Membres*. Ensuite, exécutez la commande *Quitter le groupe* du menu local situé sous l'icône de la roue crantée à droite de votre vignette. Dans la boîte de dialogue qui apparaît, choisissez *Quitter et supprimer*.

À savoir

Pour adhérer à un groupe, affichez-en la page Facebook, puis cliquez sur le bouton *Rejoindre ce groupe*. Si le groupe est fermé, vous devrez attendre la validation de votre demande par l'un de ses administrateurs.

VIRTUOSES DE FACEBOOK !

ORGANISER UN ÉVÈNEMENT

La fonctionnalité *Évènement* sert à organiser un anniversaire, une soirée, un spectacle, etc. Depuis l'*Accueil*, cliquez sur *Évènements* (colonne de gauche sur PC ou sous l'icône des trois traits horizontaux sur smartphone), puis sur le bouton *Créer un évènement* (icône en bas à droite sur smartphone). Dans la partie supérieure de l'écran, choisissez entre un *Évènement public* (visible de tous les comptes Facebook) ou un *Évènement privé* (réservé aux seuls invités). Renseignez les champs, ajoutez une photo de couverture, et cliquez sur *Créer* (ou *Créer un évènement privé*). Une fois l'évènement publié, invitez des amis en ouvrant le menu local *Inviter/Choisir des amis* (PC) ou en touchant *Inviter des amis* (smartphone). Tapez des noms de compte dans le champ de recherche situé en haut de l'écran. Cochez les noms sur smartphone ou cliquez simplement dessus sur PC. Choisissez ensuite *Envoyer les invitations* (flèche sur smartphone) en bas à droite. Les amis ainsi invités indiqueront s'ils sont ou non intéressés par votre évènement, ce qui permettra d'évaluer le nombre de participants et de vous organiser en conséquence. Pensez à enrichir l'annonce de l'évènement avec des textes, des photos, et des vidéos.

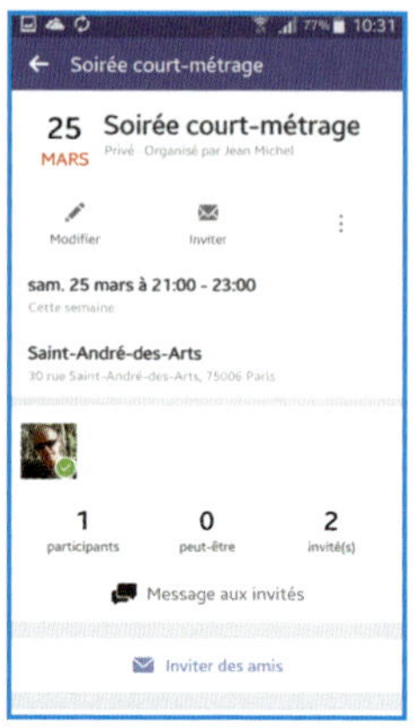

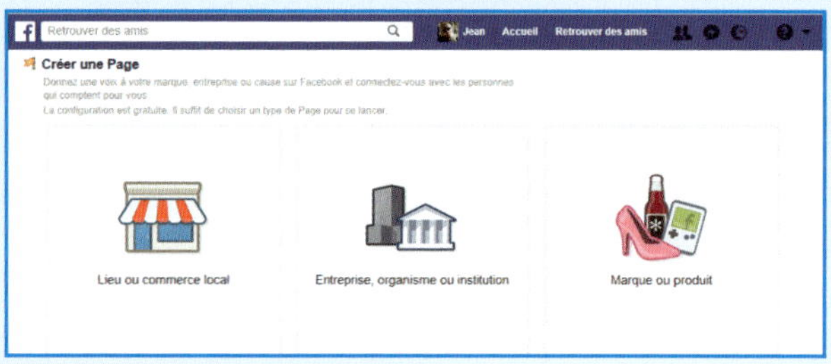

CRÉER OU S'ABONNER À DES PAGES

Les pages Facebook permettent de contourner certaines restrictions des comptes, lesquels ne peuvent être ouverts que par des personnes physiques qui indiquent un nom, un prénom, un âge et un sexe, Facebook se réservant le droit de fermer un compte si un utilisateur ne respecte pas ces règles. En revanche, vous pouvez créer une page sur un sujet particulier qui ne sera pas liée directement à votre compte et ne contiendra donc pas vos informations personnelles. C'est l'occasion de faire connaître votre activité professionnelle, artistique, commerciale ou associative. Sur PC, cliquez sur *Pages* en colonne de gauche ; sur smartphone, touchez les trois traits verticaux et faites défiler jusqu'à *Créer une Page*. Le fonctionnement de ces pages est similaire à celui d'un compte en ce qui concerne la publication de messages, de photos, de vidéos ou encore d'évènements, mais vous ne pouvez pas discuter en temps réel via Messenger. De votre côté, vous pouvez vous abonner aux pages qui vous intéressent. Visitez-les et cliquez sur le bouton *S'abonner*. Le fil d'actualité de votre compte Facebook vous tiendra alors informé des nouvelles publications des pages auxquelles vous êtes abonné.

MESSENGER : LA DISCUSSION INSTANTANÉE

Facebook propose un service de messagerie instantanée appelée Messenger que vous pouvez utiliser sur tous vos périphériques de communication. Il permet de discuter en temps réel avec toute personne pouvant accéder à votre compte et/ou que vous n'avez pas interdit de messagerie Facebook. Si Messenger est présent par défaut dans la version PC de Facebook, vous devrez en télécharger l'application depuis le Play Store ou l'App Store pour l'utiliser sur votre smartphone Android ou iOS. Vous pourrez agrémenter vos conversations d'émoticônes et de stickers, mais aussi de photos et de vidéos. Pendant la conversation écrite, utilisez les icônes du combiné téléphonique et de la caméra (en haut à droite) pour téléphoner ou visiophoner via le réseau social Facebook. Messenger permet de créer des groupes de discussion pour échanger à plusieurs interlocuteurs, même en visiophonie.

PROFITER DES RÉSEAUX PROFESSIONNELS

LinkedIn et Viadeo sont des réseaux sociaux à caractère professionnel. Vous y déposez votre CV et tissez la toile de vos relations professionnelles. Vous pouvez intervenir sur ces réseaux en tant que chercheur d'emploi, en tant qu'entrepreneur proposant une prestation ou tout simplement pour étoffer votre carnet d'adresses, demander des conseils ou partager votre expérience. L'inscription à ces réseaux professionnels est gratuite, mais vous avez également la possibilité de devenir un membre « premium » en prenant un abonnement mensuel qui vous donne l'accès à des services supplémentaires.

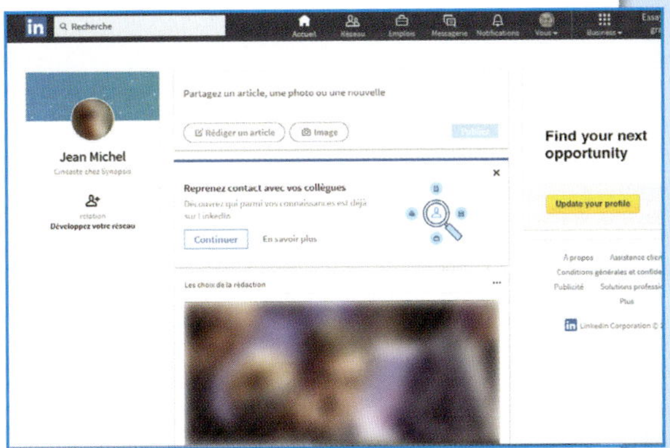

Une fois l'inscription réalisée, vous compléterez votre profil en donnant toutes les informations qui vous concernent et en ajoutant une photo. LinkedIn et Viadeo proposent d'importer vos adresses mail afin d'avertir vos contacts de votre présence sur ces réseaux. Pour le reste, ils fonctionnent sensiblement comme Facebook. Vous pouvez publier des messages illustrés de photos. Bien entendu, vous pouvez consulter des offres d'emploi ou en poster. Bâtissez-vous un réseau en invitant des personnes à vous rejoindre : cliquez sur le bouton *Se connecter* (LinkedIn) ou *Ajouter* (Viadeo) situé à droite de la vignette du profil de la personne suggérée. Pour bien choisir vos contacts, consultez leur profil en cliquant sur leur nom.

Les solutions professionnelles de LinkedIn et de Viadeo vous permettent de créer une page consacrée à votre entreprise ou de faire de la publicité. LinkedIn Learning vous donne accès à des cours en ligne pour apprendre à négocier votre salaire, à avoir confiance en vous, etc. Viadeo vous propose des solutions pour mieux faire connaître votre entreprise et diffuser plus largement vos offres d'emploi. La Profilthèque de Viadeo est un outil d'aide au recrutement qui vous permet de sélectionner et de trouver un profil idéal défini en fonction de nombreux critères. Tous ces services sont payants.

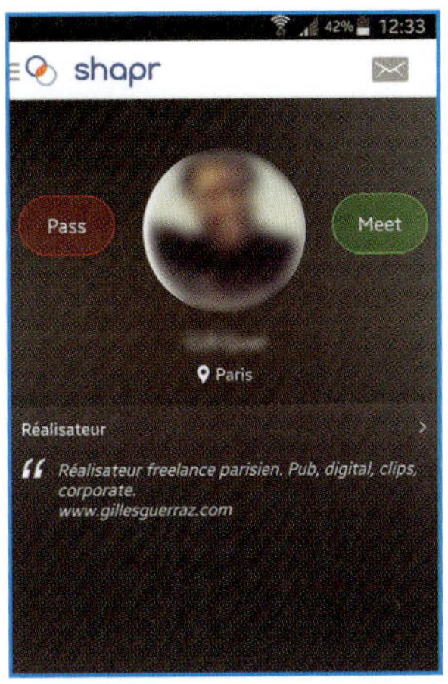

Pour publier et/ou être informé à tout moment, installez les versions mobiles de LinkedIn et de Viadeo sur votre smartphone ou votre tablette via le Play Store ou l'App Store, ou directement sur les sites de ces réseaux. Ainsi, ces applications mobiles vous accompagneront partout dans votre vie professionnelle. Vous retrouverez sur ces applications les mêmes fonctions que sur Internet, mais dans une interface simplifiée.

Il existe également des applications de réseautage professionnel plus spécifiques : Shapr met en relation les professionnels selon les affinités de secteur, BeKnown ou Jobr permettent de sélectionner des offres d'emploi et/ou des candidats... Ces applications plus spécialisées importent souvent vos profils LinkedIn ou Viadeo (compatibilité à vérifier selon les applications) pour vous aider à créer un nouveau compte sans avoir à ressaisir toutes vos informations.

DÉCOUVRIR D'AUTRES RÉSEAUX THÉMATIQUES

TUMBLR

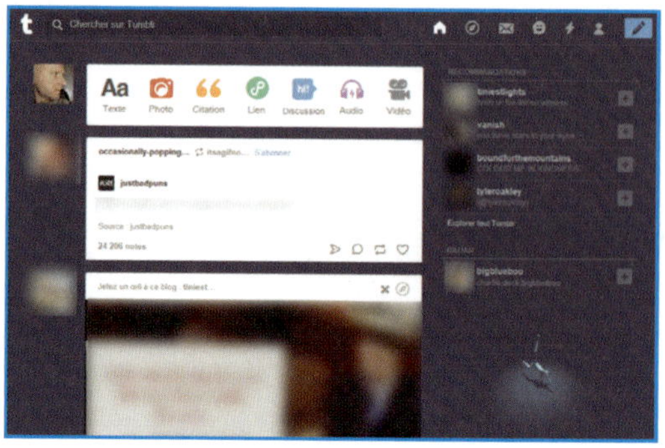

Tumblr de Yahoo! se présente comme un site de création de blogs que vous pouvez utiliser pour tenir un journal personnel : vous pourrez y raconter des histoires, publier des photos, des vidéos, de la musique... Mais pour faire connaître votre blog, il vous faudra vous faire une place parmi les 341 millions de blogs publiés sur Tumblr ! Commencez par vous inscrire gratuitement sur www.tumblr.com ou via l'application pour Android et iOS. Une barre d'outils contenant des icônes intuitives vous donne accès aux outils de publication de textes, photos, citations, liens, audio et vidéo. Chaque publication peut être paramétrée pour apparaître comme publique ou privée. Une messagerie permet de discuter avec d'autres membres de Tumblr dans les limites de leurs paramètres de confidentialité. Tout comme sur Flickr (voir page suivante), la fonction appareil photo de l'application permet de publier instantanément un cliché que vous venez de prendre.

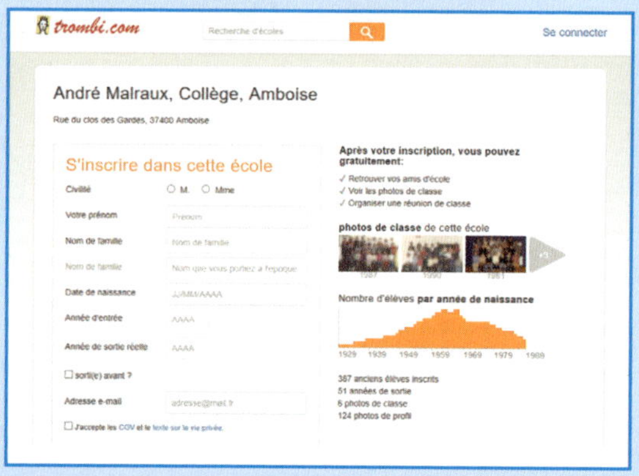

TROMBI.COM ET COPAINS D'AVANT

Il existe de nombreux réseaux sociaux spécialisés dans la recherche d'anciens camarades, de l'école primaire à l'université en passant par le collège, le lycée ou le service militaire. Trombi.com ou Copains d'avant sont les plus connus. Pour accéder à leur service, un simple compte gratuit suffit, bien que certaines fonctionnalités du site soient réservées aux membres s'acquittant d'un abonnement mensuel. Sur Copains d'avant, il est possible de rechercher ses « copains » par recoupement, en fonction des activités associatives ou professionnelles que vous avez exercées, des entreprises ou des administrations dans lesquelles vous avez travaillé. Le site compare votre cursus avec celui des personnes que vous souhaitez localiser et vous propose la liste de correspondances la plus proche de votre requête.

LES RÉSEAUX DE RENCONTRES AMOUREUSES

Depuis sa création, Meetic (www.meetic.fr) reste l'un des sites de rencontre par Internet les plus populaires. Il ouvre ses portes aux hommes et aux femmes, quelle que soit leur orientation sexuelle. Si l'inscription est gratuite, sachez qu'il vous faudra souscrire un abonnement pour profiter des nombreuses fonctionnalités du site. Vous pourrez faire des recherches par âge, région, ville, centres d'intérêt... bref, vous aurez le choix. À noter que beaucoup d'autres sites de rencontre ont fleuri sur le Web. Si Meetic ne répond pas à vos attentes, essayez-en d'autres comme Attractive World, Se rencontrer, Adopte un mec ou encore Elites. D'autres sites comme Gleeden et Blendr ne fonctionnent pas sur le principe de l'abonnement, mais sur celui de crédits que vous achetez et que vous dépensez pour effectuer certaines actions comme converser en tchat, envoyer un message privé ou encore consulter des albums photos privés. Tous ces sites possèdent une application pour Android et iOS. Mais certains réseaux de rencontre, comme Tinder ou Loovoo, n'existent que sous forme d'application.

LES RÉSEAUX PHOTOGRAPHIQUES

Ces réseaux permettent de partager rapidement des photos avec votre famille et vos amis, mais aussi d'utiliser Internet comme une galerie d'art pour exposer vos œuvres ou celles qui vous intéressent.

Le petit +

Toutes les opérations effectuées sur l'application ou sur le site Flickr sont automatiquement répercutées sur ces deux plateformes (le site et l'application).

FLICKR

Ce réseau gratuit de partage et d'hébergement de photos et de vidéos créé par Yahoo! permet de gérer les photos/vidéos prises avec votre smartphone et/ou stockées sur votre PC ou votre tablette. Commencez par vous inscrire gratuitement sur www.flickr.com ou via l'application disponible pour Android et iOS. Après avoir importé des photos, vous les diffuserez à travers une *Galerie*, des *Albums* ou des *Groupes* qui réunissent les utilisateurs autour de thèmes spécifiques et auxquels vous pourrez vous abonner. Vous choisirez alors le type de partage à appliquer à vos clichés individuels ou à vos albums, c'est-à-dire ouvert à tous (*Public*) ou réservé à vos amis et votre famille (*Privé*), ainsi que le type de licence de partage (voir p. 144). Il sera alors facile à votre famille et à vos amis de consulter vos photos et de les télécharger, même s'ils ne possèdent pas de compte Flickr.

LA FONCTION UPLOADR DE FLICKR

Sur l'application Flickr, vous pouvez activer la fonction *Uploadr automatique* qui met à votre disposition 1 000 Go de stockage gratuit. Ainsi, les photos/vidéos de votre smartphone seront sauvegardées automatiquement sur le réseau, que ce soit celles déjà présentes ou celles que vous prendrez à l'avenir. Vous déciderez ensuite si vous souhaitez les partager en cliquant sur l'icône de cadenas accompagnant chaque vignette. Flickr constitue ainsi une sauvegarde de type cloud. Enfin, avec la fonction *Appareil photo* de l'application, vous avez la possibilité d'appliquer un filtre esthétique à une photo, de lui ajouter une légende, puis de la publier sur le réseau avec le niveau de confidentialité souhaité. Vous pourrez ensuite la partager sur d'autres réseaux sociaux comme Facebook ou Tumblr, la joindre à un mail ou l'envoyer vers un autre appareil en Bluetooth.

PINTEREST

Ce réseau social (https://fr.pinterest.com) offre la possibilité de partager des photos ou du contenu trouvé sur le Web en le classant par thématique. En ouvrant un compte sur Pinterest, vous devez choisir au moins 5 thèmes prédéfinis comme *Photographie*, *Sculpture*, *Peinture*, etc. À partir de ces thèmes, le site vous propose un certain nombre d'images que d'autres utilisateurs ont « épinglées ». Pour définir vos propres tableaux de bord, cliquez sur l'icône *Utilisateur* en haut à droite, puis sur l'icône en forme de + rouge *Créer un tableau*. Donnez au tableau un nom significatif de son futur contenu et optez pour *Secret* si vous souhaitez ne le partager qu'avec les personnes de votre choix ; dans le cas contraire, il sera accessible à tous. Pour alimenter votre tableau, épinglez vos trouvailles en explorant les publications existantes sur le site (en cliquant sur *Enregistrer* dès qu'une image vous intéresse), en indiquant le lien web d'une photo ou en important une « épingle », c'est-à-dire un fichier image stocké sur votre ordinateur.

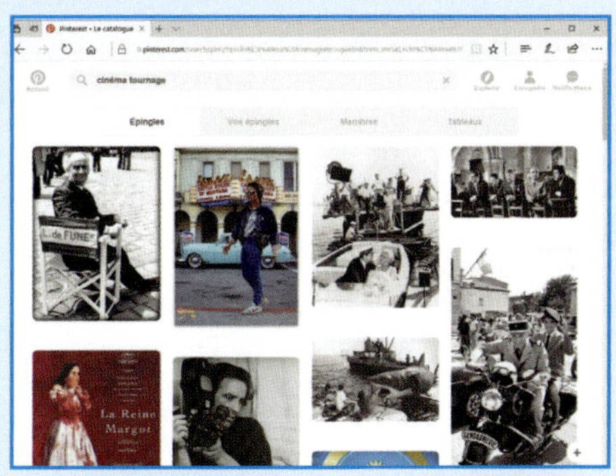

INSTAGRAM

Instagram est un site Internet et une application de partage de photos et de vidéos en ligne que vous téléchargerez sur le Play Store et l'App Store pour vos appareils sous Android et sous iOS. Inscrivez-vous avec une adresse mail ou votre numéro de téléphone et choisissez un nom d'utilisateur. Vous pourrez ensuite connecter directement ce compte à votre compte Facebook afin d'étendre le partage de vos publications. Avec Instagram, vous pouvez publier instantanément ce que vous filmez ou photographiez avec votre smartphone, mais aussi importer les fichiers stockés dans votre appareil. Pour photographier, il suffit de toucher l'icône de l'appareil photo en haut à gauche. Vous disposez des modes *Direct* (pour diffuser une vidéo en direct), *Normal* (pour photographier), *Boomerang* (pour créer une courte vidéo qui sera lue en boucle), *Mains libres* (qui déclenche et arrête l'enregistrement vidéo par simple pression sur le bouton). Avant de publier ou d'enregistrer une photo, utilisez les icônes en haut à droite pour ajouter des stickers (décorations), pour dessiner sur l'image avec votre doigt, ou bien encore écrire un texte dans une des couleurs proposées. Les photos/vidéos enregistrées sont stockées dans le dossier *Instagram* de votre appareil (accessible notamment via l'application Galerie).

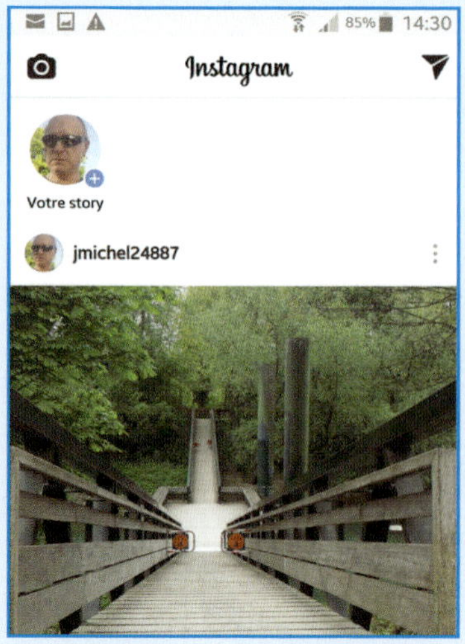

RETOUCHER ET PUBLIER VOS IMAGES SUR INSTAGRAM

Pour retoucher une photo que vous venez de prendre, il suffit de faire glisser votre doigt dessus de gauche à droite ou de droite à gauche afin d'appliquer des filtres. Pour davantage de contrôle, enregistrez l'image puis touchez le bouton + en bas de l'écran. Sélectionnez la photo dans la galerie de votre appareil et touchez *Suivant* en haut à droite. Faites défiler les filtres et touchez la vignette de celui à appliquer. Pour régler la *Luminosité*, le *Contraste* et bien d'autres choses encore, choisissez *Modifier*. Touchez l'icône du paramètre à régler, agissez sur son curseur et touchez *Terminé*. Ces modifications étant cumulatives, vous pouvez poursuivre avec d'autres réglages. Une fois que la photo vous convient, touchez *Suivant*. Toutes vos photos peuvent être publiées sur les espaces *Abonnés* ou *Direct*. La première option permet d'ajouter une légende et un lieu et d'identifier des personnes, puis de publier sur Facebook, Twitter, Tumblr et Flickr. Avec la seconde, vous envoyez la photo à des personnes spécifiques disposant d'un compte Instagram. Elle arrivera dans leur *Inbox*, représentée par une icône de boîte aux lettres en haut de la page d'accueil (accessible via l'icône de maison en bas à gauche). Comme sur Facebook, les autres utilisateurs pourront « liker », commenter et envoyer vos publications sous forme de messages. Vous devez paramétrer préalablement votre compte pour que toutes vos publications soient visibles par tous (votre compte est alors public) ou seulement de vos « abonnés », qui sont des personnes que vous avez acceptées sur votre page et qui disposent d'un compte Instagram. Pour cela, dans la page de votre profil (icône en forme d'utilisateur en bas à droite), touchez les trois points verticaux en haut à droite et cochez *Compte privé* pour n'être vu que des abonnés.

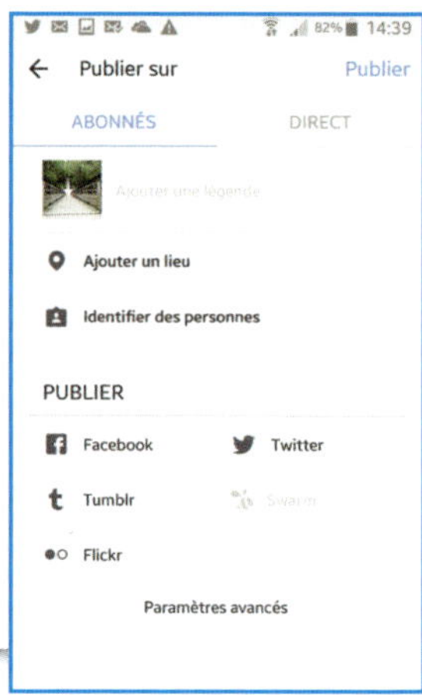

LA STORY SUR INSTAGRAM

Cette fonctionnalité vous permet de publier des messages éphémères qui disparaîtront au bout de 24 heures, et qui ne seront visibles ni sur votre profil d'utilisateur ni dans les fils d'actualité. Touchez l'icône + en haut à gauche de la page d'accueil de l'application, puis photographiez ou filmez, ajoutez éventuellement du texte, et touchez l'icône de flèche en bas de l'écran pour publier votre « story ». Pour voir cette dernière, touchez l'icône *Votre Story* en haut à gauche de votre écran d'accueil (vous accéderez dans le même bandeau aux « stories » des autres utilisateurs auxquels vous êtes abonné). Comme la « story » est éphémère, Instagram permet de la télécharger, de la partager dans une publication permanente ou de la supprimer.

Le petit +

Les vidéos que vous avez diffusées en direct sur Instagram peuvent désormais être sauvegardées sur votre smartphone à l'instar de celles réalisées avec Facebook. Veillez simplement à utiliser la version 10.12 ou supérieure de l'application.

TWEETER SES PENSÉES

Twitter est un réseau social de microblogage qui permet d'envoyer gratuitement de brefs messages (ou tweets) de 140 caractères maximum.

À savoir

Les hashtags (#) représentent un moyen très efficace pour organiser les informations sur Twitter. N'importe quel utilisateur peut donc créer un hashtag à tout moment, simplement en tapant une expression sous la forme « #sujet » dans un tweet.

INSCRIPTION

Pour utiliser Twitter, créez un compte gratuit via le site https://twitter.com ou en téléchargeant l'application sur le Play Store ou l'App Store. Lors de cette création, vous pourrez synchroniser votre carnet d'adresses afin de vous connecter à vos amis qui utilisent ce réseau. Vous pourrez à tout moment chercher des amis en touchant la mention *M'en montrer plus* de la section *Qui suivre*. Là, choisissez *Trouver des amis* et cochez ceux avec lesquels vous désirez vous connecter. Indiquez ensuite vos centres d'intérêt et Twitter cherchera des utilisateurs qui pourraient vous intéresser. Cochez ceux que vous souhaitez suivre. Vous voilà « follower ». Vous êtes identifié par Twitter par « @/votre nom d'utilisateur/ ». Vous pourrez enrichir votre profil d'une biographie, renseigner votre date de naissance, la ville où vous résidez, communiquer l'adresse de votre site web, etc.

TWEETS...

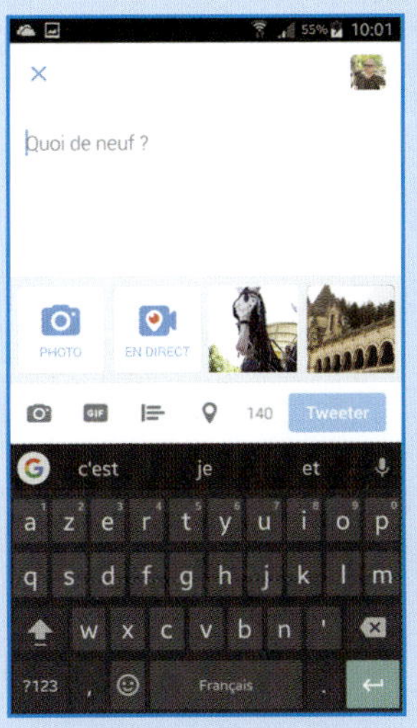

Tweeter consiste à écrire un message de 140 caractères maximum auquel vous pouvez ajouter une photo, une vidéo ou un lien Internet comme une vidéo Youtube. Pour cela, touchez simplement l'icône de la plume en bas à droite de l'écran, puis saisissez un message dans le champ *Quoi de neuf ?* Vous pouvez ensuite l'agrémenter d'une photo que vous sélectionnerez dans la pellicule située sous le message ou dans votre appareil en appuyant sur l'icône *Photo*. Il est possible de préciser le lieu, de retoucher la photo, de la recadrer, de lui appliquer un autocollant ou d'identifier les personnes présentes sur l'image. Publiez ensuite votre message en touchant le bouton *Tweeter* en bas à droite. Toutes les personnes qui vous suivent (vos « followers ») le recevront.

... ET RETWEETS

Si tweeter consiste à publier vos propres messages, retweeter consiste à partager les tweets des comptes que vous suivez. Pour cela, il suffit de toucher l'icône des deux flèches. Sur smartphone, cette action ouvre un menu local où vous avez le choix entre *Retweeter* ou *Citer ce tweet*. Le premier publie le tweet tel quel sur votre compte, alors que le second vous permet de le commenter. Un lien vers l'original est alors affiché sous votre commentaire. Tweets et retweets peuvent être « likés » (icône en forme de cœur) et/ou commentés en message privé (icône de l'enveloppe), c'est-à-dire en envoyant un message privé à un autre utilisateur de Twitter.

Le petit +

La fonction *En direct* de Twitter utilise Periscope pour permettre à d'autres personnes de voir ce que vous êtes en train de regarder. Le nombre de personnes qui regardent votre direct est affiché en bas à droite de l'écran. Lorsque vous interrompez la diffusion, la vidéo est publiée sur votre compte Twitter. Vous pouvez bien évidemment supprimer cette publication.

S'OUVRIR AU MONDE

Internet est un formidable outil de communication. Les forums offrent la possibilité d'échanger sur des sujets précis et les messageries instantanées de converser en direct avec d'autres personnes.

Les forums, très utilisés sur Internet, portent sur des thématiques précises. Par exemple, un forum consacré à l'informatique vous sera utile pour demander des conseils sur le dépannage de votre ordinateur. Lorsque vous contribuez à un forum, vous pouvez vous abonner à la discussion afin de recevoir une notification lorsqu'une autre personne intervient dans le fil de la conversation. La plupart des forums sont modérés, c'est-à-dire qu'une ou plusieurs personnes surveillent les conversations afin de déplacer les sujets qui ne se trouvent pas dans la bonne section ou de supprimer les messages qui ne respectent pas la charte du forum. La modération se fait parfois avant publication du message, mais elle intervient le plus souvent après.

Quelques sites permettent par ailleurs de converser en direct (chatter ou tchatter) avec d'autres internautes. Mais avant de vous lancer dans une conversation dynamique, il convient de prendre connaissance des règles d'utilisation des tchats (qui peuvent aussi s'écrire « chats »). Généralement, les réseaux de conversation sont classés par catégories ; les catégories généralistes sont en perte de vitesse au profit de celles portant sur des sujets très spécialisés.

DÉCOUVRIR LES FORUMS

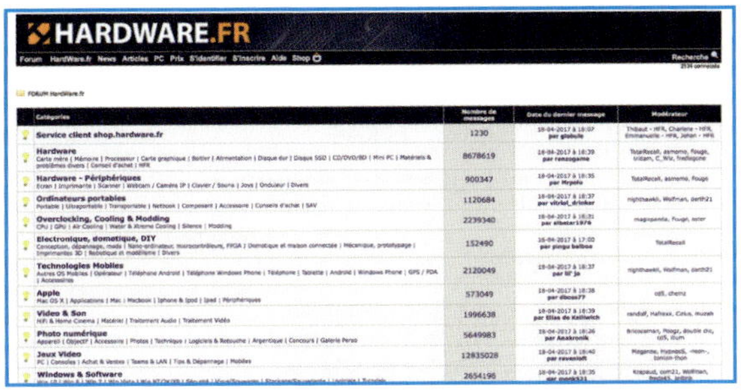

● Le site http://forum.hardware.fr est, comme son nom l'indique, centré sur l'informatique. Vous y trouvez de nombreuses catégories de sujets qui concernent, entre autres, le matériel informatique, les logiciels, la photo numérique ou les jeux vidéo. Si vous avez besoin d'aide pour l'un de vos appareils ou logiciels, c'est là qu'il faut vous rendre. Un système de « topic unique » rassemble toutes les discussions sur un matériel particulier, un modèle précis de carte graphique, par exemple.

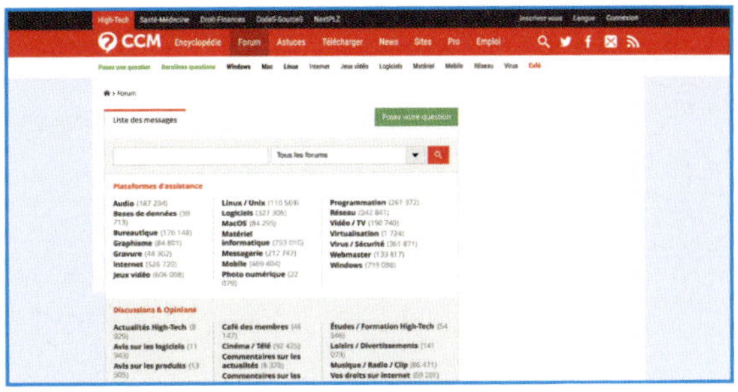

● Le forum de Comment Ça Marche (www.commentcamarche.net/forum), lui aussi consacré à l'informatique, est abordable pour les débutants (contrairement à forum.harware.fr, plus technique). Si vous rencontrez des problèmes simples avec votre matériel ou vos logiciels, vous devriez trouver facilement une réponse.

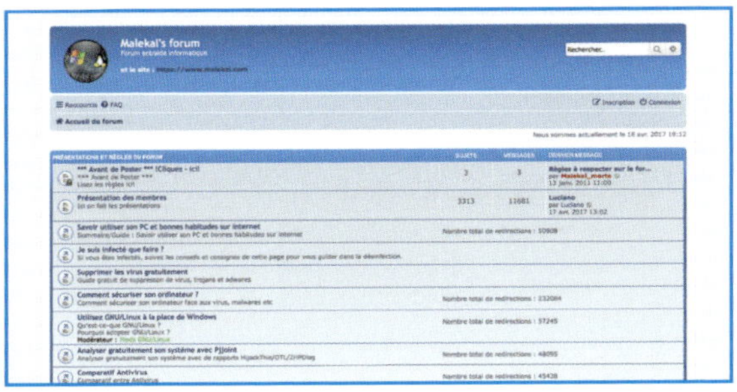

● Le forum Malekal (http://forum.malekal.com) se consacre à la sécurisation des ordinateurs et à l'utilisation des logiciels sous Windows et Linux. Il est surtout très utile pour sa section consacrée à la lutte contre les malwares (voir p. 346 et suivantes). Si vous pensez qu'un virus a contaminé votre PC, ce forum vous permettra d'entrer en contact avec des personnes compétentes susceptibles de vous venir en aide.

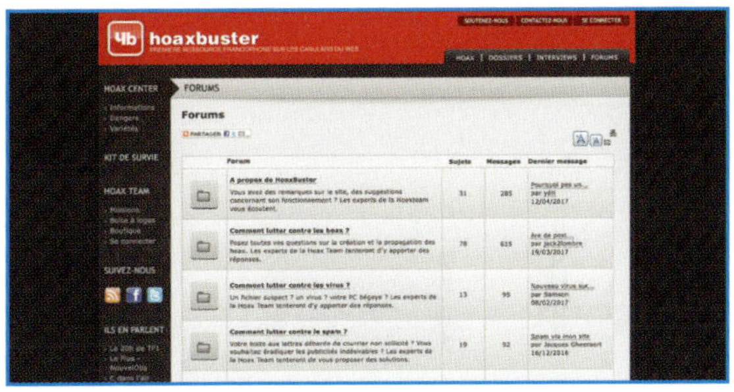

● Le forum Hoaxbuster (www.hoaxbuster.com/forum) est spécialisé dans la traque des canulars (*hoaxbuster* peut se traduire par « chasseur de canulars »). Il est fréquent de recevoir des messages (par mail ou sur les réseaux sociaux notamment) qui vous mettent en garde contre un danger ou qui dénoncent un problème (de société par exemple). Il est très facile de croire à ces rumeurs, d'autant qu'elles sont souvent accompagnées d'éléments de « preuve ». Dès que vous avez un doute sur la véracité d'un message, consultez le forum Hoaxbuster pour vérifier que ce n'est pas un canular déjà recensé ou ouvrez un sujet pour poser la question.

Trucs & astuces

Avant de publier un sujet sur un forum, utilisez l'outil de recherche proposé sur sa page d'accueil pour vérifier qu'il n'a pas déjà été traité ; il est en effet mal vu de poser une question qui a déjà reçu une réponse. Vous pouvez aussi utiliser un moteur de recherche (Google, Bing, Yahoo!, Qwant…, voir p. 114) pour élargir la recherche à d'autres forums (ou sites web).

● Si vous vous posez des questions pratiques d'ordre juridique, le forum de Net-iris consacré au droit (www.net-iris.fr/forum-juridique) vous sera utile. Une équipe de spécialistes bénévoles est là pour vous aider dans vos recherches. Les réponses sont pertinentes et les discussions de qualité. Sur ce forum, vous trouvez également des discussions de spécialistes du droit sur l'actualité judiciaire. Il existe d'autres forums consacrés au droit, dont www.easydroit.fr et www.legavox.fr. Sachez également que vous pouvez retrouver tous les textes de loi sur www.legifrance.gouv.fr.

● Le forum d'Aufeminin.com (www.aufeminin.com/forum) propose des catégories de discussion variées. Les thèmes vont des loisirs au bricolage et à la cuisine, en passant par la santé, le mariage, la vie de famille, la grossesse, les conseils beauté, les enfants, la psychologie, etc. Les discussions sont très nombreuses et l'équipe de modération encadre correctement les débats.

● Les forums sur les questions de santé doivent être consultés et utilisés avec la plus grande prudence. Le site le plus célèbre, Doctissimo, propose un forum très fourni, mais sa fiabilité est très aléatoire et la publicité est omniprésente. Attention à ne pas vous inventer des maladies en lisant les publications d'autres personnes ! Et surtout, rappelez-vous qu'en cas de problème de santé, il est toujours préférable de consulter un médecin plutôt que d'essayer de trouver une réponse en ligne.

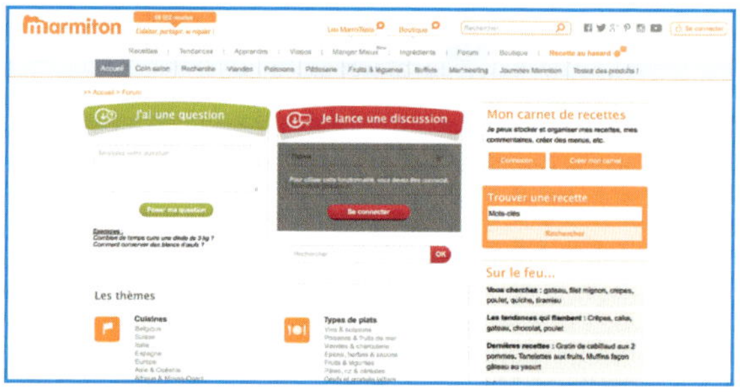

● Vous aimez cuisiner ? Le forum du site Marmiton.org (www.marmiton.org/forum) rassemble une importante communauté de fans de cuisine qui partage son savoir, ses recettes, ses trucs et astuces. On y croise des personnes de tous niveaux, du débutant au cuisinier professionnel. Si vous n'y trouvez pas la recette que vous recherchez, il existe de nombreux autres forums consacrés à la cuisine, comme www.meilleurduchef.com ou www.supertoinette.com.

À savoir

La « nétiquette » est importante sur les forums : la politesse est de rigueur. Lorsque vous publiez une question, dites bonjour, et quand vous obtenez des réponses, n'oubliez pas de remercier. Il est aussi d'usage de se présenter rapidement lorsque l'on participe pour la première fois. La plupart des forums ont une section prévue à cet effet.

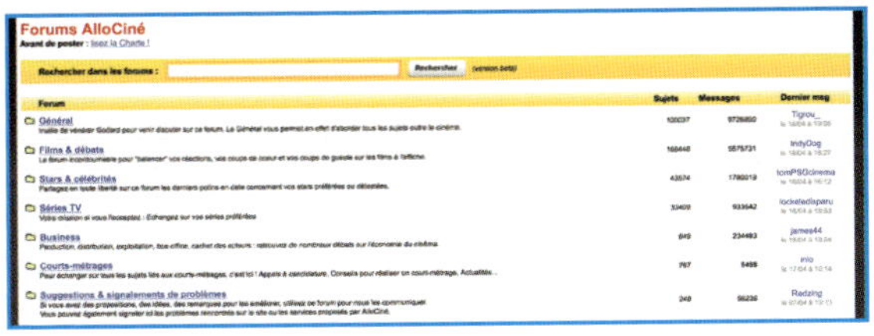

● Si vous êtes fan de cinéma et que vous aimez partager votre passion, vous pouvez utiliser le forum d'Allociné (www.allocine.fr/communaute/forum), site de référence sur le cinéma et l'actualité cinématographique. Attention à ne pas mélanger le forum (lien ci-dessus) et le site Internet Allociné, qui a une section commentaire sur les pages des films. Vous trouvez sur le Web de nombreux forums consacrés au cinéma et sa technique, par exemple http://forum.plan-sequence.com ou http://cine-passion.leforum.eu.

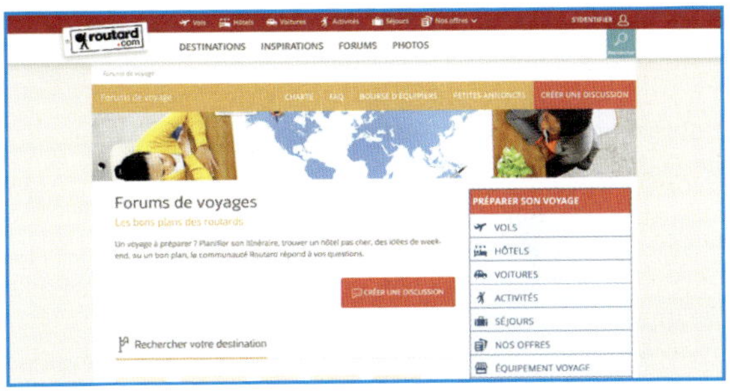

● Si vous avez besoin d'aide pour planifier un voyage, les forums peuvent vous être très utiles. Vous trouverez des sujets par destination ou par thème de voyage selon les sites. Attention toutefois, certaines contributions ressemblent plus à de la publicité pour un service qu'à de véritables conseils. Parmi les nombreux forums, on trouve www.routard.com/forum, www.e-voyageur.com, www.petitfute.com/forum, etc.

● Le site Caradisiac.com possède le forum www.forum-auto.com qui revendique la première communauté française sur tous les sujets liés à l'automobile. Les forums sont classés par marque de voiture ou par thématique (mécanique, permis, collection, sport, etc.). Ce n'est toutefois pas le seul forum automobile sur la Toile et vous trouverez de nombreux autres forums prodiguant de bons conseils, par exemple www.autotitre.com/forum ou www.auto-evasion.com/forum-auto.

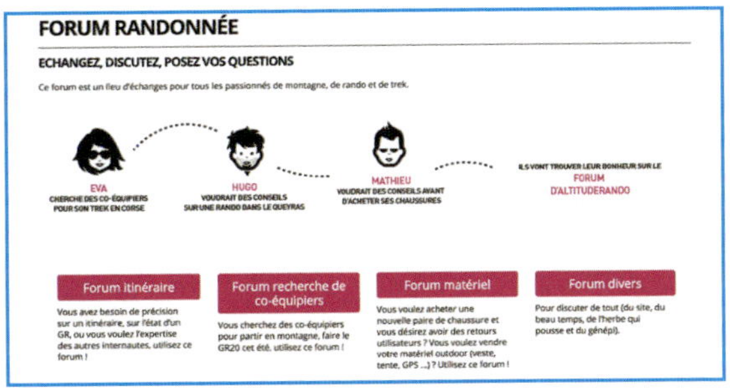

● Si vous êtes passionné par la randonnée, l'escalade ou l'alpinisme, les forums de camptocamp (forum.camptocamp.org) ou altituderando (www.altituderando.com/-Forum-randonnee-) proposent des discussions sur les itinéraires, les conditions météorologiques ou le matériel requis. Des participants font partager leurs expériences et proposent même de se retrouver pour faire des randonnées. Le forum du site Skipass (www.skipass.com/forums) rassemble les adeptes de ski sous toutes ses formes. Si vous êtes intéressé par d'autres sports, sachez que le Web regorge de forums dédiés à chacun d'entre eux.

TCHATTER EN TEMPS RÉEL

LES TCHATS SUR LE WEB

Il existe de nombreux services de discussion en direct sur le Net. Ils sont particulièrement nombreux dans le domaine des rencontres amoureuses et des jeux en ligne, mais il en existe de toute sorte qui permettent de partager une passion, une action associative, etc. On trouve deux types de discussions sur les sites : celles qui se passent à deux et celles qui s'effectuent à plusieurs. Dans ce dernier cas, la liste des participants s'affiche dans une colonne et les messages défilent dans la partie centrale. Choisissez un pseudonyme pour participer à une discussion.
La plupart des sites proposent différents canaux de discussion, thématisés ou non.

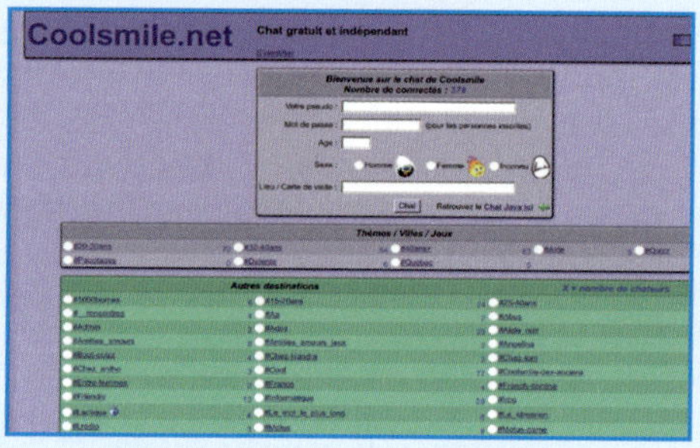

LE FONCTIONNEMENT D'UN TCHAT

Les discussions (tchats) s'effectuent sur des canaux, aussi appelés salons de discussion. On y trouve un ou plusieurs modérateurs qui suivent les discussions et s'assurent que les participants respectent les règles du salon. Les modérateurs ont la possibilité de faire sortir une personne d'un salon de discussion. Les modérateurs sont parfois des robots qui permettent d'accéder à certaines fonctionnalités mais aussi de bannir les utilisateurs qui ne respectent pas les règles. Toutes les personnes présentes dans le salon peuvent parler et il est parfois très compliqué de suivre le fil des conversations. En effet, plusieurs conversations différentes ont souvent lieu en même temps. Dans ces conditions, repérer les pseudos peut être utile pour différencier les discussions et en retrouver le fil. Il est aussi possible d'avoir une discussion privée avec une ou plusieurs personnes.

LES PRÉCAUTIONS À PRENDRE

Les tchats (qui peuvent aussi s'écrire « chats ») sont des lieux publics et vous devez surveiller vos propos. Vous devez respecter la « nétiquette », à savoir : proscrire le langage SMS et ne pas écrire en majuscules (ce qui revient à crier). Vous devez utiliser la langue du canal ; par exemple si l'on y parle anglais, n'intervenez pas en français. Ne divulguez jamais d'informations personnelles (votre identité ou vos coordonnées…). Si vous échangez des fichiers, ils doivent être contrôlés par un antivirus. Pour vous protéger, pensez à utiliser une adresse mail spécifiquement réservée aux tchats.

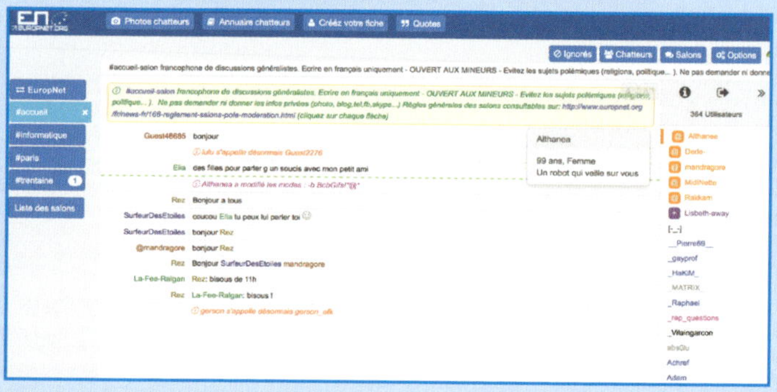

Attention !

La plupart des tchats sur le Web utilisent des fonctionnalités spécifiques de votre navigateur, notamment les propriétés d'Adobe Flash Player ou de Java. Si vous n'arrivez pas à vous connecter, vérifiez que ces logiciels sont à jour avant de réessayer. Notez que Edge, Chrome (version 42 et supérieures) et Mozilla (depuis la version 52) n'acceptent plus Java.

TCHATTER AVEC L'IRC

L'IRC (Internet Relay Chat) est l'un des plus vieux outils d'Internet. Il s'agit d'un système de messagerie instantanée utilisant un réseau de communication dédié. On parle de conversation en temps réel par opposition aux messageries, par exemple le mail, pour lesquelles la réponse à un message peut demander du temps (toutefois, avec les notifications sur les smartphones ou les tablettes, le mail se rapproche maintenant de la messagerie instantanée). L'instantanéité d'un tchat en fait l'outil idéal pour de nombreuses personnes, par exemple les adeptes de jeux en réseau qui ont besoin de se communiquer des informations pour avancer dans la partie. Les navigateurs web (Opera ou Firefox, par exemple) offrent des fonctionnalités IRC à travers l'installation de composants comme ChatZilla. Il existe autrement des programmes spécifiques (appelés « clients ») comme mIRC ou HexChat ou des applications comme Palaver (iOS), AndroIRC (Android) ou TurboIRC (iOS et Android). Il reste ensuite à identifier les salons de discussion qui vous intéressent, tant le choix est important.

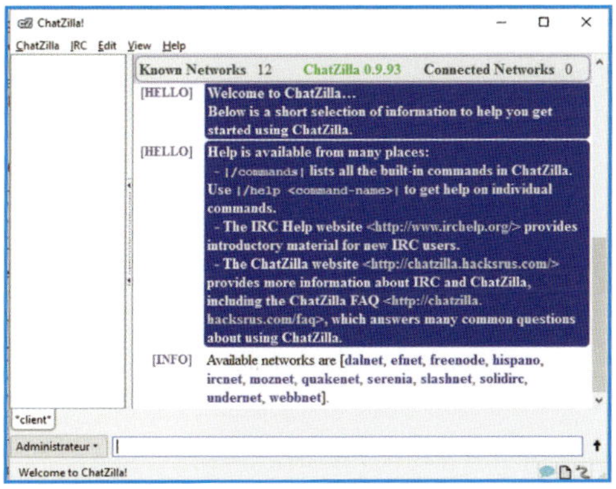

À savoir

Les conversations IRC sont aussi utilisées au sein des communautés Internet. Elles permettent, par exemple, à un groupe restreint d'amis au sein d'un forum très large (comme www.commentcamarche.com qui rassemble des milliers d'utilisateurs) de discuter en direct en créant un salon confidentiel. Ces types d'IRC « sauvages » sont rarement référencés : il faut faire partie du groupe pour les connaître.

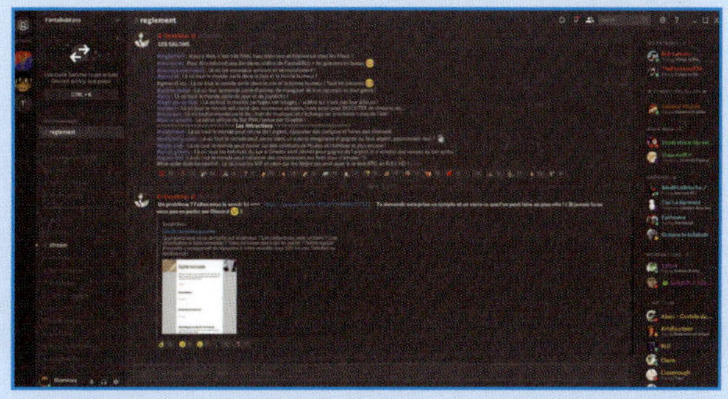

TCHATTER AVEC DISCORD

Discord est un service gratuit de communication vocale et texte tout-en-un. Il est essentiellement orienté « gamers » (les personnes qui jouent aux jeux vidéo), mais d'autres communautés commencent à s'installer sur le système. Pour utiliser Discord, vous devez télécharger l'application sur votre appareil mobile (Android ou iOS) ou la lancer depuis votre navigateur web sur PC. Discord vous offre la possibilité d'utiliser des salons de discussion dans lesquels vous entrez en contact avec des personnes que vous ne connaissez pas.

TROUVER UN SALON DE CONVERSATION

Les réseaux sociaux ont peu à peu pris la place des salons de conversation IRC. Toutefois, il existe encore de nombreux utilisateurs de cet outil, surtout sur des sujets très spécialisés. Pour trouver le salon de conversation qui vous conviendra, vous pouvez consulter des sites comme www.reltsnuk.free.fr/v3/reseaux-irc-francophones qui recense des réseaux de tchat IRC francophone. Pour Discord, il existe également un site de référencement mondial dédié, www.discordservers.com. Pour sélectionner des salons en français, il suffit d'ajouter « FR » ou « français » aux mots-clés de la recherche. Sur IRC comme sur Discord, vous avez également la possibilité de créer votre propre salon, dans lequel vous inviterez, en tant qu'administrateur, les personnes de votre choix.

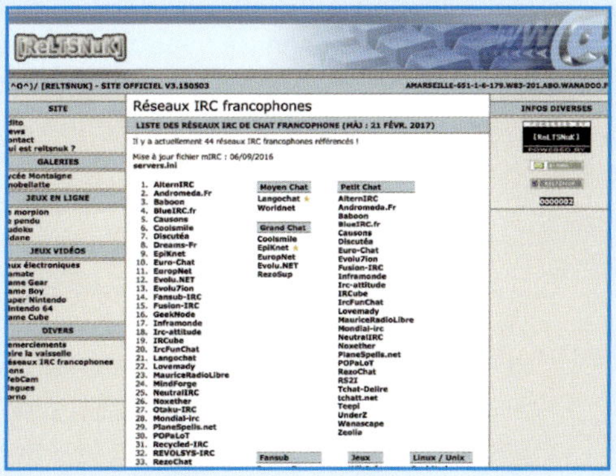

S'AFFICHER SUR INTERNET

Pour partager votre passion, vos expériences personnelles ou vos photos, vous pouvez créer un espace d'expression sur le Web.

Que vous soyez un passionné de photo, un véritable cordon-bleu, un amoureux de l'art… ou que vous ayez envie de raconter des moments de vie ou de vous exprimer sur l'actualité, vous pouvez vous créer un site web personnel ou un blog (site web élémentaire) et y publier du texte, des photos, des vidéos, etc. Un outil idéal pour présenter vos plus beaux clichés, proposer des recettes inédites ou raconter votre randonnée du jour à vos proches ou aux internautes du monde entier.

Quand vous choisissez la formule du blog, vos visiteurs peuvent s'exprimer sur vos publications en laissant un commentaire, et vous avez la possibilité de leur répondre. Il n'est pas rare de nouer ainsi des amitiés avec les lecteurs réguliers !

Dans tous les cas, pour avoir du succès, vous devez faire connaître votre site. Communiquez son adresse à tous vos proches et incluez-la dans la signature au bas de vos mails. Visitez également un maximum de blogs en y laissant un commentaire ; ainsi, leurs propriétaires et leurs lecteurs pourront venir sur le vôtre.

Si vous êtes passionné de vidéo, l'idéal est de créer sur Youtube une chaîne sur laquelle vous pourrez publier vos films et, là encore, échanger à leur sujet avec vos proches et d'autres internautes.

SOIGNER LE FOND ET LA FORME

Pour attirer les visiteurs, votre espace personnel doit respecter certaines règles élémentaires de présentation et d'écriture. D'une manière générale, évitez les pages alourdies d'éléments différents de part et d'autre du texte, et veillez à ce que ce dernier ne soit pas trop long : mieux vaut écrire plusieurs textes courts sur deux ou trois pages qu'un texte interminable qui contraindra le lecteur à des défilements incessants. Par exemple, vous pouvez publier sur la page d'accueil de votre blog (mini-site web personnel) les premières lignes de votre article, afin de susciter l'intérêt, suivi d'un lien *Lire la suite* qui donnera accès au reste du billet sur une autre page. Pour rendre votre site attrayant, ajoutez également des éléments visuels (photos, vidéos, animations) choisis à bon escient.

RESPECTER LA NÉTIQUETTE

À condition d'obtenir l'accord préalable de l'auteur, vous pouvez utiliser certaines images ou vidéos provenant d'autres sites, mais il est alors de bon ton d'en indiquer la source sous la forme d'un lien. Dans le cas spécifique des blogs, il est fréquent de faire figurer des liens vers des blogs amis dans une colonne latérale et d'ajouter des rétroliens à la fin de certains billets (ceux-ci indiquent si des articles extérieurs au blog ont fait un lien vers ce billet). Cela permet une plus grande interactivité entre les blogs et une meilleure visibilité pour chacun. Dans tous les cas, avant de publier quoi que ce soit que vous n'avez pas créé vous-même, assurez-vous plutôt deux fois qu'une d'en avoir le droit (voir p. 142 et suivantes).

PROTÉGER LA VIE PRIVÉE

Même s'il s'agit d'un espace d'expression privé, votre site n'en reste pas moins ouvert au public. Vous devez donc être extrêmement prudent quand vous livrez des anecdotes ou des informations personnelles, car même si vous le faites à bon escient, des internautes mal intentionnés peuvent s'en servir à des fins dommageables. Ainsi, des personnes ont été victimes d'un cambriolage après avoir mentionné leur date de départ en vacances sur leur blog. Des personnalités se sont fait pirater leur compte mail à cause de leur blog : un hacker avait réussi à deviner les réponses aux questions de réinitialisation des mots de passe sur les webmails. Par prudence, nous vous conseillons d'utiliser une fausse identité : il sera toujours temps, si vous liez de vraies amitiés, d'échanger en privé avec les internautes concernés.

Créer un blog très simplement

Pour exprimer votre état d'esprit ou partager des passions avec d'autres internautes, vous pouvez créer un blog et y publier du texte, des images, voire de la musique ou des vidéos. La procédure est simple, rapide et gratuite.

À savoir

Créer un blog ne requiert aucune connaissance technique particulière. Et sitôt le vôtre ouvert, vous pouvez le consulter et le modifier depuis n'importe quelle machine connectée à Internet, en vous rendant simplement sur le site Overblog.

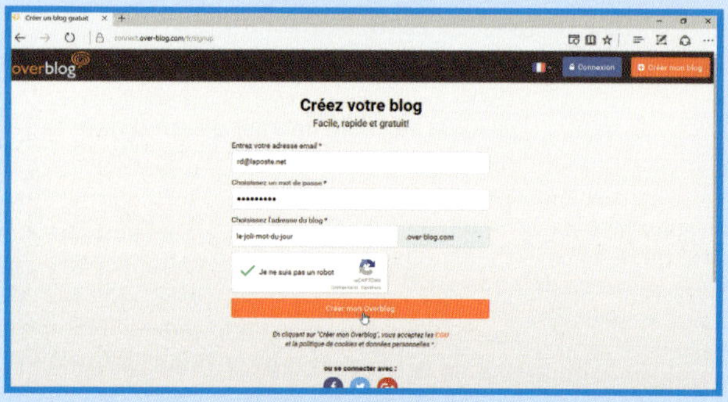

1 De nombreux hébergeurs permettent de créer votre blog facilement, notamment Blogger, Canalblog, Hautetfort et Wordpress. Ici, nous utiliserons Overblog, mais tous fonctionnent selon le même principe. Rendez-vous à l'adresse www.over-blog.com, puis cliquez sur le bouton *Créer mon blog*. Un formulaire d'inscription apparaît : saisissez une adresse de messagerie, un mot de passe et un nom pour votre blog en complétant son adresse. Cochez ensuite la case *Je ne suis pas un robot*, répondez à la question posée pour prouver que vous êtes bien une personne et cliquez sur *Créer mon Overblog*.

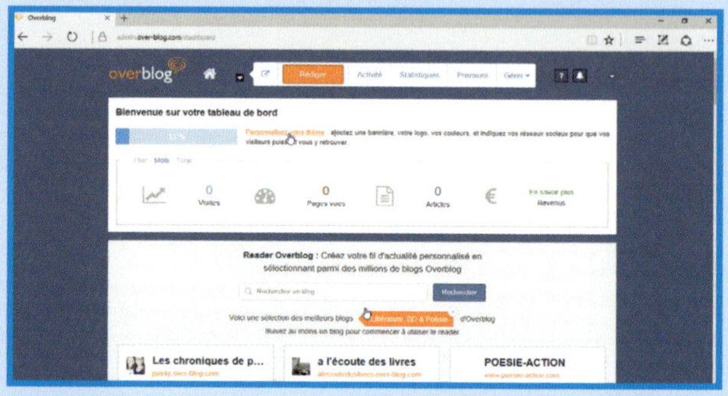

2 Votre tableau de bord (votre espace de création) s'affiche. Mais avant de pouvoir l'utiliser, basculez dans votre messagerie ; ouvrez le mail de validation que vient de vous envoyer Overblog et cliquez sur le lien qu'il contient pour confirmer votre inscription. Au bout de quelques secondes, votre blog est validé, et vous retrouvez votre tableau de bord. Pour commencer à configurer votre blog, cliquez sur la catégorie dont il relève dans la moitié inférieure de la page, puis au début de celle-ci, cliquez sur le lien *Personnalisez votre thème* (ou sur *Gérer*, dans la barre du haut, puis *Thème*).

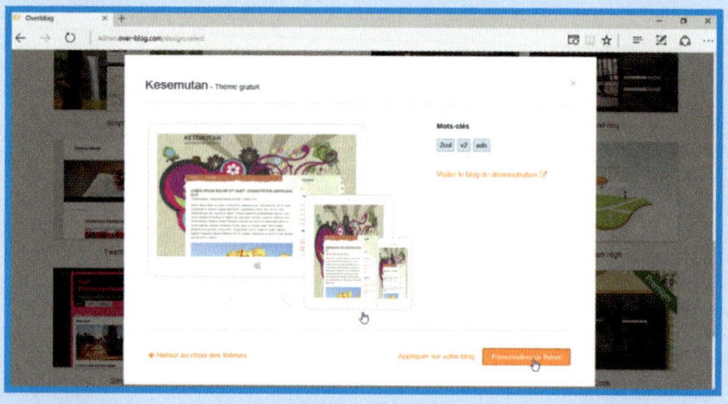

3 De nombreuses vignettes de thèmes s'affichent : cliquez sur celle de la présentation souhaitée pour votre blog. Celles estampillées *Premium* sont payantes. Dans la fiche du thème, cliquez sur *Personnaliser ce thème*. Par la suite, vous pourrez à tout moment changer de thème et/ou modifier les caractéristiques de celui choisi en cliquant sur *Gérer* dans la barre de menu en haut de la page du tableau de bord, puis sur *Thème*.

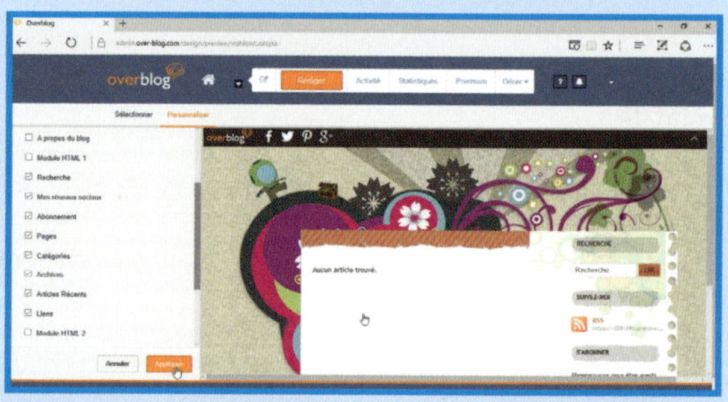

4 Le squelette de votre blog apparaît : profitez des nombreuses options de la colonne de gauche pour le personnaliser. Par exemple, cliquez sur *Apparence* pour changer la police des titres, et sur *Liste des modules* pour sélectionner les éléments à afficher sur votre blog (zone de recherche, liens vers les réseaux sociaux, etc.). Après avoir terminé, cliquez sur *Appliquer* tout en bas de la colonne.

Trucs & astuces

Il est toujours possible de modifier ou retirer un article déjà publié sur votre blog. Revenez à votre tableau de bord en cliquant sur le lien *Administration* en haut à droite de la page de votre blog, puis cliquez sur *Articles* et finalement sur le lien *Éditer l'article* ou *Supprimer l'article* au-dessus du billet à modifier ou à effacer.

Le petit +

Quand vous apportez des modifications à votre blog, elles sont appliquées automatiquement sur-le-champ. Néanmoins, pour les visualiser aussitôt, vous devez rafraîchir l'affichage du navigateur en appuyant sur la touche *F5* du clavier.

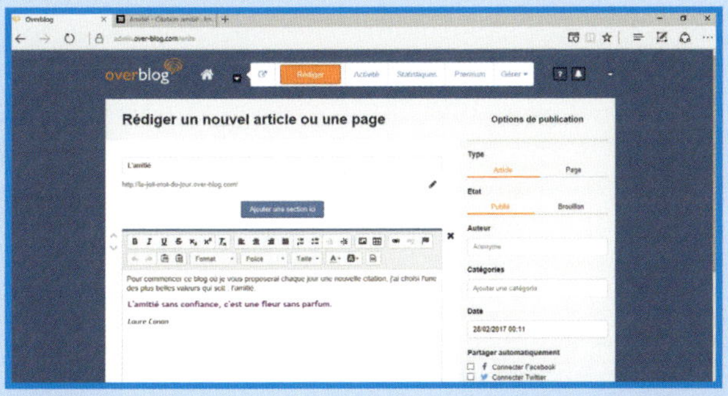

5 Pour ajouter votre premier article, cliquez sur *Rédiger* en haut du tableau de bord. Saisissez un titre pour votre billet dans la zone prévue à cet effet, puis tapez le texte de votre article dans la zone principale. Vous pouvez ensuite l'embellir grâce aux nombreuses options de mise en forme proposées dans les deux barres d'outils. Il est aussi possible d'ajouter un lien vers un autre site : sélectionnez le texte à transformer en lien, cliquez sur le bouton en forme de maillon dans la barre d'outils texte, tapez l'adresse du site ciblé dans la zone *URL* et cliquez sur *OK*.

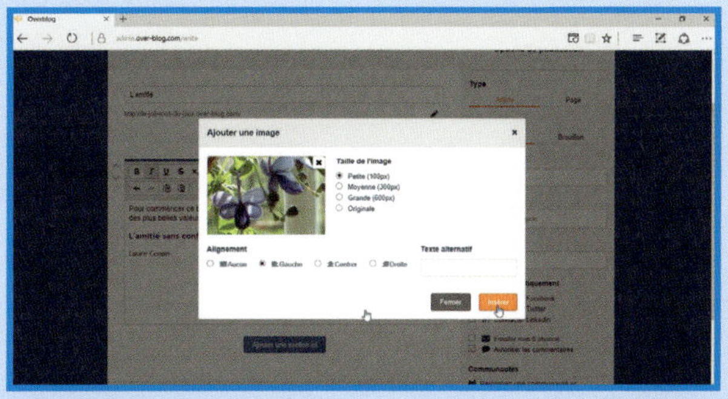

6 Si vous voulez insérer une photo, cliquez là où elle devra figurer, puis sur l'icône en forme de photo dans la barre d'outils de la zone principale et sur *Choisir une image* en cochant *Depuis l'ordinateur*. Dans la boîte de dialogue *Ouvrir*, naviguez jusqu'à la photo à utiliser et double-cliquez dessus. Dans la boîte de dialogue *Ajouter une image*, sélectionnez la taille et la position souhaitées, puis cliquez sur *Insérer*. Vous pouvez insérer l'image de façon isolée par rapport au texte en cliquant sur *Ajouter une section ici* puis sur *Images*.

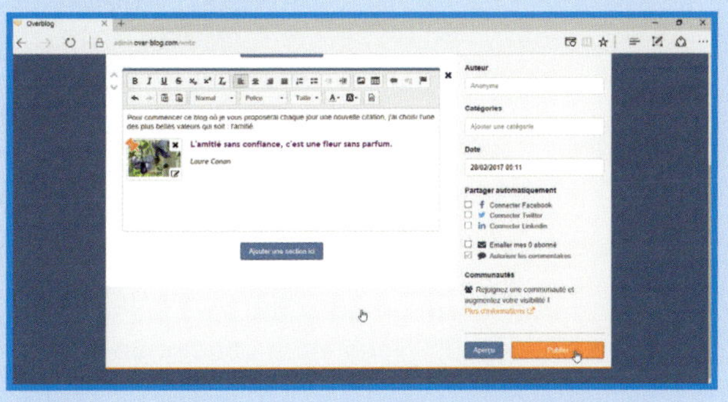

7 Dans la colonne de droite, cochez les éléments à afficher avec votre article : veillez surtout à sélectionner *Autoriser les commentaires* pour que les visiteurs puissent vous laisser un mot. Cliquez éventuellement sur *Aperçu* si vous voulez prévisualiser votre article, mais surtout *Publier* pour le mettre en ligne. Ensuite, pour accéder à votre blog, cliquez sur la petite icône marquée d'un carré avec une flèche juste à gauche du bouton *Rédiger*.

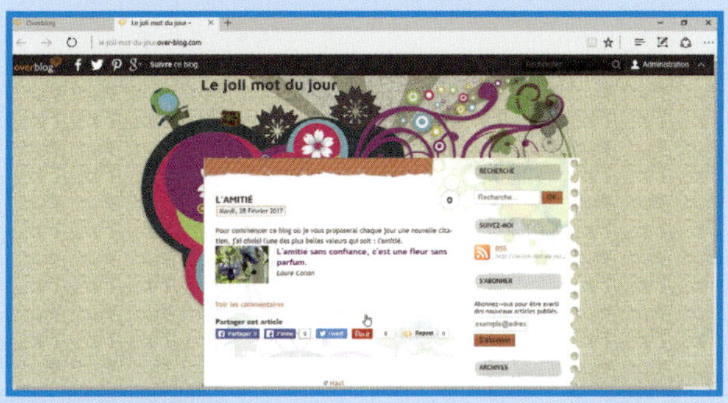

8 Une fois sur votre blog, vous pouvez à tout moment revenir à votre tableau de bord pour ajouter d'autres articles en cliquant sur *Administration*, en haut à droite. Pour faire connaître votre blog, envoyez son adresse à un maximum de proches et visitez d'autres blogs en laissant un commentaire avec l'adresse de votre site à la fin. Et pour qu'il suscite de l'intérêt, actualisez-le en publiant régulièrement des articles, et répondez autant que faire se peut aux commentaires.

RÉALISER SON PROPRE SITE WEB

Créer un site Internet requiert quelques connaissances de base. Mais, rassurez-vous, rien d'insurmontable !

D'abord, vous devez comprendre comment votre navigateur accède aux pages que vous lui demandez d'ouvrir. Concrètement, lorsque vous saisissez une adresse dans la barre d'adresse, le programme contacte l'ordinateur hébergeant le site désigné, télécharge le fichier qui contient la page d'accueil et l'affiche sur votre écran. Sur l'ordinateur hébergeur, un logiciel appelé « serveur web » maintient le site en activité, le rend accessible en permanence et vous fournit son contenu sous une forme intelligible (les pages web). Pour tout cela, il utilise des langages de programmation web.

Même si ce n'est pas obligatoire, nous vous conseillons d'acquérir un nom de domaine (voir p. 195) facile à mémoriser si vous envisagez de créer un site professionnel, commercial ou associatif. Par ailleurs, si vous possédez de solides connaissances en informatique et si vous souhaitez contrôler tous les aspects de votre site, l'idéal est d'avoir un ordinateur constamment connecté à Internet qui jouera le rôle de serveur web. Sinon, le plus simple reste de recourir aux services d'un hébergeur.

Pour créer les pages web composant votre site, vous avez juste besoin d'un logiciel d'édition du code HTML. Il peut s'agir d'un simple éditeur de texte (comme NotePad++, gratuit et téléchargeable depuis le site de son éditeur https://notepad-plus-plus.org/fr) ou d'un véritable éditeur HTML (le plus souvent payant), qui permet de voir directement la page telle qu'elle apparaîtra dans les navigateurs web. Le premier vous suffira amplement, au moins dans un premier temps.

Pour gérer vos pages et tous leurs composants (notamment les images), vous pouvez vous contenter d'utiliser un programme spécialisé que vous installerez sur votre ordinateur ou recourir à un hébergeur. Nous vous conseillons cette seconde solution, beaucoup plus simple à mettre en œuvre. En effet, elle vous permet de créer un site même si vous n'y connaissez pas grand-chose au code HTML ni aux techniques requises pour ajouter des éléments spécifiques. Beaucoup sont payants, mais vous pouvez créer de très bons sites sans débourser un euro, grâce à des hébergeurs comme e-monsite (www.e-monsite.com) ou Wifeo (www.wifeo.com), qui prennent en charge la réalisation du site.

Héberger votre site chez e-monsite

Avec e-monsite, vous pouvez créer votre propre site web en quelques étapes sans écrire une seule ligne de code ni dépenser un centime.

Attention !

Sitôt votre compte créé, e-monsite vous envoie un mail pour valider votre inscription. Basculez temporairement dans votre messagerie, ouvrez le mail reçu et cliquez sur le lien qu'il contient pour confirmer votre inscription.

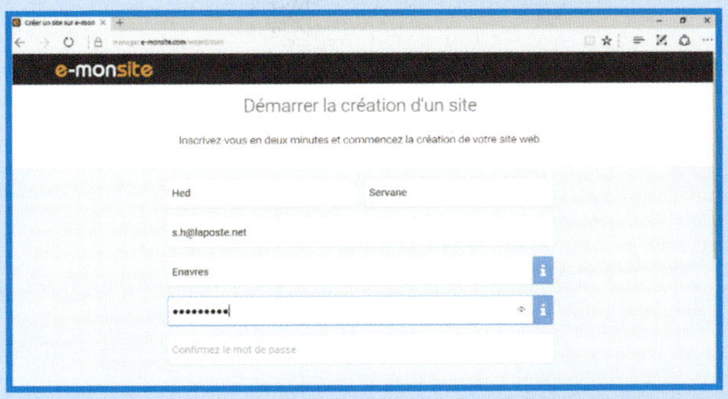

1 En haut de la page d'accueil de e-monsite.com, cliquez sur *Inscription*. Remplissez le formulaire qui apparaît : choisissez un nom d'utilisateur simple, car il vous servira à vous connecter au site, mais un mot de passe complexe, composé de lettres, de chiffres et de caractères spéciaux ($, %, #, etc.) (voir p. 355). Acceptez les conditions générales, répondez à la question anti-spam et cliquez sur *Créer le compte*.

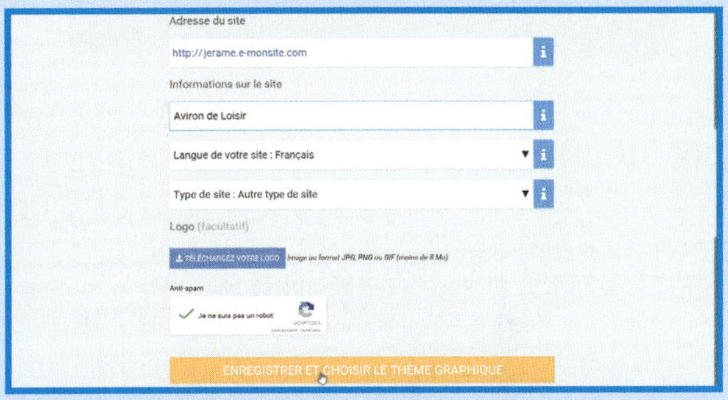

2 Un formulaire dédié à la définition de votre site s'affiche. Spécifiez son adresse (attention, vous ne pourrez plus en changer ensuite), donnez-lui un titre, tapez une brève description et indiquez sa langue et son type. Là encore, répondez à la question anti-spam, puis cliquez sur *Enregistrer et choisir le thème graphique*.

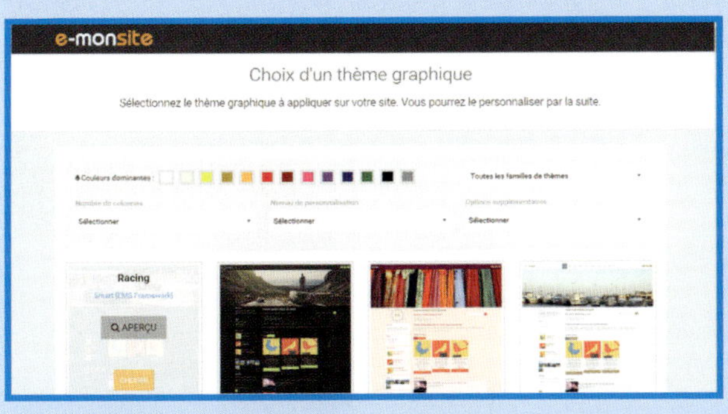

3 L'étape suivante consiste à choisir un thème graphique pour votre site. Comme les thèmes sont très nombreux, vous pouvez spécifier des critères depuis le haut de la page, comme la couleur dominante ou le nombre de colonnes. Pointez la vignette du thème qui vous plaît : si vous souhaitez l'appliquer directement, cliquez sur *Choisir* ; mais si vous voulez le prévisualiser en grandeur réelle, cliquez d'abord sur *Aperçu*, puis *Choisir ce thème*.

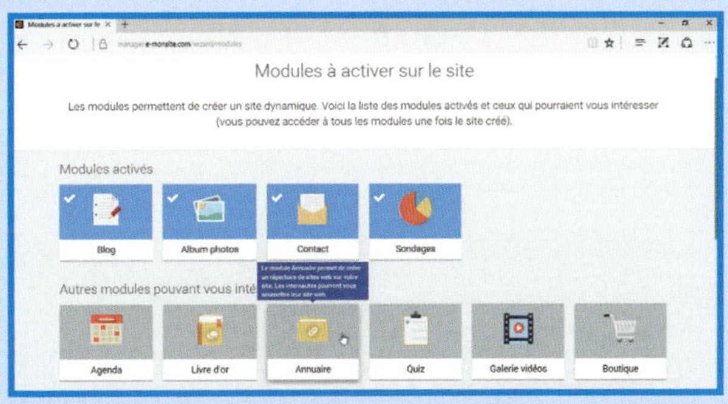

4 Vous devez maintenant choisir les modules à placer sur le site. Ceux qui sont cochés sont déjà inclus, mais vous pouvez en retirer certains en cliquant dessus. Pour en ajouter d'autres, pointez ceux qui vous intéressent afin d'en obtenir une description et, s'ils vous plaisent, validez leur ajout en cliquant dessus. Enfin, cliquez sur *Enregistrer et poursuivre* tout en bas de la page.

Le petit +

Vous pouvez à tout moment compléter et modifier les informations au sujet de votre site en pointant le bouton *Configuration* en haut de la page, puis en cliquant sur *Réglages* et sur la vignette *Infos sur le site*. Toujours en pointant *Configuration*, vous pouvez modifier les couleurs, polices, etc. du thème choisi, en cliquant sur *Apparence*.

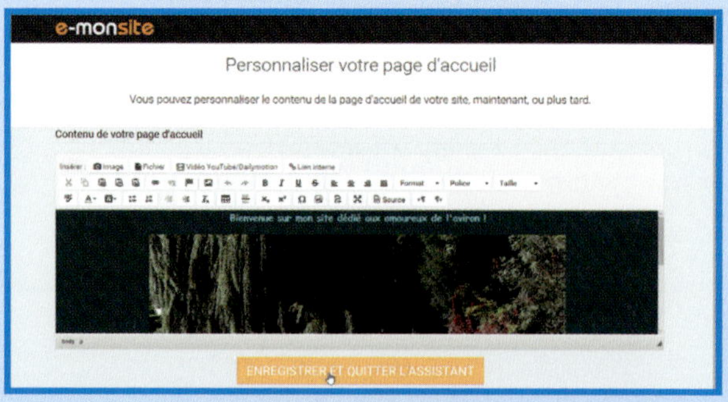

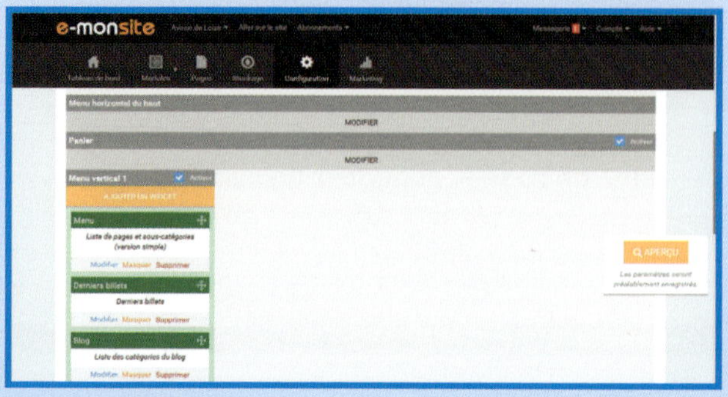

5 Vous voici prêt à définir la page d'accueil. Future vitrine de votre site, elle doit être particulièrement attrayante. Dans l'immédiat, agissez dans l'optique d'un « premier jet » que vous peaufinerez plus tard. Grâce aux multiples options dans les barres d'outils, ajoutez et mettez en forme le contenu souhaité. Pour insérer une photo, cliquez sur l'icône *Image*, puis sur *Ajouter une image*, sur *Choisissez un fichier* et double-cliquez sur la photo dans la boîte de dialogue *Ouvrir*; paramétrez la taille et la présentation de la photo, puis cliquez sur *Insérer*. Pour terminer, cliquez sur *Enregistrer et quitter l'assistant*.

6 Votre site est né ! Cliquez sur *Non, merci* pour refuser la visite guidée et commencez à enrichir votre site. Pointez *Configuration* et cliquez sur *Menus*. Définissez ensuite les menus et widgets à afficher dans la bannière et les colonnes latérales de votre site. Vous pouvez déplacer un widget en le faisant glisser et en retirer certains en cliquant sur *Supprimer*. Pour définir leur contenu, cliquez sur *Modifier*, configurez le widget à votre convenance dans la fenêtre qui s'ouvre et cliquez sur *Enregistrer*. Après avoir terminé, cliquez sur *Enregistrer*, tout en bas de la page cette fois.

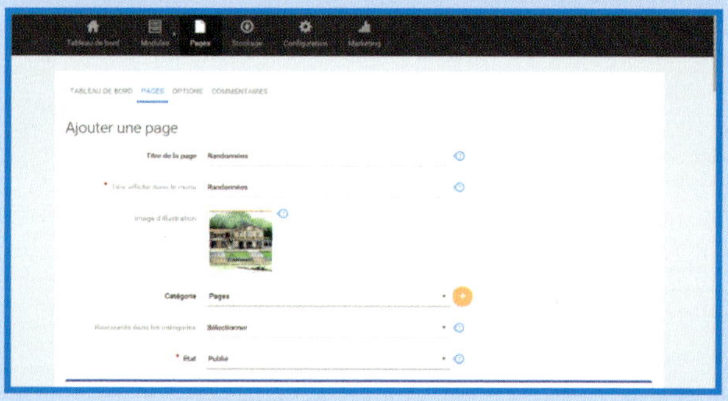

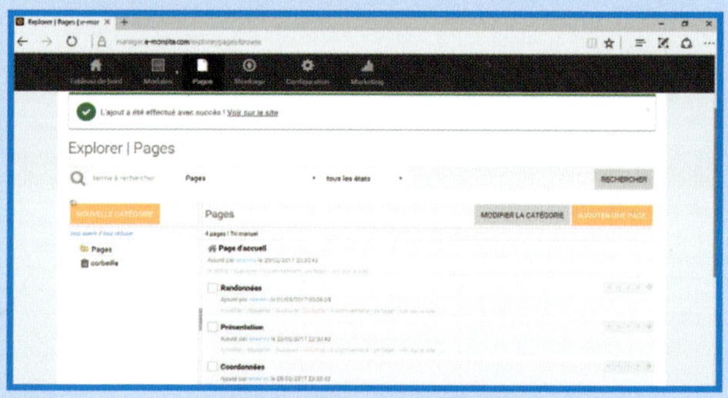

7 Pour créer une nouvelle page, pointez *Pages* dans le tableau de bord et cliquez sur *Ajouter une page*. Renseignez les champs demandés, puis ajoutez le contenu souhaité dans la grande zone de saisie. Outre du texte, vous pouvez notamment intégrer une photo, de la musique ou une vidéo (Youtube ou Dailymotion) via l'icône correspondante dans la barre d'outils. Validez en cliquant sur *Enregistrer*.

8 Votre page est immédiatement ajoutée à votre site, et la liste complète des pages existantes apparaît. Pour déplacer l'une d'elles dans l'arborescence du site ou en modifier une, voire en retirer une, pointez-la et cliquez sur l'icône adaptée, complètement à droite, ou sur le lien requis. Par la suite, vous pourrez à tout moment revenir à cette liste en pointant *Pages* dans le tableau de bord et en cliquant sur *Gérer les pages*. C'est depuis ce même menu que vous pouvez améliorer votre page d'accueil.

À savoir

Avant d'insérer une photo, lisez bien le message d'information d'e-monsite, car il impose certaines restrictions. Par exemple, votre image ne doit pas dépasser 4 000 pixels de côté et doit obligatoirement être au format GIF, JPEG ou PNG.

Trucs & astuces

Si vous voulez autoriser les commentaires de vos visiteurs, pointez le bouton *Pages* dans le tableau de bord et cliquez sur *Commentaires*.

Trucs & astuces

Comme plus de 350 millions de noms de domaine sont déjà utilisés, celui qui vous intéresse n'est peut-être plus disponible. Dans ce cas, essayez de changer l'extension (.fr, .com, .net ou autre) ou d'ajouter des caractères tels qu'un tiret ou un underscore si votre nom de domaine se compose de plusieurs mots. Ensuite, pour organiser clairement le contenu de votre site, scindez-le en différentes sections thématiques : chacune d'elles aura alors sa propre adresse et constituera un sous-domaine.

LE NOM DE DOMAINE

Internet comptant actuellement plus d'un milliard de sites, il est essentiel de donner au vôtre un nom percutant qui permettra à un maximum d'internautes de le trouver.

Si e-monsite vous permet de créer un site gratuitement, il vous impose une adresse du type www.monsite.e-monsite.com. Fonctionnelle, certes, mais pour offrir un maximum de visibilité à votre site, rien ne vaut une adresse simple et directe, du type www.monsite.fr, avec un nom de domaine facile à retenir. Ici, ce nom correspond à « monsite.fr ».

Chaque nom de domaine est unique, aussi, à partir du moment où vous possédez le vôtre, vous êtes sûr que personne d'autre ne pourra l'exploiter, et que tout internaute qui tapera son adresse arrivera sur votre site. Pour en acquérir un, vous devez le déposer et le louer auprès d'un bureau d'enregistrement reconnu par l'AFNIC (Association française pour le nommage Internet en coopération), comme 1&1 (www.1and1.fr), Amen (www.amen.fr), Gandi (www.gandi.net) ou OVH (www.ovh.com/fr/domaines).

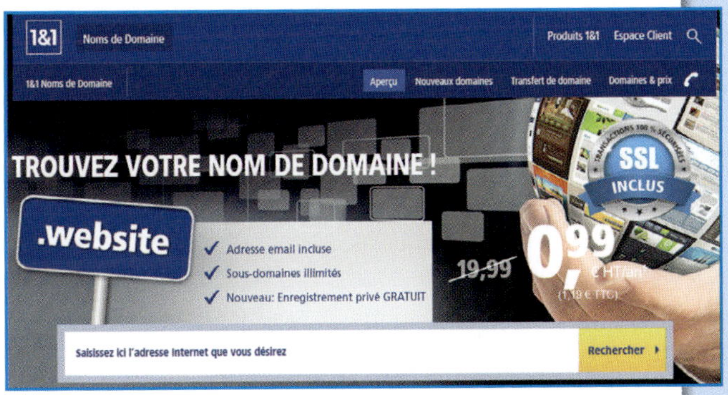

Mais il est impossible d'acheter un nom de domaine une fois pour toutes : si vous ne renouvelez pas sa location chaque année, vous le perdez !

Prenons le cas pratique de votre site réalisé sur e-monsite.fr. Après avoir déposé votre nom de domaine monsite.fr, vous devez paramétrer sa redirection vers sa véritable adresse : www.monsite.e-monsite.com, pour qu'un internaute tapant l'adresse www.monsite.fr arrive automatiquement sur la page www.monsite.e-monsite.com. La plupart des bureaux d'enregistrement vous permettent de souscrire à ce service moyennant paiement. Généralement, ils proposent une redirection visible ou invisible : choisissez de préférence la seconde possibilité. Ainsi, quand un internaute tapera www.monsite.fr, il affichera bien la page www.monsite.e-monsite.com, mais sans le savoir, car la barre d'adresse du navigateur continuera de n'afficher que www.monsite.fr. Établir une redirection est à la fois simple et rapide, mais il faut attendre quelques heures avant qu'elle devienne effective.

Attention !

De nombreux bureaux d'enregistrement proposent également une offre d'hébergement, mais n'y souscrivez surtout pas si votre site est déjà hébergé ailleurs (sur e-monsite, par exemple), car ce service serait facturé en plus et empêcherait la mise en place d'une redirection.

Créer votre chaîne Youtube

Youtube, Dailymotion, Vimeo... tous ces sites sont des références en hébergement de vidéos en ligne (voir p. 211). Pour publier les vôtres, vous devrez d'abord vous créer votre propre chaîne.

Le petit +

Il est toujours possible de créer une chaîne supplémentaire en cliquant sur votre icône de profil en haut à droite, puis sur l'icône *Paramètres Youtube* (la petite roue crantée) et sur *Créer une chaîne* à la rubrique *Fonctionnalités supplémentaires*, au bas de la page de configuration. Cela vous amène à créer un compte de marque, qui a l'avantage de pouvoir être géré par plusieurs personnes.

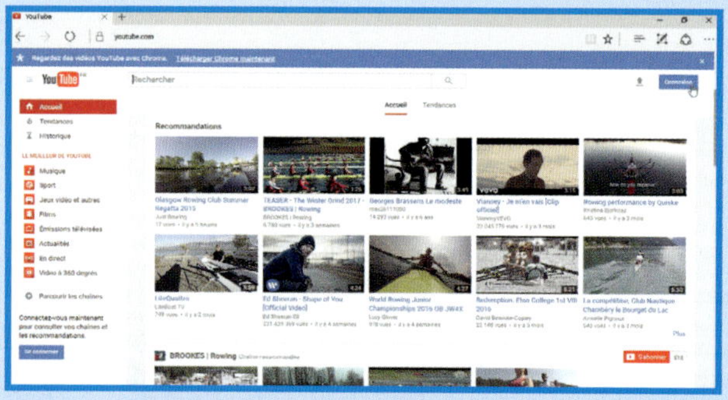

1 Si vous avez réalisé avec votre caméscope, votre smartphone ou votre drone des vidéos que vous voulez montrer à vos amis et/ou à des milliers d'internautes, l'idéal est de les publier sur un site d'hébergement de vidéos en ligne comme Youtube, Dailymotion ou Vimeo. Mais pour cela, vous devez d'abord créer votre chaîne, ce qui nécessite, dans le cas de Youtube, de posséder un compte Google. Rendez-vous sur www.youtube.com, puis cliquez sur *Connexion*, en haut à droite.

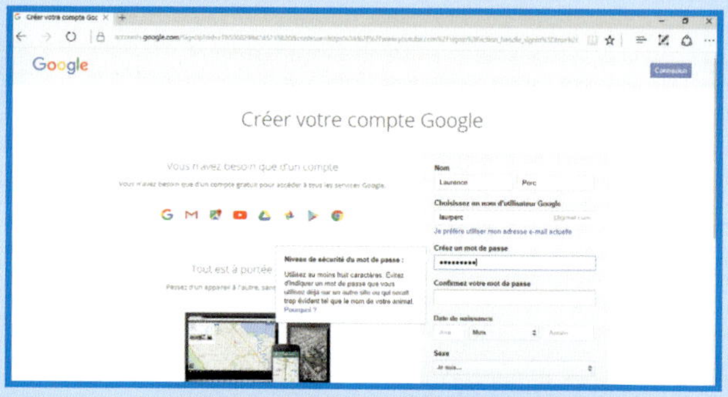

2 Si vous possédez déjà une adresse de messagerie Gmail, tapez-la, avec le mot de passe associé, et cliquez sur *Connexion*. Sinon, cliquez sur *Créer un compte*, remplissez le formulaire d'inscription qui s'affiche et cliquez sur *Étape suivante*. Par sécurité, Google vous envoie un mail de confirmation de votre inscription : ouvrez votre messagerie et cliquez sur le lien de validation dans le message. De retour dans votre navigateur, tapez votre adresse et votre mot de passe dans la page de connexion et acceptez les conditions d'utilisation.

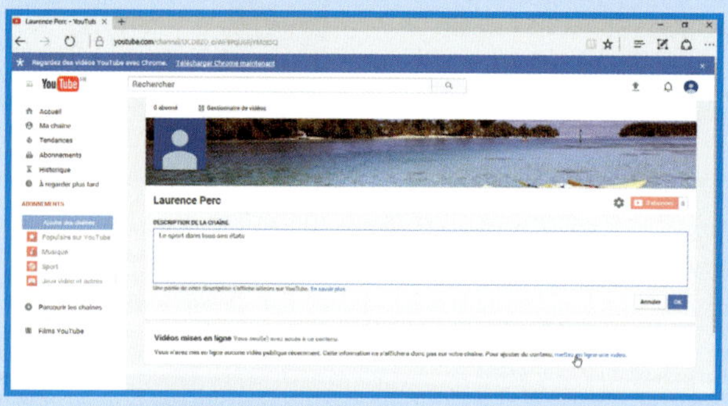

3 Youtube vous crée une chaîne automatiquement. Pour la personnaliser, cliquez sur *Ma chaîne* dans la colonne gauche, puis tapez une brève description. Éventuellement, associez-y une photo en cliquant sur *Ajouter une illustration pour la chaîne*, et choisissez alors soit un cliché personnel depuis l'onglet *Importer des photos*, soit un cliché prédéfini depuis l'onglet *Galerie*. Enfin, pour ajouter votre première vidéo, cliquez sur le lien *Mettez en ligne une vidéo*.

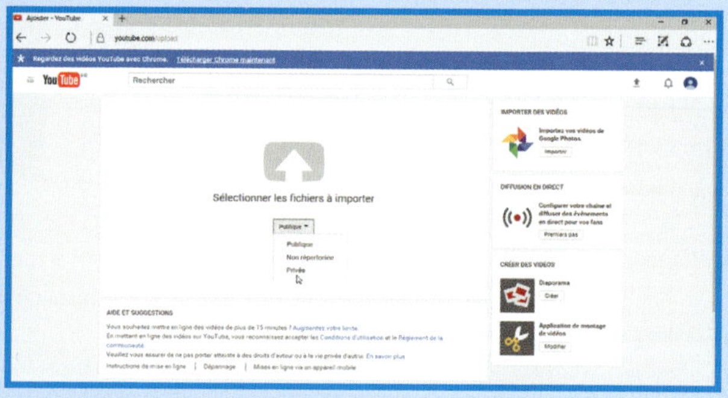

4 Une fenêtre de téléchargement apparaît : depuis la liste déroulante au centre, indiquez le niveau de confidentialité de la future vidéo (vous pourrez le modifier ensuite à tout moment, même une fois la vidéo publiée). *Publique* permet à tous les internautes de voir votre vidéo, tandis que *Privée* et *Non répertoriée* limitent sa consultation aux personnes que vous autorisez en leur donnant le lien de votre vidéo (si celle-ci est *Non répertoriée*, les destinataires ont aussi le droit de la partager).

Attention !

Youtube n'accepte que certains formats de vidéos, notamment MOV, MPEG4, AVI et WMV. Si la vôtre est au format MP3, WAV ou MSWMM, par exemple, vous devez d'abord la convertir. La plupart du temps, il suffit d'utiliser le programme Windows Live Movie Maker sur PC ou iMovie sur Mac.

Trucs & astuces

Pour que votre vidéo « fasse le buzz », donnez-lui un titre accrocheur et des tags aussi pertinents et nombreux que possible. Abonnez-vous également à la chaîne d'autres internautes pour faire connaître la vôtre. Dernière astuce : réunissez certaines de vos vidéos dans des playlists ; les visiteurs verront vos films se succéder automatiquement.

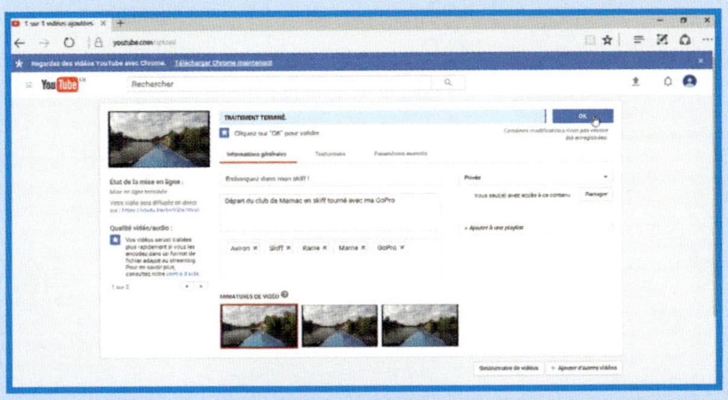

5 Cliquez sur *Sélectionner les fichiers à importer*. Dans la boîte de dialogue *Ouvrir*, naviguez jusqu'à la vidéo à publier et double-cliquez dessus. Quand la barre de progression indique *Traitement terminé*, saisissez un titre et une brève description pour votre vidéo, puis ajoutez des tags (mots-clés) en appuyant sur la touche *Entrée* du clavier après chacun d'eux. Cliquez sur la miniature qui servira d'image d'ouverture et sur *OK*.

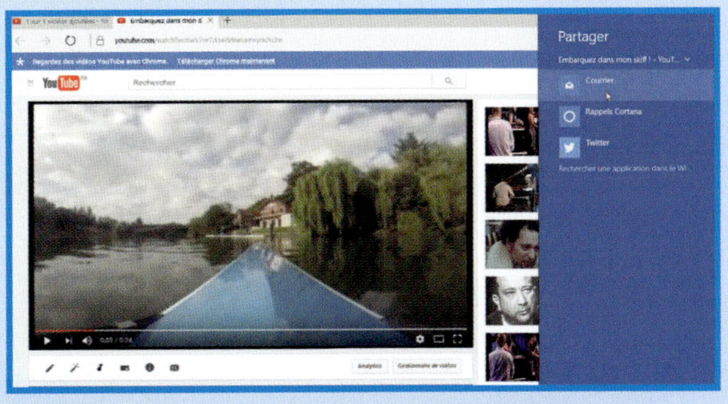

6 Youtube publie aussitôt votre vidéo et indique son adresse : cliquez sur cette dernière pour voir votre vidéo en ligne. De là, vous pouvez la modifier ou la compléter, par une bande-son par exemple, en cliquant sur l'icône adaptée dans la barre d'outils au-dessous d'elle. Pour partager votre vidéo avec vos proches, cliquez sur l'icône correspondante dans la barre d'outils du navigateur, puis sur *Courrier*.

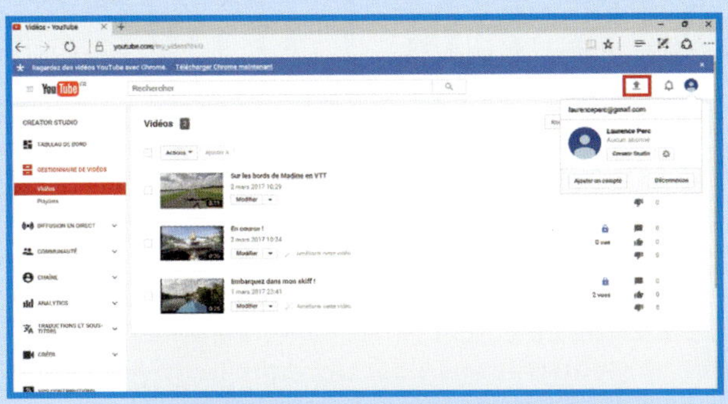

7 Par la suite, vous pourrez ajouter d'autres vidéos en cliquant sur l'icône de téléchargement vers la fin de la barre d'outils Youtube. Mais pour modifier celles publiées, en supprimer certaines ou connaître le nombre de visiteurs, cliquez d'abord sur votre icône de connexion en haut à droite, puis sur *Creator Studio* et sur *Gestionnaire de vidéos*, à gauche, puis sur *Vidéos*. Toutes vos vidéos apparaissent alors.

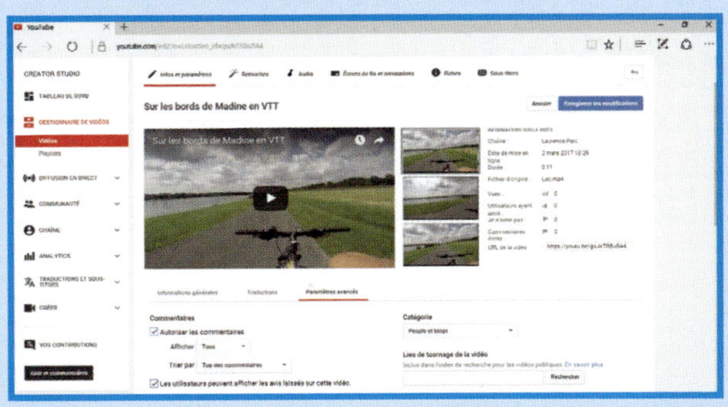

8 Si vous voulez changer certaines caractéristiques d'une vidéo ou consulter ses statistiques, cliquez sur *Modifier* à côté de sa miniature, apportez les changements souhaités et cliquez sur *Enregistrer les modifications*. N'hésitez pas à explorer l'onglet *Paramètres avancés*, qui vous permet notamment d'autoriser les commentaires. Pour supprimer une vidéo, cliquez sur la flèche qui borde le bouton *Modifier*, puis sur *Supprimer*.

FAIRE DES ACHATS EN LIGNE

La vente en ligne occupe un espace important sur Internet, et les Français sont de plus en plus nombreux à acheter sur le Web. Voici quelques éléments à prendre en compte pour sécuriser vos achats en ligne.

Au cours des dernières années, le commerce en ligne a connu une forte croissance, et cela ne fait que commencer. Vous n'avez pas envie de parcourir les rayons d'un supermarché ? Passez commande sur Internet et récupérez vos courses dans le drive, en sortant du travail, ou faites-vous livrer. Vous avez oublié d'acheter un cadeau d'anniversaire ? Sur certaines boutiques en ligne, vous pouvez vous faire livrer dès le lendemain... Vous avez commandé en ligne des vêtements qui ne vous conviennent pas ? Vous avez le plus souvent un droit de retour. Vous avez envie de voyager ? Là encore, vous pouvez préparer vos vacances tranquillement installées devant votre ordinateur, et acheter un billet d'avion ou de train, louer une voiture ou réserver des hôtels. Méfiez-vous cependant des escrocs, redoutablement habiles ; mais avec un peu d'attention, vous devriez pouvoir les éviter.

VÉRIFIER LA FIABILITÉ ET LE SÉRIEUX DU VENDEUR

LES MENTIONS LÉGALES ET LE REGISTRE DU COMMERCE ET DES SOCIÉTÉS (RCS)

Avant d'acheter sur un site marchand que vous ne connaissez pas, prenez quelques précautions. Sur le site, cherchez le nom du vendeur et l'adresse du siège social de l'entreprise. Ces informations se retrouvent généralement dans les « mentions légales », dans un onglet *À propos*, *Qui sommes-nous*, *Contact* ou équivalent, ou encore dans les conditions générales de ventes (CGV). Privilégiez les commerçants localisés en France : en cas de litige, vos démarches auront davantage de chance d'aboutir. Vérifiez aussi si le vendeur a un numéro d'enregistrement au Registre du commerce et des sociétés (RCS). Rendez-vous sur le site www.infogreffe.fr pour obtenir l'activité et la domiciliation de l'entreprise ; pour quelques euros, vous pouvez même acheter en ligne son extrait Kbis (cette « carte d'identité » de la société renseigne notamment sur les procédures juridiques auxquelles elle peut être confrontée, comme le redressement judiciaire). Pour les sites étrangers, vous pouvez commencer par vous renseigner sur le Web et, si nécessaire, consulter le site du greffe du tribunal de commerce de Paris, qui possède un moteur de recherche des adresses des sites Internet des registres étrangers (www.greffe-tc-paris.fr).

LES AVIS DE CONSOMMATEURS

Utilisez un moteur de recherche et consultez des avis d'internautes à propos du site. S'il pratique des arnaques, vous trouverez rapidement des plaintes sur les forums. Vous pouvez aussi lire les « avis » des internautes sur le site du vendeur ; attention, ces avis ne sont pas au-dessus de tout soupçon. La DGCCRF (Direction générale de la concurrence, de la consommation et de la répression des fraudes) estime que près d'un avis sur deux est douteux. Assurez-vous que le nombre d'évaluations est suffisant, que les avis sont argumentés (et pas excessivement élogieux...) et ne semblent pas trop répétitifs... Depuis 2013, il existe une norme AFNOR (NF 274-501) qui garantit notamment que le site marchand s'est engagé à ne pas acheter d'avis et à vérifier la fiabilité de ceux publiés ; elle est malheureusement peu utilisée.

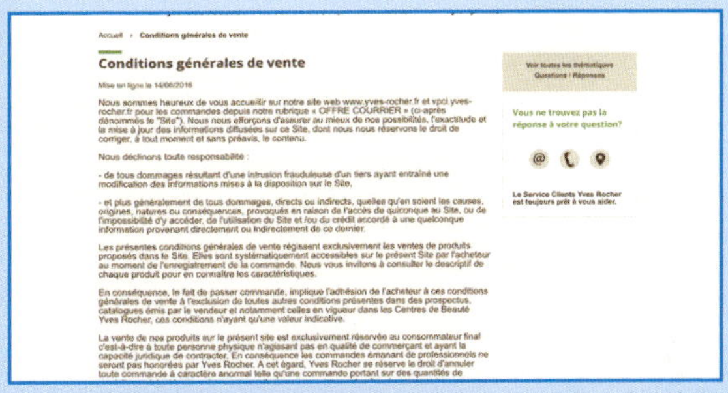

DES DÉTAILS... QUI ONT LEUR IMPORTANCE

Prenez le temps de bien lire le descriptif du produit ou service que vous achetez : une jolie photographie est parfois trompeuse ! Pensez à regarder les frais de livraison ainsi que les éventuels droits de douane car, notamment pour des achats de faible montant, ils peuvent changer la donne. Vérifiez la date de livraison annoncée et la politique de retours et n'hésitez pas à prendre connaissance des conditions générales de vente (CGV), même si leur lecture est fastidieuse. Enfin, méfiez-vous des prix trop bas ! Si l'on vous propose des articles de luxe à des prix défiant toute concurrence, vous êtes probablement sur un site qui vend des contrefaçons (inspectez bien le site, il est fréquent de voir des pages mal traduites).

Trucs & astuces

Lorsque vous effectuez des achats en ligne, vous disposez d'un délai de rétractation de 14 jours à compter de la date de livraison de votre achat. Attention, il existe des exclusions : achat de denrées périssables, CD ou DVD qui ont été défilmés, billets de transport et de spectacle, etc.

PAYER EN LIGNE EN TOUTE SÉCURITÉ

ÉVITER LE PIRATAGE

Généralement, les problèmes de piratage d'une carte bancaire ne se produisent pas sur les serveurs des boutiques en ligne, mais plutôt sur votre ordinateur. Vous devez donc protéger votre machine contre les logiciels malveillants. En effet, un logiciel espion peut enregistrer ce que vous saisissez au clavier, et récupérer le numéro de votre carte bancaire, même si la connexion entre votre machine et le serveur de la boutique en ligne est sécurisée. Par prudence, utilisez une suite de sécurité qui protégera mieux votre machine (voir p. 362 et suivantes).

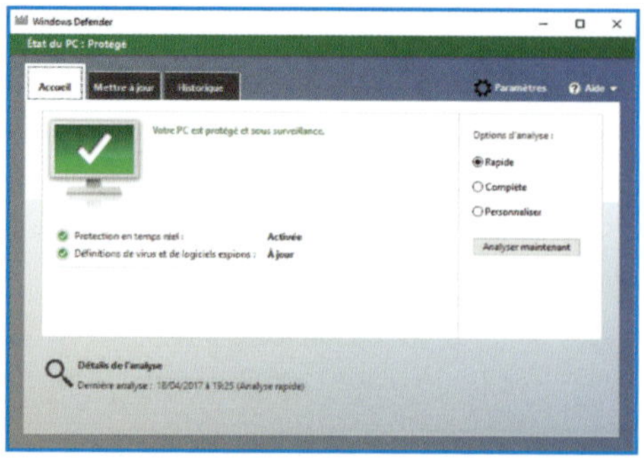

PAYER SUR UN SITE SÉCURISÉ

Lorsque vous surfez sur Internet, les données que vous envoyez peuvent être vues par un pirate qui tente d'intercepter la communication entre votre ordinateur et l'ordinateur du site que vous visitez. Cela ne pose généralement pas de problème. En effet, si un pirate remarque que vous recherchez une chemise à carreaux rouges sur un site de vente en ligne, cela ne lui sera d'aucune utilité. En revanche, au moment de payer votre commande, vous allez envoyer les informations de votre carte bancaire (numéro, date d'expiration, nom du porteur et code de vérification). Il est important à ce stade que la communication entre votre ordinateur et l'ordinateur du marchand soit cryptée, et donc protégée. Une page web est sécurisée lorsque l'adresse commence par https:// à la place de http://. Toutefois, les navigateurs web récents n'affichent plus l'adresse complète d'une page et le https:// n'apparaît plus. En revanche, vous pouvez voir un petit cadenas à la gauche de l'adresse (ou de ce que l'on vous montre de l'adresse). Tant que ce cadenas est affiché, la connexion est sécurisée et les données transférées sont cryptées. Sachez que la sécurisation des pages n'est pas réservée aux pages de paiement : les pages de Facebook, par exemple, sont elles aussi sécurisées.

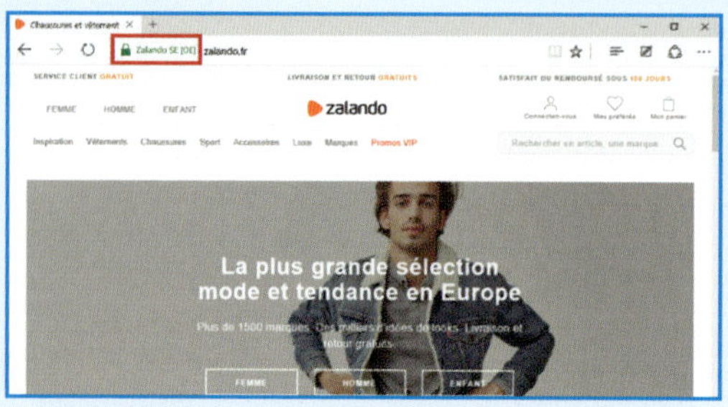

LES MOYENS DE PAIEMENT

Il existe des moyens de paiement spécialisés pour Internet, par exemple Paypal (voir p. 207), l'e-Carte Bleue, Paylib (voir « À savoir » à la page suivante) ou encore Apple Pay. Si vous utilisez une carte bancaire, votre banque peut ajouter un niveau de protection comme le 3D Secure : après avoir donné votre numéro de carte bancaire, vous devez communiquer un code d'authentification que vous délivre votre banque par SMS. Certains sites en ligne acceptent le paiement par chèque ou par virement. Dans ce cas, votre commande est préparée une fois le paiement reçu. Quelques vendeurs en ligne proposent de payer en trois fois (avec ou sans frais) ou en contractant un crédit en ligne. Vérifiez toujours les taux proposés pour ces crédits à la consommation. Il existe également des chèques-cadeaux que vous pouvez utiliser dans une enseigne précise ou dans le groupement d'enseignes indiqué sur le chèque.

Trucs & astuces

Surveillez vos dépenses sur votre relevé de carte bancaire. Cette opération est plus facile si vous consultez vos comptes par Internet. Si vous voyez apparaître des achats que vous n'avez pas faits ou des paiements réguliers de petites sommes, il y a peut-être un problème. Contactez votre banque pour faire le point. En cas de piratage, elle doit vous rembourser la somme détournée (ainsi que les frais engendrés, comme les frais de découvert suite au débit frauduleux), sauf si elle peut prouver que vous avez commis une faute.

LA CARTE BANCAIRE CLASSIQUE

Le paiement par carte bancaire est proposé par la majorité des sites, même si d'autres systèmes de paiement peuvent être acceptés. Le paiement s'effectue dans une page spéciale sur le site du marchand, souvent gérée par une banque partenaire du site.
Il existe depuis peu des cartes dont le code de vérification (qui se trouve normalement à l'arrière de la carte) change à intervalles réguliers. Ceci permet de s'assurer que personne ne pourra utiliser la carte, même après avoir intercepté le code de vérification.
Quelques sites proposent de conserver vos coordonnées bancaires sur votre compte client pour payer plus rapidement par la suite. Dans le doute, n'autorisez pas le site à conserver vos informations bancaires.

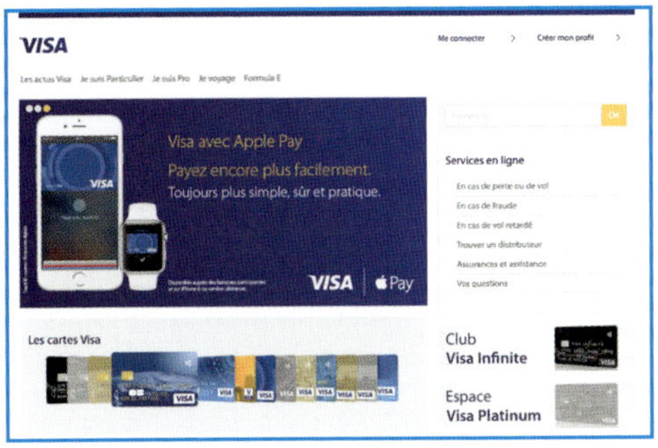

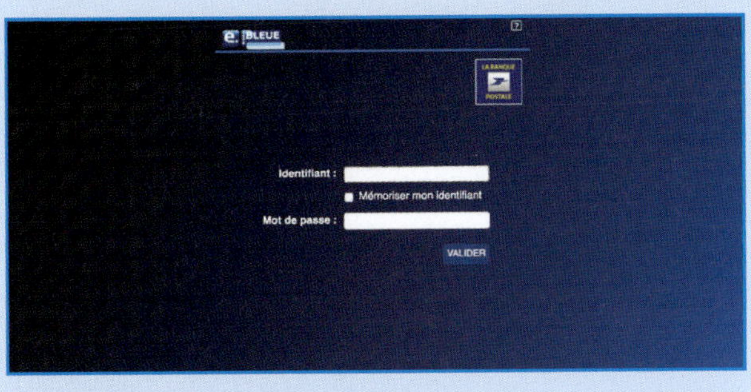

LA CARTE BANCAIRE VIRTUELLE

Une carte bancaire virtuelle (e-Carte Bleue) est une carte qui n'existe que le temps d'effectuer un paiement en ligne. Vous devez utiliser un logiciel spécial fourni par votre banque ou aller sur une page spécifique de votre espace client pour créer votre carte virtuelle, moyennant un abonnement annuel ou un tarif d'utilisation à l'achat. Vous obtenez toutes les informations d'une vraie carte (numéro, date de validité, code de vérification), mais ces identifiants sont à usage unique. Ce service n'est pas proposé par toutes les banques.

PAYPAL

Paypal est un service auquel vous devez vous inscrire pour ouvrir un compte. Une fois enregistré, vous indiquez vos coordonnées bancaires (RIB ou carte bancaire). Vous utilisez ensuite les identifiants de votre compte Paypal pour payer sur les sites acceptant ce service. Les informations financières ne sont jamais communiquées au site marchand. Vos informations bancaires sont cryptées et protégées sur les serveurs du site (www.paypal.fr). Lors du paiement, le site marchand vous renvoie alors sur le site de Paypal, où s'affiche le détail de la transaction. Votre adresse mail et votre mot de passe suffisent pour valider le paiement. Ainsi, votre numéro de carte bancaire n'est pas communiqué. De même, il n'y a pas de risque que vos coordonnées bancaires soient interceptées par un logiciel espion qui pourrait être installé à votre insu sur votre machine pour enregistrer les frappes du clavier.

À savoir

Il existe également un système « made in France » appelé Paylib (www.paylib.fr), un porte-monnaie virtuel qui permet de payer en ligne avec son PC, son smartphone ou sa tablette (ou dans un magasin avec son smartphone). Comme Paypal, ce système évite aux acheteurs de communiquer leurs coordonnées bancaires directement sur le site du commerçant. Paylib est proposé en France par de plus en plus de banques. Toutefois, tous les commerçants n'acceptent pas ce type de paiement.

LES COMPARATEURS DE PRIX

QU'EST-CE QU'UN COMPARATEUR DE PRIX ?

Un comparateur de prix est un site web ou une application qui permet d'afficher pour un même produit les offres de plusieurs cybermarchands. Il est ainsi plus facile de trouver le produit le moins cher. Pour cela, vous pouvez parcourir les catégories de produits proposées sur le site du comparateur ou utiliser le champ de recherche pour saisir les références du produit qui vous intéresse : la fiche complète de ce dernier apparaît alors. Sur tablette ou smartphone, vous pouvez utiliser des applications qui scannent les codes-barres des produits. Lorsque vous êtes dans un magasin, cela vous permet de vérifier rapidement qu'un article n'est pas vendu moins cher ailleurs. Attention, les applications et les comparateurs de prix web n'effectuent leur comparaison que parmi une sélection de commerces partenaires ; ils ne sont pas exhaustifs.

LIRE LES RÉSULTATS D'UN COMPARATEUR

Lorsque vous obtenez la fiche du produit que vous recherchez, ici avec touslesprix.com (les comparateurs se ressemblent), vérifiez d'abord les caractéristiques techniques afin de vous assurer qu'il s'agit bien du modèle que vous recherchez puis, au bas de la page, comparez les différents prix proposés par les marchands référencés. Lorsque vous trouvez un prix particulièrement intéressant, vérifiez sur le site du vendeur qu'il s'agit d'un produit neuf et non pas d'occasion. Vérifiez aussi les frais de port. Utilisez plusieurs comparateurs de prix afin de couvrir un maximum de cybermarchands.

LES REVENUS DES COMPARATEURS

Les comparateurs de prix ne vendent pas en direct, mais sont rémunérés en vendant de l'espace aux cybermarchands référencés. Selon les cas, ils perçoivent un revenu lorsque vous cliquez sur un lien ou touchent une commission sur chacune des ventes qu'ils ont induites. On comprend bien dès lors que chaque comparateur de prix ne référence pas l'ensemble des sites marchands que l'on peut trouver sur Internet. C'est pourquoi il est utile de vérifier les offres de plusieurs comparateurs. N'hésitez pas également à saisir les références de votre produit dans un moteur de recherche : il arrive qu'un site non référencé par les comparateurs propose une offre intéressante. Si vous achetez, par exemple, des séjours à l'hôtel, allez faire un tour sur le site de l'hôtel pour vérifier que le prix proposé par le site comparateur (par exemple, expedia.fr ou booking.com) est vraiment le plus avantageux. À savoir : pour nombre de ses tests comparatifs, Quechoisir.org vous propose un comparateur de prix... indépendant, lui !

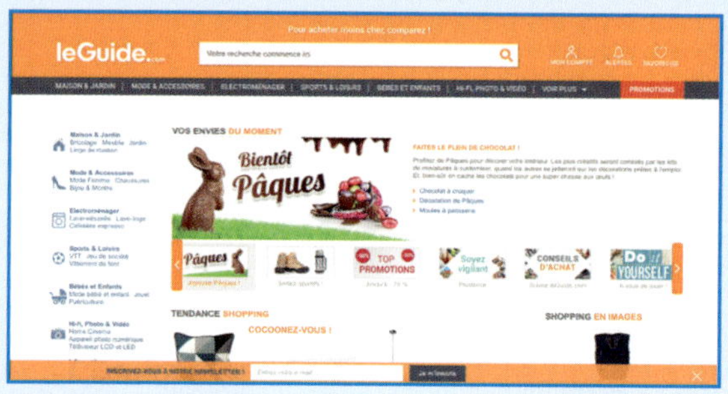

Trucs & astuces

Les comparateurs de prix collectent des informations sur vos recherches et votre historique de navigation qui orientent leurs réponses. En effaçant régulièrement votre historique de navigation et vos cookies (voir p. 136 et 137), vous obtiendrez des réponses qui ne tiennent pas compte de vos précédentes recherches.

FAIRE DE BONNES AFFAIRES SUR INTERNET ?

LA CHASSE AUX PROMOTIONS

En plus de la rapidité d'achat, le commerce en ligne offre souvent une palette importante de produits à des prix très attractifs. Mais les sites usent et abusent des prix barrés et des pourcentages de réduction, aussi soyez vigilant. Une étude récente de Que Choisir a montré que les promesses de baisse ne sont généralement pas tenues, car le prix de référence sur lequel est calculée la réduction est souvent mystérieux. Ainsi, les rabais annoncés les plus élevés ne garantissent pas forcément les prix les plus bas ! Fiez-vous au prix final et non à la réduction annoncée. De plus, les frais de port gonflent souvent le prix. Certains sites annoncent des frais de port gratuits, mais c'est généralement sous condition (montant de l'achat supérieur à une certaine somme, retrait dans un magasin physique, abonnement « premium », etc.). Pour trouver le montant des frais de port (ou les types de cartes bancaires acceptées), il faut souvent sélectionner un article et consulter le panier (il est même parfois nécessaire de s'identifier ou de créer un compte pour connaître le montant total de la commande). Privilégiez les sites qui fournissent clairement toutes ces informations.

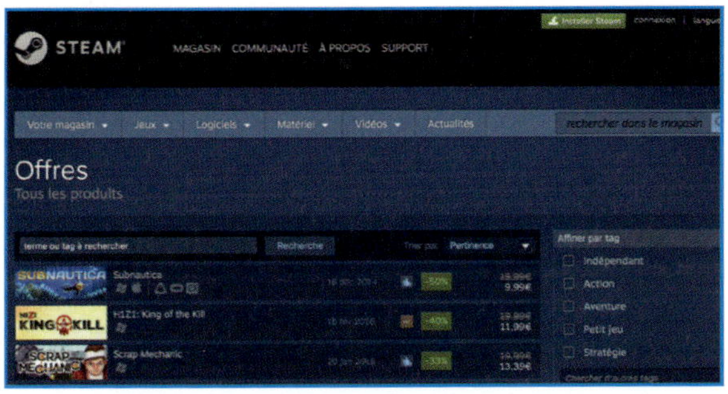

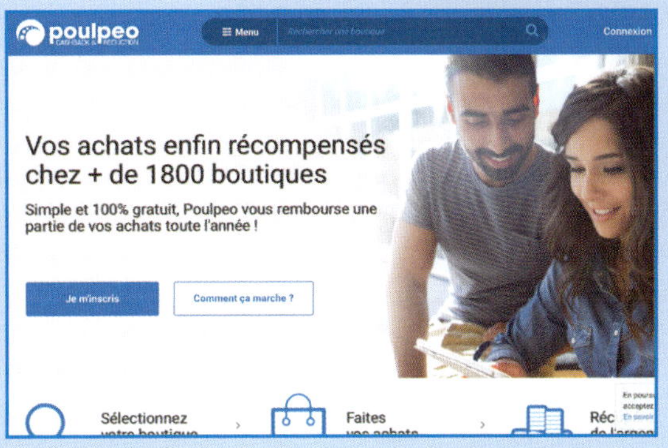

CASH-BACK

Le cash-back est un système qui permet de recevoir de l'argent lors d'achats en ligne : le plus souvent, il s'agit d'un pourcentage du prix de votre commande qui varie de 2 % à 6 % environ. Cet argent est crédité sur votre compte du service de cash-back. Vous l'utilisez pour payer tout ou partie de vos commandes sur les sites partenaires du service de cash-back auquel vous êtes inscrit. Méfiez-vous : de nombreuses astuces rendent le système nettement moins intéressant qu'il n'y paraît (frais de traitement pour chaque transaction, « cagnotte » minimale requise, clôture de votre compte si vous n'effectuez pas de commande durant une période déterminée...). Certains sites de cash-back imposent même un abonnement dont le montant peut dépasser que ce vous gagnerez ! Ainsi, si le système paraît séduisant au premier abord, comparez bien les avantages et inconvénients d'un site à l'autre et soyez prudent dans l'utilisation du système.

E-COUPONING

De nombreux sites mettent à la disposition des internautes des codes ou bons de réduction valables chez certains cybermarchands (voire dans des magasins physiques). Pour obtenir les codes ou les bons de réduction, vous devez vous inscrire sur le site qui les propose. Par la suite, le site utilise vos coordonnées pour vous envoyer des mails présentant tous les nouveaux coupons et/ou revend vos données personnelles à des sociétés qui vous enverront à leur tour leurs propres offres. Sachez que tous les codes proposés ne fonctionnent pas forcément et que le service peut s'avérer être un « piège » pour récupérer vos coordonnées. De plus, comme pour le cash-back, certains sites exigent le paiement d'un abonnement pour obtenir les réductions. N'hésitez pas à vous renseigner auprès des internautes avant d'utiliser un site (voir p. 199). Méfiez-vous des réductions trop alléchantes et résistez à la tentation d'acheter un produit dont vous n'avez pas besoin, juste pour profiter d'un bon de réduction.

ACHAT ENTRE PARTICULIERS

Vous pouvez faire d'excellentes affaires sur les sites de vente entre particuliers. En effet, les sites tels que PriceMinister, 2xmoinscher ou Le Bon coin proposent des produits d'occasion (parfois à l'état neuf) à des prix très intéressants. Cependant, lorsque vous achetez à un particulier, vous ne disposez pas des mêmes mesures de protection qu'avec un professionnel : pas de droit de rétractation, pas de garantie commerciale... Et là encore, faites attention aux frais de port. Notamment pour les achats importants, préférez les annonces de vendeurs situés à proximité de chez vous afin de pouvoir examiner le produit avant de vous décider (vous économiserez de plus les frais de port). Si vous vous faites livrer, préférez les sites qui ne payent le vendeur que lorsque vous avez confirmé la bonne réception de votre commande (PriceMinister, par exemple). Certains sites peuvent même vous venir en aide si vous rencontrez des problèmes avec votre produit dans les semaines qui suivent votre achat.

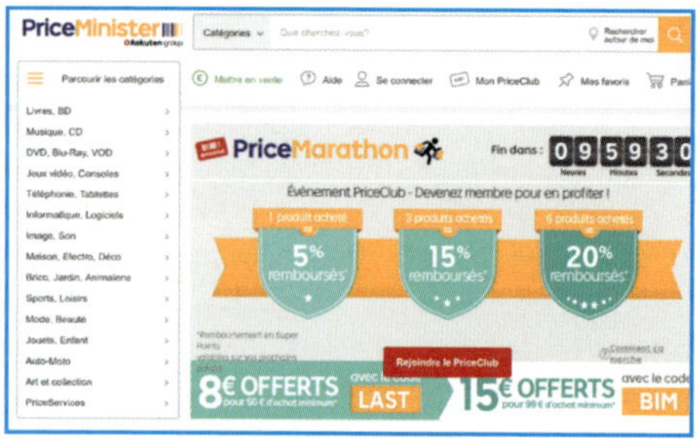

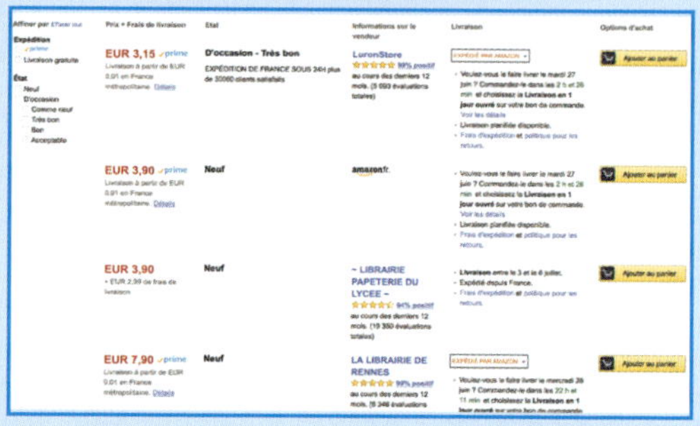

LES MARKETPLACES

Le principe des marketplaces (« marchés », en français) est d'offrir un espace pour que d'autres professionnels, voire des particuliers, puissent proposer une offre alternative, en neuf ou en occasion, à celle de l'enseigne qui les héberge (Amazon, Fnac, C-Discount, etc.). La fiche d'un article présente différents prix : celui du site marchand sur lequel vous vous trouvez si le produit y est disponible, et ceux d'autres vendeurs. Le marketplace a un avantage indéniable car il élargit de manière considérable l'offre proposée grâce au catalogue de centaines de marchands. Mais vérifiez bien à qui vous achetez : en cas de litige, il sera moins facile de dialoguer avec un site étranger. Si vous souhaitez retourner le produit, c'est souvent plus difficile qu'en passant directement par les « grands » sites commerciaux (attention, vous n'avez pas de droit de rétractation si c'est un particulier). Et les prix pratiqués ne sont pas forcément intéressants ; comparez bien le tarif final, frais de port inclus.

DÉSTOCKAGE ET RECONDITIONNEMENT

Les cybermarchands sont soumis aux mêmes périodes et règles de soldes que les autres commerçants. En revanche, certaines boutiques en ligne proposent toute l'année du déstockage de produits. Généralement, il s'agit de fins de série ou, pour les habits, de collections des saisons ou années précédentes. Essayez de vérifier les prix proposés afin d'être certain que vous allez réaliser une bonne affaire. Il arrive en effet que certains sites déstockent des articles sans pour autant faire de réels rabais sur le prix. Les sites proposant des produits reconditionnés sont également de plus en plus nombreux. Vous pouvez, par exemple, acheter des smartphones ou des tablettes sur des sites spécialisés dans le reconditionnement (Matériel.net, RemadeinFrance.com...). Les appareils sont en très bon état de fonctionnement, mais la coque peut être légèrement abîmée ou l'écran présenter des micro-rayures, le prix variant en conséquence. Selon les sites, une garantie de six mois ou d'un an s'applique au matériel (vérifiez bien ce point).

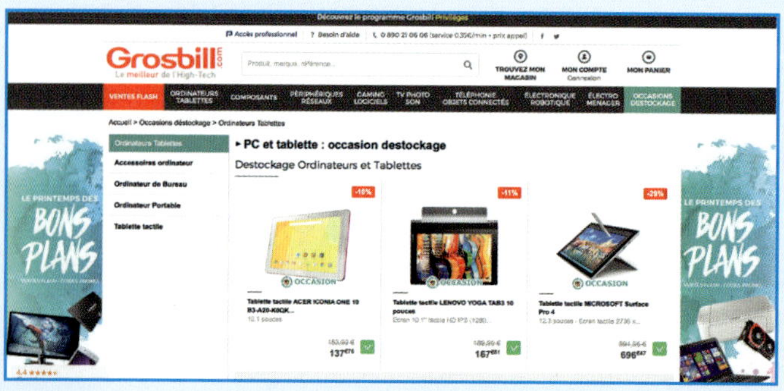

À savoir

En achetant des produits reconditionnés, vous pouvez faire un geste pour la planète puisque vous faites l'acquisition d'un appareil recyclé plutôt que d'en acheter un neuf.

LES SITES DE VENTES PRIVÉES

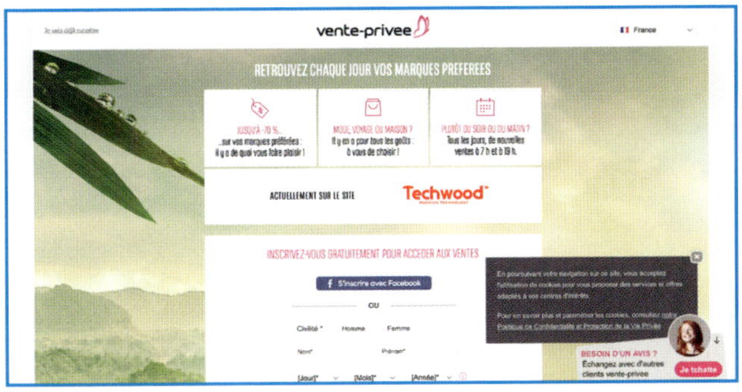

Il existe de nombreux sites dits de ventes privées dont le principe est de proposer des produits uniquement aux membres du site. Pour certains d'entre eux, il faut être invité par un membre pour pouvoir devenir membre à son tour ; pour les autres, les plus nombreux, une simple inscription suffit. En tant que membre, vous recevez régulièrement des mails vous alertant sur les bonnes affaires mises en ligne. Les ventes ne durent parfois que quelques heures ou quelques jours... Ces ventes privées sont en fait du déstockage de nombreux types de produits : habits, matériels high-tech, voyages, billets de spectacle, etc.

N'oubliez pas de vérifier que vous faites réellement une bonne affaire en contrôlant les prix sur plusieurs sites et en ajoutant les frais de port... Ce n'est pas parce qu'il s'agit d'une vente privée que vous obtiendrez forcément le meilleur prix du marché (une enquête de Que Choisir sur les ventes privées de voyages a révélé que derrière les rabais se cachent souvent des offres moins intéressantes qu'il n'y paraît).

Autre point important : faites attention au délai de livraison. Généralement, les sites de vente privée attendent la fin de la vente pour expédier en une fois l'ensemble des produits aux clients. L'achat en lui-même se passe comme chez tous les autres sites marchands : vous placez les articles dans votre panier et vous terminez en réglant avec une carte bancaire.

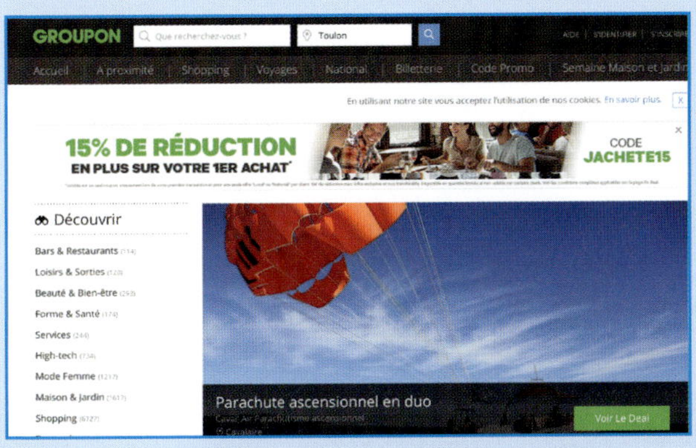

LES SITES D'ACHATS GROUPÉS

Certains sites comme Teamotep (www.teamotep.com), Bownty (bownty.fr) ou surtout Groupon (ww.groupon.fr) proposent d'acheter des services ou des produits à prix réduit : ils garantissent aux commerçants un nombre d'acheteurs important qui leur permet de négocier des remises. Par exemple, vous pouvez trouver un « deal » dans un restaurant qui propose un menu gastronomique pour deux à 53,90 € au lieu de 79 €. Les offres, multiples, sont souvent limitées dans le temps. Attention donc à bien vérifier les conditions d'utilisation de votre coupon, car vous ne serez pas remboursé si vous n'avez pas trouvé de disponibilité pour profiter de l'offre. Sachez aussi que certains « deals » ne sont valables que quelques jours dans la semaine ou dans un créneau horaire bien précis, en général aux périodes creuses. En outre, pour parvenir à proposer un prix attractif, certains commerçants revoient leur prestation a minima : dans ce cas, la durée de votre soin sauna sera moins longue que si vous aviez payé plein tarif, la quantité servie dans votre assiette sera inférieure à celle du menu « normal » du restaurant, etc.

ACHETER AUX ENCHÈRES SUR EBAY

Même s'il est possible d'y faire des achats en payant immédiatement un prix fixe, eBay reste un site connu pour la vente de produits aux enchères. Vous avez non seulement la possibilité d'acheter des objets neufs ou d'occasion, mais également d'en vendre. Sur la page d'accueil, vous trouvez une zone de recherche dans laquelle vous saisissez les mots-clés permettant de définir ce que vous souhaitez acheter. Vous obtenez une liste de résultats et différents outils pour les affiner dans la colonne de gauche. Si vous cherchez un iPhone par exemple, vous pouvez limiter votre recherche à un modèle précis ou à d'autres caractéristiques spécifiques. Vous pouvez demander à voir les produits vendus aux enchères, avec achat immédiat ou les deux, et trier la liste de résultats en fonction de différents critères : le prix, la pertinence, la distance, l'état, le temps restant avant la clôture de la vente aux enchères, etc. Généralement, les enchères proches de la fin ont des prix assez élevés.

Pour placer une enchère, vous devez posséder un compte ; si ce n'est pas le cas, le site vous propose d'en créer un et il vous suffit de suivre les instructions. Lorsque vous indiquez le montant d'une enchère, vous indiquez le prix maximum que vous êtes prêt à payer pour l'objet, par exemple, 100 €. Si quelqu'un enchérit à 80 €, eBay va automatiquement placer pour vous une enchère plus haute. Si à la fin, avec le jeu des enchères, eBay a enchéri pour vous avec un montant de 91 €, c'est ce dernier prix que vous paierez et non les 100 € que vous avez indiqués au départ. Par contre, si quelqu'un place une enchère supérieure à 100 €, vous recevez un mail vous demandant ce que vous souhaitez faire. Vous aurez alors la possibilité de laisser partir l'objet ou d'enchérir. Ne vous laissez pas gagner par la fièvre des enchères, fixez un montant maximum et tenez-vous-y ; avant de le fixer, essayer d'estimer au plus juste le prix de l'objet. Lisez bien sa description pour connaître son état d'usure ou de fonctionnement. Ne vous emballez pas sur la photo d'un smarphone sans avoir vérifié que la description n'indique pas : « ne fonctionne plus, pour pièces détachées uniquement ».

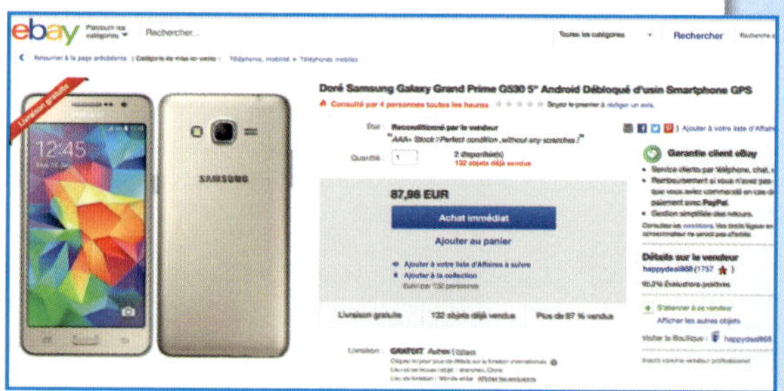

Il est souvent possible d'opter pour l'achat immédiat. L'objet est alors soit proposé uniquement en achat immédiat, et vous devez accepter le prix fixé, soit vendu aux enchères avec un prix d'achat immédiat. Dans ce cas, vous pouvez mettre un terme à l'enchère en acceptant de payer le prix d'achat immédiat.

Pour le paiement, il est plus prudent d'utiliser Paypal (voir page suivante) qui va jouer le rôle de tiers de confiance et inclut un service de recours en cas de litige avec le vendeur.

À savoir

Le vendeur peut placer un prix de réserve, cela signifie que tant que le montant de l'enchère n'atteint pas ce prix, l'objet ne peut pas être emporté. Si le vendeur choisit une enchère avec un prix d'achat immédiat et qu'il a aussi placé un prix de réserve, vous pouvez raisonnablement penser que le prix de réserve est inférieur mais proche du prix d'achat immédiat.

Payer avec Paypal

Vous pouvez utiliser Paypal pour payer vos achats en ligne (sur son partenaire eBay, mais aussi sur de nombreux autres sites) ou pour vous faire payer si vous vendez des objets. Avant tout, vous devez créer un compte.

Trucs & astuces

Une fois que vous avez créé votre compte sur Paypal, connectez-vous et consultez les différentes options à votre disposition : vous pouvez par exemple augmenter votre plafond de paiement.

1 Rendez-vous sur la page d'accueil de Paypal à l'adresse www.paypal.fr. Cliquez sur le bouton *Ouvrir un compte* en haut à droite.

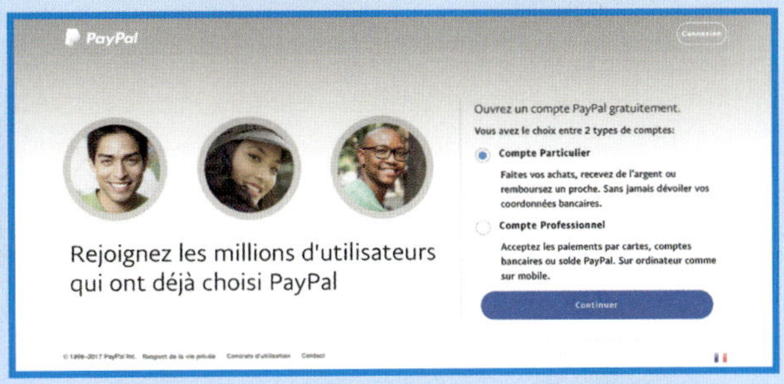

2 La fenêtre qui s'affiche vous donne la possibilité d'ouvrir gratuitement un compte particulier ou un compte professionnel. En tant que particulier, vous choisissez *Compte particulier*, puis cliquez sur *Suivant*.

3 Saisissez les informations demandées. Ici, vous indiquez uniquement des informations personnelles, mais pas d'informations bancaires. Cliquez sur *Valider et créer le compte*. Paypal vous demande ensuite si vous souhaitez acheter ou envoyer de l'argent tout de suite. Cliquez sur *Vous n'êtes pas sûr ? Configurez une carte pour l'utiliser plus tard*. Vous pouvez alors entrer vos données bancaires. Si vous préférez entrer un RIB, allez sur votre compte Paypal (en quittant la page et en revenant sur Paypal) puis dans l'onglet *Portefeuille*. Cliquez sur *Enregistrer un compte bancaire* puis entrez les informations demandées.

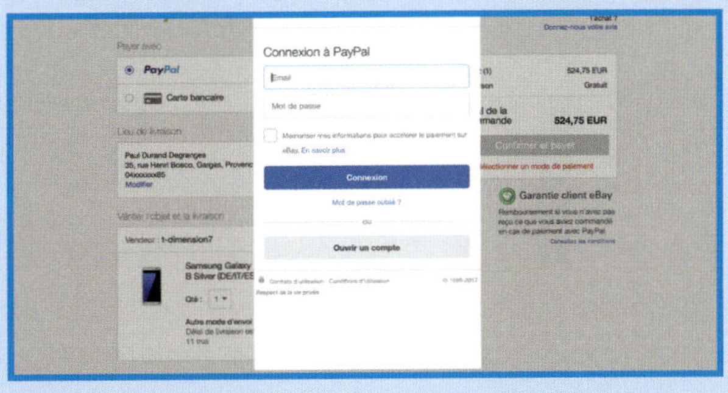

4 Lors de vos paiements avec Paypal, il vous suffit d'indiquer l'adresse mail et le mot de passe que vous avez utilisés pour votre compte. Vos informations bancaires ne sont pas communiquées au vendeur. Ce dernier étant aussi inscrit à Paypal, il reçoit directement l'argent sur son compte. Paypal offre également un service de protection des acheteurs (sauf dans quelques cas particuliers). Ce service vous permet d'ouvrir un litige lorsque vous rencontrez des problèmes avec votre commande. Vous pouvez alors être remboursé ou trouver un arrangement avec le vendeur.

Le petit +

Certains pirates cherchent à détourner les comptes d'utilisateurs de Paypal. Comme toujours, le bon sens est de mise. Si vous recevez un mail indiquant qu'il y a un problème avec votre compte et que vous devez vous connecter pour régler le problème, assurez-vous qu'il s'agit bien de Paypal en vérifiant l'adresse mail (voir p. 347). Si vous n'arrivez pas à déterminer s'il s'agit d'un vrai ou d'un faux, ne cliquez sur aucun lien, allez directement sur la page www.paypal.fr et identifiez-vous. S'il y a un problème avec votre compte, vous devriez y trouver un message.

REGARDER ET ACHETER DES VIDÉOS EN LIGNE

La consultation de vidéos en ligne est l'une des activités favorites des internautes. Pour les visionner sans problème, quelques informations peuvent vous être utiles.

Avec une connexion Internet d'un débit suffisant, tout ordinateur, tablette ou smartphone permet la consultation de vidéos en ligne. Inutile de les télécharger préalablement, elles sont presque toutes accessibles directement depuis la fenêtre de votre navigateur web, que vous utilisiez Microsoft Edge, Chrome, Safari, ou bien encore Firefox. On parle dans ce cas de vidéos en streaming (flux continu). Comme il existe de nombreux formats vidéo, votre navigateur web doit généralement disposer d'un plug-in spécifique pour décoder ces images et pouvoir les afficher sur l'écran de votre appareil. De ce fait, une connexion rapide doit être alliée à un petit programme appelé codec (contraction de codeur-décodeur). Son téléchargement et son installation vous sont proposés lorsque vous affichez une page web dont le contenu vidéo ne parvient pas à être lu par votre navigateur. Dans les pages qui suivent, nous allons étudier les éléments logiciels qui permettent de lire de tels contenus, expliquer comment trouver des vidéos, sous la forme de VOD (vidéo à la demande), via la fonctionnalité Replay de votre box TV fournie par votre FAI, en utilisant des sites à abonnement comme Netflix et en consultant des services de vidéo en ligne comme Youtube, Dailymotion ou Vimeo.

PETIT PRÉCIS TECHNIQUE

LIRE UNE VIDÉO SUR LE WEB

Un navigateur web peut avoir besoin d'un programme particulier (appelé « plug-in ») pour être en mesure de diffuser un contenu vidéo. Si c'est le cas, le navigateur vous proposera directement son téléchargement. Pendant des années, la technologie Flash d'Adobe a régné en maître sur le monde du streaming. Toutefois, celle-ci tend à reculer (voire à être proscrite sur les appareils sous iOS) au profit des lecteurs vidéo HTML5 qui présentent l'avantage de ne réclamer aucun plug-in spécifique pour fonctionner, dès lors que votre navigateur web est compatible avec cette version du langage HTML. Le HTML5 prend d'autant plus d'importance que peu de smartphones ou tablettes sont compatibles avec les plug-ins. De plus, ces lecteurs intégrés sont beaucoup plus sécurisés que ne l'est la technologie Flash. Ainsi, les lecteurs des sites comme Youtube, Dailymotion ou Vimeo sont en HTML5 et ne requièrent aucun téléchargement préalable de plug-in. D'autres technologies comme Java et Silverlight sont elles aussi en perte de vitesse.

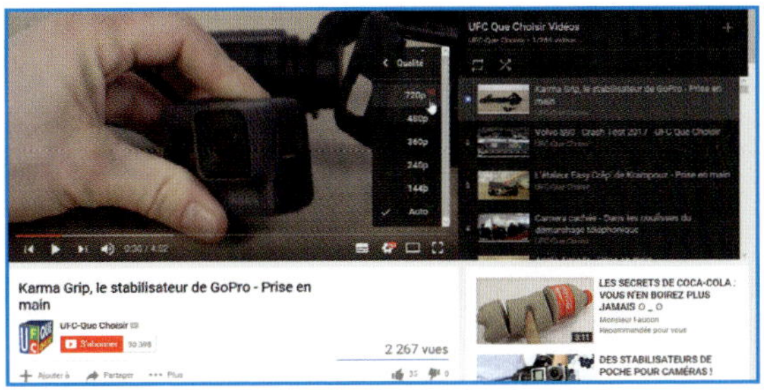

LA QUALITÉ DE LECTURE

La vitesse des connexions Internet permet aujourd'hui de diffuser en ligne des contenus vidéo en haute définition. Mais pour permettre à chacun de lire les vidéos en streaming en fonction de son débit, les sites de diffusion permettent de sélectionner diverses qualités d'encodage via le menu *Paramètres* (roue crantée ou mention HD, par exemple). L'option *Auto* laisse le lecteur déterminer la meilleure qualité de diffusion en fonction de sa vitesse de connexion. Vous pouvez « forcer » une qualité en choisissant parmi des propositions allant de 1080p (pleine qualité HD) à 240p (qualité SD). Si vous optez pour une qualité supérieure à celle supportée par votre connexion, un délai plus ou moins long sera nécessaire avant que la lecture démarre. Vous avez aussi la possibilité d'attendre que la vidéo se télécharge intégralement dans le cache de votre navigateur web avant d'en lancer la lecture. Une barre de progression permet de suivre l'état d'avancement de ce téléchargement.

LES FONCTIONNALITÉS DES LECTEURS

Les lecteurs vidéo des sites Youtube, Dailymotion et Vimeo mettent à votre disposition un certain nombre de fonctionnalités. Outre le bouton *Lecture/Pause*, vous pouvez utiliser la barre de progression de la lecture pour atteindre une section spécifique de la vidéo. Les lecteurs Youtube et Vimeo proposent les boutons *Précédent* et *Suivant* pour sélectionner une autre vidéo. Youtube permet d'activer/désactiver des sous-titres, tandis que Dailymotion autorise l'accélération de la vitesse de lecture. Et tous disposent d'une icône de réglage du volume sonore et d'une icône de diffusion en plein écran. Pour quitter ce dernier mode, il suffit d'appuyer sur la touche *Échap* de votre clavier. Enfin, chacun de ces sites propose de partager sur Facebook, Twitter ou par mail des vidéos, ou de s'inscrire gratuitement pour diffuser ses propres films (voir p. 196 et 197), créer ses listes de lecture ou s'abonner à des chaînes.

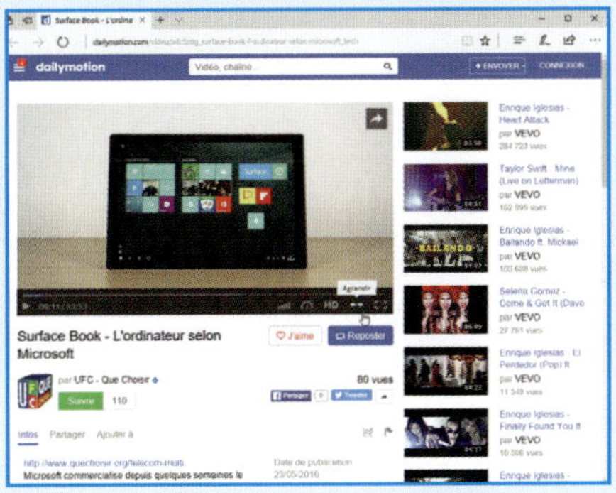

Le petit +

Si vous observez des sautes de lecture alors que vous disposez d'un débit suffisant, vérifiez la qualité de votre Wi-Fi, le nombre de connexions ADSL simultanées à votre domicile et/ou l'éventuel téléchargement de mises à jour de Windows ou de votre antivirus, ce dernier consommant énormément de bande passante.

RECHERCHER DES VIDÉOS

Pour trouver des vidéos sur Internet, vous avez la possibilité d'utiliser un moteur de recherche ou le système de recherche interne du service vidéo ou de la plateforme VOD qui vous intéresse.

Les moteurs de recherche généralistes comme Google, Bing, Qwant, Yahoo!, etc. proposent un onglet *Vidéos* qui liste les vidéos traitant du sujet de votre requête. Sur Bing (www.bing.com), les vidéos s'affichent sous la forme de grandes vignettes. Placez le pointeur de la souris sur l'une d'elles pour lancer un aperçu qui vous aidera à choisir la bonne vidéo sans accéder directement au site qui l'héberge. Sur Google, l'onglet *Vidéos* n'apparaît qu'après avoir saisi l'objet de votre recherche dans le champ de recherche du site. Les vidéos sont alors listées en fonction de la pertinence de leur contenu par rapport à votre demande. Bing, Yahoo! et Google proposent un certain nombre de filtres (pour Google, cliquez sur *Outils*). Vous pouvez activer ou désactiver un filtre adulte (pour Google, cliquez dans *Paramètres*), classer les vidéos par date, durée, qualité, source ou encore langue. Bien entendu, plusieurs filtres peuvent être utilisés en même temps pour affiner au mieux l'objet de votre requête. Les filtres adultes n'étant pas fiables à 100 %, ne laissez pas vos jeunes enfants effectuer seuls des recherches. En effet, certains termes, même très courants, peuvent entraîner l'affichage de contenus douteux, parfois même violents ou érotiques.

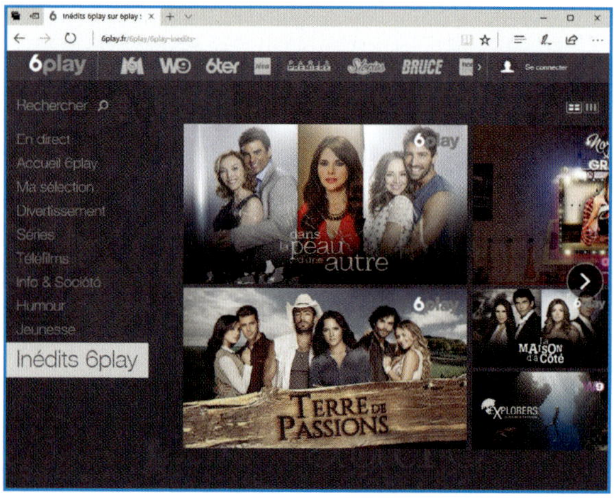

Les chaînes de télévision disposent elles aussi d'un espace vidéo qui permet d'accéder sur ordinateur, tablette, smartphone ou sur la TV via votre box à des émissions en replay ou à la diffusion en direct. Connectez-vous simplement aux sites de ces chaînes. Vous trouverez également un autre type de vidéo sur les services de vidéo à la demande qui, au coup par coup (VOD) ou par abonnement (SVOD), mettent à votre disposition des films et des séries à la vente ou à la location. Parmi ceux-ci, citons Canalplay, Netflix, Imineo, FilmVOD ou MyTF1VOD. Lisez impérativement les conditions d'utilisation de ces contenus, qui varient d'un service à un autre, notamment dans la durée d'utilisation des VOD.

Le petit +

Vous voulez voir des vidéos en direct ? Si les chaînes de télévision proposent ce service sur leur site, elles ne sont pas les seules ; Dailymotion fait une tentative timide pour en proposer mais le direct est aussi présent en masse sur Youtube, Twitter ou même Facebook.

YOUTUBE.FR

Depuis quelques années, Youtube a abandonné la technologie Flash au profit du HTML5 (voir p. 209), compatible avec des navigateurs web comme Microsoft Edge, Firefox, Safari ou Chrome. Vous pouvez consulter et partager des vidéos sur ce site sans créer de compte. Toutefois, un compte gratuit vous permet de vous abonner à des chaînes (un ensemble de vidéos proposées par une même personne ou une même organisation), de commenter des vidéos et de créer votre propre chaîne où vous diffuserez vos vidéos personnelles (voir p. 196 et 197). Une interface simple d'utilisation met à votre disposition tous les outils pour profiter d'une offre particulièrement riche. Sur smartphone, vous pouvez télécharger l'application, dont l'interface s'adapte mieux au petit écran que le site Internet.

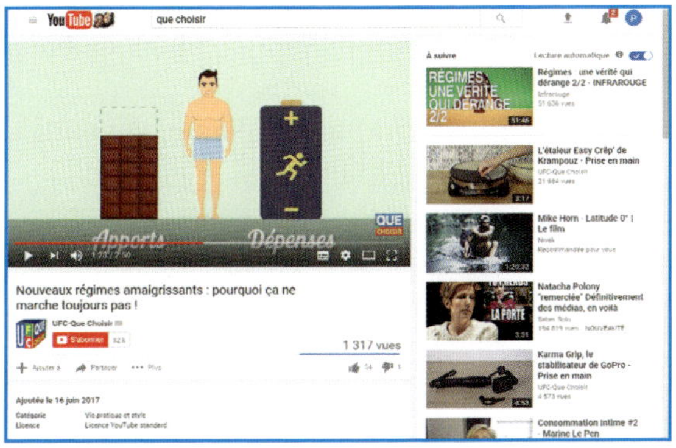

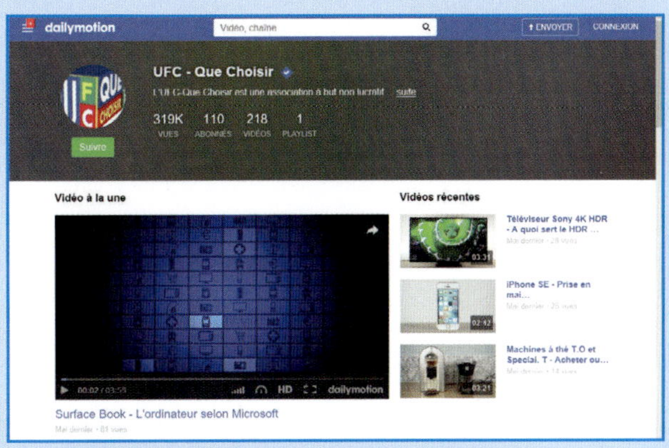

DAILYMOTION.FR

Dailymotion, entreprise française, est également passée aux lecteurs vidéo HTML5. La page d'accueil du site ou de l'application mobile présente, comme les autres, une rubrique *Recommandé pour vous* proposant des vidéos récentes sur des thèmes aussi variés que l'actualité, l'humour et le divertissement ou la musique. Vous pouvez, là aussi, créer un compte gratuit qui vous permettra de noter des vidéos, de publier les vôtres, de reposter celles qui vous plaisent et de vous abonner à des chaînes ; un compte payant, surtout destiné aux professionnels, permet d'utiliser pleinement le lecteur de Dailymotion en le personnalisant ou en l'utilisant sur un site web. Enfin, que vous disposiez d'un compte ou non, il est possible de partager des vidéos sur Facebook et Twitter.

VIMEO.COM

Ce service de vidéo en ligne est moins pluraliste que les deux autres, son contenu étant davantage orienté sur la publication de vidéos d'artistes. Ainsi, de nombreux réalisateurs et producteurs utilisent des liens Vimeo pour la présélection de leurs films par des festivals. Si la consultation est gratuite, la publication de vidéos est payante au-delà de 500 Mo par semaine. Globalement, l'interface de Vimeo est similaire à celle de ses concurrents, mais la communauté d'utilisateurs du site, principalement anglophone, a la possibilité de rejoindre ou de créer un groupe afin de discuter autour de vidéos ou d'autres sujets. Vimeo propose aussi une application pour Android et iOS téléchargeable sur le Play Store et l'App Store.

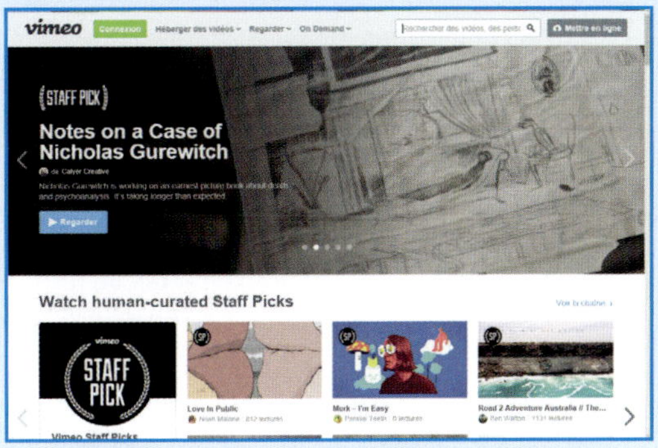

Le petit +

Ces différents services de vidéo en ligne permettent de partager en quelques clics une vidéo sur les réseaux sociaux, mais aussi de l'intégrer dans un site web ou d'envoyer son lien par mail.

Trucs & astuces

Lorsque vous publiez des vidéos sur ces sites, vous pouvez en limiter l'accès à l'utilisation d'un mot de passe. Cela est très pratique lorsque le contenu est confidentiel.

REGARDER LA TÉLÉVISION EN REPLAY

Le « rattrapage télé » ou Replay est un service de rediffusion d'émissions de télévision en différé. Pour en profiter, vous devez disposer d'un accès à Internet pour vous connecter directement au service Replay des chaînes de télévision : sur l'écran de la TV avec votre box, via votre navigateur web ou des applications dédiées sur votre PC ou vos appareils mobiles. Un certain nombre de programmes déjà diffusés y sont disponibles pour une durée limitée.

ARTE+7

Pendant une semaine ou plus, la chaîne Arte laisse certaines de ses émissions en libre consultation sur son site www.arte.tv, son application mobile ou via le service Replay de votre box. Vous retrouverez ces émissions par catégorie (*Actu et société*, *Série et fiction*, *Cinéma*, etc.), par date (page *Guide +7*), par préférence des téléspectateurs ou par playlists. Arte indique également les émissions arrivant au terme de leur disponibilité en replay. Dans la rubrique *Comment (re)voir ce programme*, vous pourrez programmer un rappel par mail afin d'être averti avant la fin de la disponibilité de l'émission, ou bien en acheter la VOD si elle est proposée. Vous pouvez également accéder au direct dans la page *Direct*.

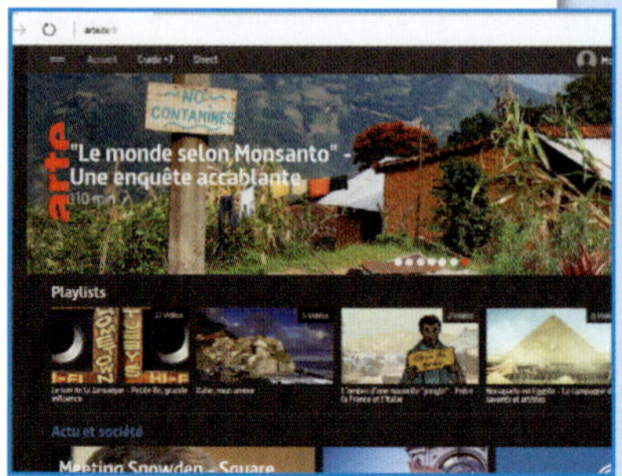

6PLAY

6Play (www.6play.fr/m6) est le service de Replay et de direct (site ou application mobile) des chaînes du groupe M6, auquel appartiennent entre autres W9, 6Ter et Téva. Pour bénéficier de ce service sur PC, tablette et smartphone, vous devez créer un compte gratuit via votre compte Facebook ou une adresse mail, mais vous pouvez y accéder en mode *Invité* via le service Replay de votre box. Dans ce dernier cas, vous n'aurez pas accès à toutes les fonctionnalités du service, comme l'option *Ma Sélection* qui permet de créer une liste de lecture. Vous pouvez chercher les émissions par catégorie ou en tapant votre requête dans le champ *Rechercher*. Le Replay de certaines chaînes payantes du groupe, comme Paris Première, nécessite un abonnement mensuel qui permet également de regarder la chaîne en direct.

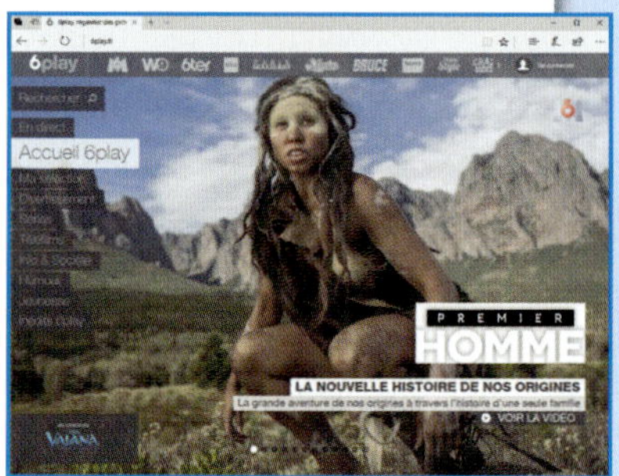

MYTF1

Le site et l'application mobile de diffusion des émissions de TV en direct et en replay du groupe TF1 s'appelle MyTf1 (www.tf1.fr/programmes-tv). MyTf1 fonctionne sur le même principe que ses concurrents, et vous permet de consulter les émissions sur PC, tablette et smartphone. Pour avoir accès à tous les programmes proposés, vous devez créer un compte. Vous y retrouvez les émissions et les séries phare de TF1, TMC, NT1, HD1, Xtra, Tfou, LCI, ainsi qu'un accès à MyTF1 VOD (pour acheter ou louer des films). Certaines émissions sont enregistrables au format MP4 sur votre ordinateur : faites un clic droit dans le lecteur vidéo, et exécutez, le cas échéant, la commande *Enregistrer la vidéo sous*.

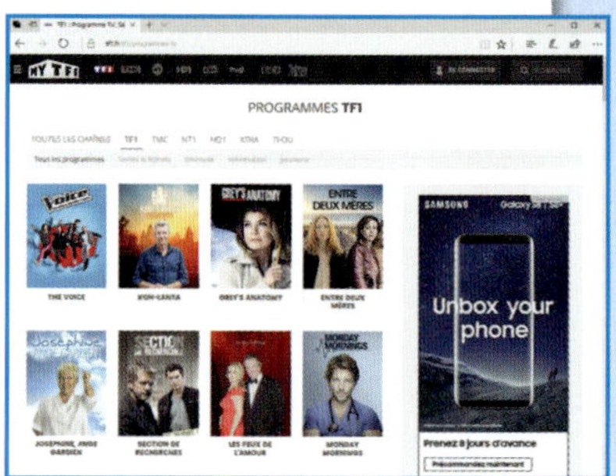

FRANCE TÉLÉVISIONS

Le Replay des chaînes du groupe France Télévisions est accessible via le site FranceTV (*www.france.tv*) qui rassemble les six chaînes du service public : Outre-mer, France 2, France 3, France 4, France 5 et France Ô (RFO). Le site propose diverses émissions à travers les rubriques sélectionnées par FranceTV ou via le classement par catégories (enfants, documentaires, actualités & société, etc.). En allant sur les pages dédiées aux chaînes (onglet *Chaînes* en haut, puis dans *Toutes les émissions*), vous pouvez retrouver facilement votre émission préférée et les vidéos disponibles la concernant. Tous les replays de la chaîne sont proposés dans *En replay*. Vous pouvez aussi regarder le direct dans la rubrique *En direct*. Vous devez ouvrir un compte pour vous connecter.

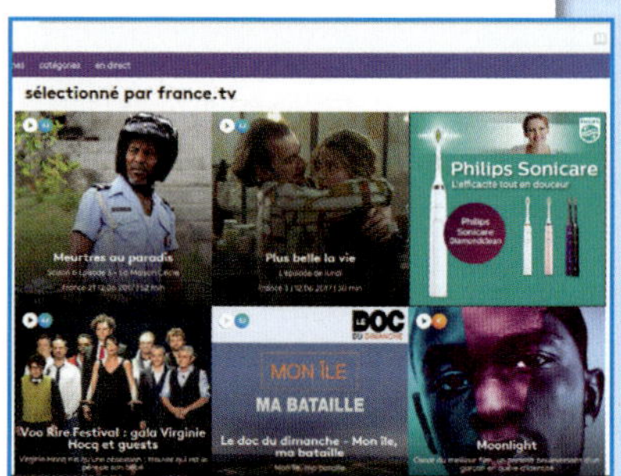

DIRECT ET REPLAY SUR SMARTPHONE ET TABLETTE

Vous téléchargerez gratuitement les applications des chaînes de télévision précitées depuis le Play Store et l'App Store en saisissant le nom du service dans leur moteur de recherche, comme france.tv, 6Play, Arte, etc. Vous y retrouvez les mêmes fonctionnalités que sur la version en ligne, mais dans une interface redéfinie pour les périphériques mobiles. Certaines chaînes permettent de diffuser le Replay sur votre télévision via un système comme Chromecast (voir p. 27). Ces applications proposent en général l'accès au direct dans une section *En direct* et les rediffusions dans une section *En replay*. Il est également très facile et rapide de partager ces contenus sur les réseaux sociaux.

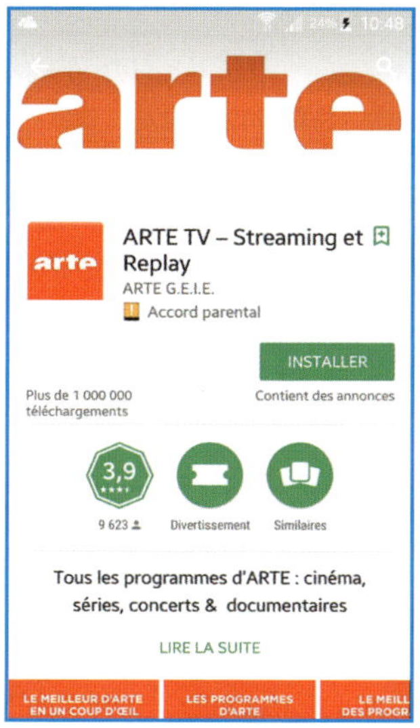

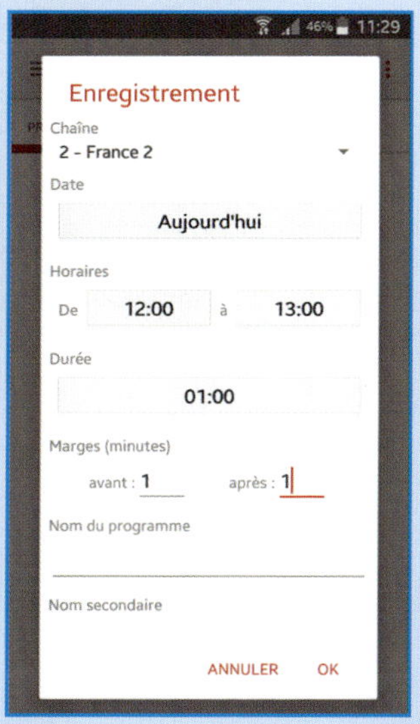

PROGRAMMER UN ENREGISTREMENT À DISTANCE

Pour éviter de recourir au Replay, ou si vous n'êtes pas certain que l'émission soit rediffusée par ce service, vous pouvez programmer un enregistrement comme vous le faisiez avec votre magnétoscope. Il est possible d'effectuer cette programmation loin de chez vous. Il suffit pour cela de disposer d'un ordinateur, d'un smartphone ou d'une tablette et, bien entendu, d'une connexion à Internet. Les fonctionnalités de contrôle et de paramétrage des box dépendent de l'application développée par votre FAI, mais elles restent similaires. Ce qui est valable pour Free l'est également pour Orange avec l'application TV d'Orange, ou pour SFR et Bouygues avec SFR TV et B.tv, et ce sur smartphone comme sur tablette. Depuis un ordinateur, vous passerez par l'interface web de votre FAI ; avec un smartphone ou une tablette, vous téléchargerez l'application de votre box depuis le Play Store ou l'App Store et associerez votre box à l'application. Pour programmer un enregistrement, vous choisirez cette commande dans un des menus de l'application. Choisissez la chaîne, la date, l'heure de début et de fin ou la durée (en prévoyant éventuellement une petite marge avant et après l'horaire défini pour être sûr de tout enregistrer). Enfin, nommez le programme pour l'identifier parmi d'autres programmations lorsque vous souhaiterez regarder l'émission et validez. Vous regarderez vos enregistrements depuis la box sur votre téléviseur ou n'importe où ailleurs avec votre smartphone, votre ordinateur ou votre tablette, dès l'instant où vous disposez d'un accès à Internet (Wi-Fi, de préférence, voir « Attention ! »).

Le petit +

Les applications de votre FAI pour appareils sous Android ou sous iOS permettent aussi de gérer le contenu du disque dur de votre box.

Attention !

Si la programmation et le paramétrage à distance ne sont pas gros consommateurs de données, il n'en est pas de même de la diffusion des enregistrements de votre box sur vos appareils mobiles. Dans ce cas, nous vous recommandons de passer par le réseau Wi-Fi pour ne pas alourdir la facture d'utilisation de vos données mobiles 3G/4G.

LA VIDÉO À LA DEMANDE

La vidéo à la demande, plus connue sous l'acronyme VOD (Video On Demand), est une technique de diffusion de contenus vidéo numériques payants par abonnement ou au film. La plupart des services de VOD proposent la location ou l'achat du contenu qui peut être regardé en respectant certaines conditions d'utilisation (durée de la disponibilité, nombre de visionnages, nombre de copies sur différents périphériques de diffusion...).

LA VOD SUR VOTRE BOX

Orange, Free, SFR, Bouygues, La Poste et Darty disposent tous d'un service de vidéo à la demande via leur box. Les contenus sont sensiblement équivalents d'un FAI à l'autre et chacun tente d'attirer les utilisateurs avec une offre gratuite pendant une certaine période, l'exclusivité d'un service de VOD dédié (Netflix chez SFR ou Canalplay chez Free, par exemple) ou la possibilité de louer des films sans restriction de diffusion le temps de la location, voire en proposant un abonnement illimité au contenu VOD (comme le bouquet Ciné Séries d'Orange). Les avantages de la VOD via votre box sont d'éviter la souscription d'un abonnement auprès d'un service de VOD dédié (comme NetFlix, Molotov et bien d'autres), de pouvoir opter pour un paiement groupé sur l'abonnement à votre box et de diffuser directement sur la TV sans passer par des systèmes comme Chromecast ou par le branchement d'une tablette ou d'un PC à la prise HDMI du téléviseur. Enfin, le contenu VOD loué ou acheté est disponible sur l'ensemble de vos appareils Windows, Android, et iOS via un navigateur web ou l'application de votre FAI. En revanche, l'offre est souvent très limitée ! Pour connaître l'offre VOD de votre FAI, consultez sa page web consacrée à ce service.

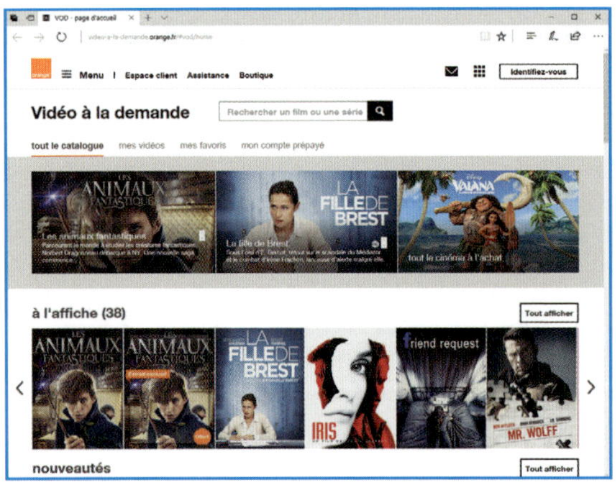

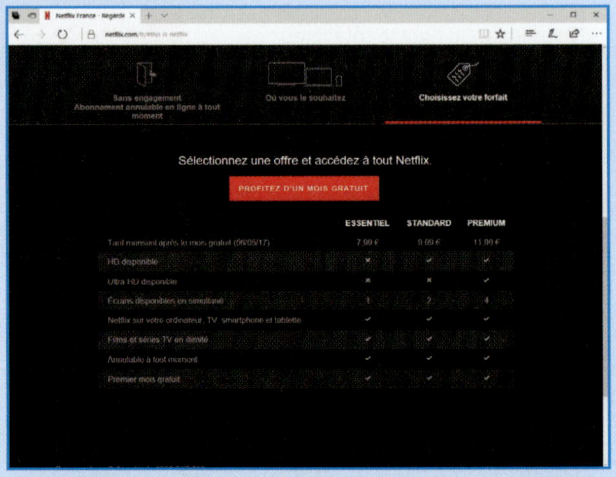

NETFLIX

À grand renfort de publicité, Netflix (www.netflix.com/fr) est l'un des services de SVOD qui font le plus parler d'eux. Les membres de Netflix peuvent regarder des séries TV, des films, des documentaires sur la majorité des appareils connectés à Internet. Netflix enrichit tous les mois son catalogue de nouveaux films et séries. Ce service offre un essai gratuit d'un mois, au terme duquel vous êtes automatiquement abonné si vous ne résiliez pas. Netflix propose trois abonnements : « Essentiel », qui limite la diffusion à un écran en qualité SD ; « Standard », qui ajoute à l'abonnement « Essentiel » la diffusion simultanée sur 2 écrans dans une qualité HD ; et « Premium » qui permet la diffusion sur 4 écrans et la qualité Ultra HD K. Le contenu Netflix peut être diffusé sur votre ordinateur, votre tablette ou votre smartphone. Il est compatible avec la Smart TV, les consoles PlayStation et Xbox, le système Chromecast, l'Apple TV... Vous pouvez résilier votre abonnement à tout moment. Dans ce cas, votre abonnement sera valide jusqu'à la fin du mois commencé.

À savoir

À partir de 2018, les catalogues des services payants de VOD seront consultables partout dans l'Union européenne. L'abonné devra s'identifier comme citoyen d'un pays et accédera au catalogue VOD correspondant à son pays. En dehors de l'UE, toutefois, c'est quitte ou double : soit le catalogue (et la langue) change et s'adapte à celui proposé dans le pays où vous êtes, soit le service ne fonctionne plus le temps de votre séjour.

MOLOTOV.TV

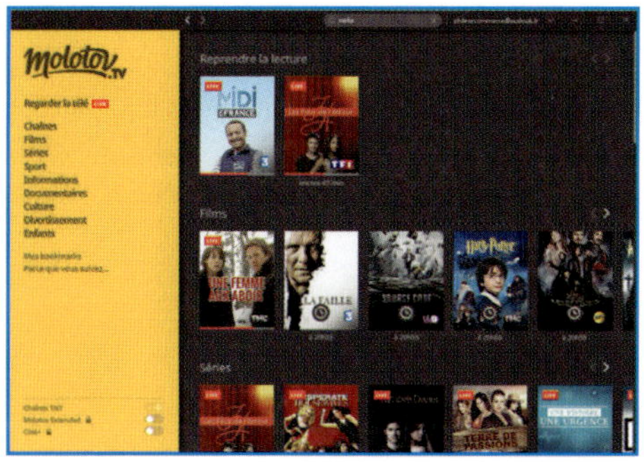

Molotov (www.molotov.tv) est un service de Replay, de VOD et de télévision en ligne qui repense la manière d'appréhender la diffusion de contenus audiovisuels. Molotov propose 35 chaînes de télévision dans leur version gratuite (comme TF1, France TV, Arte, etc.), mais aussi plusieurs options d'abonnement donnant accès à 35 chaînes supplémentaires, à une diffusion en HD, à des fonctions d'enregistrement ainsi qu'à une offre VOD (Ciné +). Molotov permet d'organiser votre programmation télévisuelle et d'en profiter sur votre PC, vos appareils sous Android et sous iOS, sur l'Apple TV, Chromecast ou votre téléviseur connecté. Il suffit de télécharger gratuitement la version du logiciel correspondant à vos appareils et de créer un compte gratuit via votre compte Facebook ou une adresse mail. Vous pouvez prendre la diffusion en cours de route, ou bien faire un retour rapide si vous souhaitez voir l'émission depuis le début. Les abonnements étant sans engagement, vous pouvez les résilier à tout moment et bénéficier de l'offre jusqu'à la fin de la période en cours.

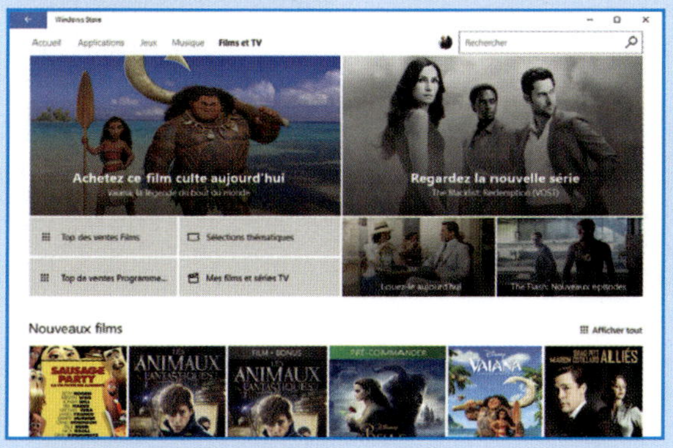

LE WINDOWS STORE

Le Windows Store intègre lui aussi un service de VOD. Une fois dans le Windows Store, cliquez sur l'onglet *Films et TV* pour accéder à des films, séries, documentaires... Utilisez le moteur de recherche du Windows Store pour trouver directement ce qui vous intéresse. En fonction du contenu, vous pourrez soit le louer, soit l'acheter, et choisir entre une qualité HD ou SD. Tout contenu est en outre accompagné d'une bande annonce à regarder en ligne. La VOD du Windows Store est compatible avec les consoles Xbox, les PC, les smartphones et tablettes et les plateformes holographiques (contenu lu via un casque de réalité virtuelle). La location propose une diffusion en streaming ou un téléchargement du contenu afin de le consulter hors ligne. Cette solution est idéale lorsque le débit de votre connexion à Internet empêche un streaming fluide. En location, le contenu est disponible 24 heures (passé ce délai, le fichier ne sera plus lisible), mais vous disposez de 14 jours pour lancer la première lecture.

LES AUTRES SERVICES DE VOD

D'autres services de VOD sont directement accessibles via les box Internet. En dehors des box (voir page précédente), vous trouverez d'autres services via Internet comme nolim (https://films.nolim.fr) du groupe Carrefour, Canalplay (www.canalplay.com), MyTF1VOD (http://mytf1vod.tf1.fr), AlloCiné (www.allocine.fr/vod/films), Videofutur (www.videofutur.fr) , FnacPlay (www.fnacplay.com), Amazon Prime Video (www.primevideo.com), Google Play (https://play.google.com) et bien d'autres. Le plus souvent sans engagement, ces services proposent également une application Android et/ou iOS, comme Google Play Films et séries, MyTF1 VOD ou VOD Clé TV d'Orange. Si vous cherchez un film spécifique, tapez dans votre moteur de recherche le titre du film suivi de « VOD » pour trouver les catalogues qui le proposent à la demande. Vous pouvez également visiter le site du CNC (Centre national du cinéma et de l'image animée), rubrique *Catalogue VàD* (ou directement sur vad.cnc.fr), qui répertorie l'offre VOD de plus de 10 000 films (ce catalogue n'est toutefois pas exhaustif, il ne répertorie pas, par exemple, les films et séries proposés par Netflix, iTunes, Google Play...).

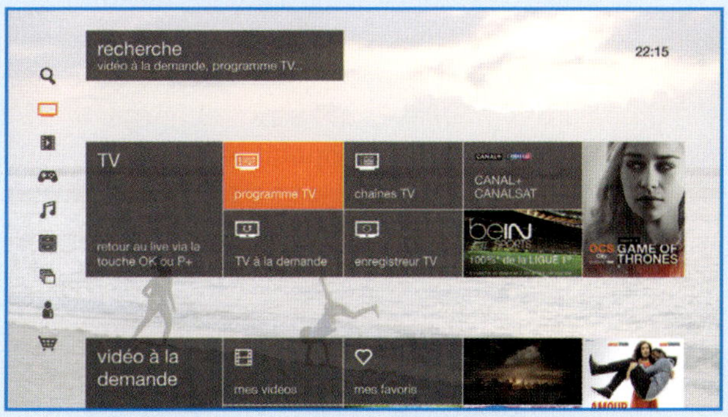

ÉCOUTER ET ACHETER SA MUSIQUE EN LIGNE

Les connexions Internet haut débit ont favorisé le développement des webradios, mais surtout des plateformes d'écoute et d'achat de musique en ligne. Voici quelques conseils pour vous guider.

Le numérique a transformé notre manière de consommer la musique. Aujourd'hui, il est possible d'écouter gratuitement des webradios sur des sites dédiés ou la radio FM sur les sites web de nos stations préférées. Des applications permettent d'avoir accès à des émissions directement sur des PC, des tablettes et des smartphones ou de s'abonner à des podcasts qui se téléchargeront automatiquement dès qu'un nouvel « épisode » de l'émission sera disponible en ligne. Vous pouvez également utiliser des programmes comme Groove Musique et iTunes sur PC pour trier et classer les fichiers audio numériques stockés sur votre ordinateur, mais aussi pour acheter de la musique en ligne. Les smartphones ne sont pas en reste puisque des applications comme Amazon Music et Google Play Musique (toutes deux également disponibles sur PC et synchronisables entre les appareils) permettent d'écouter les titres présents sur votre appareil et d'en acheter en ligne. Enfin, des services de musique comme Deezer et Spotify offrent la possibilité, avec ou sans abonnement payant, d'écouter vos groupes préférés, les derniers titres parus ou d'accéder à des podcasts. Ils sont disponibles sur tous vos appareils Windows, Android et iOS.

ÉCOUTER LA RADIO SUR INTERNET

DES SITES WEB ET DES APPLICATIONS

Plusieurs possibilités s'offrent à vous pour accéder aux webradios. Vous pouvez par exemple utiliser les applications Groove Musique (sous Windows) ou iTunes ou passer par un navigateur web sur PC, tablette et smartphone. Accédez au site de la station de radio, puis cliquez sur le bouton *Le direct* (ou équivalent) pour écouter l'émission en cours de diffusion. Certaines radios ouvrent un lecteur Flash dans une fenêtre autonome, mais cette pratique tend à disparaître au profit d'un lecteur HTML5 intégré (voir p. 209). Des sites web comme webradio.media ou Radio.fr listent une grande diversité de radios par genre, comme *Pop/Rock*, *Classique*, *Jazz/Blues*, etc. Cliquez sur la radio qui vous intéresse pour accéder à sa page web où vous écouterez le programme depuis votre navigateur. La plupart des radios proposent aussi une application pour Android et iOS. Quelle que soit la station écoutée, le lecteur permet de mettre en pause, d'ajouter un titre à vos favoris... mais d'autres options seront parfois également accessibles après création d'un compte gratuit.

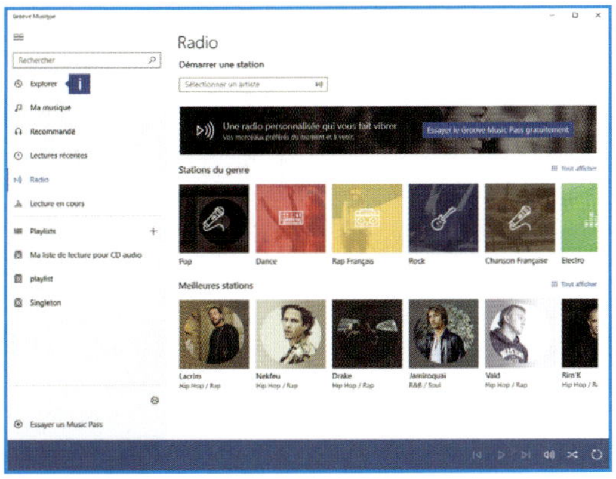

Le petit +

Comme de plus en plus de radios filment leurs émissions en direct, ne soyez pas étonné qu'une option vous propose non pas d'écouter, mais de « regarder » la radio.

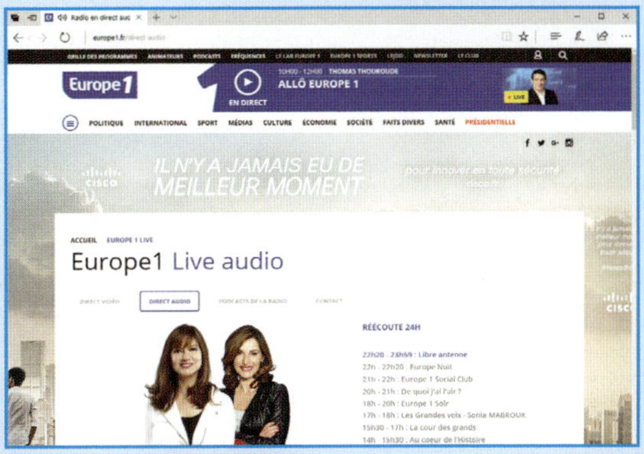

TOUTES LES STATIONS DE RADIO ?

Aujourd'hui, les radios de la bande FM doivent être présentes sur tous les supports de diffusion numérique. Elles diffusent donc en direct sur Internet via leur site web ou les applications Android et iOS qu'elles ont développées. Cette présence sur le Web a des avantages indéniables. Elle vous permet d'écouter la radio dans des régions où la bande FM est mal captée, mais aussi de découvrir des radios étrangères. En outre, certains programmes déjà diffusés restent accessibles en podcasts, auxquels vous pouvez vous abonner pour télécharger et écouter vos émissions préférées à votre convenance. La diffusion radiophonique sur le Web est aussi l'occasion de découvrir des radios qui ne diffusent que sur ce seul média.

S'ÉQUIPER POUR LA WEBRADIO

Un PC, une tablette ou un smartphone permettent d'écouter la radio diffusée en ligne. Cependant, pour profiter d'une meilleure écoute lorsque vos haut-parleurs sont de mauvaise qualité, envoyez le son vers une enceinte Bluetooth (voir p. 46 et 47) qui, lorsqu'elle est sans fil, peut être déplacée dans toutes les pièces de votre domicile. Il existe également des appareils radio permettant d'écouter les webradios via le Wi-Fi de manière autonome, c'est-à-dire sans PC ni tablette ou smartphone. Certaines sont interfacées avec Deezer et Spotify, deux services de musique en ligne (voir p. 220 et 221) dont les fonctionnalités avancées nécessitent un abonnement. Pour disposer d'un appareil radio Internet de qualité, vous devrez débourser au moins 100 €. Enfin, il est possible d'accéder à ces radios depuis l'offre radiophonique gratuite de votre box. La sélection se fera sur l'écran de votre télévision et l'écoute via ses haut-parleurs ou l'ampli de la chaîne Hi-Fi à laquelle vous aurez branché la sortie audio de votre télévision.

DÉCOUVRIR LES PODCASTS

QU'EST-CE QU'UN PODCAST ?

Un podcast est une émission audio le plus souvent gratuite qui est disponible à la demande sur Internet. Il correspond au Replay des émissions de télévision (voir p. 212). La popularité du podcast s'est accentuée au fur et à mesure du développement de son contenu par les stations de radio les plus connues : de nombreuses émissions sont podcastées immédiatement après leur diffusion en direct, permettant ainsi aux auditeurs de les écouter à leur convenance pendant toute la durée de leur présence en ligne (un mois en général). Il existe aussi des podcasts indépendants dont le contenu est créé par des particuliers et des organismes en tout genre.

Il est possible de s'abonner à des podcasts via les sites web de ceux qui les publient (flux RSS), les applications de podcasts ou certains logiciels comme iTunes. Ainsi, dès qu'un nouvel épisode de l'émission à laquelle vous êtes abonné est disponible, vous recevez une alerte ou celui-ci est directement téléchargé sur votre appareil si votre application ou logiciel le permet.

COMMENT ÉCOUTER DES PODCASTS ?

Tout dépend de l'appareil utilisé. Sur un PC, passez par le site web du diffuseur, par iTunes (qui gère aussi vos podcasts iOS) ou bien téléchargez une application dédiée depuis le Windows Store. Testez les applications gratuites et optez pour celle qui répond le mieux à vos besoins. Pour les appareils sous Android, lancez une recherche d'application sur le Play Store (les appareils sous iOS disposant de l'application Podcasts préinstallée). La procédure d'abonnement est sensiblement la même quel que soit l'appareil de diffusion.

Pour lire un épisode, cliquez sur le bouton *Lecture* (icône d'un gros triangle). Sachez qu'il n'est pas nécessaire de s'abonner pour lire les podcasts. Des applications podcast spécifiques sous Android et iOS vous connectent à la section *Podcast* de la radio choisie (que ce soient des applications qui regroupent des podcasts de nombreuses radios différentes, comme Podcast Addict, Podcast+, Podcast Go, ou des applications plus spécifiques comme Radio France Podcast – France Inter, France Info, France Culture…). Il suffit alors de chercher l'émission qui vous intéresse et de vous y abonner en cochant une case ou en touchant un bouton *S'abonner*. La mise à jour commence et tous les épisodes, ou ceux que vous avez sélectionnés, sont alors accessibles depuis votre appareil.

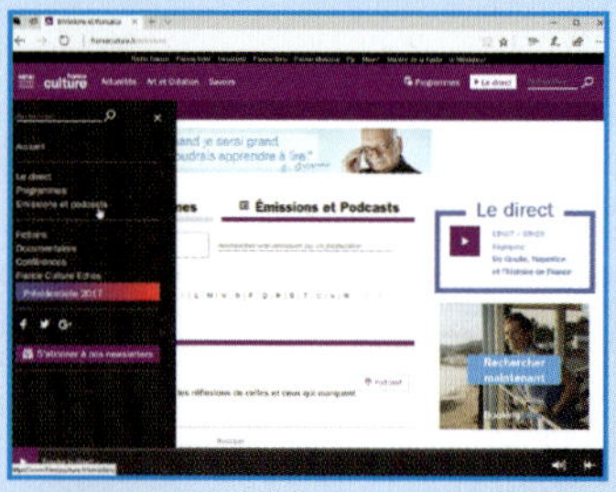

Vous pouvez soit les écouter en ligne, soit les télécharger pour une lecture hors connexion. Pour ne plus recevoir les nouveaux épisodes de l'émission, sélectionnez cette dernière dans la liste de vos podcasts et touchez la commande *Se Désabonner*.

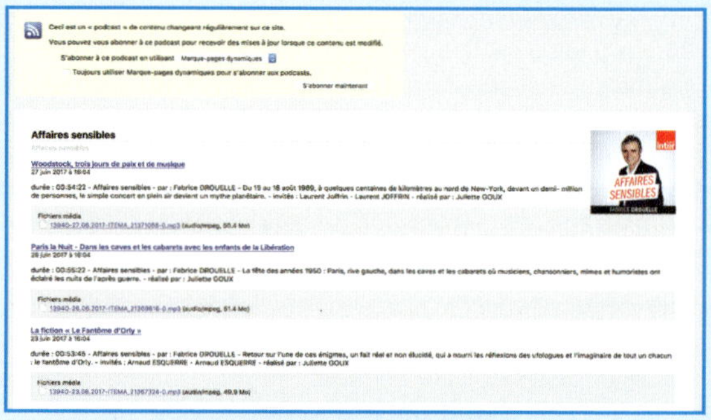

FLUX RSS ET TÉLÉCHARGEMENT SUR PC

Pour vous abonner à des podcasts sur PC, il vous est proposé de passer par iTunes ou via RSS. Les flux RSS sont un moyen de s'abonner à une page web afin d'être prévenu en cas de mise à jour, mais ils se présentent souvent de manière très austère ! Il existe plusieurs façons de les gérer. Un navigateur web compatible comme Firefox peut suffire : une fois que vous avez choisi *S'abonner au flux RSS* sur l'émission qui vous intéresse, vous pouvez sauvegarder la page en tant que marque-page dynamique, visible dans votre gestionnaire de marque-pages (voir p. 110). En allant dans le menu (les trois traits horizontaux en haut à droite) puis dans *Personnaliser*, vous pouvez ajouter l'icône *S'abonner* dans la barre de Firefox pour être averti à tout moment des mises à jour. Opera ajoute les abonnements RSS dans la page *Actualités personnalisées*. Vous pouvez parfois télécharger directement les podcasts qui vous intéressent sur la page (souvent très épurée) de confirmation pour l'abonnement. Chrome nécessite un module complémentaire à installer afin de lire les flux RSS (demandez au moteur de recherche *Extension Abonnement RSS par Google*, et installez-le dans la barre de navigation de Chrome). En revanche, Edge n'est pas compatible avec les flux RSS.

À savoir

Il existe aussi des podcasts vidéo qui fonctionnent sur le même principe.

ÉCOUTER SA MUSIQUE EN LIGNE

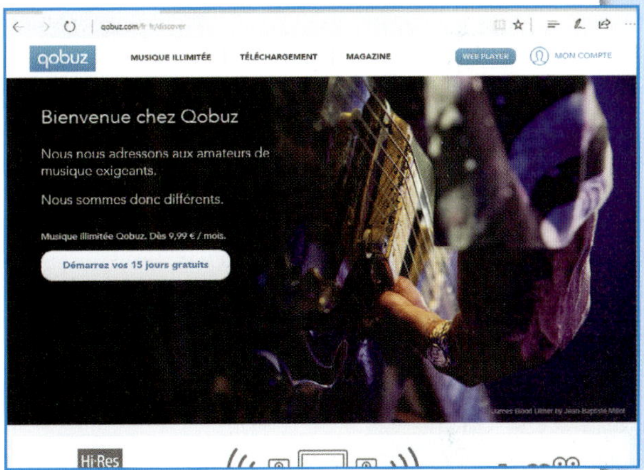

Le développement de l'ADSL haut débit et de la fibre a modifié nos habitudes de consommation de la musique, au détriment du CD. Aujourd'hui, la musique est disponible sous forme de fichiers audio, le plus souvent au format MP3 ou AAC (voir p. 320), accessibles en ligne ou à acheter pour les télécharger et les écouter hors ligne sur vos différents appareils ; des applications comme Amazon Music (sur PC, Android et iOS), iTunes (sur PC et iOS), mais aussi sur vos appareils sous Android, via la section *Musique* du Play Store, proposent ainsi d'acheter des albums ou des morceaux à l'unité depuis leur catalogue musical. Les inconditionnels du disque peuvent ensuite transformer ces fichiers numériques en CD audio (voir p. 326). Par ailleurs, les services d'écoute et de téléchargement en ligne les plus connus sont Deezer et Spotify. Ils proposent un catalogue musical exceptionnel auquel vous pouvez vous abonner via leurs interfaces pour PC et leurs applications pour Android et iOS. Deezer et Spotify sont compatibles Bluetooth, ce qui permet d'écouter la musique sur des enceintes et un autoradio compatibles. Citons aussi Qobuz, apprécié pour la qualité sonore de ses fichiers et la richesse de son catalogue, et Napster ou Groove Musique de Windows, qui proposent des services similaires. Bien que l'écoute de musique en ligne soit proposée sur abonnement, vous pouvez aussi en profiter gratuitement (chez Deezer, Spotify, Youtube, etc.), mais les morceaux que vous écouterez seront entrecoupés de publicités. Enfin, ceux qui restent attachés au support physique CD, vinyle, DVD, Blu-ray musical ou Super Audio CD, Fnac Musique et d'autres boutiques spécialisées continuent à les proposer.

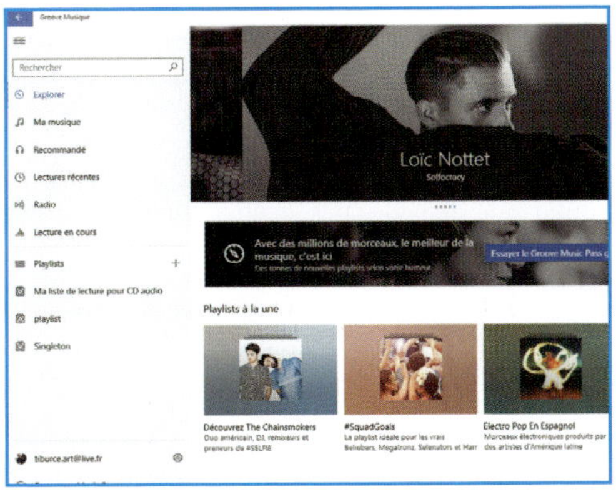

Écouter de la musique en ligne avec Deezer

Deezer est une plateforme française d'écoute et de téléchargement de musique en ligne. Il suffit de se connecter au site web ou de télécharger l'application gratuite pour disposer de cette plateforme sur tous vos appareils connectés. Ensuite, faites votre programmation musicale !

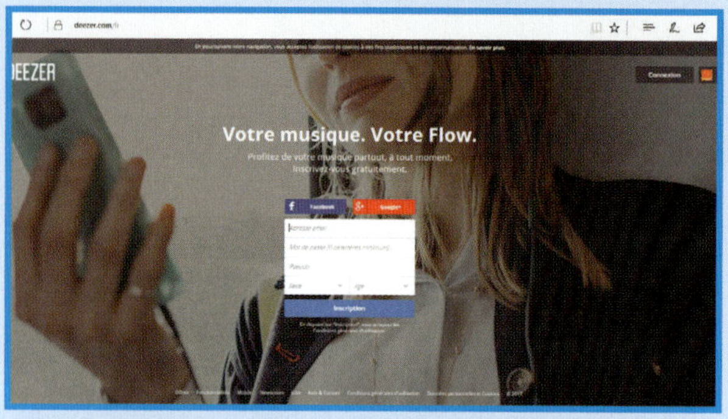

1 Créez un compte sur Deezer avec Facebook, Google+ ou une adresse mail. Vous aurez alors accès à la version gratuite de ce service qui vous permet d'écouter la totalité du catalogue de Deezer dans une qualité audio inférieure, mais suffisante pour des haut-parleurs d'ordinateur et une écoute au casque sur un smartphone. En revanche, Deezer entrecoupera très régulièrement votre programmation de publicités.

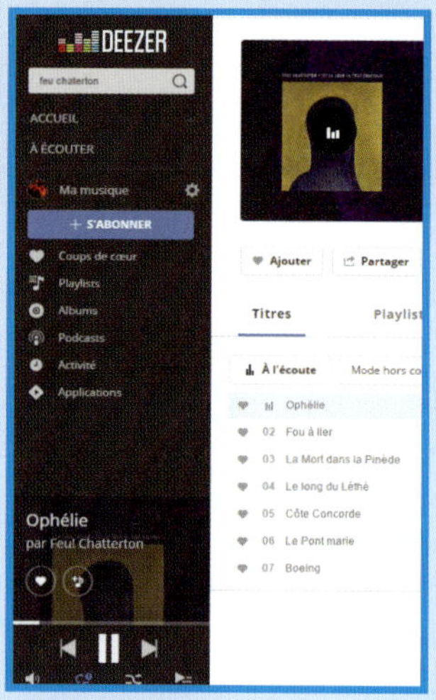

2 Le volet de gauche donne accès à l'ensemble des activités de Deezer. Vous pouvez écouter une sélection proposée par la plateforme et ainsi découvrir de nouveaux talents, consulter vos coups de cœur, créer des playlists (listes de lecture), consulter la liste des albums que vous avez sélectionnés, afficher des podcasts ainsi que l'ensemble des musiques que vous avez précédemment consultées. En bas du volet, vous disposez des boutons de commande de la lecture en cours.

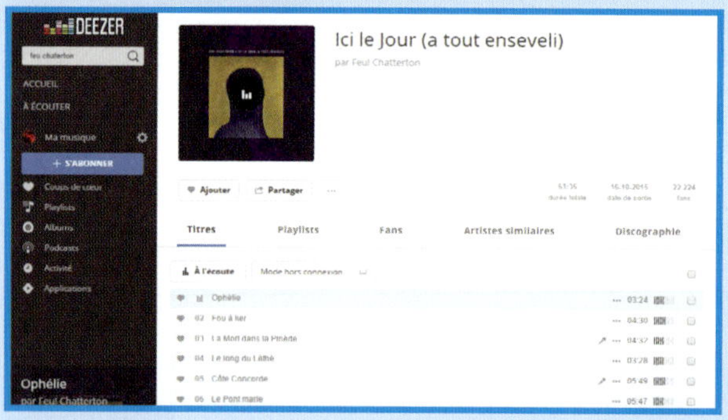

3 La partie centrale affiche le contenu des activités sélectionnées dans le volet de gauche. Ainsi, vous y contrôlerez la lecture en cours. Cliquez sur un titre pour en lancer la lecture. Un clic droit sur un titre ouvre un menu contextuel qui permet d'ajouter le morceau à une playlist, à la file d'attente, mais aussi de le partager sur les réseaux sociaux (ou sur Deezer). Vous pouvez aussi copier le lien Deezer d'un titre ou d'un album pour l'utiliser ensuite.

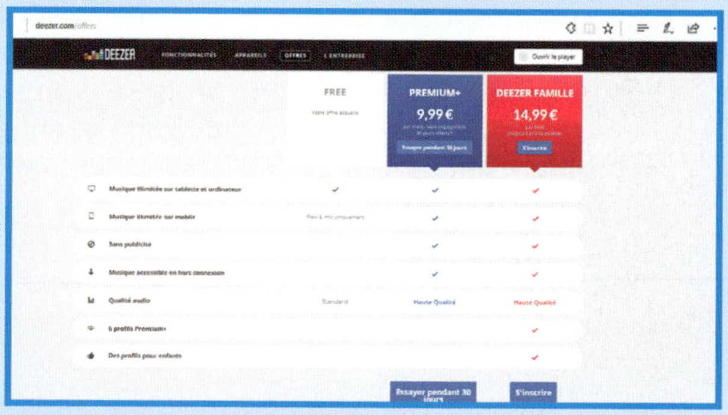

4 Deezer propose deux abonnements payants mensuels et sans publicité. Pour 9,99 €, vous disposerez, pour un compte donné, d'un son de haute qualité, de la possibilité de télécharger vos albums et titres préférés pour les écouter hors ligne sans restriction (ce qui est impossible en version gratuite, pour laquelle vous avez besoin d'une connexion Internet). En revanche, si vous souhaitez que plusieurs comptes (jusqu'à six) puissent accéder simultanément à Deezer de manière illimitée, souscrivez à l'offre « Famille » pour 14,99 € par mois.

Attention !

L'application Deezer pour Android et iOS sur smartphone est plus contraignante que la version navigateur web : en dehors de la publicité, vous ne pouvez passer au titre suivant de votre sélection que 6 fois maximum par heure. Après, Deezer vous impose une liste de lecture composée de titres qui s'enchevêtrent avec vos propres choix musicaux.

Spotify, géant du streaming audio

Si Deezer domine le marché français, Spotify, logiciel suédois, est le leader mondial. Sur le même principe, un compte sur la plateforme suffit pour synchroniser vos activités sur tous les supports.

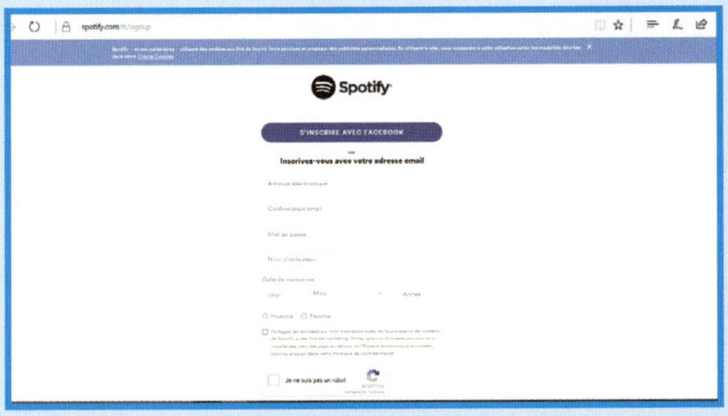

1 Téléchargez le logiciel Spotify pour PC ou son application pour les appareils sous Android et ceux sous iOS. Sur PC, et contrairement à Deezer, Spotify ne s'ouvre pas dans un navigateur web mais dans un programme connecté à Internet qui ressemble et fonctionne sensiblement comme l'interface web de Deezer. Vous pouvez vous inscrire gratuitement sur www.spotify.fr et avoir un accès gratuit, là encore limité.

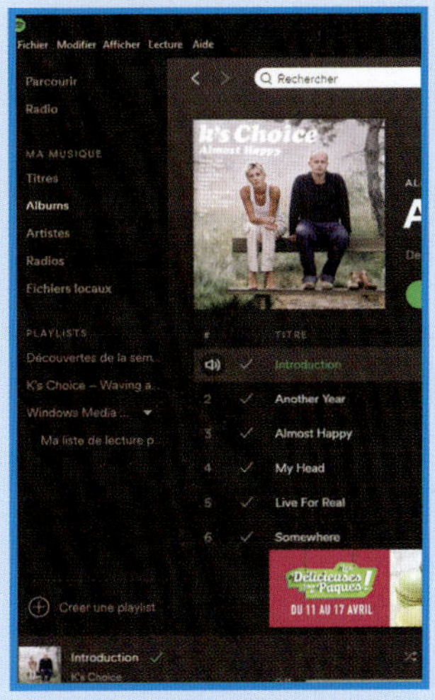

2 Le volet de navigation, situé à gauche, donne accès à un certain nombre d'activités dont *Parcourir* qui permet de découvrir des artistes, *Radios*, pour accéder à des webradios, puis toute une série de rubriques pour gérer votre programmation musicale, dont la création de playlists (listes de lecture). *Fichiers locaux* accède aux musiques stockées dans un dossier de votre ordinateur que vous définirez dans les paramètres de Spotify. Cette fonction fait de Spotify une plateforme plus complète que Deezer.

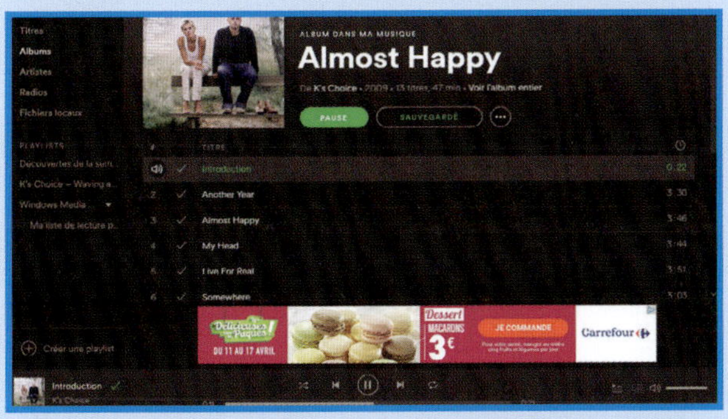

3 La partie centrale affiche les fonctionnalités liées à l'activité choisie dans le volet de gauche. C'est ici que vous lancerez la lecture d'un album ou de l'un de ses titres. La lecture se contrôle via la barre de transport située dans la partie inférieure de la fenêtre de Spotify. Faites un clic droit sur un titre ou un album pour l'ajouter à une playlist, à la file d'attente, le partager ou afficher une liste de titres en rapport avec son genre musical, ce que Spotify appelle « radios » (parfois créées par des utilisateurs).

4 Pour souscrire un abonnement, cliquez sur *Abonnez-vous* en haut de la fenêtre. Cette action ouvre une page dans votre navigateur web pour souscrire à l'offre « Premium » pour 9,99 € par mois ou 119,88 € pour un an, ou bien à l'offre « Familiale » pour 5 membres de votre famille au tarif de 14,99 € mensuel. L'abonnement offre une qualité audio supérieure, le téléchargement des titres pour une écoute hors connexion, et l'absence de publicité.

Attention !

Sur les appareils mobiles, la version gratuite de Spotify ne propose les chansons qu'en lecture aléatoire avec un peu de publicité. Et vous ne pouvez passer au titre suivant de votre sélection que 6 fois maximum par heure. Au-delà, il peut y avoir des chansons d'artistes similaires choisis par Spotify qui se glissent durant votre écoute.

Acheter de la musique avec iTunes

Si iTunes est un programme de gestion et de synchronisation, que vous téléchargerez sur votre PC à l'adresse www.apple.com/fr/itunes, il permet aussi d'acheter de la musique en se connectant à l'iTunes Store.

Le petit +

Vous pouvez aussi acheter des films et des séries TV sur l'iTunes Store.

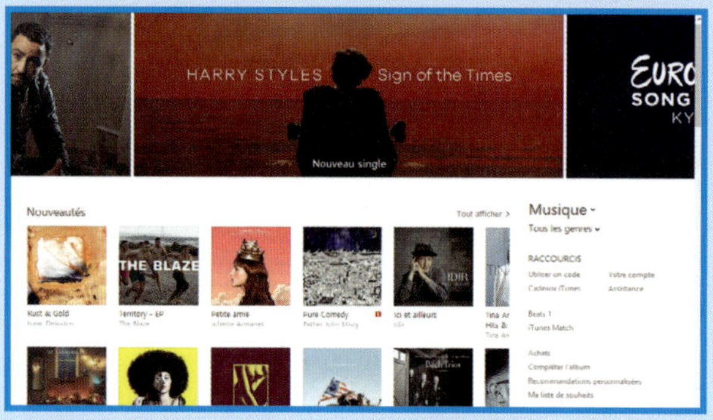

1 Une fois iTunes ouvert, cliquez sur l'onglet *Store* situé en haut de l'interface. iTunes se connecte à son magasin en ligne et vous propose une série de nouveautés. Parcourez-les, ou bien ouvrez le menu local *Tous les genres* pour choisir le genre musical dont vous souhaitez voir les albums. Pour une recherche précise, saisissez un nom de groupe, un titre d'album ou de chanson dans le champ *Rechercher*. Les résultats de votre recherche s'affichent dans la fenêtre d'iTunes.

2 Cliquez sur la vignette d'un album pour accéder à ses détails et pré-écouter ses titres. Placez le pointeur de la souris sur un titre, puis cliquez sur le bouton *Lecture* qui apparaît à sa gauche. Pour enchaîner la lecture des extraits, cliquez sur *Lire tous les extraits*.

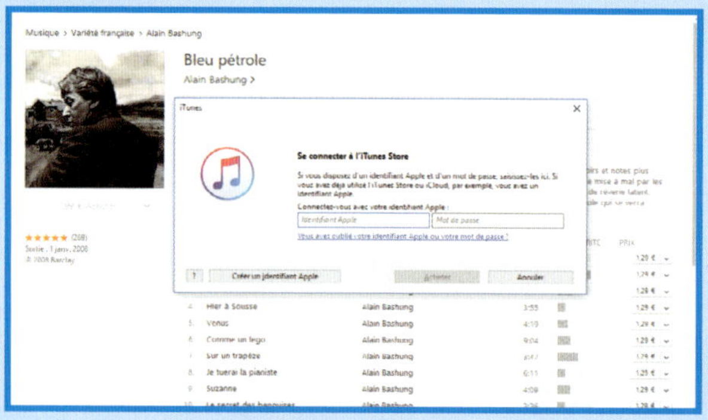

3 Achetez l'album entier par un clic sur le prix situé sous la pochette, ou limitez-vous à quelques titres par un clic sur le prix affiché en regard de ces titres. Pour le paiement, connectez-vous à votre compte Apple (ou créez-en un), puis cliquer sur *Acheter*. Confirmez votre intention et indiquez vos données de facturation et numéro de carte bancaire pour lancer le téléchargement des fichiers. Pour les récupérer en dehors d'iTunes, les fichiers téléchargés sont par défaut dans votre dossier *Musique*.

L'ITUNES STORE POUR IPHONE OU IPAD

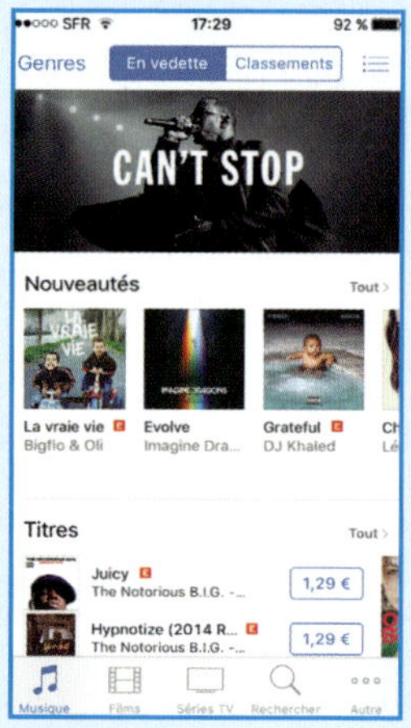

Vous pouvez aussi acheter vos musiques sur votre iPhone ou iPad via l'application native iTunes Store, qui fonctionne sensiblement de la même façon que la version PC. Vous pouvez chercher les derniers titres sortis dans l'onglet *Musique* ou bien utiliser l'option *Rechercher* pour trouver ce qui vous convient. Vous pouvez également acheter de la même manière des films et des séries TV via l'application. Ainsi, lorsque vous avez trouvé votre bonheur dans l'application, il suffit de toucher le prix puis de confirmer en touchant *Acheter le morceau* pour commencer la procédure de paiement. Une fois le morceau téléchargé, il sera disponible dans votre application Musique, dans le dossier *Musique téléchargée* de votre bibliothèque (accessible via l'onglet du même nom).

Trucs & astuces

Les fichiers achetés sur le Store arrivent directement dans votre bibliothèque, mais sont au format MP4a (codec AAC). Pour les convertir rapidement en MP3, choisissez *Edition*, *Préférences* et, dans l'onglet *Général*, cliquez sur le bouton *Réglages d'importation*. Dans le menu local *Importer avec*, choisissez *Encodeur MP3*. Cliquez sur *OK*. Sélectionnez un ou plusieurs titres, puis optez pour *Fichier*, *Convertir*, *Créer une version MP3*.

ACHETER DE LA MUSIQUE SUR D'AUTRES PLATEFORMES

La musique numérique a favorisé le développement de dizaines de sites marchands qui proposent des versions dématérialisées ou non de vos musiques préférées. En voici quelques exemples.

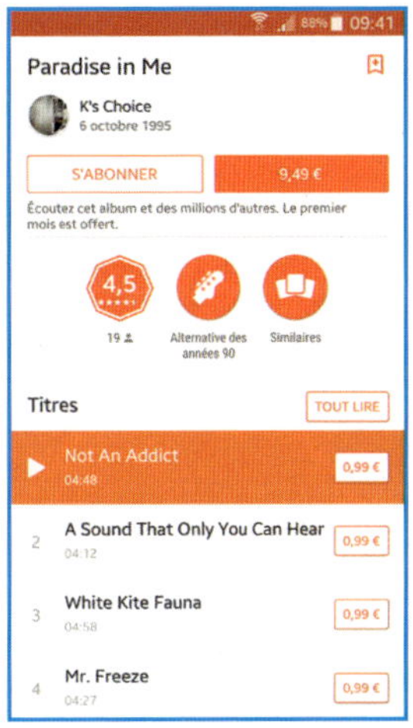

GOOGLE PLAY MUSIQUE

Sur les appareils sous Android, sous iOS ou sur votre navigateur web, vous pouvez utiliser Google Play Musique, qui permet de gérer les musiques stockées sur vos différents appareils. Vous pouvez acheter des albums ou des chansons à l'unité. Si vous utilisez l'application, allez dans le menu – les trois traits verticaux – puis touchez *Acheter* et recherchez le titre souhaité. L'abonnement payant (individuel ou familial) vous permet d'accéder aussi à un catalogue de millions de titres à écouter en ligne ou hors connexion. Google Play Musique offre également un service de synchronisation de votre musique : avec le programme Music Manager (PC seulement), vous pouvez importer votre propre bibliothèque musicale sur un cloud dédié et y accéder depuis tous les appareils reliés au service musical de Google.

AMAZON MUSIC

Les plateformes les plus connues présentent une offre sensiblement égale avec des fichiers de qualité. La différence se fait au niveau des tarifs et des promotions. Un site comme Amazon Music propose une application gratuite qui facilite l'achat, l'écoute et la gestion des fichiers MP3. Vous pouvez ainsi télécharger des titres depuis votre PC ou depuis votre appareil mobile. Mais Amazon propose également l'achat de supports physiques CD et vinyle. Lorsque ces supports comportent le logo « AutoRip », Amazon ajoute gratuitement leur version numérique à votre bibliothèque Amazon Music. Enfin, ce service permet d'importer votre bibliothèque musicale personnelle pour en disposer sur tous vos appareils connectés via Amazon Music.

ACHETER DES CD ET DES VINYLES EN LIGNE

L'achat de musique en ligne ne se limite pas à la version dématérialisée des albums et des chansons de vos groupes et chanteurs préférés. De plus, certaines musiques n'existent pas sous forme de fichiers MP3 (ou autres) et ne peuvent donc être acquises que sous la forme de CD ou de vinyles. Outre la Fnac et Amazon, vous trouverez sur Internet des sites spécialisés dans ce type de support, comme CDandLP (www.cdandlp.com), DiscoBuzz (www.discobuzz.fr/fr), Mesvinyles (http://mesvinyles.fr), ou encore des sites de vente d'occasion comme PriceMinister, leboncoin ou eBay (voir p. 198 et suivantes), où vous trouverez également des CD et des vinyles vendus par des particuliers.

À savoir

Les prix de la musique numérique varient assez peu d'un site à l'autre, et les différences sont principalement justifiées par la qualité d'encodage de la musique et les promotions temporaires.

STOCKER, SAUVEGARDER, PARTAGER SES DONNÉES

Pour accéder aux mêmes données à partir de plusieurs appareils ou partager des fichiers volumineux avec ses proches, de nombreuses solutions existent.

Les photos ont une définition toujours plus importante, la qualité des vidéos ne cesse de s'améliorer… Par conséquent, vos fichiers sont de plus en plus lourds. Si des photos peuvent transiter par mail (souvent en dégradant leur qualité), ce n'est pas le cas des vidéos dont la taille est trop importante. Pour les envoyer, il faut utiliser des services de partage de fichiers volumineux, certains sites web les proposant gratuitement.

Bien que l'espace de stockage n'ait cessé de croître dans des proportions importantes sur PC et, dans une moindre mesure, sur appareil mobile, le poids de vos programmes et de vos données ne cesse de croître, posant un problème auquel vous serez forcément confronté.

Le Cloud est un espace de stockage sur le serveur d'une société accessible de n'importe où grâce à une connexion Internet : il propose un espace de stockage de vos données accessibles quel que soit l'appareil que vous utilisez.

Créer une archive

Windows fournit un outil qui permet de réunir plusieurs fichiers en un seul fichier appelé «archive». Une solution simple et pratique lorsqu'on envoie un mail ou qu'on utilise un service de partage de fichiers.

À savoir

Un fichier archive compresse les fichiers réunis pour gagner de l'espace. C'est pourquoi l'on parle de «compression» lorsque l'on crée une archive et de «décompression» lorsque l'on récupère son contenu. Cependant, si les fichiers à réunir ont déjà été compressés, la taille de l'archive ne changera pas (ou pas beaucoup) par rapport à celle des fichiers.

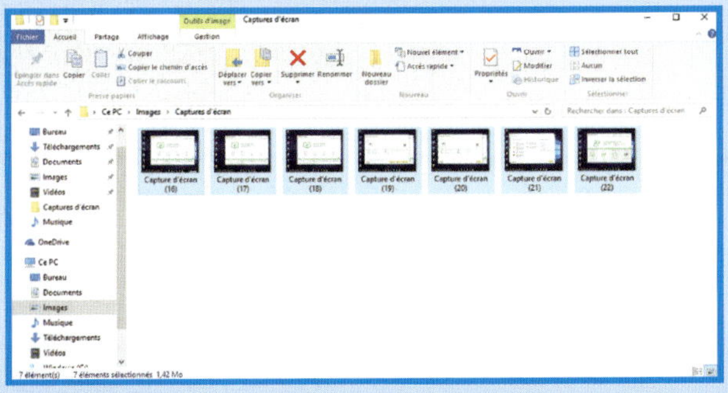

1 Sélectionnez les fichiers et/ou les dossiers que vous souhaitez placer dans l'archive. Pour sélectionner plusieurs fichiers, appuyez sur la touche *Ctrl* tout en cliquant sur les fichiers choisis. Il est également possible de créer une archive en sélectionnant uniquement un dossier dans lequel vous avez déjà placé tous les fichiers à compresser.

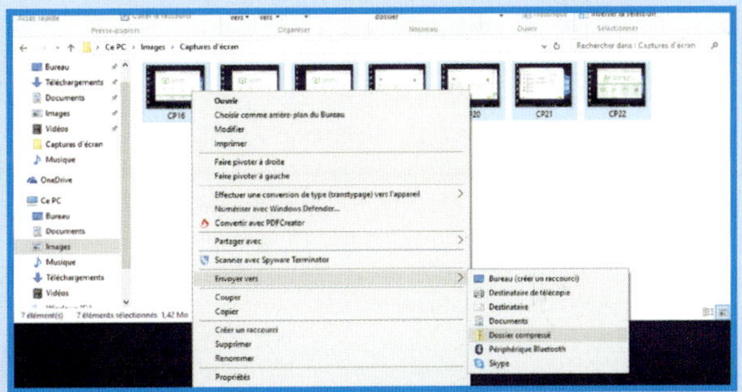

2 Cliquez sur la sélection avec le bouton droit de la souris. Choisissez ensuite *Envoyer vers*, puis *Dossier compressé* pour créer l'archive.

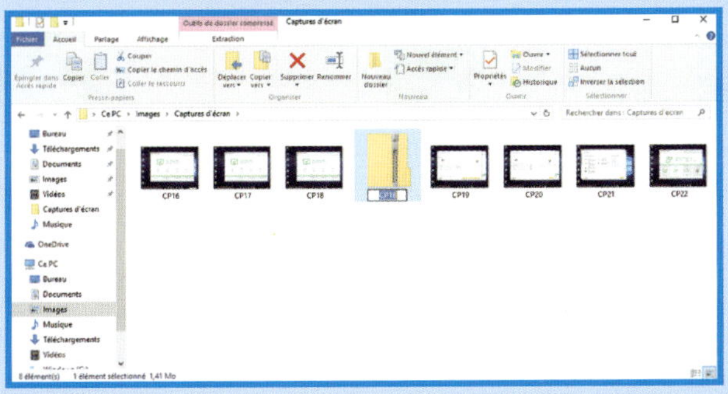

3 Le dossier compressé apparaît, l'icône représente un dossier avec une fermeture éclair (*zip* en anglais). Il possède l'extension .zip, ce qui fait qu'on appelle parfois ces dossiers compressés des fichiers zip. Par défaut, le fichier porte le nom d'un fichier ou dossier sélectionné, mais vous pouvez le renommer. Donnez un nom qui permet d'identifier immédiatement le contenu de votre dossier compressé.

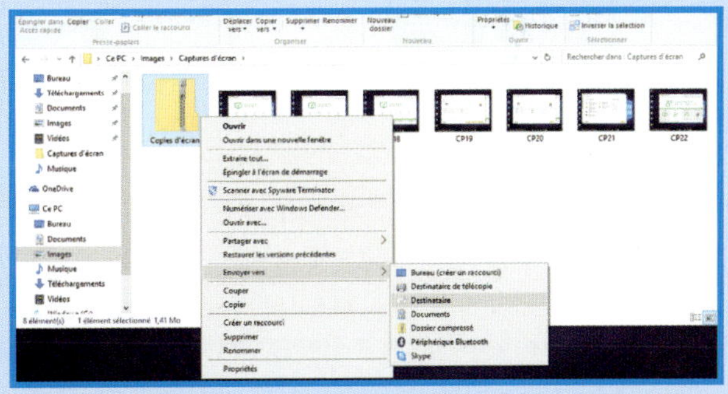

4 Une fois que ce dossier compressé est créé, vous utilisez cette archive comme n'importe quel fichier. Vous pouvez l'ouvrir en la décompressant, utiliser la commande *Envoyer vers* (en faisant un clic droit dessus) ou la mettre en pièce jointe dans un mail.Néanmoins, si sa taille est trop grande, il ne pourra pas passer dans un mail. Dans ce cas, vous pouvez utiliser un service de partage de fichier (voir p. 229 et 230).

Le petit +

Pour des options de compression plus complexes (partition des fichiers, inclusion d'un mot de passe, etc.), vous devez utiliser un gestionnaire d'archives comme 7-Zip ou WinRaR. Pour chiffrer vos archives afin d'en protéger les données, voir p. 137 et 358.

PARTAGER SES DONNÉES EN RÉSEAU

ACTIVER LE PARTAGE

Pour que les autres ordinateurs du réseau puissent accéder au vôtre, vérifiez que le partage est activé. Allez dans *Paramètres* de Windows (roue crantée dans le menu *Démarrer*) puis dans *Réseau et Internet*. Dans la rubrique *État* à gauche, cliquez sur *Options de partage*. Dans la nouvelle fenêtre qui apparaît, vérifiez que l'option *Activer le partage de fichiers et d'imprimantes* est sélectionnée. Pour faciliter la recherche des autres ordinateurs sur le réseau et pour que les autres ordinateurs vous trouvent facilement, activez l'option *Activer la découverte réseau*.

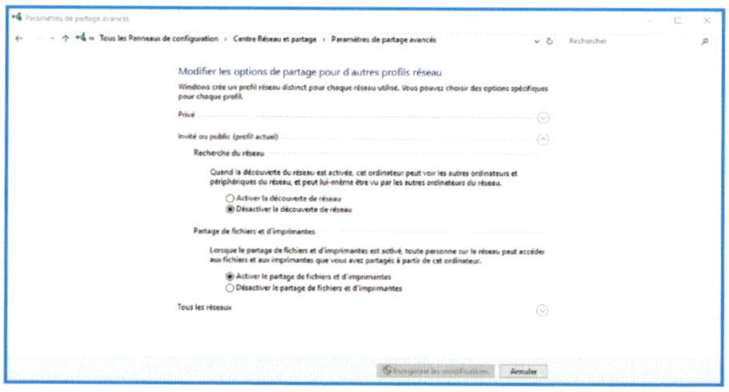

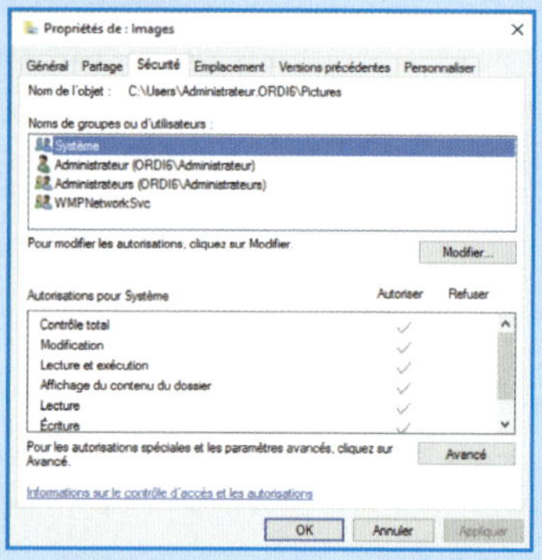

PARTAGER LES FICHIERS SUR UN MÊME ORDINATEUR

Vous pouvez créer plusieurs comptes d'utilisateur sur votre ordinateur, afin que chacun possède son propre espace et, si vous avez des enfants, pour éventuellement limiter l'utilisation de l'ordinateur et d'Internet. Lorsqu'il y a plusieurs comptes, il n'est pas possible qu'un utilisateur accède aux fichiers d'un autre utilisateur. Si vous souhaitez donner l'accès à un de vos dossiers, faites un clic droit sur le dossier concerné, puis choisissez *Propriétés*. Dans l'onglet *Sécurité*, cliquez sur *Modifier* puis sur *Ajouter*. Choisissez ensuite l'utilisateur ou écrivez son nom et cochez les niveaux d'accès souhaités. Cochez *Contrôle total* pour tout autoriser à l'utilisateur. Cliquez sur *Appliquer* puis *OK* pour terminer.

PARTAGE DLNA

Vous utilisez la norme DLNA pour partager du contenu multimédia (musique, vidéo et photos) entre plusieurs appareils connectés sur le réseau local. Ces appareils (disque dur multimédia, télévision, chaîne Hi-Fi, smartphone, console de jeux, etc.) doivent être compatibles avec cette norme et, bien entendu, être en marche afin d'être accessibles. Pour activer le partage, démarrez le Lecteur Windows Media. Cliquez sur le bouton *Diffuser en continu* puis, dans la fenêtre qui s'affiche, sur le bouton *Activer la diffusion multimédia en continu*. Sélectionnez ensuite les périphériques que vous autorisez. Attention, ce mode de partage peut se trouver entravé si la configuration de votre PC (par exemple votre pare-feu, voir p. 356 et 363) n'autorise pas explicitement tous ces périphériques à communiquer.

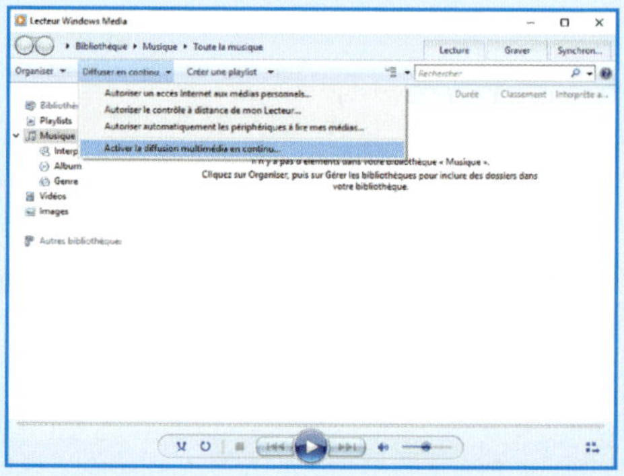

Le petit +

Il est parfois utile de connaître l'adresse IP (voir p. 35) de l'ordinateur sur le réseau local (par opposition au réseau Internet). Dans la zone de recherche de *Cortana* en bas dans la barre des tâches, saisissez « cmd » et validez, puis, dans la fenêtre qui s'ouvre, saisissez « ipconfig ». L'adresse du réseau est de la forme 192.XXX.XXX.XXX.

PARTAGER À L'AIDE DU LECTEUR WINDOWS MEDIA

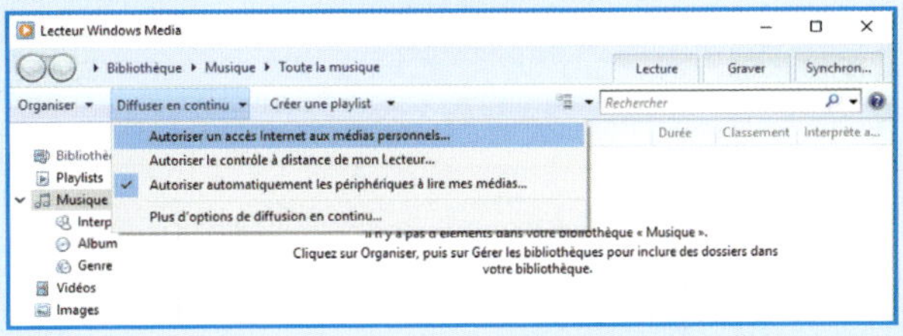

Vous avez vu comment utiliser la norme DLNA (voir p. 226) pour partager du contenu multimédia avec le Lecteur Windows Media (LWM). Le menu *Diffuser en continu* donne de nombreuses options. En choisissant *Autoriser un accès Internet aux média personnels*, vous autorisez l'accès à la musique, aux vidéos et aux images de LWM à un ordinateur qui ne se trouve pas sur votre réseau local (domicile), mais ailleurs, connecté à Internet. Bien entendu, pour être accessible, votre ordinateur doit être sous tension et connecté au réseau. Vous pouvez aussi utiliser la fonction *Autoriser le contrôle à distance de mon lecteur* afin de contrôler le Lecteur Windows Media à partir d'un autre périphérique de votre réseau local.

UTILISER UN NAS

Un NAS (voir p. 37) est une sorte de disque externe que vous connectez à votre réseau local et qui permet le partage d'espace disque de manière autonome sur votre réseau local. On peut dire qu'il s'agit d'une sorte de Cloud à domicile. Une interface de configuration permet d'indiquer quels ordinateurs peuvent accéder aux différents contenus et fonctions de l'appareil. Vous pouvez ainsi partager des dossiers et des fichiers en les plaçant sur un appareil autonome sans qu'il soit nécessaire de laisser votre PC sous tension. Bien entendu, le NAS doit, lui, rester sous tension afin d'être accessible. Cet appareil à la capacité de stockage souvent importante peut également servir de support pour effectuer les sauvegardes de votre PC.

SOLUTIONS DE PARTAGE SUR INTERNET

Il existe sur le Web d'autres services qui peuvent être utiles pour connecter des ordinateurs et partager des fichiers. Le service payant LogMeIn Hamachi permet la création d'un VPN (réseau privé virtuel) d'échange sans installer de matériel compliqué. Un réseau privé virtuel permet la connexion au réseau local de n'importe quel ordinateur connecté à Internet. Une fois l'ordinateur connecté au réseau local, il accède à toutes les ressources disponibles (dossiers partagés, NAS, imprimantes, etc.). Gigatribe est un service de partage de fichiers ou de dossiers ; sa version gratuite permet le partage et convient en général à la plupart des utilisateurs. Sa version payante permet, quant à elle, de partager des dossiers en lecture et écriture, ce qui est pratique pour travailler à plusieurs et à distance sur des documents.

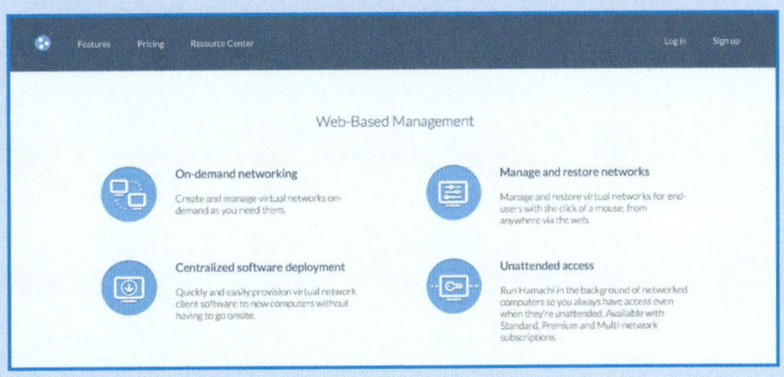

UTILISER UN GROUPEMENT RÉSIDENTIEL

Windows propose une fonctionnalité appelée Groupement résidentiel. Celle-ci vous permet de créer un groupe résidentiel commun à tous les PC de votre réseau local domestique dans lequel vous pourrez partager facilement fichiers et dossiers.

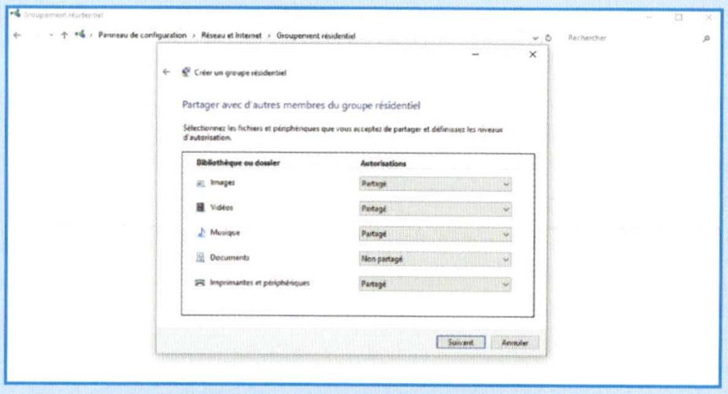

CRÉER UN GROUPE RÉSIDENTIEL

Pour accéder à la fonction de Groupement résidentiel, allez dans *Paramètres*, *Réseau et Internet*, *État*, puis *Groupement résidentiel* (pour aller plus vite vous pouvez aussi saisir « Groupement résidentiel » dans la zone de recherche de *Cortana* en bas dans la barre des tâches). Si aucun groupe résidentiel n'existe, cliquez sur le bouton *Créer un groupe résidentiel* et choisissez les éléments que vous souhaitez partager. Cliquez sur *Suivant* et notez le mot de passe qui apparaît. Sur les autres PC, la page d'accès à ce nouveau groupe résidentiel vous demandera alors si vous voulez rejoindre le groupe existant. Cliquez sur *Joindre* et indiquez le mot de passe.

PARTAGER À L'AIDE DU GROUPEMENT RÉSIDENTIEL

Une fois que vous avez connecté vos ordinateurs au groupe résidentiel, vous accédez aux fichiers distants en ouvrant directement l'*Explorateur de fichiers* (en cliquant sur l'icône de dossier jaune en bas dans la barre des tâches) Dans le menu de la colonne de gauche, sous *Groupe résidentiel*, le nom de chacun des utilisateurs du groupe apparaît. Cliquez sur un nom d'utilisateur pour accéder à l'ensemble de ses documents dans les dossiers *Images*, *Musiques* ou *Vidéos*. Vous pouvez partager d'autres documents très facilement en faisant un clic droit sur un répertoire. Dans *Partager avec*, vous pourrez choisir tout le groupe résidentiel ou l'un des utilisateurs.

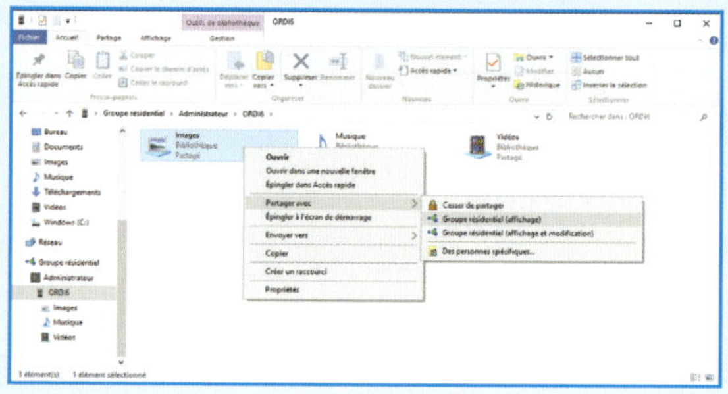

Trucs & astuces

Si vous ne parvenez pas à partager vos fichiers avec un autre ordinateur du réseau local, rendez-vous dans le menu *Démarrer*, dans *Paramètres* (roue crantée), puis *Réseau et Internet*, *État* et *Centre Réseau et partage*. Vérifiez que votre réseau est bien un réseau privé. C'est vous qui choisissez le type de réseau lorsque vous vous connectez pour la première fois à un réseau.

À savoir

On ne peut créer qu'un seul groupe résidentiel sur un réseau local. Celui-ci est ensuite subdivisé entre les espaces de chaque utilisateur dans lesquels se retrouvent tous les fichiers et dossiers partagés.

Partager des données volumineuses

De nombreuses sociétés, dont l'opérateur Free, proposent des services simples et efficaces d'envoi de fichiers volumineux : vous envoyez vos fichiers sur un serveur qui vous indiquera ensuite le lien à communiquer à vos correspondants qui les téléchargeront.

Trucs & astuces

Sur le même principe que le service Free décrit ici, vous trouvez d'autres services gratuits tels que Wetransfer ou Smash. Ces sociétés proposent également des formules payantes pour obtenir des services plus performants dans l'échange de fichiers. Toutefois, pour un particulier, les formules gratuites sont amplement suffisantes.

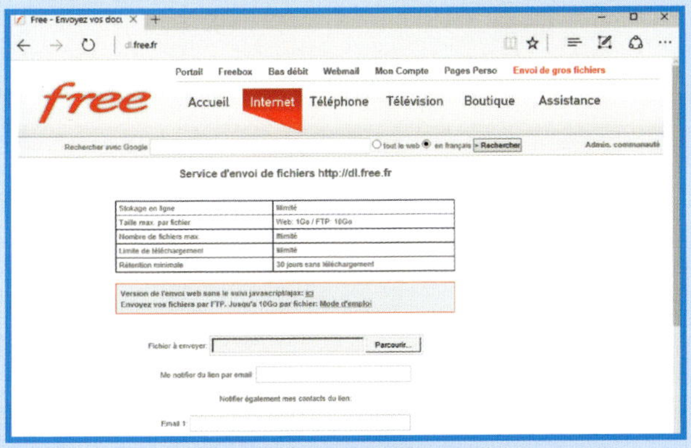

1 Ouvrez votre navigateur Internet puis rendez-vous à l'adresse www.dl.free.fr. En regard du champ *Fichier à envoyer*, cliquez sur le bouton *Parcourir*. Dans la fenêtre qui s'ouvre, sélectionnez le fichier compressé créé précédemment (voir p. 225) en cliquant sur le bouton *Ouvrir*.

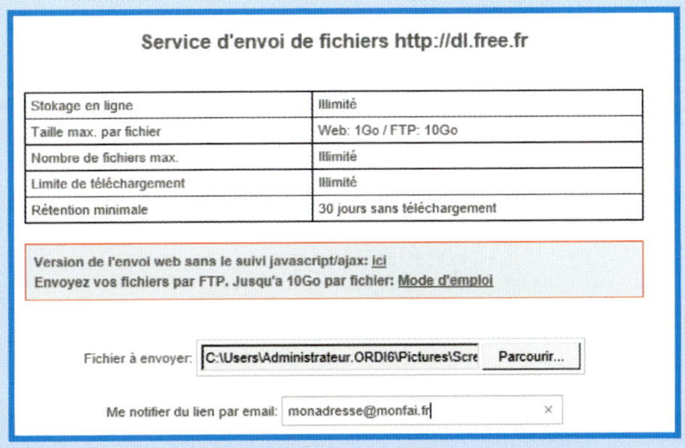

2 Pour obtenir le lien de téléchargement, saisissez votre adresse mail dans le champ *Me notifier du lien par email*. Vous pouvez ensuite transférer ce lien à des contacts afin qu'ils puissent récupérer vos fichiers.

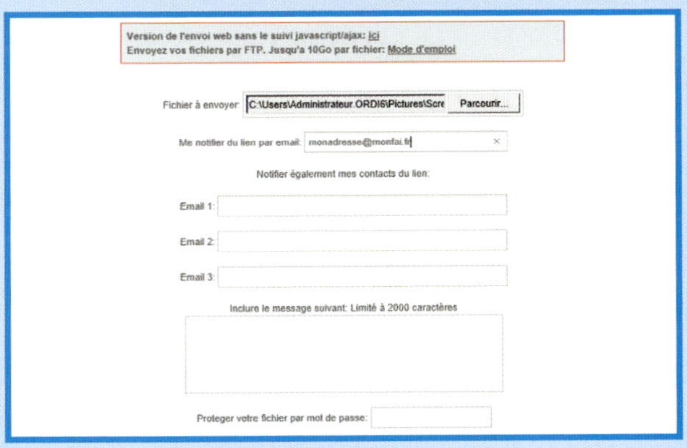

3 Dans les sections *Email 1* à *Email 3*, saisissez l'adresse des destinataires (une adresse par ligne) qui recevront alors le lien. Vous pouvez envoyer un message aux destinataires pour donner des précisions sur les fichiers envoyés et protéger votre envoi par un mot de passe qui sera communiqué aux destinataires en même temps que le lien. Lors de la récupération, un « nom d'utilisateur » est demandé : il s'agit de votre adresse mail.

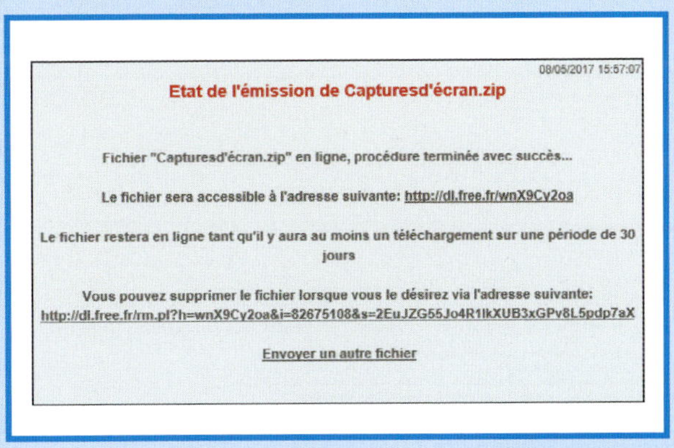

4 Une fois que vous avez terminé de renseigner les différents champs, cliquez sur le bouton *Envoyer*. L'écran affiche le déroulement du téléchargement. Ne fermez pas la fenêtre du navigateur, attendez la fin du téléchargement. Pour envoyer des fichiers de plus de 1 Go, vous pouvez utiliser Wetransfer, qui accepte jusqu'à 2 Go, ou une application FTP pour des données encore plus volumineuses (voir page suivante).

Partager à l'aide d'une application FTP

Pour échanger des fichiers très volumineux (jusqu'à 10 Go), le service de partage de Free propose d'utiliser une application FTP. Il en existe de nombreux gratuits sur le Web ; nous vous présentons ici FileZilla FTP Client que vous pouvez télécharger à l'adresse https://sourceforge.net/projects/filezilla.

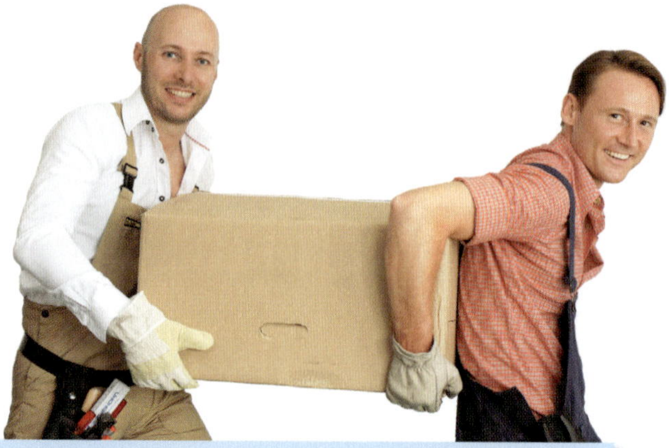

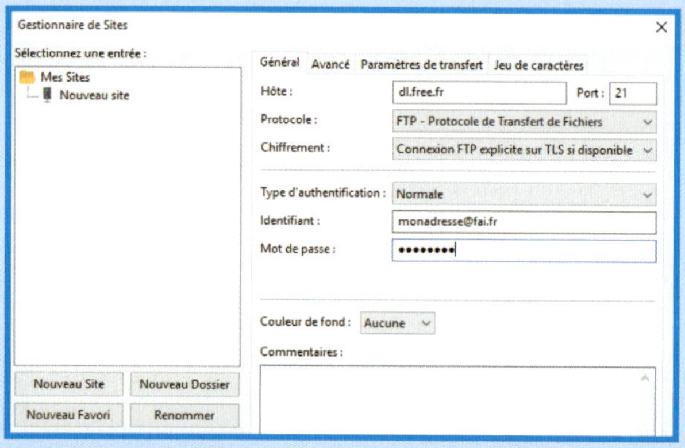

1 Allez dans *Fichiers* puis *Gestionnaire de Sites*. Configurez le client FTP pour qu'il se connecte au serveur de Free (pour plus d'information sur la connexion consultez la page http://dl.free.fr/upload.html ; l'hôte étant « dl.free.fr »). Si vous utilisez un autre service que dl.free.fr, consultez l'aide en ligne pour obtenir les informations de connexion. Le contenu du répertoire sur le FTP ne s'affiche pas, c'est normal.

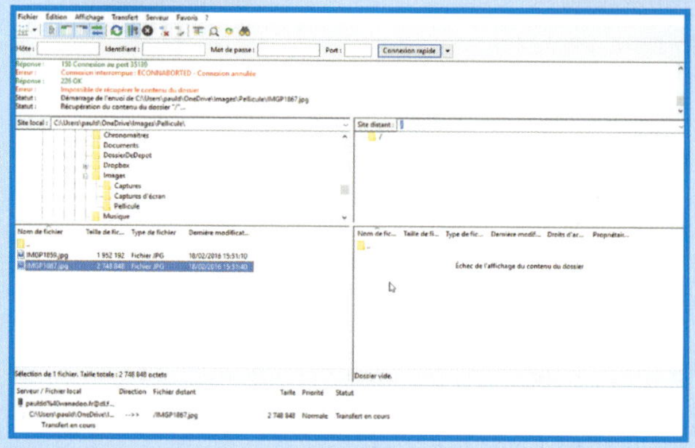

2 Utilisez l'arborescence à gauche de la fenêtre pour parcourir les dossiers sur votre ordinateur. Lorsque vous avez trouvé le fichier souhaité, faites-le glisser sur le dossier distant affiché dans la partie de droite de la fenêtre. Dans la partie inférieure, vous pouvez surveiller le transfert du fichier sur le serveur.

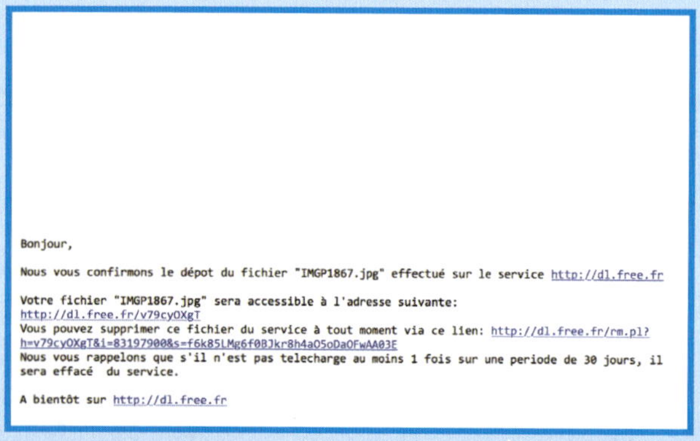

Bonjour,

Nous vous confirmons le dépot du fichier "IMGP1867.jpg" effectué sur le service http://dl.free.fr

Votre fichier "IMGP1867.jpg" sera accessible à l'adresse suivante:
http://dl.free.fr/v79cyOXgT
Vous pouvez supprimer ce fichier du service à tout moment via ce lien: http://dl.free.fr/rm.pl?h=v79cyOXgT&i=83197900&s=f6k85LMg6f0BJkr8h4a05oDaOFwAA03E
Nous vous rappelons que s'il n'est pas telecharge au moins 1 fois sur une periode de 30 jours, il sera effacé du service.

A bientôt sur http://dl.free.fr

3 Une fois le transfert terminé, vous recevez un mail contenant deux liens. Le premier vous permet de télécharger le fichier ; vous pouvez le transférer à vos proches pour qu'ils récupèrent le fichier. Le second vous permet de supprimer le fichier du serveur dl.free.fr.

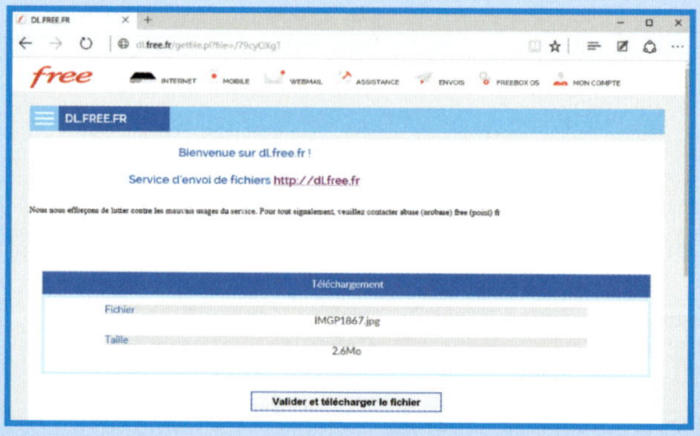

4 Lorsque vous utilisez le lien de téléchargement, une page web s'affiche et vous fournit des indications sur le fichier. Cliquez sur *Valider et télécharger le fichier* pour récupérer le fichier. Notez que même si la taille du fichier est supérieure à 1 Go, vous n'avez pas besoin de télécharger une application FTP pour récupérer celui-ci.

UTILISER LE CLOUD

QU'EST-CE QUE LE CLOUD ?

Le Cloud est un espace de stockage sur le serveur d'une société accessible à partir de n'importe quel lieu grâce à une connexion Internet. L'idée de départ n'est pas le partage de fichiers avec d'autres personnes, comme c'est le cas avec les solutions présentées précédemment, mais le stockage (et la sauvegarde) des fichiers de manière à pouvoir y accéder facilement à partir de plusieurs appareils (PC, smartphone, tablette, etc.). Notez toutefois qu'il est possible de partager facilement avec d'autres des fichiers stockés dans le Cloud. L'avantage du Cloud est donc un accès simplifié aux données à tout instant et en tous lieux. L'inconvénient est que la mise à jour des fichiers nécessite une connexion Internet rapide.

LES DIFFÉRENTES SOLUTIONS

Les géants de l'informatique Apple, Google ou Microsoft proposent chacun leur système de stockage dans le Nuage (Cloud), mais ils ne sont pas les seuls sur le marché. On peut citer aussi Dropbox, OVH, Box.com, pCloud, Mediafire, Digiposte, SpiderOak, etc. Même s'il est possible d'utiliser les services de chaque cloud sur n'importe quel appareil, les fabricants proposent bien souvent leur propre service directement intégré à l'appareil. Par exemple, iCloud est directement implanté dans les appareils sous iOS. Si vous utilisez un service qui n'est pas intégré à votre appareil, par exemple Dropbox, vous devez télécharger l'application de l'éditeur sur votre appareil (smartphone, tablette) ou aller sur son site web (PC) pour accéder à votre stockage dans le Nuage. La plupart du temps, vous disposez gratuitement d'un espace de stockage limité et vous devez souscrire un abonnement pour obtenir un espace de stockage plus important.

LE FONCTIONNEMENT DU CLOUD SUR PC

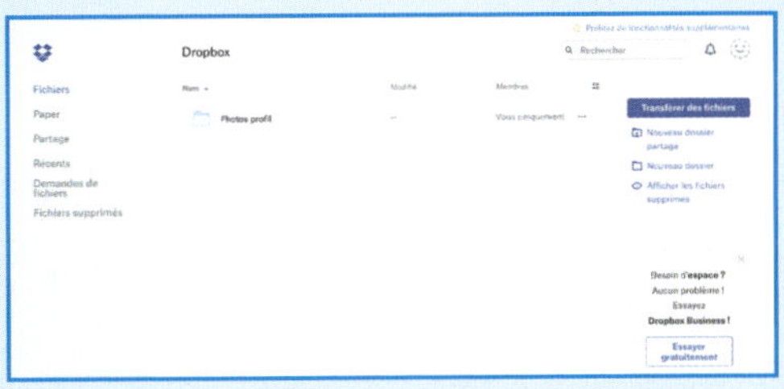

Le Cloud consiste à mettre tous vos fichiers sur un serveur placé quelque part dans le monde auquel vous pouvez accéder à tout moment grâce à une connexion Internet. Avec Google Drive, Dropbox et quelques autres, un dossier spécial est créé sur votre ordinateur et dupliqué sur le serveur où se trouve votre cloud, dès lors que vous avez installé et activé le service. Dès que vous placez ou modifiez un fichier dans ce dossier, le dossier sur le serveur est mis à jour. Si vous n'avez pas de connexion Internet, cela ne pose pas de problème puisque vous travaillez avec le fichier se trouvant sur votre PC. Dès que la connexion Internet redevient disponible, la mise à jour s'effectue. En utilisant n'importe quel navigateur web, vous pouvez également accéder à vos fichiers sur le serveur directement.

Attention !

Rares sont les services de Cloud qui stockent les données en France. Certains sont situés en Europe, mais la plupart se trouvent aux États-Unis, en Amérique du Sud ou en Asie (sans qu'on puisse le savoir précisément). Sachez que c'est la loi du pays où est situé le serveur qui s'applique à vos données : aux États-Unis, par exemple, les autorités et les services de renseignements sont autorisés à fouiller dans vos données.

Attention !

Tous les services de Cloud indiquent dans leurs conditions d'utilisation qu'ils ne sont pas responsables en cas d'éventuelle perte de données. Nombre d'entre eux préviennent aussi qu'ils peuvent fermer leur service du jour au lendemain sans préavis. Ainsi, si vos fichiers disparaissent soudainement sur le Cloud, vous ne pourrez jamais les récupérer si vous n'avez pas fait de sauvegarde ailleurs préalablement ! Le Cloud ne doit donc pas être utilisé comme unique moyen de sauvegarde.

LE FONCTIONNEMENT DU CLOUD SUR SMARTPHONE ET TABLETTE

La plupart du temps, contrairement à ce qui se passe avec un PC, le dossier présent sur le Cloud n'est pas synchronisé avec un dossier placé sur le smartphone ou la tablette. En effet, l'espace disponible sur ces appareils est limité. Vous accédez donc au contenu du Cloud grâce à une connexion Internet (Wi-Fi, 3G/4G) et vous récupérez sur votre appareil le fichier qui vous intéresse et que vous souhaitez consulter ou avec lequel vous souhaitez travailler. Si vous apportez des modifications à un fichier, ce dernier est mis à jour sur le Cloud. La procédure à suivre pour s'assurer que cette mise à jour s'effectue correctement dépend du cloud que vous utilisez et de son intégration avec votre appareil mobile.

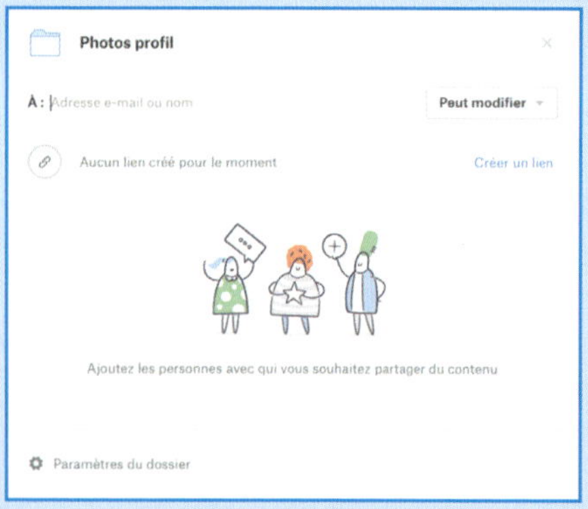

PARTAGES ET CONFLITS

Les systèmes de Cloud permettent généralement de partager un fichier ou le contenu d'un dossier grâce à un lien que vous transférez aux personnes avec qui vous souhaitez effectuer le partage. Avec Dropbox, par exemple, vous avez la possibilité de partager un fichier en lecture et écriture. Toutes les personnes invitées pourront modifier ou même supprimer le fichier. Comme plusieurs personnes y ont accès, il peut arriver qu'un fichier soit modifié sur deux ordinateurs en même temps. Dans ce cas, le système de gestion du Cloud détecte le problème et enregistre sur le Cloud deux fichiers différents.

SAUVEGARDES AVEC LE CLOUD

Sur un PC, vous pouvez utiliser le dossier du cloud pour placer les fichiers que vous créez ou vos musiques, photos ou vidéos... Mais gardez à l'esprit que les fichiers multimédia prennent beaucoup de place. Leur synchronisation peut donc demander beaucoup de temps. En outre, si vous ne disposez que de l'espace de stockage standard sur votre cloud, mis à votre disposition lors de l'inscription gratuite, vous ne pourrez stocker qu'un nombre limité de fichiers multimédia. Si vous souhaitez réaliser des sauvegardes de ces derniers, vous devez opter pour une formule payante. Enfin, n'oubliez pas que rien ne garantit pas la sécurité ni la pérennité de vos fichiers : une sauvegarde sur disque externe reste donc la meilleure solution.

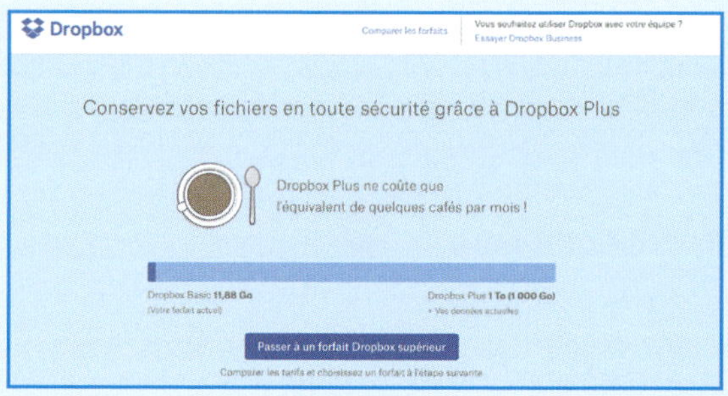

Le Cloud avec Dropbox sur PC

Dropbox propose sur le Cloud des solutions de stockage et de partage de fichiers à partir de n'importe quel appareil. Ici, nous décrivons Dropbox pour PC et ses nombreuses fonctionnalités.

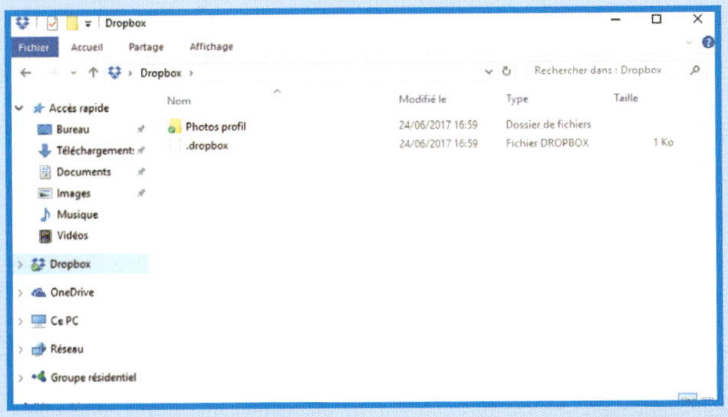

1 Sur PC, téléchargez et installez le programme. Au cours de la procédure, il faudra donner vos identifiants Dropbox ou créer un compte le cas échéant. Une fois l'installation terminée, un dossier *Dropbox* s'affichera sur votre PC. Tous les fichiers ou dossiers que vous y placerez seront synchronisés et envoyés sur le serveur.

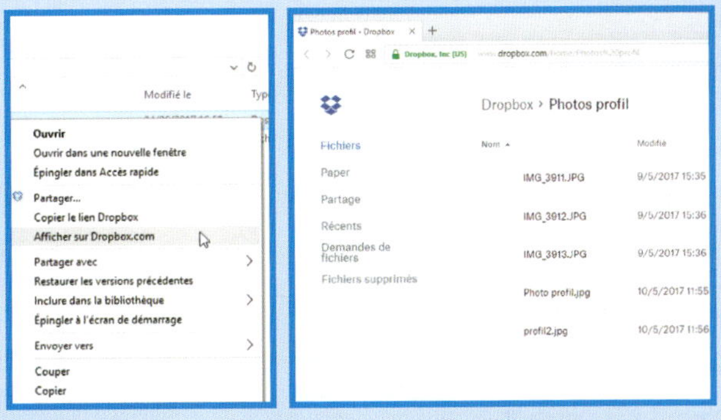

2 Faites un clic droit sur un fichier du dossier *Dropbox* pour afficher les commandes propres à Dropbox. Par exemple, *Afficher sur Dropbox.com* permet d'accéder à Dropbox sur le Web : vous y retrouverez tous les fichiers synchronisés, mais également l'historique des fichiers que vous avez supprimés de Dropbox. En sélectionnant l'élément *Fichiers supprimés* dans le menu à gauche de la fenêtre, vous aurez la possibilité de les récupérer dans le cas où vous les auriez supprimés par erreur.

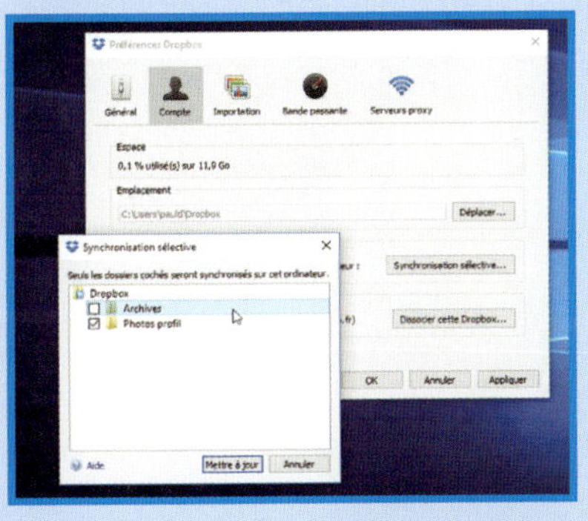

3 Il est possible de choisir les dossiers de votre compte Dropbox que vous voulez synchroniser ou non sur votre PC. Dans la zone de notifications de votre PC (à droite de la barre des tâches), faites un clic droit sur l'icône de Dropbox. Dans le menu qui apparaît, cliquez sur la roue crantée puis sur *Préférences...* Dans la section *Compte*, cliquez sur *Synchronisation sélective* puis décochez les dossiers que vous ne souhaitez pas synchroniser sur cet ordinateur.

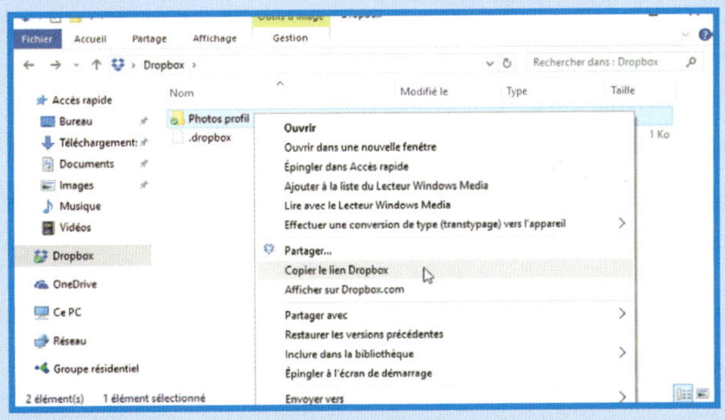

4 Pour partager un dossier (ou un fichier) de votre dossier *Dropbox* avec des amis, faites un clic droit dessus. *Copier le lien Dropbox* permet de générer un lien de téléchargement à envoyer par mail. En cliquant sur *Partager...*, vous pouvez partager votre dossier (en autorisant ou non la modification) pour qu'il apparaisse directement dans le compte Dropbox de votre destinataire (si ce dernier n'a pas de compte, il devra s'inscrire pour accéder au dossier).

Le petit +

Dropbox fonctionne également sur smartphone et tablette Android ou iOS avec l'application dédiée. Vous accéderez alors aux fichiers directement sur le serveur sans que ceux-ci soient stockés sur votre appareil.

À savoir

Si vous avez déjà un compte actif que vous voulez synchroniser sur un nouveau PC, sachez que la synchronisation peut prendre du temps si votre compte contient des données volumineuses.

PROFITER DE CES OUTILS MAGIQUES

RÉALISER PHOTOS ET VIDÉOS AVEC SON SMARTPHONE OU SA TABLETTE

L'un des progrès les plus spectaculaires réalisés ces dernières années sur les smartphones et tablettes est la photo. Ces appareils offrent dorénavant une qualité proche de celle de certains appareils compacts ou reflex. Mais il est important de découvrir les différentes fonctions qui s'offrent à vous pour en profiter au mieux.

Que ce soit pour faire des photos de vacances en famille, durant des soirées ou des fêtes, ou pour capturer la beauté d'un paysage, vous pouvez utiliser votre smartphone ou tablette. Et comme les «vrais» appareils photo compacts ou reflex, ces appareils mobiles proposent par défaut un mode automatique qui convient pour la plupart des situations. Mais avec l'évolution des capteurs photo et de la puissance des smartphones et tablettes, les applications photo peuvent aussi proposer des modes de fonctionnement avancés vous permettant de paramétrer manuellement la prise de vues. Des effets et modifications peuvent être apportés aux photos afin de créer des clichés uniques. Les smartphones et tablettes sont devenus un moyen très simple de se mettre à la photo et ils se glissent facilement dans une poche ou un sac. Bref, ils sont idéals pour prendre des photos à tous les instants.

Démarrer et paramétrer l'application Appareil photo sous iOS

La qualité des photos prises sur iPhone et iPad s'est améliorée avec le temps, les appareils Apple proposant même des modes permettant de modifier la photo en fonction des conditions de prise de vues, par exemple pendant la nuit. Même si le mode automatique convient très souvent, il est utile de connaître les différents paramètres et modes de votre application photo.

iOS

1 Démarrez l'application Appareil photo de votre smartphone ou tablette Apple en appuyant une fois sur son icône. Vous pouvez aussi y accéder depuis l'écran de verrouillage en balayant l'écran de la droite vers la gauche avec le doigt.
Par défaut, c'est le mode standard qui s'affiche ; la mise au point est faite automatiquement au centre de l'écran. La zone de mise au point est représentée par un carré à la bordure jaune. L'exposition se fait par rapport à cette zone encadrée.

2 Vous pouvez effectuer la mise au point sur un autre élément de la scène en appuyant sur votre écran avec un doigt. Le carré jaune est alors déplacé pour correspondre à l'élément choisi. Pour verrouiller la mise au point, laissez votre doigt appuyé sur l'écran jusqu'à ce que la mention « Verrouillage AE/AF » apparaisse. Cela signifie que vous pouvez déplacer votre appareil et que la mise au point ne sera pas modifiée. Appuyez sur une autre zone de l'écran pour effectuer une nouvelle mise au point.

3 En plus de la mise au point, l'exposition est automatiquement modifiée en fonction de l'éclairage de la zone de mise au point. Vous pouvez modifier cette exposition manuellement. Sur l'un des côtés est affichée l'icône d'un soleil. Pour modifier l'exposition, appuyez dessus, maintenez la pression avec votre doigt et déplacez-le vers le haut pour augmenter la luminosité ou vers le bas pour diminuer cette dernière.

4 L'appareil photo dispose d'un zoom numérique permettant d'agrandir l'image et de se rapprocher du sujet. Pour l'activer, utilisez deux doigts que vous écartez sur l'écran. Continuez d'écarter les doigts pour augmenter le zoom ou rapprochez-les pour le réduire. Vous pouvez aussi utiliser la réglette avec le rond jaune pour modifier le zoom. Ce dernier étant numérique, la qualité de l'image sera moins bonne.

Trucs & astuces

Pour gérer manuellement le déclenchement du flash, appuyez sur l'icône affichant un éclair pour accéder aux options. Appuyez sur *Activé*, *Désactivé* ou *Automatique* pour choisir son mode de fonctionnement. Le flash n'a toutefois pas une grande portée. Au-delà d'une distance de 3 à 4 m entre l'appareil et le sujet, l'efficacité du flash est quasi nulle et le sujet à prendre en photo risque de ne pas être éclairé. Si vous le pouvez, rapprochez-vous.

Le petit +

Pour supprimer la géolocalisation lors de la prise de vues, rendez-vous dans les *Réglages* de votre iPhone ou de votre iPad, puis dans *Confidentialité et Service de localisation.* Ensuite, appuyez sur *Appareil photo* et sélectionnez l'option *Jamais.*

LES MODES DE PRISE DE VUES SOUS IOS

Le bouton avec une icône en forme de montre en haut de l'écran vous permet de déclencher le mode *Retardateur*, qui permet de retarder le déclenchement de la photo de 3 à 10 secondes. En appuyant sur le bouton affichant trois cercles se croisant, en haut à droite de l'écran, vous pourrez appliquer un effet colorimétrique directement lors de la prise de vues. Pour désactiver ce mode, il faut appuyer sur la vignette *Aucun*, au centre des effets proposés. Pour un effet HDR, consultez la page 242. Pour passer du capteur photo dorsal au capteur photo frontal de votre appareil, appuyez sur le bouton dont l'icône est symbolisée par un appareil photo et deux flèches, à côté du bouton de déclenchement. Vous pourrez ainsi prendre des selfies, c'est-à-dire des autoportraits. Appuyez de nouveau sur ce bouton pour revenir au capteur précédent. Cette procédure est aussi valable pour la vidéo. À partir de l'iPhone 6S, il est également possible de prendre des « Live Photos ». Ce sont de courtes vidéos de 1,5 seconde avec le son. Appuyez sur le bouton avec plusieurs cercles en haut de l'écran pour activer ce mode et déclencher la vidéo.

LES MODES DE CADRES SOUS IOS

L'appareil photo iOS permet de prendre des photos carrées ; certains réseaux sociaux, comme Instagram, utilisent ce type de cadrage par défaut. Balayez l'écran avec votre doigt de droite à gauche sur iPhone et du bas vers le haut sur iPad afin que l'option *Carré* soit affichée en jaune. L'écran présente alors une prévisualisation carrée de la scène. Balayez dans le sens inverse pour revenir à une prise de vues classique.

Le mode *Pano* permet de faire des photos dites panoramiques. Son fonctionnement est expliqué en détail en page 241.

À partir de l'iPhone 7 Plus et ses deux capteurs, il existe le mode *Portrait* qui permet d'avoir un sujet net et un arrière-plan flou. Il suffit de viser le sujet et de prendre la photo pour que l'effet soit appliqué.

LES MODES DE CAPTURE VIDÉO SOUS IOS

L'accès à la vidéo se fait comme pour le mode *Carré* en balayant l'écran jusqu'à ce que l'option *Vidéo* soit affichée en jaune. Les réglages de mise au point, de luminosité et de blocage de la mise au point sont les mêmes que ceux pour la photographie (voir p. 237).

Pour la vidéo, il y a deux modes supplémentaires : *Accéléré* et *Ralenti*. L'accès se fait en balayant l'écran. Déclenchez l'enregistrement en appuyant sur le rond, le traitement de la vitesse de la vidéo se fait après la capture.

Démarrer et paramétrer l'application Appareil photo sous Android

Avec Android, chaque constructeur personnalise les modes et paramètres de l'application Appareil photo, le design des icônes, etc. De ce fait, certaines marques et/ou modèles disposent d'options que d'autres n'ont pas ou bien les nomment différemment. Explorez votre propre application pour découvrir tout ce qu'elle peut vous proposer.

Android

1 Démarrez l'application Appareil photo de votre smartphone ou tablette Android en tapotant une fois sur son icône. Certains appareils permettent d'y accéder dès l'écran de verrouillage avec une icône correspondante. Le mode automatique est le mode par défaut. Pointez votre appareil vers le sujet en le plaçant au centre. La zone de mise au point est représentée par un cercle (ou un carré) qui disparaît une fois la mise au point faite ; cette dernière se fait automatiquement sur le sujet placé dans cette zone.

2 Vous pouvez définir une autre zone de mise au point en tapotant une fois sur votre écran sur la zone désirée. La mise au point est recalculée automatiquement. Vous pouvez aussi parfois définir manuellement la zone d'exposition, sans modifier la mise au point. Effectuez un appui long sur la zone d'exposition de votre choix : un cercle bleu apparaît, l'exposition est verrouillée. Ou appuyez longuement sur la zone de mise au point choisie : un cercle avec un soleil apparaît, que vous pouvez déplacer pour choisir l'exposition.

3 L'appareil photo dispose d'un zoom numérique permettant d'agrandir l'image et de se rapprocher du sujet. Pour l'activer, utilisez deux doigts que vous écartez sur l'écran. Continuez d'écarter les doigts pour augmenter le zoom ou rapprochez-les pour le réduire. Vous pouvez aussi utiliser la réglette qui apparaît à l'écran pour le modifier. La qualité de l'image sera toutefois moins bonne en utilisant le zoom.

4 Pour gérer le flash manuellement, appuyez sur l'icône avec un éclair en haut de l'écran (ou après avoir touché l'icône en forme de roue crantée) : vous aurez le choix entre un mode automatique (lettre *A* ou *Auto*), un mode actif (symbole de flash ou *On*) ou un mode inactif (flash barré ou *Off*), et parfois un mode torche qui garde le flash allumé en permanence. Enfin, l'icône avec une flèche en rond ou un appareil avec deux flèches permet de passer du capteur photo arrière à celui de devant, et inversement.

Le petit +

Pour passer en mode vidéo, touchez l'icône de caméra ou le bouton doté d'un point rouge, généralement à droite du bouton de déclenchement (bouton blanc ou avec une icône d'appareil photo).

Attention !

Sur certaines applications photo, l'exposition se règle via une icône +/- en haut de l'écran.

Le petit +

Les modes de prises de vues et les paramètres proposés par l'application Appareil photo d'Android dépendent beaucoup des modèles. Si vous ne trouvez pas votre bonheur dans votre application, vous pouvez explorer les diverses applications proposées dans le Play Store qui offrent des fonctionnalités spécifiques aux besoins de chacun.

LES PARAMÈTRES DE BASE SOUS ANDROID

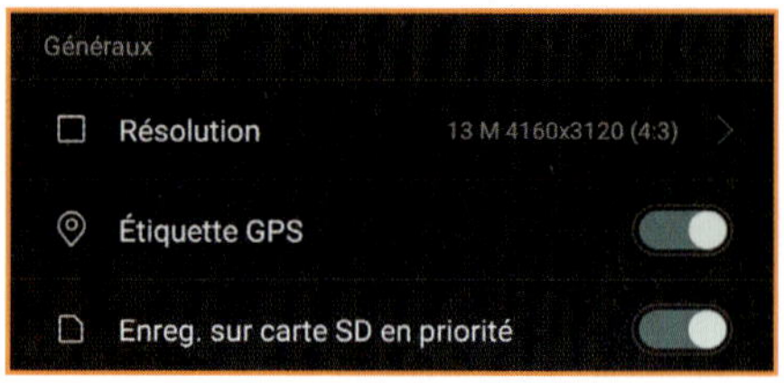

L'accès aux paramètres de l'application Appareil photo varie selon les modèles une fois l'application lancée : via l'icône *Paramètres* (une roue crantée), via le *Menu* (souvent à côté du bouton central) ou en balayant l'écran sur l'un des côtés... Le premier paramètre important est *Résolution* ou *Taille de l'image* (indiqué par un logo en rond blanc avec, par exemple, écrit « 6.0M » à l'intérieur) qui permet de choisir la taille de la photo (voir p. 250). La géolocalisation (parfois intitulé *Tags de localis.*) vous permet d'ajouter dans les données du fichier les coordonnées GPS du lieu de la prise de vues. Si votre appareil dispose d'une carte microSD, l'application Appareil photo vous permet d'y enregistrer directement vos photos au lieu d'utiliser la mémoire interne de l'appareil.

Ce menu *Paramètres* propose de nombreuses autres fonctionnalités propres à chaque modèle, du *Retardateur* ou *Minuteur* qui permet de retarder la prise de vues de 2, 5 voire 10 secondes aux aides à la prise de vues comme l'option *Grille de composition* qui affiche des repères sur l'écran afin de faciliter le cadrage.

LES MODES CRÉATIFS SOUS ANDROID

Les modes dits « créatifs » permettent de donner un aspect particulier à la photo. C'est le cas du mode *Embellissement* ou *Beauté* qui lisse la peau, ou du mode *Gourmet* ou *Macro* qui sert principalement à prendre des sujets de près avec une légère augmentation de la saturation.
On peut également citer les filtres photo (sépia, vintage, pastel...), accessibles, selon les modèles, sur un côté de l'appareil, via une icône de trois cercles se croisant ou de baguette magique... Enfin, certains appareils permettent de s'amuser avec la lumière et de s'en servir comme un pinceau, c'est le mode *Light Painting*. L'appareil photo fait une pause longue, ce qui permet d'utiliser une source de lumière pour écrire ou peindre avec. À essayer la nuit.

EN MODE MANUEL SOUS ANDROID

Sur certains appareils, vous trouverez un mode manuel (qui peut être appelé *Manuel* ou *Photo pro.*). Il permet de paramétrer certains éléments de la prise de vues comme la sensibilité (ISO), la vitesse de l'obturateur, l'exposition, le mode d'autofocus ou encore la balance des blancs. Ce mode peut être aussi appliqué à la vidéo et se rapproche de ce qu'offrent les appareils photo compacts et reflex. Si votre application ne dispose pas du mode manuel, vous pouvez néanmoins régler différents paramètres en touchant l'icône en forme de roue crantée puis l'icône des trois points : plusieurs personnalisations possibles s'offriront à vous. Si vous avez du temps pour prendre votre photo, pensez à gérer vous-même ces réglages afin de maîtriser le rendu de la photo ou de la vidéo.

Trucs & astuces

La capture vidéo peut aussi se faire selon des modes spécifiques. Outre le mode *Manuel* ou *Pro*, il peut y avoir un mode *Ralenti* et/ou *Accéléré* et le mode *Timelapse*. Ce dernier capture des photos à intervalles réguliers et les assemble pour donner l'impression d'une vidéo accélérée. Le rendu est très bon avec des nuages en mouvement, par exemple.

Faire un panoramique sur appareil mobile

Si les appareils photo des smartphones et tablettes offrent une bonne qualité, ils n'ont pas un angle de prise de vues assez grand pour capturer de grands paysages. Heureusement, le mode panoramique permet de constituer automatiquement une grande image à partir de plusieurs photos.

À savoir

Pour iOS, la capture d'une photo panoramique se fait forcément en mode portrait, c'est-à-dire en tenant l'appareil verticalement, et de manière horizontale de gauche à droite ou inversement (en appuyant sur la flèche). Pour Android, la capture peut se faire avec l'appareil en position verticale ou horizontale, et parfois de bas en haut.

iOS

1 Démarrez l'application Appareil photo et sélectionnez le mode *Pano* (voir p. 238). L'application vous explique le principe : déplacez l'appareil durant la capture en essayant d'être le plus rectiligne possible. Mettez-vous en position en essayant de bien vous caler. La mise au point se fait automatiquement au centre, mais vous pouvez choisir le sujet de mise au point en appuyant sur l'écran à l'endroit voulu. Vous pouvez verrouiller la mise au point AE/AF comme expliqué en page 237. Déclenchez la capture.

2 Déplacer lentement votre appareil de la gauche vers la droite. Si vous allez trop vite, vous serez prévenu par un message, et la capture du panoramique sera annulée. Faites en sorte de maintenir la flèche blanche sur le trait jaune. Vous pouvez stopper la capture à tout moment en appuyant de nouveau sur le déclencheur de l'appareil photo. Sinon, la capture s'arrêtera lorsque vous aurez pivoté de 180°. Après la capture, l'assemblage des différentes photos est automatique.

Android

1 Démarrez l'application Appareil photo et accédez au mode *Panorama*, *Panoramique* ou *Pano*. Le principe est le même que pour iOS : déplacez l'appareil de manière rectiligne et stable durant la capture. La mise au point automatique se fait au centre de l'image, modifiez-la en appuyant sur la zone choisie. Sur certains modèles, une flèche en haut à gauche permet de paramétrer le panoramique de bas en haut pour obtenir une photo verticale. Sur d'autres, l'appareil détecte le sens de la photo d'après vos mouvements. Déclenchez la capture.

2 Déplacez votre appareil de la gauche vers la droite ou du bas vers le haut sans être trop rapide. Pour un rendu optimal, gardez la flèche blanche sur le trait bleu ou l'aperçu dans le cadre qui apparaît à l'écran. Vous pouvez stopper la capture à tout moment en appuyant de nouveau sur le déclencheur de l'appareil photo. Sinon, la capture se terminera lorsque la flèche blanche aura atteint l'extrémité de l'écran. L'assemblage des différentes photos est automatique.

Découvrir la photo HDR sur smartphone et tablette

Le HDR (*High Dynamic Range*) est une technique qui consiste à prendre au moins trois photos d'un même sujet, avec une exposition différente (sous-exposé, normal et surexposé), puis à fusionner ces clichés en une image au rendu spectaculaire. Aujourd'hui, les smartphones et les tablettes peuvent le faire automatiquement.

iOS

1 Démarrez l'application Appareil photo et accédez à la fonction HDR en touchant l'icône symbolisée par les lettres HDR barrées en haut de l'écran. Automatiquement, la mise au point est faite au centre de l'appareil. Vous pouvez modifier le sujet sur lequel est faite la mise au point, changer l'exposition et même verrouiller la mise au point AE/AF comme expliqué en page 237.

2 Évitez de bouger pendant la prise de vues, car l'application va prendre plusieurs photos rapidement. Appuyez sur le déclencheur pour prendre votre photo HDR. Le traitement des photos est fait instantanément et le résultat est disponible en appuyant sur le carré avec l'image en bas à gauche de l'écran ou dans l'application Photos.

Android

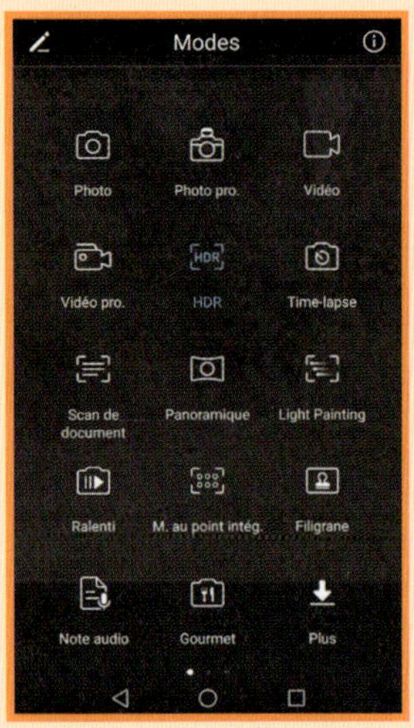

1 Démarrez l'application Appareil photo et accédez à la fonction HDR dans le menu *Modes* ou en touchant l'icône *HDR off* (qui devient alors *HDR on*) en haut de l'écran. La mise au point est réalisée par défaut au centre de l'image, mais vous pouvez définir l'objet de référence en appuyant dessus. De même, vous pouvez modifier la zone d'exposition en suivant la procédure de la page 239.

2 Comme pour une prise de vues classique, appuyez sur le déclencheur en étant bien stable. La prise de vues est faite et le traitement des clichés est automatique. La photo finale HDR est accessible en appuyant sur le carré ou le rond avec l'image à gauche de l'écran.

Trucs & astuces

Le résultat via le HDR automatique de l'application peut être parfois assez difficile à percevoir. Pour avoir plus de contrôle sur le mélange des photos permettant d'obtenir un rendu HDR, il est préférable de passer par un logiciel comme Adobe Photoshop Elements, qui dispose d'un module spécifique (voir p. 279).

DES APPLICATIONS PHOTO ALTERNATIVES

Parfois, l'application photo fournie par défaut avec votre smartphone ou votre tablette peut être limitée dans ses fonctions et paramètres. L'App Store d'Apple et le Play Store de Google regorgent d'applications photo pouvant vous offrir des fonctions spéciales. En voici trois gratuites.

OPEN CAMERA POUR ANDROID

Pour les appareils sous Android, l'application Open Camera offre pléthore de réglages et de fonctions, comme un mode rafale avec intervalle paramétrable, un retardateur, la détection des visages, le déclenchement de la prise de vues à la voix, l'affichage de l'angle de l'appareil afin d'en stabiliser le niveau, etc. En mode vidéo, vous pouvez paramétrer avec précision la qualité de votre vidéo en réglant le nombre d'images par seconde, la résolution, l'enregistrement audio, etc. Une application complète, donc, pour les utilisateurs Android.

RETRICA POUR IOS

Pour iOS, l'application Retrica permet d'appliquer dès la prise de vues un certain nombre d'effets qui évitent un traitement ultérieur. Ainsi, il est possible d'ajouter un effet de flou, du vignettage (assombrissement des coins de la photo), de coloriser la photo ou d'appliquer de nombreux filtres pour en modifier le rendu. De même, il est possible de créer des collages de plusieurs photos, ainsi que des vidéos ou des GIF animés (voir « À savoir »).

VSCO POUR IOS ET ANDROID

L'application photo VSCO est disponible pour Android et iOS. Vous retrouverez donc les mêmes fonctions dans les deux univers. VSCO propose tout d'abord des fonctions liées à la prise de vues, comme le contrôle de la focalisation, de l'exposition, de la balance des couleurs, etc. L'application intègre également de nombreux outils de retouche : en plus des classiques outils permettant de régler la netteté ou la luminosité, VSCO vous donne accès à une impressionante bibliothèque de filtres. Si vous ne trouvez pas votre bonheur dans cette dernière, vous pouvez la compléter en ajoutant de nouveaux filtres à partir de l'application (ces nouveaux filtres sont payants). Il existe aussi une zone de partage de photos dans la communauté VSCO ou d'autres réseaux sociaux tels que Facebook, Twitter et Instagram.

À savoir

Un GIF animé est un fichier image créé à partir de plusieurs images s'affichant successivement pour obtenir une animation continue (en boucle). Généralement, la durée de l'animation est très courte (quelques secondes).

TRANSFÉRER ET SCANNER SES PHOTOS

Appareils photo numériques, smartphones, tablettes... autant d'appareils, autant de possibilités de prendre des photos. Et avec eux, la photo numérique n'a jamais été aussi accessible.

La qualité des appareils photo numériques, compacts ou reflex, ou des smartphones et des tablettes n'a cessé de s'améliorer au fil des années. Certains proposent même plusieurs formats d'enregistrement (le RAW, le JPEG, le TIFF) et la possibilité de capturer des vidéos en accéléré et au ralenti. Si le format JPEG est le moins gourmand en espace, le format RAW, qui exploite au maximum la qualité de l'appareil, ainsi que la vidéo sont de gros consommateurs d'espace de stockage. Le TIFF se raréfie mais offre un bon compromis entre le JPEG et le RAW, notamment pour des clichés destinés à l'impression ; il reste cependant volumineux. Et c'est là la limite de ces appareils : même si les cartes mémoire et la mémoire interne offrent de plus en plus d'espace pour enregistrer photos et vidéos, elles peuvent arriver à saturation et il devient alors nécessaire de les transférer sur votre PC. Cela permet aussi d'organiser d'éventuelles sauvegardes et de disposer d'outils de traitement et de retouche plus performants que ce que ces appareils peuvent vous proposer.
Et pour ceux qui utilisent toujours des photos papier et des diapositives, le scanner est un outil idéal pour les numériser afin d'en obtenir une version numérique. Cette dernière pourra être travaillée, modifiée, partagée, sauvegardée sans que l'original ne soit touché.

Transférer les photos d'un appareil photo sur PC

Une fois les photos capturées et stockées sur la carte mémoire de votre appareil numérique, il n'est pas compliqué de les transférer sur votre ordinateur.

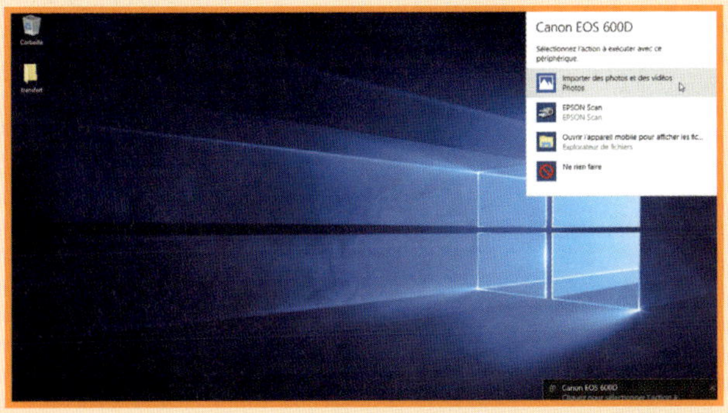

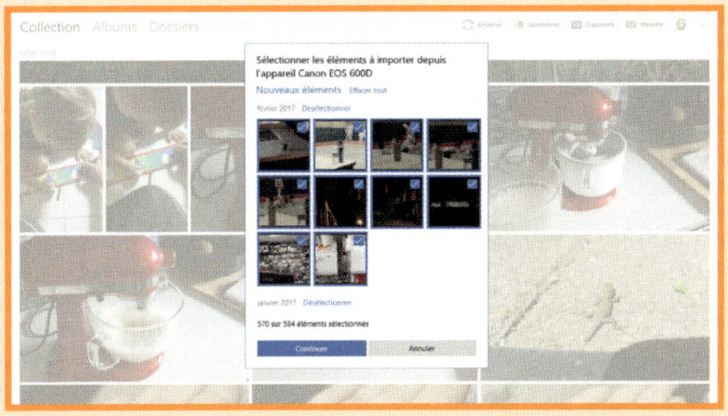

1 Connectez votre appareil à votre PC avec le câble USB et allumez-le. À la première connexion, Windows 10 affiche un message en bas à droite. Cliquez dessus puis, dans le second message, sélectionnez *Importer des photos et des vidéos / Photos*. Ainsi, à chaque connexion, c'est l'application Photos de Windows qui s'ouvrira pour importer vos photos.

2 L'application vous propose de sélectionner les photos de votre choix. Par défaut, toutes les nouvelles photos sont sélectionnées (coche bleue). Elles sont classées en fonction du mois de prise de vues : vous pouvez *Désélectionner* un mois pour ne pas importer ces photos ou cliquez sur *Effacer tout*, en haut, pour tout désélectionner et choisir celles à importer manuellement. Cliquez sur *Continuer* pour poursuivre.

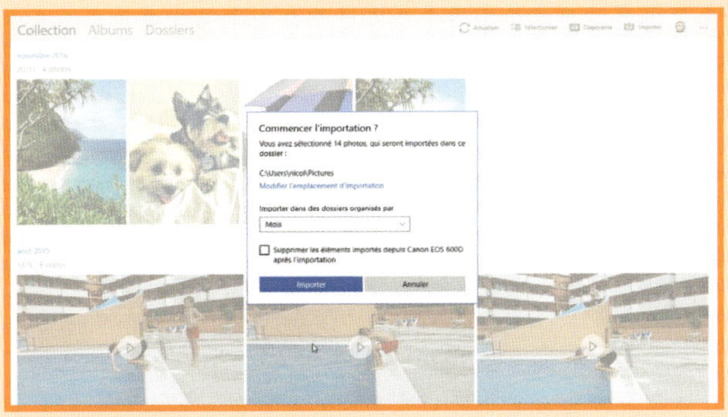

3 Par défaut, les photos seront importées dans le dossier *Images* de votre dossier utilisateur (ou *Pictures*, dans la boîte de dialogue). Vous pouvez changer de dossier en cliquant sur *Modifier l'emplacement d'importation*. Le classement des photos se fait par défaut de manière mensuelle, mais vous pouvez choisir l'option *Jour*. La case *Supprimer les éléments importés depuis « le nom de votre appareil » après importation* permet d'effacer les photos sur l'appareil une fois l'importation faite. Cliquez sur *Importer* pour continuer.

4 L'importation débute automatiquement et sa progression est représentée par la barre bleue dans le haut de l'interface de l'application Photos. De même, le nombre de photos déjà importées est indiqué au-dessus de cette barre bleue. Vous pouvez annuler la procédure en cliquant sur *Annuler*. Durant l'importation, vous pouvez naviguer dans Photos pour visualiser les photos déjà importées. La durée de l'importation dépend du nombre de photos et de leur poids.

Trucs & astuces

Vous pouvez aussi retirer la carte SD de votre appareil et l'insérer dans votre ordinateur, si vous avez un lecteur de carte SD. En choisissant l'option *Ouvrir l'appareil mobile pour afficher les fichiers*, le transfert s'effectue alors dans l'*Explorateur de fichiers* (voir page suivante).

Transférer les photos de vos smartphones et tablettes sur PC

Le principe de l'importation des photos pour un appareil « classique » est aussi valable pour les smartphones et tablettes Android et iOS en passant par l'explorateur de fichier Windows, ce qui vous permettra une plus grande liberté d'action sur les photos.

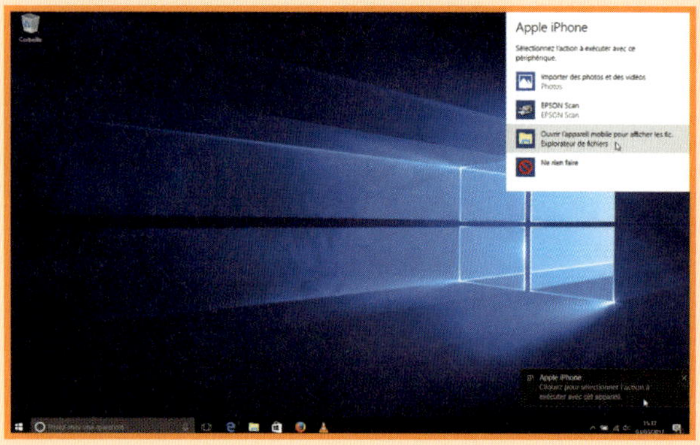

1 Connectez votre smartphone ou tablette à votre PC via le câble adéquat. Windows affiche un message vous invitant à choisir l'action par défaut à exécuter lors de la connexion de votre appareil. Dans la liste qui s'affiche, cliquez sur *Ouvrir l'appareil mobile pour afficher les fichiers / Explorateur de fichiers.*

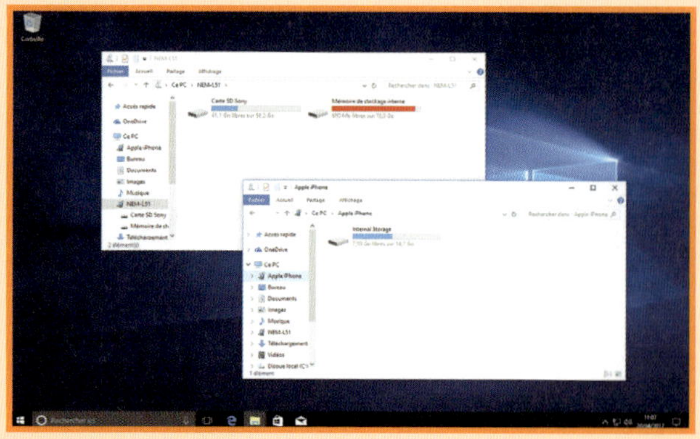

2 Une fenêtre s'ouvre et affiche l'accès aux données de votre appareil : *Internal Storage* pour iOS ; *Mémoire de stockage interne* pour Android. Si votre appareil sous Android dispose d'une carte microSD (ce n'est pas possible avec un appareil Apple), elle est aussi affichée sous le nom *Carte* ou *Card.*

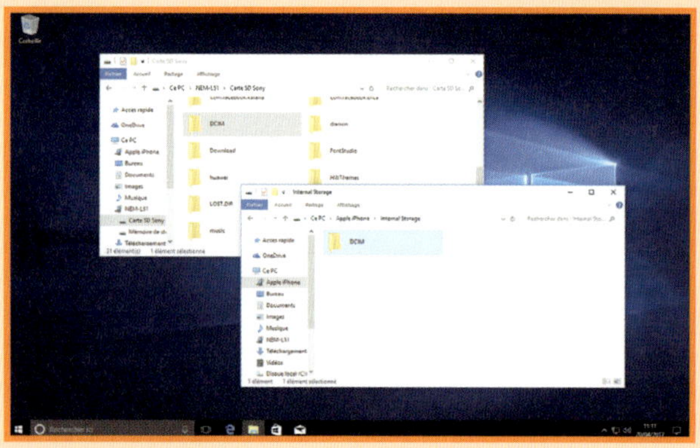

3 Sous Android, les photos sont le plus souvent stockées dans un dossier nommé *DCIM.* Mais, en fonction des applications utilisées (MMS, WhatsApp, etc.), ou si les photos ont été téléchargées sur Internet, elles peuvent se retrouver dans d'autres dossiers, comme *Téléchargement* (ou *Download*) ou encore *Camera.* Sous iOS, les photos sont systématiquement stockées dans le dossier *DCIM.* Avec une carte microSD sous Android, c'est aussi dans le dossier *DCIM* que les photos sont stockées.

4 Une fois dans le dossier contenant les photos qui vous intéressent, vous pouvez utiliser les outils de Windows pour manipuler les photos : les sélectionner, les copier, les déplacer, supprimer celles qui ne vous plaisent pas ou encore les renommer. En revanche, n'oubliez pas que les modifications faites directement sur l'appareil mobile sont définitives.

Le petit +

Si votre appareil est déjà connecté à votre PC et que vous avez refermé toutes les fenêtres, vous pouvez le retrouver directement dans l'*Explorateur de fichiers.* Appuyez sur les touches *Windows + E* pour ouvrir l'*Explorateur de fichiers* et, dans la colonne de gauche, appuyez sur *Ce PC.* Votre appareil apparaîtra dans la colonne de droite.

Récupérer les photos de vos smartphones et tablettes avec Photos de Windows

Pour transférer vos photos de votre smartphone ou tablette vers votre PC, vous pouvez aussi utiliser l'application Photos de Windows.

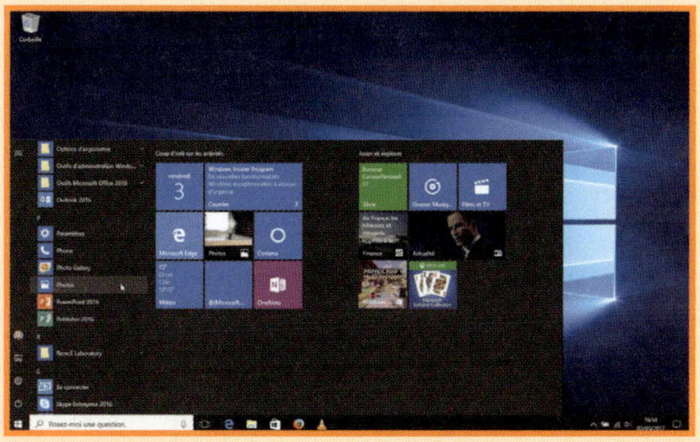

1 Connectez votre appareil à votre PC. Si l'application Photos de Windows ne démarre pas ou qu'aucun message ne s'affiche pour vous proposer de la démarrer, faites-le manuellement en cliquant sur le bouton *Démarrer* (icône Windows en bas à gauche) puis sur *Photos*.

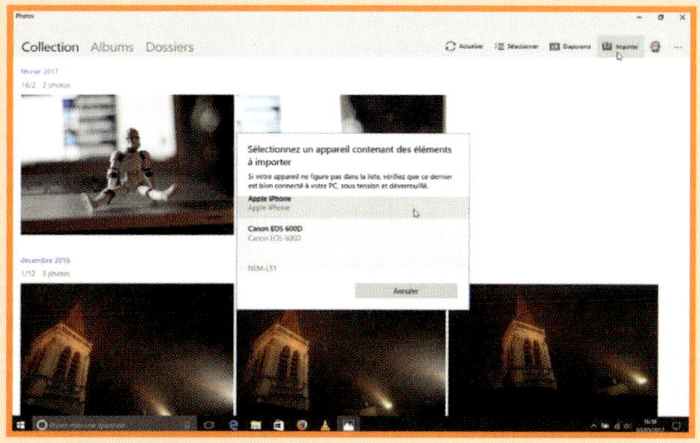

2 Dans Photos, cliquez en haut à droite sur le bouton *Importer*. Si vous avez plusieurs appareils connectés, une petite fenêtre vous permet de choisir à partir de quel appareil l'importation doit être faite : déroulez la liste et cliquez sur celui de votre choix.

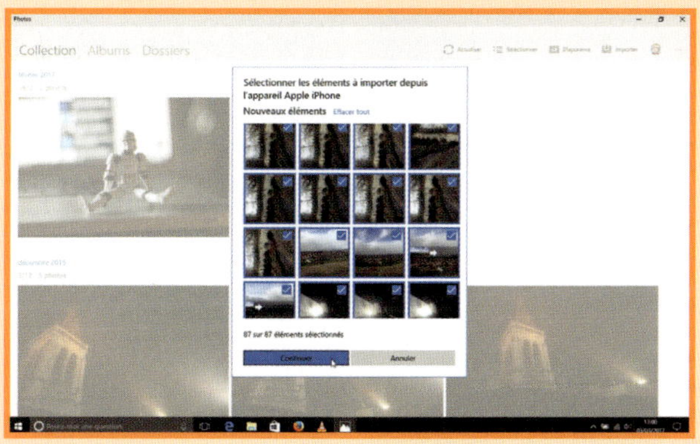

3 Les nouvelles photos sont affichées et classées par mois de prise de vues. Comme pour l'importation à partir d'un appareil photo numérique (p. 245), vous pouvez modifier la sélection des photos à importer en cliquant sur *Effacer tout* puis en cliquant sur les photos de votre choix. Cliquez sur *Continuer* pour poursuivre.

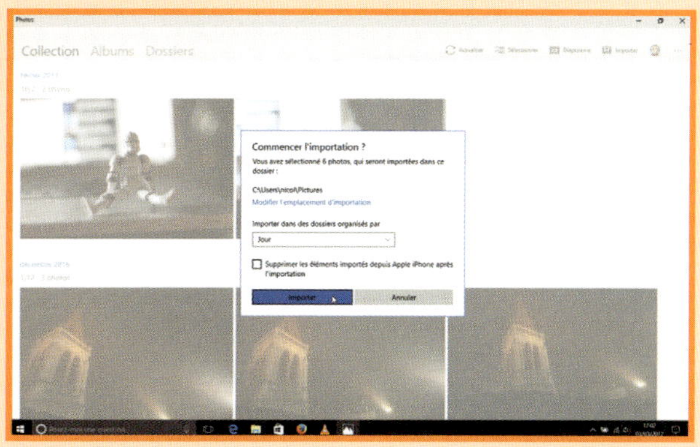

4 L'importation se fait par défaut dans le dossier *Images* de votre dossier utilisateur (ou *Pictures*, dans la boîte de dialogue). Cliquez sur *Modifier l'emplacement d'importation* pour choisir un autre emplacement. La case *Supprimer les éléments importés depuis « le nom de votre appareil » après importation* permet d'effacer les photos sur l'appareil une fois l'importation faite. Cliquez sur *Importer* pour démarrer l'importation de vos photos dans Photos de Windows.

Le petit +

Après que vous ayez choisi une application à lancer lors de la connexion d'un appareil, celle-ci est définie par défaut. Vous pouvez la modifier en cliquant dans le menu *Démarrer* sur *Paramètres* (la roue crantée), puis sur *Périphériques* et *Exécution automatique*. Pour chaque type d'appareil, une liste d'options est disponible.

Récupérer les photos envoyées à vos smartphones et tablettes

Les photos présentes sur votre smartphone ou votre tablette peuvent aussi avoir été prises par une autre personne et vous avoir été transmises via mail, MMS ou une application comme WhatsApp, par exemple. Mais cela ne vous empêche pas de les sauvegarder dans un dossier sur votre smartphone ou votre tablette.

Android

1 Selon les appareils sous Android, la procédure de sauvegarde peut être différente. Mais dans tous les cas, vous devez commencer par télécharger la photo reçue en démarrant l'application sur laquelle elle a été envoyée. Pour une photo reçue via MMS par exemple, démarrez l'application avec laquelle vous gérez vos MMS (par défaut, Messagerie). Parmi vos messages, appuyez sur celui contenant la photo à enregistrer sur votre appareil.

2 Un appui long sur la photo peut amener l'affichage d'un menu proposant l'enregistrement de la photo. Sur d'autres modèles, il faut appuyer sur l'image une ou deux fois pour l'afficher en plein écran ; l'accès à l'enregistrement peut se manifester sous l'apparence d'un bouton avec une disquette. Utilisez la fonction qui se présente à vous pour enregistrer la photo. La photo sera enregistrée dans le dossier *Téléchargement* (ou *Download*) et vous pourrez ensuite la récupérer en suivant les procédures des pages 246 ou 247.

3 Si la photo à récupérer est arrivée par mail, démarrez l'application avec laquelle vous gérez votre courrier électronique (par défaut, Email). Appuyez sur le mail contenant la photo. Selon l'application, un bouton *Enregistrer* peut être directement disponible. La photo sera enregistrée dans le dossier *Téléchargement* (ou *Download*).

4 Pour d'autres applications de gestion de mails, appuyez sur la photo pour l'afficher en plein écran et sur les trois points en haut à droite de l'écran, puis appuyez sur *Télécharger*. La photo sera enregistrée dans le dossier *Téléchargement* (ou *Download*). Dans le cas d'applications comme Instagram ou WhatsApp, par exemple, la photo sera enregistrée dans un dossier spécifique. Vous pourrez ensuite la récupérer en suivant les procédures des pages 246 ou 247.

À savoir

Si vous gérez le ou les mêmes comptes mail sur votre smartphone, votre tablette et votre ordinateur, la photo qui arrive sur votre smartphone ou votre tablette arrive aussi sur votre ordinateur. C'est un autre moyen de la récupérer.

Trucs & astuces

Les photos enregistrées sur votre iPhone, iPad ou iPod sont automatiquement placées dans l'application Photos sur votre appareil mobile. Vous pouvez ainsi configurer la synchronisation de l'intégralité de votre photothèque via l'iCloud (voir p. 381) pour les récupérer ensuite directement sur votre PC en passant par le site iCloud.com.

iOS

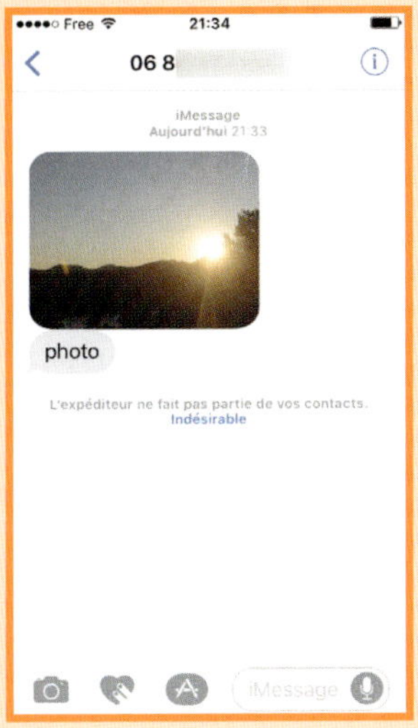

1 Comme sous Android, il faut commencer par télécharger l'image à partir de l'application via laquelle vous l'avez reçue. Pour une photo arrivée par MMS, démarrez l'application Messages. Dans la liste des discussions, appuyez sur celle contenant la photo que vous souhaitez récupérer. Faites défiler la discussion afin d'afficher la photo à récupérer.

2 Effectuez un appui long sur la photo à récupérer. Dans le menu qui s'affiche, appuyez sur *Enregistrer*. La photo sera disponible dans l'application Photos de votre appareil Apple. Vous pourrez ensuite la récupérer en suivant les procédures des pages 246 ou 247.

3 Pour une photo arrivée par mail, démarrez l'application Mail en appuyant sur son icône. Parcourez vos mails et appuyez sur celui contenant la photo à récupérer.

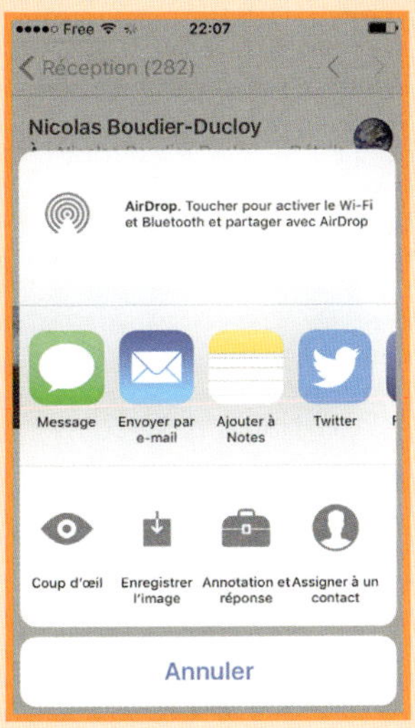

4 Faites un appui long sur la photo à récupérer et dans les options qui s'affichent, appuyez sur *Enregistrer l'image*. La photo sera disponible dans l'application Photos de votre appareil Apple et vous pourrez ensuite la récupérer en suivant les procédures des pages 246 ou 247.

COMPRENDRE LA TAILLE DES PHOTOS

L'espace de stockage sur les appareils photo numériques, smartphones et tablettes n'est pas illimité. En modifiant la taille et/ou le niveau de compression, il est possible d'enregistrer plus de photos.

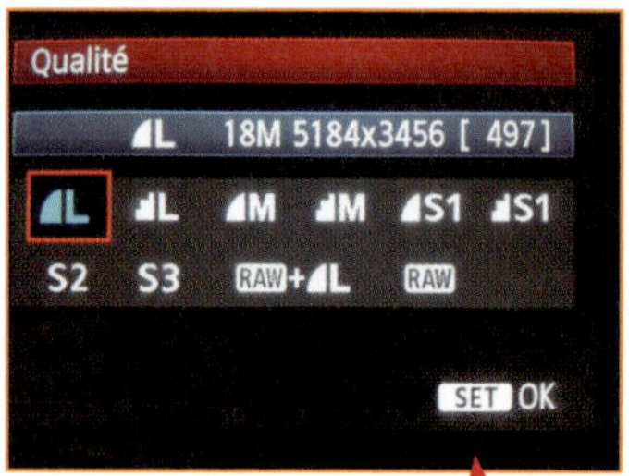

Qualité et taille sur un appareil photo numérique

Taille sur un smartphone

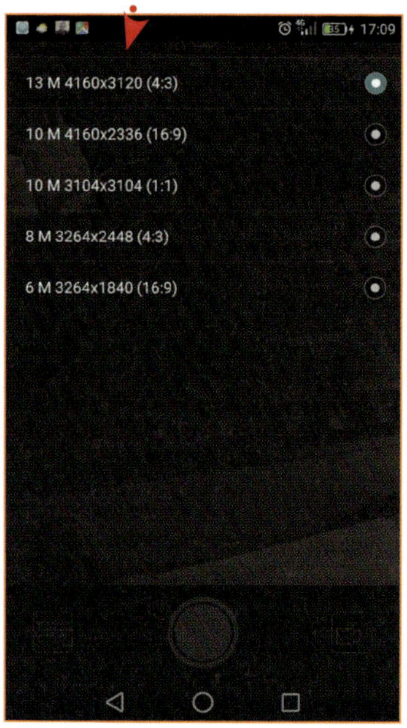

La taille des photos obtenues aujourd'hui avec les appareils photo numériques, les smartphones et les tablettes est très grande. L'avantage c'est que les photos sont en haute définition (elles peuvent être imprimées, le cas échéant, en grande taille). L'inconvénient, c'est qu'elles occupent beaucoup de mémoire.

Toutefois, il est possible d'agir sur trois paramètres pour réduire le poids de la photo, mais au détriment de la qualité. Le premier paramètre est le format d'image. Certains appareils photo numériques, smartphones et tablettes proposent le JPEG (ou JPG) et le RAW. Ce dernier, le moins courant, offre la meilleure qualité possible, car l'image capturée ne subit aucun traitement ni retouche. En revanche, le poids d'une seule image peut aisément atteindre 20 Mo. La même image en JPEG et en qualité maximale pèsera entre 4 et 5 Mo. Donc, en choisissant le JPEG, vous pourrez stocker plus de photos, mais avec une qualité inférieure.

Le format JPEG est un format compressant les données de l'image. En augmentant la compression, l'image pèse moins lourd, mais sa qualité est moindre. Sur un appareil photo numérique, en fonction de la marque, cela se traduit par des options L, M et S (*Large*, *Medium*, *Small*) ou *SuperFine*, *Fine*, *Basic*, qui correspondent aux différents niveaux de compression. À taille égale en pixels, une image compressée sera moins lourde, mais la qualité sera moins bonne.

Certains appareils proposent également le format TIFF, qui tend à disparaître, n'étant pas adapté à la photo numérique. Il est toutefois très utile pour préserver l'image et donc avoir le meilleur rendu possible à l'impression sans avoir à développer la photo comme le demande le format RAW (voir p. 274). À l'instar de ce dernier cependant, la qualité de la photo se fait au détriment de sa légèreté, mais reste supérieure à celle du JPEG.

Dernier paramètre, la taille de l'image en pixels. En règle générale, il est préférable de prendre des photos au maximum des capacités offertes par l'appareil. En effet, si réduire une photo après coup est simple, il est impossible d'en augmenter la taille sans en dégrader la qualité. En partant d'une image de la meilleure qualité possible, il vous sera facile d'en créer autant de copies de taille inférieure et de qualité différente que vous souhaitez, selon leur utilisation et leur diffusion (Internet, impression, mail, etc.). Il y a donc un choix à faire entre la taille, la qualité et le nombre de photos pouvant être stockées.

Trucs & astuces

Si vos photos brutes font 10 Mo, vous pourrez en stocker :

- 70 sur un CD-Rom de 700 Mo ;
- 470 sur DVD de 4,7 Go ;
- 900 sur un DVD double couche de 9 Go ;
- 1 600 sur une clé USB de 16 Go ;
- 2 500 sur un Blu-ray de 25 Go ;
- 5 000 sur un Blu-ray double couche de 50 Go ;
- 100 000 sur un disque dur de 1 To.

Réduire la taille et le poids des photos sur PC

Les photos en taille et qualité maximales ne sont pas adaptées à toutes les utilisations (envoi par mail ou affichage sur un site Internet, par exemple). Avec l'application gratuite Photo Réducteur disponible sur le Windows Store (voir p. 60), vous pouvez facilement modifier la taille de vos photos.

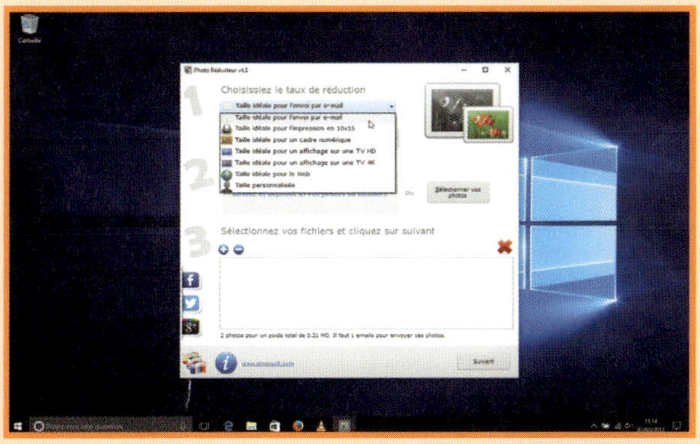

1 Après avoir démarré l'application Photo Réducteur, vous pouvez choisir dans la liste déroulante *Choisissez le taux de réduction* différentes options en fonction de la destination de la photo. L'option *Taille personnalisée* permet de saisir la taille de votre choix en pixels.

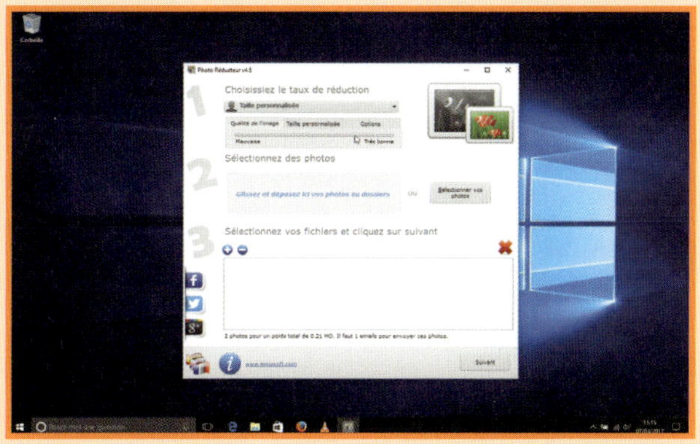

2 Ensuite, la réglette *Qualité de l'image* permet de jouer sur la compression du format JPEG, donc sur le poids, mais aussi sur la qualité de l'image. Dans l'onglet *Options*, vous trouverez *Conserver les Exifs*, ce qui permet de garder dans les fichiers les informations techniques sur la prise de vues comme la vitesse, l'ouverture, l'ISO, etc. Si vous avez choisi *Taille personnalisée* lors de l'étape 1, un troisième onglet permet de saisir la taille de l'image.

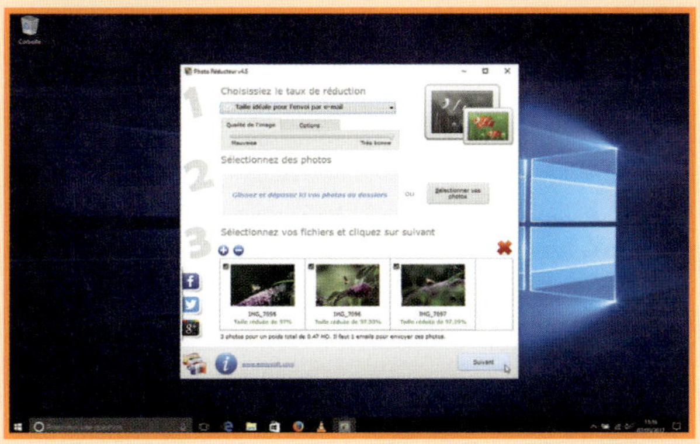

3 Pour choisir les photos à redimensionner, deux solutions s'offrent à vous : soit vous cliquez sur le bouton *Sélectionner vos photos* pour parcourir vos dossiers et choisir les photos de votre choix, soit vous faites glisser la ou les images de votre choix directement sur la zone *Glissez et déposez ici vos photos ou dossiers*. Vous pouvez faire les ajouts en plusieurs fois. Cliquez sur le bouton *Suivant* pour continuer.

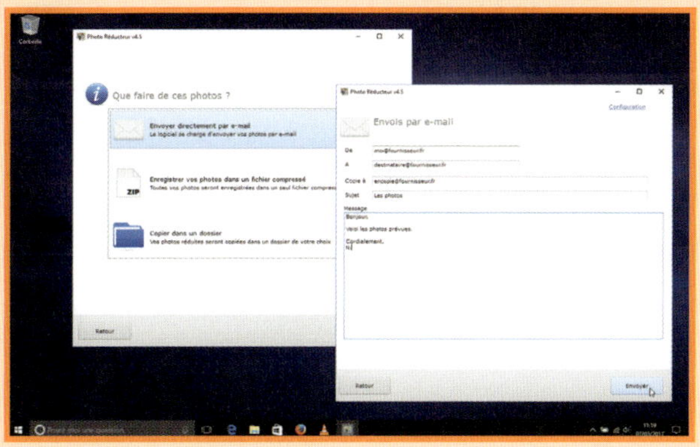

4 Photo Réducteur vous offre trois possibilités pour gérer les photos traitées : soit les envoyer directement par mail, soit créer un fichier compressé .zip (voir p. 225) comprenant les photos, soit les enregistrer dans un dossier. Faites votre choix et cliquez sur le bouton *Suivant*. Pour l'envoi par mail, une nouvelle fenêtre s'ouvrira vous permettant de saisir les diverses informations du mail. Pour le fichier .zip et le dossier, vous aurez la possibilité de choisir où les placer.

Réduire la taille et le poids des photos sous Android

Si vous souhaitez réduire la taille et le poids de photos stockées sur votre smartphone ou votre tablette Android, l'application Réduire la taille de la photo (ou Reduce Photo Size) de Shoozhoo, disponible gratuitement sur le Play Store, vous permettra de le faire aisément.

1 Démarrez l'application Réduire la taille de la photo en tapotant une fois sur son icône. Sur l'écran d'accueil de l'application, appuyez sur le bouton *Choisir une image* pour sélectionner une photo sur votre appareil. Le bouton *Prendre une photo* vous permet de capturer directement une photo sur l'instant en ouvrant votre application Appareil photo.

2 Une fois la photo à l'écran, l'application vous donne sa taille actuelle en pixels (largeur et hauteur) ainsi que son poids en octets. Pour modifier la taille de votre photo, appuyez sur le bouton *Réduire*. Si les boutons de l'application ne sont pas visibles, tapotez une fois sur l'écran pour les faire apparaître.

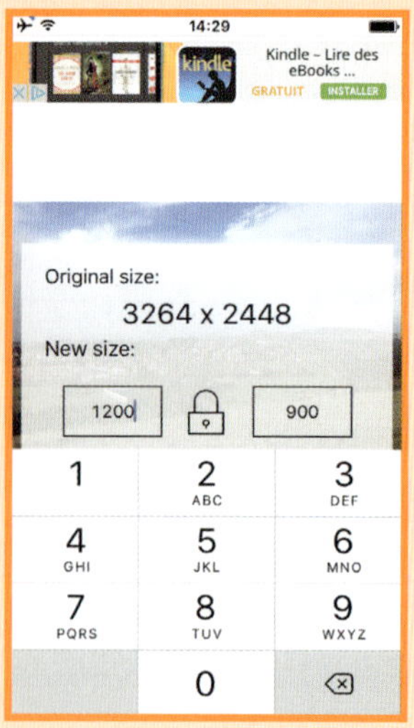

3 Une grande liste de tailles d'image est affichée à l'écran. Faites défiler la liste pour voir toutes les tailles proposées. En haut de cette liste, la taille actuelle de votre photo est rappelée. Si la taille voulue n'est pas proposée, appuyez sur *Personnalisée*, tout en haut de la liste. Une fenêtre vous permettra de saisir la taille désirée. En appuyant sur une taille prédéfinie ou en validant une taille personnalisée, la photo est immédiatement redimensionnée.

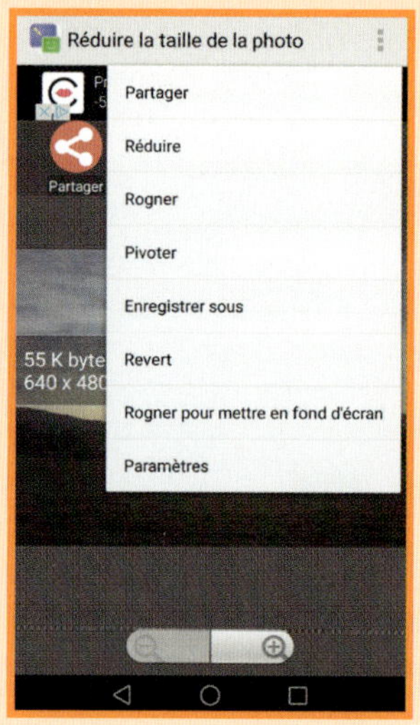

4 Après le redimensionnement, vous devez sauvegarder la photo. Il y a deux possibilités. Appuyez sur le bouton avec les trois points en haut à droite de l'écran (ou sur le bouton menu souvent situé en bas à côté du bouton central). Dans le menu qui s'affiche, appuyez sur *Enregistrer sous* pour enregistrer la photo sur votre appareil. Vous pouvez aussi appuyer sur *Partager* pour afficher une liste d'applications avec lesquelles partager la photo (mail, MMS, Facebook, Instagram, etc.). Tout dépend des applications installées sur votre appareil.

Le petit +

En plus de redimensionner les photos, l'application Réduire la taille de la photo peut aussi faire pivoter votre photo si l'orientation n'est pas bonne. Elle permet également de recadrer une photo (bouton *Rogner*).

Réduire la taille et le poids des photos sous iOS

L'application Photos d'Apple pour iOS permet de recadrer une image pour en choisir une partie, mais elle ne permet pas d'en réduire la taille et le poids. L'application gratuite ImageResizer de l'App Store permet de le faire.

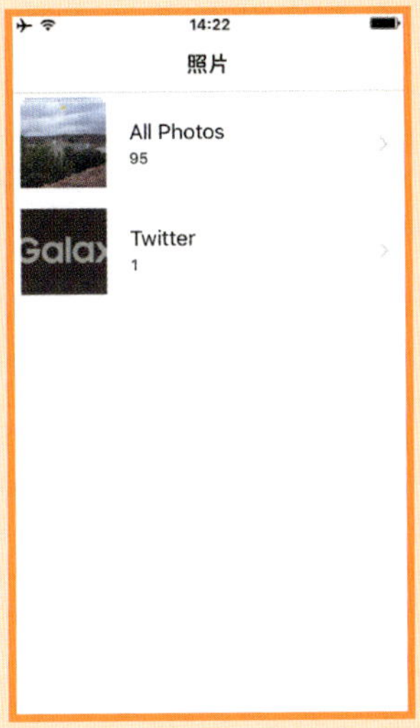

1 Démarrez l'application ImageResizer en appuyant une fois sur son icône. L'écran d'accueil vous permet d'aller choisir la photo à redimensionner dans toutes vos galeries. Naviguez parmi vos photos et appuyez sur celle de votre choix.

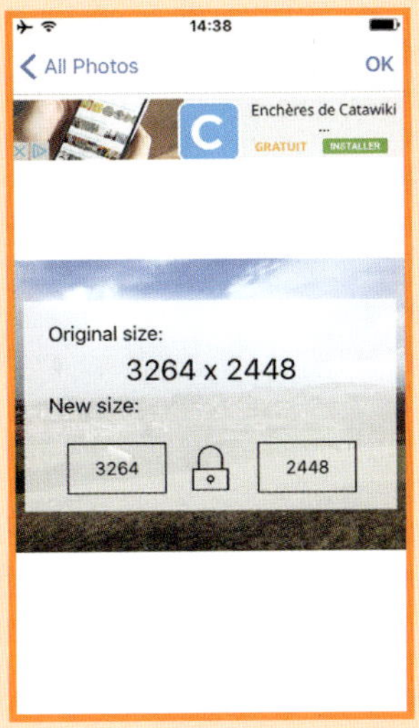

2 Vous êtes automatiquement basculé sur l'écran vous permettant de définir la nouvelle taille. Cet écran affiche la taille actuelle (« Original size ») et les deux champs pour saisir la nouvelle taille. Le cadenas entre ces deux champs verrouille le ratio hauteur/largeur (l'homothétie) de la photo. Ainsi, quand vous saisissez une largeur, la hauteur est automatiquement calculée pour que la photo ne soit pas déformée. Si vous appuyez sur le cadenas pour le déverrouiller, vous pourrez modifier indépendamment la largeur et la hauteur, mais vous risquez de déformer la photo.

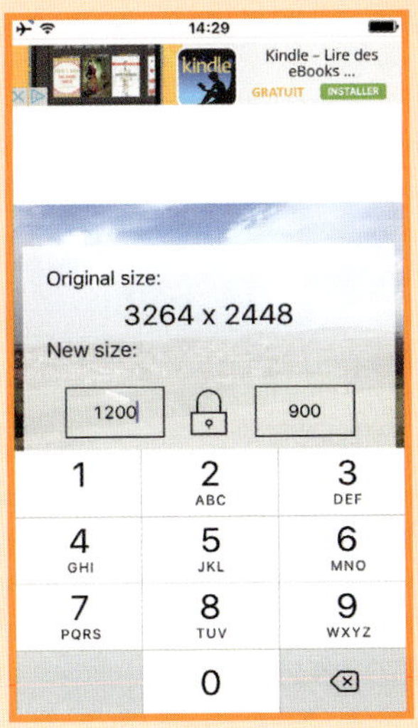

3 Appuyez sur le champ de votre choix pour en modifier la valeur. Cela fait apparaître le pavé numérique avec lequel vous saisissez la valeur. Pour valider celle-ci, appuyez sur le haut de la photo, puis appuyez sur *OK* pour procéder au redimensionnement.

4 La photo redimensionnée est affichée à l'écran. Appuyez sur *Save*, en bas à gauche, pour enregistrer votre photo avec ses nouvelles dimensions. La nouvelle photo sera disponible dans l'application Photos et l'originale conservée. Vous pouvez aussi appuyer sur le bouton *Share* afin de partager votre photo via mail, MMS ou une autre application installée sur votre appareil Apple.

À savoir

Beaucoup d'applications gratuites affichent de la publicité. Cela peut-être un peu gênant, mais cela permet aux développeurs de l'application d'avoir des revenus sans pour autant proposer une application payante. Un mal pour un bien.

Faire des captures d'écran avec Windows

Il peut parfois être nécessaire d'effectuer une capture d'écran, c'est-à-dire de créer une image qui enregistre ce qui est affiché à l'écran. Cela peut être pour l'inclure dans un document texte ou une présentation ou encore pour l'envoyer par mail. Windows 10 vous permet de réaliser ce type de capture à l'aide de son logiciel intégré.

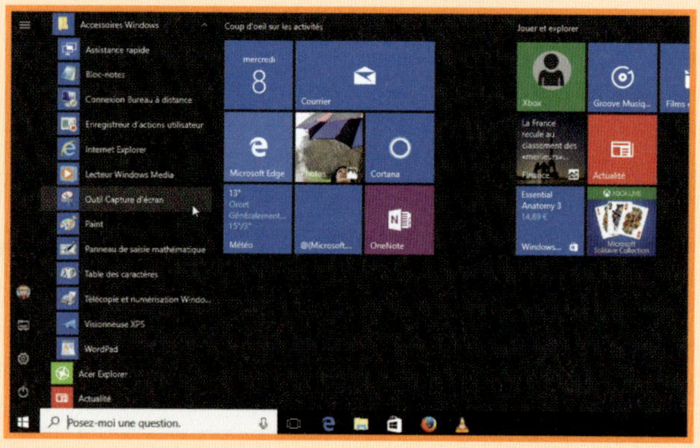

1 Affichez à l'écran ce qui doit être capturé comme les documents, les fenêtres de l'explorateur Windows, etc. Dans le menu *Démarrer*, cliquez sur *Accessoires Windows* puis sur *Outil Capture d'écran*. Vous pouvez aussi saisir *Outil Capture d'écran* dans la zone de recherche de *Cortana*.

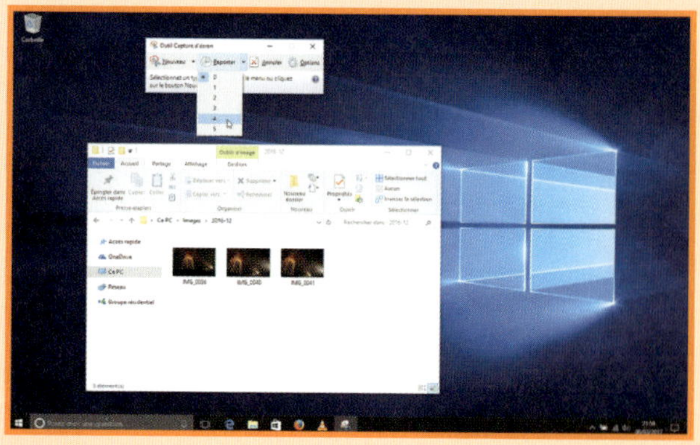

2 Vous pouvez choisir si vous le voulez un délai avant que la capture ne se déclenche. La flèche à droite du bouton *Reporter* vous permet de le faire. Ce délai va de 0 seconde (capture immédiate) à 5 secondes.

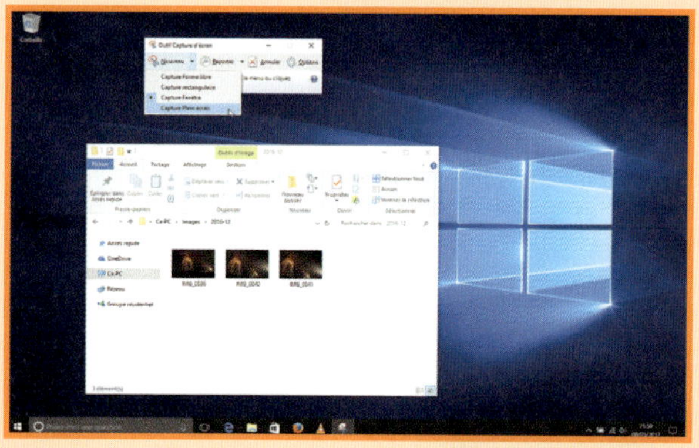

3 Ensuite, l'Outil Capture d'écran vous permet de choisir quelle portion de l'écran capturer. Cliquez sur la flèche à droite du bouton *Nouveau*; le menu qui s'affiche offre plusieurs options: *Capture forme libre* pour dessiner une forme de votre choix, *Capture rectangulaire* pour capturer un rectangle que vous dessinez, *Capture Fenêtre* pour choisir une fenêtre à capturer ou *Capture Plein écran* pour capturer l'écran entier.

4 Le choix d'une option de l'étape précédente déclenche la capture en respectant l'éventuel délai défini. Après la capture, vous pourrez sauvegarder l'image en cliquant sur la disquette, la copier en cliquant sur l'icône avec une double page ou l'envoyer par mail en cliquant sur l'enveloppe. Avant cela, vous pouvez dessiner dessus à l'aide du crayon et du surligneur, ce qui permet de mettre en exergue certains éléments de l'image.

Le petit +

Windows permet aussi de faire des captures d'écran à l'aide du clavier. En effet, en appuyant sur la touche *Impr Écran*, l'image de votre écran est copiée et vous pouvez la coller directement dans un document texte ou un fichier image avec l'outil Paint (que vous trouverez en tapant «Paint» dans la zone de recherche de *Cortana*). Et en appuyant sur les touches *Windows* + *Impr Écran*, l'image sera enregistrée dans le dossier *Captures d'écran* dans votre dossier *Images*.

Faire des captures d'écran avec votre smartphone

Les captures d'écran ne sont pas réservées à Windows et il est tout aussi possible d'en faire avec votre smartphone ou tablette Android ou iOS.

Android

1 Appuyez simultanément sur les boutons *Volume Bas* et *Marche/Veille* ou sur les boutons *Accueil* (bouton central en bas) et *Marche/Veille* pendant quelques secondes. L'écran se met à flasher, l'image capturée est brièvement affichée puis sauvegardée dans le dossier *Captures d'écran* (ou *Screenshots*) de votre appareil. N'hésitez pas à essayer plusieurs fois pour maîtriser la manipulation.

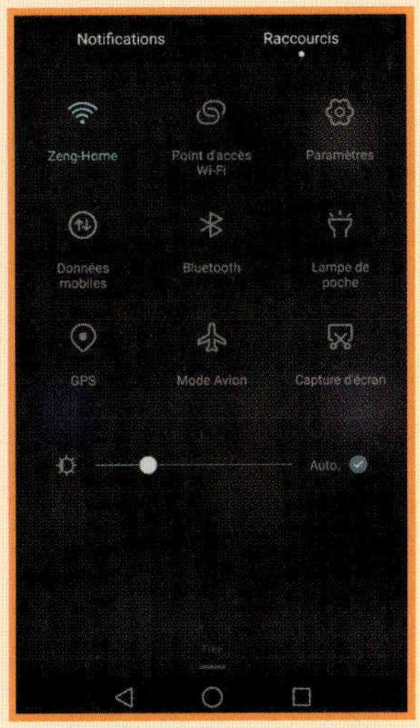

2 Certains constructeurs ont essayé de faciliter cette tâche en ajoutant un raccourci. Il est généralement présent dans le volet *Raccourcis* accessible en faisant glisser votre doigt du haut de l'écran vers le bas. Une icône *Capture d'écran* peut alors être présente et une pression dessus déclenche immédiatement la capture de ce qui est affiché à l'écran.

iOS

1 Pour les appareils Apple, la méthode est pratiquement la même. Il faut appuyer simultanément, mais brièvement, sur les boutons *Principal* et *Marche/Veille*. L'écran va flasher et vous entendrez le son du déclencheur photo.

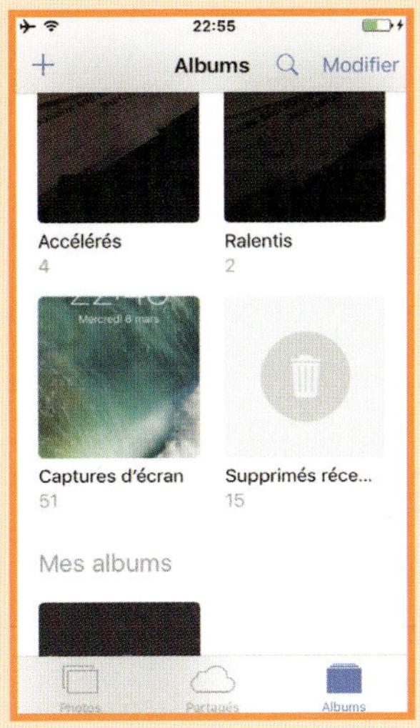

2 L'image de votre écran capturé est automatiquement enregistrée sur votre appareil. Pour y accéder, démarrez l'application Photos et retrouvez votre capture dans les photos du jour. Vous pouvez aussi retrouver toutes vos captures d'écran en appuyant sur *Albums* puis *Captures d'écran*.

À savoir

Il existe des applications gratuites (iOS et Android) permettant de réaliser aussi des captures d'écran avec des options supplémentaires comme le délai avant capture, des formats de fichier différents ou la possibilité de partager directement la capture.

Scanner ses photos

Même si l'image numérique a pris le dessus sur les photos papier, ces dernières n'ont pas disparu pour autant. Vous pouvez en obtenir une version numérique à l'aide d'un scanner afin de les sauvegarder et/ou de les partager facilement.

1 Tous les scanners sont livrés avec leur propre programme de numérisation. Celui-ci est accessible dans le menu *Démarrer* de Windows et contient dans son nom la marque du scanner (HP Scan, Epson Scan, Canon Scan Utility, etc.). Consultez le mode d'emploi de votre scanner pour connaître ce nom et le retrouver. De nombreuses imprimantes dites multifonction proposent des scanners tout à fait corrects, ce qui permet de ne pas multiplier les matériels et de réaliser des économies.

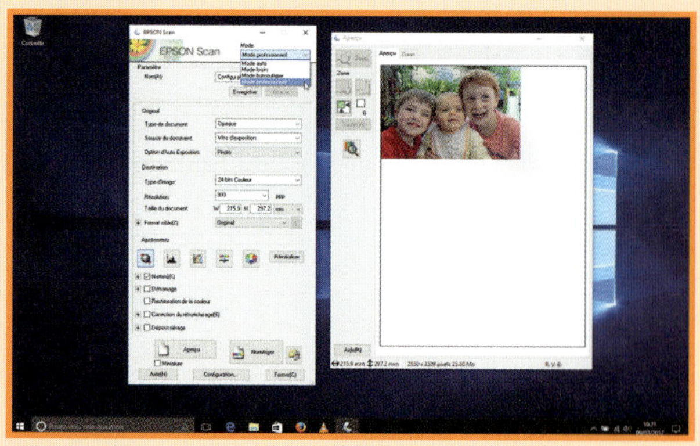

2 L'utilitaire de numérisation de votre scanner est démarré. Il est possible qu'il dispose de plusieurs modes de fonctionnement allant du tout automatique au tout manuel. Il est préférable de choisir le mode offrant le plus de choix de paramètres. Généralement, ces modes s'appellent *Professionnel*, *Avancé* ou *Manuel*. Ensuite, cliquez sur le bouton de prévisualisation (qui peut s'appeler *Aperçu* ou *Prévisualiser*) afin d'avoir un premier aperçu de votre numérisation.

3 Un outil vous permet de sélectionner tout ou partie de la photo à numériser. La zone sélectionnée est entourée d'un cadre en pointillé. Ensuite, il faut déterminer la résolution de numérisation dans le champ *Résolution*. Sélectionnez 300 ppp pour avoir une très bonne qualité et qui pourra être utilisée pour l'impression. Si vous souhaitez agrandir la photo, sélectionnez au minimum 600 voire 1 200 ou 2 400 ppp selon votre scanner. Pour un affichage sur écran, les valeurs 72 ppp ou 96 ppp sont idéales car elles correspondent à celle de l'écran.

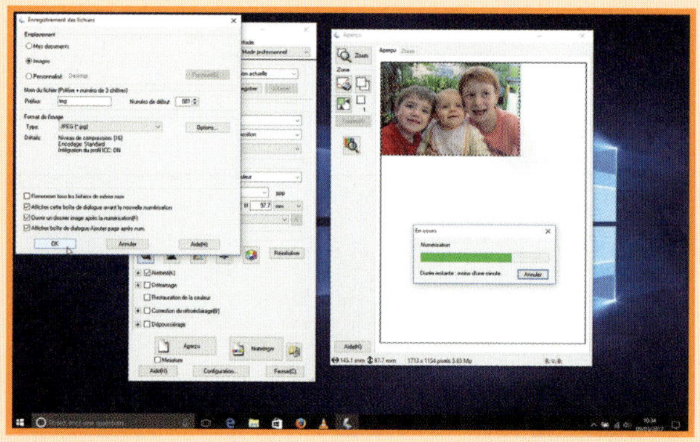

4 Certains scanners disposent de fonctions de correction automatique comme *Netteté*, *Détramage* (utile uniquement pour des documents imprimés), *Dépoussiérage*, etc. Vous pouvez les cocher pour voir si cela améliore le résultat. Après avoir effectué vos réglages, cliquez sur le bouton *Numériser* ou *Scanner*. Il vous sera proposé de choisir le nom et l'emplacement d'enregistrement de votre photo. Validez pour démarrer la numérisation. N'hésitez pas à faire plusieurs numérisations avec des réglages différents afin d'obtenir le meilleur rendu.

CHOISIR SON SCANNER À DIAPOSITIVES

Tout comme les photos papier, les diapositives peuvent être numérisées afin d'être sauvegardées, utilisées et partagées. L'opération nécessite cependant un scanner particulier.

Le principe de numérisation d'une diapositive est le même que pour une photo papier. Choisissez la bonne résolution afin de pouvoir agrandir correctement la diapositive : comptez au moins un scanner de résolution 1 200 ppp pour des tirages au format 10 × 15 cm, par exemple, et de 2 800 ppp pour du A4. Il est également conseillé d'enregistrer la photo scannée au format TIFF, plus lourd que le JPG mais non compressé, pour avoir un meilleur rendu lors d'une éventuelle impression. Côté matériel, il existe plusieurs solutions.

Certains **scanners à plat** (scanners pour photos et documents) peuvent aussi gérer les films et les diapositives. Ils sont alors complétés par un capot lumineux ou un module à diapositives qui se place sur la vitre du scanner. Ainsi équipés, ils deviennent polyvalents et peuvent numériser les diapositives.

Si vous avez un volume important de diapositives et de films à numériser, l'idéal reste le **scanner à films**. Il offre une qualité idéale pour ces supports, mais a un certain coût pouvant se situer entre 400 et 1 000 €, voire plus.

Enfin, il existe des modèles de **scanner à diapositives** à prix très abordable, entre 80 et 200 €. Cela peut être intéressant, mais la résolution et les outils de correction n'atteignent pas ceux des scanners à films. N'hésitez pas à comparer les caractéristiques techniques telles que la résolution optique, la profondeur des couleurs ainsi que les supports et formats acceptés.

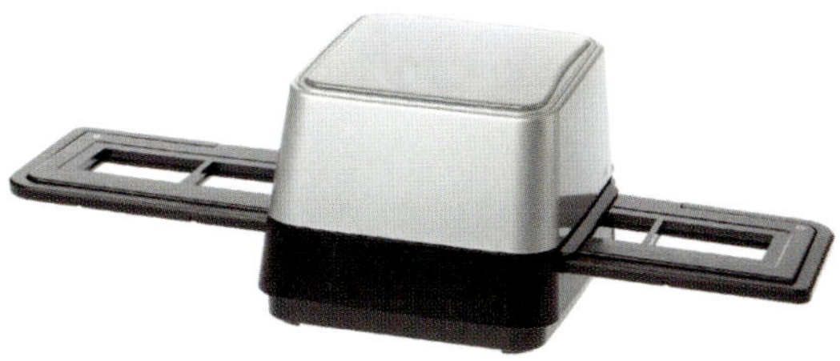

Le petit +

Manipulez vos photos, diapositives et films avec précaution. N'hésitez pas à les saisir et les nettoyer avec un chiffon non pelucheux. Il existe même des gants spéciaux en tissu pour ces manipulations. Cela évitera poussières et traces de doigts indélicates.

RETOUCHER ET EMBELLIR SES PHOTOS

Le Saint Graal du photographe est la photo parfaite à la prise de vues. Mais cela est malheureusement rare. Heureusement, des outils permettent de manipuler les photos numériques afin de les améliorer.

La retouche photo n'est plus l'apanage des professionnels et tous les photographes, du débutant à l'amateur averti, peuvent accéder à des outils leur permettant de retoucher des photos sans avoir à utiliser les services d'un professionnel ou d'un laboratoire spécialisé. La photo numérique donne accès à ces outils et démocratise la retouche, aussi bien sur ordinateur que directement sur smartphone ou tablette. Et l'amélioration de la qualité offerte par les appareils mobiles, dont certains sont même qualifiés de « photophones », permet de transporter très facilement un outil de capture pour enregistrer tous les instants du quotidien.

La prise de vues reste fondamentale : si la photo est ratée (trop floue, trop claire, trop sombre, etc.), les divers outils ne pourront pas rattraper et corriger les gros défauts. Il est donc important de ne pas négliger cette phase.

Certains de vos clichés seront peut-être parfaits dès la prise de vues, mais beaucoup nécessiteront une intervention pour les sublimer ou pour en corriger les défauts. Il est donc important de se familiariser avec le concept de la retouche photo et de maîtriser les différents outils permettant d'améliorer le rendu final de vos photos.

LES BONS GESTES DE DÉPART

Avant de penser à la retouche d'une photo, il faut prendre la photo. Et, si possible, prendre le temps de bien régler l'appareil afin d'obtenir le meilleur cliché possible. Ces réglages concernent la vitesse, l'exposition, l'ouverture, mais aussi le format choisi (le RAW si possible ou le JPEG en qualité maximale), l'éclairage, ou encore la prise de plusieurs clichés avec des réglages différents. Tout cela a pour seul but d'obtenir le meilleur résultat de base afin de faciliter par la suite les éventuelles retouches sur ordinateur ou sur appareil mobile.

PLUS LOIN QUE LA SIMPLE RETOUCHE

Les retouches d'une photo numérique représentent le travail de base. Mais les différents outils peuvent aussi ouvrir des perspectives de transformation, de déformation, de montage, d'ajout d'effets spéciaux ou encore l'utilisation de fonctions spéciales, telles que le HDR (*High Dynamic Range*), le développement des fichiers RAW ou encore la réalisation de panoramas (voir pages suivantes).

CHOISIR LES BONS OUTILS

Pour réaliser des retouches, des montages ou des transformations, il faut des outils adaptés. Dans les prochaines pages, vous allez en découvrir certains qui sont intégrés à l'application Appareil photo sous iOS ou Android. Si ceux-ci permettent d'effectuer certaines retouches ou modifications basiques, d'autres opérations plus complexes nécessitent de passer par d'autres outils, certains gratuits comme Photos de Windows ou des applications pour smartphones et tablettes, d'autres payants comme le logiciel Adobe Photoshop Elements. Dans tous les cas, prenez le temps de découvrir et d'explorer ces applications et leurs différentes fonctions pour parfaire vos créations et rechercher les rendus photographiques qui vous plairont.

Recadrer et faire pivoter une image avec Photos de Windows

Avec une photo numérique, vous pouvez facilement choisir une portion à conserver à l'aide du recadrage. Windows 10 permet de le faire avec l'application Photos.

1 Cliquez dans le menu *Démarrer* sur *Photos*. Dans *Photos*, ouvrez la photo devant être recadrée en double-cliquant dessus (voir p. 245 pour importer vos photos). Lorsque la photo est affichée en plein écran, cliquez en haut à droite dans la barre d'outils sur *Modifier* ou appuyez sur les touches *Ctrl* + *E*.

2 Dans le volet d'outils qui s'affiche sur la droite de la photo, cliquez sur *Recadrer et pivoter*.

3 Pour choisir la portion de la photo à conserver, cliquez sur un des ronds blancs dans les coins de la photo, maintenez le bouton de la souris enfoncé et déplacez-le. La partie claire de la photo sera la partie conservée, tandis que la partie assombrie sera la partie supprimée. Vous pouvez déplacer la photo dans votre nouveau cadre en cliquant dessus et en la déplaçant avec la souris. Avec l'option *Proportions*, vous pouvez choisir des rapports hauteur/largeur prédéfinis.

4 L'option *Retourner* permet d'appliquer un effet miroir horizontal. L'option *Pivoter* applique une rotation horaire de 90° à chaque clic. Vous pouvez aussi faire pivoter votre photo manuellement en déplaçant vers le haut ou le bas le rond blanc à droite de la photo recadrée. L'option *Réinitialiser* remet tous les paramètres à zéro. Cliquez sur *OK* en bas pour valider. Dans le nouvel écran qui s'affichera après validation, cliquez sur *Enregistrer une copie*, en bas à droite, afin de ne pas modifier la photo d'origine.

Le petit +

C'est avec le recadrage que l'on prend conscience de l'importance de prendre des photos de grande taille (voir aussi p. 250) : même amputée de certaines de ses portions, une photo prise en haute qualité peut rester suffisamment grande pour être imprimée.

Recadrer et faire pivoter une image sous Android

Les appareils sous Android offrent aussi la possibilité de recadrer une photo directement avec l'application, présente par défaut, qui gère les photos.

1 Démarrez l'application native qui gère vos photos. Elle s'appelle généralement Galerie, Photos ou Album. Dans cette application, ouvrez la photo à recadrer en appuyant dessus. Une barre affiche des outils dont un permet d'accéder aux fonctions de retouche. Le plus souvent, c'est un cadre avec un stylo en travers. Appuyez dessus.

2 Dans les outils de retouche qui sont affichés, appuyez sur celui avec deux morceaux de carrés s'entrecroisant. La mention *Rogner* ou *Recadrer* peut accompagner cet outil.

3 La photo est entourée de poignées représentées par des traits et/ou des ronds. Appuyez sur l'une de ces poignées, maintenez la pression puis déplacez votre doigt pour modifier le cadre de la photo. Vous pouvez déplacer la photo dans votre nouveau cadre en la touchant et en la déplaçant. Recommencez éventuellement avec les autres poignées. Il peut vous être proposé des ratios de recadrage prédéfinis qui définiront l'aspect du recadrage.

4 Validez le recadrage de la photo en appuyant sur la coche de validation ou sur le bouton affecté à cette fonction. Vous terminerez la procédure par l'enregistrement d'une copie de la photo recadrée en appuyant sur le bouton en forme de disquette ou sur le bouton correspondant à l'enregistrement.

À savoir

Vous pouvez faire pivoter votre photo sous Android en cliquant sur l'outil de retouche correspondant (souvent représenté par une ou deux flèches arrondies ; la mention *Pivoter* ou *Faire pivoter* peut accompagner cette icône).

Recadrer et faire pivoter une image sous iOS

Le système iOS offre aussi aux appareils d'Apple la possibilité de recadrer nativement les photos. Cela se fait avec l'application Photos qui gère l'ensemble de vos clichés sur votre appareil mobile.

1 Démarrez l'application Photos et ouvrez la photo de votre choix en appuyant dessus. Une fois la photo à l'écran, appuyez sur le bouton avec les trois réglettes horizontales situé dans la barre d'outils en bas de votre écran.

2 Dans le nouvel écran qui s'affiche, appuyez sur le bouton de recadrage, celui avec deux morceaux de carrés qui s'entrecroisent.

3 Déplacez avec votre doigt les bords du cadre blanc qui entoure votre photo afin de définir son nouveau cadrage. Vous pouvez aussi choisir un ratio de recadrage prédéfini en appuyant sur le bouton affichant des rectangles de différentes tailles ; une liste vous sera proposée. La réglette arrondie et graduée vous permet d'appliquer une rotation manuelle à votre photo. Vous pouvez appuyer sur le bouton avec un carré et une flèche blanche pour appliquer une rotation antihoraire de 90° à chaque pression.

4 Terminez en appuyant sur *OK*. Votre photo originale ne sera pas modifiée, mais elle ne sera plus visible. En fait, en appuyant sur la photo recadrée, vous pourrez la remodifier à souhait. Pour créer une nouvelle version, appuyez sur le carré avec la flèche en bas à gauche puis sur *Dupliquer*.

Le petit +

Le recadrage est aussi un moyen de supprimer rapidement un élément indésirable d'une photo et qui n'a pas pu être évité au moment de la prise de vues. Pensez-y lorsque vous prenez une photo : vous pourrez toujours la recadrer ultérieurement.

Régler l'éclairage d'un cliché avec Photos de Windows

Parfois, l'écran d'un appareil photo numérique peut vous tromper sur le rendu d'une photo et sur sa luminosité. L'application Photos de Windows vous aidera à corriger ces différences.

1 Démarrez l'application Photos puis ouvrez la photo à corriger. Vous pouvez aussi effectuer un clic droit sur le fichier dans l'*Explorateur de fichiers* (l'icône avec un dossier jaune, en bas, dans la barre des tâches) puis cliquer sur *Ouvrir avec* puis sur *Photos*. Cliquez en haut à droite dans la barre d'outils sur *Modifier* ou appuyez sur les touches *Ctrl + E*.

2 Dans le volet à droite de la photo, cliquez sur *Régler* afin de faire apparaître les outils de retouche. C'est la réglette *Lumière* qui va vous permettre de corriger le défaut de luminosité de votre photo.

3 La réglette *Lumière* affiche déjà un aperçu du résultat. Déplacez la réglette vers la gauche pour assombrir la photo, ou déplacez-la vers la droite pour l'éclairer. Un clic sur le chevron devant *Lumière* permet d'afficher des retouches plus précises comme le *Contraste*, l'*Exposition*, la *Surbrillance* ou les *Ombres*.

4 Après votre modification, cliquez en bas à droite sur le bouton *Enregistrer une copie* afin de ne pas altérer la photo originale. Faites plusieurs réglages et comparez-les afin de définir celui qui vous convient le mieux.

À savoir

Ce type de retouches ne peut fonctionner que sur de petites corrections. Si votre photo est trop sombre ou trop claire, il peut être impossible d'obtenir un résultat satisfaisant.

Régler l'éclairage d'un cliché sous Android

Les appareils sous Android disposent d'une application de gestion de photos qui intègre le plus souvent un éditeur permettant de régler l'éclairage. Autant en profiter.

1 Démarrez l'application native qui gère vos photos et qui peut se présenter sous le nom de Galerie, Photos ou Album. Ouvrez la photo dont l'éclairage est à corriger. Une barre affiche des outils dont un permet d'accéder aux fonctions de retouche. Le plus souvent, c'est un cadre avec un stylo en travers et la mention *Retoucher* peut être présente.

2 Dans les outils de retouche mis à votre disposition, repérez celui consacré à la luminosité. Il peut porter le nom de *Lumière*, *Éclairage*, *Luminosité* ou d'un ensemble d'outils sous l'appellation *Couleur*, *Ton* ou *Ajuster* en fonction des modèles. Appuyez dessus.

3 Une réglette *Luminosité* est affichée. Déplacez-la vers la gauche pour assombrir la photo, ou déplacez-la vers la droite pour éclairer la photo. Un bouton *Comparer* peut être disponible, auquel cas il vous permettra d'afficher la photo originale pour mieux vous rendre compte des modifications apportées. Après votre réglage, appuyez sur la coche de validation ou sur le bouton correspondant à cette fonction.

4 La procédure se termine en enregistrant une copie de la photo corrigée. Appuyez sur le bouton avec une disquette ou sur le bouton correspondant à l'enregistrement.

À savoir

Enregistrer une copie de chaque photo corrigée est pratique, car cela permet de tester des réglages différents. En revanche, cela prend beaucoup de place. Une fois vos réglages terminés, conservez uniquement la photo originale et la photo modifiée qui vous convienne.

Régler l'éclairage d'un cliché sous iOS

Les appareils fonctionnant sous iOS peuvent aussi éditer les photos nativement avec l'application Photos. L'un des réglages de base concerne la luminosité.

1 Ouvrez l'application Photos et accédez à la photo dont la luminosité est à corriger. Appuyez sur le bouton avec les trois réglettes horizontales pour afficher les outils de retouche.

2 Dans le deuxième écran, appuyez sur le bouton représentant une molette ronde avec des points autour.

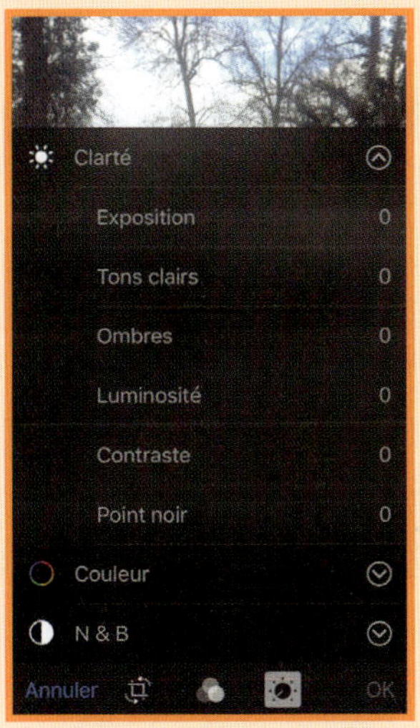

3 Dans l'écran suivant, appuyez sur *Clarté* pour effectuer une modification globale. Pour effectuer une modification plus précise, appuyez sur la flèche à droite de *Clarté* pour faire apparaître les différents réglages existants dont *Luminosité*. Appuyez dessus.

4 Déplacez la réglette à droite ou à gauche pour modifier la luminosité de la photo. Pour accéder de nouveau aux différents réglages, appuyez sur le bouton avec trois points et trois traits horizontaux. Après vos réglages, appuyez sur *OK* pour finir. Votre photo originale ne sera pas modifiée et vous pourrez toujours revenir sur les réglages effectués. Pour créer une nouvelle version, appuyez sur le carré avec la flèche en bas à gauche puis sur *Dupliquer*.

Le petit +

Avec les réglages avancés de l'option *Clarté*, vous pouvez corriger très finement votre photo. N'hésitez pas à essayer différentes combinaisons pour trouver le réglage qui vous convient.

Augmenter la netteté avec Photos de Windows

Un des autres défauts pouvant apparaître sur une photo est un léger flou. L'application Photos de Windows peut vous permettre de corriger cela.

1 Après avoir démarré l'application Photos, ouvrez la photo (voir p. 245 et suivantes pour importer des photos) dont la netteté doit être améliorée. Cliquez en haut à droite dans la barre d'outils sur *Modifier*.

2 L'accès à l'outil de correction se fait en cliquant sur *Régler* dans la partie droite de l'application Photos.

3 Toujours dans la partie droite de l'application Photos, déplacez la réglette *Clarté* vers la droite afin d'augmenter la précision des détails. En la déplaçant vers la gauche, cela créera un effet inverse avec l'application d'un effet de brume.

4 Après votre retouche, cliquez sur le bouton *Enregistrer une copie* situé en bas à droite de l'application Photos. La même opération peut être réalisée en appuyant sur les touches *Ctrl* + *S*.

À savoir

La correction de la netteté ne peut se faire que sur des photos très légèrement floues. Si votre photo est complètement floue, il ne sera pas possible de la rattraper.

Augmenter la netteté sous Android

Avec les appareils sous Android,l'application de gestion des photos dispose parfois d'un outil de correction de la netteté. Si vous l'avez, autant en profiter.

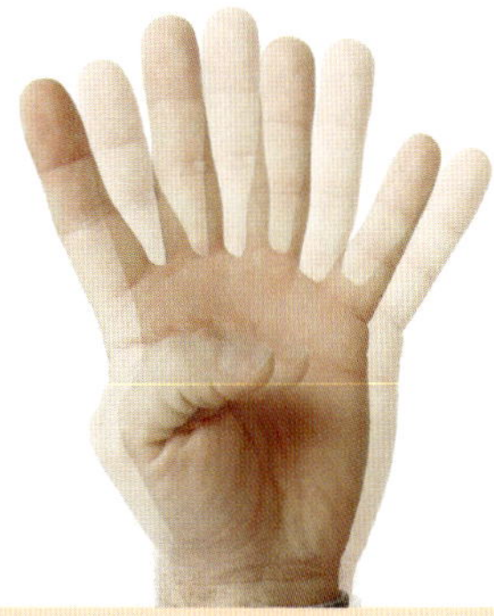

1 Démarrez l'application qui gère vos photos et qui peut se présenter sous le nom de Galerie, Photos ou Album. Ouvrez la photo dont la netteté est à améliorer. Le plus souvent, un bouton prenant la forme d'un cadre avec un crayon en travers vous permet d'accéder aux outils de retouche. Appuyez dessus.

2 L'outil de correction de la netteté peut être directement accessible sous le nom de *Netteté*, *Clarté* ou *Précision*, *Effets* (souvent avec deux options, « net » et « flou », sans possibilité de réglage), ou encore sous le groupe d'outils *Ajuster* en fonction des modèles.

3 Déplacez la réglette *Netteté* vers la droite pour améliorer la précision des détails. Cependant, ne forcez pas trop sinon cela risque de nuire à la qualité globale de la photo plutôt que de l'améliorer. Après votre réglage, appuyez sur la coche de validation ou sur le bouton correspondant à cette fonction.

4 Terminez votre correction en appuyant sur le bouton avec une disquette ou sur le bouton correspondant à l'enregistrement. Cela permet de sauvegarder une copie de votre photo sans remplacer l'original.

À savoir

Si votre appareil sous Android ne dispose pas nativement des outils de correction de la netteté, vous pouvez toujours télécharger l'application gratuite Snapseed de Google (voir page suivante). Cette application de retouche de photos dispose de nombreux outils, dont la netteté ; elle permet aussi d'appliquer des effets.

Augmenter la netteté sous iOS

Avec les appareils sous iOS, il est nécessaire de télécharger une application pour corriger la netteté, comme l'application gratuite Snapseed de Google.

1 Téléchargez l'application Snapseed de Google et démarrez-la. Lors de son lancement, un message vous invite à appuyer sur l'écran pour ouvrir une photo. Faites-le et ouvrez la photo de votre choix. Une fois la photo chargée, appuyez sur le bouton rond et blanc avec un crayon dedans.

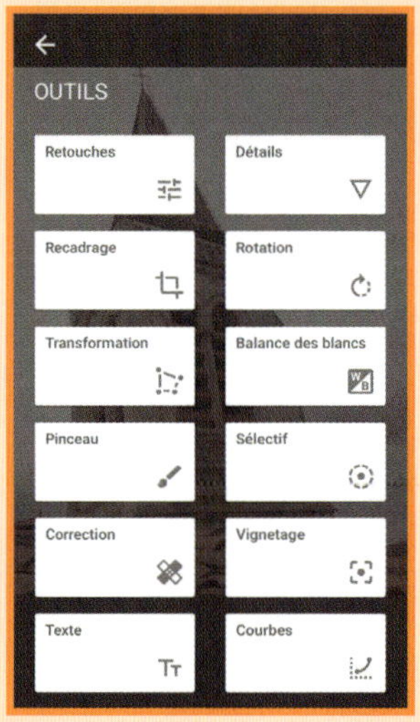

2 Tous les outils de Snapseed sont affichés dans l'écran qui s'ouvre alors. Appuyez sur *Détails* pour activer l'outil de correction de la netteté.

3 Par défaut c'est la réglette *Structure* qui est activée. Faites glisser votre doigt du haut vers le bas afin d'afficher et de sélectionner la réglette *Netteté*. Celle-ci se place en haut de l'application. Déplacez-la vers la droite pour améliorer la netteté de la photo. Après votre retouche, appuyez sur la coche en bas à droite pour valider.

4 Appuyez sur le bouton *Enregistrer* en haut. Snapseed propose trois options de sauvegarde de votre photo. Faites votre choix en appuyant dessus.

À savoir

Le résultat de l'amélioration de la netteté d'une photo se voit surtout lorsque vous zoomez dessus ou la regardez sur un grand écran. Ceux des smartphones sont un peu petits.

Rectifier la colorimétrie avec Photos de Windows

Malheureusement, tout ne peut pas être parfait au moment de la prise de vues et les couleurs peuvent être un peu altérées. Heureusement, il est possible de corriger légèrement cela avec l'application Photos de Windows.

1 Démarrez l'application Photos, puis ouvrez la photo dont la colorimétrie est à corriger. Cliquez en haut à droite dans la barre d'outils sur *Modifier* ou appuyez sur les touches *Ctrl* + *E*.

2 Dans le volet à droite de la photo, cliquez sur *Régler* afin de faire apparaître les outils de retouche. La réglette *Couleur* va vous permettre de modifier la saturation de la couleur de votre photo. Elle affiche un aperçu du résultat.

3 Déplacez la réglette *Couleur* vers la gauche pour diminuer la saturation et vers la droite pour l'augmenter. Un clic sur le chevron devant *Couleur* permet d'afficher des retouches plus précises comme la *Teinte* ou la *Chaleur*.

4 Cliquez en bas à droite sur le bouton *Enregistrer une copie* afin de ne pas écraser la photo originale. Vous pouvez aussi appuyer sur les touches *Ctrl* + *S*.

Le petit +

En déplaçant la réglette *Couleur* complètement vers la gauche, vous pouvez transformer votre photo en noir et blanc. À essayer.

À savoir

Les corrections colorimétriques sur Photos sont très limitées. Pour plus de réglages, vous pouvez utiliser Adobe Photoshop Elements (voir p. 272 et suivantes).

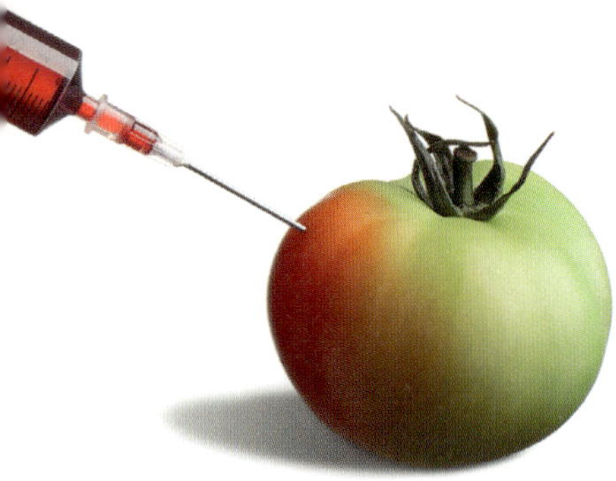

Rectifier la colorimétrie sous Android

Android offre la possibilité d'effectuer des retouches sur smartphone ou tablette. Vous pouvez donc corriger la colorimétrie directement dans l'application de gestion de photos.

1 Accédez à la photo à retoucher en démarrant l'application qui gère vos photos (Galerie, Photos ou Albums) et en sélectionnant la photo concernée. Le plus souvent, un bouton prenant la forme d'un cadre avec un crayon en travers vous permet d'accéder aux outils de retouche. Appuyez dessus.

2 L'outil de retouche colorimétrique peut se présenter sous le nom *Couleur*, *Saturation*, *Ton* ou encore *Ajuster*. Ensuite, différents outils peuvent aider à la retouche colorimétrique comme la saturation, la teinte, la température ou le réglage RVB, selon les modèles.

3 La saturation ajuste la quantité de couleur ; la teinte permet d'accentuer ou de diminuer la présence d'une couleur (une tonalité verte, par exemple) ; la température permet de réchauffer ou au contraire de refroidir la tonalité d'une photo. Le réglage RVB permet d'ajuster les couleurs primaires de votre image. Utilisez une ou plusieurs options pour ajuster la colorimétrie de votre photo. Appuyez sur la coche de validation ou sur le bouton correspondant à cette fonction pour terminer.

4 Pour finir la procédure, appuyez sur le bouton avec une disquette ou sur le bouton correspondant à l'enregistrement afin d'enregistrer une copie de la photo corrigée.

À savoir

Il n'y a pas de réglage idéal. Cela dépend de la photo, du sujet à mettre en valeur, de l'ambiance à donner, etc. Et cela dépend aussi de vos goûts et de vos yeux.

Rectifier la colorimétrie sous iOS

Pour les appareils fonctionnant sous iOS, c'est l'application Photos qui va permettre de corriger les éventuels défauts colorimétriques des photos.

1 Démarrez l'application Photos et ouvrez la photo dont la colorimétrie est à corriger. Appuyez sur le bouton avec les trois réglettes horizontales pour afficher les outils de retouche.

2 Dans le deuxième écran, appuyez sur le bouton représentant une molette ronde avec des points autour afin d'accéder aux outils de retouche.

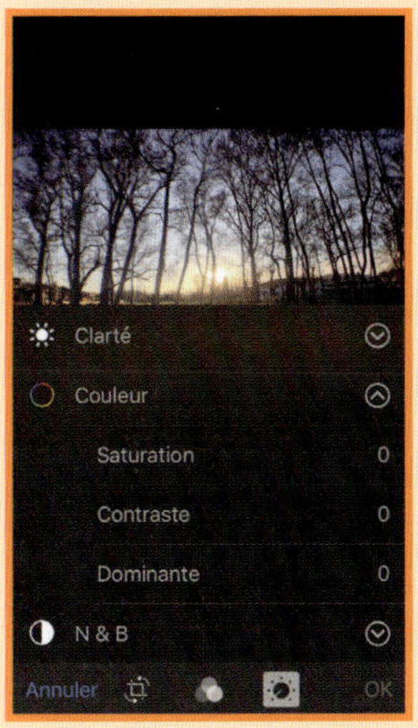

3 Dans l'écran suivant, appuyez sur *Couleur* pour effectuer une modification globale. Pour effectuer une modification plus précise, appuyez sur la flèche à droite de *Couleur* pour faire apparaître les différents réglages existants. *Saturation* modifie l'intensité de la couleur, *Contraste* joue sur les différences entre les zones claires et sombres. *Dominante* tire la photo vers le bleu ou le rouge. Appuyez sur le réglage de votre choix.

4 Déplacez la réglette à droite ou à gauche pour modifier la photo avec le réglage choisi. Appuyez sur le bouton avec trois points et trois traits horizontaux pour accéder de nouveau aux différents réglages. Appuyez sur *OK* après vos réglages afin de les sauvegarder sans pour autant modifier définitivement votre photo. Pour créer une nouvelle version, appuyez sur le carré avec la flèche en bas à gauche, puis sur *Dupliquer*.

À savoir

Si les réglages que vous avez faits ne vous conviennent pas, le bouton *Revenir* situé en haut à droite permet d'effacer toutes les retouches et de retrouver la photo d'origine.

Corrections de base avec Photoshop Elements

Adobe Photoshop Elements, logiciel payant et petit frère du «grand» Photoshop, dispose d'outils de correction adaptés aux retouches basiques, tels que le recadrage, l'éclairage, la netteté et la colorimétrie. Suivez le guide.

1 Démarrez Adobe Photoshop Elements, lancez l'*Éditeur de photos* et ouvrez la photo que vous voulez corriger. L'une des premières étapes possibles est le recadrage afin de choisir une portion de la photo. Cliquez sur l'outil de recadrage dans la partie gauche du logiciel (deux morceaux de carrés qui s'entrecroisent). Un cadre de recadrage apparaît sur la photo.

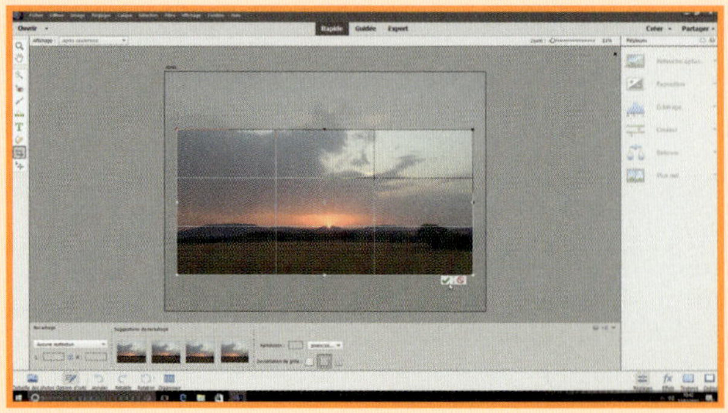

2 Déplacez les carrés positionnés autour du cadre de recadrage pour définir la portion de la photo à conserver. Le volet bas de Photoshop Elements vous propose des options et des suggestions de recadrage dans la liste *Recadrage*. Après avoir choisi la portion de la photo, cliquez sur la coche verte en bas à droite du cadre de recadrage pour valider votre recadrage.

3 Pour corriger l'éclairage de votre photo, ouvrez-la et cliquez sur *Éclairage* dans le volet de droite. Celui-ci propose de modifier l'éclairage de votre photo pour les *Tons foncés* (les zones sombres), les *Tons moyens* (les zones moyennement éclairées) et les *Tons clairs* (les zones claires).

4 Pour modifier ces éléments, vous pouvez déplacer la réglette correspondant à chaque «ton». Vous pouvez aussi cliquer sur les vignettes en dessous de la réglette pour appliquer un réglage prédéfini. La vignette avec le trait et la flèche permet de revenir au réglage d'origine.

À savoir

Pensez à enregistrer des copies de vos photos modifiées en cliquant sur *Enregistrer sous* dans le menu *Fichier*. Ainsi, si les corrections apportées ne vous conviennent pas ou plus, vous pouvez repartir de la photo d'origine.

5 Pour le réglage de la netteté de votre photo, ouvrez-la et cliquez sur *Plus net* dans la partie à droite de la photo.

6 Vous pouvez augmenter la netteté de la photo en déplaçant la réglette vers la droite. Vous pouvez aussi utiliser les vignettes pour appliquer un réglage de netteté prédéfini. La vignette avec le trait et la flèche permet d'annuler le réglage appliqué.

7 La dernière retouche de base est l'ajustement de la colorimétrie de la photo. Ouvrez votre photo et cliquez sur *Couleur* dans la partie droite de l'interface de Photoshop Elements. Avec cet outil, vous pouvez modifier la *Saturation* (quantité de couleur), la *Teinte* (modification des couleurs) et la *Vibrance* (saturation des couleurs atténuée).

8 Utilisez la réglette de chaque réglage pour modifier la colorimétrie de la photo. Vous pouvez aussi cliquer sur les vignettes pour appliquer des réglages prédéfinis, mais moins précis. La vignette avec le trait et la flèche permet de revenir au réglage d'origine.

Le petit +

Si vous positionnez le curseur de la souris au-dessus d'une vignette, vous obtiendrez une prévisualisation de la modification. Si cette dernière vous convient, cliquez sur la vignette pour l'appliquer.

Développer ses photos RAW avec Photoshop Elements

Le format RAW enregistre toutes les données du capteur et correspond au « négatif » de la photo numérique. S'il permet de tirer le maximum de l'appareil, il est nécessaire de procéder à son « développement » numérique. Ce que Photoshop Elements sait faire. Il existe aussi des logiciels gratuits comme Raw Therapee ou Scarab Darkroom Light.

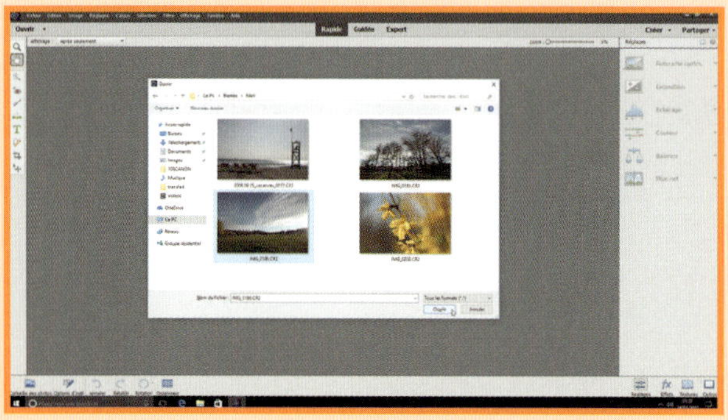

1 Démarrez Photoshop Elements et lancez l'*Éditeur de photos*. Ouvrez votre fichier RAW en cliquant dans le menu *Fichier* sur *Ouvrir*. Vous pouvez aussi appuyer sur les touches *Ctrl + O*. Selon la marque de l'appareil, le fichier RAW peut avoir l'extension .cr2, .nef, .dng, .arw, .orf ou encore .srw. Consultez le mode d'emploi de votre appareil pour le savoir.

2 En fait, votre RAW ne s'ouvre pas directement dans Photoshop Elements, mais dans le module *Camera Raw* qui permet le développement spécifique du format RAW. Cette fenêtre propose différents outils situés dans le volet de droite, avec trois onglets respectivement représentés par un diaphragme, des triangles et un appareil photo.

3 L'onglet *Réglages de bases*, celui avec le diaphragme, permet de modifier tout ce qui concerne la colorimétrie, la luminosité et le contraste de la photo. Pour chaque réglage, déplacez les réglettes et observez les changements. Faites-le doucement, car certains réglages peuvent drastiquement modifier le rendu de la photo.

4 L'onglet *Détails*, celui avec les triangles, permet de modifier la netteté et de réduire le bruit de la photo. Le bruit est l'aspect granuleux que peuvent avoir certaines photos. Pour ces corrections, il est préférable de travailler avec la photo affichée à 100 % (outil *Zoom* situé en bas à gauche sous la photo). Ici aussi les corrections se font à l'aide des réglettes. Après vos réglages, cliquez sur le bouton *Ouvrir une image*, qui créera un nouveau fichier du format de votre choix dans Photoshop Elements avec vos réglages, sans toucher au fichier RAW.

Le petit +

En bas à droite sous la photo est placé un comparateur de photo avant/après. C'est le bouton avec le Y. Il permet de couper la photo en deux, horizontalement ou verticalement et d'en afficher une partie avant traitement et une après. Cliquez dessus plusieurs fois pour explorer les différents modes d'affichage.

Réduire le bruit d'une photo avec Photoshop Elements

Le bruit d'une photo se traduit par l'apparition de petits points pouvant nuire à la qualité générale du cliché. Les causes peuvent être liées à une trop grande sensibilité (les fameux ISO) ou à un trop grand échauffement du capteur. Photoshop Elements peut aider à réduire cet effet.

1 Démarrez Adobe Photoshop Elements, lancez l'*Éditeur de photos* et ouvrez votre photo. Pour vous rendre compte du bruit présent sur votre photo, affichez-la à 100 %.

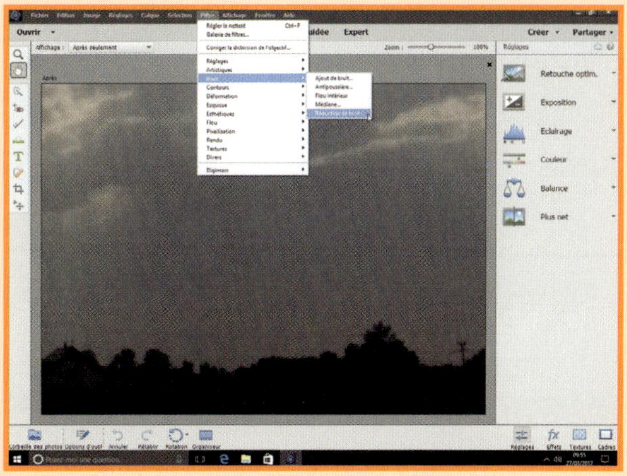

2 Pour accéder à l'outil de correction de bruit, cliquez dans le menu *Filtre* sur *Bruit* puis sur *Réduction de bruit*.

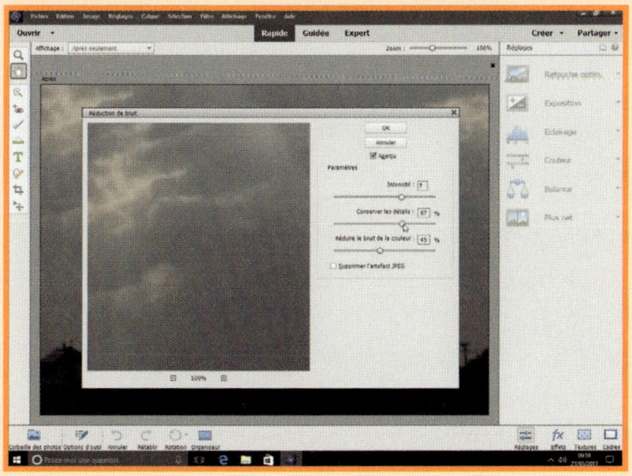

3 Trois réglettes sont proposées pour réduire le bruit. La réglette *Intensité* définit l'importance de la correction. Si vous montez trop l'intensité de la correction, vous allez perdre des détails dans la photo à cause du lissage. Utilisez alors la réglette *Conserver les détails* pour garder les détails de la photo.

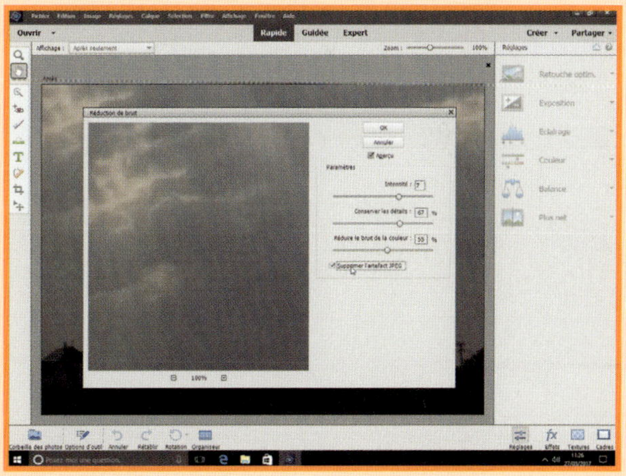

4 La réglette *Réduire le bruit de la couleur* peut encore améliorer le résultat. Déplacez-la et observez le résultat dans la fenêtre de prévisualisation à gauche. Cochez la case *Supprimer l'artefact JPEG* pour corriger certains défauts visuels du format JPEG. Cliquez sur *OK* pour valider votre correction.

À savoir

Chaque photo étant différente, les réglages de réduction de bruit pour une photo ne sont pas forcément valables pour une autre. Essayez différents réglages pour trouver celui qui réduit au mieux ce défaut.

Ajouter du grain avec Photoshop Elements

À l'inverse de la page précédente où le bruit est réduit, il est possible d'ajouter du grain à une photo pour lui donner un peu plus de matière, voire un effet ancien. Il existe deux outils pour cela.

1 Démarrez Adobe Photoshop Elements et ouvrez votre photo dans l'*Éditeur de photos*. Utilisez l'outil *Zoom* pour agrandir l'affichage de votre photo afin de bien voir les modifications apportées.

2 Pour accéder au premier outil, cliquez dans le menu *Filtre* sur *Artistiques* puis sur *Grain photo*.

3 Les réglages de l'outil sont dans le volet droit. Déplacez la réglette *Grain* pour ajouter du grain. La réglette *Zones claires* permet de réduire l'ajout de grain dans les zones claires de la photo. Baissez la réglette *Intensité* pour rendre l'effet plus global sur la photo. Cliquez sur *OK* pour finir.

4 Pour accéder au second outil, cliquez dans le menu *Filtre* sur *Bruit* puis sur *Ajout de bruit*. Utilisez la réglette pour ajouter du bruit sur votre photo. Cliquez sur *OK* pour valider votre modification.

Le petit +

Pour donner un aspect ancien à une photo, vous pouvez ajouter un filtre sépia. Il est accessible en cliquant dans le menu *Filtres* sur *Réglages* puis sur *Filtre photo*. Ensuite, dans la liste *Filtre*, sélectionnez *Sépia* et augmentez la densité de l'effet.

Les outils plus spécialisés de Photoshop Elements

Adobe Photoshop Elements dispose d'outils dédiés à certaines retouches spécifiques. Voici un petit tour d'horizon des plus utiles, disponibles dans le mode *Expert* (en haut, au-dessus de votre photo).

Le petit +

Lorsque vous retouchez une photo, il arrive de faire des erreurs. Pas de panique, appuyez sur les touches *Ctrl + Z* pour annuler la dernière action. Vous pouvez le faire plusieurs fois pour annuler les actions les unes après les autres.

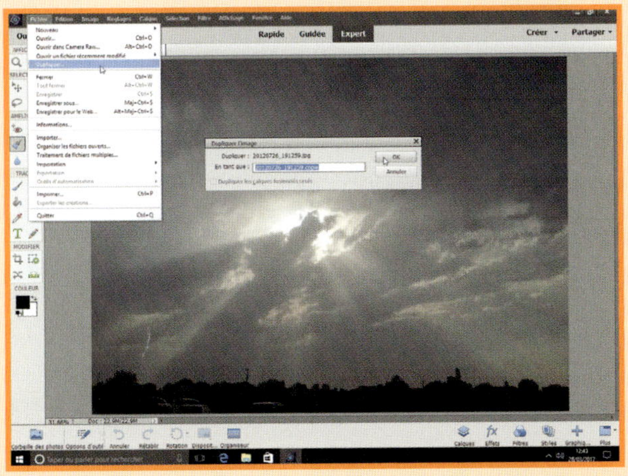

1 Si vous n'avez pas encore créé une copie de sauvegarde d'une photo, vous pouvez le faire directement dans Photoshop Elements. Après avoir ouvert normalement votre photo, cliquez dans le menu *Fichier* sur *Dupliquer*. Une petite fenêtre vous permet de modifier le nom de la nouvelle photo. La nouvelle photo est alors ouverte automatiquement.

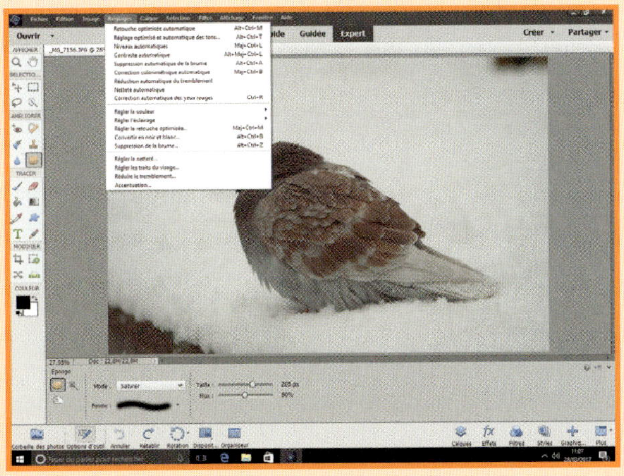

2 Photoshop Elements est capable de réaliser beaucoup de réglages automatiquement. Ces différents réglages sont disponibles dans le menu *Réglages* et concernent les tons, les niveaux, le contraste ou encore la correction des yeux rouges. À essayer.

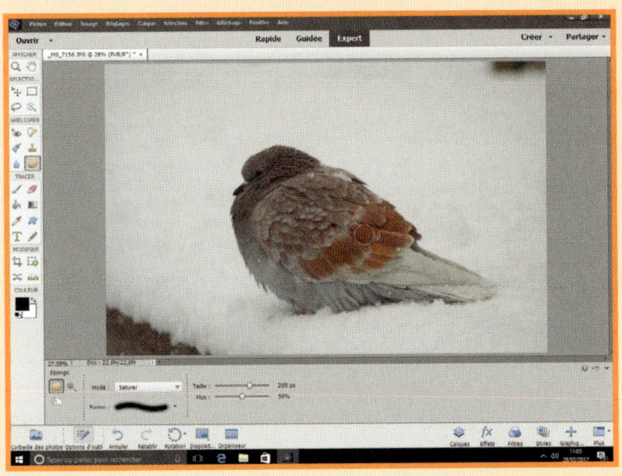

3 Si les outils automatiques ne sont pas satisfaisants, il faut passer en « manuel ». Le premier outil utile est l'*Éponge*, accessible dans la palette d'outils à gauche ou en appuyant sur *O*. L'*Éponge* permet de saturer ou de désaturer localement une image. Cliquez ou dessinez sur les zones à traiter. Les options de l'*Éponge* sont situées sous la photo.

4 Il est aussi possible qu'une zone de la photo ne soit pas assez nette. Cliquez sur l'outil *Goutte d'eau* dans la palette d'outils à gauche. Dans la barre d'outils en bas, vous pouvez alors choisir entre l'outil pour flouter (goutte d'eau) ou l'outil de netteté (triangle). Ensuite, il faut définir la taille et l'intensité de l'outil avec les réglettes puis dessiner sur les zones à traiter.

Le petit +

Vous avez effectué des retouches, mais le résultat ne vous convient pas. Vous pouvez rapidement repartir de zéro en cliquant dans le menu *Édition* sur *Version précédente* ou en appuyant sur les touches *Maj + Ctrl + A*.

5 L'outil *Forme dynamique* (touche *F* ou outil « pinceau » à gauche) permet de sélectionner une zone de la photo et d'y appliquer une correction à choisir dans les options de l'outil sous la photo. Cela peut-être des blancs éclatants, idéal pour les dents, un ciel bleu ou le passage en noir et blanc d'une partie de la photo. Explorez les options pour découvrir leurs effets.

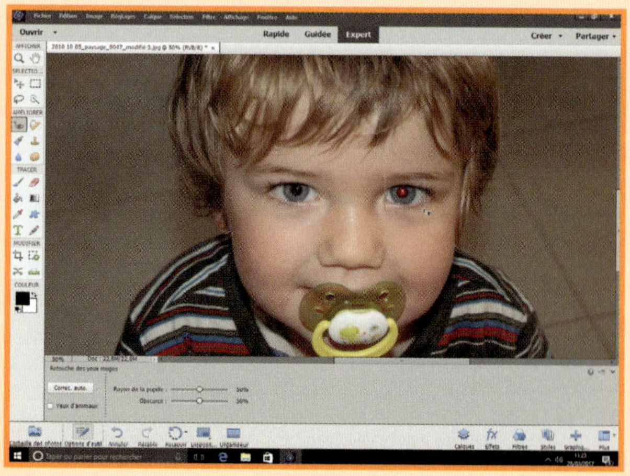

6 Les yeux rouges d'une personne sur une photo sont dus à l'utilisation du flash. Sélectionnez l'outil *Retouche des yeux rouges* (touche *Y*) dans la palette d'outils à gauche, dessinez un cadre autour de l'œil à corriger, et c'est fait !

7 Si un détail est gênant sur la photo, utilisez l'outil *Correcteur localisé* (touche *J*) pour le supprimer. Sélectionnez-celui-ci dans la palette d'outils à gauche, définissez sa taille avec la réglette dans les options sous la photo, sélectionnez l'option *Contenu pris en compte* et dessinez sur le détail à supprimer, sans relâcher le bouton de la souris. L'élément perturbateur sera supprimé lorsque vous relâcherez le bouton de la souris.

8 Photoshop Elements dispose aussi d'effets spéciaux pouvant donner un rendu particulier à vos photos. Cliquez dans le menu *Filtre* sur *Galerie de filtres*. Les filtres sont classés par catégories. Cliquez sur l'un d'eux pour voir son effet. Vous pouvez les cumuler en cliquant sur l'icône en forme de feuille de papier en bas à droite.

Faire des photos HDR avec Photoshop Elements

Les photos HDR (*High Dynamic Range*) réunissent en une seule image plusieurs photos du même sujet avec des expositions différentes : normale, sous-exposée et surexposée. Cela donne un rendu riche en détail dans toutes les zones de la photo (voir p. 242 pour les smartphones et tablettes).

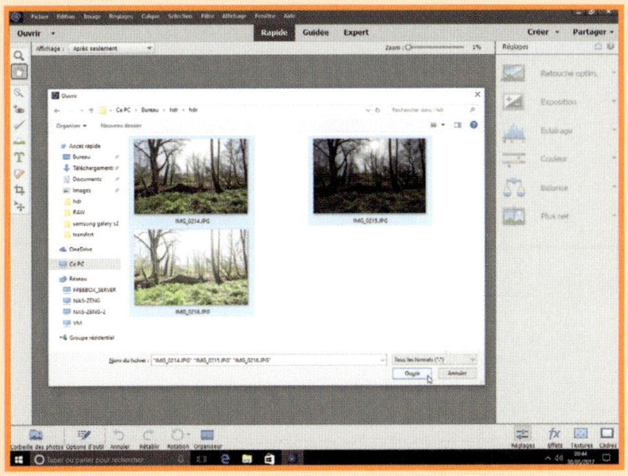

1 La photo HDR commence par la prise de vues. Utilisez le mode *Bracketing* de votre appareil photo, s'il en dispose, ou passez en mode manuel ou « professionnel » pour votre smartphone, afin de prendre, au moins, trois photos avec des expositions différentes. Il est préférable d'utiliser un trépied pour que les photos puissent être assemblées correctement.

2 Ouvrez les photos qui serviront à la création de la photo HDR en cliquant dans le menu *Fichier* sur *Ouvrir*. Vous pouvez aussi appuyer sur les touches *Ctrl + O*. Dans la fenêtre qui s'affiche, sélectionnez les photos puis cliquez sur le bouton *Ouvrir*.

3 Passez Photoshop Elements en mode *Guidée* en cliquant sur le bouton du même nom situé au-dessus des photos affichées. Cliquez sur *Photomerge*, en haut à droite, puis sur *Photomerge Exposure*, en haut au milieu. Dans le message qui s'affiche, cliquez sur le bouton *Tout ouvrir* afin d'utiliser les photos ouvertes précédemment pour la création de la photo HDR.

4 Photoshop Elements analyse automatiquement les photos pour les aligner et vous propose, dans le volet de droite, trois réglettes pour contrôler la création de la photo HDR. Utilisez les réglettes *Ton clair*, *Tons foncés* et *Saturation* pour modifier le rendu de la photo HDR. Cliquez sur le bouton *Suivant*, en bas à droite pour finir. Photoshop Elements créera une nouvelle photo que vous devrez enregistrer.

Faire un montage photo avec Photoshop Elements

La création de montages photographiques, c'est-à-dire le fait d'associer des éléments d'une photo sur une autre, nécessite technique et patience.

À savoir

Patience est le maître mot pour effectuer une sélection de précision. Les outils *Lasso polygonal* et *Lasso magnétique* permettent de faire des pauses lors de la sélection.

1 Démarrez Photoshop Elements et passez en mode *Expert* en cliquant sur le bouton du même nom situé en haut au-dessus des photos. Ouvrez les photos qui serviront au montage en cliquant dans le menu *Fichier* sur *Ouvrir*.

2 La première étape du montage concerne la photo principale qui accueillera les autres éléments. Affichez le volet calques en cliquant en bas à droite sur *Calques*. Déverrouillez le calque principal de la photo en double-cliquant sur son calque dans le volet *Calques* à droite. Un message vous propose de donner un nom à ce calque. Faites-le et validez.

3 Vous devez à présent détourer l'élément de la photo qui sera à coller sur la photo principale. Accédez à cette nouvelle photo en cliquant sur son nom dans le menu *Fenêtre* tout en haut. L'outil à utiliser est le *Lasso polygonal*. Cliquez sur *Lasso* (touche *L*) dans la palette d'outils à gauche, puis sélectionnez le *Lasso polygonal* dans les options d'outils sous la photo. Si la forme à découper a des contours assez nets, préférez le *Lasso magnétique* dans les options d'outils car la sélection se « collera » aux contours.

4 À l'aide du *Lasso polygonal* ou du *Lasso magnétique*, effectuez des clics successifs le long du contour de la forme à découper. N'hésitez pas à grossir la photo avec le zoom (*Ctrl* + +) pour effectuer une sélection de précision. En cas de dérapage, les options du lasso, en bas de l'écran, offrent des possibilités d'ajout à la sélection, de suppression à la sélection, etc., sous la forme de différents carrés au-dessus de *Nouveau*.

À savoir

Le format Photoshop .psd permet de conserver tous les éléments d'un montage photo, mais ce format est plus lourd que le JPEG et est difficilement exploitable ailleurs que dans Photoshop Elements. C'est surtout un format de travail.

5 Après avoir effectué votre sélection, vous devez la copier pour la coller dans l'autre photo. Appuyez sur les touches *Ctrl + C* et accédez à l'autre photo en cliquant sur son nom en bas de menu *Fenêtre*. Appuyez sur les touches *Ctrl + V* pour coller la partie copiée. Elle apparaît dans le volet *Calques* à droite, dans un nouveau calque créé automatiquement.

6 La partie collée est placée au centre de la photo. Sélectionnez l'outil *Rectangle* de sélection dans la palette d'outils à gauche (touche *M*) puis faites un clic droit sur la partie collée et cliquez sur *Transformation manuelle*. Vous pouvez déplacer et redimensionner la partie collée. Cliquez sur la coche verte ou appuyez sur la touche *Entrée* pour valider.

7 Vous pouvez harmoniser les couleurs et l'éclairage des calques pour parfaire le montage. Cliquez sur le calque de votre choix dans la palette *Calques* puis utilisez les outils de réglages disponibles dans le menu *Réglages* sous *Régler la couleur* et *Régler l'éclairage*.

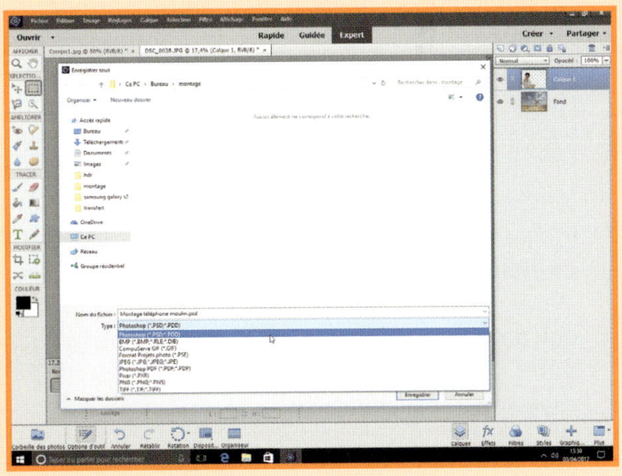

8 La dernière opération consiste à enregistrer votre montage. Cliquez dans le menu *Fichier* sur *Enregistrer sous*. Choisissez l'emplacement de sauvegarde et donnez un nom à votre montage. Pour conserver l'ensemble des calques et, éventuellement, modifier le montage, sélectionnez l'option *Photoshop (.PSD ; .PDD)* dans la liste déroulante *Type*. Sinon, choisissez *JPEG* pour l'afficher sur un site Internet ou l'expédier par mail. Cliquez sur *Enregistrer* pour finir.

RÉALISER DES PANORAMAS SAISISSANTS AVEC PHOTOSHOP ELEMENTS

Si beaucoup de smartphones, tablettes ou appareils photo numériques disposent de fonctions de capture de panorama (voir p. 241), Photoshop Elements est quant à lui capable de recréer un panorama à partir d'une série de photos. Mais les prises de vues doivent avoir été réalisées de manière particulière.

Le module *Photomerge Panorama* fonctionne en analysant les différentes photos devant constituer le panorama à la recherche d'éléments communs qui permettront de les aligner. C'est le premier point à prendre en considération au moment de la prise de vues : les photos prises doivent se chevaucher les unes les autres afin que l'alignement se fasse correctement ; l'idéal étant que la partie commune représente environ un tiers de la photo.

Il est également important de garder une stabilité durant les prises de vues successives : essayez de toujours garder la même hauteur et de simplement pivoter sur vos pieds ; de petites variations de hauteur pourront être corrigées, mais pas de grands écarts. L'utilisation d'un trépied est évidemment la solution la plus adaptée.

Le paramétrage de votre appareil photo numérique ou de votre appareil mobile (smartphone ou tablette) est important. En effet, il est nécessaire que les photos du panorama conservent toutes le même aspect (attention surtout aux différences de colorimétrie, d'exposition ou de profondeur de champ !). Il est donc recommandé de passer en mode manuel afin de conserver des réglages identiques pour toutes les photos. Les panoramas étant essentiellement utilisés pour restituer des paysages, pensez à sélectionner une grande profondeur de champ (f8.0 par exemple).

Enfin, dernier conseil, tenez compte des conditions météorologiques : sous un grand ciel bleu, vous pouvez prendre votre temps pour effectuer vos prises de vues, mais en cas de vent et de nuages, il faudra tout faire dans un laps de temps très réduit afin que le déplacement des nuages ne crée pas de zones au rendu étrange. De même, les nuages peuvent masquer le soleil et changer la luminosité de la scène d'une photo à l'autre.

À savoir

La création d'un panorama avec Photoshop Elements est une opération très lourde, qui requiert la manipulation simultanée de plusieurs photos de grande taille, tant pour l'analyse que pour le montage. Il faut donc être patient. Enfin, sachez que la photo finale pourra peser plusieurs dizaines de mégaoctets.

Assembler ses photos en panorama avec Photoshop Elements

Maintenant que vos photos ont été prises, c'est au tour de Photoshop Elements de faire son travail avec *Photomerger Panorama*.

1 Ouvrez les photos destinées au panorama en cliquant sur *Ouvrir* dans le menu *Fichier*. Ensuite, passez en mode *Guidée* en cliquant sur le bouton *Guidée* situé au-dessus de la photo affichée. Dans ce mode, cliquez sur *Photomerge*, en haut à droite, puis sur *Photomerge Panorama*, en bas à droite.

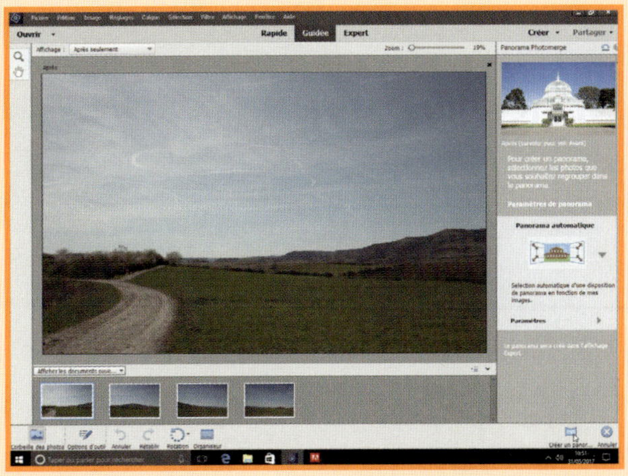

2 Le module de création de panoramas est affiché. Sélectionnez les photos nécessaires dans la *Corbeille de photos*. Si celle-ci n'est pas visible, cliquez sur le bouton *Corbeille de photos* en bas à gauche. Pour sélectionner les photos, cliquez sur la première à gauche, appuyez sur la touche *Maj*, maintenez-la enfoncée et cliquez sur la dernière photo à droite. Laissez le mode *Panorama automatique* dans le volet de droite et cliquez sur le bouton *Créer un panorama* en bas à droite.

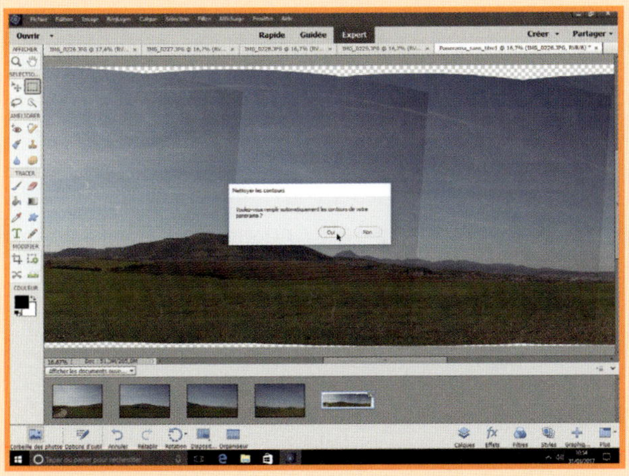

3 Photoshop Elements analyse automatiquement vos photos et commence à construire votre panorama. Avant de le finaliser, un message vous demande de remplir, ou non, les contours de la création. En fait, l'assemblage des photos va obligatoirement créer des espaces vides (représentés ici par le quadrillage) que Photoshop Elements peut remplir en se basant sur les photos existantes. Cliquez sur *Oui* pour le faire ou sur *Non* pour conserver les espaces vides.

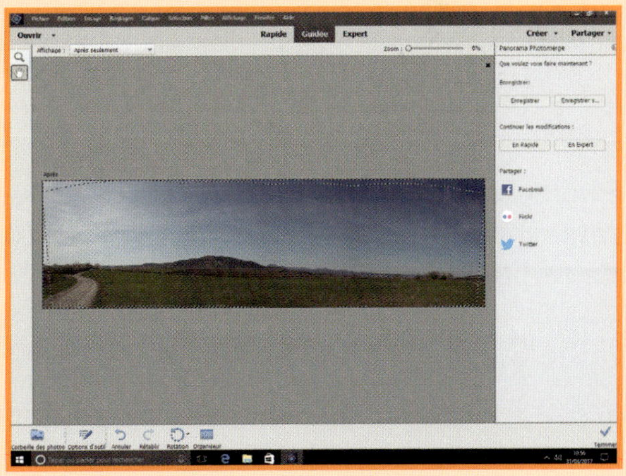

4 Une fois créé, votre panorama est affiché. Les espaces vides sont automatiquement remplis et sélectionnés comme le montre le contour en pointillé. Photoshop Elements vous propose diverses options pour exploiter votre panorama comme l'enregistrement, le partage, ou son ouverture en mode *Rapide* ou *Expert*.

RANGER ET IMPRIMER SES PHOTOS

Photoshop Elements est un logiciel double. En plus de vous offrir des outils de retouche et d'amélioration pour vos photos, il vous permet de les organiser, d'en créer des albums et de les imprimer.

Le nombre de photos que l'on prend peut vite atteindre des sommets, au point qu'en retrouver une s'avère parfois fastidieux. Photoshop Elements dispose d'une fonction permettant de créer des catalogues de photos, puis de les imprimer ou de les exporter au format PDF afin de les diffuser.

Le classement dans des albums peut se faire par thème, mais également à l'aide d'étiquettes attribuées aux photos. Ces étiquettes permettent l'indexation et facilitent donc une recherche en fonction d'un lieu, d'un évènement, d'une date, etc. Enfin, il est aussi possible de noter les photos en leur attribuant un nombre d'étoiles, ce qui vous permet de retrouver rapidement vos photos préférées.

Si vous souhaitez imprimer vos photos numériques, la fenêtre d'impression de Photoshop Elements vous permettra de régler facilement les paramètres : la qualité d'impression, le type de format, d'impression (par exemple, tirage photo), etc.

Créer un album photo, le stocker et l'imprimer avec Photoshop Elements

Une fois vos photos triées, quoi de mieux pour les regarder que de créer un album ? Photoshop Elements vous offre tous les outils pour le réaliser.

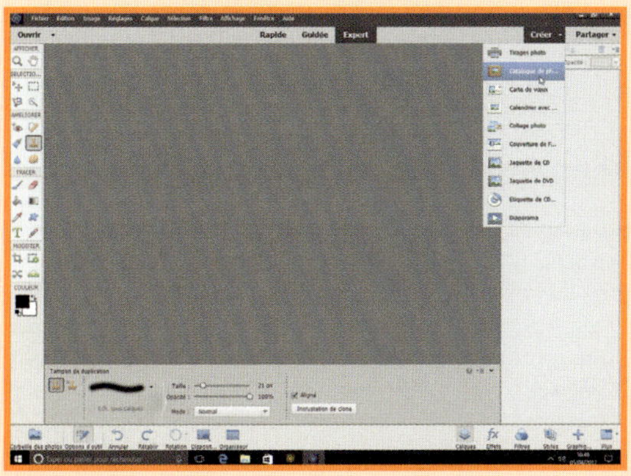

1 Démarrez Photoshop Elements en mode *Éditeur de photos* puis *Expert* (en haut de l'espace de travail). Dans le menu *Créer*, à droite, cliquez sur *Catalogue de photos*.

2 Dans la fenêtre qui s'affiche, sélectionnez le format du catalogue dans la partie gauche. Ensuite, sélectionnez un thème pour votre catalogue dans la liste proposée. Définissez aussi le nombre de pages dans le champ *Nombre de pages*. Vous pourrez le modifier par la suite. Cliquez sur *OK* pour continuer.

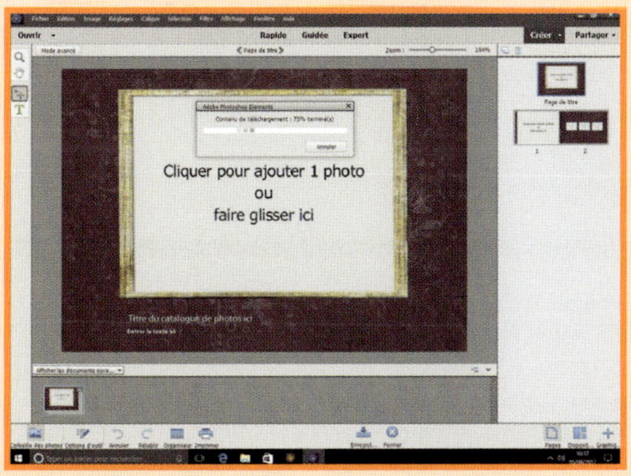

3 Photoshop Elements télécharge les éléments pour construire votre catalogue. Après le téléchargement, la première page de votre catalogue est affichée. Cliquez sur les zones de texte situées en bas pour saisir le titre du catalogue et une phrase d'introduction.

4 Vous devez maintenant importer la photo de couverture. Pour cela, cliquez, comme indiqué, sur le cadre gris. Dans la fenêtre qui s'affiche, parcourez vos dossiers et sélectionnez la photo à importer. Cliquez sur le bouton *Importer* pour la placer dans votre catalogue.

Le petit +

En plus des photos, vous pouvez ajouter du texte. Cliquez sur l'outil *Texte* (lettre *T*) en haut à gauche et dessinez une zone pour le texte. Les *Options d'outil* sous la photo vous permettront de mettre en forme votre texte.

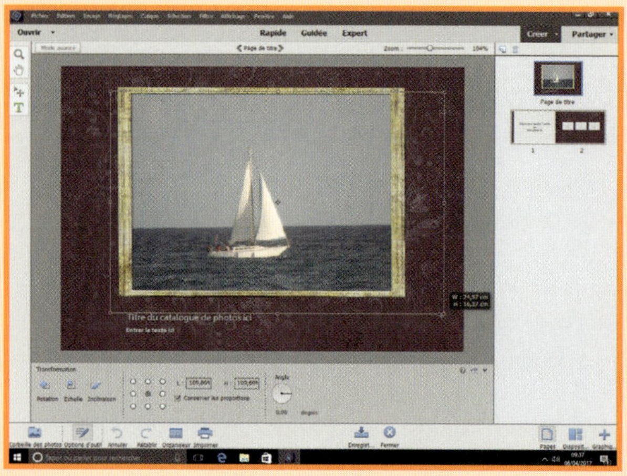

5 Photoshop Elements ajuste automatiquement la photo à la zone d'importation. Vous pouvez l'agrandir à l'aide de la réglette *Zoom* en haut à droite de la photo. Vous pouvez aussi utiliser les poignées dans les coins de la photo (cochez la case *Conserver les proportions* dans les *Options d'outil* sous la photo). Validez en appuyant sur la touche *Entrée*.

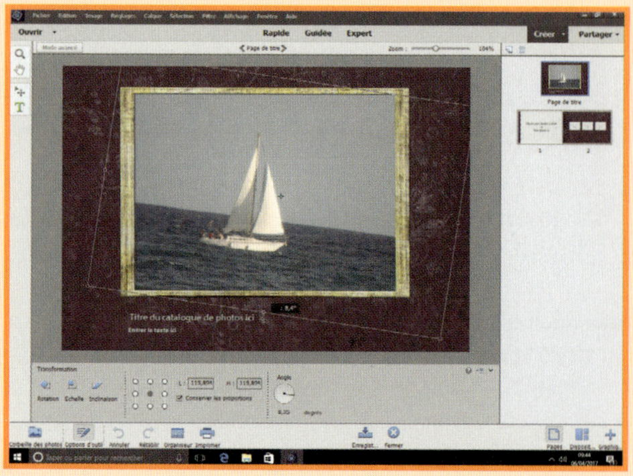

6 Vous pouvez aussi appliquer une rotation à la photo. Pour cela, utilisez la poignée ronde sous la photo ou servez-vous de la roue *Angle* située dans les *Options d'outil* sous la photo. Le bouton juste à droite de la réglette de *Zoom* applique une rotation horaire de 90°. Validez en appuyant sur la touche *Entrée*.

7 Après avoir mis en place la première page, cliquez dans la partie droite sur une autre page à paramétrer de la même manière. Vous pouvez changer de photo en cliquant sur le deuxième bouton à droite de la réglette de *Zoom* (qui n'apparaît qu'une fois la photo importée), ce qui ouvrira à nouveau la fenêtre d'importation (voir étape 4). Vous pouvez aussi changer le nombre de photos par page ainsi que la disposition (voir étape 9).

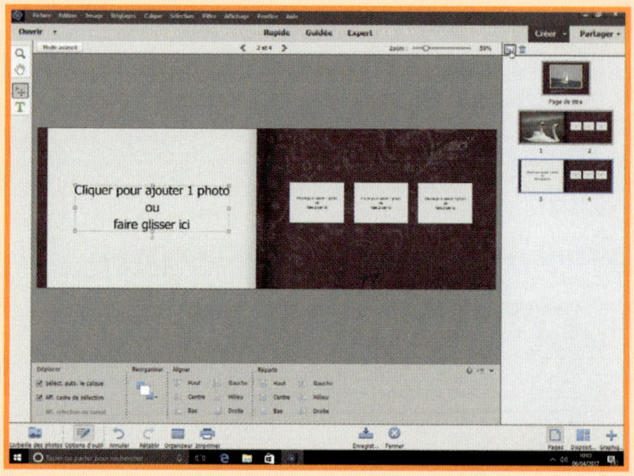

8 Au départ, vous avez défini un nombre de pages. Mais vous pouvez ajouter une double page en cliquant sur le bouton en forme de feuille au-dessus des pages, à droite de la photo. La structure de cette nouvelle double page sera identique à la précédente.

Le petit +

Vous pouvez déplacer une photo dans son cadre : cliquez dessus et maintenez le bouton de la souris en la déplaçant. Validez ensuite le déplacement en appuyant sur la touche *Entrée*.

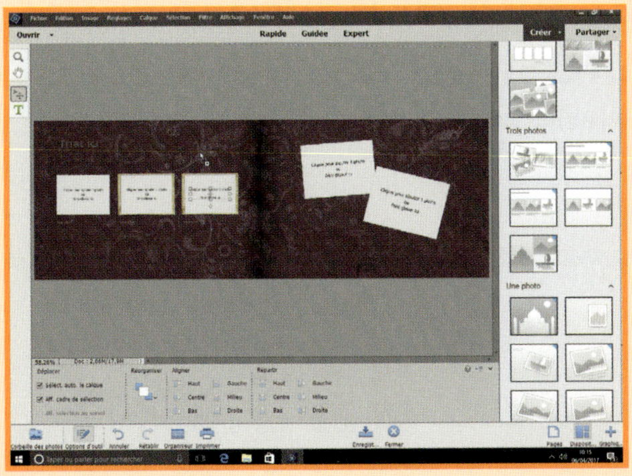

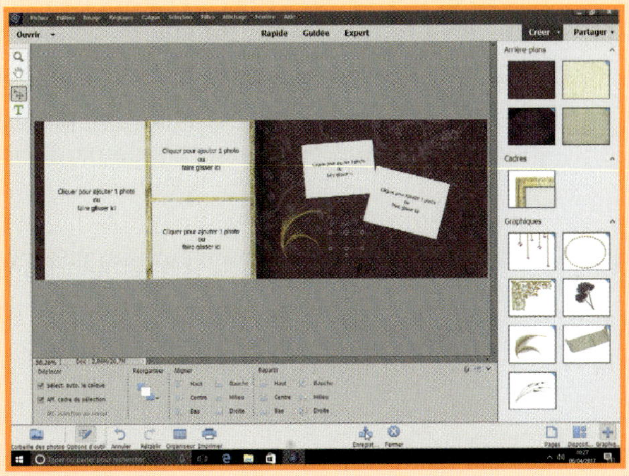

9 La double page créée prend l'aspect de la précédente, mais elle peut aussi être modifiée. Cliquez en bas à droite sur le bouton *Disposition*. Pour appliquer une nouvelle disposition pour chaque page, cliquez sur celle de votre choix dans la colonne de droite puis déplacez-la sur la page à modifier. En relâchant le bouton de la souris, la nouvelle disposition sera appliquée.

10 En plus des photos et du texte, il est possible d'ajouter d'autres éléments. Cliquez en bas à droite sur *Graphiques*. Les éléments varient en fonction du thème choisi. Cliquez sur ceux de votre choix à droite puis déplacez-les sur votre page. Comme pour les photos, vous pouvez déplacer, redimensionner un élément graphique ou lui appliquer une rotation.

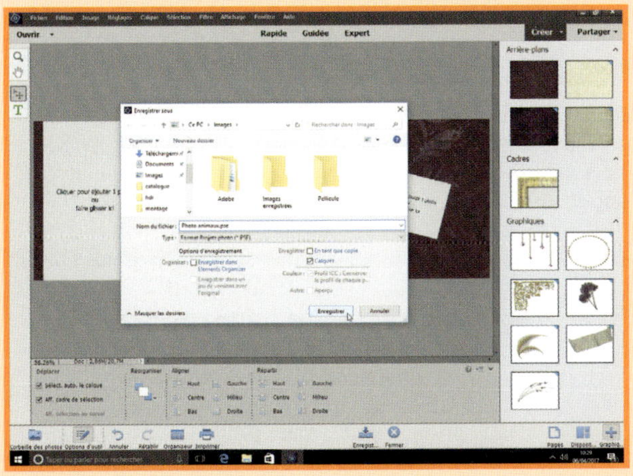

11 Recommencez les différentes procédures pour compléter votre album. Après cela, vous devez enregistrer votre création (mais n'hésitez pas à le faire au fur et à mesure). Cliquez sur le bouton *Enregistrer* en bas sous l'album. Dans la fenêtre qui s'affiche, sélectionnez un dossier et donnez un nom à votre catalogue. Laissez le format .pse qui vous permettra de modifier votre album à votre guise. Cliquez sur le bouton *Enregistrer* pour finir.

12 Pour imprimer votre catalogue, cliquez sur le bouton *Imprimer* en bas sous l'album. Dans la fenêtre qui s'affiche, vous devez paramétrer l'impression en fonction de votre imprimante à l'aide des zones numérotées de 1 à 5. Cliquez sur le bouton *Imprimer* pour démarrer l'impression.

Le format .pse *(Photo Project Format)* est le format natif de vos travaux sur Photoshop Elements. Plus lourd qu'un simple PDF ou qu'un format image, il conserve toutes les modifications et les calques, vous permettant ainsi de retravailler le fichier ultérieurement. Les propriétés du format ne s'appliquent pas pour des photos seules, mais seulement pour des albums.

À savoir

Pour visualiser votre album sur écran sans Photoshop Elements, vous pouvez créer un fichier PDF en sélectionnant le type Acrobat PDF dans *Fichier*, puis *Enregistrer sous*.

Classer simplement et efficacement ses photos avec Photoshop Elements

Avec les centaines, voire les milliers de photos sauvegardées sur son ordinateur, il devient très difficile de se repérer. Photoshop Elements permet de les organiser de différentes manières.

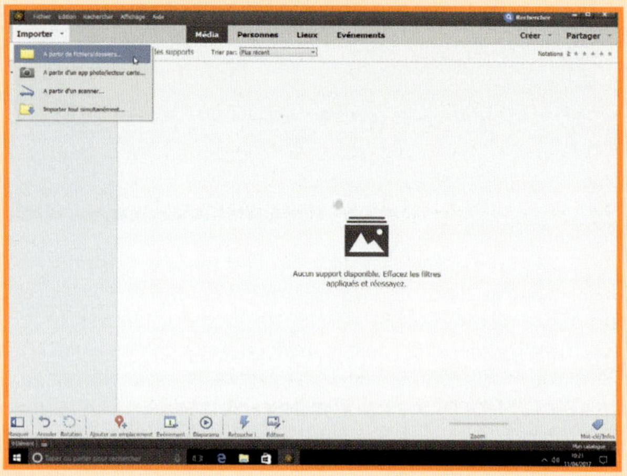

1 Démarrez Photoshop Elements et choisissez le mode *Organiseur*, accessible à l'ouverture du logiciel. Une fois dans l'*Organiseur*, cliquez sur le bouton *Importer*, en haut à gauche, puis sur *À partir de fichiers/dossiers*.

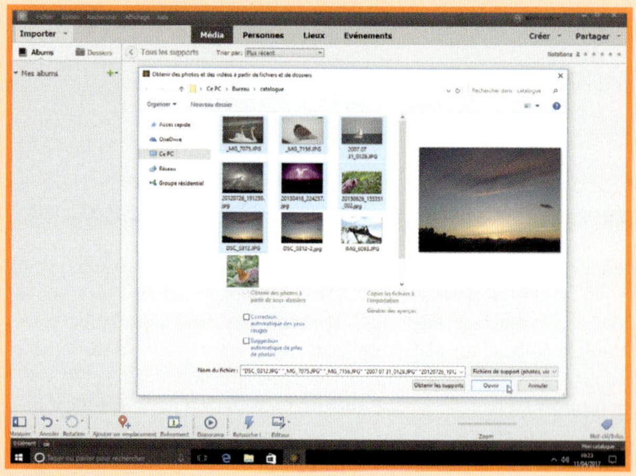

2 Dans la fenêtre qui s'affiche, sélectionnez la ou les photos à importer. Pour en sélectionner plusieurs, appuyez sur la touche *Ctrl*, maintenez-la enfoncée puis cliquez sur les différentes photos de votre choix. Appuyez sur les touches *Ctrl + A* pour sélectionner toutes les photos du dossier. Cliquez sur le bouton *Ouvrir* pour importer les photos.

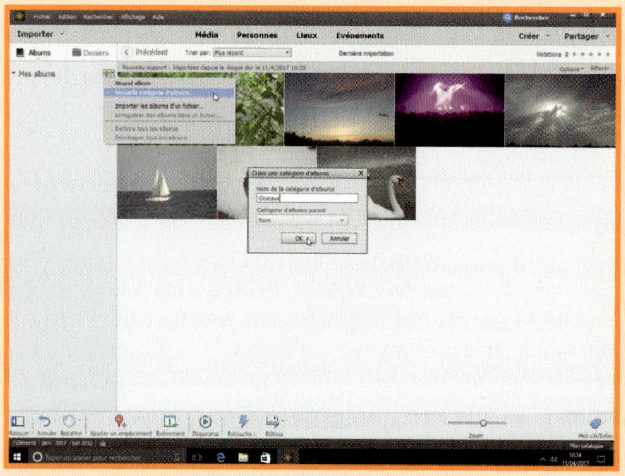

3 Maintenant que vos photos sont importées, vous allez pouvoir créer des catégories d'album qui permettront de classer les albums photos. Cliquez dans la partie gauche sur *Albums*, puis sur la flèche à droite de l'icône verte + et sur *Nouvelle catégorie d'albums*. Dans la fenêtre qui s'affiche, saisissez un nom de catégorie. La rubrique *Catégorie d'albums parent* permet de regrouper les albums de plusieurs catégories en une seule grande catégorie. Cliquez sur *OK*.

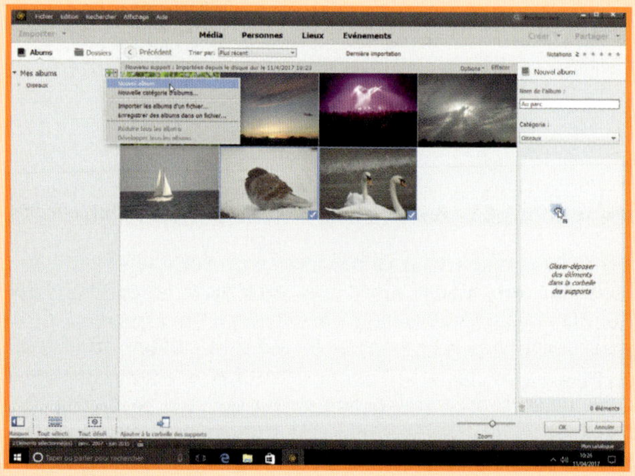

4 Cliquez dans la partie gauche de l'interface sur l'icône verte +, à droite de la zone *Mes albums*. À droite de l'interface, donnez un nom à votre album en le saisissant dans la zone *Nom de l'album*. Sélectionnez éventuellement une catégorie créée précédemment pour cet album avec la liste déroulante *Catégorie*. Pour associer des photos à un album, cliquez sur une image dans la partie centrale et déplacez-la vers l'album à droite. Vous pouvez en sélectionner plusieurs en appuyant sur la touche *Ctrl*. Cliquez sur *OK* pour finir.

Le petit +

Une photo peut appartenir à différents albums. Il suffit de la glisser de nouveau dans la partie droite de l'interface lors de la création d'un album.

À savoir

Le tri effectué dans Photoshop Elements ne classe pas vos fichiers dans votre ordinateur ! Il permet d'être plus facilement accessible dans le logiciel et de rentrer des « métadonnées », informations qui sont étiquetées à vos photos quel que soit le programme utilisé pour les ouvrir.

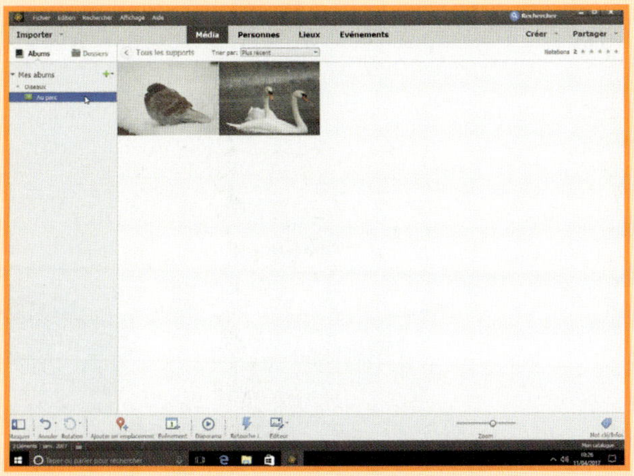

5 Vous retrouvez tous vos albums dans la partie gauche de l'interface sous la zone *Mes albums*. Pour afficher le contenu d'un album, cliquez sur son nom.

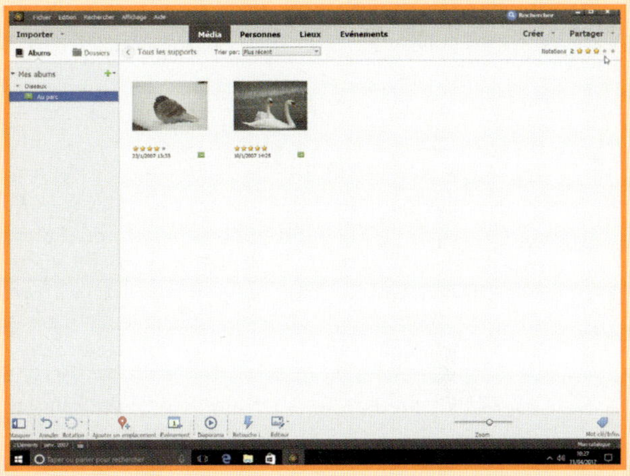

6 Vous pouvez noter vos photos à l'aide d'étoiles. Pour les afficher, appuyez sur les touches *Ctrl* + *D*. Ensuite, sélectionnez le nombre d'étoiles de votre choix sous la photo pour la noter. Pour afficher les photos en fonction de leur nombre d'étoiles, utilisez la zone *Notations* en haut à droite.

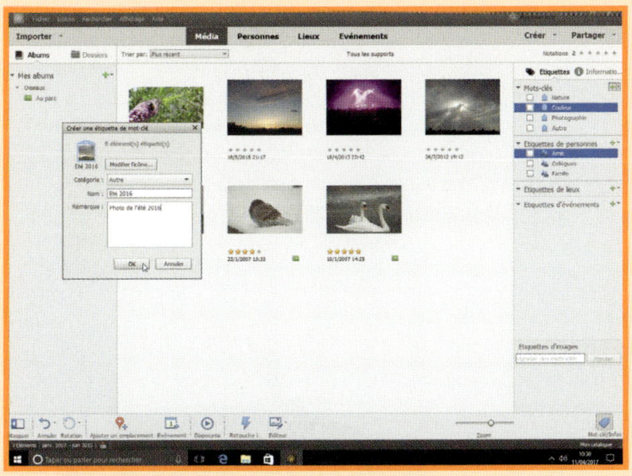

7 Vous pouvez aussi appliquer des étiquettes à vos photos. Cliquez en bas à droite sur *Mot-clé/Infos* pour faire apparaître le panneau *Étiquettes*. Pour *Mots-clés* et *Personnes*, cliquez sur l'icône verte + et définissez l'étiquette (nom, icône, etc.). Pour *Lieux* et *Événements*, vous devrez renseigner l'emplacement et la date. Validez vos choix.

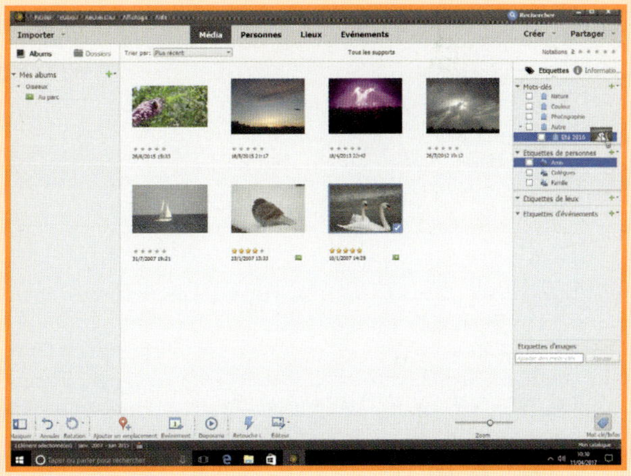

8 Pour associer une étiquette à une photo, déplacez la photo directement sur l'étiquette. L'inverse est aussi possible. Pour afficher les photos d'une étiquette, cliquez sur la case devant le nom de l'étiquette. Cliquez de nouveau dessus pour afficher toutes les photos. Pour les étiquettes de *Personnes*, de *Lieux* et d'*Événements*, cliquez sur les mots correspondants en haut de l'interface de Photoshop Elements.

IMPRIMER, DIFFUSER SES PHOTOS AVEC LE BON MATÉRIEL

Pour imprimer vos photos dans de bonnes conditions, il faut choisir le bon modèle d'imprimante, connaître les paramètres à régler, sélectionner le bon format et utiliser un papier prévu pour les tirages photo. Il est aussi possible de recourir à des prestataires extérieurs, sur Internet, dans des boutiques ou via des bornes de tirage photo.

LES PRESTATAIRES CLASSIQUES OU SUR INTERNET

L'investissement dans une imprimante photo ne vous paraît pas utile ? Qu'importe, vous pouvez faire imprimer vos photos à l'extérieur. Pour éviter de vous déplacer, vous pouvez choisir un prestataire sur Internet. Vous chargez vos photos sur le site, choisissez quelques options (retouches automatiques, taille, nombre de tirages, etc.) et les photos arrivent quelques jours plus tard par voie postale. La plupart des sites proposent la création d'albums en ligne, à l'aide d'outils relativement simples à utiliser. Un certain nombre de magasins disposent aussi de bornes dans lesquelles vous insérez votre carte mémoire. Il ne vous reste plus qu'à sélectionner les photos et à lancer l'impression, mais le format des tirages est souvent limité au 10 x 15 cm. Enfin, certaines boutiques sont spécialisées dans le tirage photo, mais elles se font de plus en plus rares.

IMPRIMANTES PHOTO 10 X 15

Ces imprimantes dédiées aux formats classiques 10 x 15 cm présentent l'avantage d'être très pratiques. Elles disposent d'un logement pour les cartes mémoire ou peuvent être reliées directement à votre appareil. De plus, elles sont très compactes et peuvent facilement être transportées ; certaines sont même équipées d'une batterie. En revanche, même si le rendu s'est amélioré, il reste encore moins bon que celui d'une « vraie » imprimante photo.

IMPRIMANTES JET D'ENCRE ET LASER

Les deux types d'imprimantes les plus répandus sont les jet d'encre et les laser. Ces dernières ne sont pas conseillées pour l'impression photo, le rendu n'est pas idéal et elles n'acceptent pas les papiers photo très épais. Elles sont plutôt dédiées à la bureautique et l'impression en grand volume. Pour la photo, ce sont les imprimantes jet d'encre qui offrent le meilleur rendu. Les modèles multifonctions (eux aussi jet d'encre), avec un scanner intégré, offrent aussi une bonne qualité. Les fabricants disposent également de modèles spécialisés dans l'impression photo qui disposent d'un plus grand nombre de réservoirs d'encre. Il est très fortement conseillé de choisir un modèle d'imprimante avec réservoirs séparés ou rechargeables, ce qui permet de changer uniquement la cartouche de couleur épuisée, et non toutes les couleurs en même temps. N'hésitez pas à consulter des tests comparatifs pour trouver le modèle qui vous convient le mieux.

Trucs & astuces

La définition de l'image (ou résolution) est exprimée en points par pouce (ppp, dpi en anglais) : elle permet de convertir la taille de la photo numérique (en pixels) en taille de photo imprimée (en pouces) : pour une bonne qualité d'image, on utilise entre 150 et 300 dpi. Vous pouvez vérifier la taille en pixels et le dpi de votre image en faisant un clic droit sur le fichier dans l'*Explorateur de fichiers* et en allant dans *Propriétés* puis *Détails*. Pour vérifier la taille maximale d'impression (en cm), vous pouvez utiliser des convertisseurs en ligne comme www.blitzresults.com/fr/pixels ou www.altelia.fr/actualites/calculateur-resolution-definition-format.htm.

OPTIMISER SES IMPRESSIONS

Avant de lancer l'impression, il est important de la paramétrer. En cliquant sur *Propriétés*, ou *Propriétés avancées*, dans la boîte de dialogue d'impression du logiciel à partir duquel vous voulez imprimer, vous pourrez indiquer le type de papier placé dans le bac de l'imprimante et définir la qualité d'impression. Les pilotes d'impression proposent souvent des corrections automatiques, comme l'augmentation de l'intensité des couleurs ou la réduction du bruit, ce qui peut améliorer le rendu. Toutefois, si vous avez correctement retouché vos photos, inutile d'utiliser ces fonctions. Enfin, si votre imprimante est capable d'imprimer sans bordure, pensez à recadrer votre photo avant l'impression, sans quoi l'imprimante le fera automatiquement et vous pourriez avoir des surprises.

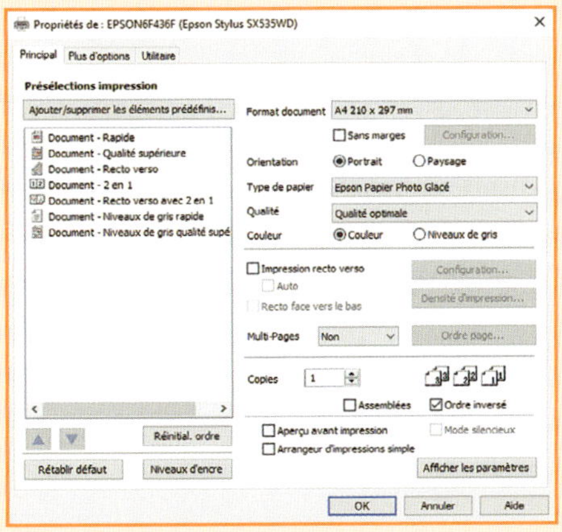

LE PAPIER

Le choix du papier pour l'impression photo joue son rôle dans le rendu final et la longévité de l'impression. Choisir le papier de la même marque que votre imprimante est une solution sûre, mais qui peut être plus coûteuse, et d'autres marques proposent des papiers spéciaux (magnétiques, formes particulières, etc.) qui peuvent aussi être utilisés. Vous aurez souvent le choix entre des papiers photo mats ou brillants, qui offrent un rendu différent. Enfin, ces papiers spéciaux pour la photo ont souvent un sens d'impression ; vérifiez bien le côté destiné à l'impression.

LES CARTOUCHES D'ENCRE

Ces consommables représentent une part non négligeable dans le budget d'impression. Vous pouvez opter pour des cartouches de la marque de votre imprimante ou pour des cartouches génériques ou compatibles, moins chères. Les cartouches de la marque de votre imprimante vous garantiront cependant une bonne qualité d'impression et vos clichés tiendront mieux dans le temps.

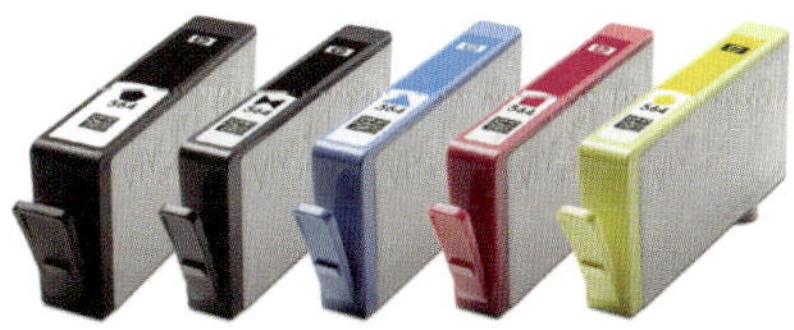

ET LES ÉCRANS ?

Une autre solution pour diffuser ses photos est de passer par un écran. Vous pouvez passer par un cadre numérique (un écran LCD qui affiche vos photos sous la forme d'un diaporama, voire des vidéos pour certains). Il existe de multiples modèles, plus ou moins grands, avec mémoire interne ou un emplacement pour une carte mémoire, aux formats 4/3 ou 16/9. Mais la diffusion de photos peut aussi se faire sur un téléviseur, car de plus en plus de modèles disposent de ports USB permettant de connecter une clé USB ou un disque externe. Enfin, stocker les photos sur le disque interne de votre box Internet permet aussi d'y accéder à partir d'un téléviseur, d'un ordinateur, d'une tablette ou d'un smartphone (voir p. 32).

TRANSFÉRER, MONTER ET GRAVER SES VIDÉOS

Que vous filmiez avec un caméscope numérique, un appareil photo, un smartphone, ou une tablette, vous pouvez transférer vos fichiers vidéo sur un PC afin de monter et graver vos films sur DVD.

Comme la musique et la photo, la vidéo a connu une évolution majeure en entrant dans l'ère du numérique, facilitant son exploitation sur ordinateur, tablette, et smartphone. Aujourd'hui, vous filmez avec des caméscopes, des tablettes, des smartphones et des appareils photo numériques en HD et en 4K. Contrairement aux enregistrements sur bande analogique (VHS, S-VHS, et Hi-8) ou bande numérique (miniDV), vous pouvez transférer le contenu de votre carte mémoire sur un PC exactement comme vous y transférez vos photos. Cette opération assure la sauvegarde de vos fichiers vidéo et permet d'accéder aux outils de montage dont vous pourrez graver le résultat sur DVD. Votre film une fois monté pourra également être diffusé sous la forme d'un fichier MP4 autonome ou publié sur des services en ligne comme Youtube ou Dailymotion, ainsi que sur les réseaux sociaux.

Transférer des fichiers vidéo

Importez sur un ordinateur vos fichiers vidéo numériques enregistrés sur carte mémoire afin de monter vos films dans les meilleures conditions.

1 Pour les caméscopes enregistrant sur disque dur (voire sur DVD enregistrable), les smartphones, les tablettes et les appareils photo numériques, transférez vos fichiers vidéo en connectant l'appareil à un port USB de votre ordinateur. Si vous stockez vos fichiers sur la carte microSD du smartphone ou de la tablette, vous pouvez la retirer et l'insérer dans un adaptateur pour carte SD que vous insérerez à son tour dans le lecteur de cartes de votre PC.

2 Si vous avez filmé avec une tablette disposant d'un port USB, récupérez les vidéos sur une clé USB que vous insérerez ensuite dans l'ordinateur. Avec un smartphone ou une tablette, vous pouvez également transférer les fichiers par Bluetooth (voir p. 46 et 47) ou via le Cloud (OneDrive, iCloud, Dropbox etc., voir p. 231 et suivantes).

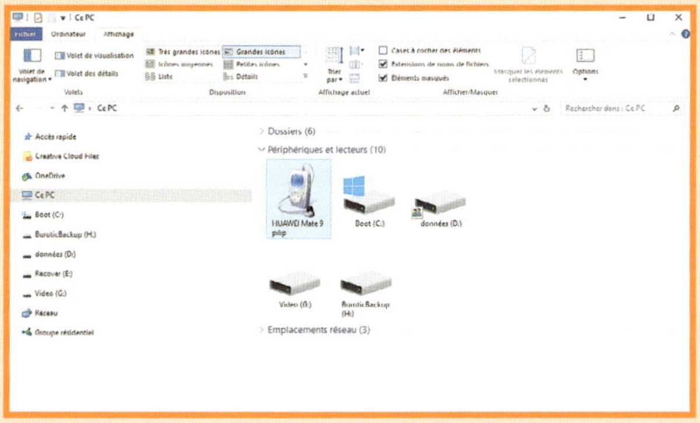

3 Cliquez sur l'icône de l'*Explorateur de fichiers* de la barre des tâches de Windows (sous forme de dossier jaune). Dans le *Volet de navigation*, cliquez sur *Ce PC*. L'icône du caméscope, de l'appareil photo numérique, du smartphone ou de la tablette apparaît dans la section *Périphériques et lecteurs*. Double-cliquez dessus puis parcourez les différents dossiers et sous-dossiers pour accéder à celui contenant les fichiers vidéo. En fonction de votre caméscope et du système d'exploitation de votre périphérique mobile, le nom du dossier contenant des vidéos peut être très particulier. Consultez le manuel de votre appareil.

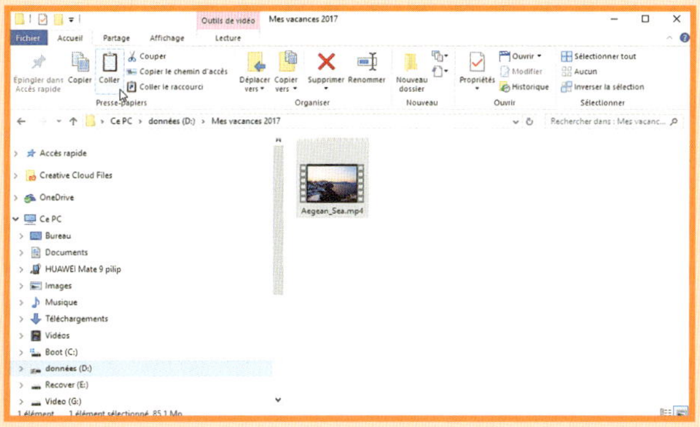

4 La hiérarchie et le nom des dossiers varient d'un fabricant à un autre. Sélectionnez les fichiers à transférer, ouvrez l'*Explorateur de fichiers* puis l'onglet *Accueil* et cliquez sur le bouton *Copier*. Naviguez ensuite jusqu'au dossier de destination du disque dur de votre PC. Une fois ce dernier affiché, cliquez sur le bouton *Nouveau dossier* de l'onglet *Accueil*. Nommez ce dossier, et cliquez sur le bouton *Coller* de l'onglet *Accueil*.

Attention !

Les fichiers vidéo, notamment HD et 4K, sont très volumineux. Vérifiez que vous disposez de suffisamment d'espace disque avant de procéder au transfert de vos films.

IMPORTER DES VIDÉOS ANALOGIQUES

CONNEXION POUR LA CAPTURE ANALOGIQUE

La procédure de capture des images provenant d'un caméscope analogique ou numérique miniDV est plus complexe. En effet, les vidéos sont enregistrées sur une bande de manière linéaire et non pas séquentielle. Vous devrez raccorder le caméscope ou le magnétoscope à une carte d'acquisition interne (sur les PC de bureau) ou externe pour les appareils analogiques, ou à un port iLink ou IEEE 1394 pour les caméscopes miniDV. Si votre PC n'a pas de port iLink ou de carte d'acquisition interne, vous pouvez aussi récupérer vos films avec un boîtier d'acquisition externe USB. Branchez les câbles S-VHS ou Composite (prise jaune) ainsi que le câble audio stéréo de la station d'accueil du caméscope à ce boîtier. La capture des images n'aura pas la qualité DV que vous obtiendriez via l'entrée IEEE 1394 de l'ordinateur ou d'une carte d'acquisition interne, mais elle reste tout à fait correcte.

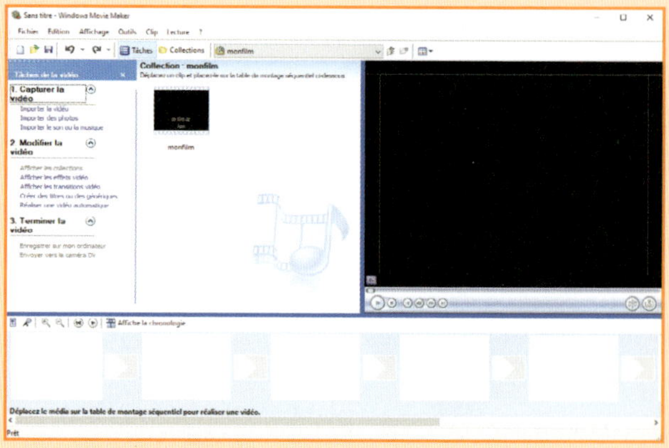

PROCÉDURE D'IMPORTATION

Ensuite, il faudra utiliser le module d'acquisition d'un logiciel de montage virtuel comme Windows Movie Maker (gratuit), Nero Video (anciennement Nero Vision, payant) ou Pinnacle Studio (payant) pour capturer les images sur le disque dur de votre ordinateur. La procédure est longue puisqu'elle se fait à la vitesse de lecture de la bande. Donc, importer 60 minutes de vidéo demande 60 minutes. Avec une bande numérique miniDV qui est « timecodée », il est possible d'automatiser la capture des séquences en indiquant les points d'entrée (début des séquences) et les points de sortie (fin des séquences) que l'on souhaite récupérer ; le programme les capturera alors les unes après les autres sans intervention de votre part.

PARAMÈTRES DE CAPTURE

Il est conseillé de capturer vos vidéos analogiques et miniDV dans un format compressant le moins possible les images. Mais, en fonction de la puissance de votre ordinateur, vous n'aurez pas le choix du niveau d'encodage de vos vidéos. Ainsi, avec un caméscope miniDV, choisissez de préférence le format DV. Avec la vidéo analogique, vous opterez le plus souvent pour un encodage MPEG 2 et si possible MP4 (codec H264), avec un débit binaire (Kilobits/seconde) assez élevé afin de ne pas trop détériorer l'image lorsque vous l'encoderez de nouveau pour diffuser votre film sur DVD ou en fichier numérique. Comme les fichiers capturés sont volumineux, veillez à disposer d'un espace disque suffisant pour ne pas interrompre la procédure de capture faute de place.

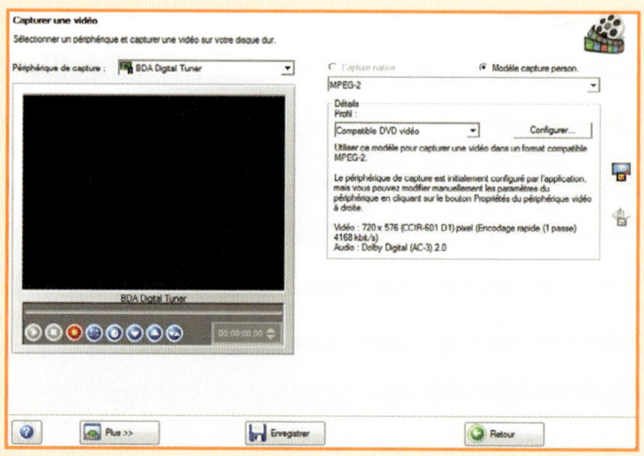

À savoir

Si la numérisation de vos vidéos analogiques vous pose problème, recourez à une société qui transférera vos vidéos sur DVD et/ou fichier MP4, que vous pourrez ensuite transférer sur votre ordinateur pour les monter avec un logiciel approprié.

Créer un film avec VSDC Video Editor

VSDC Video Editor est un logiciel de montage virtuel gratuit et complet qui vous permettra de recomposer votre film à partir de plusieurs séquences et de le graver sur un DVD vidéo compatible avec les lecteurs de salon.

1 Commencez par télécharger le logiciel sur le site www.videosoftdev.com/fr. Procédez à son installation (un redémarrage de votre ordinateur peut être nécessaire). Ensuite, démarrez le programme pour accéder à une interface dont la partie supérieure vous propose des activités, et la partie inférieure la découverte des principales fonctionnalités du logiciel.

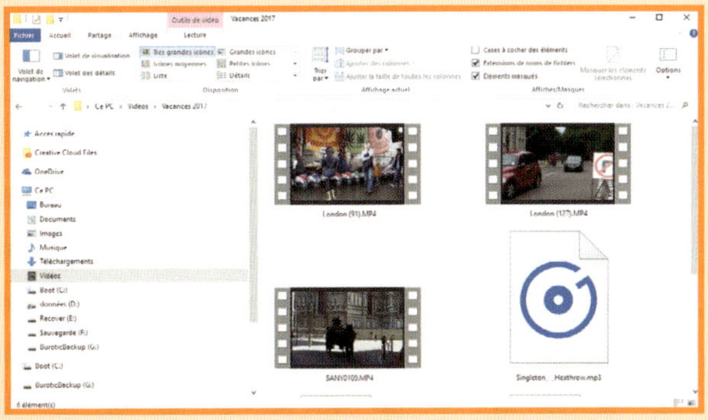

2 Facilitez votre montage en regroupant vos fichiers vidéo et audio dans un dossier unique sur votre disque dur. Attribuez-lui le nom de votre futur film pour le localiser plus facilement. Vous y stockerez d'autres vidéos, musiques, effets sonores ou photos nécessaires à votre projet. Enfin, n'oubliez pas d'effectuer une copie de sauvegarde de ce dossier sur un support externe après chaque session de travail.

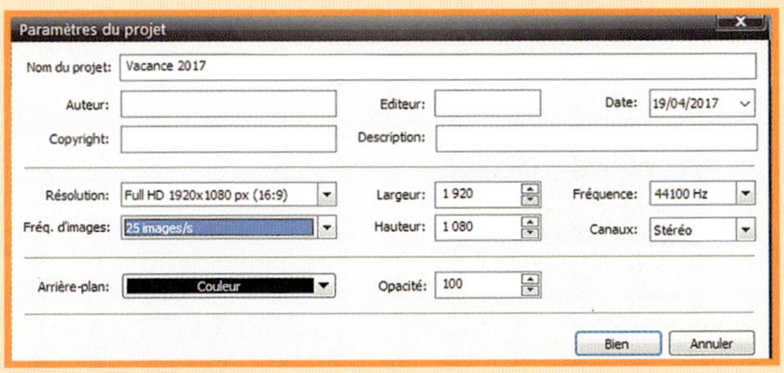

3 Dans VSDC Video Editor, cliquez sur la vignette *Projet vide.* Ensuite, nommez le projet et, dans le menu local *Résolution*, choisissez le même format d'image que celui de votre tournage, *Full HD 1920 x 1080 px* par exemple (vous trouverez ces propriétés dans la fenêtre *Propriétés* de votre fichier, en faisant un clic droit sur l'icône le représentant dans l'*Explorateur de fichiers* de Windows), puis le nombre d'images par seconde dans le menu local *Fréquence*. Validez par un clic sur *Bien*.

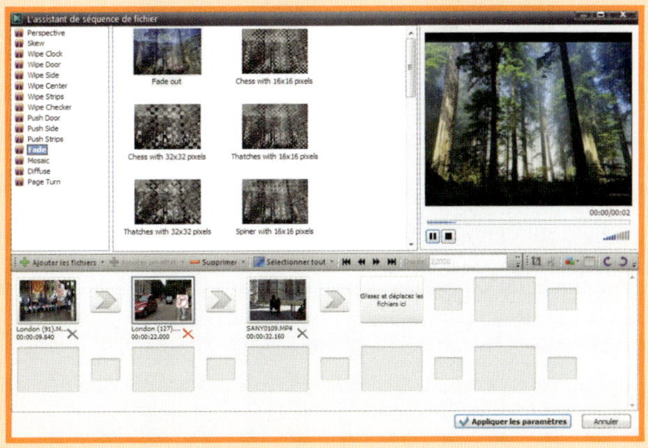

4 Ouvrez le menu *Éditeur*, puis *Insérer un objet, et* choisissez *Vidéo*. Sélectionnez ensuite les vidéos à importer et cliquez sur *Ouvrir*. Cette action lance *L'assistant de séquence de fichier*. Réorganisez vos clips en déplaçant leurs miniatures dans la partie basse de la boîte de dialogue. Dans le volet gauche, sélectionnez un type de transition (*Perspective*, *Screw*, etc.), puis glissez-déposez une vignette de transition sur les cases avec une flèche. Cliquez sur *Appliquer les paramètres*. Une seule piste vidéo est créée à partir de vos fichiers importés.

5 Pour réduire la durée des clips, faites glisser leur point d'entrée (début du plan) vers la droite et/ou leur point de sortie (fin du plan) vers la gauche. Repositionnez les clips pour ne pas laisser d'espace vide entre eux dans le montage. Pour supprimer des images à l'intérieur d'un clip, sélectionnez-le en cliquant dessus, puis placez la réglette rouge sur la partie à supprimer et cliquez sur l'outil *Fractionner* (paire de ciseaux avec pellicule verte). Chaque partie coupée apparaît sur une piste autonome. Faites un clic droit sur ces parties fractionnées et, dans le menu contextuel qui s'affiche, choisissez *Supprimer*. Réorganisez vos plans.

6 Pour appliquer un effet vidéo à un plan, activez-le dans l'*Explorateur des objets*, dans *Fenêtres* en haut à gauche, en cliquant sur son en-tête de piste. Ensuite, ouvrez *Éditeur*, puis *Choisir le style rapide*, et cliquez sur la vignette de l'effet à appliquer (par exemple *Accentuation importante* ou *Flou léger*). Une fois l'effet appliqué, réglez ses paramètres dans le volet *Fenêtre des propriétés* (à droite). Les effets sont cumulatifs. Pour retirer un effet, faites un clic droit sur son icône dans l'*Explorateur des objets*, et choisissez *Supprimer*.

7 Pour passer progressivement d'un plan à un autre, sélectionnez un des clips entre lesquels vous voulez appliquer cet effet de transition. Ouvrez le menu local *Effets vidéo*, et pointez sur *Effets de transition*. Cliquez sur un effet. Dans le message d'avertissement, choisissez *Yes* pour appliquer la transition. Dans la boîte de dialogue *Paramètres de la position de l'objet*, indiquez la position de l'effet et indiquez la durée. Cliquez sur *Bien*, puis sur *Aperçu* (triangle bleu sous l'image du moniteur) pour vérifier la transition.

8 Ajoutez un titre via *Insérer un objet*, en cliquant sur *Texte*, puis à nouveau sur *Texte*. La boîte de dialogue *Paramètres de la position de l'objet* apparaît. Cliquez sur *Bien* une fois les paramètres sélectionnés. Dans la barre d'outils en haut, définissez la police, la couleur, la taille, etc., puis cliquez directement sur l'image du moniteur. Dans la zone de texte, tapez votre titre. Dans le montage, fixez la durée du texte en glissant son bord droit et/ou gauche, et repositionnez l'objet. Vous pouvez aussi y appliquer une transition. Cliquez sur *Aperçu* pour vérifier le titre.

Trucs & astuces

La version Pro, payante, permet d'animer les filtres avec des images clés pour en faire varier l'effet sur toute la durée d'un plan.

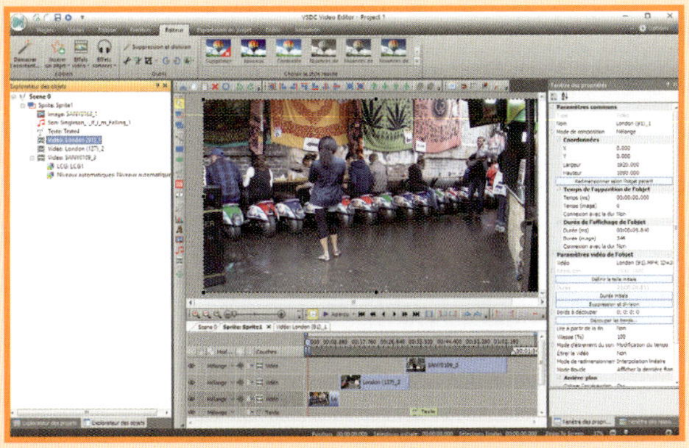

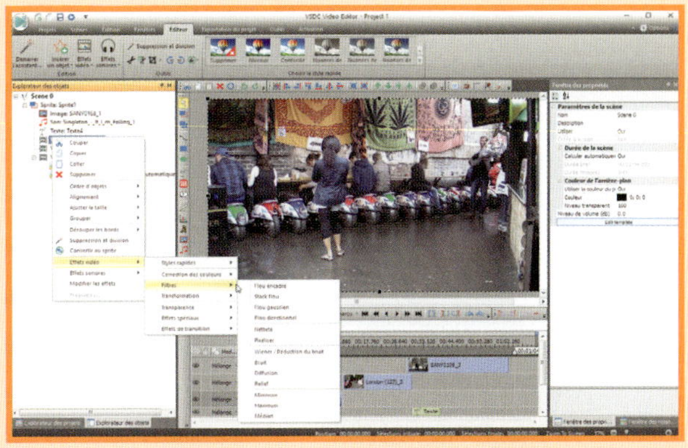

9 Pour appliquer et animer les réglages d'un filtre, par exemple faire passer progressivement une séquence vidéo du noir et blanc à la couleur, commencez par sélectionner le clip dans l'*Explorateur des objets* situé sur la partie gauche de l'interface. Ensuite, cliquez, si ce n'est pas déjà fait, sur l'onglet *Éditeur*.

10 Dans l'onglet *Éditeur*, localisez le groupe *Choisir le style rapide*. Cliquez sur la vignette de l'effet à appliquer, en l'occurrence *Nuance de gris 100 %*. L'effet s'applique immédiatement. Pour utiliser d'autres filtres, faites un clic droit sur le nom du clip dans *l'Explorateur des objets*. Dans le menu contextuel, sélectionnez *Effets vidéo* puis *Filtres* et choisissez un filtre dans une des catégories d'effets proposées.

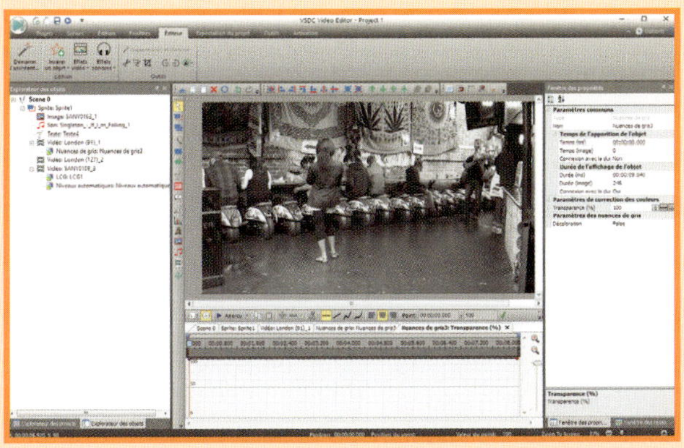

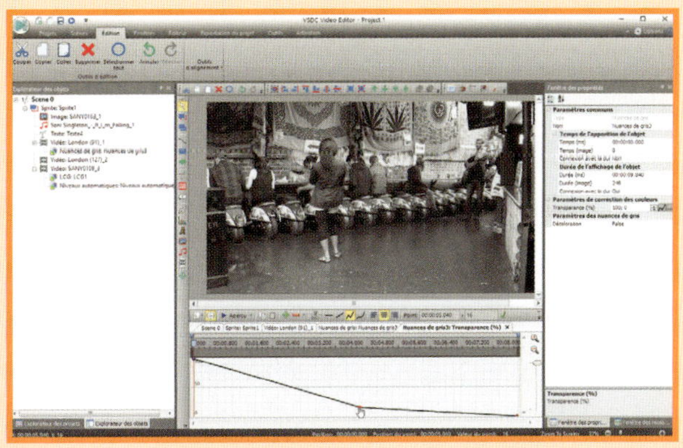

11 Dans l'*Explorateur des objets*, cliquez sur le nom de l'effet appliqué afin d'afficher ses paramètres dans *Fenêtre des propriétés*, à droite. Localisez le réglage à animer (*Transparence* dans *Paramètres de correction des couleurs* pour cet exemple), et cliquez sur le bouton orné de trois petits points. La timeline ouvre un « éditeur » d'images clés qui va permettre de faire passer le plan vidéo du noir et blanc à la couleur.

12 Cliquez sur la petite flèche située à gauche de *Transparence*. Dans le champ *Valeur finale*, tapez « 0 » pour que l'effet ne s'applique plus. Validez avec la touche *Entrée*. Vous constatez que la ligne d'animation va maintenant de 100 à 0. Si vous souhaitez que la couleur soit totalement visible avant la fin du clip, double-cliquez sur la ligne et faites glisser le point tout en bas à la durée où l'image doit être en couleur. Vérifiez l'animation par un clic sur *Aperçu*.

13 Ajoutez de la musique, via *Insérer un objet* puis *Audio.* Choisissez le fichier à importer parmi vos fichiers, puis cliquez sur *Ouvrir.* Dans *Paramètres de la position de l'objet*, indiquez la position à laquelle doit être insérée la musique dans le montage. Vous pourrez la repositionner plus tard. Cliquez sur *Bien.* L'audio apparaît sur une piste *Son.* Modifiez la durée du clip audio comme vous l'avez fait pour une vidéo. Si nécessaire, appliquez-lui des effets via le menu *Effets sonores.* Pour ne pas entendre le son des pistes vidéo, sélectionnez chacune d'elles dans l'*Explorateur d'objets.* Choisissez *Ne pas lire le son* dans le menu local *Piste audio* du volet *Fenêtre des propriétés.*

14 Variez votre montage en insérant des photos. Choisissez *Insérer un objet* puis *Image.* Localisez le dossier contenant vos photos, sélectionnez-en une et cliquez sur *Ouvrir.* Dans *Paramètres de la position de l'objet*, indiquez la position de l'image dans le montage et cliquez sur *Bien.* Cette action crée la piste *Image.* Pour incruster la photo dans la vidéo, réduisez sa taille et repositionnez-la directement dans l'aperçu. Appliquez-lui des effets et des transitions comme vous le feriez pour un clip vidéo (voir étape 7).

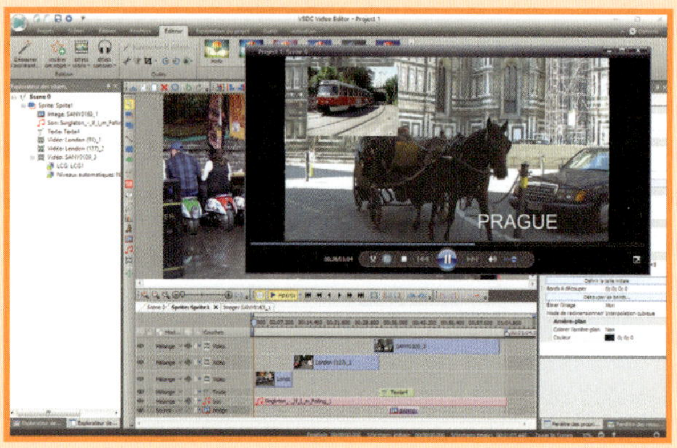

15 Vérifiez que tous les plans du montage s'enchaînent convenablement, que la musique démarre au bon endroit, et que les titres sont bien positionnés. Pour cela, placez la tête de lecture en début de montage, et cliquez sur le bouton *Aperçu.* À la fin de cette prévisualisation, apportez les corrections nécessaires, puis relancez un aperçu.

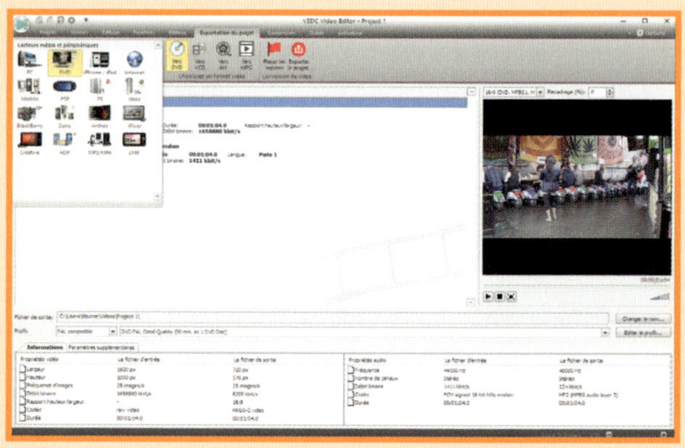

16 Dès que vous êtes satisfait de votre film, exportez-le via les fonctionnalités de l'onglet *Exportation du projet.* Là, intéressez-vous aux groupes *Choisissez un périphérique multimédia* et *Choisissez un format vidéo.* Le premier contient un ensemble d'hypothèses de diffusion allant du fichier consulté sur PC à la PS (pour PlayStation) ou au BlackBerry en passant par Internet et DVD. Le second permet de sélectionner le format en fonction du périphérique multimédia choisi.

Attention !

Si votre projet utilise des fonctionnalités de la version Pro (qui ne sont signalées que sur la page de démarrage du logiciel, dans une section *Découvrez les principales fonctionnalités*), un message vous en avertit lors de l'exportation. Soit vous achetez cette version, soit vous cliquez sur *Continuer.* Dans ce cas, l'exportation se fera sans ces fonctionnalités.

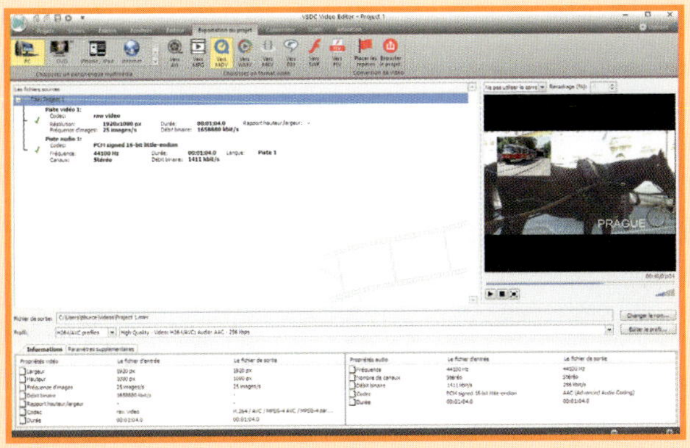

17 Pour exporter le film sous la forme d'un fichier lisible sur la majorité des périphériques de diffusion, optez pour le format MOV, mais dans un encodage MP4 de type H264, notamment si vous avez filmé et monté en HD. Dans le groupe *Choisissez un périphérique multimédia*, cliquez sur *PC*. Ensuite, dans *Choisissez un format vidéo*, optez pour *Vers MOV*.

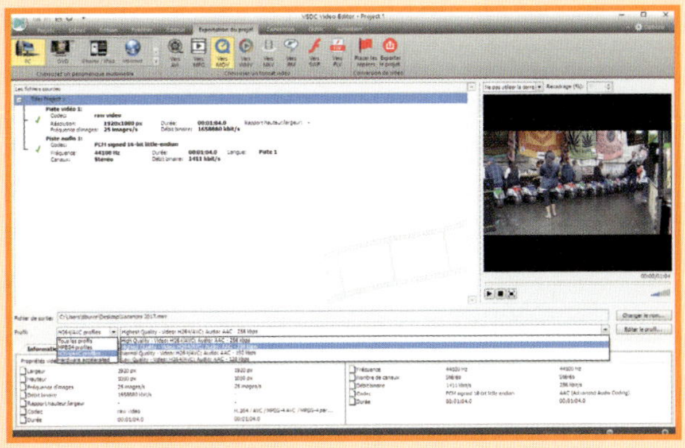

18 Dans la partie inférieure du paramétrage de l'importation, cliquez sur le bouton *Changer le nom*, à droite. Nommez le fichier et choisissez un dossier de stockage. Ensuite, cliquez sur *Enregistrer*. Ouvrez le menu local *Profil* et choisissez *H264/AVC profiles*. Définissez la qualité dans le menu local à droite. Si nécessaire, cliquez sur *Éditer le profil* afin de personnaliser les réglages. Enfin, cliquez sur *Exporter le projet* du groupe *Conversion vidéo*. Vous n'avez plus qu'à lire le fichier vidéo .MOV.

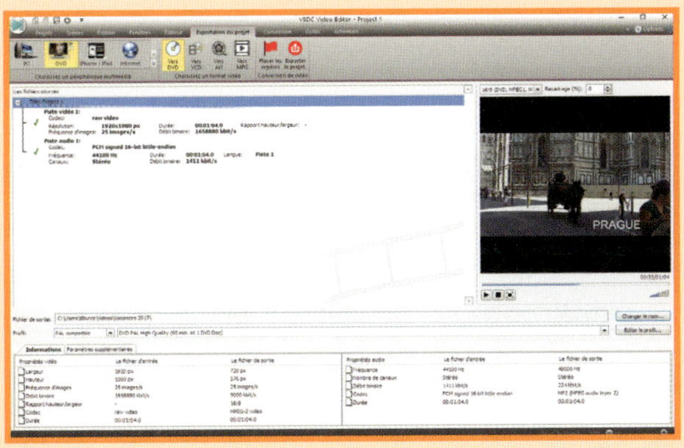

19 Pour graver votre projet sur un DVD vidéo, insérez un DVD vierge dans votre graveur. Dans le groupe *Choisissez un périphérique multimédia*, cliquez sur *DVD*. Optez pour *Vers DVD* dans le groupe *Choisissez un format vidéo*. En bas de l'interface, ouvrez le menu *Profil* et choisissez le format *PAL compatible*. Ensuite, dans le menu local adjacent, choisissez une qualité prédéfinie que vous pouvez personnaliser par un clic sur le bouton *Éditer le profil*.

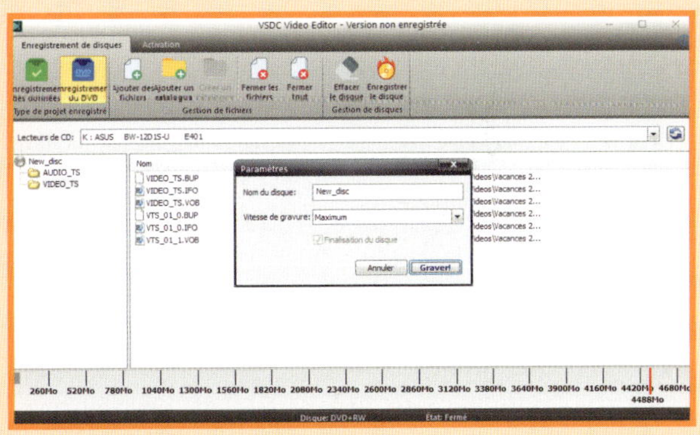

20 Cliquez sur *Exporter le projet*. Patientez pendant l'encodage du film puis, dans le message demandant si vous souhaitez enregistrer le DVD sur disque, cliquez sur *Yes*. Dans la boîte de dialogue de gravure, nommez le disque (facultatif) et choisissez la vitesse de gravure (la plus basse possible tout en restant compatible avec le disque utilisé pour minimiser les risques). Enfin, cliquez sur le bouton *Graver!* Une fois la gravure terminée, éjectez le DVD et insérez-le dans un lecteur.

À savoir

Le format MOV est préférable au format AVI car vous êtes alors certain qu'il sera lu aussi bien sous Windows que iOS et macOS (le format AVI n'étant pas supporté par les appareils d'Apple).

Réaliser un montage vidéo de pro avec Pinnacle Studio 20

Vous pouvez réaliser le montage de vos vidéos avec un logiciel comme Pinnacle Studio 20 (www.pinnaclesys.com/fr/), plus intuitif et complet que la version gratuite de VSDC Video Editor. Si vous n'avez pas préalablement importé vos vidéos, consultez les pages 293 et 294.

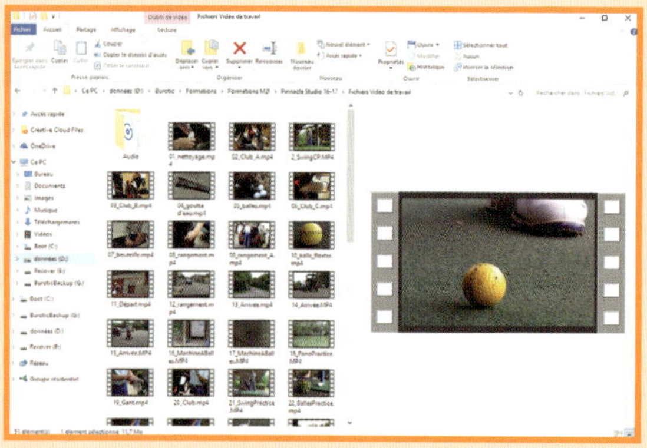

1 Réunissez dans un dossier unique les éléments indispensables au montage de votre film : vos plans (les fichiers vidéo, voir « À savoir »), vos fichiers musicaux pour une illustration sonore, ou encore vos photos si vous envisagez d'agrémenter votre travail d'images fixes. Sachez que *Pinnacle Studio* met aussi à votre disposition des musiques et des bruitages.

2 Pour transférer vos vidéos, cliquez sur le bouton *Importer*, en haut à droite. Dans le volet gauche du module *Importeur Studio*, choisissez la source de vos films : DVD, caméscope, carte mémoire, disque dur, etc. Naviguez jusqu'au répertoire où sont enregistrées les vidéos originales. Vos fichiers doivent alors apparaître dans la partie centrale du module d'importation.

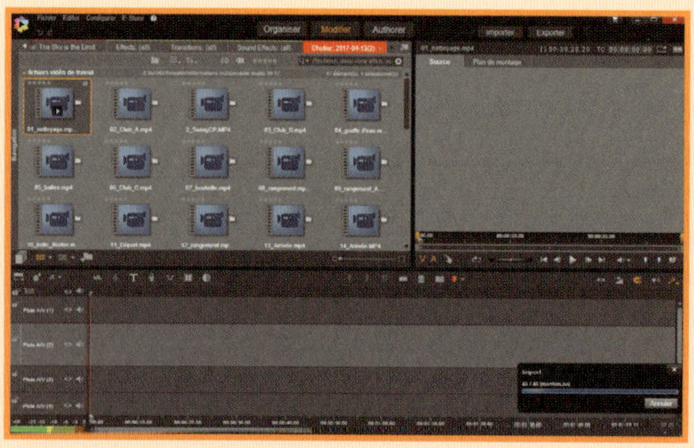

3 Chaque fichier est un plan (identifié par une miniature) qui contient des images enregistrées entre le moment où vous avez lancé l'enregistrement avec votre caméra et celui où vous l'avez arrêté. Par défaut, tous les plans sont sélectionnés. Décochez ceux que vous ne souhaitez pas importer. Pour accélérer la sélection, commencez par cliquer sur *Sélectionner tout* ou *Désélectionner tout* (pour choisir vos plans manuellement) en bas de la fenêtre. Cliquez sur le bouton *Démarrer l'import* en bas au centre de la fenêtre une fois votre sélection terminée.

4 Une fois l'importation terminée, le logiciel bascule en mode *Modifier* et affiche par défaut le *Chutier* contenant vos fichiers vidéo importés. Si ce n'est pas le cas, cliquez sur l'onglet *Chutier*. Toutes les conditions sont alors réunies pour procéder au montage de votre film. Notez qu'à tout moment vous pourrez ajouter d'autres fichiers vidéo, audio ou photo à votre montage. En mode *Modifier*, cliquez sur l'icône du dossier située dans la partie supérieure gauche de la fenêtre. Sélectionnez les fichiers concernés, puis cliquez sur le bouton *Ouvrir*.

À savoir

Un plan en vidéo (ou au cinéma) est la durée d'enregistrement qui existe entre le moment où vous lancez l'enregistrement et celui où vous l'arrêtez. Votre appareil crée alors un fichier vidéo correspondant à un plan. L'ensemble des plans d'une même scène (unité de lieu et de temps) constitue une séquence.

5 Le banc de montage virtuel prend la forme d'une timeline (ligne temporelle) située sous le *Chutier*. Elle se compose de plusieurs pistes audio/vidéo (A/V) sur lesquelles vous placerez des plans (ou clips) vidéo et leur contenu audio, des titres, de la musique et des bruitages. L'ensemble de ces pistes permet de composer un film complet. Le moniteur, en haut à droite, contient deux onglets : *Source* affiche le contenu des vidéos lues depuis le *Chutier* et *Plan de montage* affiche les images vidéo des plans positionnés sur la timeline.

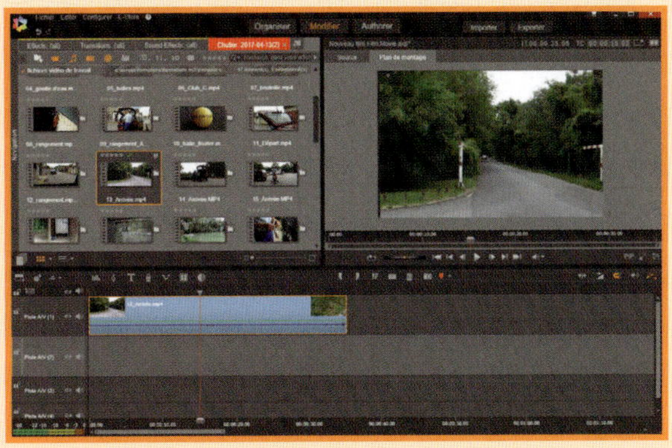

6 Cliquez sur une des miniatures importées dans le *Chutier* et glissez-déposez-la sur la timeline. La vidéo apparaît sur la piste V1, et le son sur la piste audio A1. Lancez la lecture de ce plan en appuyant sur la barre d'espace ou par un clic sur le bouton de lecture du moniteur.

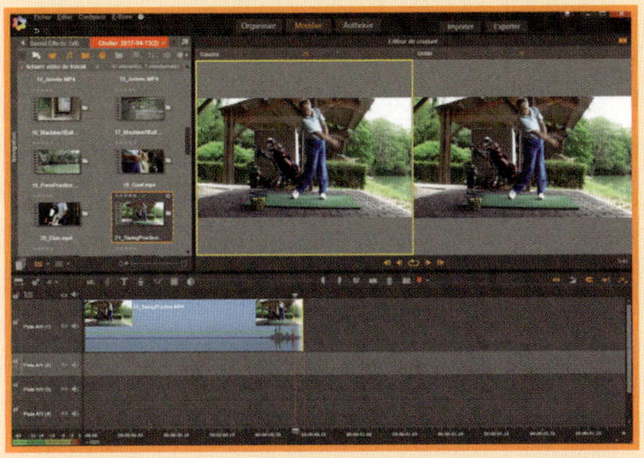

7 Pour supprimer des images en début et fin de plan, cliquez sur le bord gauche du plan pour basculer en mode *Éditeur de coupure*. Placez le pointeur de la souris dans l'aperçu de droite, cliquez et faites glisser le curseur vers la droite pour définir le point d'entrée. Ensuite, cliquez sur le bord droit, et définissez le point de sortie. La durée du plan s'ajuste dans le *Plan de montage*. Validez par un clic sur le plan situé sur la timeline (la ligne sur le banc de montage). Pour éliminer des images au milieu d'un plan, utilisez l'outil *Partager les clips* (au centre, au-dessus de la timeline).

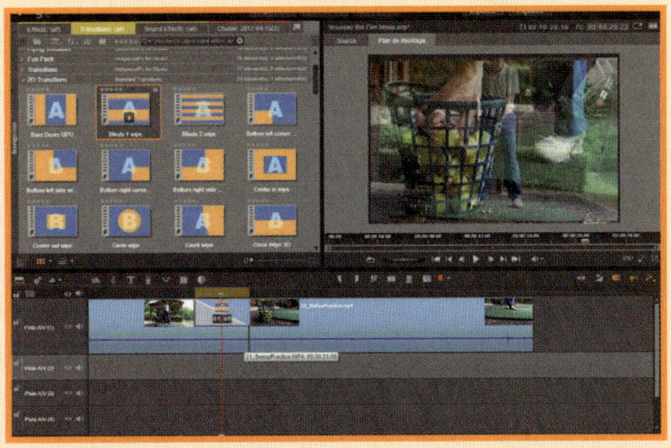

8 Pour passer progressivement d'un plan à un autre et enchaîner des séquences, appliquez des transitions. Cliquez sur l'onglet *Transitions* en haut à gauche, puis sur le petit triangle situé à gauche du nom de la catégorie de transitions à laquelle appartient celle qui vous intéresse. Ouvrez le menu local en haut à gauche pour afficher les nombreux effets de transition de Pinnacle Studio, choisissez une catégorie, puis glissez-déposez une miniature d'effet entre deux plans.

9 La première piste A/V du montage contient le son direct de vos prises de vues. La représentation graphique permet d'apprécier la forme de l'onde sonore avec ses variations de volume. Pour faire varier précisément le volume d'un plan, cliquez sur l'icône des barres du spectre audio à gauche de la clé de sol (au-dessus de la timeline). Cliquez sur l'icône du losange pour basculer en édition des images clés. Cliquez directement sur la ligne de volume bleue pour créer des images clés (points) dont vous ferez varier la hauteur avec la souris pour moduler le niveau sonore. Cliquez de nouveau sur l'icône des barres de spectre pour revenir au montage.

10 Cliquez sur l'icône *T* au-dessus de la timeline pour basculer dans l'interface *Éditeur de titres*. Saisissez votre titre dans la fenêtre affichant la mention « Votre texte ici ». Utilisez le panneau *Paramètres du texte* pour changer la police, sa taille ou sa couleur. Cliquez sur *OK*. Par défaut, le titre est inséré à la position de la tête de lecture. Pour l'incruster sur les images, placez la vidéo sur la piste A/V (2) et le titre sur la piste A/V (1). Pour modifier le titre, double-cliquez dessus dans le *Plan de montage*.

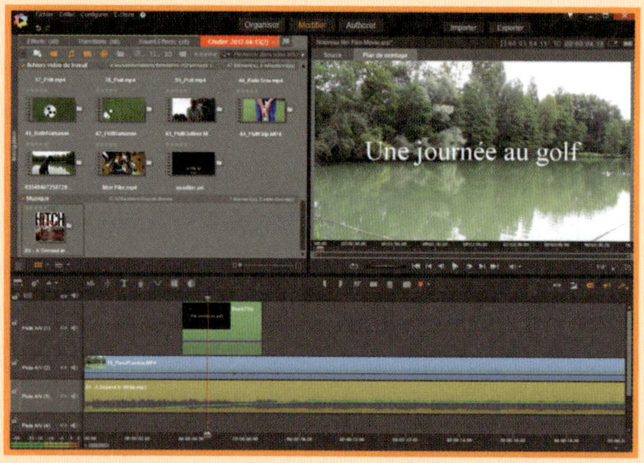

11 Pour ajouter une de vos musiques dans le film, cliquez sur le dossier en haut à gauche. Parcourez vos fichiers et cliquez sur le fichier audio à importer, puis sur *Ouvrir*. Glissez-déposez la vignette du fichier audio sur une piste A/V libre. Vous pouvez l'éditer comme un plan vidéo, et varier son volume comme expliqué à l'étape 9. Lorsque vous ne pouvez pas modifier les clips d'une piste, vérifiez qu'elle n'est pas verrouillée. Si elle l'est, cliquez sur le cadenas dans l'en-tête des pistes A/V pour la déverrouiller.

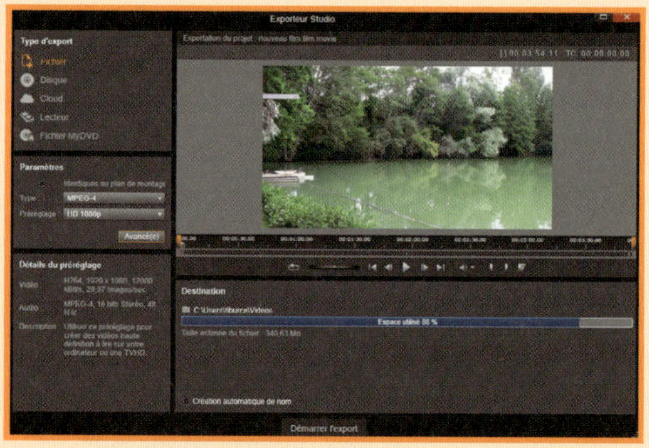

12 Placez la tête de lecture au début du montage et lancez la lecture en appuyant sur la barre d'espace ou en cliquant sur le bouton *Lire* du moniteur. Si le montage vous convient, cliquez sur le bouton *Exporter*. Choisissez alors le support de destination (*Fichier*, *Disque*, etc.), définissez les paramètres : le *Type* (Audio, AVI, etc.), et le *Préréglage* (comme HD 1080p). Dans la section *Destination*, cliquez sur l'icône du dossier pour indiquer l'emplacement de stockage du film encodé. Cliquez sur le bouton *Démarrer l'export*. (Pour créer un DVD, voir p. 306 et 307.)

Trucs & astuces

Pour supprimer le son initial d'un plan, faites un clic droit sur le plan et, dans le menu qui apparaît, choisissez *Détacher l'audio*. Cliquez sur la piste audio qui s'affiche et appuyez sur la touche *Suppr* de votre clavier.

Faire des incrustations d'images avec Pinnacle Studio 20

Pour varier et singulariser un film, pensez à y insérer des photographies. Vous pouvez incruster de la même manière de nouveaux plans vidéo au sein de votre projet.

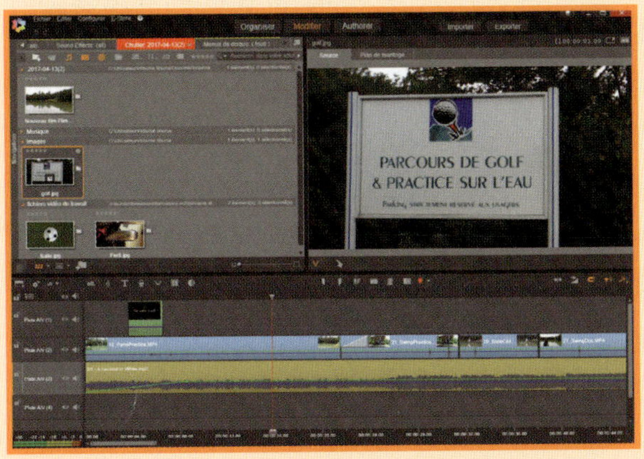

1 Ouvrez votre projet et cliquez sur l'onglet *Modifier* pour y incruster une photographie. Pour importer des photos dans le projet, cliquez sur le dossier en haut à gauche, puis parcourez vos fichiers. Sélectionnez la ou les photos, et cliquez sur *Ouvrir*. Pour n'afficher que les photos dans le *Chutier*, désactivez l'affichage des vidéos par un clic sur l'icône de la caméra à droite de celle du dossier.

2 Glissez-déposez la vignette d'une photo sur une piste située au-dessus des images montées. La photo masque alors la vidéo. Double-cliquez sur sa vignette dans le montage. Dans l'éditeur qui apparaît, cliquez sur l'onglet *Effets* et agissez sur les réglages *Horizontal* et *Vertical* du paramètre *Taille* pour réduire les dimensions de l'image. Pour effectuer un redimensionnement proportionnel, c'est-à-dire sans déformer la photo, activez l'icône du cadenas située entre *Horizontal* et *Vertical*.

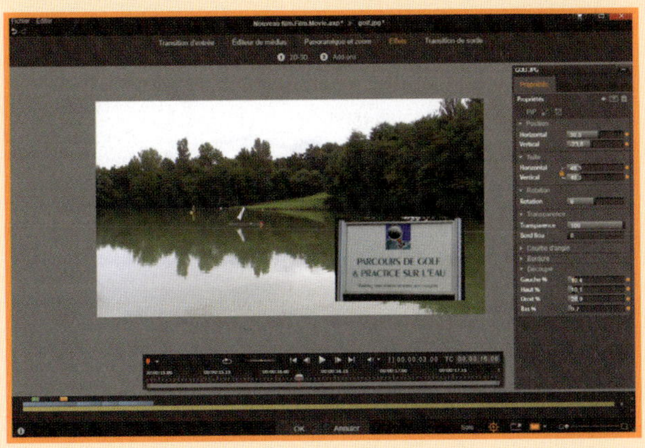

3 Réglez la position en modifiant les valeurs des réglages *Horizontal* et *Vertical* du paramètre *Position*. Recadrez cette incrustation en agissant sur les curseurs du paramètre *Recadrage*. Si nécessaire, ajoutez une bordure pour mieux détacher l'image de la vidéo. Validez par un clic sur *OK*.

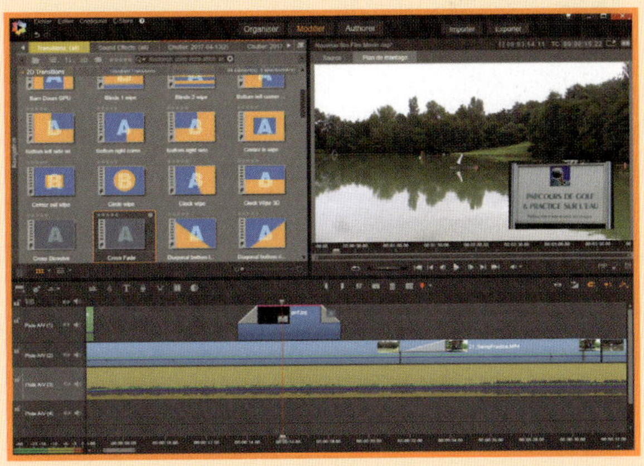

4 Fixez la durée d'affichage de l'incrustation dans le film en plaçant le pointeur de la souris sur le bord droit de sa vignette. Cliquez et, sans relâcher le bouton de la souris, tirez ce bord vers la droite pour augmenter la durée ou vers la gauche pour la réduire. Si besoin, repositionnez l'image sur la timeline. Pour faire apparaître et disparaître progressivement l'incrustation, placez une transition *Cross fade* au début et à la fin de l'image. Lancez la lecture pour apprécier l'incrustation.

Appliquer des effets vidéo avec Pinnacle Studio 20

Les effets vidéo permettent d'améliorer la qualité de l'image mais aussi de créer des images totalement fantaisistes en agissant sur de nombreux paramètres.

1 Double-cliquez sur le plan monté afin de l'ouvrir dans l'*Éditeur de médias*. Pour régler la qualité de l'image, activez l'option *Accroître*. Agissez sur le curseur des différents réglages du panneau de droite pour améliorer la *Balance des blancs*, la *Luminosité*, le *Contraste*, etc. Ces réglages étant non destructifs, vous pourrez les modifier à tout moment. Validez par un clic sur *OK* ou bien appliquez d'autres effets.

2 Pour appliquer des effets plus fantaisistes, cliquez sur l'onglet *Effets* puis ouvrez le menu *Add-ons* et choisissez une catégorie de filtres comme *Artistic*. Faites défiler les vignettes des filtres afin de sélectionner le filtre à appliquer. Placez le pointeur de la souris sur un effet pour obtenir un aperçu de son impact sur l'image. Cliquez sur la vignette du filtre pour l'appliquer.

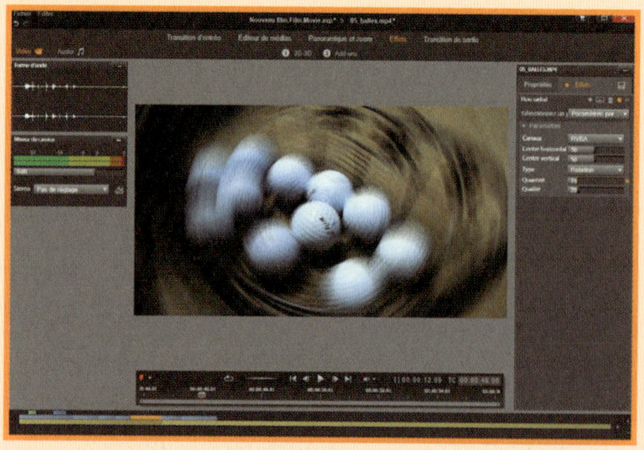

3 Une fois l'effet appliqué, modifiez ses réglages dans l'onglet *Effets* qui s'ajoute au panneau affiché dans la partie droite de l'*Éditeur*. Les filtres étant cumulatifs, vous pouvez empiler les effets en répétant cette procédure. Cliquez sur le nom de l'effet pour afficher la liste des effets ainsi appliqués. Pour supprimer un filtre, cliquez sur l'icône en forme de poubelle.

4 Vous pouvez animer les paramètres d'un effet pour le faire varier pendant la lecture du film. Par exemple, pour passer progressivement d'un film en noir et blanc à la couleur, appliquez l'effet *StudioBW*. Vérifiez que la tête de lecture est au début du plan. Fixez le réglage *Quantité* sur *100* pour que l'image soit en noir et blanc. Activez l'animation par image clé en cliquant sur le losange situé en haut du panneau des réglages. Il devient orange. Placez la tête de lecture à la durée où l'image doit être en couleur, et fixez la valeur *Quantité* sur *0*. Vous constatez que deux losanges sont présents dans la barre de transport de l'*Éditeur*. Replacez la tête de lecture au début du plan et lancez la lecture.

Utiliser les thèmes de montage avec Pinnacle Studio 20

Les thèmes de montage permettent de créer facilement des effets de transition un peu originaux.

Trucs & astuces

Cliquez sur l'icône de cadenas en tête des pistes A/V pour verrouiller le contenu de la piste correspondante, vous évitant ainsi toute manipulation accidentelle.

1 Le thème de montage est une petite séquence à placer au début du film, entre des séquences, et à la fin du montage. Pour accéder à la bibliothèque des thèmes, placez le pointeur de la souris sur la barre verticale *Navigation* située sur la gauche de l'interface. Dans le volet qui apparaît, ouvrez la catégorie *Contenu* et cliquez sur *Montage*. Des vignettes de thèmes de montage apparaissent à la place du *Chutier*.

2 Pour ouvrir votre film avec un effet, glissez-déposez une des miniatures au début de la piste vidéo A/V (1). Pour placer des plans dans les drop zones qui affichent un chiffre («4» et «5» sur l'illustration), double-cliquez sur le thème ainsi inséré. Dans l'*Éditeur* qui apparaît, glissez-déposez dans ces zones des vignettes du contenu de votre film. Faites glisser le curseur présent sous chaque vignette pour déterminer l'image de départ du plan dans chacune des drop zones. Validez par un clic sur *OK*.

3 Derrière ce thème inséré, placez les autres plans de votre film. Pour modifier la durée de cette première séquence animée, placez le pointeur de la souris sur le bord droit du clip du thème dans le plan de montage (timeline). Quand le pointeur prend la forme d'une flèche dirigée vers la droite, cliquez et faites glisser le bord vers la droite pour augmenter la durée ou vers la gauche pour la réduire. Si vous réduisez la durée, vous devrez repositionner les plans du film situés à droite du thème de montage pour combler le vide.

4 Baissez au maximum la ligne verte de la bande son, comme expliqué page 302 (étape 9), afin de couper le son. Accédez aux fichiers MP3 de votre *Chutier*, ou bien ouvrez l'onglet *Soundstage*, et glissez-déposez un fichier musical sur la piste A/V (2). Ajustez la durée du fichier audio à celle du thème de montage en faisant glisser le bord droit du clip musical. Les fichiers *Soundstage* reposent sur la technologie *Scorefitter* qui boucle la musique de manière indétectable quelle que soit la durée que vous lui appliquez.

Graver un film sur DVD avec Pinnacle Studio 20

Pinnacle Studio permet de créer des DVD vidéo avec menus et chapitrage.

À savoir

La personnalisation des chapitres est très complète dans Pinnacle Studio. Vous pouvez utiliser photos et vidéos comme arrière-plan de vos menus, y ajouter une musique et animer les vignettes via l'onglet *Motion* de l'*Éditeur de disque*.

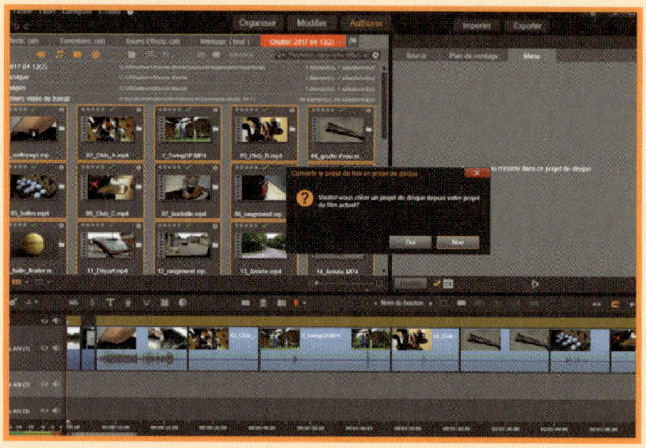

1 Pour créer rapidement un DVD à partir de votre film monté dans la timeline, cliquez sur le bouton *Authorer* en haut de l'interface. Dans le message qui apparaît, confirmez que vous souhaitez transformer votre projet de film en projet de disque. Vous basculez alors dans l'interface de création d'un DVD.

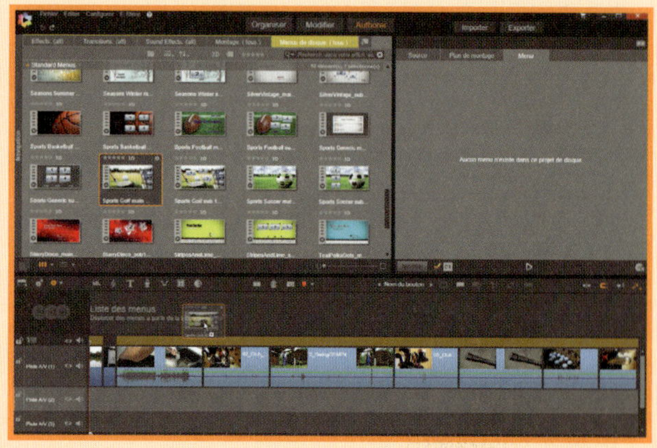

2 Placez le pointeur de la souris sur la barre verticale *Navigation*. Tout en bas du volet qui s'affiche, cliquez sur *Menu de disque*. Parcourez les menus prédéfinis de Pinnacle Studio, et glissez-déposez une miniature de menu principal dans la zone *Liste des menus*. Ensuite, à droite de cette miniature, glissez-déposez un menu « intérieur », c'est-à-dire de définition des chapitres. La structure de votre DVD est prête.

3 Définissez des chapitres comme dans un DVD professionnel. Pour cela, placez la tête de lecture au début de chaque plan devant constituer un chapitre et cliquez sur le bouton *Créer un chapitre non relié* situé sous le moniteur. Cela crée une marque de chapitre sur la timeline. Activez la miniature du menu des chapitres et glissez-déposez chaque drapeau sur la drop zone correspondant au numéro de chapitre pour relier le bon drapeau au bon chapitre. Chaque drapeau porte alors le numéro du chapitre correspondant comme « C1 », « C2 », etc.

4 Pour personnaliser chaque menu, activez sa miniature et cliquez sur le bouton *Modifier* situé en bas à gauche du moniteur. Dans l'*Éditeur de disque* qui s'affiche, changez les noms des menus, leur police, leur couleur et leur taille. Agissez directement dans la zone de texte et dans les panneaux *Paramètres du texte* et *Paramètres des apparences*. Validez vos modifications par un clic sur leur bouton *Appliquer*. Cliquez sur *OK*. Enfin, comme pour les chapitres, liez le menu des chapitres au bouton *Chapitres* du menu principal.

Attention !

Vérifiez bien que les renvois aux différents menus fonctionnent, et surtout que les chapitres sont correctement organisés. Une mauvaise configuration de boutons et votre DVD risque de tourner en boucle sur ses menus.

À savoir

Créer une image permet de créer un fichier .iso, une copie conforme de votre DVD que vous pourrez ensuite graver sur des DVD vierges avec le logiciel de gravure de votre choix. Un fichier .iso peut aussi servir de fichier de sauvegarde d'un DVD. Pour le lire, il faut soit le graver, soit utiliser un lecteur de disques virtuels (Daemon Tools Lite, par exemple).

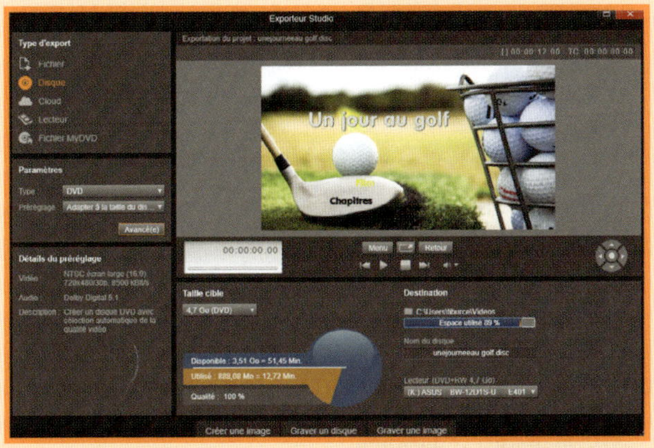

5 Pour graver le disque, cliquez sur l'icône du DVD située en bas à droite du moniteur. La fenêtre *Exporteur Studio* s'ouvre en mode de gravure de DVD. Dans le panneau *Paramètres*, à gauche, choisissez le type de disque à graver. Si votre lecteur de salon n'est pas compatible avec les disques AVCHD (sachant que vous serez limité à 25 minutes de vidéo en AVCHD sur un DVD) et que vous n'avez pas de lecteur (ou de graveur) Blu-ray, optez pour *DVD*. Dans le menu local *Préréglages*, choisissez une qualité d'encodage. Pour éviter toute déconvenue, optez pour *Adapter à la taille du disque*. Studio choisira alors le niveau d'encodage optimal.

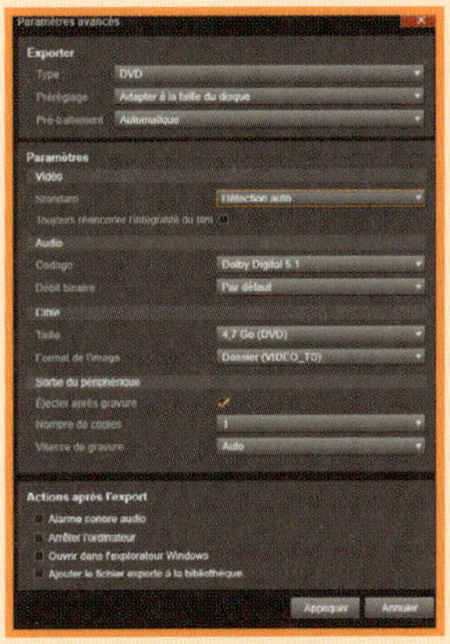

6 Pour une configuration plus précise, et notamment pour définir le type d'encodage audio, cliquez sur le bouton *Avancé(e)*. Dans la boîte de dialogue qui s'affiche, vérifiez les réglages de la section *Exporter*. Dans le menu local *Standard* de la section *Vidéo*, choisissez entre le standard *PAL* (Europe) et *NTSC* (Amérique) et le format *4:3* ou *16:9* en fonction des paramètres de capture de votre caméscope et de la compatibilité de votre lecteur DVD et de votre télévision (sachant que les appareils européens sont le plus souvent compatibles au standard PAL et non NTSC). Réglez ensuite l'encodage audio. Sauf si vous avez choisi un paramétrage différent lors du tournage, optez pour *Dolby Digital 2.0*. Dans la section *Sortie du périphérique*, indiquez le nombre de copies que vous souhaitez graver ainsi que la vitesse de gravure (la plus basse possible, tout en restant compatible avec le disque utilisé, pour minimiser les risques). Enfin, cochez une ou plusieurs actions que le programme réalisera une fois la gravure terminée, comme *Alarme sonore audio*. Cliquez sur *Appliquer*.

7 Profitez du moniteur pour tester une dernière fois le projet de DVD en utilisant les différents boutons de la barre de transports, et en cliquant directement sur les boutons, textes et liens affichés sur l'image. Utilisez aussi la télécommande de droite comme si vous utilisiez celle de votre lecteur de salon. Si tout fonctionne comme prévu, passez à la dernière étape, sinon annulez la gravure et apportez les modifications nécessaires.

8 Dans la partie inférieure de l'*Exporteur Studio*, vérifiez que la *Taille cible* correspond bien au type de DVD inséré dans votre graveur. Vous éviterez ainsi toute erreur de gravure, notamment si l'encodage du DVD dépasse la capacité de stockage du disque. Le graphique situé en dessous indique l'espace disponible et l'espace qui sera occupé. La section *Destination* permet de spécifier l'emplacement de stockage des fichiers du disque, son nom et le graveur à utiliser. Lorsque tout vous semble correct, cliquez sur *Graver un disque*.

Monter des vidéos sous Android

Il est possible de monter des vidéos avec votre appareil sous Android, par exemple avec l'application gratuite VideoShow que vous téléchargerez depuis le Play Store, mais les fonctions offertes seront bien sûr moins pratiques et complètes que sur PC.

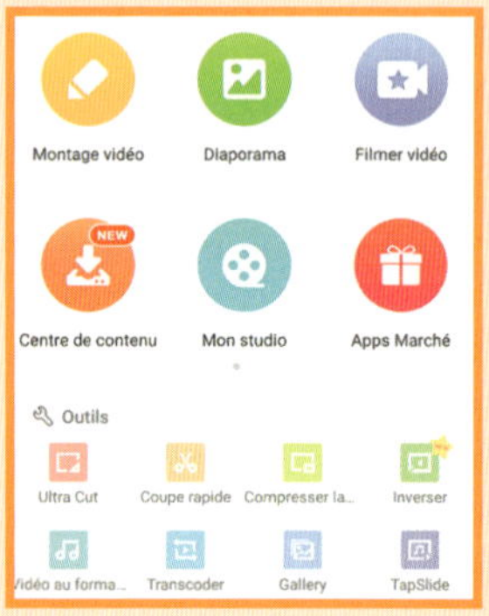

1 À la première utilisation, faites défiler les trois pages d'informations, et touchez le bouton *Start* (ou *Début*). Vous accédez à un ensemble d'icônes qui représentent autant d'outils pour filmer, monter, créer des diaporamas, transcoder, etc. Pour monter des vidéos, touchez l'icône *Montage vidéo* (ou *Édition de vidéo*).

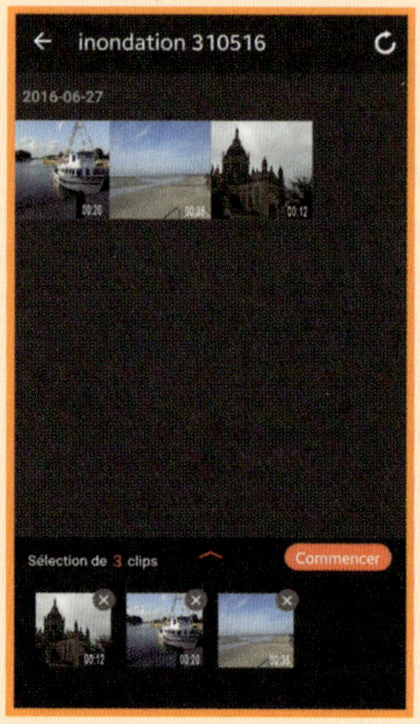

2 Dans la fenêtre *Sélectionner les clips*, le contenu multimédia de votre smartphone est rangé dans trois onglets : *Tout*, qui répertorie toutes vos photos et vidéos, *Vidéo* et *Photo*. Choisissez *Vidéo*. Touchez la vignette de la vidéo à éditer. Elle s'affiche en bas de l'écran. Ajoutez éventuellement d'autres clips. Pour réorganiser les clips, maintenez le doigt appuyé sur une des vignettes, et déplacez-la. Enfin, appuyez sur *Commencer*.

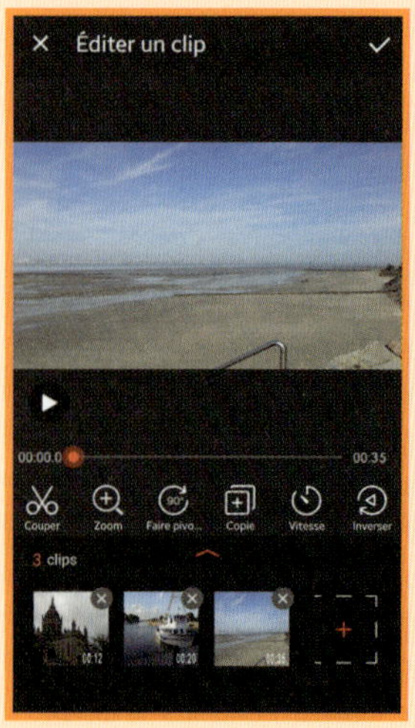

3 Le film se diffuse dans une interface de montage. Pour raccourcir certains plans, touchez l'onglet *Modifier*, puis l'icône *Éditer un clip* (ou *Modifier clip*) en bas à gauche. Dans la partie inférieure, touchez la vignette du clip à modifier, puis choisissez une des actions suivantes : *Couper* ou *Rogner* (pour réduire la durée du plan), *Zoom* pour effectuer un recadrage, *Faire pivoter* pour effectuer une rotation à 90°, *Copie* (ou *Copier*) pour dupliquer le clip, *Vitesse* pour ralentir ou accélérer la lecture jusqu'à 4×, et *Inverser* pour lire le clip de la fin jusqu'au début.

4 Pour réduire la durée du clip, choisissez *Couper* (ou *Rogner*). Dans la partie inférieure de l'interface qui apparaît, faites glisser le bord gauche du clip vers la droite, et le bord droit vers la gauche. Les images estompées seront éliminées. Pour plus de précision, touchez l'icône des curseurs en bas à droite du moniteur. Saisissez l'heure du début et l'heure de fin. Toutes les images situées entre ces deux valeurs seront conservées. Dans les deux cas, touchez *Accepter*. Validez ensuite avec la coche située en haut à droite. Le clip est alors réduit dans le montage. Procédez ainsi pour les autres vidéos de votre film.

À savoir

Lorsque vous quittez l'application, votre projet est sauvegardé automatiquement. Pour l'ouvrir de nouveau, touchez l'icône *Mon studio* de l'écran d'accueil. Ensuite, ouvrez l'onglet *Mon Projet*, et touchez la vignette de votre projet qui s'affiche alors dans l'*Éditeur*.

Trucs & astuces

La version pro de Videoshow coûte 3,99 € : elle permet de supprimer la publicité, d'exporter en 1080p, de monter des vidéos 4K et de supprimer le filigrane de l'application sur vos films exportés.

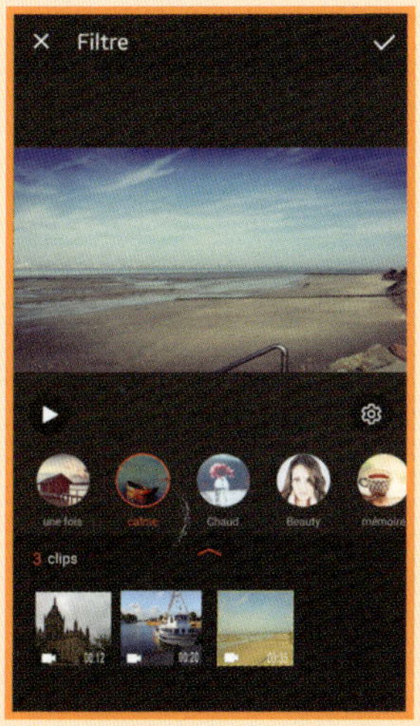

5 Pour donner une ambiance à vos plans, appliquez des filtres. Si nécessaire, ouvrez votre projet, puis touchez l'onglet *Modifier*. Dans la partie inférieure de l'*Éditeur*, faites glisser la barre d'icône vers la gauche, et touchez l'icône *Filtre*. Si besoin, appuyez sur l'icône +. En bas de l'interface *Filtre*, touchez la vignette du clip auquel appliquer le filtre. Faites défiler les vignettes identifiant l'effet des filtres, et touchez celle à appliquer. Validez par l'icône de la coche en haut à droite. Vous constatez que l'effet s'applique au plan inséré dans votre montage. Pour supprimer le filtre, répétez la procédure et choisissez *Aucune* (ou *Aucun*).

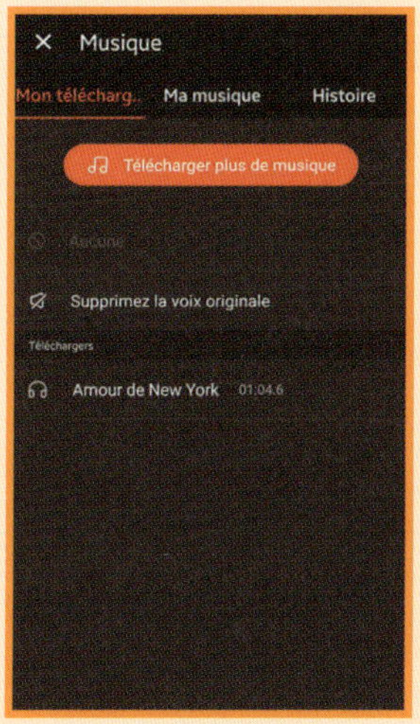

6 Il est possible d'agrémenter votre vidéo avec de la musique. Elle s'ajoutera ou remplacera le son ambiant de la vidéo. Dans l'*Éditeur*, touchez l'onglet *Musique*, puis *Touchez pour ajouter de la musique*. Dans l'interface *Musique*, vous pouvez télécharger des chansons, ou bien utiliser celles stockées sur votre smartphone en appuyant sur l'onglet *Ma musique*. Pour que la musique remplace le son direct, touchez l'option *Supprimer la voix originale*. Touchez un titre pour le préécouter. S'il vous convient, appuyez sur *Ajouter de la musique*. Pour supprimer le morceau, touchez l'icône poubelle ; pour le modifier, touchez l'icône des trois traits horizontaux et répétez cette procédure.

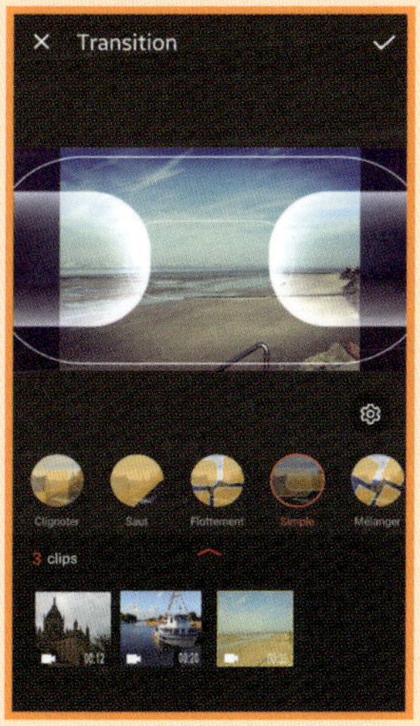

7 Appliquez une transition pour passer progressivement d'un plan à un autre. Ouvrez votre projet, et touchez l'onglet *Modifier*. Faites défiler vers la gauche les vignettes situées en bas de l'interface, et optez pour *Transition*. Parmi les vignettes situées sous l'image du clip, choisissez le plan auquel l'effet sera appliqué. Un aperçu permet d'apprécier l'impact de la transition. Validez en appuyant sur la coche en haut à droite.

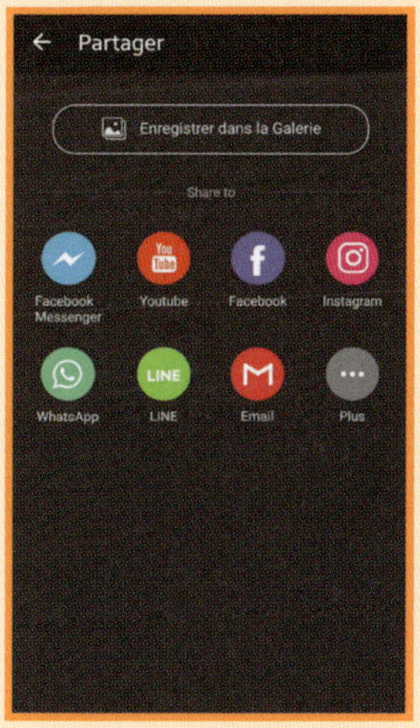

8 Une fois votre film réalisé, partagez-le ! Dans l'*Éditeur*, touchez l'icône de partage en forme d'avion en papier en haut à droite. Dans l'interface *Partager*, choisissez la destination de votre film (Facebook, WhatsApp, Youtube, Instagram et bien d'autres). Pour d'autres options de partage, comme l'envoi par SMS, touchez l'icône *Plus*. Dans la boîte de dialogue *Exportez des vidéos*, choisissez *Mode rapide* ou *Mode HD*. Le premier encode le film en qualité SD tandis que le second préserve la qualité HD. Ensuite, conformez-vous à la procédure de publication propre au support de diffusion.

Monter des vidéos sous iOS

iMovie est le logiciel de montage virtuel de référence sur les ordinateurs, tablettes et smartphones de la marque à la pomme.

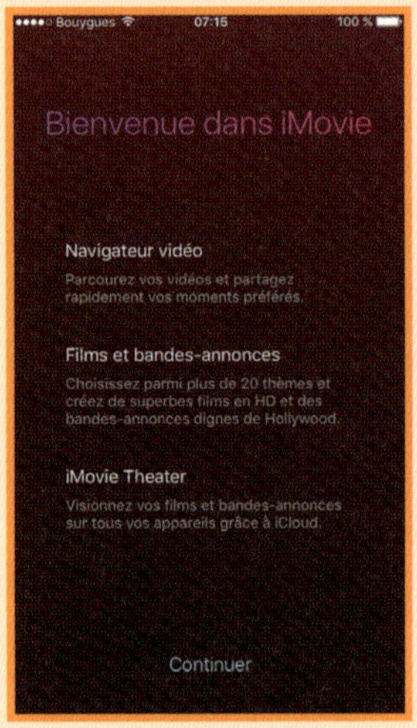

1 Dans iMovie, vous pouvez créer deux types de projets : des films à partir de vos vidéos, photos et musiques ; des bandes-annonces à partir de modèles prédéfinis. Tous vos projets terminés ou en cours sont centralisés dans le navigateur de projets. Sur l'écran d'accueil, touchez *Continuer*. Ensuite, dans l'onglet *Projets*, appuyez sur *Créer un projet*.

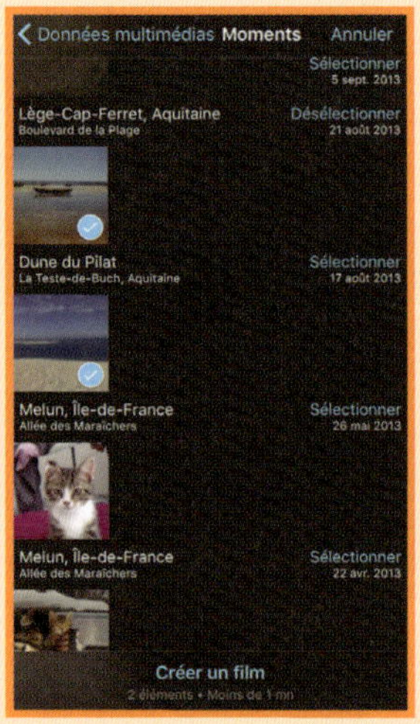

2 Dans l'écran qui apparaît, optez pour *Film* ou *Bande-annonce*. Pour créer une vidéo personnelle, choisissez *Film*. Parcourez les *Données multimédias* et touchez les vignettes des vidéos et des photos à intégrer dans votre montage. Une fois les éléments cochés, touchez *Créer un film* en bas de l'écran. Les éléments sont automatiquement montés les uns après les autres. Ils s'enchaînent avec une transition de type fondu.

3 Lancez la lecture en touchant l'icône de lecture (grosse flèche) située sous le moniteur. Le film défile alors dans le plan de montage. Pour accéder rapidement à une partie spécifique du film, faites glisser votre doigt horizontalement n'importe où sur l'écran. L'image affichée dans le moniteur est celle située sous la grande barre blanche verticale. Pour réduire ou augmenter la taille de la timeline, pincez ou écartez l'écran avec deux doigts.

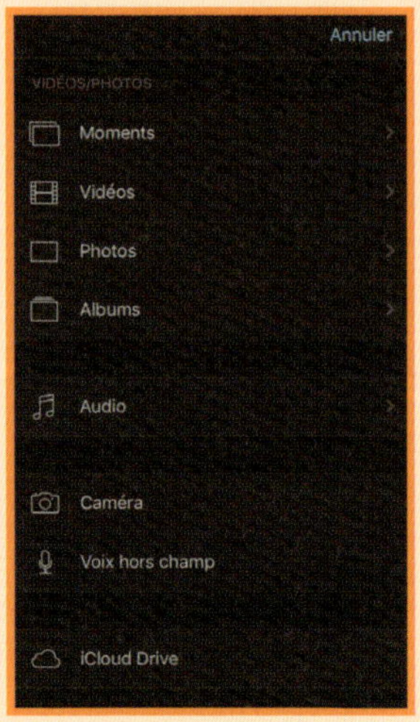

4 Pour ajouter d'autres éléments multimédia, touchez le signe + en bas à gauche du moniteur. Choisissez ensuite une source comme *Vidéos*, *Photos*, *Audio*, etc. Vous pouvez également choisir cet élément sur iCloud Drive. Si nécessaire, ouvrez un des sous-dossiers de chacune de ces sources. Touchez l'élément. Il s'insère à gauche du clip situé sous la tête de lecture. Une transition de type fondu est ajoutée au début et à la fin de ce nouveau clip.

Attention !

iMovie n'est pas présent par défaut sur iPhone ou iPad. Il est cependant gratuit et téléchargeable via l'App Store (voir p. 80).

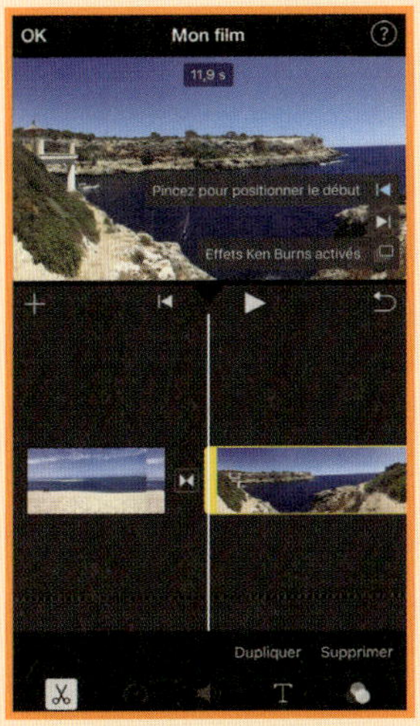

5 Pour réduire la durée d'un plan, touchez-le dans le montage, puis faites glisser vers la gauche ou la droite les épaisses barres jaunes affichées au début et à la fin du clip. Vous pouvez faciliter le positionnement de la tête de lecture sur ces barres en touchant les boutons *Pincez* incrustés sur l'image du moniteur. Lorsqu'un plan est sélectionné, vous pouvez aussi le *Dupliquer* ou le *Supprimer*. L'*Effet Ken Burns* permet d'animer automatiquement les photos avec un effet de panoramique et de zoom.

6 Pour ajouter ou supprimer des transitions, touchez une icône de transition située entre deux plans. Ensuite, choisissez un effet en bas de l'écran. Pour supprimer une transition, choisissez *Aucun*. Pour appliquer un filtre, activez le plan et touchez l'icône des trois cercles en bas à droite. Faites défiler les vignettes des filtres en bas de l'écran et touchez celle de l'effet à appliquer. Une icône apparaît alors dans l'angle supérieur droit de la vignette dans le montage. Pour supprimer un filtre, répétez cette procédure et choisissez *Aucun*.

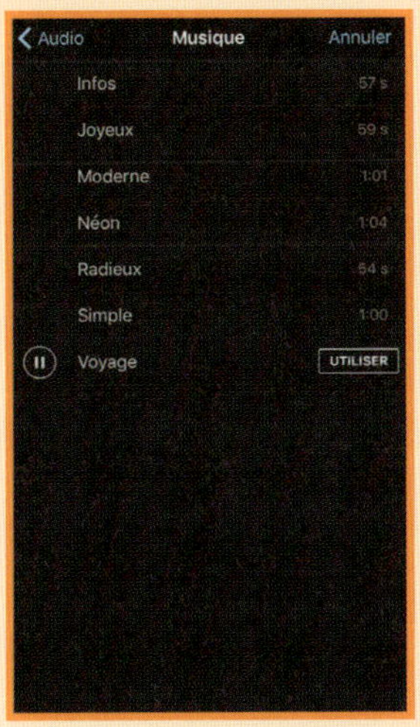

7 Ajoutez de la musique en touchant l'icône +, puis *Audio*. Pour utiliser l'audio de iMovie, touchez *Musique* ou *Bruitages* et pour vos musiques, choisissez une des autres sources proposées. Touchez un morceau. Si l'aperçu audio vous convient, touchez *Utiliser*. Modifiez sa durée comme pour un clip vidéo (voir étape 5). Pour insérer un titre, activez le plan dans le montage et touchez l'icône *T*. Choisissez un type de titre puis la position *Centre* ou *Bas*. Tapez le titre directement sur le moniteur. Touchez *Terminé*.

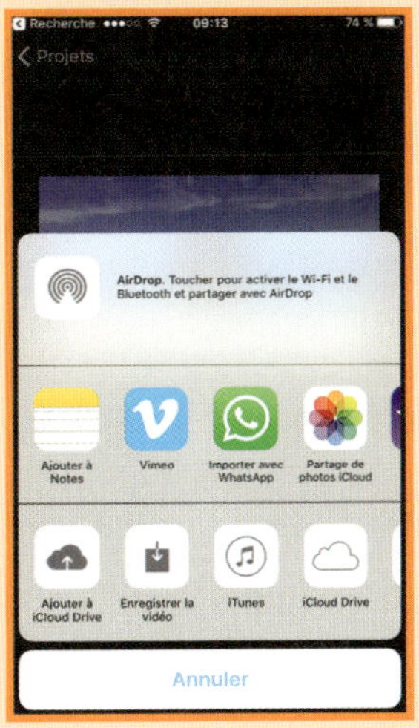

8 Placez la tête de lecture au début du film et lancez la lecture. Si le film vous convient, touchez *OK* en haut à gauche. Ensuite, touchez le bouton de partage en bas au centre (le carré avec la flèche). Choisissez une option de partage, notamment *Enregistrer la vidéo*. Choisissez un niveau de compression prédéfini : *Moyen 360p*, *Large 540p*, *HD 720p* ou *1080p*. La vidéo est alors stockée dans la photothèque. Vous pourrez partager ce fichier comme n'importe quel autre document de votre iPhone.

Compresser une vidéo sous Android

La compression vidéo permet d'économiser de l'espace de stockage.

1 Rendez-vous sur le Play Store et téléchargez l'application YouCut – Video Editor for Youtube (Video Zip sur la page *Applications* de votre smartphone). Acceptez qu'elle puisse accéder à vos fichiers multimédia. À la fin du téléchargement, touchez le bouton *Ouvrir*. L'application permet également d'éditer et de partager vos vidéos. Toutefois, c'est son module de compression qui nous intéresse ici, afin de compresser des films que vous aurez montés, par exemple, avec VideoShow (voir p. 308 et 309).

2 En bas de l'écran d'accueil, touchez l'icône +. Choisissez entre *Camera* pour filmer ou *Album* pour accéder aux vidéos stockées dans l'application Galerie. Ouvrez un des albums, puis touchez la vignette de la vidéo à compresser. Si besoin, réduisez-la en faisant glisser les poignées de droite et de gauche de l'aperçu, et validez en touchant la coche de la section *Import*.

3 Dans l'interface *Edit*, vous pouvez redimensionner votre clip avec l'outil *Trim*. Si la durée de la vidéo vous convient, validez en touchant la coche en haut à gauche. Cette action ouvre une fenêtre de paramétrage de la compression. Vous y choisirez la taille et le niveau de compression.

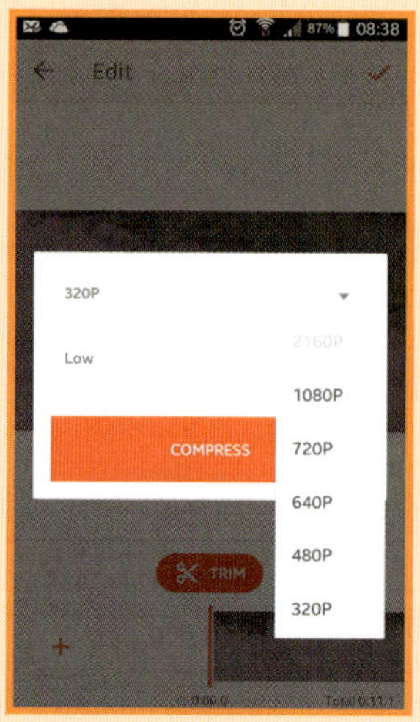

4 Touchez la petite flèche du premier menu local, et choisissez parmi les six dimensions standards qui indiquent la largeur, en pixels, de la vidéo compressée. Vous avez le choix entre 2160p, 720p, 640p, 480p, et 320p. Seules les tailles compatibles avec votre vidéo sont applicables. Ensuite, ouvrez le second menu local et choisissez entre les niveaux de compression *High* (forte compression), *Medium* (compression moyenne), et *Low* (faible compression). Touchez le bouton *Compress*.

À savoir

À la fin du processus, l'application indique le gain de place lié à la compression.
La vidéo compressée est enregistrée dans le dossier *video zip* de votre smartphone.
La vidéo originelle étant conservée, pour vraiment gagner de l'espace, il faut la supprimer.

Compresser une vidéo sous iOS

L'équivalent de YouCut sur iPhone et iPad se nomme Compresser des vidéos.

1 Téléchargez cette application via l'App Store ou iTunes (si votre iPhone ou votre iPad est synchronisé, voir p. 86 et 87) et ouvrez-la. Touchez la grosse icône + afin de sélectionner les vidéos à compresser. Autorisez alors l'application à accéder à votre contenu multimédia.

2 Dans *Albums*, touchez les vignettes des vidéos à compresser. Une coche apparaît dans leur angle supérieur droit. Touchez *Sélectionner* en haut à droite. Cette action ouvre l'écran du choix du niveau de compression. La partie supérieure indique les caractéristiques de la vidéo, c'est-à-dire sa taille, le niveau de compression estimé et l'espace disque ainsi libéré.

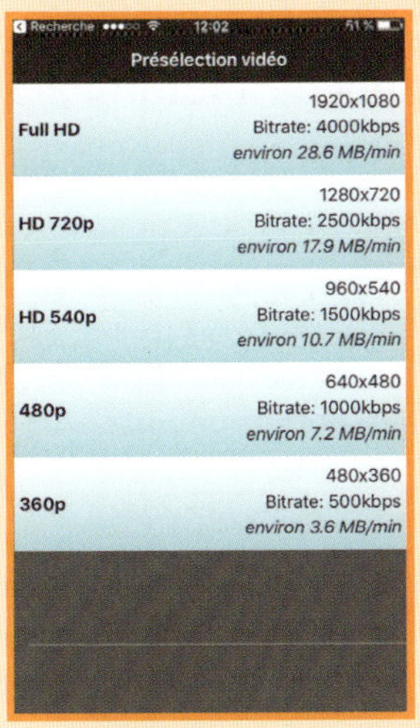

3 Touchez le bouton *Choisir un filtre prédéfini* pour accéder aux cinq niveaux de compression proposés : *Full HD, HD 720p, HD 540p, 480p* et *360p*, organisés du niveau de compression le moins élevé au plus élevé. Appuyez sur un de ces réglages, puis touchez *Aperçu*. Comparez alors l'*Original* et la *Vidéo compressée*. Changez de préréglage si la qualité ne vous convient pas.

4 Si nécessaire, faites glisser le curseur *Ajuster le débit binaire* afin d'augmenter ou de réduire la compression par défaut du préréglage. Lancez de nouveau un *Aperçu*. Enfin, touchez le bouton *CONTINUER*. Sélectionnez le dossier de destination de votre vidéo compressée ou créez un nouvel album, en bas de l'écran. L'encodage commence. À la fin, vous pouvez supprimer les originaux ou simplement choisir *Finir*. Vos vidéos compressées sont disponibles dans le dossier choisi.

Trucs & astuces

Si compresser une vidéo permet un gain d'espace, cela diminue aussi sa qualité de visionnage. Sauvegardez vos originaux sur votre PC ou un espace de stockage externe afin de ne pas perdre définitivement le fichier de meilleure qualité (qui peut être utile pour un visionnage confortable sur un écran plus grand, par exemple).

REGARDER DES VIDÉOS SUR PC ET MOBILE

La multiplicité des formats vidéo impose parfois d'utiliser un autre lecteur multimédia en plus de celui installé par défaut sur votre appareil.

La lecture de vidéos sur PC et appareils mobiles se fait par l'intermédiaire d'un logiciel fourni par le système d'exploitation utilisé. Ainsi, sous Windows 10, vous disposez de l'historique Lecteur Windows Média (LWM) et de l'application Films et TV. Sous Android, les fichiers vidéo filmés avec le smartphone ou la tablette sont lus directement dans l'application Galerie, et les films que vous achetez ont recours à l'application par défaut de votre smartphone ou tablette. Sur les appareils fonctionnant sous iOS, vous utiliserez le lecteur vidéo par défaut qui démarre dès que vous touchez la vignette d'un fichier vidéo. Bien entendu, si ces applications ne vous conviennent pas, par exemple si elles s'avèrent incapables de lire certaines vidéos compressées par un codec particulier (comme DivX), ou ne peuvent afficher les sous-titres amovibles sans un plug-in supplémentaire, vous serez amené à télécharger d'autres applications plus complètes. Sous Windows 10, si la lecture de fichiers vidéo MOV, AVI, MP4, etc., ne pose pas de problème avec le Lecteur Windows Media et Films et TV, celle des DVD et disques Blu-ray est plus contraignante. En effet aucun de ces programmes n'est compatible avec les disques optiques. Pour contourner cette difficulté, il existe des solutions tierces gratuites comme le VLC, un lecteur multiplateforme aux très bonnes performances que nous étudierons dans les pages suivantes. Il existe deux versions du VLC pour Windows 10 : l'application, qui ne peut pas lire les DVD, CD, et Blu-ray, et le logiciel, qui permet de lire ces derniers. Vous trouverez également une application VLC pour les appareils sous Android ou iOS.

UTILISER L'APPLICATION VLC DE WINDOWS

TÉLÉCHARGER ET INSTALLER L'APPLICATION VLC EN FRANÇAIS

Téléchargez l'application VLC pour Windows via le Windows Store. Dans le champ *Rechercher*, tapez « VLC », puis cliquez sur la proposition *VLC application*. Enfin, cliquez sur le bouton *Obtenir*. Le téléchargement commence et sera suivi par l'installation automatique du VLC. Depuis la fenêtre du Windows Store, cliquez sur le bouton *Lancer*. Au démarrage, l'interface est en anglais. Pour basculer vers le français, cliquez sur les trois petits points en bas à droite, puis sur *Settings*. Dans le menu local *Languages*, choisissez *French*, puis cliquez sur *Refresh Language*. L'intérêt principal de cette application est son optimisation pour écran tactile. Elle est particulièrement adaptée au mode tablette de Windows 10.

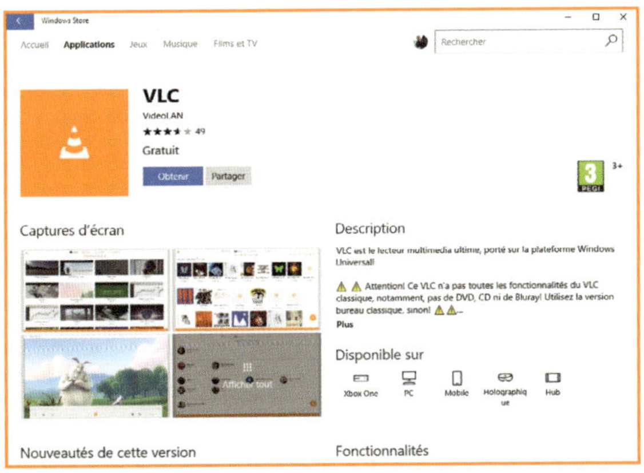

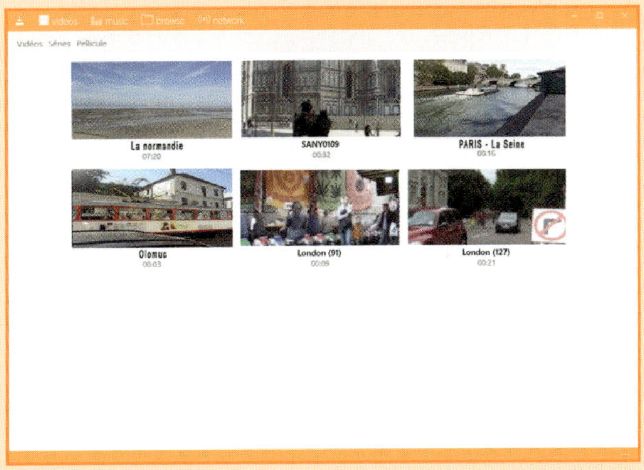

OUVRIR DES VIDÉOS DANS LE VLC DE WINDOWS

L'onglet *Vidéos* donne accès à trois répertoires : *Vidéos*, *Séries* et *Pellicule*, qui identifient des fichiers stockés sur votre ordinateur. Ainsi, *Vidéos* affiche les vignettes de vidéos du dossier *Vidéos* de Windows. Pour lire une vidéo stockée dans un autre dossier (ou disque dur), localisez-la avec l'*Explorateur de fichiers*, puis glissez-déposez sa vignette directement dans l'interface du VLC. Sa lecture commence alors automatiquement.

FONCTIONNALITÉS DU VLC DE WINDOWS

Les trois boutons au centre de la partie inférieure du VLC contrôlent la lecture. Vous pouvez ainsi mettre en pause et lancer la lecture de la vidéo précédente ou suivante. L'icône du cadenas verrouille cette barre d'outils, rendant impossible toute action sur la lecture en cours. La deuxième icône réduit la taille de la fenêtre de lecture, tandis que la troisième active le mode plein écran. La bulle de BD gère la piste audio et les sous-titres, permettant ainsi de diffuser un film en V.O. avec des sous-titres français. Vous pouvez également désactiver la piste audio ou ouvrir un dossier dans lequel est stocké le fichier de sous-titrage de la vidéo (notamment pour le format DivX). L'avant-dernier bouton ouvre les paramètres du lecteur. Enfin, agissez sur le curseur de droite pour régler le volume.

Attention !

La version application ne peut pas lire de DVD, Blu-ray et CD insérés dans le lecteur de votre PC.

UTILISER LA VERSION BUREAU DU VLC SOUS WINDOWS

Il existe une version du VLC bien plus élaborée que l'application du Windows Store, permettant de lire des CD, des DVD et des disques Blu-ray.

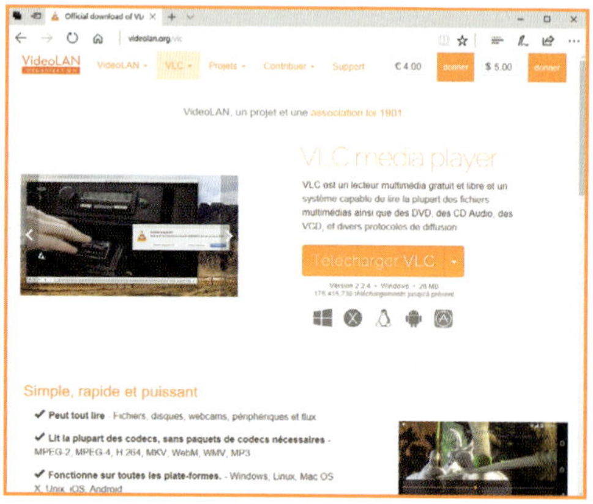

TÉLÉCHARGER ET INSTALLER LE PROGRAMME VLC

Bien que vous puissiez le télécharger depuis des sites tels que Cnet, 01Net, ou encore Clubic, rendez-vous sur le site officiel à l'adresse www.videolan.org/vlc. Cliquez sur le bouton *Télécharger VLC*, et suivez les instructions de votre navigateur web. Dans la première boîte de dialogue de l'installation, veillez à bien sélectionner *French* comme langue d'utilisation. Cliquez sur *OK*, puis sur tous les boutons *Suivant* qui se présentent. À la fin de la procédure, ne décochez pas la case *Lancer VLC media player*, et cliquez sur *Fermer*. Dans la boîte de dialogue de configuration pour le réseau, cliquez sur *Continuer*. VLC se présente dans une interface assez rudimentaire pour un logiciel d'une telle puissance.

LES FONCTIONNALITÉS DU VLC

Force est de constater que peu de formats de fichiers vidéo et audio résistent au VLC : MPEG, MP4, H264, DivX, MKV, MTS, WebM, WMV, MP3, AVI, MOV, etc. De plus, il prend en charge la majorité des fichiers de sous-titrage que vous activez via le menu *Sous-titres* de la barre des menus ou en effectuant un clic droit sur la vidéo en cours de diffusion. Le VLC prend en charge la lecture des DVD vidéo et des CD audio. Concernant les Blu-ray, le VLC ne peut pas lire les disques qui nécessitent une bibliothèque de décodage AACS (norme imposée par Sony, Philips et Panasonic).

LIRE UN DVD OU UN BLU-RAY AVEC LE VLC

Insérez un DVD ou un Blu-ray dans le lecteur de votre PC. Dans le VLC, cliquez sur *Fichier* puis *Ouvrir un disque*. Dans la boîte de dialogue *Ouvrir un média*, activez *DVD* ou *Blu-ray*. Si votre lecteur n'est pas affiché dans le champ *Périphérique disque*, cliquez sur *Parcourir* et localisez-le. Cliquez sur le bouton *Lire*. Pour choisir la langue des dialogues des films, faites un clic droit sur la vidéo et choisissez *Audio*, *Piste audio* puis *Piste <langue proposée>*. Pour activer les sous-titres, procédez de la même manière et optez pour *Sous-titres*, *Piste des sous-titres* puis *<langue proposée>*. Basculez en plein écran par un clic sur la cinquième icône en partant de la gauche.

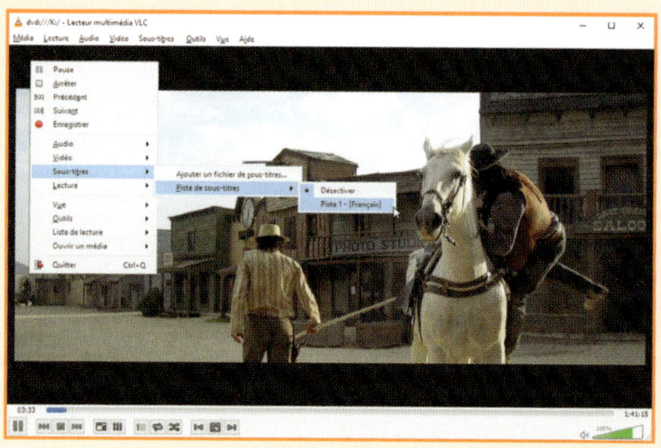

À savoir

VLC est aussi disponible sur les dispositifs sans fil de diffusion vidéo sur votre TV comme Apple TV ou Chromecast (voir p. 27).

LE VLC POUR ANDROID ET IOS

TÉLÉCHARGER LES APPLICATIONS POUR ANDROID ET IOS

Le VLC existe en version mobile pour les appareils fonctionnant sous Android et iOS. Vous le téléchargerez sur le Play Store pour Android et via l'App Store ou iTunes pour iOS. Il suffit de taper VLC dans le moteur de recherche de ces services pour le trouver. Ensuite, suivez la procédure de téléchargement et d'installation du système d'exploitation de votre mobile. Sous iOS, vous passerez une succession d'étapes de synchronisation et de lecture de vos médias. L'application reprend les fonctionnalités de la version de bureau, et propose la synchronisation avec les services Dropbox, Google Drive, One Drive, Box, iCloud Drive, ou encore iTunes. La version mobile de VLC (que ce soit sous iOS ou sous Android) permet le partage Wi-Fi et le streaming depuis des serveurs SMB, FTP, UPnP/DLNA ou à partir du Web. Elle gère aussi les sous-titres et le multipiste audio. Lorsque vous le lancez pour la première fois, une demande d'autorisation d'accès à votre contenu multimédia est formulée.

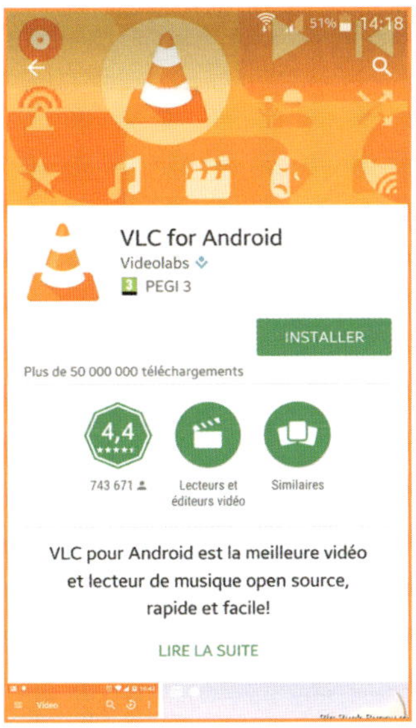

LIRE UNE VIDÉO AVEC VLC MOBILE

Pour lire une vidéo, soit vous la sélectionnez parmi le contenu multimédia répertorié sur votre appareil mobile par le VLC (sur le réseau ou sur le Cloud), soit vous touchez les trois traits en haut à gauche (Android) ou l'icône du VLC (iOS), puis *Vidéo* sous Android ou une des vignettes de l'arborescence de la *Bibliothèque* et du *Réseau* sous iOS. Sous Android, si le fichier est stocké dans un autre dossier, touchez *Dossiers* et parcourez les dossiers de la mémoire interne de l'appareil ou le contenu de sa carte microSD. Touchez la vidéo pour que sa lecture démarre. Sous Android, une incrustation donne des astuces d'utilisation. Ainsi, pour régler le volume il suffit de faire glisser verticalement son doigt sur l'écran. Sous iOS, agissez sur le curseur en bas à gauche. Pour régler l'image, touchez l'illustration en bas à droite, et agissez sur les curseurs de l'incrustation qui s'affiche sur l'image. Vous pouvez verrouiller la lecture, choisir les sous-titres et la piste audio. L'icône des trois petits points donne accès à des options comme la programmation d'une mise en veille, le délai d'affichage des sous-titres, ou encore la lecture en boucle.

Trucs & astuces

Pour voir la vidéo horizontalement et en plein écran, contentez-vous de faire pivoter votre appareil sans activer préalablement la fonction de rotation de l'appareil.

ÉCOUTER ET ORGANISER SA MUSIQUE

L'organisation et la lecture de fichiers audio imposent l'utilisation d'une application gratuite comme le Lecteur Windows Media ou iTunes.

Windows dispose de deux programmes de lecture audio : l'ancestral Lecteur Windows Media (audio et vidéo) et l'application Groove Musique (audio uniquement). Sous Windows 10, cette application est définie par défaut pour se lancer dès que vous double-cliquez sur un fichier MP3. Bien que Groove Musique permette d'organiser votre bibliothèque musicale, elle ne lit pas les CD audio, et reste principalement destinée à vous faire acheter de la musique sur le Windows Store. De ce fait, l'utilisation du Lecteur Windows Media (LMW) pour écouter vos CD et les extraire (ripper) au format MP3 reste totalement d'actualité. Vous pourrez également effectuer ces deux opérations dans iTunes, un programme développé par Apple et dont vous pouvez télécharger gratuitement une version pour Windows à l'adresse www.apple.com/fr/itunes/download.

Écouter un CD audio sur son PC

Le lecteur/graveur de CD/DVD d'un ordinateur est capable de lire, avec un logiciel spécifique, les CD audio exactement comme votre platine de salon.

1 La technique de lecture d'un CD audio avec le Lecteur Windows Media (LWM) ou avec iTunes est identique. Insérez le CD audio dans votre lecteur de DVD. Cliquez sur la notification d'insertion qui s'affiche en bas à droite de Windows. Dans le menu des actions qui apparaît, choisissez entre *Lire un CD audio iTunes* ou *Lire un CD audio Lecteur Windows Media*. Si vous n'avez pas vu la notification, démarrez simplement l'application à utiliser.

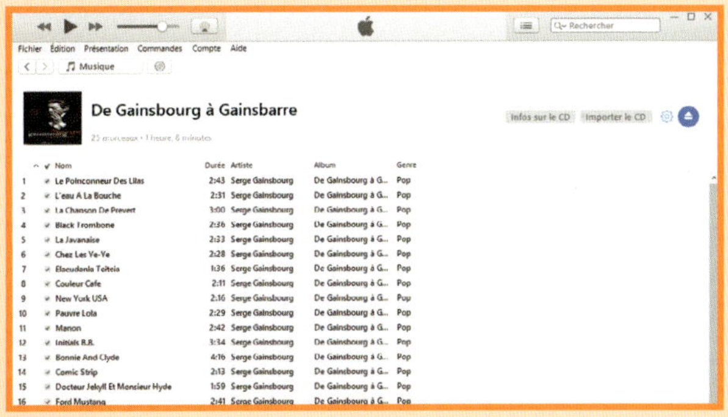

2 Si nécessaire, cliquez sur l'icône du CD de chaque application afin d'afficher le contenu du disque. Si vous êtes connecté à Internet, iTunes ou le LWM téléchargera toutes les informations de l'album : jaquette, titre de l'album et des chansons et les gardera en mémoire. En cas de non-identification, iTunes liste des choix, et le LWM dispose d'une commande *Rechercher les informations sur l'album* en faisant un clic droit sur le titre du CD dans la colonne de gauche.

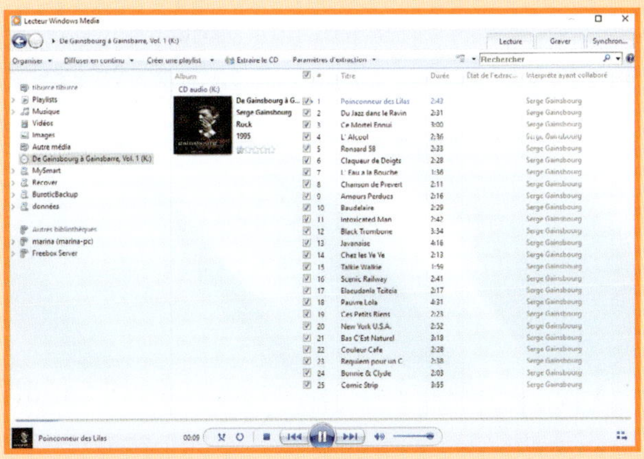

3 Lancez la lecture par un clic sur le bouton *Lire* (en haut à gauche sur iTunes et en bas au centre sur le LWM). Vous pouvez écouter un titre en particulier en double-cliquant dessus dans la liste. Ces deux lecteurs permettent de contrôler le volume, de passer au titre suivant ou de revenir au précédent, de lire en boucle et/ou aléatoirement tout le CD ou une chanson en particulier.

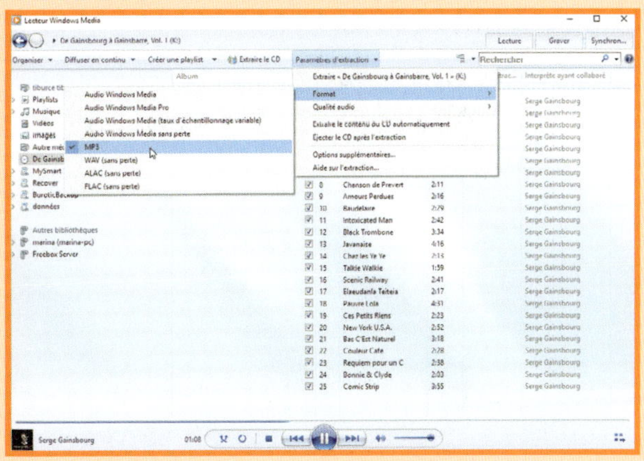

4 Vous pouvez extraire le contenu de vos CD au format MP3 afin d'ajouter vos albums préférés à votre bibliothèque audionumérique. Les CD seront ainsi stockés sur votre disque dur et vous n'aurez plus besoin de les insérer dans votre lecteur de CD. De plus, ils pourront être accessibles sur votre smartphone et votre tablette. La procédure est détaillée aux pages 321 et 322.

Trucs & astuces

L'utilisation d'iTunes est gratuite et vous donne également accès au téléchargement de musique sur l'iTunes Store. Vous devrez ouvrir un compte et indiquer un numéro de carte bancaire ; votre compte ne sera débité que si vous achetez de la musique.

COMPRENDRE LA QUALITÉ ET LA COMPRESSION MP3

Les fichiers musicaux au format MP3 utilisent des algorithmes de compression qui en réduisent la taille afin d'occuper moins d'espace de stockage au détriment de la qualité du son.

QU'EST-CE QUE LA COMPRESSION ?

Qu'elle soit achetée sur Internet ou convertie à partir d'un CD audio, la musique au format MP3 (ou WMA, ALAC, WAV, etc.) résulte de la compression d'un fichier de qualité CD destinée à lui faire occuper le moins de place possible sur un disque dur, un lecteur multimédia, une tablette ou un smartphone... Cette compression des données sonores s'exprime en kilobits par seconde (Kbps) que l'on appelle le « débit binaire ». Elle est de nature destructive en ce sens où plus ce débit est faible, plus la compression est importante et plus elle supprime ou uniformise des fréquences audio afin de produire un fichier léger, au détriment de sa qualité audio. Lorsque vous convertissez (rippez) un CD audio en fichiers MP3, réglez cette compression en agissant sur le curseur *Qualité du son* dans le LWM, ou en choisissant son niveau dans le menu *Débit Stéréo* de l'encodeur d'iTunes.

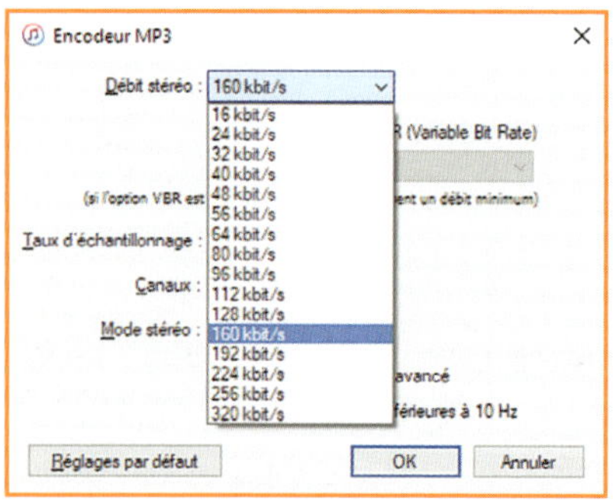

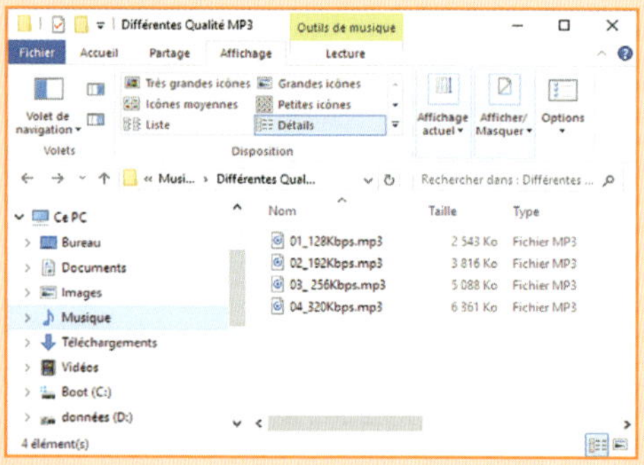

LA QUALITÉ MP3

Les débits binaires MP3 320 Kbps, 256 voire 192 présentent une qualité audio assez proche du CD d'origine. Bien souvent, les audiophiles les plus exigeants ne parviennent pas à déceler une perte de qualité des fréquences sonores. Avec un débit de 128 Kbps, le son manque de dynamique et de nuances quand il est reproduit sur un système haute-fidélité (une chaîne Hi-Fi, par exemple), mais s'avère être de qualité suffisante pour un baladeur ou un smartphone. En revanche, à partir de 64 Kbps, la qualité est fortement dégradée, mais elle permet de stocker un maximum de morceaux dans un minimum d'espace.

GRAVER DES MUSIQUES MP3 SUR CD AUDIO

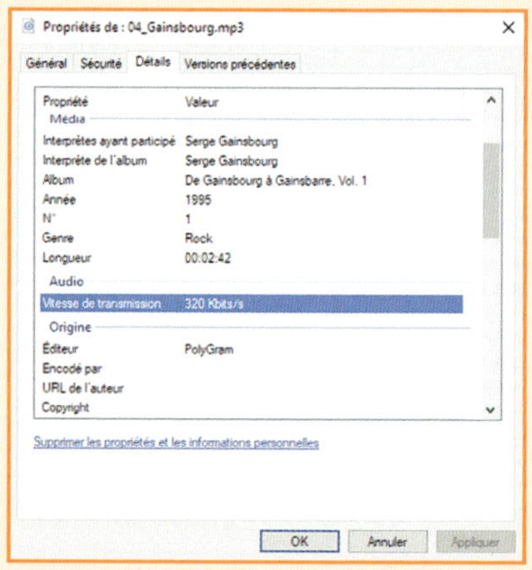

S'il est possible d'extraire au format MP3 le contenu d'un CD audio (voir p. 321 et 322), vous pouvez également transformer des fichiers MP3 en CD audio. Dans ce cas, ces fichiers devront être de bonne qualité, c'est-à-dire présenter un débit binaire élevé. En effet, les graver en tant que CD audio n'améliorera pas leur qualité initiale car les données perdues du fait de la compression ne peuvent pas être restituées. Pour graver un CD depuis iTunes ou le LWM, consultez la page 326.

Trucs & astuces

Le format WMA est un format de fichier audio développé par Microsoft plus performant que le MP3 tout en occupant moins d'espace disque à débit binaire équivalent. Cependant, sa compatibilité est assez restreinte, alors que le MP3 est universel. Il existe aussi d'autres formats qui maintiennent la qualité audio initiale comme Apple loseless (ALAC), FLAC, AIFF ou WAV. Vous pouvez les utiliser sur des appareils disposant d'un espace de stockage suffisant, et en faire des versions MP3 pour vos baladeurs, tablettes et autres smartphones.

Convertir un CD audio en fichiers MP3

iTunes et le Lecteur Windows Media permettent de convertir vos CD audio en fichiers MP3 afin de les gérer et de les écouter sur PC, tablette, baladeur et smartphone. On parle alors de « ripper » un CD.

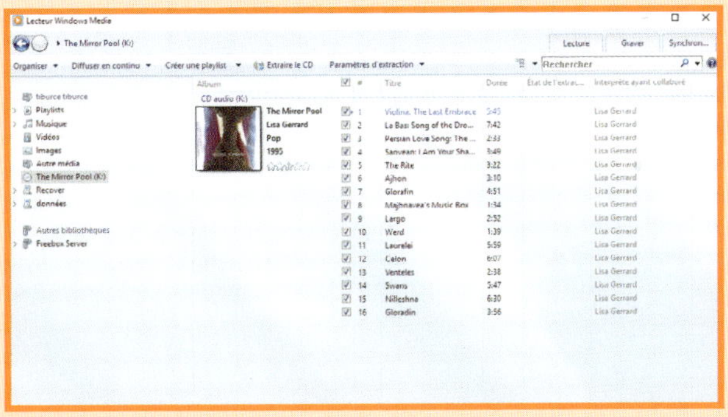

1 Une fois le disque inséré dans le lecteur de votre PC, ouvrez le LWM ou iTunes. Si le contenu du disque ne s'affiche pas, cliquez sur l'icône du CD dans le volet gauche du LWM et en haut à gauche dans iTunes. L'arborescence des titres apparaît. Vous constatez que tous les morceaux sont cochés par défaut. Notez que, dans iTunes, si vous insérez le CD après avoir lancé le programme, un message vous demande si vous souhaitez importer le CD, c'est-à-dire le ripper sur votre PC.

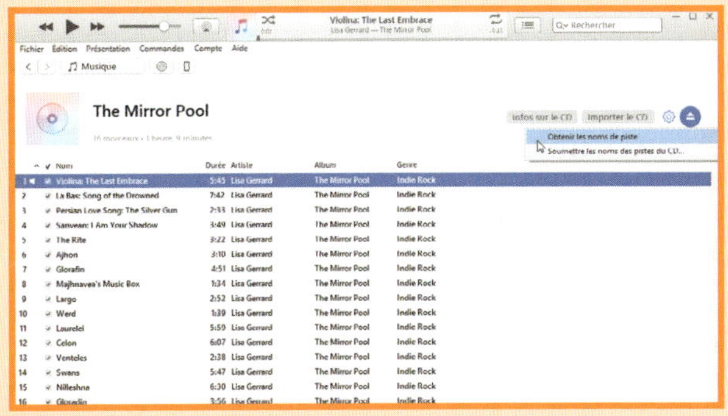

2 Si le titre de l'album et les noms des pistes n'ont pas été identifiés par le LWM ou par iTunes, faites un clic droit sur la vignette de l'album dans le LWM, et exécutez la commande *Rechercher les informations sur l'album*. Indiquez par exemple le titre de l'album dans le champ *Rechercher*, puis choisissez-le dans la liste des propositions. Avec iTunes, cliquez sur l'icône de l'engrenage et choisissez *Obtenir le nom des pistes*.

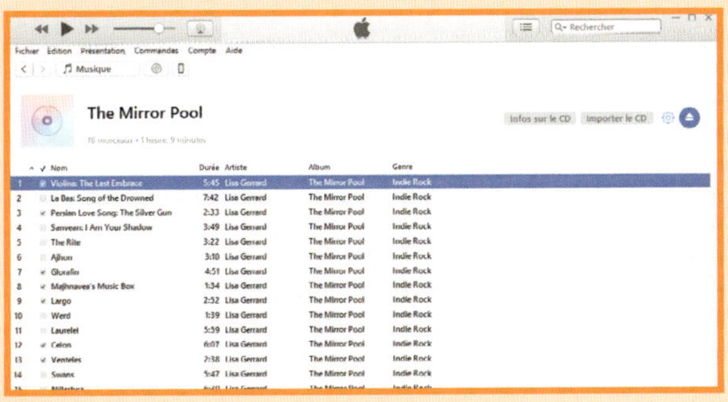

3 Tous les morceaux sont cochés par défaut, ce qui implique que la totalité du disque sera rippé au format MP3 sur votre ordinateur. Décochez les titres que vous ne souhaitez pas convertir pour ne pas encombrer votre espace de stockage avec des musiques que vous n'écouterez jamais (l'option n'est pas proposée sur iTunes si l'extraction du CD est automatique, voir étape 7).

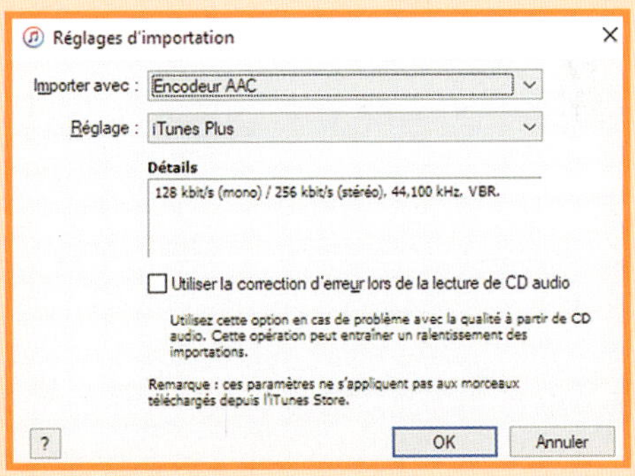

4 Cliquez sur le bouton *Paramètres d'extraction* (LWM) puis sur *Options supplémentaires* pour accéder à l'onglet *Extraire de la musique* de la boîte de dialogue *Options*. Avec iTunes, cliquez sur *Importer le CD* pour ouvrir la boîte de dialogue *Réglages d'importation*.

Trucs & astuces

Vous souhaitez utiliser un autre débit binaire sous iTunes ? Choisissez *Personnalisé* dans la liste *Réglage*, puis le débit binaire souhaité (comme 256Kbp/s) dans le menu local *Débit stéréo* de la boîte de dialogue *Encodeur MP3*.

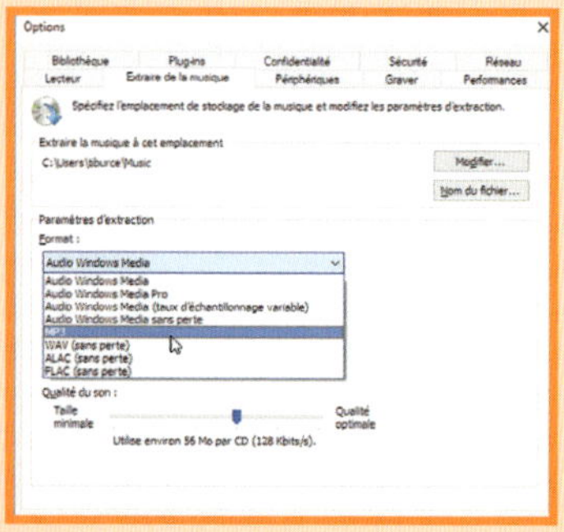

5 Dans le menu local *Format* (LWM) ou *Importer* (iTunes), choisissez respectivement *MP3* et *Encodeur MP3*. Définissez le débit binaire via le curseur *Qualité du son* du LWM et le menu local *Réglage* de iTunes. Les paramètres d'encodage sont mémorisés par le LWM et iTunes en cliquant sur *OK*.

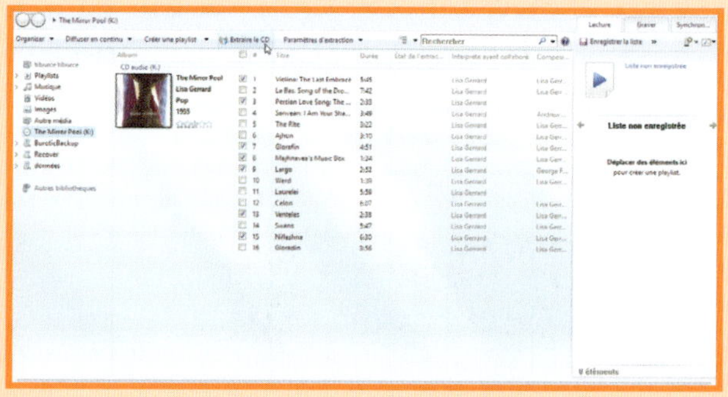

6 Pour déclencher l'extraction, cliquez sur le bouton *Extraire le CD* (LWM) ou sur le bouton *OK* de la boîte de dialogue *Réglages d'importation* (iTunes). Par défaut, les morceaux sont convertis au format MP3 dans le dossier *Musique* de votre PC.

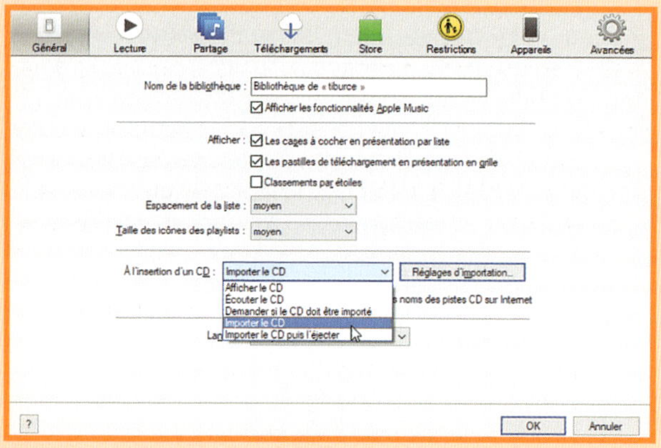

7 Pour numériser automatiquement votre CDthèque en appliquant les mêmes réglages d'extraction, choisissez *Édition* puis *Préférences* dans iTunes. Dans l'onglet *Général*, ouvrez le menu local *À l'insertion d'un CD* et choisissez *Importer le CD*. Cliquez sur *OK*. Dans le LWM, cliquez sur *Paramètres d'extraction* puis *Options supplémentaires*. Dans la boîte de dialogue *Options*, cochez la case *Extraire automatiquement le contenu du CD*.

RIPPER UN CD AUDIO DANS UN AUTRE FORMAT

Vous pouvez avoir besoin d'utiliser un autre format que le MP3 lorsque vous convertissez votre CD audio en fichier numérique. Pour définir, dans le LWM, le format sous lequel seront extraits les titres d'un CD, cliquez sur les petits chevrons situés à droite de la commande *Extraire le CD* dans la partie supérieure de l'interface. Dans le menu local qui s'affiche, choisissez *Paramètres d'extraction* puis *Options supplémentaires*. Dans la boîte de dialogue *Options*, choisissez un format de fichier dans le menu local *Format*, comme WAV, ALAC… Le format ainsi choisi sera utilisé jusqu'à ce que vous en définissiez un autre. Sur iTunes, cliquez sur *Importer le CD* pour ouvrir la boîte de dialogue *Réglages d'importation* et définir le format d'extraction dans le menu déroulant *Importer avec*.

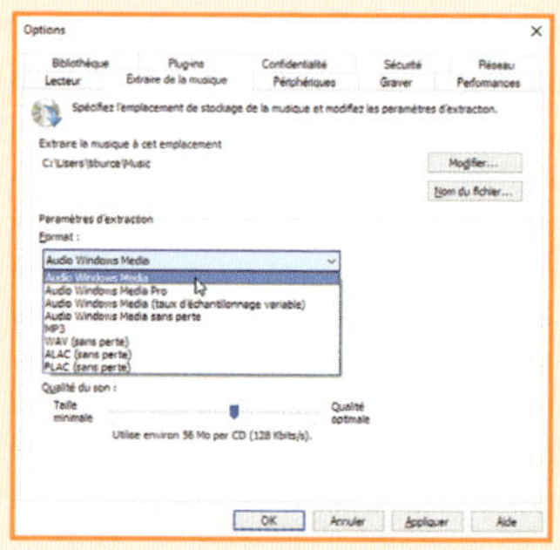

À savoir

Lorsque l'encodeur le permet, choisissez un type de compression VBR (variable) plutôt que CBR (constant). En effet, le débit binaire variable ajuste le niveau de compression à la densité des données à compresser assurant un rapport qualité/compression optimal.

Trucs & astuces

Lorsque vous choisissez le format WMA, sachez que le meilleur compromis qualité/compression se situe à 128 Kbps. L'équivalent en MP3 est 192 Kbps, occupant davantage d'espace disque.

Écouter un morceau au format MP3

Le format MP3 apparu au début des années 2000 est devenu le format universel des fichiers musicaux qui peuvent être lus sur un ordinateur, une tablette, un baladeur ou un smartphone.

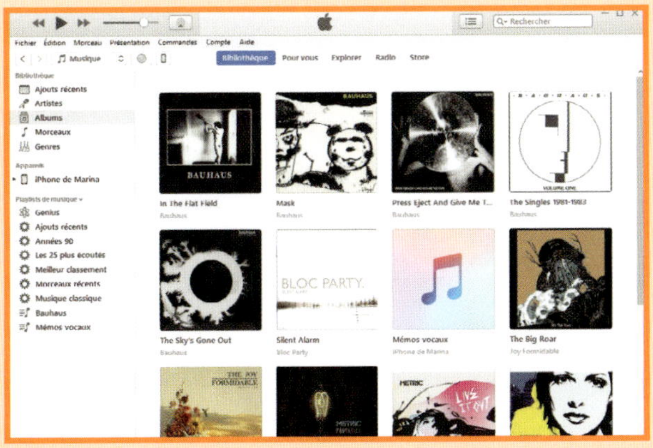

1 Pour ajouter des morceaux ou des albums, lancez LWM ou iTunes. Appuyez sur *Ctrl + O*. Dans la boîte de dialogue qui apparaît, sélectionnez les titres à importer dans la bibliothèque et cliquez sur le bouton *Ouvrir*.
Pour sélectionner plusieurs titres, cliquez dessus en maintenant la touche *Maj* enfoncée. Pour tout sélectionner, appuyez sur *Ctrl + A*.

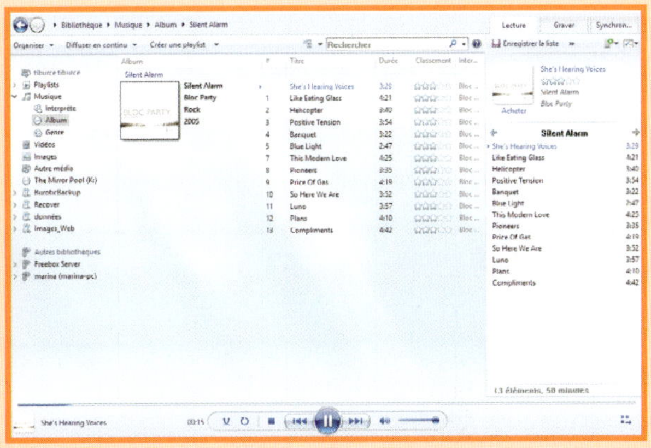

2 Les titres sont alors ajoutés à la bibliothèque. S'il s'agit des morceaux d'un même album, l'album est créé automatiquement. Pour lancer la lecture, double-cliquez sur la vignette de l'album ou sur le titre du morceau. Sur le LWM, pour voir la liste de lecture en cours, cliquez sur l'onglet *Lecture*, en haut à droite. Sur iTunes, cliquez sur l'icône des trois points et traits horizontaux en haut à droite. Contrôlez la lecture avec les boutons de la barre de lecture en haut à gauche d'iTunes et en bas du LWM.

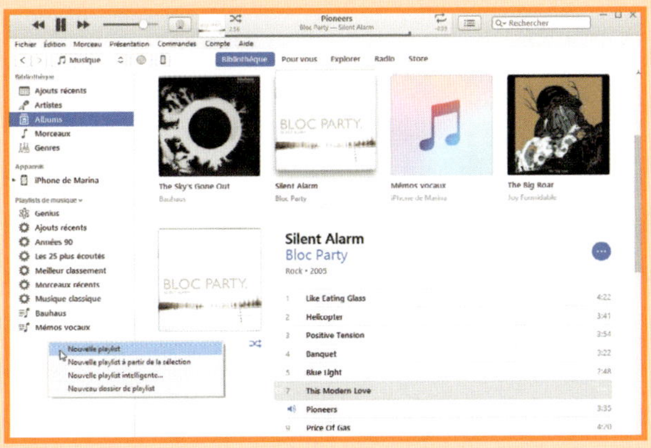

3 Vous pouvez créer des listes de lecture, sortes de compilations de vos titres préférés. Cliquez sur *Playlists* puis *Créer une playlist* (sur la barre en haut sur le LWM), ou faites un clic droit en bas du volet gauche d'iTunes et choisissez *Nouvelle playlist*. Donnez à votre liste un nom représentatif de son contenu.

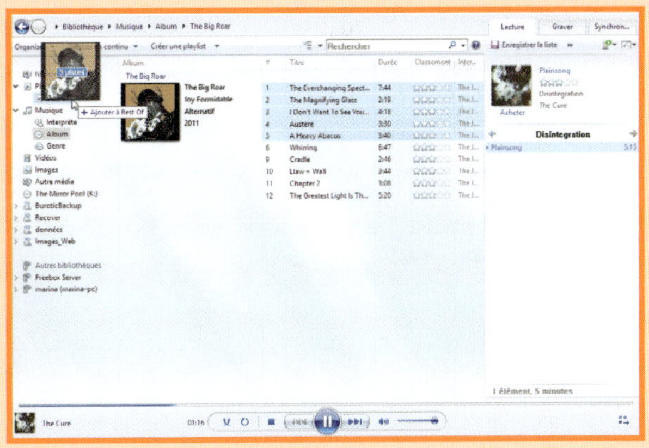

4 Glissez-déposez des chansons sur la playlist. Réorganisez l'ordre de lecture en faisant glisser les titres les uns au dessus ou en dessous des autres. Lancez la lecture d'une playlist comme celle d'un album. Pour retirer des titres d'une liste de lecture, faites un clic droit dessus et exécutez la commande *Supprimer de la liste* (LWM) ou *Supprimer de la playlist* (iTunes).

Trucs & astuces

Importez une image JPEG de la pochette en même temps que les titres d'un album pour identifier plus rapidement ce dernier dans la bibliothèque, ou après l'importation en glissant dans le programme l'image sur la vignette de la pochette dans le LWM. iTunes nécessite en revanche un compte Apple pour trouver l'image tout seul.

Synchroniser sa musique avec un appareil sous Android

Pour synchroniser facilement la musique stockée de votre PC vers votre smartphone ou votre tablette sous Android, utilisez le Lecteur Windows Media.

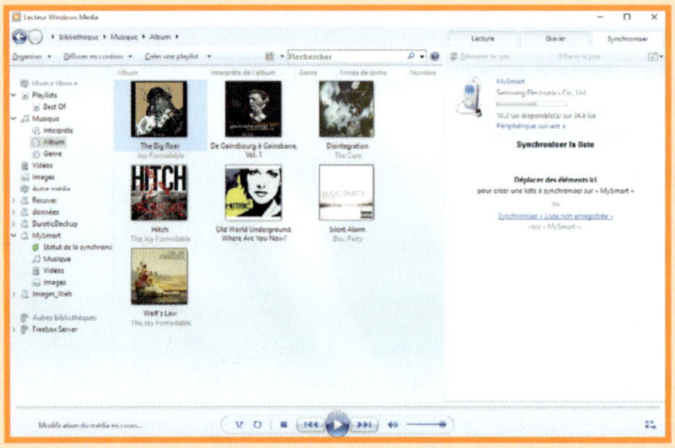

1 Branchez votre smartphone ou votre tablette au port USB de votre ordinateur, puis démarrez le LWM. Affichez les albums ou les titres à synchroniser avec votre appareil en cliquant sur *Album* ou *Musique* dans le volet gauche. Ensuite, ouvrez l'onglet *Synchroniser* en haut à droite. Notez que vous devez avoir une application de musique installée sur votre appareil mobile pour que cette manipulation fonctionne.

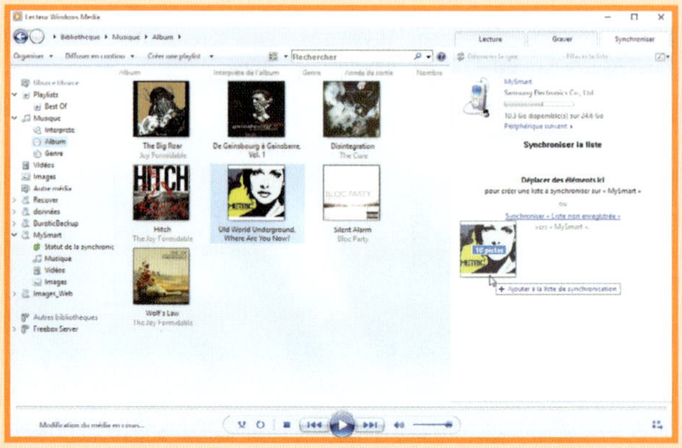

2 Si nécessaire, cliquez sur le lien *Périphérique suivant* pour afficher votre appareil. Dans le volet central du Lecteur Windows Media, glissez-déposez la vignette d'un album ou des titres de chansons directement dans la section *Déplacer des éléments ici* de l'onglet *Synchroniser*. Ajoutez autant de morceaux que vous le souhaitez dans la limite de la capacité de stockage interne de votre appareil et/ou de sa carte microSD.

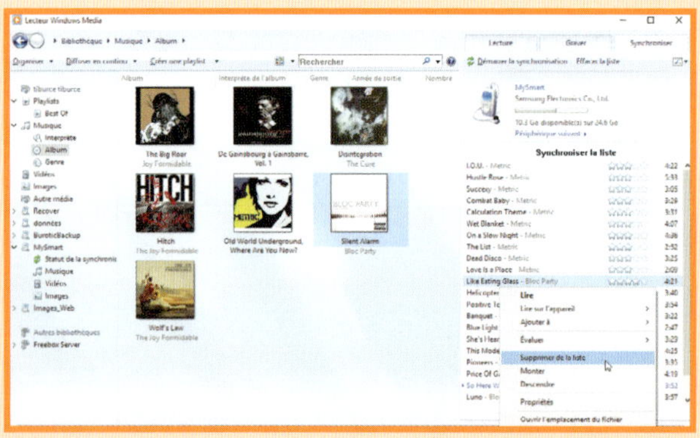

3 Pour retirer des titres ajoutés accidentellement, faites un clic droit dessus, et dans le menu qui s'affiche, choisissez *Supprimer de la liste*. Enfin, cliquez sur le bouton *Démarrer la synchronisation* dans la partie supérieure gauche de l'onglet *Synchroniser*. Une barre d'état permet de suivre la progression de la synchronisation. Vous pouvez l'interrompre à tout moment par un clic sur *Arrêter la synchronisation*.

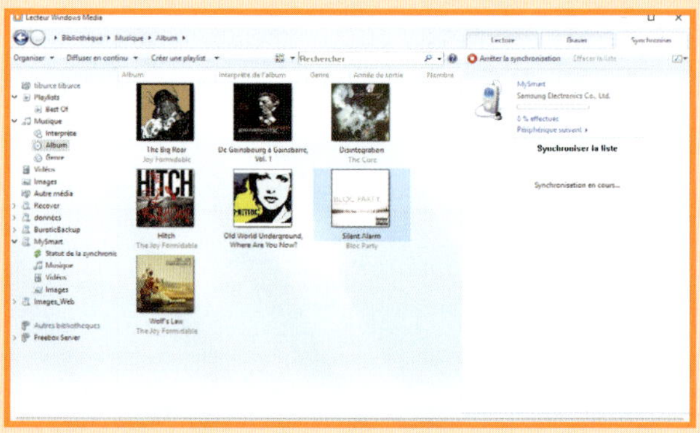

4 Une fois la synchronisation terminée, cliquez sur le lien *Cliquez ici* pour afficher les résultats. Cette action sélectionne *Statut de la synchronisation* dans le volet gauche du LWM. Sous l'icône de votre appareil, cliquez sur *Musique* pour en afficher le contenu audio. Vérifiez directement sur votre appareil la présence des titres synchronisés en ouvrant l'application *Musique* ou le lecteur audio Android de votre choix.

Attention !

Le LWM affiche les vignettes de vos albums mais ne trouve pas vos musiques ? Vérifiez que le disque dur sur lequel sont stockés vos fichiers MP3 est bien connecté à votre ordinateur et sous tension.

Synchroniser sa musique avec un iPhone ou un iPad

Pour ajouter de la musique depuis votre PC sur un iPhone ou un iPad, il est préférable d'utiliser iTunes, qui doit être installé sur votre PC. Vous pouvez soit ajouter manuellement des morceaux sur votre appareil, soit synchroniser la bibliothèque musicale d'iTunes sur votre appareil sous iOS.

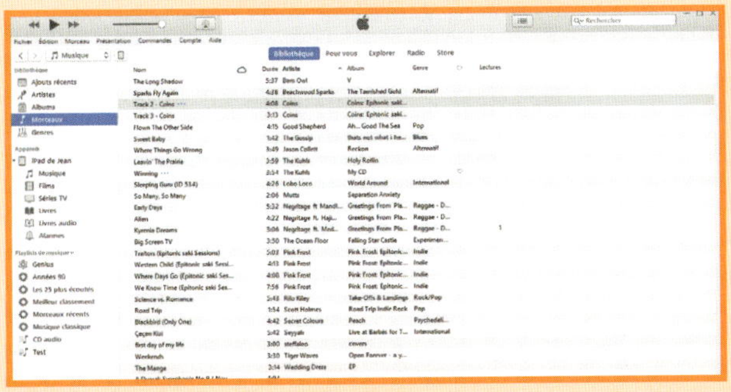

1 Branchez votre appareil au port USB de votre ordinateur, puis démarrez iTunes. L'application devrait identifier votre iPhone ou votre iPad et afficher son icône à gauche de la liste déroulante de sélection des menus iTunes. Pour ajouter manuellement des morceaux sur votre appareil, rendez-vous dans la bibliothèque iTunes du menu *Musique*.

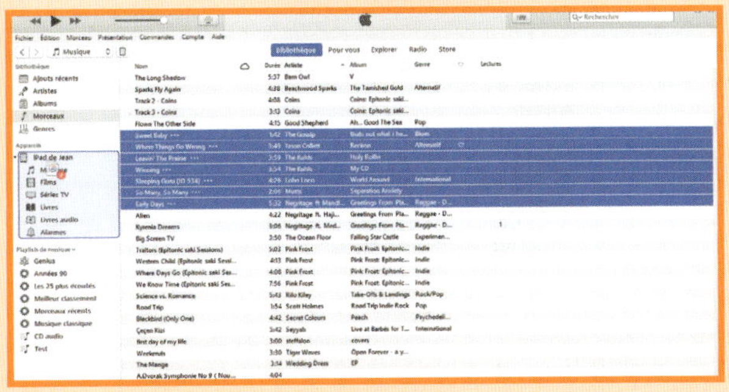

2 Sélectionnez manuellement les morceaux que vous voulez importer sur votre iPhone ou votre iPad et glissez-les simplement sur l'icône de votre appareil dans la colonne de gauche du logiciel. Les morceaux vont se charger dans votre appareil (pour suivre le chargement, allez dans le sous-menu *Musique* de votre appareil, accessible depuis la colonne de gauche du logiciel).

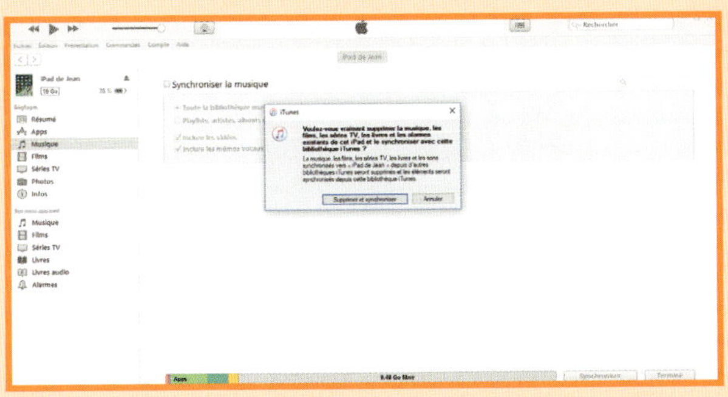

3 Pour synchroniser tout ou partie de la bibliothèque musicale d'iTunes, cliquez sur l'icône de votre appareil à droite de la barre de menu *Musique*. La page *Résumé* s'ouvre. Allez dans la page *Musique* du sous-menu *Réglages* (accessible depuis la colonne de gauche du logiciel) et cocher *Synchroniser la musique*. Notez que les deux méthodes (étapes 1 et 2 – procédure manuelle – contre étapes 3 et 4 – synchronisation automatique) ne sont pas compatibles.

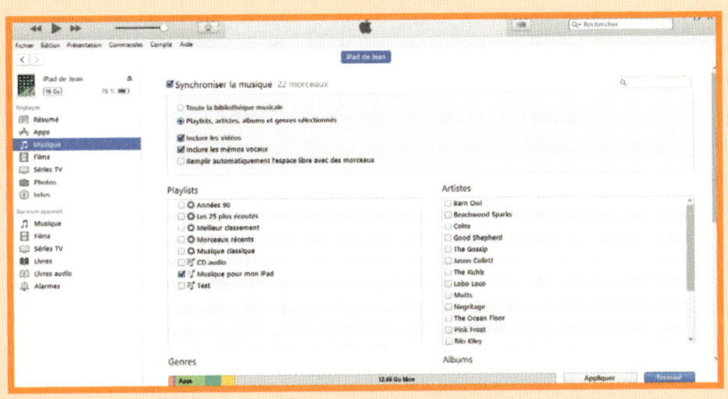

4 En cochant l'option *Playlists, artistes, albums et genres sélectionnés*, vous pouvez personnaliser la sélection à synchroniser avec votre iPhone ou votre iPad. Vous pouvez choisir vos morceaux en fonction de plusieurs critères ou créer une playlist au préalable dans la bibliothèque d'iTunes (voir p. 323) avec la sélection musicale pour votre appareil. Cliquez sur *Appliquer*. Si, par la suite, vous ajoutez ou supprimez des morceaux sur votre PC répondant à vos critères de synchronisation (en ajoutant des musiques d'un artiste que vous avez synchronisé ou en supprimant des musiques sur votre playlist, par exemple), ils se mettront automatiquement à jour sur votre appareil lors de la prochaine synchronisation.

Créer une compilation sur CD audio

Pour créer une compilation que vous graverez sur un CD audio, utilisez le LWM ou iTunes.

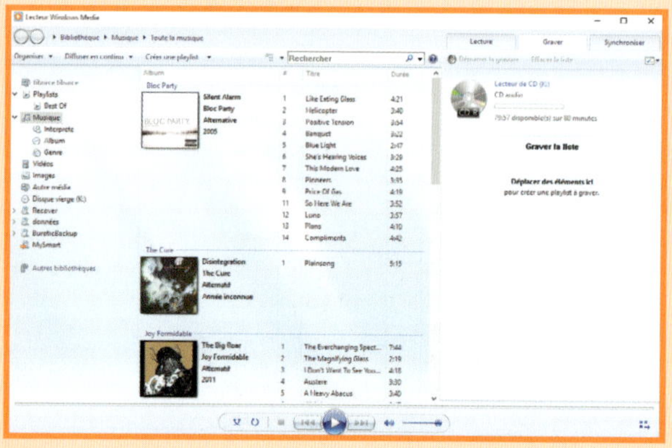

1 Ouvrez le LWM ou iTunes. En haut à gauche du LWM, ouvrez l'onglet *Graver* et cliquez sur *Musique* dans le volet gauche. Dans iTunes, affichez le contenu de la bibliothèque *Musique*.

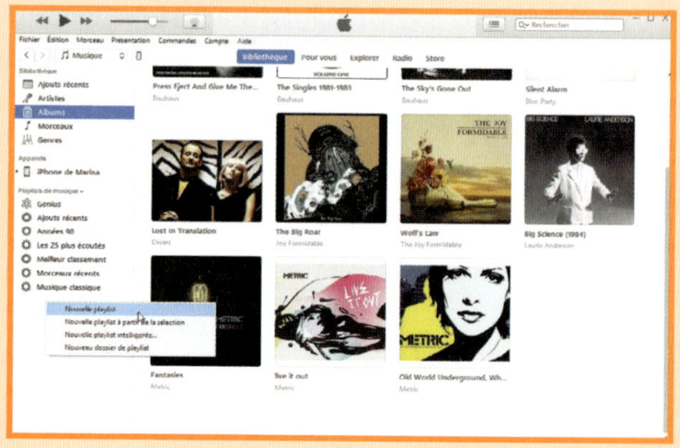

2 Dans le LWM, glissez-déposez des titres de vos albums dans la section *Graver la liste* de l'onglet *Graver*. Dans iTunes, faites un clic droit dans un espace vide de la section *Playlists* et optez pour *Nouvelle playlist*. Nommez-la (« CD Audio » par exemple), et glissez-déposez-y des titres.

3 Le LWM permet de voir l'occupation du disque à mesure que vous ajoutez des titres. Sur iTunes, vous devez comparer la durée de la playlist avec la capacité de stockage audio du CD. Réorganisez les titres dans chacune des applications en les déplaçant les uns au-dessus ou en dessous des autres. Une fois votre compilation définie, lancez-en la lecture en double-cliquant sur le premier titre (LWM) ou sur son icône de lecture (iTunes). Ajoutez ou supprimez des morceaux si le contenu ne vous convient pas.

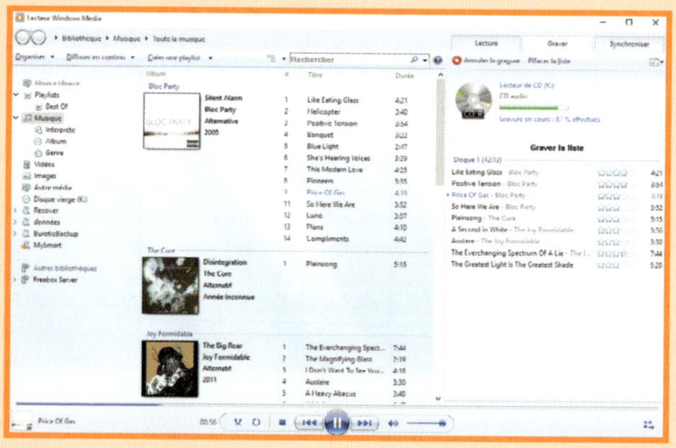

4 Enfin, cliquez sur le bouton *Démarrer la gravure* (LWM) ou faites un clic droit sur la playlist (iTunes) et optez pour *Graver la playlist* sur un disque. La gravure démarre immédiatement dans le LWM. Dans iTunes, configurez les options de gravure (vitesse de gravure incluse, voir « Le petit + »), choisissez bien *CD audio*, et cliquez sur *Graver*. Une fois terminé, vous pouvez écouter le CD audio sur n'importe quel lecteur CD.

Le petit +

Pour éviter les erreurs de gravure, achetez des CD vierges de bonne qualité et optez pour une vitesse de gravure ne dépassant pas 8x. Pour faire ce réglage dans le LWM, cliquez sur l'icône en forme de fenêtre à côté de *Démarrer la gravure*, allez dans *Options de gravure supplémentaires...* et choisissez *Lente* dans *Vitesse de gravure*.

NUMÉRISER VOS MUSIQUES ANALOGIQUES

Pour intégrer les musiques de vos cassettes audio et de vos vinyles à votre bibliothèque numérique, et en profiter sur de nombreux supports, numérisez-les !

Certains d'entre nous possèdent des musiques et des documents audio enregistrés sur cassette ou disque 33, 45 voire 78 tours. Les disques vinyles restent particulièrement prisés des mélomanes car, à l'inverse des CD qui contiennent des fichiers numériques échantillonnés, donc compressés, ils préservent la qualité originale du son enregistré, disposent d'une plage dynamique plus large et offrent un son plus « chaud ». Il peut être judicieux de les numériser, c'est-à-dire de les convertir en fichiers numériques, afin de les sauvegarder (le vinyle est un support fragile) et de pouvoir les écouter sur différents périphériques multimédia. Cette opération pouvant vous être facturée très cher si vous la faites faire à l'extérieur, apprenez à la réaliser vous-même : cela n'a rien de compliqué.

Cette copie numérique nécessite de transformer le signal analogique des vinyles et des cassettes audio en données numériques, qui pourront être compressées. Leur avantage est qu'ils pourront être copiés voire convertis dans un format plus nomade (MP3 par exemple). Mais, le numérique n'est pas une garantie de pérennité du contenu audio. En effet, les CD peuvent devenir illisibles au bout de dix ans, et les disques durs (CD/DVD/Blu-ray de données, etc.) sur lesquels vous stockez ces fichiers peuvent tomber en panne ou être rayés. Alors que vous pourrez toujours écouter un vinyle qui craque, un contenu numérique corrompu sera totalement inaccessible. Aussi est-il conseillé de conserver sa discothèque sur plusieurs supports et d'effectuer des sauvegardes de ces supports tous les cinq ans en moyenne, mais aussi de surveiller l'évolution des technologies de stockage pour faire migrer vos sauvegardes vers des solutions plus fiables.

...

• • •

Pour numériser correctement une cassette audio, vous devez respecter quelques impératifs techniques : vous n'obtiendrez jamais un son de qualité en branchant la sortie casque de votre ancien baladeur cassette à l'entrée de la carte son intégrée à votre ordinateur. En effet, le signal sera d'un très faible volume ou complètement saturé et déformé. Ce qui est en cause ici, c'est la compatibilité des entrées/sorties (E/S). Ce qui suffit à des écouteurs est insuffisant pour une carte son. Pour une configuration idéale, il faut disposer d'une platine cassette, d'un câble RCA/RCA mâle (dit « Cinch », avec les fameuses prises rouge et blanche) ou d'un câble RCA/mini jack mâle (en fonction de votre carte audio), et d'un logiciel de numérisation. Plus la qualité des convertisseurs audio A/N (Analogique/Numérique) de votre carte son sera bonne, meilleure sera la numérisation. Pour cela, vous pouvez ajouter à votre ordinateur une carte son PCI interne ou une interface audio USB externe. Leur prix varie de quelques dizaines à plusieurs milliers d'euros. Sachez qu'à partir de 150 €, vous disposerez d'un matériel d'une qualité suffisante pour la sauvegarde de vos musiques analogiques. L'avantage d'utiliser une interface audio USB est d'éviter d'ouvrir le PC pour y installer une carte son ; celle-ci peut donc être utilisée sans souci avec un PC portable, voire une tablette.

Les vinyles posent un problème ; il est en effet impossible d'écouter un disque sans brancher une platine à l'entrée Phono d'un ampli. Pour numériser vos anciens disques avec votre vieille platine, vous devez donc investir dans un convertisseur USB disposant d'une entrée Phono et dont le prix est d'environ 40 €. Bien souvent, ces petits convertisseurs permettent également de numériser les cassettes audio. Ils sont généralement livrés avec un logiciel de numérisation comme Audacity (voir p. 330 et 331). Sinon, le plus simple consiste à investir dans une platine vinyle USB qui ne nécessite que son raccordement à un port USB du PC.

Enfin, la qualité de la numérisation dépendra de deux critères : la résolution (16, 24, 96 Kilobits) et la fréquence (ou taux) d'échantillonnage (44,1, 48, 96, 128 kHz). Ainsi, plus la résolution et la fréquence sont élevées, meilleure sera la qualité du son. En 24 bits et 48 kHz, vous disposerez d'originaux de très bonne qualité que vous pourrez ensuite convertir en CD audio ou en MP3 pour les écouter. Le choix de la résolution et de la fréquence dépend des possibilités techniques de votre carte son et du logiciel de numérisation.

À savoir

Ces interfaces audio et ces convertisseurs disposent d'un préampli qui évite de passer par l'ampli de votre chaîne Hi-Fi pour effectuer la numérisation.

Trucs & astuces

N'allumez vos appareils audio qu'après les avoir branchés sur l'entrée *Ligne*, *AUX*, ou *Phono* de votre carte audio. En effet, le pic d'intensité sonore qui en résulte peut sérieusement endommager l'électronique de vos appareils.

LE CÂBLAGE

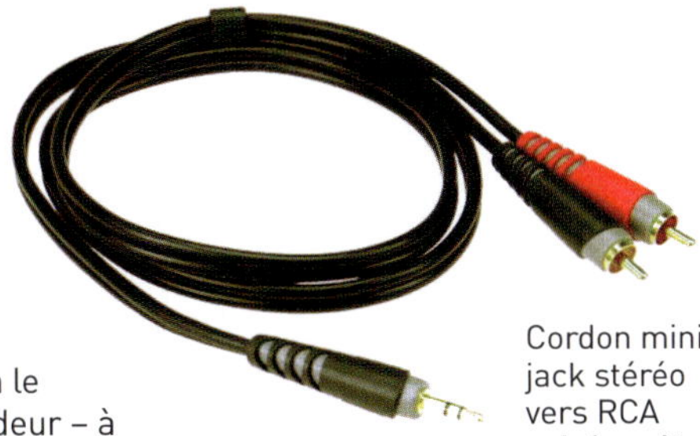

Cordon mini jack stéréo vers RCA stéréo mâle

Le câblage audio nécessaire à la numérisation dépendra de l'interface audio utilisée avec votre ordinateur et de l'appareil qui diffusera le son (lecteur – ou baladeur – à cassettes ou platine vinyle). Les lecteurs à cassettes ont des sorties audio de type RCA (Cinch rouge et blanc). Les platines à disques sont déjà équipées d'un câble RCA, tandis que les baladeurs n'ont souvent qu'une sortie casque. Les interfaces audio (et les convertisseurs) disposent généralement d'une entrée Ligne et/ou Phono RCA. Ici pas de problème, un câble RCA/RCA mâle fera l'affaire. En revanche, si vous utilisez le circuit audio natif de votre carte mère, il vous faudra un câble RCA/mini jack (3,5) stéréo mâle que vous brancherez sur le connecteur bleu de la carte audio du PC.

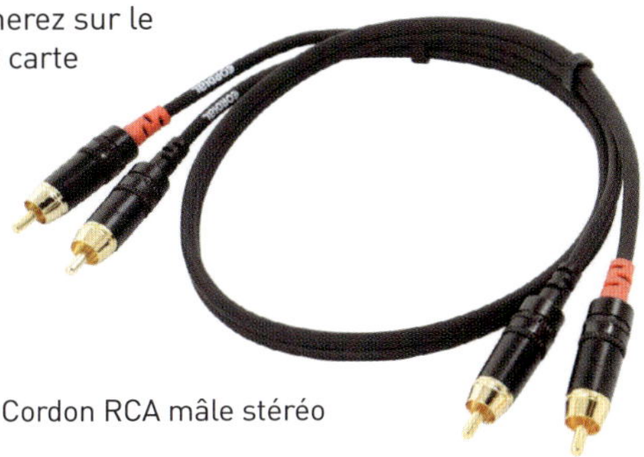

Cordon RCA mâle stéréo

LE BRANCHEMENT

Évitez tant que faire se peut d'utiliser la sortie casque de vos appareils. La majorité disposant d'une sortie Ligne et/ou Phono, raccordez-la, via le câble adéquat, à l'entrée Ligne (ou Phono) de votre interface audio. Si vous utilisez le circuit audio de votre carte mère, l'entrée Ligne est identifiée par une prise bleue mini jack (3,5). En général, tout branchement entraîne l'ouverture d'un message identifiant la prise sur laquelle vous venez de brancher un appareil. Une platine disque ne peut pas se brancher directement sur cette entrée Ligne, même avec un câble RCA femelle/mini jack mâle. Il vous faut impérativement un convertisseur avec entrée Phono.

LE RÉGLAGE DES NIVEAUX

Une fois le branchement effectué, vérifiez que le son provenant du lecteur de cassettes ou de la platine vinyle est bien audible dans Windows. Pour cela, faites un clic droit sur l'icône du haut-parleur dans la barre de notification de Windows (en bas à droite). Dans le menu contextuel, choisissez *Périphérique d'enregistrement*. Dans la boîte de dialogue *Propriétés* qui apparaît, activez (si nécessaire) l'entrée ligne en faisant un clic droit dessus et en choisissant *Activer*. Cliquez sur *Entrée ligne* puis cliquez sur *Propriétés* et ouvrez l'onglet *Niveaux*. Faites glisser le curseur *Niveaux* vers la droite tout en vérifiant que les vumètres (jauges de signal audio) n'entrent pas dans le rouge, sinon vous risquez d'enregistrer un signal saturé, donc inaudible. Cliquez sur *Balance* pour bien régler les niveaux à gauche et à droite. Validez par un clic sur *OK*.

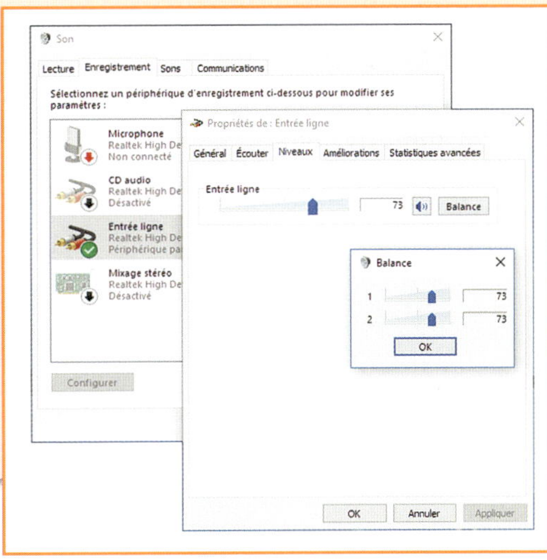

Trucs & astuces

Vous n'entendez aucun son alors que tout est correctement branché et que les vumètres indiquent que le son entre dans votre PC ? Ouvrez l'onglet *Écouter* de la boîte de dialogue *Propriétés* (voir le paragraphe LE RÉGLAGE DES NIVEAUX), et cochez la case *Écouter ce périphérique*. Cliquez sur *Appliquer*. La musique est alors diffusée sur les haut-parleurs de votre PC. Quittez la boîte de dialogue par un clic sur *OK*.

Numériser avec le logiciel Audacity

Une fois que le son entre correctement dans la carte audio, vous devez le numériser avec un logiciel comme Audacity. Il est parfois livré avec votre interface audio interne ou externe.

Trucs & astuces

Pour une numérisation haute définition du son, optez pour une résolution de 24 bits et une fréquence d'échantillonnage de 96 kHz (96000). Ces fichiers de qualité serviront à créer des copies pour CD audio et/ou MP3. Attention car ces réglages produisent des fichiers audio très volumineux.

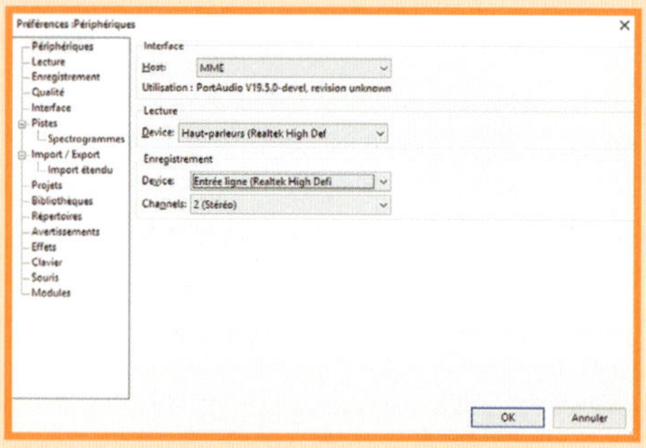

1 Si vous ne disposez pas d'Audacity, téléchargez-le gratuitement à l'adresse www.audacityteam.org et choisissez la version Windows. Ouvrez le programme et vérifiez que la source audio est correctement sélectionnée. Cliquez sur *Édition* puis sur *Préférences*. Dans la liste *Host*, choisissez *MME* si vous utilisez les circuits audio de la carte mère, ou le nom de votre interface audio. Faites également ce choix dans les listes *Lecture* et *Enregistrement*. Validez par un clic sur *OK*.

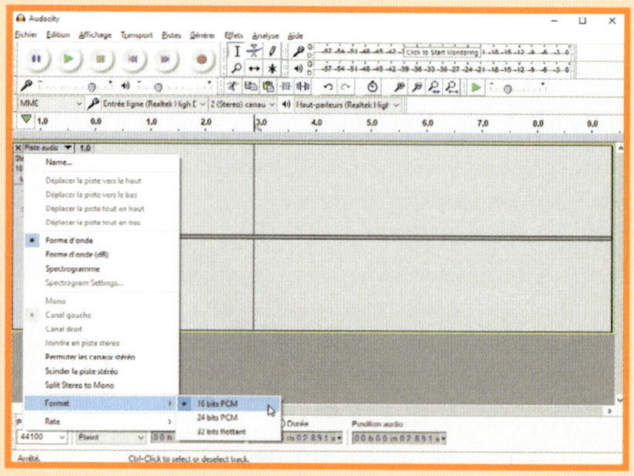

2 Ouvrez le menu *Pistes* et choisissez *Ajouter nouvelle* puis *Piste stéréo*. Pour enregistrer un son de qualité CD, cliquez sur le triangle à droite de *Piste audio*. Dans le menu local, choisissez *Format* ou *Choisir un format d'échantillonnage* puis *16 bits PCM*. Dans le menu local *Projet à*, en bas à gauche, optez pour *44,1 kHz* (ou *44100*). Pour une numérisation haute définition, voir « Trucs & astuces ».

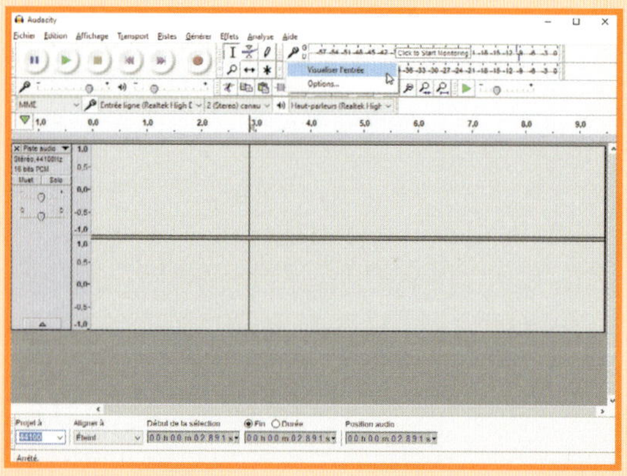

3 Cliquez sur l'icône du micro située sous le menu *Aide* et choisissez *Visualiser l'entrée*. Lancez la lecture de la cassette, du vinyle ou du baladeur. Les vumètres indiquent que le son entre bien dans la carte audio, et vous l'entendez via vos haut-parleurs. Si le signal n'est pas assez fort, augmentez les niveaux d'entrée (voir p. 329). Pour que le niveau soit correct, les vumètres doivent flirter avec le rouge.

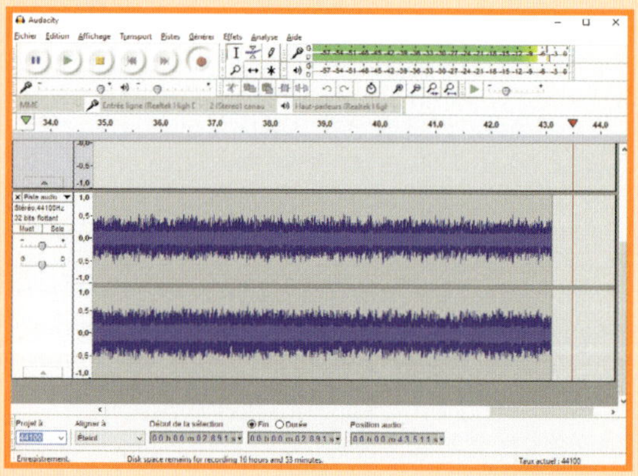

4 Dès que le niveau d'enregistrement est correct, arrêtez la lecture et rembobinez (ou replacez le bras de la platine à disques au début du morceau à numériser). Cliquez sur le bouton rouge d'enregistrement en haut à gauche de l'interface. L'enregistrement commence et une forme d'onde sonore apparaît dans Audacity.

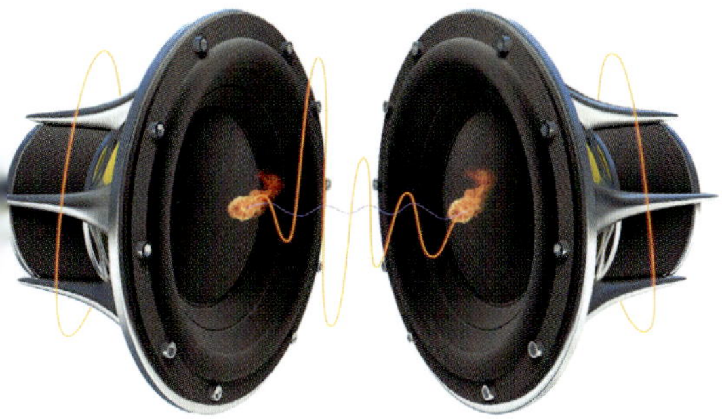

Le petit +

Si l'audio source a un très faible volume, ne montez pas trop le niveau d'enregistrement sous peine d'introduire un souffle que vous aurez du mal à atténuer avec l'effet *Réduction du bruit*. Pour un enregistrement correct, les vumètres doivent se situer en permanence entre -12 et 0 dB. Au-dessus de 0 dB, il y aura un écrêtement qui coupera purement et simplement le son, introduisant alors des « trous » dans la numérisation.

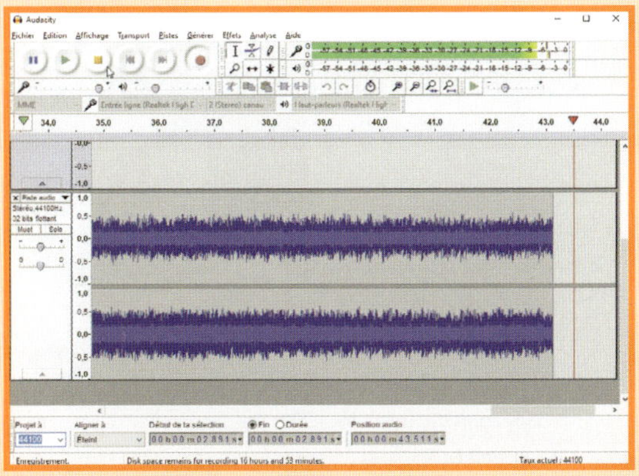

5 Pendant l'enregistrement, vous pouvez continuer à utiliser votre PC, mais en évitant de lancer des programmes ou des traitements trop lourds sous peine de provoquer des parasites, voire d'interrompre l'enregistrement. Vous pouvez enregistrer la totalité d'une cassette ou d'un disque, ou bien procéder titre par titre. Vous éviterez ainsi de devoir éditer l'enregistrement pour individualiser les morceaux. Arrêtez l'enregistrement par un clic sur le bouton *Stop* (carré jaune en haut à gauche).

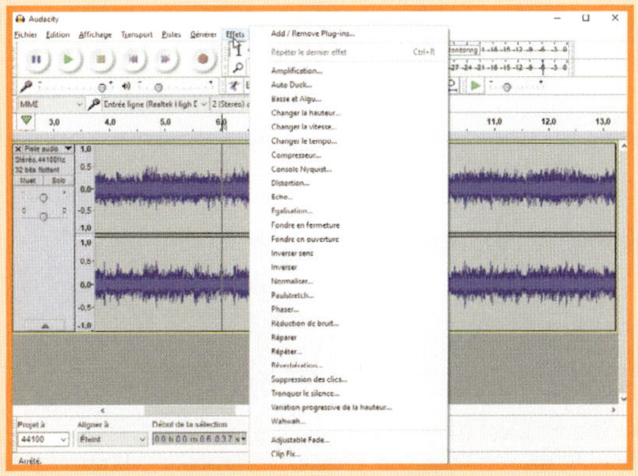

6 Une fois l'enregistrement terminé, corrigez certains défauts comme le souffle et les craquements. Pour cela, ouvrez le menu *Effets* et choisissez *Réduction du bruit* puis *Suppression des clics*. Ce dernier réglage s'applique généralement à la numérisation des vinyles. Avant d'éditer plus en profondeur le contenu, n'hésitez pas à sauvegarder votre projet en allant dans *Fichier* et *Enregistrer le projet*. N'oubliez pas de sauvegarder régulièrement pour ne pas perdre votre travail.

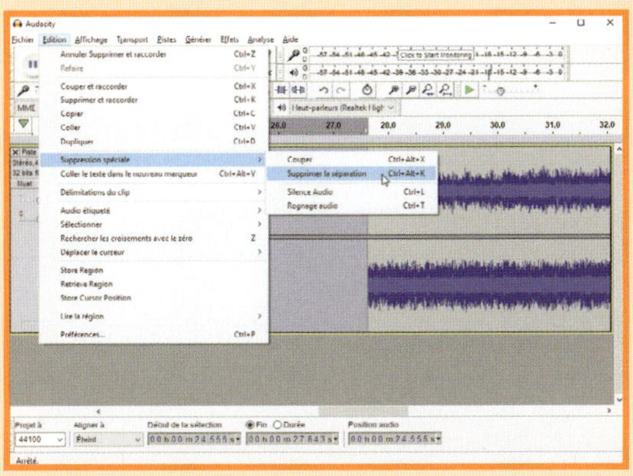

7 Vous pouvez éditer le contenu ainsi enregistré en coupant des parties inutiles pour supprimer, par exemple, un morceau complet qui ne vous intéresse pas. Effectuez la sélection à l'aide de la souris, puis cliquez sur l'icône *Couper et raccorder* (ciseaux). Dans ce cas, le contenu audio suivant se collera au précédent. Pour laisser un vide, ouvrez le menu *Édition*, *Suppression spéciale* et *Supprimer la séparation*.

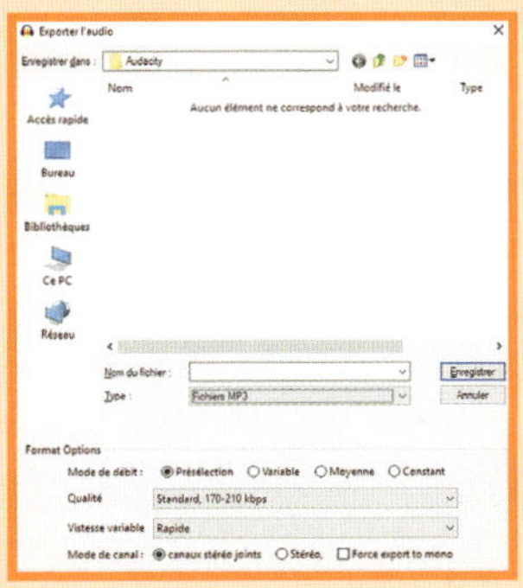

8 Exportez cette numérisation dans un format de sauvegarde en haute qualité, ou d'utilisation immédiate en MP3. Choisissez *Fichier* puis *Exporter l'audio*. Dans la boîte de dialogue qui apparaît, ouvrez le menu local *Type* et choisissez un format adapté à l'utilisation de votre numérisation. En fonction de ce choix, vous aurez accès à des réglages supplémentaires comme le format MP3 en cliquant sur *Options...* qui produit des fichiers audio compressés occupant moins d'espace de stockage. Cliquez sur *Enregistrer* pour démarrer l'encodage.

Si l'encodage MP3 est impossible car il manque un fichier au format .dll, il faudra le télécharger, comme vous le propose Audacity.

DES DOCUMENTS IMPECCABLES

Brochure, CV, faire-part... votre ordinateur vous permet de créer facilement toutes sortes de documents et de soigner leur présentation.

Pour être efficace, un document ne doit pas seulement contenir des informations correctement orthographiées : il doit aussi être agréable à lire. Cela implique une présentation à la fois aérée et élégante. Pour atteindre ce double objectif, vous pouvez utiliser un traitement de texte tel que Microsoft Word ou Writer d'Open Office : ces deux logiciels vous permettent de créer des lettres, des faire-part ou d'autres documents très réussis.

Quel que soit le type de document à produire, il implique les mêmes grandes étapes : saisir le texte et corriger les erreurs éventuelles, mettre le texte en forme et définir la présentation générale du document. Les traitements de texte offrent toutes les options requises pour vous aider à produire un texte de qualité, notamment en vous permettant de remplacer ou d'ajouter des mots au beau milieu d'une phrase et en vous signalant les fautes d'orthographe et de grammaire.

Vous disposez aussi d'un grand nombre d'options pour améliorer l'apparence du texte, en changeant sa taille, son style ou sa couleur, ou en centrant les titres dans la largeur de la page. Si votre document s'y prête, vous pouvez également y ajouter des images ou créer des tableaux. Et si vous voulez l'imprimer ensuite, votre traitement de texte vous permet d'effectuer tous les réglages indispensables (taille des marges, orientation du papier, etc.).

SAISIR DU TEXTE

Les documents texte se créent avec le clavier et un traitement de texte, comme Word. Le premier vous sert à taper les différents caractères (lettres, espaces, signes de ponctuation, etc.), tandis que le second vous permet d'enregistrer le texte saisi et de définir sa présentation. Ainsi, depuis l'onglet *Accueil* du ruban, vous appliquez une police adaptée à la nature du document, définissez la taille des caractères (le corps) et enrichissez éventuellement certains caractères en **gras** ou en *italique*.

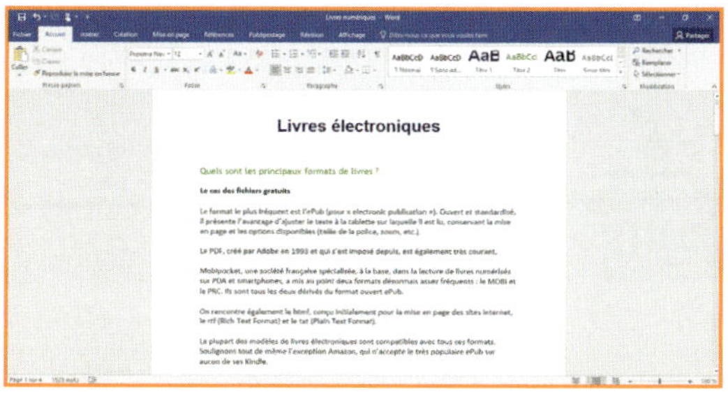

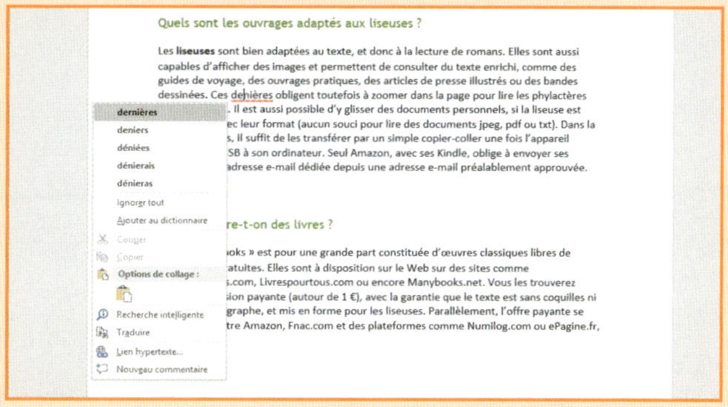

TROUVER UN SYNONYME

Pour éviter les répétitions ou trouver le terme juste, vous pouvez demander à Word de vous proposer des synonymes d'un mot : cliquez avec le bouton droit sur celui-ci, puis avec le bouton gauche sur *Synonymes* dans le menu contextuel, et finalement sur le terme adéquat. Il remplace aussitôt celui existant.

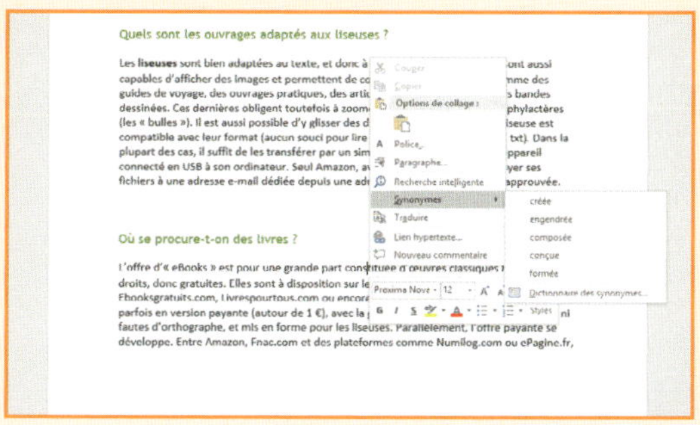

CORRIGER L'ORTHOGRAPHE ET LA GRAMMAIRE

Les traitements de texte contrôlent l'orthographe et la grammaire au fil de votre frappe : ils soulignent par un trait ondulé rouge les mots mal orthographiés, et par un double trait bleu les erreurs grammaticales (comme une faute d'accord) ou typographiques (par exemple, un espace ajouté avant un point ou une virgule). Mais ces correcteurs ne sont pas infaillibles. Ainsi, ils signalent à tort comme des erreurs beaucoup de noms propres et n'appréhendent pas correctement les constructions syntaxiques trop alambiquées ou fondées sur des règles grammaticales complexes. Cliquez avec le bouton droit sur le texte souligné pour afficher les suggestions de correction : si l'une d'elles convient, cliquez dessus ; sinon, cliquez hors du menu et apportez vous-même la correction ou conservez le texte tel quel s'il est correct. Dans ce dernier cas, vous pouvez aussi cliquer sur *Ajouter au dictionnaire* dans le menu contextuel pour que Word intègre un terme qu'il ne connaît pas à la liste des mots exacts. De la sorte, il ne le signalera plus comme étant faux s'il le rencontre à nouveau.

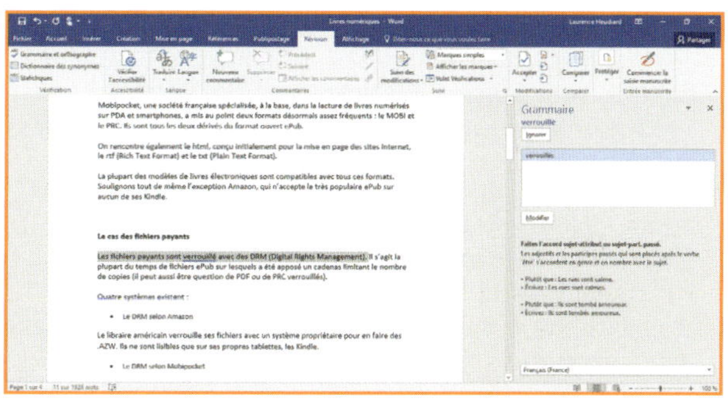

Trucs & astuces

La vérification au cours de la frappe ne suffit pas ? Après avoir terminé, contrôlez le document entier en appuyant sur la touche *F7* du clavier ou en cliquant sur *Grammaire et orthographe* dans l'onglet *Révision* du ruban. S'il s'agit d'un document important, faites-le relire par un tiers.

Attention !

Pour visualiser correctement un document qui intègre des images et des zones de texte dans Word 2016, vous devez l'afficher en mode *Page* : pour cela, cliquez sur *Page* dans l'onglet *Affichage* du ruban.

LES MODÈLES

À son démarrage, Word affiche un grand panneau qui vous permet de créer soit un document vierge (une page blanche), soit un document fondé sur un modèle. Mais vous pouvez rouvrir ce panneau à tout moment en cliquant sur *Fichier*, puis *Nouveau*. Profitez des modèles quand vous devez créer un document spécifique, comme un CV ou un rapport : il suffit de cliquer sur celui à utiliser dans le panneau. Le document qui apparaît alors contient du faux texte déjà correctement disposé et mis en forme : il ne vous reste plus qu'à le remplacer par le vôtre !

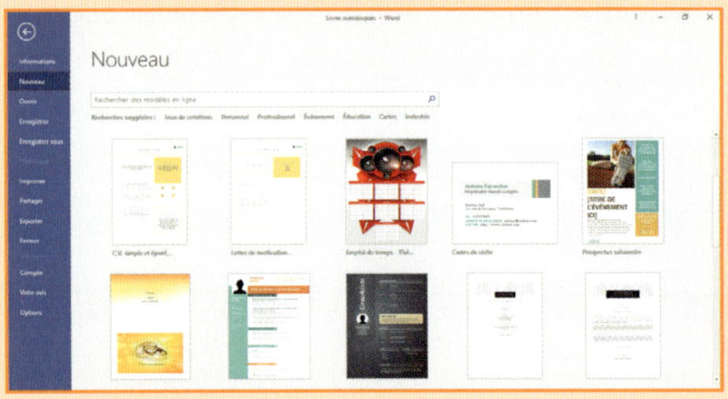

LES ZONES DE TEXTE

Les zones de texte de Word permettent d'organiser le contenu de vos documents en créant des « blocs » que vous pouvez positionner où bon vous semble dans la page. Il est possible d'ajouter aussi bien du texte qu'une image dans une zone et de changer l'apparence de celle-ci en lui appliquant une couleur de fond ou une bordure stylisée. Les zones de texte se révèlent donc des outils très pratiques pour mettre certains textes en exergue ou inclure des encarts informatifs à côté du texte principal. Pour en ajouter une, cliquez sur l'icône *Zone de texte* vers la fin de l'onglet *Insérer*, choisissez une zone prédéfinie qui vous convient et cliquez là où l'ajouter dans le document.

LES IMAGES

Même s'il est spécialisé dans la création et la gestion du texte, Word permet d'ajouter toutes sortes d'images dans vos documents, notamment des photos personnelles, des illustrations ou photos fournies par Microsoft et des figures géométriques. Toutes les options d'ajout figurent dans l'onglet *Insérer* du ruban. Ensuite, vous pouvez déplacer et redimensionner l'image en la faisant glisser ou en utilisant les poignées sur son contour, mais aussi peaufiner son apparence (en lui donnant du relief ou en lui appliquant une ombre, par exemple) grâce à l'onglet *Mise en forme* ou *Format* qui n'apparaît qu'une fois l'image sélectionnée (en cliquant dessus). Il est aussi possible de définir la répartition du texte autour de l'image en cliquant sur cette dernière avec le bouton droit, puis avec le bouton gauche sur *Habillage* et sur l'option souhaitée.

Saisir une lettre avec Word 2016

Pour produire une lettre à imprimer ensuite, vous devez la présenter correctement. Avec Word 2016, vous y parviendrez facilement.

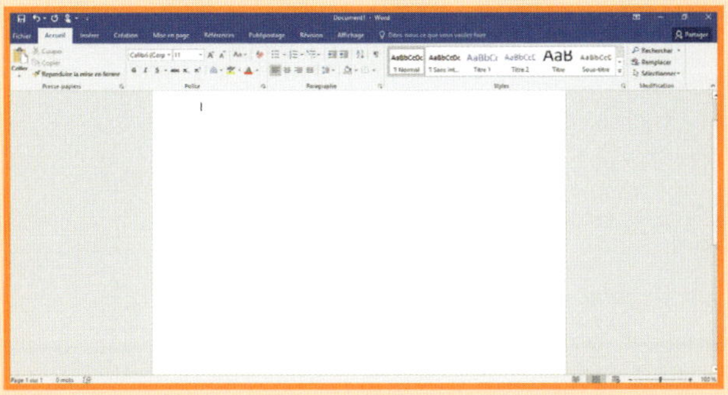

1 Le texte d'une lettre est toujours disposé sur une seule colonne : vous n'avez donc pas besoin d'options de présentation avancées pour produire un document correct. Avec Word, vous pouvez soigner tous les aspects importants : la police (le style graphique du texte), l'alignement du texte dans la largeur de la page, la taille des marges, etc.

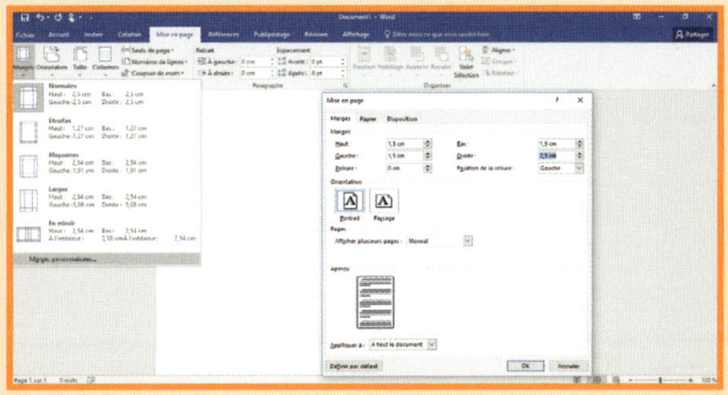

2 Si vous imprimez votre lettre sur un papier orné (voir p. 336), mesurez les marges de ce papier afin que tout le texte figure dans la zone imprimable (et pas sur les motifs de votre papier orné). Dans l'onglet *Mise en page* de la lettre, cliquez sur *Marges*, puis *Marges personnalisées*. Saisissez alors les valeurs préalablement mesurées pour les quatre marges et cliquez sur *OK*.

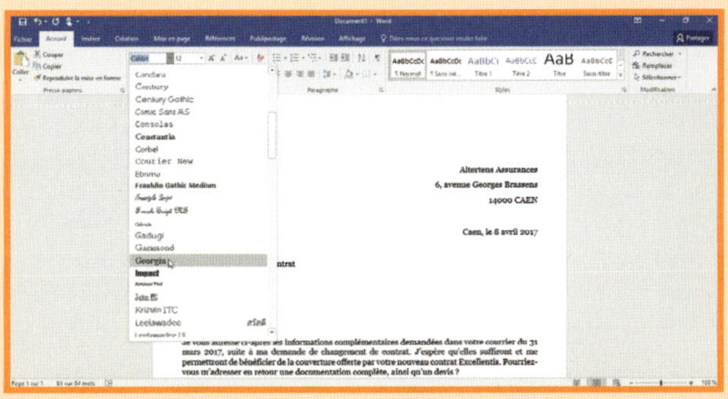

3 Saisissez votre texte, puis utilisez les options de l'onglet *Accueil* pour affiner sa présentation. Choisissez une police (Times, Garamond ou Georgia sont considérées, par exemple, comme très lisibles), ajustez sa taille (pour un texte ni trop grand, ni trop petit, privilégiez 11 ou 12), et adaptez l'alignement en cliquant sur l'icône adaptée dans le groupe *Paragraphe* (par exemple, alignez votre adresse à gauche, celle du destinataire à droite, et justifiez le texte principal).

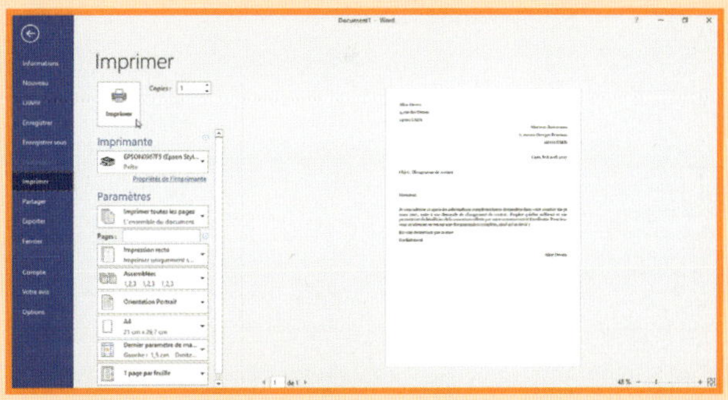

4 Imprimez la lettre sur une page blanche ou sur votre papier personnalisé. Cliquez sur *Fichier*, puis *Imprimer*. Si nécessaire, choisissez la bonne imprimante sous la rubrique *Imprimante*. Dans la partie droite du panneau qui apparaît, vérifiez que la présentation de la lettre est correcte. Si oui, cliquez directement sur *Imprimer* ; sinon, appuyez sur la touche *Échap* du clavier, apportez les modifications requises et lancez l'impression. Dans la rubrique *Paramètres*, vous pouvez vérifier que les conditions d'impression sont bien paramétrées (orientation de la page, format du papier, etc.).

Trucs & astuces

Si vous voulez communiquer votre document avec la certitude que le destinataire pourra le lire correctement, même s'il utilise une tablette ou s'il ne possède pas Word, convertissez-le en PDF. Cliquez sur *Fichier*, puis sur *Enregistrer sous* et choisissez *PDF* comme type de fichier.

Créer un beau papier à lettres avec Word 2016

Word propose de nombreux modèles de papier à lettres très faciles à personnaliser.

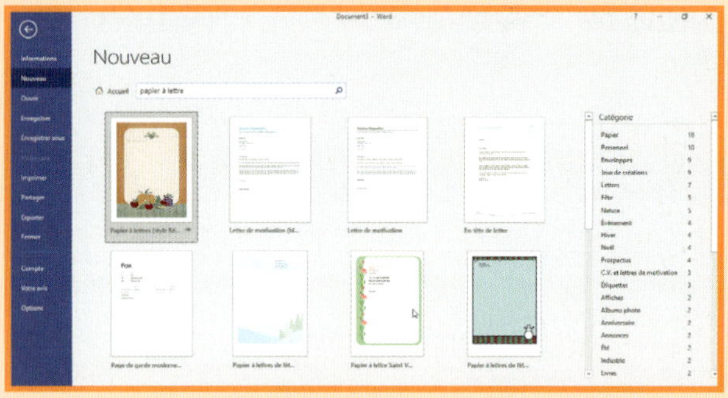

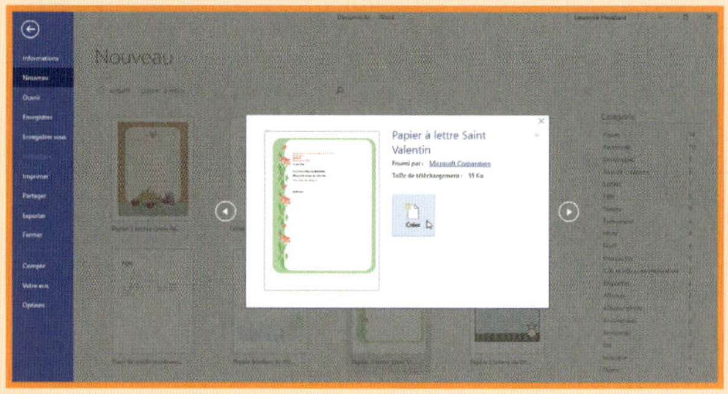

1 Après avoir vérifié que vous êtes bien connecté à Internet, cliquez sur *Fichier*, puis sur *Nouveau*. Tapez *Papier à lettres* dans la zone en haut du grand panneau qui s'affiche et appuyez sur la touche *Entrée* du clavier. De très nombreux modèles apparaissent, certains professionnels, d'autres festifs ou prévus pour des occasions spéciales, comme des remerciements. Cliquez sur le modèle qui vous intéresse.

2 Un aperçu agrandi du modèle apparaît dans une nouvelle fenêtre : s'il vous convient, cliquez sur *Créer*; sinon, appuyez sur la touche *Échap* du clavier pour revenir à la liste complète des modèles et en choisir un autre. Vous pouvez aussi les parcourir un à un en cliquant sur le bouton fléché à droite dans la fenêtre d'aperçu.

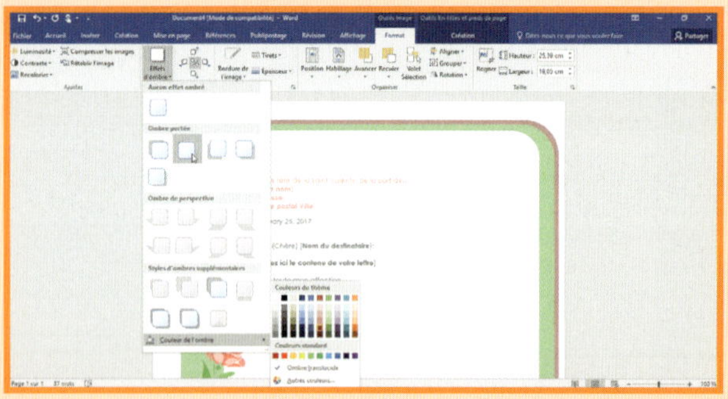

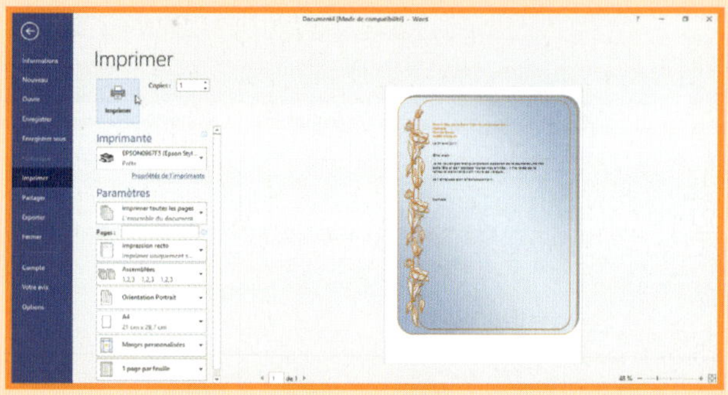

3 Un nouveau document doté du modèle choisi s'ouvre. Vous pouvez modifier l'apparence de certains éléments : cliquez dessus, puis ajustez les options souhaitées depuis l'onglet *Mise en forme* ou *Format* du ruban (celui qui apparaît dépend du type d'élément sélectionné). Il est aussi possible de changer des caractéristiques générales, telles que les couleurs ou les polices, grâce aux options de l'onglet *Création*, notamment la première d'entre elles, *Thèmes*. Pour modifier les éléments individuellement, il faut les dissocier : faites un double-clic sur le fond en haut de la page puis un clic droit et allez dans *Groupe* puis *Dissocier*.

4 Une fois satisfait de votre papier, cliquez dans la zone dédiée à la saisie, tapez votre texte et lancez l'impression (voir p. 343). Il est aussi possible d'imprimer uniquement le papier à lettres et d'y écrire ensuite un texte manuscrit. Par ailleurs, vous pouvez tout à fait utiliser un papier coloré à la place des traditionnelles feuilles A4 blanches.

Trucs & astuces

Si vous envisagez de réutiliser un modèle que vous avez modifié, enregistrez-le en tant que modèle afin de pouvoir le retrouver : cliquez sur *Fichier*, puis *Enregistrer sous* et *Parcourir*. Dans la fenêtre qui s'ouvre, déroulez la liste *Type* et sélectionnez *Modèle Word*; puis enregistrez votre modèle dans le sous-dossier *Modèles Office personnalisés* du dossier *Documents*.

Faire un carton d'invitation avec Word 2016

Créer des cartons d'invitation jolis et originaux avec Word 2016 est très facile, le logiciel proposant de nombreux modèles pour différents types d'évènements (Noël, anniversaire, mariage, etc.) et beaucoup d'options pour les modifier à votre guise.

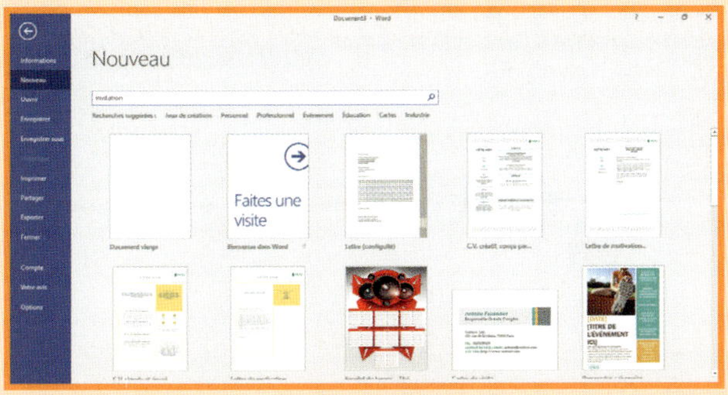

1 Si ce n'est déjà fait, connectez-vous à Internet, afin que Word puisse vous proposer un maximum de modèles. Ensuite, cliquez successivement sur *Fichier* et *Nouveau* si Word est déjà ouvert ; sinon, démarrez le programme. Saisissez « Invitation » dans la zone en haut du grand panneau qui s'affiche et appuyez sur la touche *Entrée* du clavier.

2 Des miniatures de modèles apparaissent au centre du panneau, ainsi qu'une liste de catégories à droite. Cliquez sur *Invitations*, puis affinez éventuellement les propositions en cliquant sur une seconde catégorie adaptée à la nature de l'évènement à venir. Si le choix vous semble trop restreint, annulez votre second choix en pointant la deuxième catégorie et en cliquant sur la croix qui apparaît alors à sa droite.

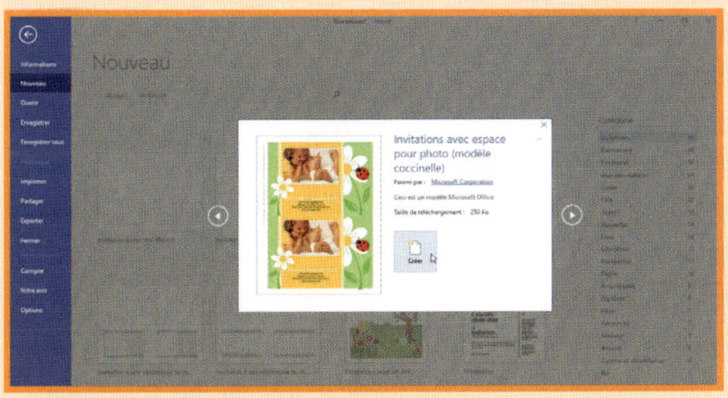

3 Cliquez sur le modèle qui vous intéresse, puis sur *Créer* dans le panneau qui apparaît. Ici, pour explorer toutes les possibilités offertes par Word pour ce type de création, nous choisirons un modèle de carton d'invitation qui contient du texte, des images et une photo.

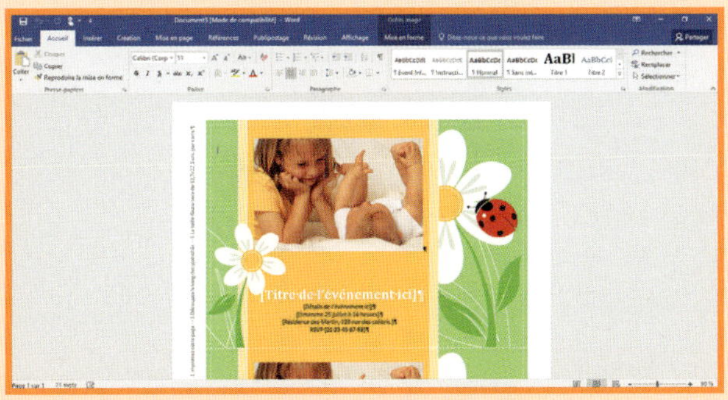

4 Le modèle choisi se télécharge gratuitement sur votre ordinateur (ici : *Invitations avec espace pour photos – Modèle coccinelle*). La prochaine fois que vous l'utiliserez, comme vous serez sûr de votre choix, double-cliquez sur le modèle à l'étape 3 : Word affichera directement un document fondé sur ce modèle et vous pourrez donc le modifier et le personnaliser aussitôt.

Le petit +

Quand vous ne trouvez pas de modèle adéquat dans la catégorie sélectionnée, n'hésitez pas à en explorer d'autres, même si elles ne correspondent pas a priori au type de document ou d'évènement visé, car vos possibilités de modification sont si étendues que vous pourrez souvent produire au final le document souhaité.

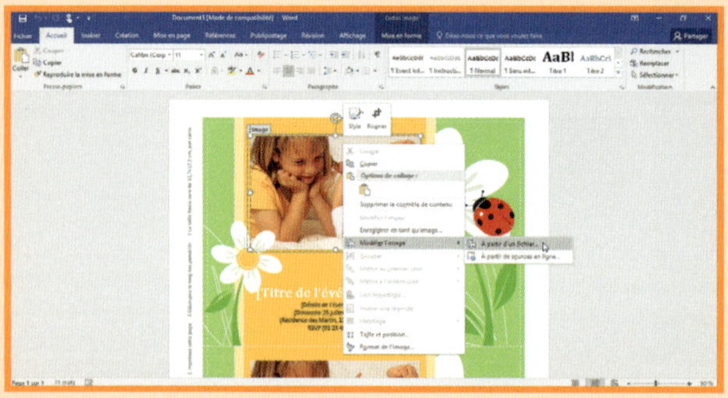

5 Le modèle que nous avons choisi ici prévoit l'impression de deux cartons par feuille (à découper ensuite, donc). Remplaçons d'abord la photo par un cliché personnel : cliquez dessus avec le bouton droit et, dans le menu contextuel, choisissez *Modifier l'image* puis *À partir d'un fichier*.

6 La boîte de dialogue *Insérer* une image apparaît : naviguez jusqu'au dossier qui contient la photo à utiliser dans le carton d'invitation, puis cliquez sur le cliché pour le sélectionner. Cliquez ensuite sur *Insérer* pour importer la photo dans votre création.

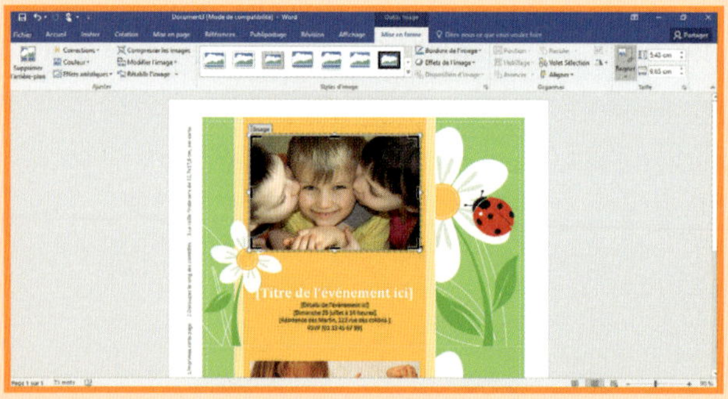

7 Pour modifier la façon dont la photo est insérée dans son cadre, double-cliquez dessus. Un nouvel onglet *Mise en forme* apparaît dans le ruban en haut de la fenêtre, et des ronds appelés poignées de redimensionnement s'affichent sur les côtés et dans les coins de la photo : vous pouvez les faire glisser pour changer la taille de l'image.

8 Si vous ne voulez garder qu'une partie du cliché pour donner plus d'importance au sujet principal, cliquez sur *Rogner* dans la partie *Taille*, à la fin du ruban. Des poignées de rognage apparaissent au milieu de chaque côté de la photo et dans les angles : faites-les glisser autant que nécessaire pour que le cadre principal n'entoure plus que la partie de l'image à garder. Toutes les zones sombres transparentes disparaîtront à la prochaine étape.

Le petit +

Pour plus d'originalité, vous pouvez inclure des photos différentes sur les cartons d'invitation : répétez alors les étapes 5 à 9 pour le cliché du bas de la page.

Trucs & astuces

Si vous voulez appliquer la même police, taille ou couleur aux textes de différents blocs, vous pouvez les sélectionner tous au préalable, même s'ils ne sont pas adjacents. Sélectionnez le premier texte concerné, puis enfoncez la touche *Ctrl* du clavier et, sans la relâcher, sélectionnez chaque autre texte à modifier ; relâchez la touche et changez la taille, la police ou la couleur. Au choix !

9 Une fois le recadrage terminé, validez-le en appuyant sur la touche *Entrée* du clavier. Le débord sombre disparaît, mais si vous êtes déçu, vous pouvez toujours cliquer sur l'icône *Annuler* (flèche allant vers la gauche) dans la barre d'outils rapide, en haut à gauche de la fenêtre, puis recommencer le rognage en reprenant à partir de l'étape 7.

10 Saisissez le texte de votre carton d'invitation. Cliquez successivement sur chaque faux texte dans le modèle et remplacez-le par le vôtre. Ensuite, n'hésitez pas à l'embellir en changeant sa taille, sa police et/ou sa couleur grâce aux options proposées dans l'onglet *Accueil* du ruban.

11 Si vous voulez modifier les couleurs des éléments graphiques, cliquez dessus, puis sur l'onglet *Outils de dessin* qui apparaît dans le ruban de Word. Vous pouvez changer la couleur du fond ou de la bordure contour en cliquant respectivement sur *Remplissage* ou *Contour* dans la partie *Style de formes*. L'option *Couleur* vous permet de changer la couleur des motifs (les fleurs, par exemple) une fois sélectionnés.

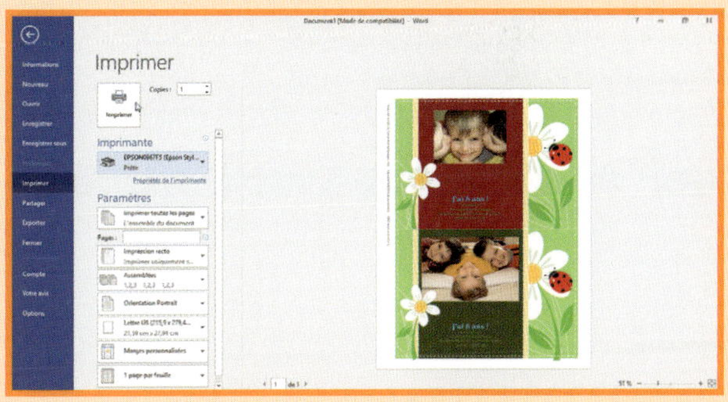

12 Personnalisez le second carton. Si vous voulez y faire figurer le même texte, présenté à l'identique, sélectionnez celui du premier carton, puis cliquez avec le bouton droit dans le bloc où l'insérer et cliquez avec le bouton gauche sur l'icône *Conserver la mise en forme source* sous la commande *Coller*. Après avoir terminé, cliquez sur *Fichier*, puis *Imprimer* à gauche et de nouveau *Imprimer* à droite. Une fois les impressions terminées, découpez les cartons.

Le petit +

Pour un résultat optimal, imprimez vos cartons sur un papier à fort grammage. Reportez-vous au manuel de votre imprimante pour savoir quels grammages de papier elle accepte.

Créer des faire-part originaux avec Word 2016

Naissance, mariage... annoncez la bonne nouvelle avec un faire-part ! Mais plutôt que de payer les services d'un professionnel, créez-les vous-même.

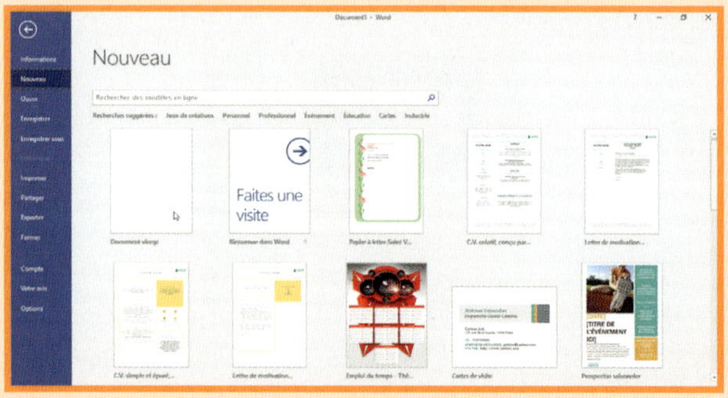

1 Dans cette procédure, nous vous montrerons en détail comment réaliser les première et dernière pages (pages 1 et 4, donc) de votre carton. Pour les pages intérieures 2 et 3, nous créerons ensemble une nouvelle « page informatique » dans le document en cours, et vous la compléterez à l'instar des pages 1 et 4. Si Word est déjà ouvert, cliquez sur *Fichier*, *Nouveau* et sur la vignette *Document vierge* ; sinon, démarrez le programme et cliquez directement sur *Document vierge*.

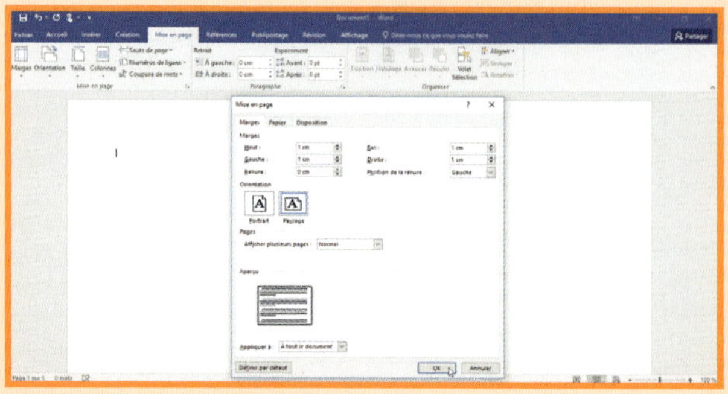

2 Un document vide s'ouvre. Cliquez sur l'onglet *Mise en page* du ruban. Disposez la page à l'horizontale en cliquant sur *Orientation*, puis sur *Paysage*. Ensuite, réduisez les marges : cliquez sur *Marges*, puis *Marges personnalisées*, tapez 1 (centimètre) dans les zones *Haut*, *Bas*, *Gauche* et *Droite*, et cliquez sur *OK*.

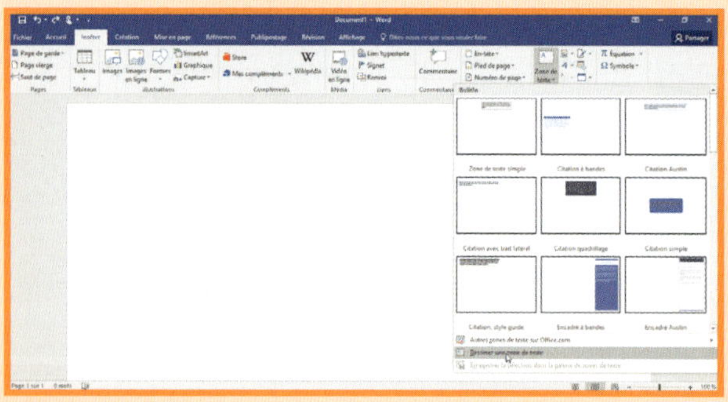

3 Cliquez sur l'onglet *Insérer*, puis sur *Zone de texte* (vers la fin du ruban) et sur *Dessiner une zone de texte*, tout en bas. Cliquez dans la page et, sans relâcher le bouton de la souris, faites-la glisser pour tracer une petite zone de texte : ne vous souciez pas de ses dimensions pour l'instant. Un nouvel onglet *Outils de dessin - Format* apparaît dans le ruban : dans la partie *Taille*, tout à la fin, tapez 19 cm comme hauteur et 12,85 cm comme largeur.

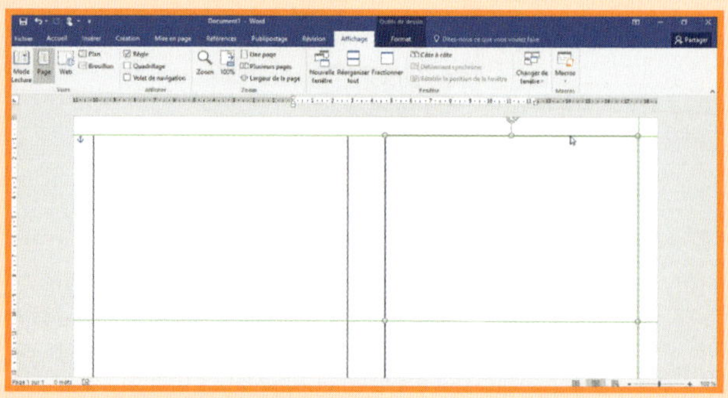

4 Si la règle n'est pas visible, cochez *Règle* dans l'onglet *Affichage*. Ensuite, sans modifier la largeur de votre zone de texte, calez-la contre les marges gauche et supérieure : cliquez sur sa bordure et, en gardant le bouton de la souris enfoncé, déplacez la zone jusqu'à ce que ses bords gauche et supérieur se retrouvent contre les traits verts qui apparaissent pour matérialiser le bord des marges. Une fois la zone bien positionnée, dupliquez-la : sans la désélectionner, appuyez sur les touches *Ctrl + C* puis sur *Ctrl + V* du clavier. Alignez la nouvelle zone sur les repères de marges de droite.

Le petit +

En cherchant un peu sur Internet, vous trouverez des dizaines d'exemples de faire-part dont vous pourrez vous inspirer si vous manquez d'idées. Et pour obtenir un meilleur résultat, pensez à utiliser des papiers à fort grammage et/ou de couleur.

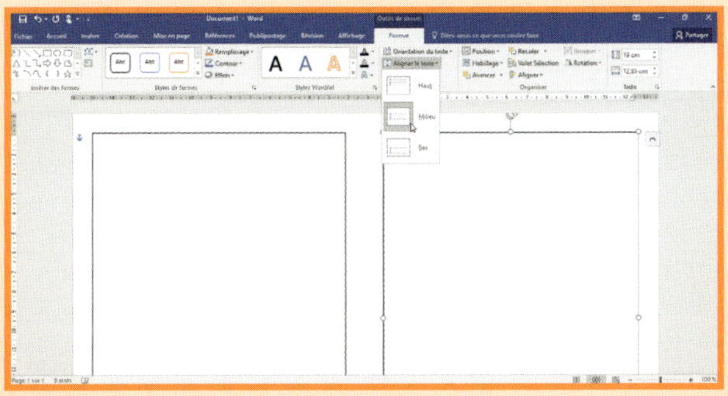

5 Si elle ne l'est plus, sélectionnez la zone de texte de droite en cliquant sur la bordure. Ensuite, dans l'onglet *Outils de dessin - Format*, cliquez sur *Aligner le texte*, puis *Milieu*, afin de centrer votre texte dans la hauteur de la zone. Pour le centrer également en largeur, cliquez sur l'icône *Centrer* dans la partie *Paragraphe* de l'onglet *Accueil*.

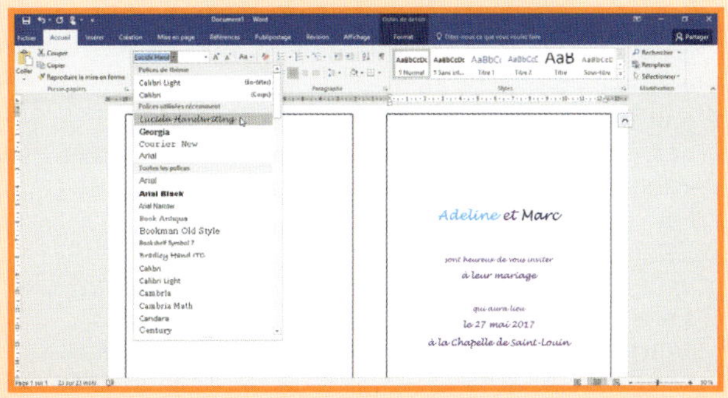

6 Cliquez dans la zone de droite et saisissez le texte de la première page de votre faire-part. Peaufinez ensuite sa présentation grâce aux outils de mise en forme (taille, police, gras, italique, etc.) de l'onglet *Accueil* du ruban.

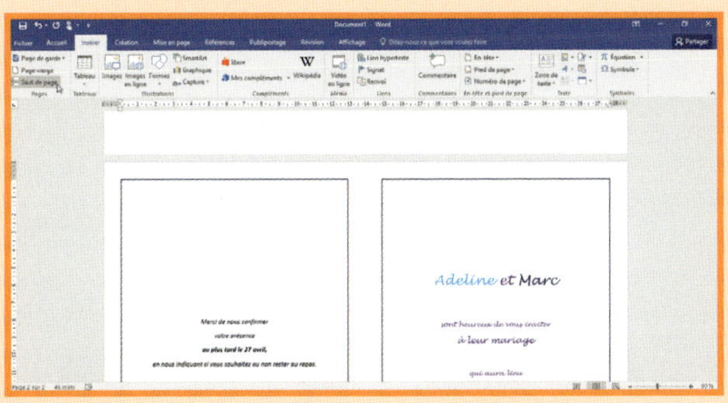

7 Répétez les étapes 5 et 6 pour ajouter le contenu de la zone gauche, qui constituera la quatrième page de votre faire-part (le dos, donc). Ensuite, cliquez dans le paragraphe vide au-dessus des zones de texte, puis sur l'onglet *Insérer* et sur *Saut de page*, au début du ruban.

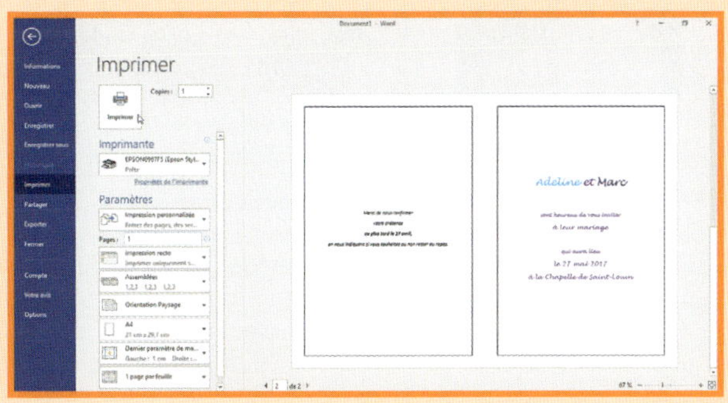

8 Word ajoute une page blanche : répétez les étapes 3 à 7 pour créer l'intérieur du faire-part, puis cliquez sur *Fichier* et *Imprimer*. Si l'aperçu à droite vous déçoit, fermez le panneau et modifiez les éléments voulus, puis rouvrez le panneau. Pour imprimer en recto verso, tapez « 1 » dans la zone *Pages*, puis cliquez sur *Imprimer*. Retournez la feuille dans l'imprimante, en respectant la bonne orientation, et cliquez de nouveau sur *Fichier* puis *Imprimer*, mais tapez cette fois « 2 » dans la zone *Pages* avant de cliquer sur *Imprimer*.

CHERCHER ET TROUVER DES ILLUSTRATIONS POUR VOS PRÉSENTATIONS

Même si Word 2016 propose de nombreuses images grâce à Bing, vous pouvez étendre votre recherche sur Internet.

LES BANQUES D'IMAGES

Vos présentations auront beaucoup plus d'impact si elles sont judicieusement illustrées. Pour trouver des motifs, des dessins ou des photos adaptés à toutes les occasions (anniversaire, Noël, diplôme, etc.), rendez-vous sur Internet. De nombreuses banques d'images proposent des photos et des illustrations que vous pourrez intégrer ensuite à vos travaux dans Word sans vous mettre dans l'illégalité (voir aussi p. 122 et 143). Par chance, certaines sont gratuites, comme Freeimages (http://fr.freeimages.com) et Pixabay (http://pixabay.com/fr). Mais les payantes ne sont pas nécessairement hors de prix : voyez par exemple sur iStock (www.istockphoto.com/fr), Fotolia (http://fr.fotolia.com), Thinkstock (www.thinkstockphotos.fr/) ou la BNF (http://images.bnf.fr).

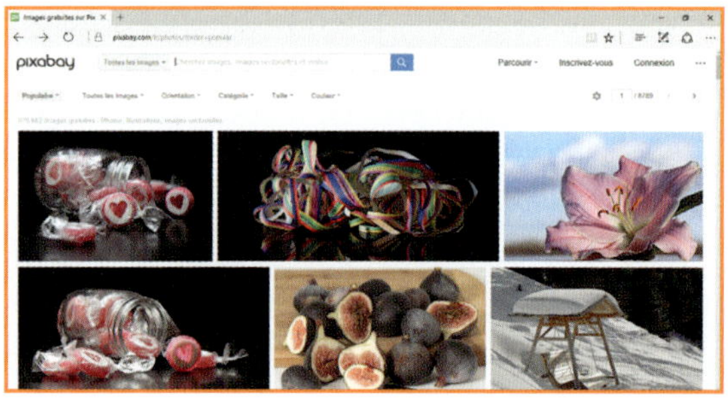

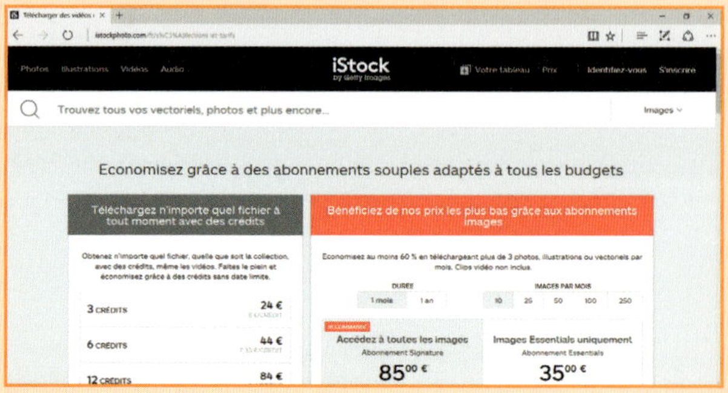

TÉLÉCHARGER DES IMAGES

Qu'elles soient gratuites ou payantes, la plupart des banques d'images vous réclament une inscription préalable pour obtenir des photos, dessins ou autres. Une fois cette étape franchie, vous pouvez récupérer des images d'une banque gratuite en cliquant simplement sur leur lien ou bouton de téléchargement. Dans le cas d'une banque d'images payante, en revanche, vous devez acheter des images à l'unité ou vous abonner. Cette seconde solution peut être intéressante et plus pratique si vous achetez souvent des images, car elle vous évite de fournir les numéros de votre carte bleue à chaque fois. En effet, vous achetez un certain nombre de crédits, et la banque d'images débitera de votre compte le nombre de crédits que coûte une image lors de son téléchargement. Par ailleurs, beaucoup de banques d'images offrent des crédits gratuits lors de l'ouverture du compte.

CIBLER VOS RECHERCHES

Pour trouver plus facilement des images adaptées, utilisez le moteur de recherche du site. Commencez, bien sûr, par taper des mots-clés. Ensuite, explorez toutes les options proposées pour affiner la recherche. Souvent, vous pouvez régler des critères tels que le type d'image (photo ou dessin), l'orientation (verticale ou horizontale), le format (carré ou rectangulaire), la date et le prix. La plupart des moteurs de recherche permettent même de sélectionner des paramètres aussi poussés que la présence ou non de personnes dans les photos.

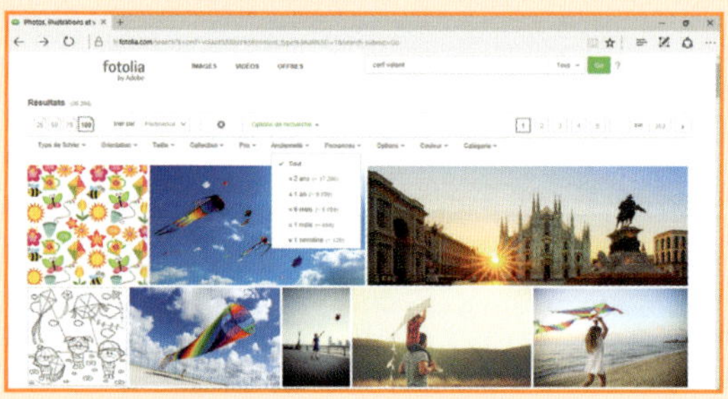

Attention !

Avant d'acheter une image, lisez bien le domaine d'utilisation de sa licence, afin de vous assurer que vous aurez le droit, ensuite, de l'utiliser dans votre document. Par ailleurs, pour ne pas dépenser plus que nécessaire, choisissez la taille d'image adaptée à l'utilisation envisagée, car plus elle est grande, plus elle coûte cher.

IMPRIMER VOS DOCUMENTS

Word 2016 propose de nombreuses options d'impression : profitez-en pour produire des versions papier parfaites en évitant le gâchis de papier et d'encre.

RÉGLER LES OPTIONS DE BASE

Lorsque vous cliquez sur *Fichier* puis *Imprimer* dans Word 2016, un panneau d'impression apparaît, proposant à la fois une colonne d'options et un grand aperçu du document tel qu'il apparaîtra sur la feuille. Commencez par vérifier que celui-ci est correct (si besoin, utilisez la barre de défilement verticale pour contrôler chaque page) et, dans le cas contraire, cliquez sur la flèche en haut à gauche du panneau pour masquer celui-ci et pouvoir apporter les modifications souhaitées. Ensuite, réglez les aspects essentiels : sélectionnez votre imprimante, puis indiquez l'orientation des feuilles (choisissez *Paysage* si vous voulez imprimer sur une feuille à l'horizontale), leur format et la taille des marges.

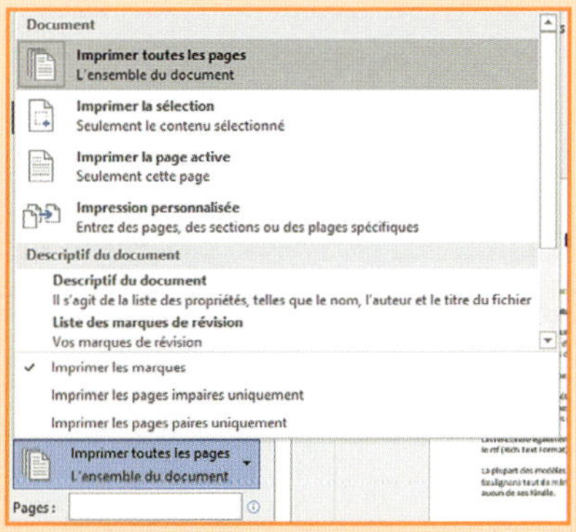

CHOISIR LES PAGES À IMPRIMER

Si vous ne voulez pas imprimer l'ensemble du document, plusieurs possibilités s'offrent à vous, mais à chaque fois, vous devez sélectionner la bonne option dans la première liste de la rubrique *Paramètres* du panneau d'impression. Ainsi, pour imprimer juste une page, cliquez dans la rubrique *Imprimer toutes les pages* et choisissez *Imprimer la page active*. Pour imprimer un passage du document, sélectionnez-le et cliquez sur Imprimer la sélection. Enfin, pour imprimer des pages isolées, tapez leur numéro dans la zone *Pages* en les séparant par des virgules.

IMPRIMER À L'ÉCONOMIE

Si le document à imprimer n'est pas très important ou si vous voulez juste le relire dans un premier temps, imprimez-le de préférence en mode *Brouillon* et en noir et blanc. Ainsi, vous dépenserez moins d'encre. Pour afficher et sélectionnez ces options, cliquez sur *Propriétés de l'imprimante* dans la rubrique *Imprimante* et explorez ses différents onglets, car chaque imprimante possède sa propre boîte de dialogue. Par ailleurs, pour économiser du papier, imprimez de préférence en recto verso : cliquez sur la rubrique *Impression recto*, puis sur *Imprimer manuellement en recto verso*, et lancez l'impression. Word imprime toutes les pages impaires de votre document, puis vous invite à retourner vos feuilles dans le bac : allez-y et lancez l'impression des pages paires. Selon le contenu de vos pages, voyez également si vous ne pouvez pas en imprimer plusieurs par feuille en choisissant l'option souhaitée depuis la rubrique tout en bas du panneau *1 page par feuille*.

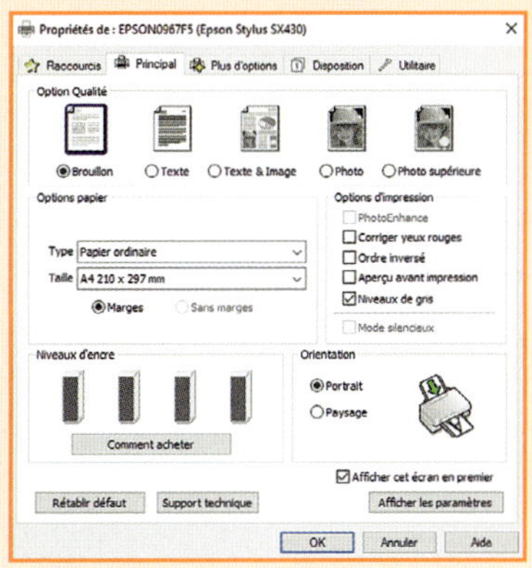

À savoir

Lors d'une impression, la qualité du papier peut faire toute la différence, surtout si votre document contient des photos couleurs. Pour les documents professionnels, utilisez toujours un papier de qualité supérieure, afin que l'encre ne bave pas et que le papier ne gondole pas. Et pour des créations de type faire-part, optez pour un papier avec un grammage assez élevé (environ 120 g/m²), sous réserve que votre imprimante l'accepte.

LA SÉCURITÉ ET LE BON FONCTIONNEMENT DE VOS APPAREILS

VIRUS, MALWARES ET AUTRES INTRUSIONS

Les malwares (logiciels malveillants) sont des ennemis que vous devez apprendre à connaître pour mieux les combattre. La santé de votre ordinateur ou de votre appareil mobile en dépend.

Véritables plaies sur Internet, les malwares sont de plus en plus répandus. Même en ayant équipé votre ordinateur (ou votre appareil mobile) d'un antivirus, vous n'êtes pas à l'abri d'une attaque si vous n'appliquez pas quelques règles élémentaires de sécurité. Il existe un certain nombre de réflexes à acquérir pour protéger votre matériel et les données qu'il contient. Pour lutter efficacement contre ces logiciels malveillants, il est nécessaire de connaître les différents types de malwares, de comprendre comment ils fonctionnent ; comment ils tentent d'agir sur votre ordinateur, votre smartphone ou votre tablette ; comment ils se propagent et comment s'en prémunir. Nous vous présenterons quelques outils permettant de détecter et d'éliminer les programmes indésirables.

LES TROIS RÈGLES DE BASE POUR ÉVITER LES MALWARES

1re RÈGLE : NE PAS CLIQUER N'IMPORTE OÙ

Que vous utilisiez un ordinateur, un smartphone ou une tablette, la première règle à appliquer consiste à cliquer avec prudence. Généralement, les malwares s'installent suite à l'intervention de l'utilisateur qui, en cliquant sur un lien ou un programme, installe le logiciel malveillant. Aussi, avant de cliquer sur un lien ou de lancer un programme, commencez par réfléchir. Si vous recevez le lien Internet par mail, connaissez-vous l'expéditeur ? Si ce n'est pas le cas, pouvez-vous vérifier si la source est fiable ? Si on vous indique que vous avez gagné un lot extraordinaire, évitez d'aller sur le site : dans le meilleur des cas, vous risquez de donner vos coordonnées et d'être démarché par la suite et au pire, de permettre à un malware de s'installer. Et vous ne gagnerez pas le lot proposé ! De même, si vous souhaitez télécharger un logiciel, vérifiez que vous êtes sur le site de l'éditeur ou sur un site de confiance. Pour les appareils sous Android ou sous iOS, en téléchargeant sur les « stores » officiels, le Play Store et l'App Store, les risques sont quasiment nuls. Et, dans tous les cas, tant que vous ne lancez pas l'application douteuse, le malware ne peut pas s'installer. Petite astuce : si vous positionnez le pointeur de votre souris sur un lien, une ligne en bas de la fenêtre d'Edge et d'autres navigateurs affichera l'adresse exacte. Si elle ne correspond pas à celle qui s'affiche sur la page, ne lui faites pas confiance. Même principe pour les mails indiquant des liens : le lien exact s'affiche en bas de la fenêtre des logiciels de messageries et du navigateur web pour les messageries en ligne.

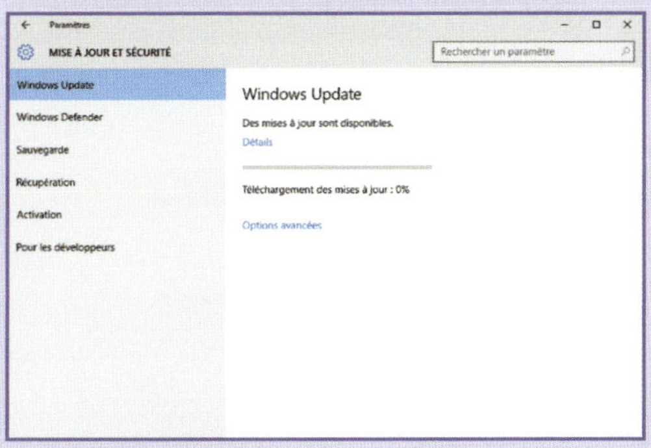

2e RÈGLE : METTRE À JOUR SON ORDINATEUR OU SON APPAREIL MOBILE

Afin d'éviter les malwares, qui peuvent utiliser des failles dans le système (Windows, iOS, Android…) ou dans les logiciels et applications installés sur votre ordinateur ou votre appareil mobile, effectuez les mises à jour. Surveillez notamment la présence de mises à jour pour les navigateurs web et pour les logiciels tels qu'Adobe Reader, Adobe Flash Player ou encore Java. Ces programmes (ainsi qu'une grande partie des programmes que vous installez) sont d'ailleurs capables de vérifier la présence de mises à jour et de vous en avertir pour procéder à l'installation. Évitez de désactiver cette recherche de mise à jour ou la mise à jour automatique si elle existe (sur les smartphones ou tablettes). Il existe des applications pour surveiller la présence de mises à jour (voir p. 383 et suivantes).

3e RÈGLE : INSTALLER DES SUITES DE SÉCURITÉ

Il est essentiel d'installer une suite de sécurité (voir p. 362 et suivantes), préférable à un simple antivirus. En effet, les menaces sont de plus en plus complexes et la suite de sécurité permet une surveillance plus large : elle contrôle les mails, peut bloquer le phishing ou les spams (voir p. 140) et surveille notamment les sites visités. Vous pouvez également utiliser les logiciels de nettoyage (voir p. 366), spécialisés dans le domaine du malware.

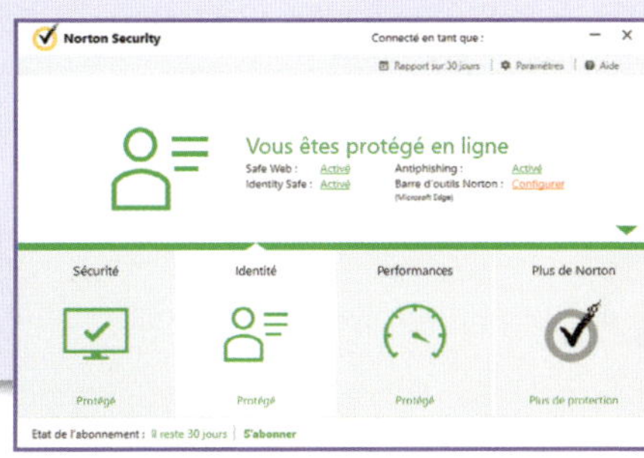

Le petit +

Il est important d'avoir des sauvegardes de vos données. Si le disque de votre PC est crypté suite à une attaque, vous pouvez réinstaller Windows et repartir de votre sauvegarde (voir p. 52). Pour les appareils mobiles, vous pouvez également utiliser les sauvegardes (voir p. 381 et 382) si vous rencontrez des problèmes de virus.

COMPRENDRE LES MALWARES

Plusieurs types de malwares existent qui affectent différemment votre matériel. Voici un aperçu de ce que vous pouvez rencontrer.

En premier lieu, on trouve des malwares qui s'installent dans les navigateurs Internet afin d'en modifier le comportement et de vous conduire sur des sites contrefaits utilisés pour récupérer vos données personnelles. Dans un tel cas, une suite antivirus est généralement capable de détecter le malware ou de vous prévenir que vous consultez un site contrefait.

Ensuite, on trouve des programmes (appelés spywares) qui ouvrent une porte d'entrée sur votre ordinateur ou appareil mobile afin de récupérer des données personnelles, et plus particulièrement les informations des cartes bancaires. Votre machine peut également être utilisée en tant que relais pour envoyer des courriers indésirables (appelés spams ou pourriels) ou pour effectuer d'autres types d'activités frauduleuses. Votre ordinateur rejoint un ensemble d'ordinateurs détournés, que l'on appelle botnet et qui sert à effectuer différents services illégaux, comme attaquer des serveurs de grandes entreprises pour les faire tomber en panne en provoquant une surcharge.

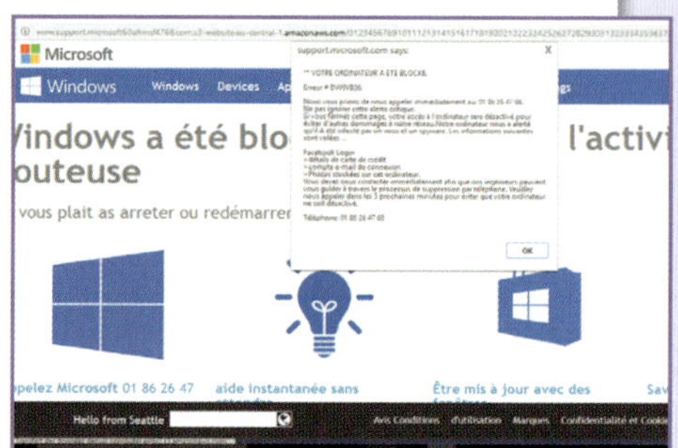

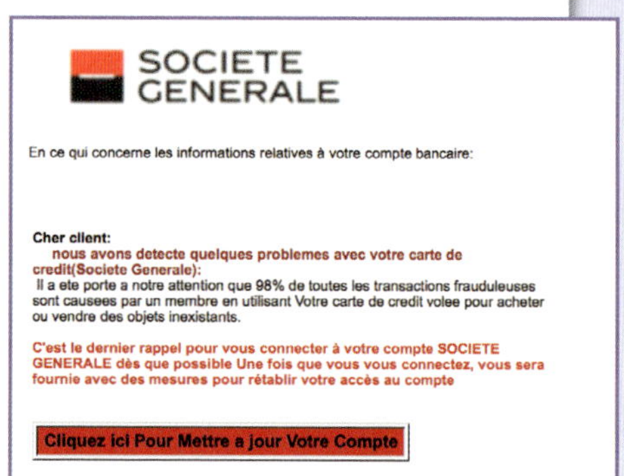

Un autre type de contamination se présente sous la forme de mails ou de pages web qui vous trompent : par exemple, vous suivez un lien qui vous propose de signer une pétition, d'acheter un produit à un prix dérisoire ou parfois vous annonce que votre ordinateur est contaminé et qu'il détient la solution pour le « soigner » ! En cliquant sur ce type de lien, vous risquez de télécharger un malware.

Enfin, un type de malware, très à la mode au moment où nous écrivons ces lignes, crypte les données de votre disque dur ; le pirate vous demande de payer une rançon pour obtenir la clé de décryptage de vos informations (on parle alors de ransomware). Attention, dans certains cas, même après avoir payé une rançon, vous ne pourrez pas récupérer vos données.

Trucs & astuces

Votre navigateur peut être bloqué par des fausses alertes qui vous poussent à cliquer dessus (en proposant des prix à gagner, des logiciels pour booster l'ordinateur, etc.). Pour les enlever, il suffit de relancer votre navigateur. Sur PC, allez dans le *Gestionnaire des tâches* (*Ctrl+Alt+Suppr*), sélectionnez le navigateur utilisé et cliquer sur *Fin de tâche*. Sur smartphone et tablette, il est conseillé de redémarrer l'appareil complètement.

Trucs & astuces

Par défaut, les extensions de fichiers sont masquées dans Windows. Pour vérifier le type de fichier avant de l'ouvrir, activez l'affichage des extensions. Pour cela, ouvrez l'*Explorateur de fichiers* (le dossier jaune en bas dans la *Barre des tâches*), cliquez sur l'onglet *Affichage* en haut de la fenêtre et *Afficher/Masquer*. Cochez *Extensions de noms de fichiers*. Cela vous permettra de vérifier qu'une image est bien une image et non une application (virus) cachée !

IDENTIFIER LES VECTEURS DE CONTAMINATION

Le principal vecteur de contamination pour les malwares (et autres virus) reste Internet et toutes ses applications : Web, mails, messageries instantanées et plateformes de téléchargement d'applications (essentiellement les téléchargements non légaux). Dans une moindre mesure, les malwares peuvent se diffuser à l'aide de périphériques de stockage (clé USB, carte SD, disque externe). Sur le Web, la contamination peut survenir alors que vous visitez un site infecté, en profitant d'une faille de sécurité. Lorsque vous téléchargez des logiciels, vous risquez d'être contaminé si vous téléchargez une version modifiée du programme que vous souhaitez vous procurer. Les cybercriminels proposent des logiciels contrefaits ou modifiés (appelés « Trojan » ou « cheval de Troie »). Si vous téléchargez des applications gratuites, vérifiez que vous êtes bien sur le site de l'éditeur ou sur un site de téléchargement réputé qui propose des versions vérifiées (par exemple, www.01net.com/telecharger ou www.clubic.com/telecharger). Les virus sont souvent transmis par des versions pirates de logiciels commerciaux.

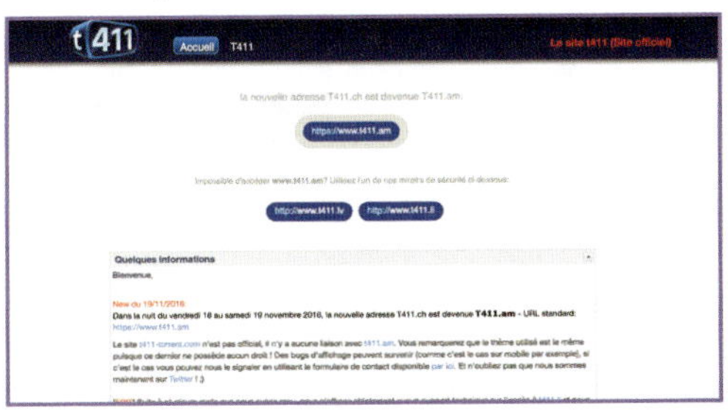

Avec les mails, les infections entrent souvent par le biais des messages de personnes que vous connaissez, et qui ont eux-mêmes été infectés. Ce peut être un message qui vous propose un lien pour visiter un site (qui va vous contaminer). Si vous recevez un message d'une connaissance dont le contenu vous paraît étrange, ne cliquez pas sur les liens et n'ouvrez pas les éventuelles pièces jointes (au moindre doute, vérifiez auprès de votre ami si c'est bien lui qui vous a envoyé le mail en question). La contamination sur les périphériques de stockage peut se faire par un programme contaminé que vous lancez manuellement. Elle peut également se faire automatiquement lorsque vous insérez la clé à l'aide de la fonction de démarrage automatique. Toutefois, si Windows est correctement configuré, il vous demandera de confirmer le démarrage automatique d'un logiciel. Si vous ne reconnaissez pas ce logiciel ou qu'il se lance tout seul sans raison apparente (par exemple, si vous insérez une clé d'un ami qui normalement ne contient que des photos), refusez ce démarrage.

Les logiciels de Peer-to-peer (P2P) peuvent aussi être vecteurs de contamination (entre autres, eMule, Vuze, Limewire, µTorrent ou Bittorrent). Ils sont proposés en téléchargement sur de nombreux sites, parfois dans une version modifiée contenant des programmes indésirables. En outre, les fichiers téléchargés via ces logiciels peuvent être infectés par un virus, de même que les sites sur lesquels vous trouverez ces fichiers à télécharger via le P2P, souvent contaminés par de fausses annonces et des spywares en tout genre.

PRENEZ GARDE AUX RÉSEAUX SOCIAUX

Les développeurs de malwares sont très friands des réseaux sociaux. Il n'est pas rare qu'une faille de sécurité leur permette d'accéder aux mots de passe de certains comptes ou à des listes de contacts. Si vous utilisez régulièrement Facebook, vous avez dû recevoir au moins une fois un message de l'un de vos amis qui vous dit qu'il a un problème, qu'il a besoin de votre aide (si ce n'est pas encore le cas, cela vous arrivera !). Avant de répondre à de tels messages, vérifiez qu'il s'agit bien du compte de votre ami : si c'est un « faux » compte, l'orthographe du nom est généralement légèrement différente (il ne peut pas y avoir deux comptes identiques) et le journal (la page d'accueil du profil de l'utilisateur) est pratiquement vide. Le bon sens devrait vous pousser à contacter votre ami par mail ou en répondant directement sur Facebook, plutôt que d'appeler un numéro que vous ne connaissez pas, et qui se révélera être un numéro surtaxé (l'appel peut alors vous coûter une fortune !). Enfin, les réseaux sociaux sont un terrain de jeu extraordinaire pour les entreprises frauduleuses qui vous promettent monts et merveilles, mais dont le seul but est de collecter vos données personnelles (ne serait-ce que votre adresse mail et votre adresse postale pour vous inonder de publicité).

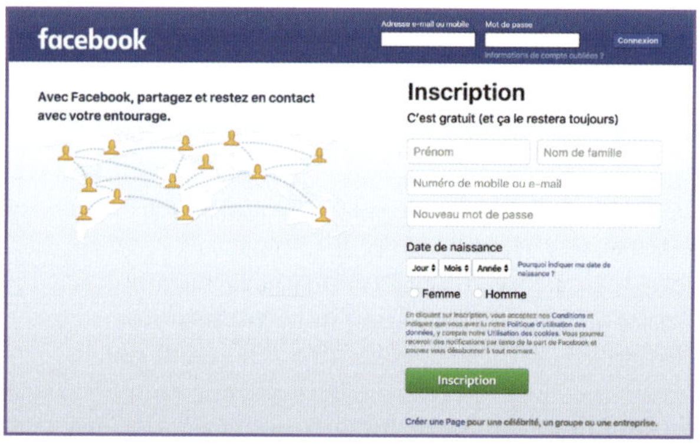

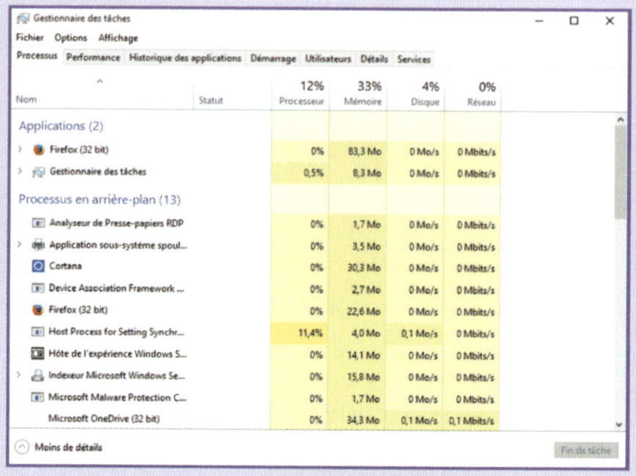

SAVOIR RECONNAÎTRE L'INFECTION

Quels signes sur votre ordinateur, votre smartphone ou votre tablette peuvent indiquer que vous êtes infecté par un logiciel malveillant ? Si votre appareil est particulièrement lent, que des signets ou autres favoris dans le navigateur web changent tout seuls (par exemple, vous trouvez des raccourcis vers des sites que vous ne connaissez pas), il est sans doute infecté. Avec Windows, lancez le gestionnaire de tâches en appuyant sur *Ctrl + Alt + Suppr*. Choisissez ensuite *Ouvrir le gestionnaire de tâches* puis affichez les éléments de l'onglet *Processus*. Cliquez sur *Plus de détails* puis sur la colonne *Processus* pour classer les processus par leur activité. Les malwares sont très demandeurs de puissance de travail et leur description est soit absente soit incohérente.

DES RÉSULTATS DE RECHERCHE TROMPEURS

Les pirates ont développé un système permettant de polluer les résultats des moteurs de recherche en plaçant en tête de liste des résultats de sites criminels. Pour cela, ils utilisent des techniques d'optimisation pour les moteurs de recherche qui consistent à bien placer des mots-clés sur un site et à multiplier les liens vers ce site afin que les moteurs de recherche l'identifient comme étant très apprécié. Bien entendu, cette technique fonctionne également avec les liens commerciaux qui s'affichent en premier dans les pages des résultats de recherche, les pirates achetant des mots-clés pour que leurs sites trompeurs se retrouvent idéalement placés. À noter : tous les liens commerciaux ne vous conduisent pas obligatoirement vers un site criminel, tant s'en faut, mais ces liens sont rarement adaptés à votre recherche car ils fonctionnent sur un système d'achat de mots-clés qui prend le pas sur la pertinence du résultat de la requête ! N'hésitez pas à descendre dans la page de recherche ou à passer à la page suivante pour trouver ce que vous cherchez.

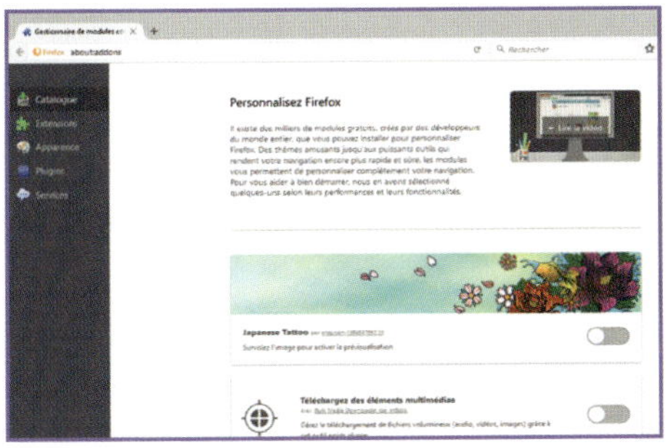

INSPECTER LE NAVIGATEUR WEB

Un grand nombre de malwares utilisent les navigateurs web pour infecter votre PC. C'est donc souvent le navigateur qui est le premier touché et sur lequel vous pouvez noter un ralentissement. Allez dans la gestion des modules complémentaires de votre navigateur. L'accès change d'un navigateur à l'autre : sur Edge, cliquez sur les trois petits points horizontaux et choisissez *Extensions* ; avec Chrome, allez dans le menu (trois points verticaux) et cliquez sur *Plus d'outils* et *Extensions* ; avec Firefox, ouvrez le menu (trois traits horizontaux) puis sélectionnez *Modules*. Vous obtenez la page de gestion des modules installés sur votre ordinateur. Désactivez tous les éléments et recherchez sur Internet la fonction des composants que vous avez désactivés pour savoir si vous pouvez les réactiver ou si vous devez les supprimer. Si vous n'utilisez pas l'extension, n'hésitez pas à la supprimer afin de ne pas alourdir votre navigateur.

EFFECTUER UNE ANALYSE EN LIGNE

Si votre antivirus ne détecte rien alors que vous êtes persuadé qu'il y a bel et bien un malware dissimulé sur votre ordinateur, il est tout à fait possible d'obtenir une seconde analyse de votre PC en ligne. Rendez-vous sur la page d'accueil de votre FAI pour voir s'il propose cette fonctionnalité. Vous pouvez également regarder auprès des éditeurs d'antivirus, par exemple F-Secure Online Scanner ou ESET Free Online Scanner.

COMPORTEMENT ANORMAL D'UN APPAREIL MOBILE

Les appareils mobiles sont également susceptibles d'être infectés par un virus ou tout autre type de logiciel malveillant. Si vous trouvez que votre appareil, sous iOS ou Android, est particulièrement lent, commencez par fermer toutes les applications qui sont ouvertes. Profitez-en pour vérifier que vous connaissez toutes ces applications. Certains logiciels malveillants affichent des publicités sur votre appareil mobile, quelle que soit l'application que vous utilisez. Vérifiez également votre consommation Internet, certains virus l'augmentant (ainsi que votre facture) en forçant votre appareil à se connecter, d'autres virus envoyant des SMS à des numéros surtaxés à votre insu. Quel que soit votre modèle, vous pouvez redémarrer votre appareil. Si le comportement anormal continue, essayez de vérifier votre appareil avec un antivirus sous Android (il n'y a pas d'antivirus officiel pour les appareils mobiles Apple). En dernier recours, restaurez une sauvegarde de votre appareil (voir p. 381 et 382). Si vous avez téléchargé des applications sans passer par un « store » officiel, vous êtes plus vulnérable aux dangers du Net.

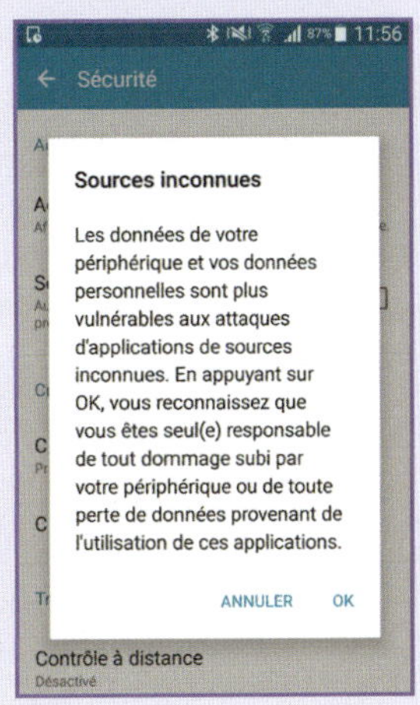

Protéger son PC avec le centre de sécurité Windows Defender

Le centre de sécurité Windows Defender, présent par défaut dans Windows, permet de protéger votre ordinateur contre les virus. Mais il n'offre pas la même protection qu'une suite de sécurité qui, elle, ne se limite pas à la chasse aux virus et offre de nombreux outils de protection.

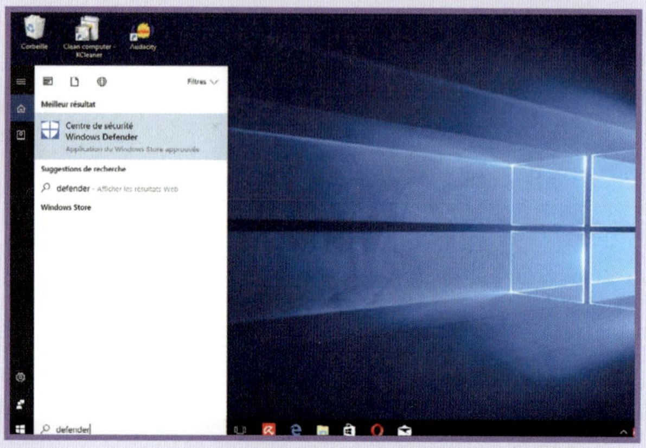

1 Pour accéder au centre de sécurité Windows Defender, utilisez la zone de recherche de *Cortana* et saisissez « Defender ». L'application doit apparaître dans la liste des résultats, cliquez dessus pour l'ouvrir. Normalement, l'application est activée par défaut, mais il y a quelques paramètres que vous pouvez contrôler pour vous assurer une protection maximale.

2 Cliquez sur l'icône de la route crantée en bas à gauche et allez dans *Paramètres de protection contre les virus et les menaces* pour vérifier que Windows Defender est bien activé, notamment à la rubrique *Protection en temps réel*. Les options *Protection dans le cloud* et *Envoi d'un échantillon* permettent d'améliorer les performances de Windows Defender. Dans les deux cas, Windows Defender envoie des informations à Microsoft sur les éléments détectés. Si vous craignez d'envoyer des informations sur votre vie privée, vous pouvez les désactiver ; vous resterez tout de même protégé.

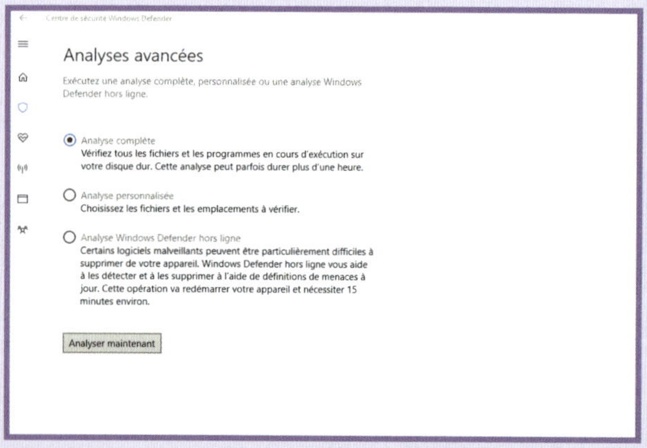

3 Dans le menu *Protection contre les virus et menaces* (icône du bouclier), vous pouvez effectuer une analyse de votre PC. Pour plus de sécurité, allez dans *Analyses avancées* puis choisissez *Analyse complète*. Si vous optez pour l'option *Analyse personnalisée*, une fenêtre s'ouvrira lorsque vous cliquerez sur le bouton *Analyser maintenant* qui vous demandera de sélectionner le dossier ou le lecteur à analyser.

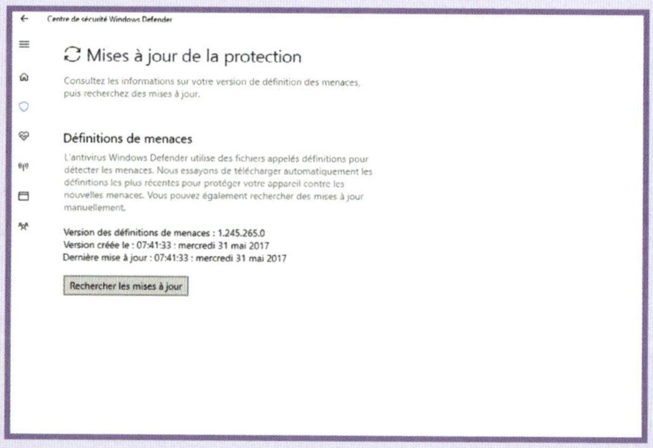

4 En cliquant sur l'icône du bouclier puis sur *Mise à jour de la protection*, vous pouvez également voir la date de la dernière mise à jour de la définition des virus. Pour être correctement protégé, il est essentiel d'avoir la mise à jour la plus récente afin que le programme puisse repérer les derniers virus connus, d'autant que ce sont ces virus qui risquent d'être les plus actifs.

Trucs & astuces

Pour vérifier le contenu d'une clé USB, choisissez *Analyse personnalisée* (voir étape 3), puis cliquez sur *Analyser maintenant* et choisissez la clé USB dans la fenêtre qui s'affiche.

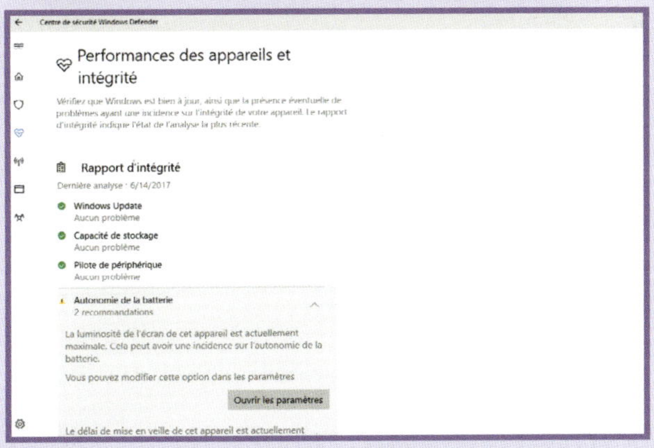

5 Dans le menu *Performances des appareils et intégrité* (icône en forme de cœur), vous avez la possibilité de réinitialiser votre ordinateur en cliquant sur *Recommencer à zéro*. Cette option peut être utile si vous n'arrivez pas à contenir une menace malware. L'option *Rapport d'intégrité* analyse Windows Update, la capacité de stockage, les pilotes de périphériques et l'autonomie de la batterie et vous propose des solutions en cas de problème.

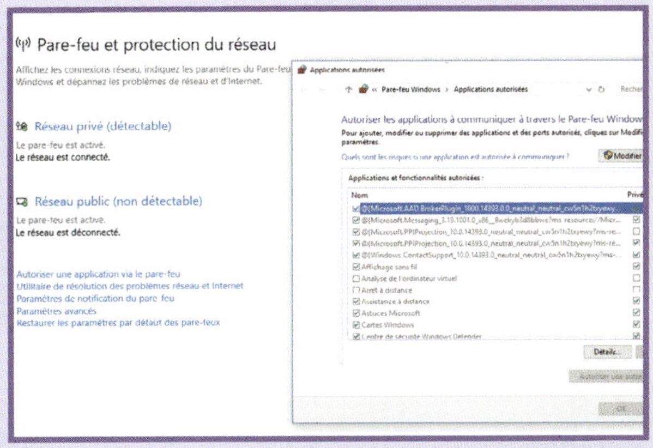

6 Dans le menu *Pare-feu et protection du réseau* (icône en forme d'antenne), vous pouvez activer ou désactiver votre pare-feu sur réseau privé et/ou sur réseau public en cliquant sur le type de réseau, voire bloquer toutes les connexions entrantes. *Autoriser une application via le pare-feu* permet de choisir les exceptions au pare-feu en fonction du type de réseau. Dans *Paramètres de notification du pare-feu*, vous pouvez choisir d'être notifié ou non si le pare-feu bloque une application.

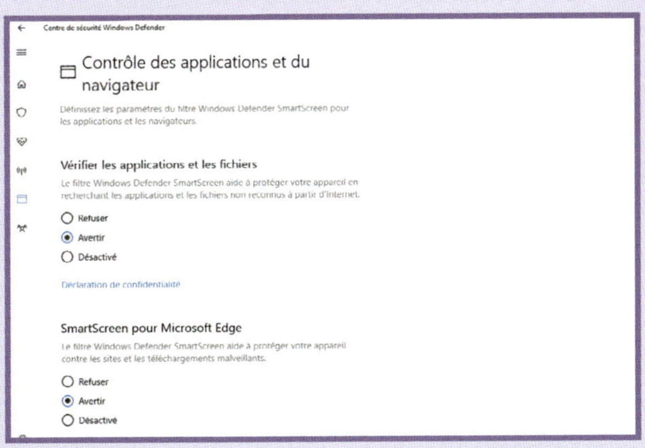

7 L'onglet *Contrôle des applications et du navigateur* (icône de fenêtre) permet de paramétrer le SmartScreen qui analyse les fichiers et les sites visités au cours de votre navigation. Vous pouvez l'activer ou le désactiver sur Edge, sur les applications et fichiers téléchargés ainsi que sur les applications du Windows Store.

8 Le menu *Option de contrôle parental* (icône de trois personnages) vous permettra de mettre en place une protection pour vos enfants. Pour cela, il faut associer un compte Microsoft au PC (*Paramètres, Comptes, Se connecter plutôt avec un compte Microsoft*). Si vous cliquez sur *Afficher les paramètres du contrôle parental*, le navigateur web se lancera pour que vous puissiez gérer ces options depuis votre compte Microsoft.

LA SÉCURITÉ DES DONNÉES

Sécuriser ses informations numériques et son matériel informatique est devenu primordial. L'usage de mots de passe, le cryptage et la configuration des options de sécurité sont autant d'outils essentiels pour garantir une protection efficace.

Que ce soit sur un ordinateur, un smartphone ou une tablette, les données que nous stockons et sauvegardons sont sans cesse plus nombreuses : photos, mails, documents administratifs que nous copions sur des supports amovibles (clé USB, carte SD, etc.), sur Internet (site web, Cloud, etc.) ou dans nos ordinateurs. Face à cet afflux de données en tout genre, la sécurité est devenue primordiale. Elle commence par le choix des mots de passe, qui doivent être réfléchis et uniques. Important aussi, le chiffrement permet de rendre inaccessibles des documents aux personnes non autorisées, et donc aux pirates. Ne croyez pas que le vol numérique n'arrive qu'aux autres ! En 2014, une étude menée par la société Gemalto, spécialiste en sécurité numérique, a montré que plus d'un milliard vingt-trois millions de données avaient été volées dans le monde. En 2017, leaked-source.ru, un site russe qui flirte avec l'illégalité en offrant la possibilité d'accéder à des données dérobées – rachetées aux pirates – contre une rétribution financière, a récupéré plus de 2 milliards d'identifiants de connexion volés sur Internet. Se protéger n'est donc plus une option. Vous découvrirez dans cette partie comment chiffrer simplement votre clé USB, votre ordinateur ou votre smartphone. Vous apprendrez aussi à configurer efficacement les options de sécurité installées sur vos appareils.

PROTÉGER VOS DONNÉES

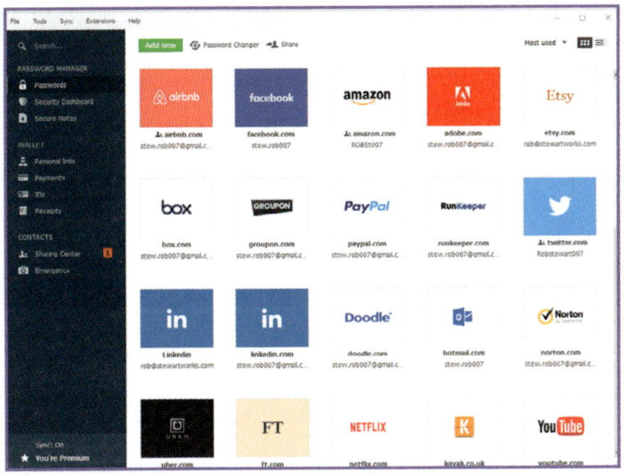

LES MOTS DE PASSE : TRUCS ET ASTUCES

Un mot de passe est un peu comme la clé qui ouvre la porte de votre habitation : il doit être unique et sécurisé. Pour cela, il doit contenir des lettres (minuscules et majuscules) et des chiffres et signes spéciaux (%, #…). Plus le mot de passe sera complexe (tout en restant relativement simple à retenir pour vous), plus il sera difficile à trouver pour un pirate. Il est fortement conseillé de changer vos mots de passe au moins une fois par an, voire chaque trimestre, et d'en posséder un différent pour chaque site ou espace numérique utilisé (forum, boutique, compte mail…). Vous pouvez aussi utiliser un coffre-fort de mots de passe comme Easy Password, Keepass (ou KeepassDroid), Lastpass ou encore Dashlane. Ces trois derniers ont l'avantage de fonctionner sur ordinateur comme sur smartphone et tablette.

WINDOWS 10 : SÉCURITÉ ET MAINTENANCE

Mettre à jour son ordinateur n'est pas une option. Windows 10 propose un espace dédié baptisé « Mise à jour et sécurité ». Sa mission est de permettre la mise à jour de Windows, la récupération de données et la sauvegarde de votre environnement. Pour y accéder, cliquez sur l'icône *Windows* (en forme de fenêtre) en bas à gauche de la barre des tâches. Cliquez ensuite sur la roue crantée *Paramètres* puis sur *Mise à jour et sécurité*. Dans cet espace, le plus important est de cliquer sur *Rechercher des mises à jour*. Vous pouvez aussi programmer ces mises à jour en choisissant les heures d'activités (voir p. 56). L'idéal est de configurer les horaires des mises à jour et les options de redémarrage afin d'éviter que les mises à jour aient lieu pendant que vous travaillez ou que l'ordinateur se relance à un moment inopportun.

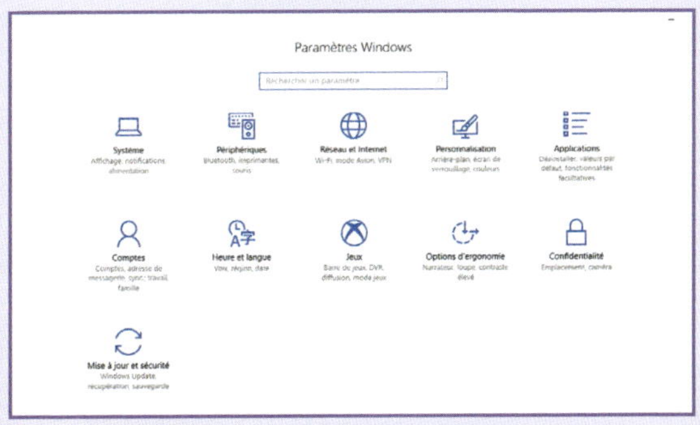

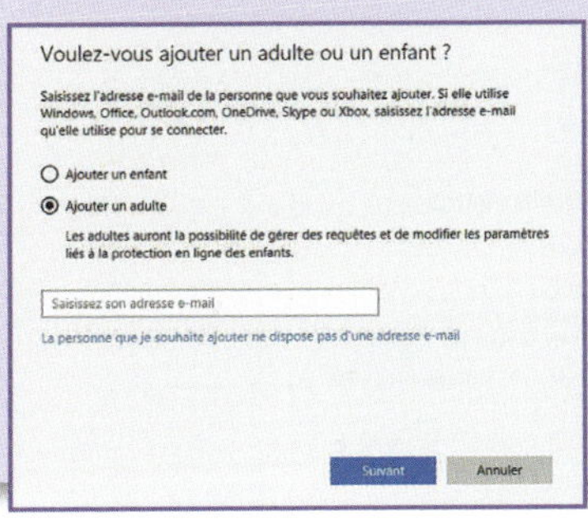

COMPTE ADMINISTRATEUR SOUS WINDOWS 10

Par défaut, Windows 10 propose de se connecter en mode administrateur. Il est fortement conseillé, afin de mieux sécuriser votre ordinateur, de créer un autre compte et de ne plus utiliser cet accès administrateur, sauf en cas de nécessité. Le compte administrateur vous permettra de corriger un problème après l'exécution d'un logiciel malveillant par exemple. Pour créer un compte utilisateur standard, allez dans *Paramètres* (la roue crantée) puis dans *Comptes* et *Famille et autres utilisateurs* (voir p. 52). Il existe aussi une option dédiée aux enfants qui permet de contrôler leurs actions sur l'ordinateur (voir « Trucs et astuces »).

Trucs & astuces

Pour créer un compte pour votre enfant, allez dans *Paramètres* ; *Comptes* ; *Famille et autres utilisateurs* ; *Ajouter un membre à la famille* ; *Ajouter un enfant*. Attention, vous devez être connecté à Windows avec un compte Microsoft. Sur le site account.microsoft.com/family, les modifications que vous proposerez seront appliquées à tous les appareils Windows 10 auxquels votre enfant se connecte. Vous pourrez ainsi bloquer des sites web ou n'en autoriser que certains, limiter le temps autorisé sur écran, interdire l'accès à certaines applications, etc.

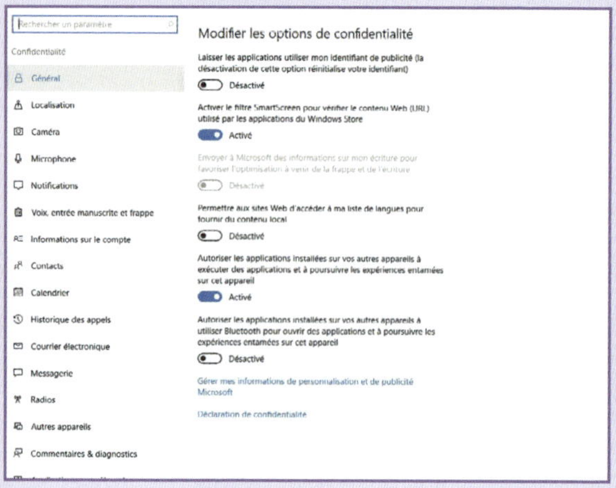

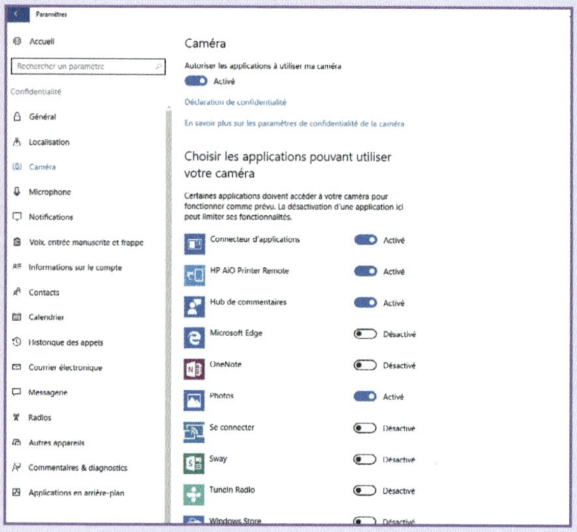

CONTRÔLER SES DONNÉES DANS WINDOWS 10

Windows 10 est bardé de capteurs qui envoient des informations vers Microsoft afin de faciliter l'utilisation du système et de corriger d'éventuels problèmes. Mais certaines des données collectées peuvent être d'ordre privé. Lors de votre première utilisation et de l'installation de Windows 10, il est possible de régler les paramètres dédiés à votre vie privée afin de restreindre cette collecte d'informations. Pour cela, ne cliquez pas sur *Utiliser la configuration rapide* mais, à gauche de l'écran, sur l'onglet *Paramètres de personnalisation*. Vous pourrez y sélectionner et bloquer les options un peu trop gourmandes en données privées. Si Windows 10 est déjà installé, cliquez sur l'icône *Windows*, en bas à gauche de l'écran, puis sur la roue crantée *Paramètres*. Allez dans *Confidentialité* et choisissez les options que vous souhaitez désactiver. Le site de la CNIL décrit l'ensemble des démarches permettant de contrôler au mieux Windows 10 (https://www.cnil.fr/fr/reglez-les-parametres-vie-privee-de-windows-10-apres-installation).

FONCTIONNEMENT ET RÈGLES DU PARE-FEU DE WINDOWS 10

Un pare-feu, connu aussi sous le terme firewall, est un logiciel qui va permettre de contrôler les informations entrant et sortant de votre ordinateur. Sa mission : empêcher les fuites de données, mais aussi et surtout bloquer les tentatives de piratage de votre ordinateur. Windows 10 propose nativement un pare-feu relativement efficace. Pour y accéder, cliquez sur l'icône *Windows* en bas à gauche dans la barre des tâches, puis sur *Paramètres* (roue crantée). Dans *Réseau et Internet*. cliquez sur *État* et sur *Pare-feu Windows*. Si vous êtes à la maison ou au bureau, activez *Réseaux privés* et bloquez toutes les connexions aux applications non autorisées. Lors de vos connexions via un aéroport, un hôtel, un cybercafé, activez *Réseaux publics ou invités* pour protéger votre machine contre les connexions malveillantes. Vous pouvez sélectionner manuellement toutes les autorisations à des applications. Pour cela cliquez sur *Autoriser une application ou une fonctionnalité via le Pare-feu Windows* sur la colonne de gauche.

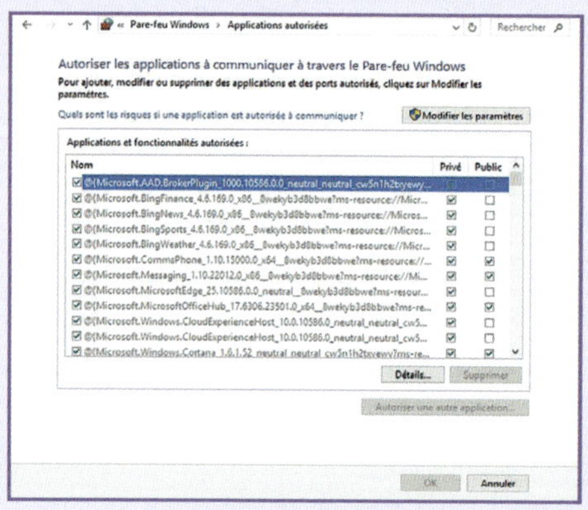

Attention !

L'accès au pare-feu Windows peut être bloqué par votre suite de sécurité qui peut en inclure un. Pour le paramétrer, il faut donc aller dans les réglages de votre antivirus (voir p. 368).

LES PARAMÈTRES DE CONFIDENTIALITÉ SUR GOOGLE

Il est désormais possible de réguler les informations récoltées par Google, notamment lors de votre navigation web, mais également lorsque vous vous connectez simplement sur votre compte Google. Pour cela, rendez-vous sur la page web https://myaccount.google.com/privacy?pli=1 depuis votre PC et cliquez sur *Vérification des paramètres de confidentialité* pour ajuster rapidement l'ensemble des paramètres de confidentialité de votre compte Google (notamment Google Photos, les informations personnelles, l'activité sur le Web ou sur l'application GPS, ainsi que les paramètres des annonces) en suivant bien la procédure. N'oubliez pas de cliquer sur les options *Gérer les paramètres de...* (vos annonces, par exemple) pour mieux personnaliser vos restrictions. En allant sur https://myactivity.google.com, vous pouvez voir ce que Google a enregistré de votre activité sur ses services (Play Store, Youtube, les trajets, etc.). Vous pouvez supprimer votre historique d'activités sur le compte Google en cliquant sur *Supprimer des activités* (menu à gauche).

Le petit +

Sur Internet, pour éviter que vos informations ne se recoupent trop, évitez de lier vos comptes les uns aux autres (votre compte Facebook avec votre compte Google ou votre compte Twitter, par exemple) : vos données resteront ainsi dispersées à travers le Web sans que les publicitaires fassent nécessairement le lien entre vos différentes identités.

PRISE D'OTAGE PUBLICITAIRE POUR LES SMARTPHONES ET TABLETTES

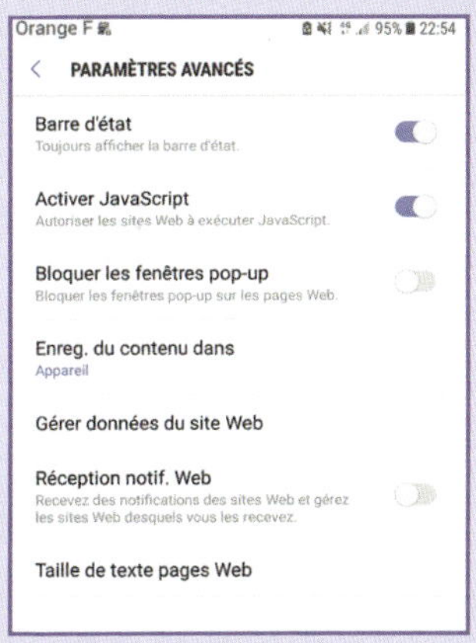

Surfer avec son smartphone ou sa tablette n'est pas toujours chose aisée, surtout face aux publicités et fenêtres malveillantes susceptibles de s'ouvrir en plein écran. Il n'est pas rare de se retrouver coincé face à une fausse alerte d'antivirus ou la dernière promotion à la mode. Si vous fermez le navigateur, la page reviendra au prochain lancement car son adresse est mémorisée dans la barre d'adresses Internet. Il est donc conseillé de bloquer ces fenêtres : sous Android, touchez les trois petits points ou *Plus*, en haut à droite du navigateur Internet, puis *Paramètres*, *Paramètres avancés* et activez l'option *Bloquer les fenêtres pop-up* ; sous iOS, ouvrez *Réglages* puis *Safari*. Vous pourrez ensuite activer l'option *Bloquer les pop-up*.

SE PROTÉGER DES RANSOMWARES

Un ransomware est un logiciel malveillant qui prend en otage votre ordinateur et vos fichiers en chiffrant le contenu des données, vous interdisant l'accès à vos informations ; le pirate propose alors de vous fournir la clé de déchiffrement contre une rançon versée dans un laps de temps imposé (voir p. 141). Pour éviter de se retrouver dans cette situation d'autant plus fâcheuse que le paiement de la rançon ne garantit en rien la restitution de vos données, il est impératif de sauvegarder ses données régulièrement (voir p. 378 et suivantes). En cas de prise d'otage, vous pourrez toujours procéder à une réinstallation. Sachez qu'il n'existe pas de solution logicielle ultime face à un ransomware, les outils de rançonnage étant quasiment tous différents, mais des programmes spécifiques peuvent être appliqués selon le ransomware utilisé : le site C-Ransomware (www.avast.com/fr-fr/c-ransomware) de la société AVAST, par exemple, vous en propose une dizaine. Sur PC, le logiciel gratuit Marmiton de Malekal.com permet de bloquer le lancement automatique d'un ransomware via un fichier Microsoft Office (Word, Excel, Access, PowerPoint...). Enfin, la meilleure protection reste la prudence : un ransomware peut contaminer votre ordinateur de multiples façons, via un mail, un lien Internet, à partir d'une faille non corrigée dans votre machine ou via les logiciels que vous utilisez. Mettez vos logiciels à jour et ne cliquez sur aucun fichier joint s'il n'a pas été contrôlé par un antivirus.

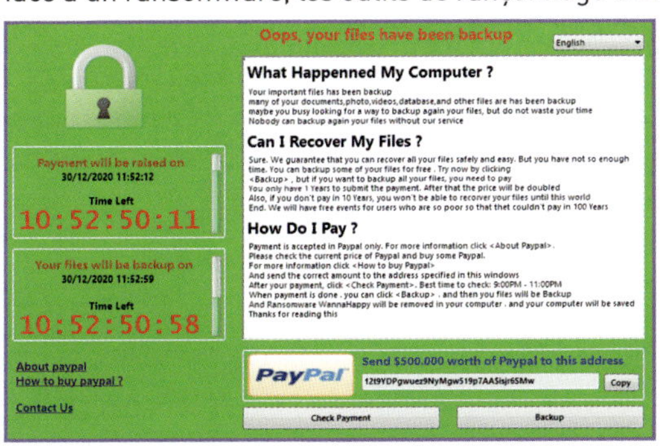

CHIFFRER VOS DONNÉES SUR CLÉ USB ET CARTE SD

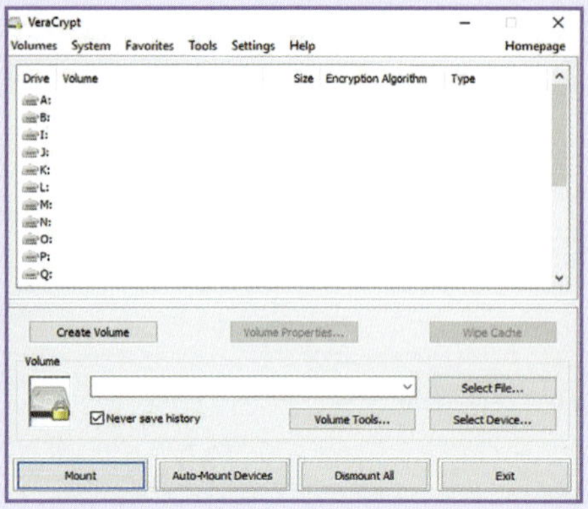

Transporter des données numériques est devenu monnaie courante. Les supports de stockage mobiles sont nombreux : clé USB, carte SD... Bref, une mobilité qui peut nécessiter le chiffrement des informations (les fichiers sont alors cryptés et ont besoin d'un mot de passe pour être lus). En cas de perte, de vol ou de piratage, impossible pour le lecteur non autorisé d'accéder aux contenus. Deux choix sont possibles : soit chiffrer directement le support de stockage, soit chiffrer certains des fichiers qu'il contient. Les smartphones Android (iOS n'ayant pas de carte SD) permettent de chiffrer directement une carte SD ; allez dans *Paramètres* ; *Sécurité* ; *Chiffrement de la carte SD* (ou *Crypter la carte SD externe*). Le logiciel gratuit 7-ZIP (7-zip.org) permet de protéger et chiffrer dans un même dossier les données que vous souhaitez protéger et transporter dans une clé USB (voir p. 137) ou déposer sur le Cloud. Une fois le logiciel installé sur votre ordinateur, sélectionnez le fichier à protéger en cliquant sur le bouton droit de la souris ; allez alors à *Ajouter à l'archive* puis *Entrez le mot de passe* en choisissant le mode de cryptage AES-256. Votre document est dorénavant illisible. Plus complexe à prendre en main, mais plus puissant, le logiciel gratuit VeraCrypt (veracrypt.codeplex.com) permet de chiffrer l'intégralité de votre carte USB ou SD. Mais le logiciel doit obligatoirement être installé sur les ordinateurs qui pourraient être amenés à lire vos supports sécurisés.

CHIFFRER LES DONNÉES DE VOTRE PC

Afin de protéger les données de votre ordinateur, vous pouvez les chiffrer de la même façon que sur clé USB ou carte SD (voir CHIFFRER VOS DONNÉES SUR CLÉ USB ET CARTE SD). Cela implique que personne n'aura accès à vos données sans avoir saisi au préalable le bon mot de passe. Vous pouvez choisir de chiffrer des dossiers un à un avec des logiciels comme 7-Zip, Axcrypt ou TrueCrypt, ou décider de chiffrer un disque dur (interne ou externe) en totalité. Un programme comme DiskCryptor permet de le faire. Pour cela, téléchargez le logiciel et installez-le. Quand vous l'ouvrez, choisissez le disque dur à crypter dans la liste (notez que vous pouvez aussi crypter un CD ou un DVD) et cliquez sur *Encrypt*. Trois modes de cryptage vous sont proposés (signalés par la mention *Algorithm* dans le logiciel) et vous pouvez les combiner pour plus de sécurité en choisissant l'option *AES-Twofish-Serpent*. En cliquant sur *Next*, vous pouvez ensuite définir votre mot de passe, DiskCryptor vous indiquant le niveau de sécurité de celui-ci. Une fois le mot de passe défini, cliquez sur *OK*. Si la taille du disque est grande, l'opération de chiffrage peut prendre beaucoup de temps.

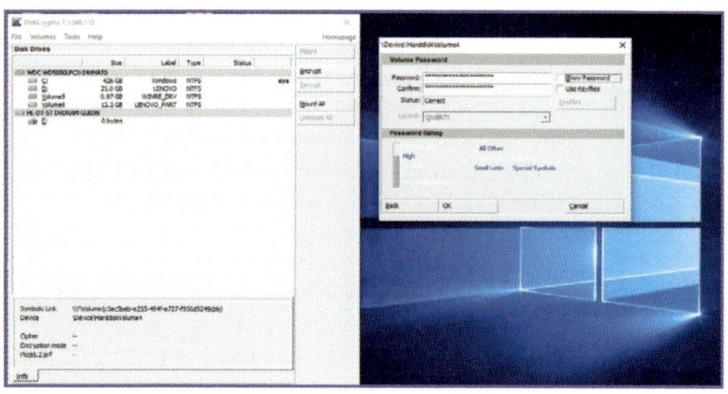

LA PROTECTION DE VOTRE APPAREIL MOBILE

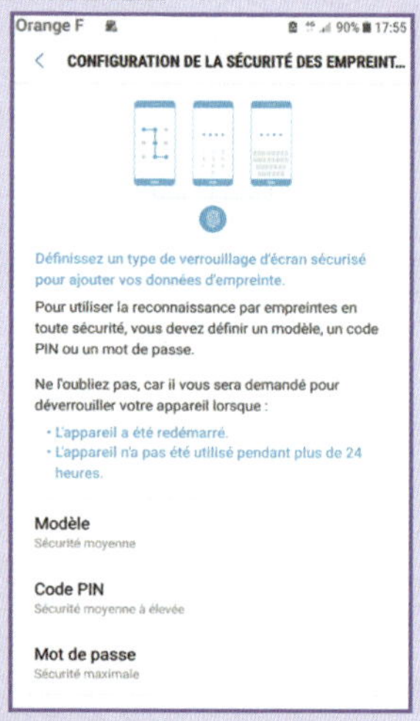

Selon les constructeurs et les modèles, il existe différentes manières de protéger les smartphones et les tablettes : mot de passe, schéma de déverrouillage, biométrie... Si vous utilisez le schéma de déverrouillage, proscrivez les figures géométriques évidentes comme le carré. Évitez d'avoir recours au contrôle biométrique par le visage (via l'iris de l'œil), car une simple photographie peut faire sauter le verrou. Préférez plutôt le contrôle biométrique via votre empreinte digitale. Dans tous les cas, un code pin spécifique (4 chiffres de secours demandés chaque fois que vous rallumez votre appareil) est à mettre en place.

Le petit +

Si vous avez Windows 10 Professionnel (pour vérifier, allez dans *Paramètres* ; *Système* puis *Informations système*), votre PC a une option de chiffrement intégrée.

GÉRER LES AUTORISATIONS DEMANDÉES PAR LES APPLICATIONS

Pour fonctionner, les applications sur smartphone et tablette ont besoin d'accéder à certaines fonctionnalités de votre appareil (GPS, stockage, appareil photo, contacts, etc.). Cependant, certaines se montrent bien trop curieuses : s'il est nécessaire pour une application de photographie d'accéder à votre appareil photo, il n'est pas utile qu'une application d'information en continu accède à votre identité et à vos données de profil... Dans certains cas, vous pouvez réagir. Sous Android, tout dépend de la version : sur les versions 5 ou antérieures, vous ne pouvez pas réguler les autorisations ; au moment du téléchargement dans le Play Store (voir p. 81), vous êtes juste informé des fonctionnalités utilisées (et donc des données récupérées) : à vous de juger si l'application vaut les informations que vous transmettez... À partir de la version 6, vous n'êtes pas toujours informé des données récupérées au téléchargement ; en revanche, vous pouvez révoquer individuellement les autorisations pour chaque application. Allez dans *Paramètres* puis *Applications* ou *Gestionnaire des applications*, puis dans le menu – trois points verticaux en haut à droite – et ensuite dans la rubrique *Autorisations application* pour gérer l'accès à chaque fonctionnalité de votre appareil. Sous iOS, chaque fois que l'application a besoin d'accéder à une fonctionnalité, votre appareil vous demande l'autorisation. Vous pouvez également vous rendre dans *Réglages* puis *Confidentialité* pour désactiver manuellement les applications qui auraient accès à certaines de vos données (contacts, calendriers, rappels, reconnaissance vocale, etc.). Mais attention, si vous refusez certaines autorisations, l'application peut ne plus fonctionner correctement. N'installez que les applications qui vous sont utiles pour éviter de transmettre vos informations à une multitude d'organismes et faites régulièrement le ménage.

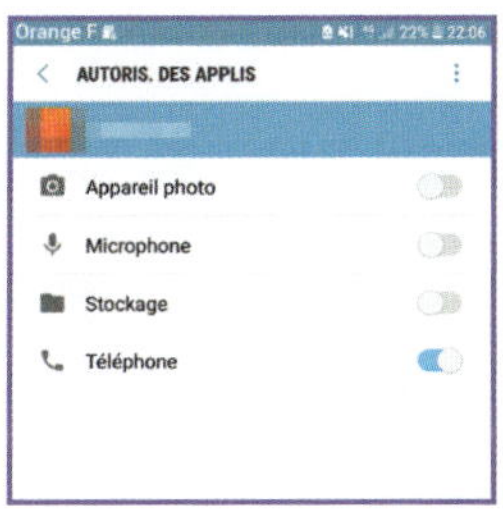

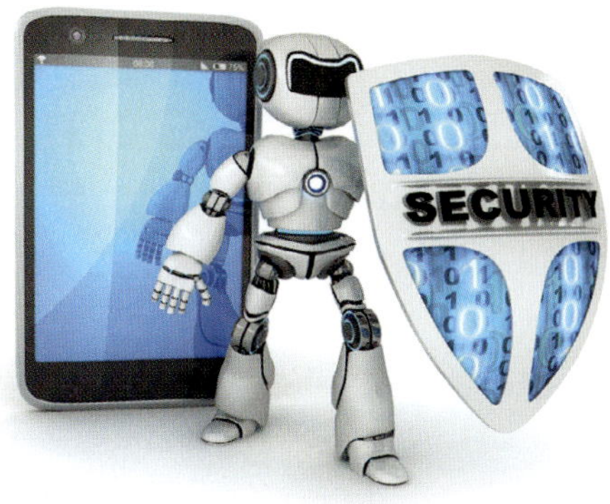

COMPTE INVITÉ SOUS ANDROID

Il existe sous Android une option qui permet de paramétrer votre appareil en mode *Invité*. Un collègue, un ami a besoin de se connecter, de téléphoner, mais vous ne souhaitez pas qu'il puisse accéder à vos données, SMS, photos... Cette option s'active, à partir d'Android 5 et sur certains smartphones (mais pas Samsung ou LG par exemple), en cliquant sur le personnage bleu en haut à droite de votre écran (après avoir balayé ce dernier pour ouvrir la fenêtre de configuration rapide). En cliquant sur *Invité*, le mode est activé. Sinon, vous pouvez toujours dissimuler certaines de vos données via le mode privé (voir p. 361).

RÉGULER SES DONNÉES SUR SMARTPHONE ET TABLETTE

Dès que vous utilisez un smartphone ou une tablette iOS ou Android, vos données sont collectées par les gestionnaires d'applications, par Apple et Google (qui gèrent votre système d'exploitation), mais également lors de votre navigation Internet... Un des buts de l'opération est bien évidemment de vous proposer des publicités ciblées. Vous pouvez, dans une moindre mesure, réguler les informations envoyées. À partir d'Android 6, vérifiez d'abord quelles applications ont accès à vos données d'utilisation en allant dans *Paramètres*, *Écran verrouillage et sécurité* (ou *Sécurité*), puis dans *Autres paramètres de sécurité* et dans *Données d'utilisation*. Sous iOS, allez dans *Réglages* puis dans *Confidentialité* ; vous pouvez limiter le suivi publicitaire en cliquant sur *Publicité* et choisir de ne pas fournir vos données d'utilisation à Apple (position géographique de l'appareil, données du compte iCloud, etc.) avec les choix proposés dans *Analyse*. Que vous soyez sous iOS ou Android, vous pouvez aussi aller dans les paramètres de votre navigateur Internet pour réguler les cookies (voir p. 136) ou d'autres paramètres de confidentialité (l'enregistrement des informations de connexion, les suggestions de recherches, etc.).

Sécuriser son iPhone ou son iPad

Si l'accès au nouvel iPhone se fait par la biométrie, via l'empreinte digitale, la gestion de vos mots de passe d'accès au smartphone, à iTunes et à l'iCloud ne doivent pas être pris à la légère.

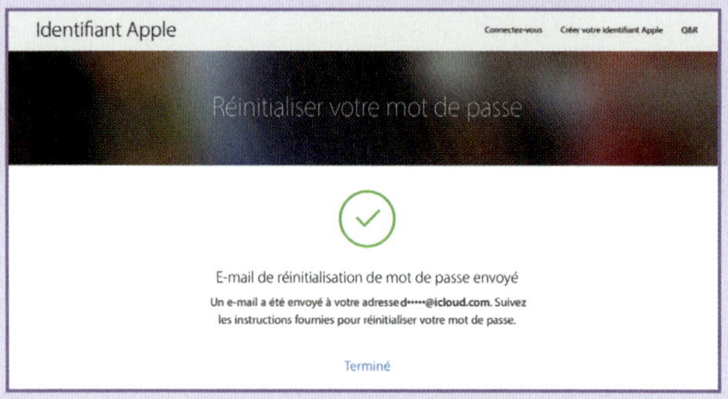

1 D'abord, pensez au code de verrouillage de l'appareil. Celui-ci est demandé quand vous allumez votre appareil. Il permet aussi d'effacer le contenu de votre iPhone ou de votre iPad si vous souhaitez revendre ce dernier. Pour cela, allez dans la partie *Réglages*, puis sélectionnez *Touch ID et code*. Cliquez sur *Activer code*. Rentrez votre code à 6 chiffres (ne choisissez pas votre date de naissance ou celle d'un proche).

2 Vous avez très certainement entendu dire que les données dans l'iPhone sont chiffrées. C'est vrai, mais si vous envoyez vos données dans iCloud (voir aussi p. 381), elles ne le sont plus. Pour éviter de vous faire voler vos photos, contacts et autres fichiers dans iCloud, activez l'identification à deux facteurs. Une seconde clé, générée aléatoirement et qui vous sera envoyée par SMS ou directement sur votre appareil (carte SIM non requise), sera réclamée avec votre mot de passe quand vous souhaiterez vous connecter à iCloud. Pour l'activer, allez dans *Réglages* puis sur votre nom (*Identifiant Apple*). Rendez-vous dans la section *Mot de passe et sécurité*, puis cliquez sur *Activer* pour *Identification à deux facteurs*. Vous devrez ensuite donner un numéro de téléphone « de confiance » sur lequel recevoir cette seconde clé.

3 Il est conseillé de ne pas activer la sauvegarde automatique de vos informations dans iCloud. Préférez les sauvegarder sur votre ordinateur : connectez votre appareil à votre ordinateur et ouvrez iTunes, sélectionnez votre appareil et cochez la case *Chiffrer la sauvegarde de l'iPhone* (ou *Chiffrer la sauvegarde locale* pour un iPad) puis cliquez sur *Sauvegarder maintenant*. La sauvegarde peut contenir l'intégralité de votre appareil ou les dossiers de votre choix. Les archives se retrouveront sur votre ordinateur. Elles s'afficheront avec un petit cadenas. Pour récupérer votre copie, il suffira de connecter l'appareil à iTunes et de cliquer sur *Restaurer la sauvegarde*.

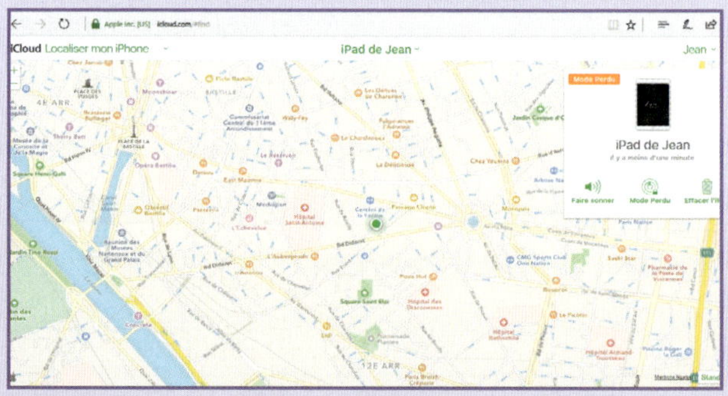

4 Vous avez égaré votre appareil ? Connectez-vous à iCloud.com ou utilisez, à partir d'un autre appareil Apple, touchez *Localiser mon iPhone/Ipad*. Il ne vous reste plus qu'à cliquer sur *Mode perdu* pour suivre à la trace votre appareil s'il est allumé et actif. Il vous est possible de le verrouiller ou d'en effacer intégralement le contenu à distance. Les données pourront être restaurées en reconnectant le matériel à iCloud.

Sécuriser son smartphone ou sa tablette sous Android

Android est un formidable outil pour smartphones et tablettes. Il n'est cependant pas exempt de failles que les pirates s'évertuent à trouver et à exploiter.

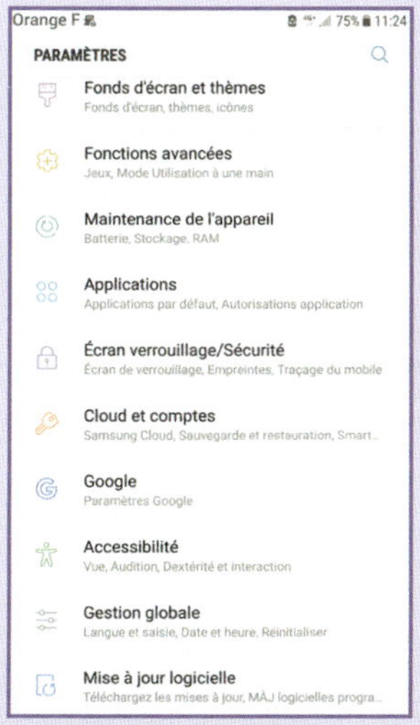

1 Dès la première utilisation de votre appareil, il est conseillé de chiffrer son contenu et les documents qui y seront sauvegardés. Pour cela, rendez-vous dans *Paramètres*, *Écran verrouillage et sécurité* (ou *Sécurité*), *Cryptage du smartphone* (ou *Crypter l'appareil*). Vous pouvez aussi chiffrer la carte de stockage que vous rajouterez dans l'appareil (voir p. 358). Ainsi, en cas de perte ou de vol, le contenu sera inutilisable sans mot de passe.

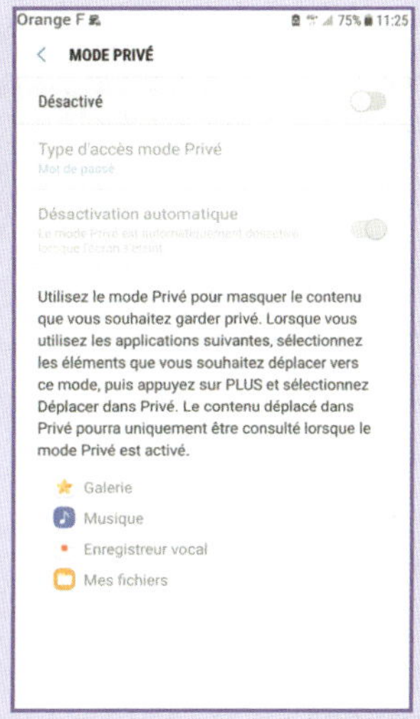

2 À partir d'Android 6, sur certains smartphones, vous pouvez aussi rendre privées certaines données. Pour cela, toujours dans les *Paramètres*, cliquez sur *Mode privé*. Puis, sélectionnez les dossiers ou fichiers à protéger dans vos applications (Galerie, Mes fichiers, etc.) : touchez longtemps le fichier voulu depuis l'application de votre choix puis allez dans le menu (les trois points verticaux) pour choisir *Déplacer dans Privé*. Le fichier ne sera ainsi visible que dans le mode privé, qu'il faut désactiver lorsqu'on n'en a plus besoin.

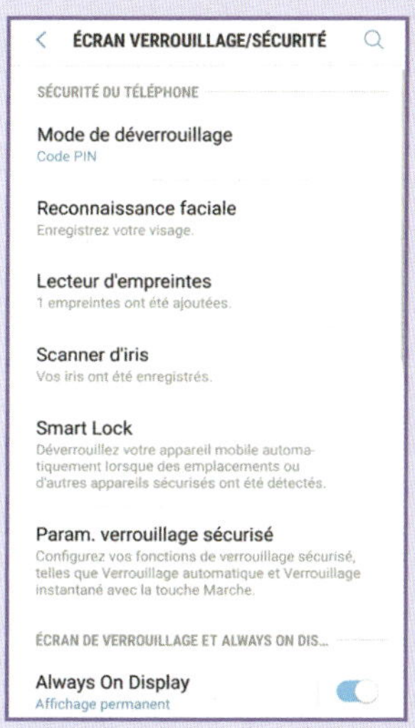

3 Si possible (mais ce n'est possible que sur les modèles récents), votre smartphone ou votre tablette doivent être sécurisés par un mot de passe. Si tracer avec son doigt une forme ou une lettre qui déverrouillera votre appareil est ludique, il est fortement conseillé de choisir l'option biométrie et/ou mot de passe. Allez dans *Paramètres*, puis dans *Écran de déverrouillage* et dans *Déverrouillage de l'écran*. Selon votre modèle, plusieurs choix s'offriront à vous.

4 Il est possible de suivre à la trace son appareil en cas de perte ou de vol. Toujours dans l'espace *Sécurité*, allez dans l'espace *Traçage du mobile* (ou *Contrôle à distance*). Vous accéderez ainsi au service de localisation Google (https://myaccount.google.com/find-your-phone) ou à ceux de certains constructeurs (Samsung propose par exemple un service pour retrouver son appareil, via le site http://findmymobile.samsung.com).

Si votre smartphone Samsung a été volé ou définitivement perdu, il est possible d'effacer son contenu à distance. Sur Find My Mobile, sélectionnez *Effacer toutes mes données*, entrez votre mot de passe et l'appareil sera vidé de toutes ses données.

Attention !

Ne téléchargez pas d'application de sources inconnues. Seule la boutique Play Store de Google assure l'intégrité des applications proposées. Dans le cas où vous souhaiteriez tout de même passer par un autre espace de téléchargement, l'option *Sources inconnues* peut-être levée le temps d'installer le programme. Allez dans *Paramètres* puis dans *Écran verrouillage et Sécurité* (ou *Sécurité*), et cochez *Sources Inconnues*. Mais cette manipulation est à vos risques et périls.

LA SÉCURITÉ INFORMATIQUE CLÉ EN MAIN

De nombreux logiciels existent pour vous protéger contre les différentes attaques informatiques. Les solutions varient en fonction du type de matériel (PC, tablette ou smartphone).

Assurer la sécurité de son ordinateur n'est pas une mince affaire mais, malgré la difficulté, il est essentiel de bien protéger ses données privées ! De nombreux éditeurs proposent des solutions de sécurité dites « clé en main ». Si elles se veulent accessibles à tous, leur utilisation nécessite un minimum de connaissances. Dans cette partie, nous vous expliquerons le fonctionnement de ces produits, ce que l'on peut en attendre et ce qu'ils ne savent pas faire. Nous vous présenterons aussi quelques outils complémentaires pour vous débarrasser d'autres menaces informatiques récalcitrantes comme certains malwares (programmes malveillants), les adwares (publicités malveillantes), etc. Enfin, si les menaces contre les smartphones et les tablettes sont moins répandues que sur les ordinateurs, un antivirus peut s'avérer utile pour leur assurer une bonne protection.

À savoir

Si vous possédez un iPhone ou un iPad, sachez qu'il n'existe pas d'antivirus « officiel » ; il y a quelques années, Apple a retiré tous les antivirus de l'App Store. De par la conception de l'iPhone et l'obligation d'installer des programmes provenant uniquement de la boutique Apple, et donc contrôlés, le risque d'infection est très faible. Soyez cependant vigilant lors de vos navigations sur le Web et n'ouvrez pas la pièce jointe accompagnant un mail si elle vous semble étrange.

QU'EST CE QU'UNE SUITE DE SÉCURITÉ ?

Une suite de sécurité pour votre PC offre au moins trois éléments essentiels : un antivirus, un pare-feu et un système d'analyse des mails ; selon les éditeurs, on trouve également d'autres fonctionnalités, par exemple une aide à la protection de la vie privée (voir « Le petit + »).

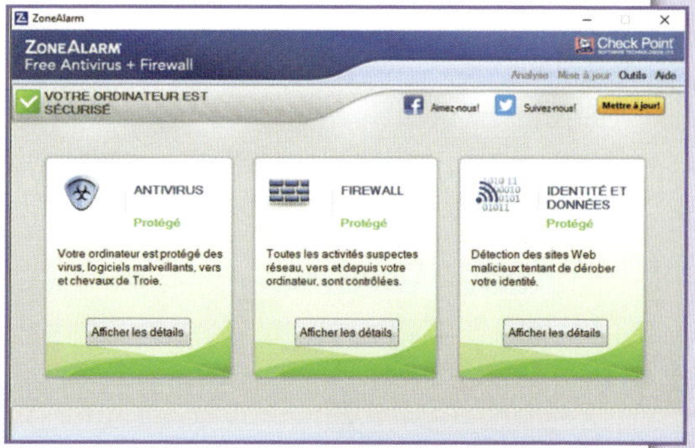

L'antivirus surveille votre ordinateur et recherche tous les fichiers infectés. La surveillance s'effectue à plusieurs niveaux. D'abord, lorsque vous lancez ou utilisez un programme : l'antivirus le scanne afin de repérer toute activité « anormale ». Ensuite, l'antivirus inspecte les fichiers de votre ordinateur à la recherche de menaces (le démarrage de l'inspection peut s'effectuer automatiquement ou manuellement). Enfin, il est aussi capable de détecter des rootkits, ces malwares bien cachés qui contiennent différents outils pirates comme un programme de capture de mots de passe.

Un pare-feu (ou firewall) permet de surveiller et même de bloquer certaines connexions entre votre ordinateur et le réseau (local et Internet). Par exemple, si un programme essaie de communiquer avec un pirate, le pare-feu peut être en mesure de détecter cette tentative de communication et de la bloquer.

Enfin, la surveillance des mails permet de contrôler tous les mails que vous échangez afin de vérifier que vous ne recevez pas ou n'envoyez pas de virus.

Si vous utilisez un smartphone ou une tablette Android, vous pouvez également installer une suite antivirus pour vous protéger. Les menaces n'étant pas tout à fait les mêmes, les suites sont donc adaptées. Certaines proposent des fonctionnalités propres aux appareils mobiles, par exemple la possibilité d'effacer à distance le contenu d'un appareil perdu ou volé ou même le blocage des appels téléphoniques ou des SMS afin de ne pas être importuné.

Le petit +

D'autres fonctions tendent à se généraliser : la protection de la vie privée, lors des navigations sur le Web par exemple, le contrôle de la réputation des sites Internet visités, le contrôle parental, la surveillance des données personnelles et le contrôle des applications installées. Ce dernier s'effectue non seulement sur les opérations en temps réel, mais aussi au niveau de leur mise à jour. Enfin, dernière fonction à la mode : le Sandbox, un espace virtuel sécurisé au sein de votre ordinateur.

Attention !

Une suite ne s'installe pas pour éradiquer des virus déjà présents sur l'ordinateur mais pour en prévenir l'installation. Utilisez un logiciel de nettoyage (voir p. 366) pour traiter un malware qui échapperait à la suite.

ÊTRE PROTÉGÉ PAR UNE SUITE DE SÉCURITÉ

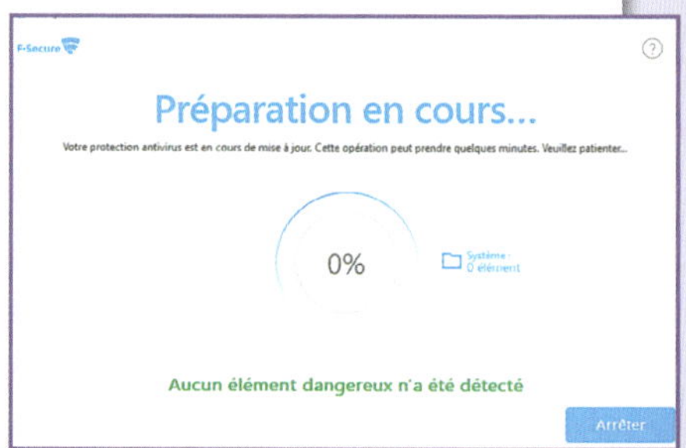

Malgré la protection indispensable qu'offrent les suites de sécurité, certains préfèrent s'en passer en raison de leur coût, les suites payantes fonctionnant sur le principe d'un abonnement annuel ; sachez donc qu'il en existe des gratuites, même si elles sont moins efficaces. Dans tous les cas, une protection, même incomplète, est toujours préférable à une absence de protection. Mais toutes exigent des connaissances dans le domaine des malwares pour pouvoir répondre aux questions qui s'affichent lorsqu'une menace est détectée (voir p. 346 et suivantes). Par ailleurs, certains reprochent aux suites de ralentir le système ; c'est effectivement plus ou moins le cas selon les marques. N'hésitez pas à consulter des tests comparatifs et n'oubliez pas que quelques lenteurs valent mieux qu'une machine totalement infectée.
Après avoir analysé votre système, les antivirus placent souvent les fichiers douteux en quarantaine lorsqu'ils ne sont pas capables de les réparer. Dans ce cas, vous pouvez soit supprimer le fichier ainsi isolé, soit attendre une mise à jour de l'antivirus pour voir s'il peut être traité. Si le fichier s'avère indispensable au fonctionnement d'un de vos programmes, vous pouvez décider de le sortir de quarantaine, mais c'est à vos risques et périls ! En outre, des listes de réputation au niveau mondial, chargées automatiquement par les applications, permettent de distinguer les mauvais des bons fichiers.
Quant aux alertes du pare-feu, elles portent généralement sur les programmes que vous installez, et non sur ceux déjà présents sur votre ordinateur ; ces derniers peuvent donc être contaminés sans que votre pare-feu vous en avertisse (voir « Attention ! »). Toutefois, si l'un d'eux tente de communiquer avec l'extérieur (pour envoyer au pirate les données récoltées, par exemple), votre pare-feu vous avertira de cette tentative qu'il aura bloquée.
Les suites pour tablettes et smartphones Android comportent toutes un antivirus qui étudie les applications téléchargées, les SMS et MMS reçus, les pièces jointes des mails et les sites Internet visités avec une base de données mise à jour par l'éditeur. Lorsqu'elles repèrent un code malveillant, elles le bloquent ou alertent l'utilisateur. Mais aucune ne repère la totalité des menaces. Enfin, n'oubliez pas qu'il n'existe pas d'antivirus « officiel » pour les iPhones et les iPad, l'environnement fermé d'Apple protégeant l'appareil mais ni plus ni moins qu'une suite de sécurité le ferait.

À savoir

Windows 10 est équipé par défaut d'un antivirus et d'un pare-feu, mais une suite de sécurité propose des outils complémentaires qui permettent une meilleure protection.

SYMANTEC NORTON SECURITY

Dans sa version « Deluxe », Norton Security de Symantec permet de protéger jusqu'à cinq appareils, ordinateurs PC ou Mac, smartphones et tablettes Android. Le support client, inclus dans le tarif, permet d'obtenir de l'aide à distance pour résoudre les éventuels problèmes rencontrés (fr.norton.com). Les fonctionnalités de cette suite de sécurité dépendent du type d'appareil sur lequel elle est installée. Sur PC, elle offre différents niveaux de protection, dont un service de filtrage des URL pour empêcher l'accès aux sites web dangereux, un antivirus qui analyse les fichiers téléchargés et un diagnostic de fichiers qui fournit diverses informations sur la réputation de ces derniers. Lorsque vous exécutez les fichiers, Norton surveille l'activité afin de dénicher des comportements suspects. Le logiciel analyse également les pièces jointes des mails et propose un antispam. Un gestionnaire de mots de passe (sur Chrome uniquement) ainsi qu'un pare-feu complètent l'offre.

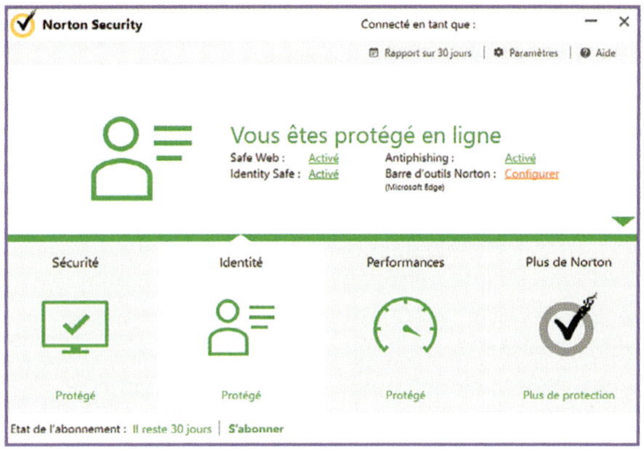

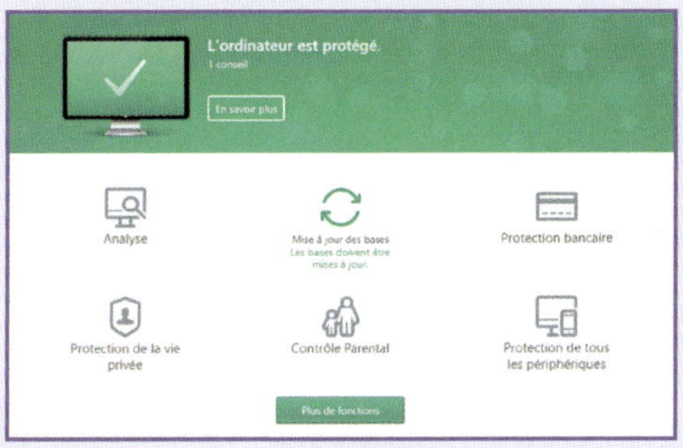

KASPERSKY INTERNET SECURITY

La suite de sécurité Kaspersky Internet Security est une protection multiplateforme pour les ordinateurs sous Windows, les tablettes et les smartphones. Le prix de la licence dépend du nombre d'appareils à protéger. Même si cette suite offre de nombreuses options, elle est assez simple d'utilisation. Le mode *Exécution en mode protégé (sandbox)* permet d'utiliser un programme en l'isolant du système afin de ne pas infecter l'ordinateur en cas de présence d'un virus. La suite propose également un VPN basique pour se connecter en toute sécurité via un Wi-Fi public. L'application surveille également votre navigation Internet afin de vous protéger contre la présence d'éventuels virus et autres malwares, mais aussi contre les cyberattaques et la cybercriminalité.

AVIRA FREE ANTIVIRUS

L'antivirus gratuit Avira Free Antivirus, simple à installer et à utiliser, comprend principalement un anti-virus et un pare-feu (qui peut être associé à celui de Windows notamment). Il utilise des bases de données pour compléter ses protections. Il est moins efficace que les meilleures suites de sécurité payantes (notamment pour bloquer les nouvelles menaces lorsque la connexion à Internet est désactivée), et il est pauvre en options supplémentaires (pas d'antispam ni de contrôle parental par exemple, comme dans les suites payantes). Mais... il a l'avantage d'être gratuit.

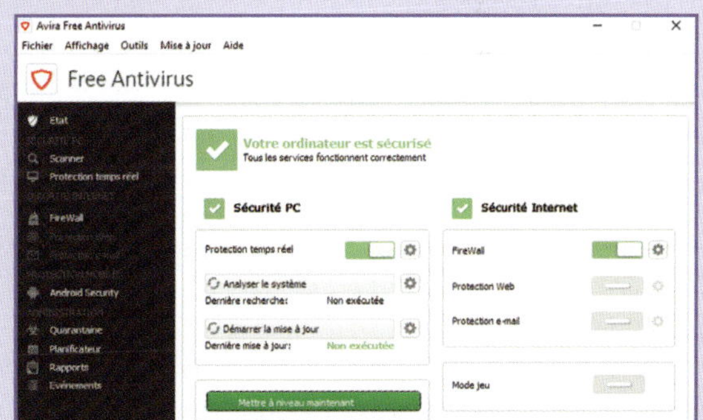

Attention !

Les suites de sécurité ne sont pas compatibles entre elles : si vous pouvez installer des programmes qui complètent votre suite de sécurité (logiciels de nettoyage, etc.), il est déconseillé d'avoir deux logiciels du même type (deux antivirus, par exemple) chez des fabricants différents. Les protections vont en effet se gêner mutuellement et perdre en performance.

Trucs & astuces

Après avoir choisi une suite de sécurité (aidez-vous des tests comparatifs pour avoir des avis à jour), rendez-vous sur le site de l'éditeur pour effectuer votre achat et/ou télécharger une version d'évaluation si elle existe. Évitez de télécharger sur d'autres sites, vous pourriez installer des fichiers corrompus.

LES LOGICIELS DE NETTOYAGE

Les logiciels de nettoyage ne sont pas conçues pour surveiller votre ordinateur, mais pour vous débarrasser des malwares ou autres spywares qui auraient pu échapper aux suites de sécurité.

UTILISER DES APPLICATIONS DE NETTOYAGE

Si vous le souhaitez, vous pouvez utiliser différents programmes de nettoyage afin d'approfondir l'analyse faite par votre antivirus. En effet, il se peut qu'un des programmes ne détecte pas une menace alors qu'un autre la signalera. Comme nous l'avons déjà indiqué, aucun programme n'est complètement fiable. Pour optimiser l'analyse de votre ordinateur et les résultats, téléchargez la dernière version du programme que vous souhaitez utiliser. Pour cela, vérifiez si le programme cherche tout seul les mises à jour ou si vous devez vous rendre sur le site de l'éditeur pour télécharger la dernière version.

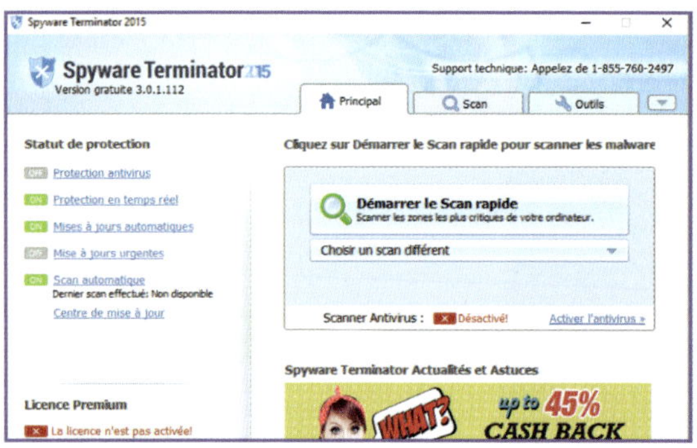

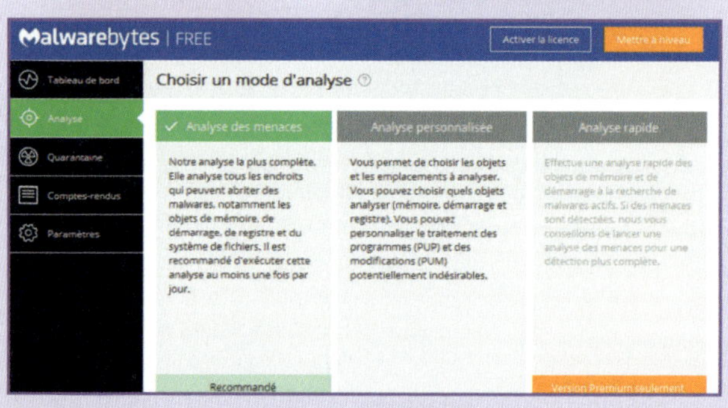

MALWAREBYTES 3.0

Malwarebytes 3.0 est une application gratuite de nettoyage qui permet de réparer les dégâts provoqués sur votre PC par des milliers de menaces. Vous l'utilisez lorsque votre suite de sécurité n'a pas rempli son rôle de filtre. Cela peut se produire lorsqu'une nouvelle menace apparaît et qu'elle n'est pas répertoriée dans les bases de données des suites de sécurité. Téléchargez la dernière version du logiciel afin d'être certain d'avoir les dernières définitions de menaces. Une fois le programme installé, cliquez sur *Analyser maintenant*. Laissez le programme effectuer la recherche d'anomalies dans votre ordinateur et répondez aux éventuels messages qui peuvent s'afficher.

SPYBOT : SEARCH & DESTROY

Spybot est un logiciel gratuit qui détecte et supprime les spywares, adwares, keyloggers (logiciels qui enregistrent ce qui est tapé avec le clavier), rootkits (malwares incrustés profondément dans votre système et souvent indétectables même avec un antivirus), chevaux de Troie et autres fichiers malveillants pouvant se trouver sur votre ordinateur. Cet outil de protection permet de réaliser deux types d'analyse : une analyse système et une analyse d'un fichier choisi. Une fois l'analyse terminée, il affiche les résultats et permet de mettre en quarantaine ou de supprimer les fichiers dangereux. L'option *Vaccination* permet également de protéger votre ordinateur en temps réel contre l'entrée de fichiers malveillants dans votre système.

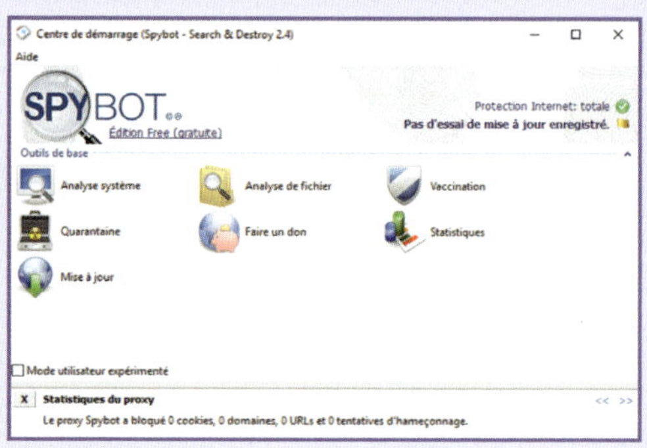

LES ANTIVIRUS POUR SMARTPHONE ET TABLETTE ANDROID

LES ANTIVIRUS POUR ANDROID

Un antivirus pour Android inspecte en temps réel les applications que vous téléchargez, les SMS et MMS reçus, les pièces jointes des mails ainsi que les sites Internet visités. Lorsqu'un code malveillant est détecté, l'antivirus le bloque ou vous alerte. Comme pour les versions PC, aucun antivirus n'est capable de détecter toutes les menaces. Les antivirus ont également d'autres fonctions comme la détection des sites de phishing (hameçonnage) ou encore la protection contre les sites hébergeant des fichiers malveillants, mais ces fonctions sont peu efficaces.
Certains programmes proposent une fonction antivol qui permet, en cas de vol ou de perte du smartphone, de visualiser son emplacement sur une carte à quelques mètres près, de le verrouiller à distance, voire de supprimer les données qu'il contient. Certains programmes permettent également de prendre une photo à distance (avec un peu de chance, de votre voleur !) et même de faire apparaître un message sur l'écran. Attention, certaines fonctions antivol ne localisent le smartphone que si son GPS a été préalablement activé. Enfin, pour être efficace, l'antivirus ne doit pas pouvoir être désactivé ou supprimé par un tiers. Certains demandent une identification pour pouvoir supprimer l'application ou modifier les réglages.
Si vous recevez régulièrement des messages non sollicités ou si vous êtes harcelé par une personne, ces antivirus peuvent aussi vous aider à filtrer les messages. Pour choisir un antivirus pour votre smartphone ou votre tablette, n'hésitez pas à consulter des tests comparatifs.

AVAST MOBILE SECURITY & ANTIVIRUS

Il s'agit d'un antivirus qui fonctionne sous Android. La version gratuite offre un certain nombre de fonctionnalités. L'application permet de localiser et de contrôler l'appareil à distance, mais aussi de le protéger contre les logiciels malveillants. Le contrôle à distance des options antivol (verrouillage, localisation GPS, effacement) s'effectue à partir d'une interface web. L'antivirus peut aussi bloquer les appels ou les SMS ou verrouiller par code certaines applications. L'antiphishing est cependant médiocre et l'application nécessite de nombreux réglages pour un fonctionnement optimal. La version Premium, payante, offre davantage d'options, comme un VPN ou un logiciel de nettoyage et d'optimisation de la batterie ; vous pouvez choisir entre un abonnement mensuel ou annuel.

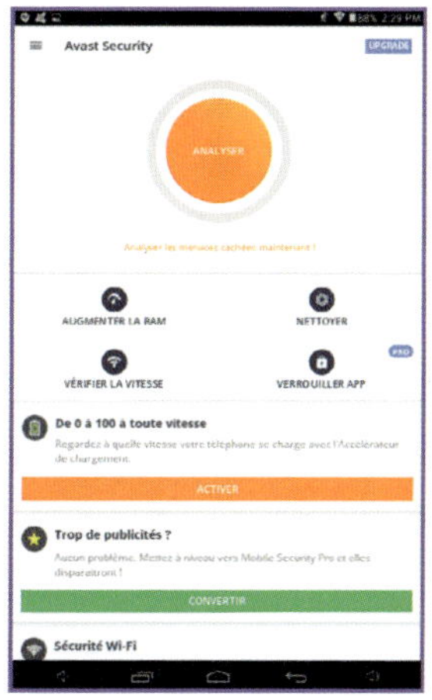

ESET MOBILE SECURITY

L'antivirus Eset pour Android fonctionne sur smartphone ou tablette. Il s'agit d'une application payante. Elle offre notamment une protection contre les logiciels malveillants et contre le vol. Son installation est simple, avec une aide pour vous guider tout au long de la configuration. L'antivirus détecte efficacement les applications malveillantes et bloque correctement l'accès aux sites hébergeant des fichiers infectés. En cas de perte ou de vol du smartphone, vous pouvez verrouiller l'appareil. L'application permet de prendre des photos à distance qui peuvent aider à identifier le voleur. La localisation du smartphone se fait via Google Maps mais si le GPS n'est pas activé, seul le dernier lieu localisé par GPS s'affiche.

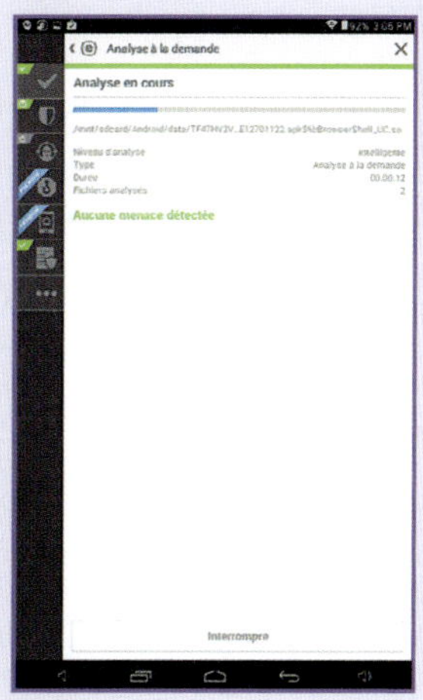

Prendre en main Norton Security

Cette suite, présentée en page 365, est particulièrement adaptée aux débutants. Voici, en quelques étapes, comment l'utiliser.

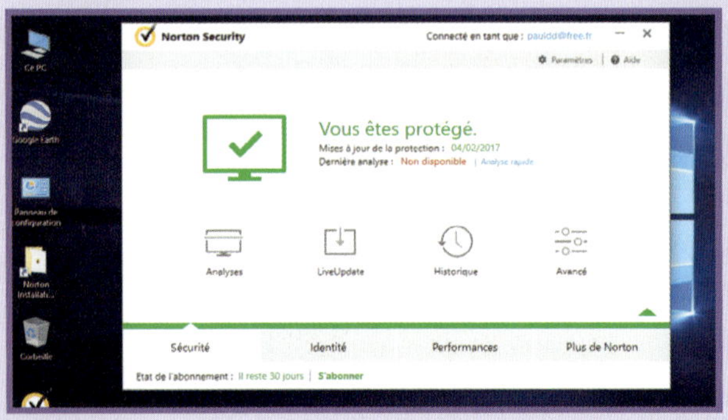

1 Lors de l'installation de la suite, vous devez créer un compte chez Symantec en utilisant une adresse mail et un mot de passe. Au premier démarrage, la fenêtre de l'application s'affiche. Vous pouvez réaliser une analyse de votre système en cliquant sur *Analyse rapide*. Si ce lien ne s'affiche pas, cliquez sur la flèche verte, puis sur *Analyses* et sélectionnez *Analyse rapide*.

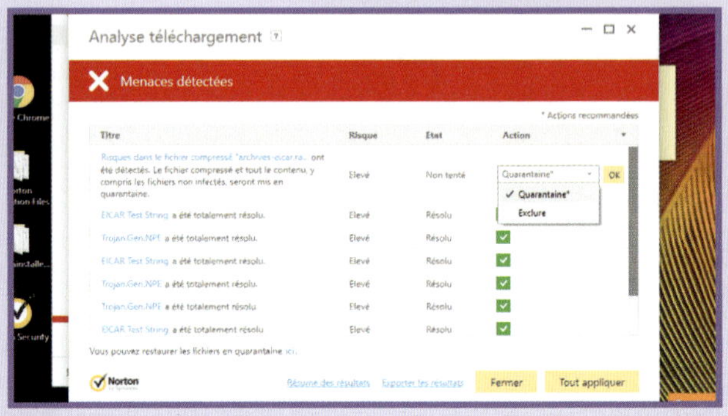

2 À la fin de votre analyse, Norton peut avoir détecté des menaces. La plupart du temps, il les résout de lui-même et affiche « Toutes les menaces ont été résolues ». Mais il peut s'avérer aussi que Norton ne puisse pas résoudre la menace : dans ce cas, vous aurez le choix entre exclure le fichier de l'analyse (il ne sera pas traité et la menace persistera) ou le placer en quarantaine. Vous retrouverez les fichiers mis en quarantaine en sélectionnant *Sécurité*, *Historique* et en choisissant l'option *Quarantaine* dans le menu déroulant en haut de la fenêtre.

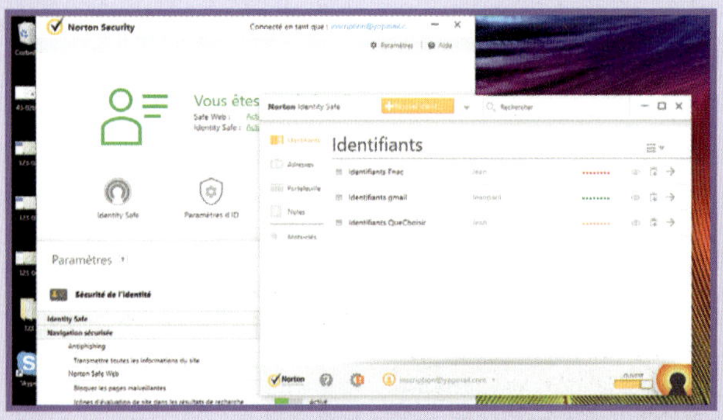

3 L'onglet *Identité* permet d'accéder aux paramètres de protection des données personnelles. Vous pouvez configurer vos options de sécurité lors de votre navigation Internet dans *Paramètres d'ID* (antiphishing, évaluation des sites Internet, etc.). L'outil *Générateur de mots de passe* dans le menu *Identité* vous permet de créer des mots de passe complexes difficiles à retrouver pour un éventuel pirate. Il est couplé à l'option *Identity Safe* qui est un gestionnaire de mots de passe. Pour configurer ce dernier, cliquez sur l'icône *Identity Safe* en fournissant un nouveau mot de passe spécifique à cet utilitaire. Vous pouvez ensuite enregistrer vos « identités » Internet en précisant votre nom d'utilisateur, le site Internet et le mot de passe.

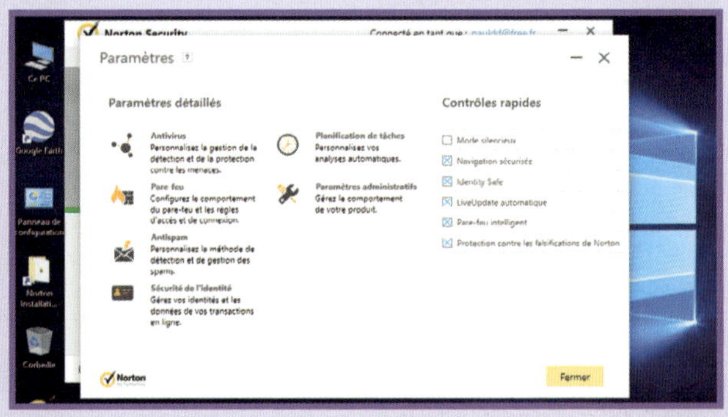

4 L'onglet *Performance* vous permet de lancer des opérations qui vont améliorer les performances de votre PC, telles que sa défragmentation (qui réordonne les fichiers de votre ordinateur afin d'en faciliter l'accès par le système), le nettoyage des fichiers temporaires ou la gestion du démarrage pour activer ou désactiver les programmes qui se lancent automatiquement et peuvent ralentir le système. Le bouton *Paramètres*, en haut à gauche de la fenêtre principale, donne accès aux différents paramètres du programme. Vous pouvez régler la manière dont se comporte l'antivirus, le pare-feu, l'antispam, la sécurisation de l'identité, ou même planifier une analyse automatique.

Sécuriser un appareil sous Android avec Avast Mobile Security

Avast Mobile Security est une application gratuite que vous pouvez télécharger sur votre smartphone ou votre tablette Android pour les protéger contre les programmes malveillants et autres dangers.

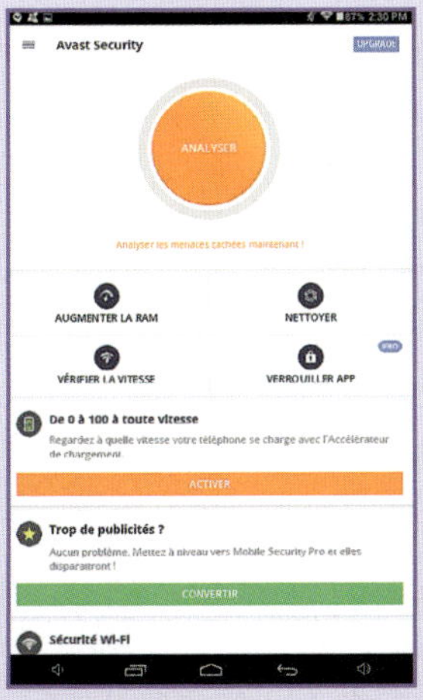

1 Téléchargez l'application sur le Play Store (voir p. 81), puis démarrez-la. Lors du premier démarrage vous indiquerez si vous continuez avec des publicités ou si vous payez pour ne plus voir ces publicités. Touchez le gros bouton *Analyser* pour analyser votre appareil et détecter d'éventuelles menaces.

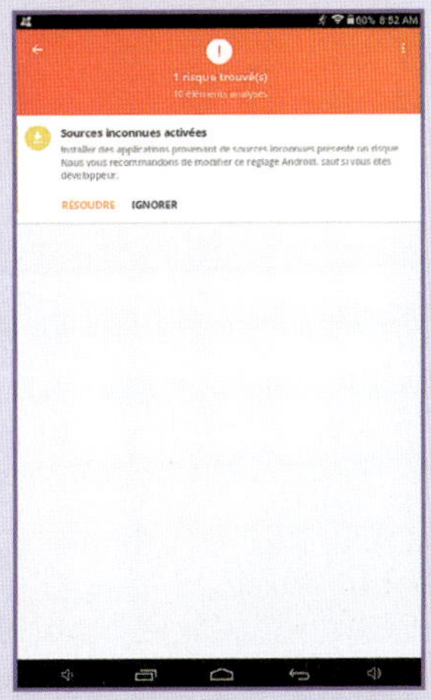

2 Une fois que l'analyse est terminée, un rapport s'affiche. Si des menaces sont trouvées, vous avez la possibilité de les résoudre ou de les ignorer en fonction du type de menace. À moins de savoir ce que vous faites, ne choisissez pas le bouton *Ignorer* et choisissez plutôt le bouton *Résoudre* pour savoir comment agir face à une menace.

3 Sur la page d'accueil de l'application, vous pouvez choisir *Augmenter la RAM* pour que l'application nettoie le contenu de la mémoire de votre appareil afin d'augmenter l'espace disponible. Cela permet à vos applications de s'exécuter un peu plus vite. Le bouton *Nettoyer* permet d'analyser et de supprimer en toute sécurité les fichiers inutiles de votre appareil ; cela vous permet, là encore, de regagner de l'espace de stockage.

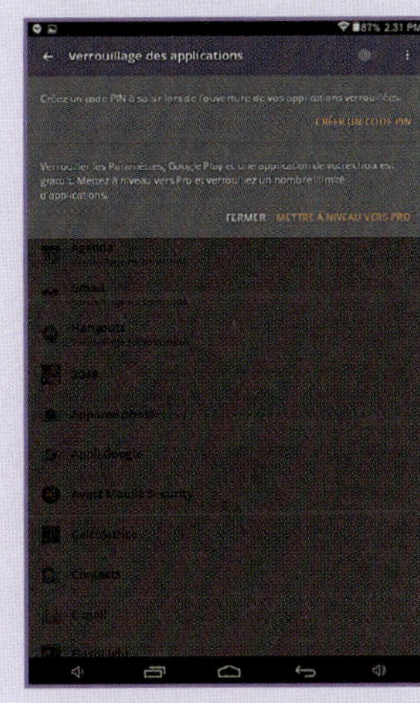

4 La fonction *Verrouiller* sert à verrouiller des applications ou des paramètres. Elle permet d'interdire l'accès au Play Store (et donc de bloquer tout achat effectué sans mot de passe) et à vos données stockées dans vos applications et dans les paramètres. Dans la version gratuite, vous pouvez verrouiller les paramètres, le Play Store ainsi qu'une unique application. Pour verrouiller un nombre illimité d'applications, vous devrez effectuer la mise à niveau vers la version payante.

À savoir

Les fonctions antivol (verrouillage de l'appareil, photo à distance, GPS, etc.) ne sont pas disponibles dans la version gratuite d'Avast. Selon la marque de votre tablette ou de votre smartphone, des fonctionnalités antivols peuvent être intégrées ; c'est le cas avec les marques les plus réputées. Dans tous les cas, vous pouvez également aller sur la page www.android.com/devicemanager pour régler la fonction de localisation de votre appareil.

COMPRENDRE LES PANNES COURANTES

Votre PC (ou votre appareil mobile) ne se comporte pas comme il le devrait ? Il ne veut plus démarrer ? Un message d'erreur apparaît ? Avant de recourir au service après-vente (SAV), vous pouvez peut-être intervenir.

Un PC est une machine complexe contenant des composants électroniques qui chauffent, mais aussi des composants mécaniques comme le disque dur, dont les plateaux tournent à plusieurs milliers de tours par minute. Certains PC portables, de même que les smartphones et les tablettes, ne sont pas équipés de disques durs, mais d'un type de mémoire particulier, ce qui évite les problèmes causés par des chocs sur un élément en constante rotation. Toutefois, quelle que soit la configuration, il arrive que les composants d'un appareil tombent en panne. Un blocage de la machine peut aussi provenir d'un problème avec un logiciel ou avec le système d'exploitation (Windows 10, Android ou iOS). Un message s'affiche parfois, indiquant que le logiciel rencontre un problème (matériel ou logiciel), mais il arrive qu'aucun message n'explique la panne. Vous allez apprendre à faire un premier diagnostic et à effectuer vous-même de petites interventions avant de faire appel à un technicien. Pour cela, il vous faut connaître quelques éléments de base du fonctionnement du PC, des smartphones et des tablettes.

Les pannes des PC les plus fréquentes

Que vous utilisiez un PC de bureau ou un PC portable, certains éléments tombent en panne plus facilement que d'autres. Connaître ces pannes vous permettra de les identifier rapidement. En revanche, si vous rencontrez un type de panne qui n'est pas présenté dans les pages suivantes, vous aurez sans doute besoin de faire appel à un spécialiste.

1 Un câble débranché est la panne la plus classique. Vous appuyez sur le bouton de mise en marche et rien ne se passe ? Vous imprimez et un message vous dit que l'imprimante n'est pas disponible ? Vous utilisez un câble entre votre box et votre ordinateur et vous ne parvenez pas à vous connecter à Internet ? Commencez par vérifier tous les câbles.

2 Les composants d'un PC de bureau ou d'un PC portable dégagent beaucoup de chaleur. Des ventilateurs sont donc là pour refroidir l'ensemble du système. Toutefois, ces ventilateurs aspirent également la poussière et celle-ci finit par s'accumuler dans le PC et dans les orifices de ventilation. Lorsque le refroidissement n'est pas correctement assuré, votre PC peut s'arrêter tout seul pour cause de surchauffe. N'utilisez pas d'aspirateur pour dépoussiérer votre ordinateur. Consultez la page 376 pour connaître la technique de dépoussiérage.

3 Les éléments mécaniques (disque dur, lecteur de DVD, ventilateurs) sont des éléments sensibles dans un ordinateur puisque, par nature, ils s'usent. Si votre disque dur produit de petits claquements, si votre lecteur de DVD a du mal à lire ou à graver des disques ou si le ventilateur fait un bruit anormal, il peut être temps d'envisager un remplacement ou l'intervention d'un dépanneur.

4 Le bloc d'alimentation est un composant essentiel d'un ordinateur de bureau. Il arrive souvent que ce composant tombe en panne. Parfois c'est une panne soudaine, facile à détecter, parfois les faiblesses de l'alimentation provoquent un fonctionnement erratique de l'ordinateur, ce qui rend difficile le diagnostic.

Attention !

Si vous bricolez vous-même votre PC de bureau et que vous changez son bloc d'alimentation, choisissez un modèle adapté et de bonne qualité afin d'assurer le bon fonctionnement de votre ordinateur, mais aussi votre sécurité et celle de votre installation électrique.

À savoir

Les virus peuvent supprimer des fichiers et provoquer des comportements étranges sur votre ordinateur. Consultez les pages 348 et suivantes pour plus d'informations.

LES PILOTES DE PÉRIPHÉRIQUES

Les pilotes de périphériques sont des programmes spéciaux qui permettent à Windows de gérer les périphériques (imprimante, clavier, souris, disque externe, carte SD, etc.). Il arrive qu'un pilote pose des problèmes, ce qui empêche sa communication avec Windows. Parfois, cela se produit après une mise à jour système ; pour régler le problème, il suffit de mettre à jour le périphérique en allant sur le site du constructeur (si la mise à jour ne s'effectue pas automatiquement). Un pilote peut également poser problème lors de la première installation du périphérique, surtout si celui-ci est ancien ou au contraire trop récent pour être pris en charge par Windows. Là encore, le site du constructeur peut vous fournir les solutions nécessaires.

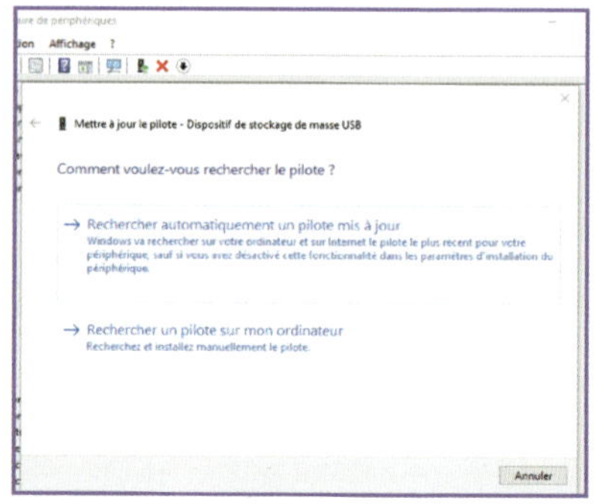

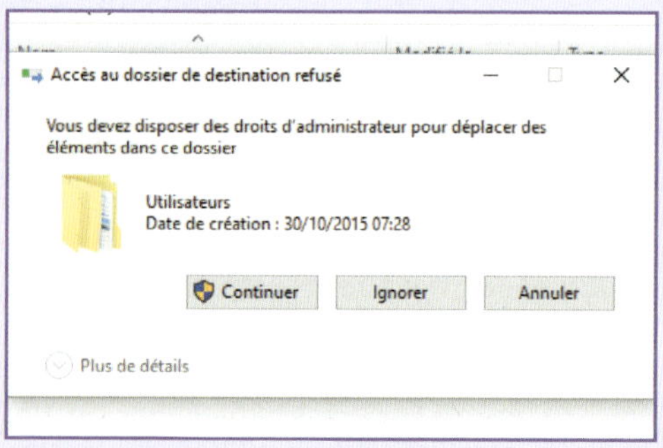

ERREUR DE MANIPULATION

Une personne peut déplacer ou supprimer des dossiers et des fichiers présents sur votre ordinateur qui sont indispensables au bon fonctionnement de celui-ci. Normalement, Windows protège les dossiers et les fichiers sensibles, soit en les masquant, soit en exigeant une autorisation pour effectuer les manipulations. Si vous utilisez un compte de type *Administrateur*, il est possible d'accéder à certains fichiers et dossiers sensibles et de les modifier. Si vous créez des comptes pour chaque utilisateur de l'ordinateur, et surtout des comptes pour les enfants, choisissez des comptes de type *Utilisateur* et non pas *Administrateur* pour éviter ce type d'erreur.

UTILISER LES POINTS DE RESTAURATION

Avant chaque installation de logiciel ou de pilote de périphérique, Windows créée des points de restauration (si la fonction est bien activée). Si un problème se produit avec la nouvelle installation, il est possible de reconfigurer le système tel qu'il était lors d'un de ces points de restauration. Pour utiliser cette fonction, ouvrez l'*Explorateur de fichiers* (l'icône sous forme de dossier jaune en bas dans la barre des tâches) puis faites un clic droit sur *Ce PC* dans le menu de gauche. Dans le menu contextuel, choisissez *Propriétés*, puis sélectionnez *Protection du système*. Pour activer la fonction, choisissez le disque en vous positionnant dessus (en principe C). Cliquez sur *Configurer*, puis cochez *Activer la protection du système*. Régler le taux d'utilisation de l'espace disque et valider en cliquant sur *OK*.

Pour créer manuellement un point de restauration, dans l'onglet *Protection du système*, cliquez sur *Créer*. Donnez ensuite une courte description et validez en cliquant *Créer*.

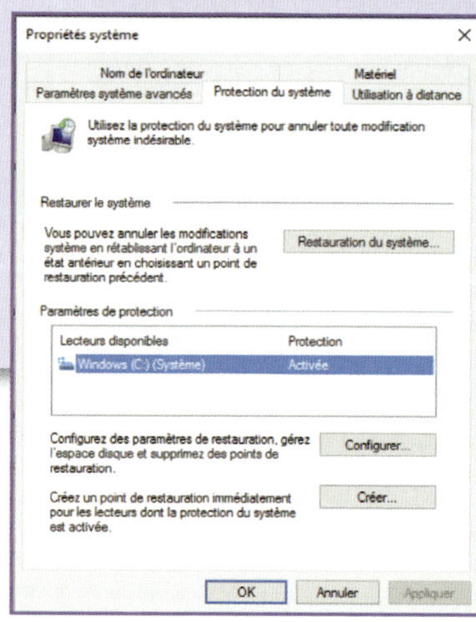

Pour restaurer à un point précis, ouvrez l'onglet *Protection du système*, et cliquez sur *Restauration du système...* puis sur *Suivant*, et choisissez un point de restauration dans la fenêtre qui s'affiche. Cliquez sur *Suivant* puis sur *Terminer* pour valider.

Le petit +

Pour les pannes liées à la connectivité sans fil entre les appareils ou avec Internet, voir p. 40 et suivantes.

Les pannes des smartphones et tablettes les plus fréquentes

Que vous utilisiez un smartphone ou une tablette sous Android ou iOS, sachez que certains éléments tombent en panne plus facilement que d'autres. Connaître ces pannes vous permettra de les identifier rapidement. En revanche, si vous rencontrez un type de panne qui n'est pas présenté dans les pages suivantes, vous aurez sans doute besoin de faire appel à un spécialiste.

CARTES SIM

La carte SIM permet la connexion au réseau téléphonique, elle est donc présente dans tous les smartphones et dans les tablettes Wi-Fi+3G/4G. Veillez à bien insérer votre carte SIM : si elle n'est pas correctement positionnée, votre appareil vous signalera son absence. Attention également aux appareils bloqués par un opérateur. Si vous avez acheté un appareil en même temps qu'un forfait de téléphone chez l'opérateur A, vous ne pouvez généralement pas utiliser une carte SIM de l'opérateur B. Toutefois vous pouvez demander à votre opérateur initial le déblocage (appelé aussi désimlockage) de votre appareil afin de l'utiliser avec n'importe quel autre opérateur. Trois mois après l'achat, ce désimlockage doit être gratuit. Avant ces trois mois, il est généralement payant. Souvent, les cartes SIM sont protégées par un code PIN. En plus de l'éventuel code de déblocage de votre appareil, vous devez saisir le code PIN de la carte SIM.

CARTES SD

Les smartphones et les tablettes sont souvent équipés de ports microSD qui permettent de rajouter de la mémoire à l'appareil et d'y installer certaines applications ou vos photos, vidéos, musiques... Le logement de la carte peut être capricieux. Si votre carte n'est pas détectée par votre appareil, vérifiez qu'elle a été correctement insérée. Sachez aussi que les appareils n'acceptent pas toutes les capacités de cartes SD. Elles sont classées en microSD (128 Mo à 2 Go), microSDHC (4 à 32 Go) et microSDXC (64 Go à 2 To). Un appareil compatible microSDXC reconnaît une carte de 2 Go sans problème, mais l'inverse n'est pas vrai. Si vous voulez utiliser une même carte sur plusieurs appareils, vous devez donc choisir une carte compatible avec le moins performant d'entre eux. Il peut arriver qu'à force d'être manipulée, la carte devienne illisible sur un ou plusieurs appareils. Dans ce cas, il est possible que la carte puisse quand même être lue avec un lecteur de carte sur PC, ce qui vous permet de récupérer les données et éventuellement de reformater la carte (la réinitialiser complètement).

PROBLÈME DE CONNEXION INTERNET

Pour économiser de la batterie, il est fréquent de couper le Wi-Fi, surtout avec une tablette. Pensez à vérifier l'état du Wi-Fi si vous ne parvenez pas à vous connecter à Internet. N'oubliez pas qu'avec une tablette Wi-Fi uniquement, vous ne pouvez accéder à Internet que via le Wi-Fi : chez vous, chez des amis ou par un réseau Wi-Fi public. Si vous avez un smartphone ou une tablette Wi-Fi+3G/4G et que vous ne parvenez pas à vous connecter, vérifiez que vous n'avez pas activé le mode avion ou désactivé les données mobiles. Si vous êtes connecté et que le débit est très lent, vérifiez l'état de votre forfait pour les données (sur votre compte client ou en composant le numéro de suivi de consommation qui dépend de votre opérateur).

À savoir

Les iPhones et certains modèles d'iPad possèdent un emplacement pour les cartes SIM mais aucun de ces produits ne prend en charge les cartes SD ou microSD.

LA BATTERIE

La batterie est un élément sensible qui peut montrer des signes de faiblesse au bout de quelques mois. Si elle se décharge de plus en plus vite, parfois au bout de quelques heures, voire de quelques minutes, c'est le signe qu'il vous faut en changer. Sur certains modèles, rien de plus simple : il suffit de retirer la coque arrière et de procéder au remplacement après avoir acheté une batterie neuve. Hélas, de nombreux constructeurs proposent désormais des appareils à batterie non amovible. Dans ce cas, les manipulations sont plus délicates, car il faut alors trouver comment ouvrir le smartphone. Vérifiez que vous insérez correctement la batterie dans son logement. Pour plus de conseils sur l'entretien de la batterie, voir p. 399.

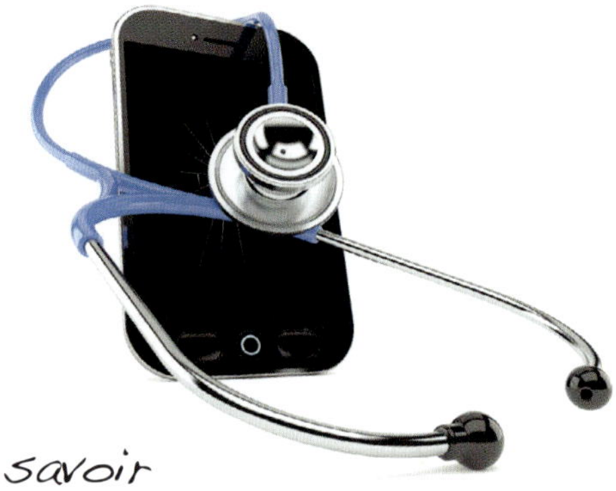

À savoir

L'écran est le plus exposé des composants, celui auquel une mauvaise chute peut être fatale. D'après une enquête de Que Choisir, il représente près de 70 % des pannes de smartphones.

LES APPLICATIONS

Lorsqu'une application ne veut plus démarrer, cela ne veut pas forcément dire qu'il y a un problème avec votre appareil, c'est généralement un problème avec l'application elle-même. Lorsque le système (Android ou iOS) est mis à jour, il arrive que certaines applications ne fonctionnent plus parce qu'elles ne sont plus compatibles. Généralement, dès la mise en place d'un nouveau système, les éditeurs d'applications effectuent également des mises à jour. Vérifiez sur votre appareil si ces mises à jour s'installent automatiquement, sinon procédez manuellement. Il se peut que les mises à jour d'applications arrivent plusieurs semaines après la mise à jour du système, soyez patient ! Il arrive aussi que de nouvelles versions d'applications ne soient plus compatibles avec les anciennes versions d'Android.

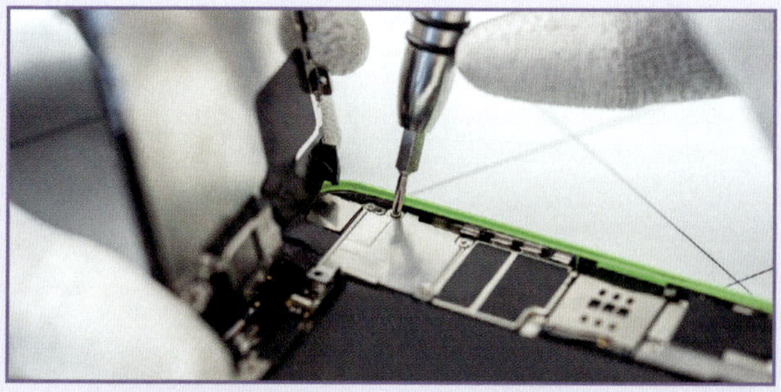

FAIRE APPEL AU SAV ?

Votre smartphone ou votre tablette sont couverts pendant deux ans par la garantie légale de conformité : conservez bien la facture d'achat pour pouvoir profiter de cette garantie. En cas de problème pendant cette période, contactez le service après-vente (SAV) du vendeur ou du fabricant pour connaître la marche à suivre. Cependant, dans plus de 70 % des cas, pour les smartphones, l'objet de la réparation n'est pas couvert par la garantie : panne dont vous pouvez être à l'origine (par exemple si vous avez brisé l'écran ou si votre appareil a pris l'eau), usure normale de la batterie, etc. Si tel est le cas, ou si votre appareil n'est plus sous garantie, vous avez deux solutions. Vous pouvez le confier à un réparateur et payer la réparation ; dans ce cas, faites faire un devis pour ne pas vous retrouver à régler une somme excessive et choisissez un prestataire qui vous garantit la réparation (une garantie de six mois pièces et main-d'œuvre est un minimum). Vous pouvez aussi essayer de réparer vous-même votre appareil : beaucoup de pannes sont relativement facilement réparables, tant qu'on fait preuve de patience, de minutie, et qu'on travaille dans un environnement propre. Vous trouverez sur Internet des tutoriels vidéo très détaillés qui vous accompagneront dans chaque étape, notamment sur les sites qui se sont spécialisés dans la vente de pièces détachées aux particuliers, qu'ils proposent en kit avec les outils nécessaires à la réparation (voir aussi p. 401).

Attention !

Avant toute intervention sur votre ordinateur, faites une recherche sur Internet pour trouver des tutoriels sur le remplacement ou la réparation d'un élément. Si vous ne pouvez pas consulter le tutoriel sur un autre appareil (smartphone, tablette), prenez des notes pour ne pas vous retrouver sans instructions une fois le capot de l'ordinateur ouvert.

INTERVENIR SUR SON ORDINATEUR

Après avoir décortiqué quelques pannes possibles, nous allons voir maintenant comment intervenir pour effectuer quelques réparations de base.

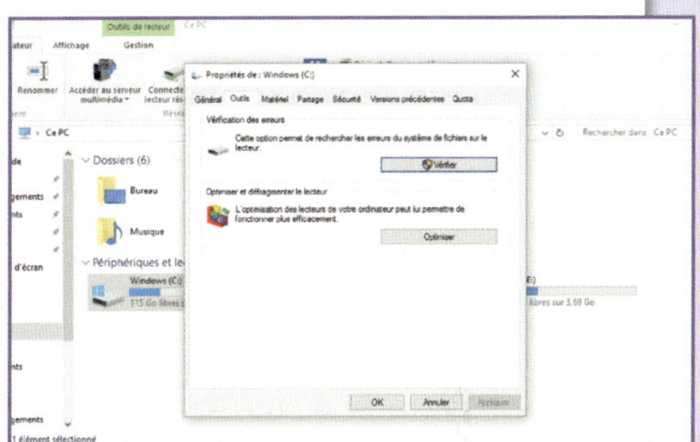

Si la panne semble être du côté de Windows ou d'une application (le fonctionnement n'est pas correct, des messages d'erreur apparaissent ou des fichiers disparaissent ou sont corrompus) et que vous parvenez à démarrer votre PC, vous pouvez profiter des outils de diagnostic et de maintenance de Windows.

Pour rechercher les erreurs sur le disque dur, ouvrez l'*Explorateur de fichiers* (l'icône sous forme de dossier jaune en bas dans la barre des tâches) puis *Ce PC* (accessible via la colonne de gauche). Faites ensuite un clic droit sur l'icône du disque dur (C:) puis choisissez *Propriétés* dans le menu contextuel. Dans la fenêtre qui s'affiche, cliquez sur l'onglet *Outils* puis sur le bouton *Vérifier*. Suivez les instructions données pour analyser et éventuellement réparer les erreurs sur votre disque dur. La durée de l'opération dépend de la taille et de l'état de votre disque. En cas de sérieux problème, cela peut prendre plusieurs heures.

Lorsque le problème est matériel, vous allez devoir démonter votre ordinateur pour accéder aux différents éléments qui composent votre machine. Sur un ordinateur portable, les interventions sont limitées : il est généralement difficile d'accéder au cœur de la machine mais, selon les modèles, il est souvent possible de changer le disque dur, la mémoire vive et surtout la batterie. L'intervention sur un PC de bureau en forme de tour est assez simple puisque ce type d'ordinateur est conçu pour faciliter les manipulations. En revanche, pour les modèles tout-en-un ou pour les mini-PC, l'intervention peut s'avérer aussi complexe qu'avec un ordinateur portable. Ne prenez pas le risque d'abîmer votre ordinateur en tentant une intervention hasardeuse. Si votre machine est sous garantie, contactez le SAV avant de jouer du tournevis. Dans certains cas, la garantie peut s'annuler si vous démontez l'ordinateur.

Le petit +

Si votre PC émet une série de bips, c'est le signe d'une panne importante. Éteignez votre machine et contactez le SAV ou un réparateur.

DÉPOUSSIÉRER UN PC

Qu'il s'agisse d'un PC de bureau ou d'un PC portable, le dépoussiérage consiste principalement à retirer toute la bourre qui se forme dans les conduits d'aération et sur les ventilateurs. Pour cela, il convient d'abord d'ouvrir l'ordinateur. Avant toute intervention, arrêtez l'ordinateur, débranchez-le du secteur et, dans le cas des PC portables, retirez la batterie. Enlever le plus gros de la poussière à la main, puis utilisez une bombe à air sec. Si vous possédez un compresseur d'air, ne l'utilisez pas, l'air comprimé risque de contenir de l'eau et de l'huile qui peuvent endommager votre appareil. Utilisez les canules fournies avec la bombe pour envoyer de l'air dans les trous d'aération. Si nécessaire, finissez le nettoyage avec un pinceau. N'utilisez jamais d'aspirateur, ni de chiffon antistatique pour nettoyer le ventilateur et les cartes électroniques de l'ordinateur.

CHANGER UN LECTEUR

Sur les PC de bureau, les lecteurs (disque dur, DVD ou Blu-ray) se trouvent dans un emplacement spécial à l'avant de la tour. Quatre vis les maintiennent en place. En retirant ces vis, vous pouvez faire glisser le lecteur dans les rails pour le remplacer. Comme pour le dépoussiérage, déconnectez l'ordinateur du secteur, enlevez la batterie du portable et protégez-vous de l'électricité statique. Notez que si vous souhaitez ajouter un disque dur à votre système, il peut être nécessaire de configurer le disque selon les instructions du constructeur pour permettre la cohabitation de deux disques. Si vous remplacez le disque dur de votre ordinateur, pensez que vous devrez réinstaller Windows sur le nouveau disque et récupérer les fichiers de l'ancien disque. Si l'ancien disque fonctionne toujours, vous pouvez le transformer en disque externe à l'aide de boîtiers spéciaux. Si l'ancien disque dur est en panne, vous ne pourrez plus y accéder et, dans ce cas, il faudra recourir à vos sauvegardes. Selon le modèle d'ordinateur portable que vous possédez, il peut être possible de changer le disque dur. Il s'agit de disques de petite taille, 2,5 pouces compatibles (contre 3,5 pouces pour les disques de PC de bureau). L'opération est plus ou moins complexe d'un fabricant à l'autre (n'hésitez pas à regarder des tutoriels vidéo sur Internet). Sachez qu'il est souvent possible de changer facilement la mémoire vive de l'ordinateur, même sur les portables. En augmentant la taille de la mémoire, on donne parfois un coup de jeune à un ordinateur.

NETTOYER LE CLAVIER

Après avoir éteint l'ordinateur, vous pouvez utiliser une bombe à air sec pour enlever la poussière qui se trouve entre les touches, puis un Coton-Tige et de l'isopropanol pour finir de nettoyer. Si vous avez renversé de l'eau sur le clavier, retournez-le pour le faire sécher pendant plusieurs heures. Vous pouvez le placer sur un lit de riz qui va absorber l'humidité. Si vous avez renversé un produit sucré, il ne sera pas simple de vous débarrasser du sucre qui risque de coller les touches. Si votre clavier est irrécupérable, vous pourrez en acheter un nouveau si vous utilisez un PC de bureau, mais vous devrez certainement apporter votre ordinateur en réparation s'il s'agit d'un PC portable.

Trucs & astuces

Les composants d'un ordinateur sont très sensibles à l'électricité statique. Évitez de travailler dans un local équipé d'une moquette. Touchez régulièrement la structure en métal du PC et évitez de toucher les composants. Il existe des bracelets spéciaux que vous pouvez porter pour éviter d'être chargé en électricité statique.

ENTRETENIR SON SMARTPHONE OU SA TABLETTE

Il n'est pas simple de pouvoir accéder à l'intérieur d'un smartphone ou d'une tablette, il est donc essentiel de bien entretenir ces appareils. Voici quelques conseils pour les préserver et les faire durer.

ENTRETENIR L'ÉCRAN D'UN SMARTPHONE OU D'UNE TABLETTE

Évitez d'utiliser un mouchoir en papier ou tout autre matériau abrasif pour nettoyer l'écran. Utilisez un chiffon antistatique en microfibres (le même type que pour nettoyer des lunettes) que vous trouverez au rayon informatique des grandes surfaces. N'utilisez jamais de produit pour les vitres ou n'importe quel autre liquide pour nettoyer la surface de l'écran. Pour éviter d'abîmer l'écran, il existe des films plastiques qui y adhèrent. Ils sont surtout utiles pour éviter les rayures. Ces films sont conçus pour des modèles bien précis de smartphones ou de tablettes. Si vous possédez un modèle « exotique », vous risquez de ne pas trouver de protection taillée sur mesure.

NETTOYER LA PRISE DE CHARGE

Il s'agit d'un problème qui affecte plus souvent les smartphones que les tablettes. En effet, les smartphones étant souvent glissés dans une poche, ils se retrouvent en contact avec des petites particules de tissus, de papier ou autre qu'on trouve au fond des poches. Ce sont ces éléments qui passent dans la prise de charge, mais aussi dans celles des écouteurs. S'il fait trop humide, ces particules vont entraîner de la condensation, ce qui risque de provoquer l'oxydation des connexions. L'accumulation de particules peut aussi produire de la bourre et gêner le branchement du chargeur. Vous pouvez essayer d'utiliser une bombe à air sec pour déloger ces indésirables. Un petit pinceau, de type brosse plate, peut également faire l'affaire. Évitez d'insérer des pointes ou des objets métalliques qui risqueraient d'abîmer les connecteurs.

CAPTEURS PHOTO

Généralement, les smartphones et les tablettes sont équipés de deux capteurs photo. Un sur la face avant, en haut de l'appareil, qui permet d'effectuer des appels vidéo ou de prendre des selfies. Le deuxième capteur se trouve à l'arrière de l'appareil. Pour nettoyer ce dernier, procédez comme avec l'écran : utilisez un chiffon en microfibre spécial optique pour éviter de rayer l'objectif. Si votre appareil se démonte (pour accéder à la batterie, par exemple), vous pouvez l'ouvrir de temps à autre et vérifier qu'il n'y ait pas trop de poussière. Là encore, une bombe à air sec permet de déloger la poussière qui peut s'accumuler.

SAUVEGARDER LES DONNÉES ET METTRE À JOUR LE SYSTÈME

En cas de panne de votre ordinateur, vous risquez de perdre toutes vos données. Pour éviter ce type de problème, sauvegardez-les régulièrement.

Le disque dur de votre ordinateur (ou la mémoire de votre smartphone ou de votre tablette) contient de nombreuses données auxquelles vous attachez une grande importance. C'est là que sont stockés vos films et vos photos de vacances, mais également d'autres documents essentiels. Si le disque dur de l'ordinateur tombe en panne ou que vous égarez votre smartphone, vous perdrez toutes ces données, sauf si vous avez anticipé en effectuant des sauvegardes régulières. L'opération n'est pas très compliquée : il suffit de copier les données importantes sur un autre support (disque externe, clé USB ou carte SD) afin d'en posséder au moins un double. Nous vous donnons dans ce chapitre quelques conseils pour réaliser ces sauvegardes. Sur votre PC, vous pouvez utiliser l'outil de base fourni avec Windows pour effectuer des sauvegardes régulières. Votre smartphone ou votre tablette sont également équipés de fonctionnalités conçues pour protéger vos données.

Sauvegarder avec Windows 10

Une sauvegarde hebdomadaire de vos données est un minimum. Pour cela, investissez dans un disque dur externe et demandez à Windows de s'occuper du reste.

1 Avant toute chose, connectez le disque externe ou la clé USB à votre ordinateur. Ouvrez le menu *Démarrer* (le logo Windows en bas à gauche) puis choisissez *Paramètres* (la roue crantée). Dans la fenêtre qui s'affiche, cliquez sur *Mise à jour et sécurité*. Dans la nouvelle fenêtre, cliquez sur *Sauvegarde*. Par défaut, il n'existe pas de tâche de sauvegarde. Cliquez sur *Ajouter un lecteur*.

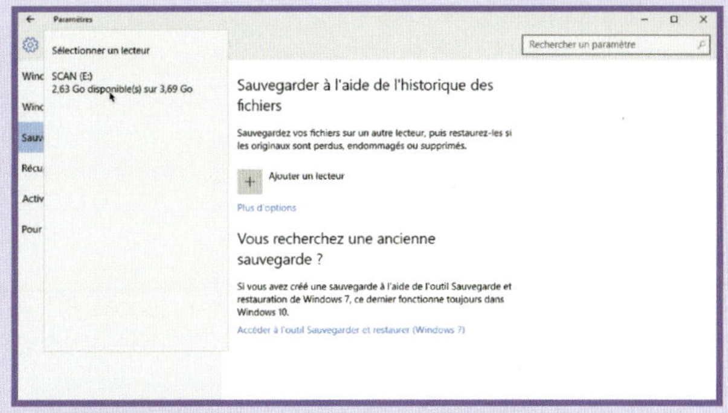

2 Une liste de lecteurs disponibles apparaît. Si vous avez bien branché votre disque externe (ou votre clé USB), celui-ci doit apparaître dans la liste. Si ce n'est pas le cas, vérifiez la connexion. Cliquez sur le lecteur à utiliser pour effectuer votre sauvegarde.

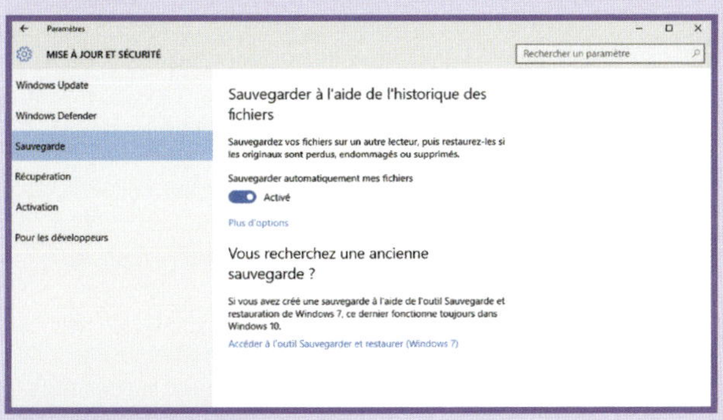

3 Windows s'occupe de planifier la sauvegarde et décide des fichiers qui vont être copiés sur le disque externe. Si vous souhaitez modifier la périodicité ainsi que les fichiers, cliquez sur *Plus d'options* en dessous de l'interrupteur *Activé*. Selon la capacité de votre disque externe (ou clé USB), il peut être nécessaire de sélectionner manuellement les éléments à sauvegarder.

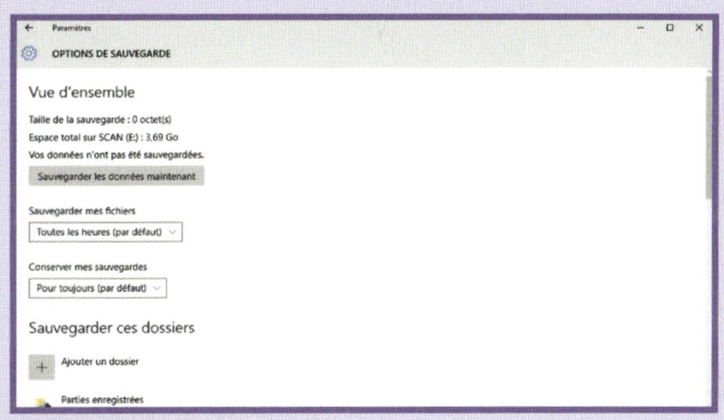

4 Dans la fenêtre qui s'affiche, vous pouvez modifier la fréquence de sauvegarde. Vous pouvez également ajouter des dossiers à la liste des éléments à sauvegarder ou en supprimer. L'idéal consiste à acheter un disque externe dont la capacité est au moins égale à celle du disque dur de votre ordinateur.

Trucs & astuces

Si vous laissez Windows configurer les éléments à sauvegarder, vous aurez tout ce qui est nécessaire pour restaurer votre ordinateur tel qu'il était à la date de la dernière sauvegarde. Si vous devez changer le disque de votre ordinateur et que vous réinstallez Windows, vous aurez la possibilité d'indiquer que vous souhaitez restaurer votre sauvegarde à partir des données enregistrées sur le disque externe.

LES PRINCIPALES SOLUTIONS DE SAUVEGARDE

LE DISQUE DUR EXTERNE

Le disque dur externe est idéal pour effectuer les sauvegardes des PC de bureau ou portables (voir p. 379). Vous pouvez trouver pour une centaine d'euros des disques de 3,5 pouces de grande capacité, égale ou supérieure au téraoctet (To, soit 1 000 Go). Choisissez un disque dont la capacité est équivalente ou supérieure à celle du disque interne de votre ordinateur. Il est préférable que le disque dur externe serve uniquement à la sauvegarde. Attention, ces disques externes sont sensibles aux chocs ; vous pouvez laisser le disque sur votre bureau ou le ranger après la sauvegarde, mais il est déconseillé de le transporter. Il serait regrettable qu'un incident vous prive de votre sauvegarde le jour où vous en avez besoin.

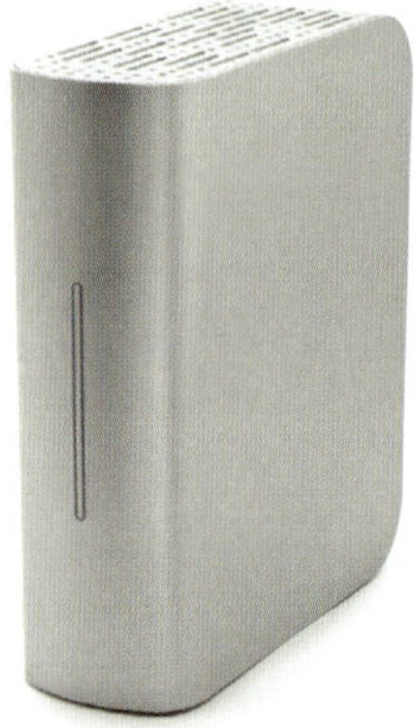

POUR LES SMARPHONES ET TABLETTES

La plupart des smartphones et tablettes Android permettent l'utilisation de cartes microSD. Une fois la carte insérée dans l'appareil, vous utilisez une application de gestion des fichiers pour copier ou déplacer les documents se trouvant dans la mémoire interne de l'appareil vers la carte. Apple n'autorise pas l'utilisation de carte SD sur les iPhones et les iPad. Il existe toutefois des produits de marques tierces, des équivalents de clés USB avec un connecteur spécial Apple, qui permettent de récupérer les photos. Vous utilisez une application propre à cette clé USB pour effectuer le transfert des données. Vous avez aussi la possibilité de connecter les appareils sous Android à votre PC à l'aide d'un câble, pour effectuer des transferts de fichiers. Avec des produits Apple, l'opération est également possible et vous pouvez facilement récupérer vos photos et vos vidéos (voir p. 246) ou même sauvegarder l'appareil via iTunes (voir page suivante).

LA SAUVEGARDE EN LIGNE

Un certain nombre de services permettent d'effectuer une sauvegarde en ligne de vos données sur des serveurs distants. Il existe des entreprises spécialisées dans le domaine de la sauvegarde en ligne, tel que Oodrive ou MediaWaz, plutôt destinées aux professionnels et qui utilisent un logiciel de sauvegarde. Toutefois vous pouvez obtenir un espace de stockage avec certains fournisseurs d'accès à Internet (notamment Orange qui offre de 10 Go à 100 Go selon les forfaits choisis) ou avec des forfaits de téléphonie mobile (par exemple, SFR offre jusqu'à 100 Go pendant les deux premiers mois et Bouygues s'associe avec Dropbox pour offrir de 2 à 50 Go de plus sur ce service pendant 12 à 24 mois). Il est également possible de stocker ses données dans le Cloud, soit chez les géants du Web et de l'informatique (iCloud chez Apple, Drive chez Google, OneDrive chez Microsoft…), soit chez des spécialistes comme Dropbox, Hubic ou encore Box.com (voir aussi p. 231 et suivantes). Quel que soit le type de stockage distant choisi, la vitesse de transfert entre votre ordinateur et le serveur reste un problème. À moins de posséder une connexion avec la fibre et un excellent débit montant, le transfert des données est lent. Mais l'avantage est de vous permettre d'accéder à tout instant à vos données à partir de plusieurs appareils (dès lors que vous avez une connexion à Internet). A priori, ces données sont en sécurité, mais vous n'êtes pas à l'abri d'un incident, et les prestataires déclinent toute responsabilité en cas de perte de données : une sauvegarde classique pour vos données les plus importantes reste donc à prévoir. En outre, vous pouvez vous interroger sur la confidentialité des données. Par prudence, ne stockez en ligne que des documents non sensibles et utilisez plutôt un disque externe pour conserver tous documents privés.

Trucs & astuces

Si vous copiez des données sur un support externe et que vous les supprimez du support d'origine (PC, smarphone, tablette), pensez à faire une deuxième copie de ces données. Si vous perdez votre support de sauvegarde, vous perdriez en effet vos précieuses informations comme si vous n'aviez pas réalisé de sauvegarde.

Le petit +

Il est également possible d'utiliser un coffre-fort en ligne, un service qui répond à des critères de sécurité, de confidentialité et de pérennité bien plus importants que les clouds classiques. Pour savoir si le service auquel vous souscrivez est bien un coffre-fort électronique, lisez bien les conditions générales d'utilisation. Certaines banques, assurances ou sociétés spécialisées proposent ce type de service (La Banque Postale, Maaf, e-coffre-fort.fr, etc.).

Sauvegarder un iPhone ou un iPad avec iCloud

Votre iPhone ou votre iPad peuvent effectuer régulièrement des sauvegardes dans iCloud. Pour cela, vous devez posséder un compte iCloud. Vous disposerez gratuitement de 5 Go de stockage ; pour une capacité plus importante, vous devrez payer un abonnement mensuel.

Attention !

Vous ne pouvez sauvegarder votre appareil Apple que sur iCloud. Les iOS ne sont pas compatibles avec d'autres services de sauvegarde en ligne.

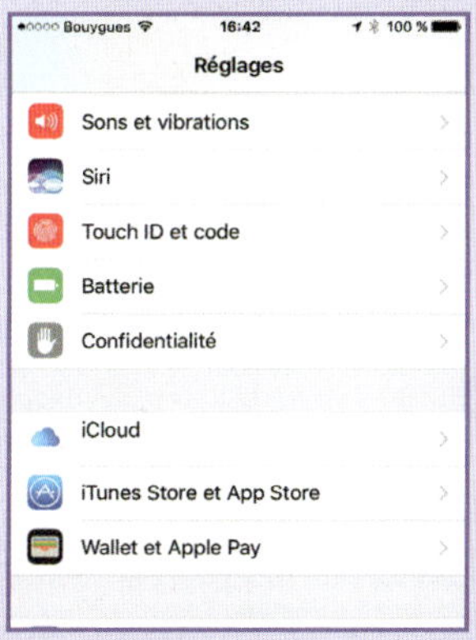

1 Touchez *Réglages* sur l'écran d'accueil de l'appareil puis faites défiler les réglages pour afficher l'élément *iCloud* (ce dernier pouvant également être dans la page de votre identifiant Apple dans *Réglages*). Si vous possédez un compte (et que vous êtes connecté) celui-ci s'affiche. Si vous ne possédez pas de compte, un écran vous propose d'en créer un. Suivez les instructions.

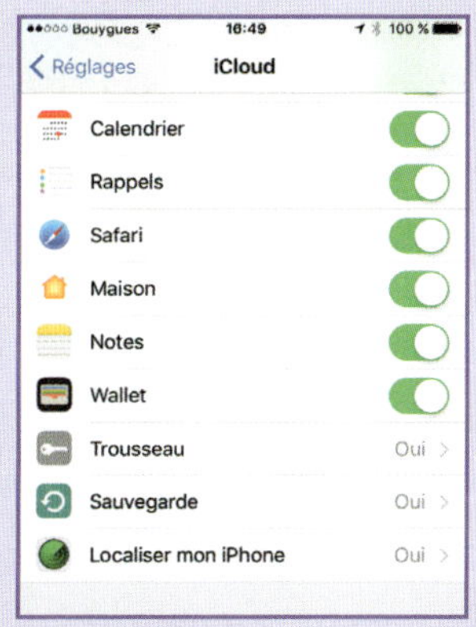

2 La liste des services iCloud s'affiche. Faites défiler cette liste pour obtenir l'élément *Sauvegarde* ou *Sauvegarde iCloud*, au bas de la liste. Touchez cet élément pour accéder au réglage de la sauvegarde et l'activer si cela n'a pas été fait au moment de la configuration de l'appareil.

3 Touchez l'interrupteur afin d'activer la sauvegarde. Elle s'effectue lorsque votre appareil est connecté à un réseau Wi-Fi, qu'il est en charge et qu'il est verrouillé. Elle permet d'enregistrer des éléments essentiels tels que votre photothèque ou vos comptes. En revanche, les applications que vous avez téléchargées ne sont pas sauvegardées. Si vous devez effectuer une restauration, le système se chargera de télécharger ces applications sur l'App Store. Cela permet d'économiser de l'espace de stockage. Pour effectuer une sauvegarde manuellement, touchez *Sauvegarder maintenant*.

4 Il peut être intéressant d'effectuer de temps à autre une sauvegarde sur votre ordinateur. Pour cela, connectez votre appareil à l'ordinateur avec un câble USB et démarrez iTunes. Affichez votre appareil. Sélectionnez *Résumé* puis *Sauvegardes* : vous pourrez indiquer que les sauvegardes s'effectuent sur iCloud mais également effectuer une sauvegarde sur l'ordinateur en cliquant sur *Sauvegarder maintenant*. Pour sécuriser vos données, consultez la page 360. Si vous n'avez plus d'espace sur iCloud, la seule solution reste la sauvegarde sur l'ordinateur (ou un disque dur externe), les appareils sous iOS n'étant pas compatibles avec les clouds proposés par d'autres entreprises qu'Apple.

À savoir

Vous pouvez restaurer une sauvegarde sur le disque à partir d'iTunes en cliquant sur le bouton *Restaurer la sauvegarde* puis sur *Restaurer* (voir p. 360). Pour restaurer une sauvegarde faite sur iCloud, réinitialisez votre appareil en choisissant, dans l'écran *Apps et données*, l'option *Restaurer à partir d'iCloud*.

Sauvegarder avec Android et un compte Google

Si vous possédez un appareil sous Android, vous avez la possibilité d'effectuer des sauvegardes sur les serveurs de Google en utilisant votre compte Google. Selon la marque de votre appareil, d'autres services de Cloud vous sont proposés, mais vous pouvez aussi utiliser des applications tierces.

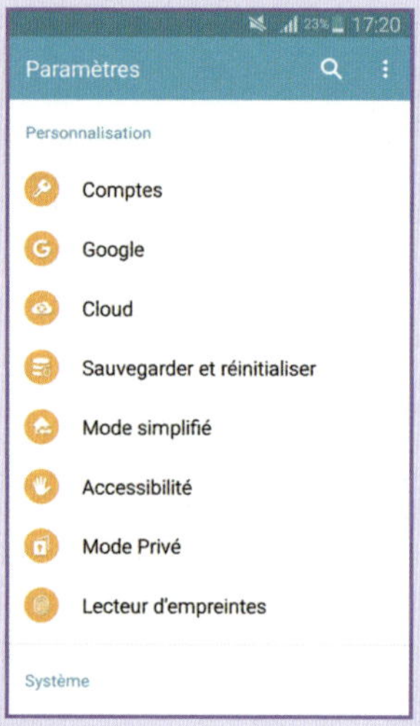

1 Touchez l'icône *Paramètres*, représentée par une roue crantée. Elle se trouve généralement sur l'écran d'accueil, mais également dans la liste des applications installées sur votre appareil. Dans la liste des paramètres, vous allez trouver un élément appelé *Sauvegarde* ou *Sauvegarder et réinitialiser*. Touchez cet élément. Vous avez besoin d'un compte Google. Si vous n'en possédez pas, vous devrez le créer.

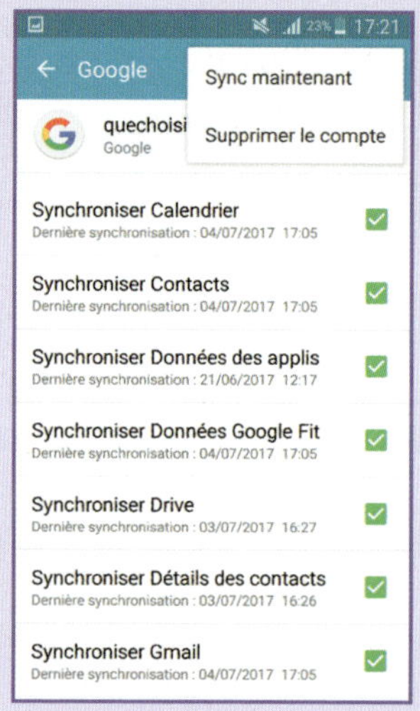

2 Saisissez les identifiants de votre compte Google. Si vous n'en possédez pas, touchez *Nouveau* pour en créer un. Une fois que le compte est reconnu, vous avez la possibilité d'indiquer si vous souhaitez activer ou désactiver la sauvegarde des données dans votre compte. Si vous voulez activer la synchronisation dès maintenant, rendez-vous dans *Paramètres*, *Compte Google*, puis sur l'intitulé de votre compte. Vous pouvez alors choisir différents services Google à synchroniser. Touchez les trois points verticaux pour sélectionner *Sync maintenant*.

3 Pour sauvegarder vos applications et vos photos, téléchargez l'application Google Drive et l'application Google Photos. Dans Google Drive, appuyez en haut à gauche sur les trois traits verticaux, rendez-vous dans *Paramètres* puis dans *Gérer la sauvegarde*. Dans la catégorie *Google Photos*, cochez l'option *Ajouter automatiquement* pour sauvegarder vos images et vidéos. Vous pouvez aussi vous rendre directement sur l'application Google Photos : appuyez sur les trois traits horizontaux puis sur *Paramètres* et choisissez l'option *Sauvegarder et synchroniser*.

TOUT SAUVEGARDER SOUS ANDROID ?

La sauvegarde de base proposée par Google est très succincte : pour les photos et vidéos, par exemple, vous devez en plus télécharger l'application Google Photos, et de nombreuses données (SMS, musique, documents, etc.) ne sont pas prises en compte par Google. Il existe des applications pour créer d'autres sources de sauvegardes : SMS Backup+ pour les SMS, Sandisk Memory Zone pour sauvegarder toutes les données de votre carte SD sur le cloud de votre choix ou encore G Cloud Back-up pour une sauvegarde complète de votre appareil sur un cloud gratuit limité à 1 Go (achat d'espace de stockage possible). Pour arriver à sauvegarder l'intégralité de votre smartphone, vous devez donc gérer vos données au travers des multiples applications.

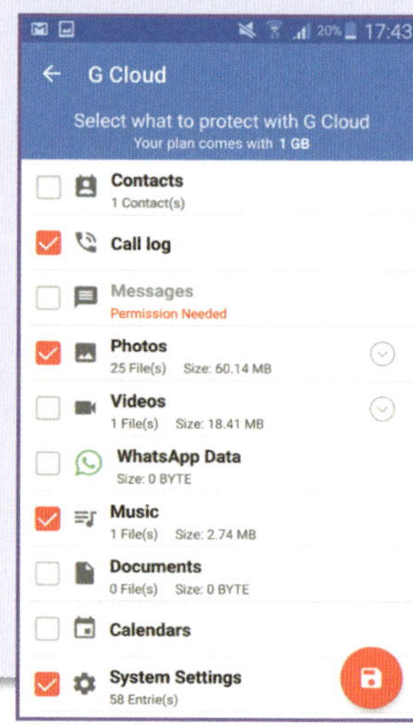

MAINTENIR À JOUR LES SYSTÈMES

Les systèmes d'exploitation contrôlent régulièrement les serveurs des constructeurs pour vérifier que des mises à jour existent. Celles-ci peuvent se faire automatiquement ou après contrôle par l'utilisateur. Il est souvent possible de désactiver ces recherches automatiques ; il vous faudra alors vérifier la disponibilité des mises à jour.

Grâce à la connexion permanente à Internet, Windows et quelques applications vérifient automatiquement la présence d'une nouvelle version de l'application ou de parties de l'application. Les mises à jour permettent de corriger des erreurs, d'apporter de nouvelles fonctionnalités ou de réparer les éventuelles failles de sécurité qui peuvent avoir été détectées. Toutefois, il existe encore un grand nombre d'applications pour lesquelles la présence de mises à jour n'est pas vérifiée automatiquement. C'est alors à vous, utilisateur, de faire la vérification. Parfois, une option dans un menu de l'application vous permet de lancer la vérification. Si cette option n'existe pas, vous devez consulter le site de l'éditeur de l'application. La recherche automatique de mise à jour est particulièrement inefficace avec les pilotes de périphériques. Il s'agit d'applications que vous ne voyez jamais mais qui permettent à Windows de communiquer avec le matériel (la souris, le clavier, l'imprimante). La mise à jour des pilotes peut résoudre des problèmes de fonctionnement du matériel concerné ou inclure de nouvelles fonctions. Vous devez vous rendre sur le site du constructeur et télécharger une application qui effectuera l'installation des nouveaux pilotes. Il existe des programmes destinés à simplifier la maintenance : par exemple, les sites Tous les drivers (www.touslesdrivers.com) et DriversCloud (www.driverscloud.com/fr) vous proposent de télécharger une application qui liste et analyse les éléments se trouvant dans votre machine. Ils vous indiquent aussi les pilotes qui exigent une mise à jour. Des liens vous sont alors proposés pour effectuer ces mises à jour. On peut aussi citer l'application Secunia Personal Software Inspector et l'application OUTDATEfighter, qui font la liste des programmes installés sur votre ordinateur et la comparent régulièrement à la liste des applications ayant des failles de sécurité établie par la communauté informatique mondiale. Les deux applications vous signalent alors les programmes à mettre à jour et vous communiquent les liens pour réaliser ces opérations (voir page suivante). Vous pouvez également faire appel à FileHippo App Manager (voir page suivante) ou à SUMo (voir p. 133).

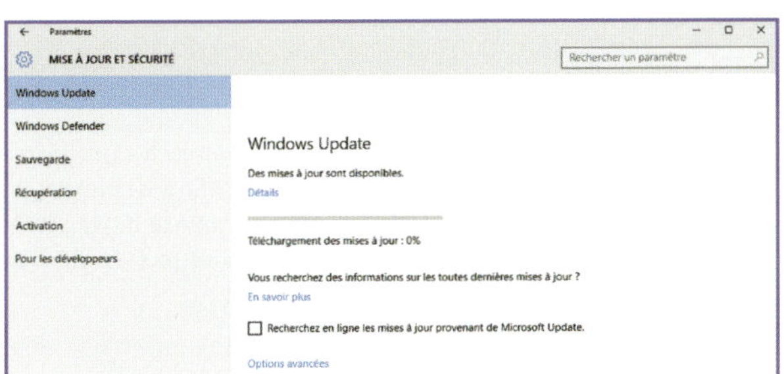

Le petit +

Certains fabricants de matériels fournissent les mises à jour de pilotes à Microsoft afin qu'ils soient pris en compte par Windows Update (voir p. 56) et qu'ils s'installent sans que vous n'ayez à vous en soucier.

À savoir

Il est utile d'installer au moins deux navigateurs web sur son PC. Lorsque l'un des deux n'est plus sécurisé et que la mise à jour n'est pas encore disponible, vous pouvez ainsi basculer sur l'autre navigateur (voir p. 107).

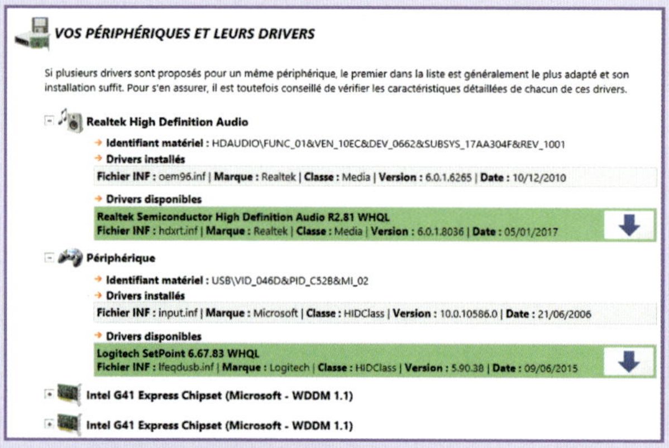

TOUSLESDRIVERS.COM

Affichez la page www.touslesdrivers.com dans votre navigateur web afin de vérifier que tous les pilotes de périphériques de votre ordinateur sont à jour. Sur la page qui s'affiche, cliquez sur le lien *Mes drivers* dans le menu en haut de la page, puis sur le bouton *Lancer la détection*. Un module complémentaire est alors téléchargé ; procédez à son installation et démarrez le programme afin de lancer la détection des pilotes installés sur votre ordinateur. La liste des pilotes s'affiche dans votre navigateur. Ceux qui peuvent être mis à jour sont clairement identifiés par un fond vert et un bouton conduit vers les pages de téléchargement. Notez que vous pouvez décocher la case *Afficher aussi les drivers bêta* afin de télécharger uniquement les versions fiables des pilotes de périphériques.

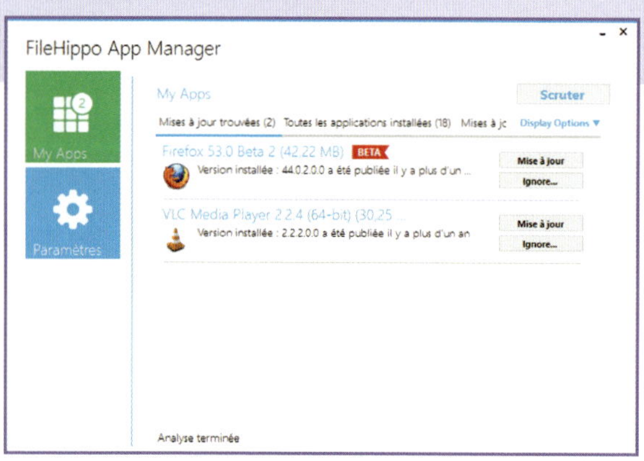

SECUNIA PSI

Secunia Personnal Software Inspector est une application gratuite qui analyse les programmes installés sur votre ordinateur pour pallier les failles de sécurité qu'ils peuvent avoir s'ils ne sont pas mis à jour. Téléchargez le programme sur le site constructeur (www.flexerasoftware.com) puis lancez-le afin d'analyser votre ordinateur. La première analyse s'effectue automatiquement et vous indiquera quels sont les logiciels qui doivent être mis à jour. Par défaut, Secunia télécharge et installe automatiquement les mises à jour. Si vous voulez passer en mode manuel, cliquez sur *Paramètres*, puis sur *Gestion des mises à jour*. Vous pourrez désactiver la mise à jour automatique et opter soit pour un téléchargement automatique accompagné d'une installation manuelle, soit pour un simple message d'information de Secunia sur la présence d'une mise à jour. À vous de décider ensuite si vous souhaitez télécharger et installer cette dernière.

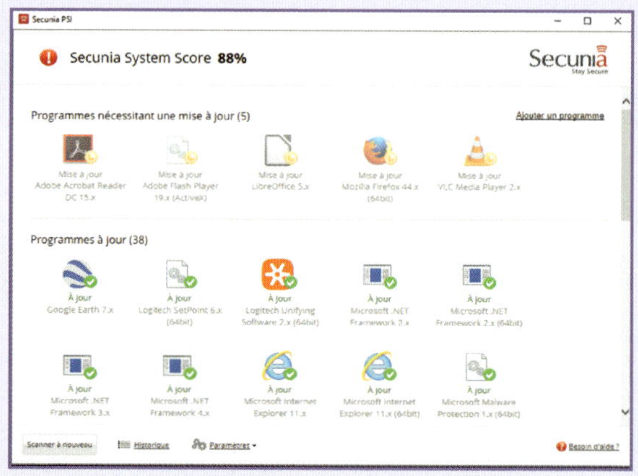

FILEHIPPO APP MANAGER

Voici un autre logiciel permettant de gérer la mise à jour des applications. Pour l'obtenir, allez sur la page www.filehippo.com/fr/download_app_manager. Lors du premier démarrage, vous indiquerez comment vous souhaitez que FileHippo App Manager contrôle l'obsolescence des applications. Par défaut, le contrôle a lieu tous les matins. Si vous préférez, vous pouvez lancer manuellement cette opération. Une fois l'analyse terminée, les applications qui ont besoin d'être mises à jour s'affichent, chacune accompagnée du lien vous permettant d'effectuer cette mise à jour.

Maintenir iOS à jour

iOS est à votre iPhone/iPad ce que Windows est à votre PC : le système qui permet d'utiliser l'appareil. Tous les ans, généralement en automne, iOS change de numéro de version. Mais entre deux changements majeurs, de petites mises à jour sont effectuées pour apporter quelques améliorations ou corriger des erreurs et de possibles failles.

1 Le plus simple pour effectuer une mise à jour est de faire directement l'opération à partir de l'iPhone/iPad. Deux cas de figure existent : soit le système a détecté qu'une mise à jour est disponible et une pastille apparaît sur l'icône *Réglages* pour notifier l'évènement ; soit le système n'a pas encore détecté de mise à jour et vous devez lancer la vérification manuellement. Dans les deux cas de figure, touchez l'icône *Réglages* pour afficher la liste des réglages.

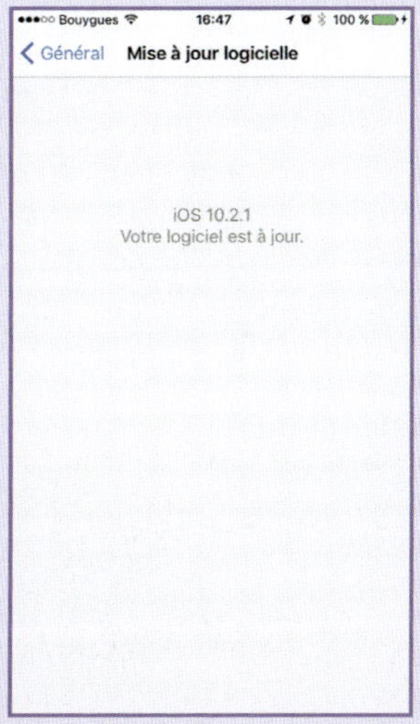

2 Touchez l'élément *Général* dans la liste des réglages. Touchez ensuite *Mise à jour logicielle*. L'appareil peut rechercher pendant quelques secondes si une nouvelle version est disponible. S'il n'y a pas de mise à jour, la mention *Votre logiciel est à jour* s'affiche.

3 Si une mise à jour existe, la version s'affiche et vous obtenez les liens *Télécharger* et *Installer*. Avant de lancer le téléchargement et l'installation de la mise à jour, branchez votre appareil pour qu'il soit en charge et assurez-vous que vous êtes connecté à un réseau Wi-Fi. Touchez le lien pour démarrer le téléchargement et la mise à jour. Si nécessaire, saisissez le code de protection de votre appareil.

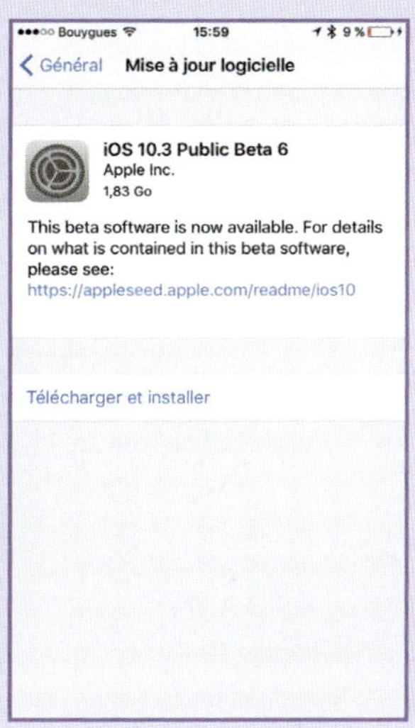

4 L'appareil télécharge la mise à jour, l'installe, puis redémarre. Selon les cas, quelques écrans de configuration peuvent alors s'afficher.

Le petit +

En connectant votre iPhone/iPad à votre ordinateur avec un câble et en démarrant iTunes, vous pouvez également effectuer les mises à jour. La mise à jour est téléchargée sur le PC et envoyée directement à votre appareil à la place de l'ancienne version. Cette méthode est intéressante si vous manquez de place pour télécharger la mise à jour directement sur votre appareil (l'ancien et le nouveau système devant cohabiter le temps d'installer la mise à jour et de supprimer l'ancienne version lorsque vous faites la mise à jour directement sur votre appareil).

Maintenir Android à jour

Pour profiter pleinement de votre appareil sous Android, mettez régulièrement à jour le système. Vous aurez ainsi accès à de nouvelles fonctionnalités et vous protégerez votre appareil contre d'éventuelles nouvelles failles.

DES MISES À JOUR AU GOÛT DE SUCRERIES

Les mises à jour majeures d'Android portent le nom de sucreries : Lollipop, Marshmallow, Nougat, Oreo... Entre chacune des versions majeures, on trouve des versions mineures qui apportent des améliorations ou corrigent certains problèmes. Mais ce n'est pas parce qu'une nouvelle version est annoncée que votre appareil va pouvoir être mis à jour. Chaque fabricant doit adapter le système à ses appareils et cela peut demander du temps. De plus, il arrive que d'anciens modèles de smartphones ou de tablettes ne puissent pas bénéficier de la mise à jour.

PROCÉDER À LA MISE À JOUR

Même si l'aspect des écrans est différent d'un modèle de smartphone ou de tablette à l'autre, le processus pour effectuer la mise à jour est pratiquement toujours identique. Accédez aux paramètres de votre appareil en touchant l'icône *Paramètres* (la roue crantée) que vous trouvez sur l'écran d'accueil ou dans la liste des applications. Une fois dans l'écran *Paramètres*, touchez l'élément *À propos de l'appareil* ou tout libellé similaire. Dans l'écran suivant, vous devez trouver l'option *Mise à jour logicielle*. Appuyez dessus et suivez les instructions. Pensez à réaliser cette opération avec une batterie totalement chargée (ou l'appareil en charge) et en étant connecté au réseau Wi-Fi (l'option *Wi-Fi uniquement* est disponible sur ce même écran).

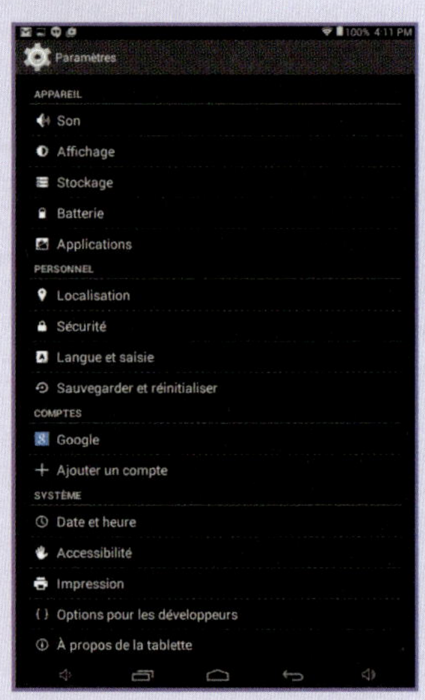

LES MISES À JOUR INTERMÉDIAIRES

Ne vous contentez pas de faire les mises à jour principales, effectuez également les mises à jour intermédiaires. Les corrections apportées peuvent améliorer les performances de votre appareil en ajoutant de nouvelles fonctionnalités ou en corrigeant des erreurs. Plus important encore, ces versions intermédiaires peuvent régler le problème de failles de sécurité qui auraient pu être découvertes. C'est donc la sécurité de votre appareil que vous renforcez en mettant régulièrement à jour le système.

Dans l'écran *Mises à jour logicielles* (voir le paragraphe PROCÉDER À LA MISE À JOUR), vous pouvez cocher l'option *Mise à jour auto* afin d'autoriser votre appareil à rechercher ces mises à jour automatiquement.

LA MISE À JOUR DES APPLICATIONS SOUS IOS ET ANDROID

METTRE À JOUR LES APPLICATIONS IOS/ANDROID

Il ne suffit pas de mettre à jour le système pour protéger efficacement son smartphone ou sa tablette. Les applications que vous utilisez peuvent également présenter des failles de sécurité. Les mises à jour d'applications permettent également de profiter d'améliorations, par exemple une meilleure ergonomie ou de nouvelles fonctionnalités. Que ce soit avec Android ou avec iOS, vous avez la possibilité de laisser le système s'occuper de télécharger les mises à jour et de les installer automatiquement. Le mieux est d'effectuer ces mises à jour lorsque vous êtes connecté au réseau Wi-Fi afin d'épargner votre forfait de données. Si vous préférez, vous pouvez opter pour une mise à jour manuelle, c'est-à-dire que vous devez confirmer l'installation de chaque mise à jour. Sachez qu'il peut arriver qu'une application ne fonctionne plus correctement, voire plus du tout suite à une mise à jour du système. Dans ce cas, vous devez effectuer une mise à jour de l'application en question pour régler le problème.

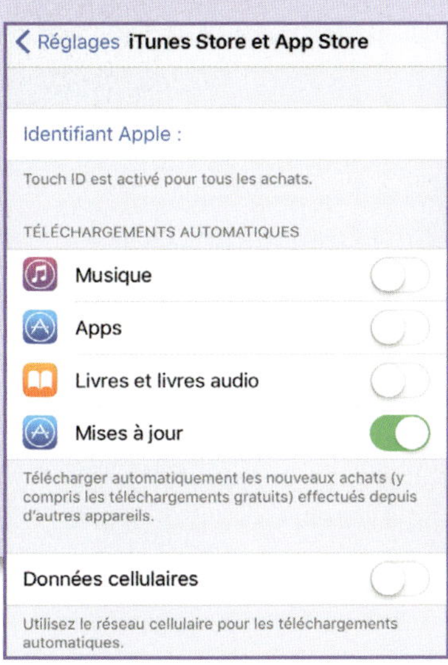

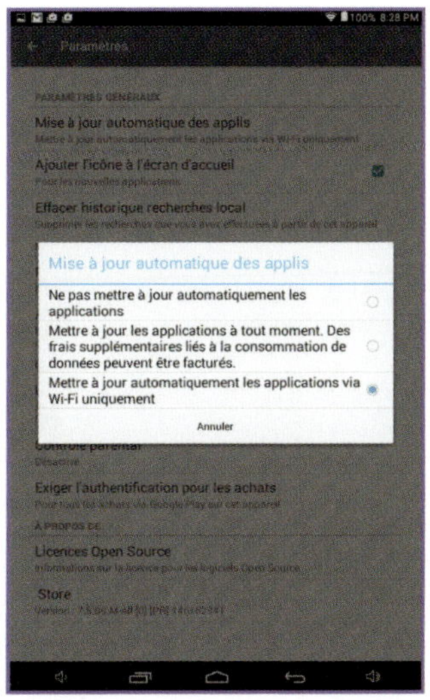

CONFIGURER LA MISE À JOUR ANDROID

Pour configurer les mises à jour automatiques de toutes les applications sur votre appareil, ouvrez l'application Play Store puis ouvrez le menu et choisissez *Paramètres*. Appuyez ensuite sur *Mise à jour automatique des applis*. Vous avez la possibilité d'effectuer les mises à jour à tout moment via le Wi-Fi ou les données mobiles, via Wi-Fi uniquement ou de désactiver la mise à jour automatique. Pour mettre à jour les applications manuellement, ouvrez l'application Play Store puis dans le menu, touchez *Mes applications et mes jeux*. Les applications pour lesquelles une mise à jour est disponible sont signalées par la mention *Mettre à jour*. Appuyez sur *Tout mettre à jour* pour mettre à jour toutes les applications détectées. Pour des applications spécifiques, localisez celle que vous souhaitez mettre à jour, puis appuyez sur *Mettre à jour*.

CONFIGURER LA MISE À JOUR IOS

Pour activer les mises à jour automatiques sous iOS, ouvrez les réglages d'iOS (en touchant l'icône *Réglages*). Faites défiler jusqu'à *iTunes Store et App Store*. Affichez la section *Téléchargement automatique*. Activez l'option *Mise à jour* pour effectuer les mises à jour automatiquement. Pour que les mises à jour s'effectuent uniquement avec le Wi-Fi, vérifiez que l'option *Données cellulaires* soit désactivée. Pour effectuer une mise à jour manuelle, démarrez l'App Store puis touchez l'icône *Mise à jour*. La liste des applications qui peuvent être mises à jour s'affiche. Pour mettre à jour une seule application, touchez *Mettre à jour* en regard de cette application. Pour mettre à jour toutes les applications, touchez *Tout mettre à jour*.

URGENCE DE DÉPANNAGE

Si votre ordinateur, votre smartphone ou votre tablette connaissent une panne sérieuse ou s'ils présentent un fonctionnement erratique, les pages suivantes vous aideront au dépannage.

Sur un PC, les pannes peuvent se produire à tout instant, y compris sur le meilleur matériel existant. En outre, elles peuvent ne pas être directement liées à l'ordinateur mais provenir des applications, de la box, d'une imprimante ou de tout autre périphérique connecté. En effectuant quelques tests et avec de bons outils, vous pouvez effectuer un diagnostic et envisager de réparer vous-même la panne. Le premier réflexe à avoir est d'aller chercher de l'aide sur Internet ; et si vous ne trouvez pas les renseignements souhaités, d'utiliser les services d'assistance téléphonique. Nous passerons en revue les pannes les plus courantes avec la description de leurs principaux symptômes. Vous apprendrez également à tester votre matériel à l'aide des outils fournis par Windows. En ce qui concerne vos appareils mobiles (smartphone et tablette), même s'il est difficile d'intervenir en ouvrant l'appareil, vous verrez qu'il existe néanmoins quelques solutions.

NOTIONS DE BASE DE DÉPANNAGE SUR PC

RECHERCHER DE L'AIDE SUR INTERNET

Les forums sont d'excellents lieux pour chercher de l'aide. Ils proposent différents thèmes permettant de trouver facilement des informations pertinentes. Un sujet est créé lorsqu'une personne pose une question ou demande de l'aide dans une catégorie précise. Généralement, vous accédez en lecture aux différents sujets d'un forum sans inscription. En revanche, l'inscription est indispensable pour poser une question ou pour intervenir sur un sujet. Souvent, après l'inscription, il est demandé de se présenter à la communauté. Lorsque vous écrivez sur un forum, il convient d'être précis sur les manipulations qui ont précédé le problème rencontré. Il faut aussi détailler la version du logiciel/matériel sur lequel vous voulez de l'aide, sa configuration (version de Windows, logiciels installés) et tout ce qui peut avoir un rapport avec le problème rencontré. Et n'oubliez pas les formules de politesse : bonjour et merci.

LES SITES DE VEILLE DE SÉCURITÉ

La sécurité d'un PC doit être assurée par une personne qui se tient au courant des nouvelles menaces et des failles de sécurité existantes. Il est donc fortement conseillé de lire régulièrement les sites spécialisés dans le domaine. On trouve une information assez pertinente sur des sites comme www.securer.com et www.zataz.com. Vous pouvez aussi consulter le site de l'ANSSI (Agence nationale de la sécurité des systèmes d'information, www.ssi.gouv.fr) ou le site de Microsoft à l'adresse www.microsoft.com/fr-fr/security. Pour éviter de vous laisser piéger par les fausses menaces (canulars ou *hoax* en anglais) qui se multiplient, allez faire un tour sur www.hoaxbuster.com (qui traite de tous les types de canulars qui circulent sur le Web, et non pas uniquement ceux liés à de pseudo-failles de sécurité).

LES FORUMS À CONNAÎTRE

Vous trouverez des réponses pertinentes sur les problèmes que vous pouvez rencontrer avec Windows ou toute autre application de Microsoft sur le site Microsoft Answers (answers.microsoft.com). Si vous rencontrez des problèmes avec une application non développée par Microsoft, vous pouvez vous rendre sur le site de l'éditeur pour voir s'il propose un forum ou consulter le site Comment ça marche (www.commentcamarche.net). Si vos questions concernent le matériel, les forums des sites Hardware (www.hardware.fr) ou Tomshardware (www.presence-pc.com) sont des références. Surtout, n'hésitez pas effectuer des recherches sur Internet à l'aide d'un moteur de recherche et en formulant votre requête de manière précise. Vous obtiendrez rapidement des liens en rapport avec le problème que vous rencontrez. Et avant de poser une question sur un forum, assurez-vous qu'elle n'a pas déjà été posée. Il est assez mal vu de faire des demandes alors que la réponse existe déjà.

Le petit +

Si vous souhaitez être tenu informé au sujet de la sécurité informatique et des nouvelles menaces, inscrivez-vous aux lettres d'information proposées par de nombreux sites de veille.

Attention !

Si votre connexion à Internet ne fonctionne plus du tout, vous ne pourrez pas envoyer de mail, ni faire de tchat à partir de votre ordinateur et vous risquez également de ne pas pouvoir téléphoner avec votre ligne fixe. Vérifiez le tarif d'appel au support technique à partir d'un téléphone mobile.

CONTACTER LE SUPPORT TECHNIQUE

Si vous rencontrez des problèmes avec votre connexion Internet, vous allez devoir contacter le support technique de votre fournisseur d'accès (FAI). Pour cela, plusieurs méthodes peuvent être proposées : le mail, le tchat, la visiophonie et le téléphone. Le temps d'attente lors d'un appel au support via le réseau téléphonique de votre FAI doit être gratuit. Si votre problème ne nécessite pas de réponse rapide, vous pouvez utiliser le mail. Le système de tchat est pratique puisque totalement gratuit. Comme le téléphone, il permet un contact immédiat (mais il y a souvent un temps d'attente). Sachez que le même type de services est assuré pour le matériel et les logiciels par les constructeurs de matériel et les éditeurs de logiciels.

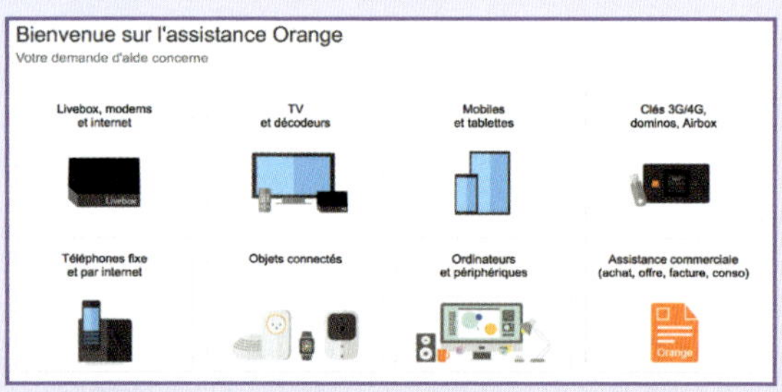

LES GARANTIES D'UNE BOX

Les problèmes liés à la connexion Internet sont fréquents. Le FAI est responsable de ces défauts de connexion et est soumis à une obligation de résultat ; il est aussi responsable des retards de mise en service de votre connexion et de livraison des équipements (la box, notamment). Si vous avez des problèmes de connexion intermittents, pensez à noter la manière dont ils se produisent puis demandez à votre FAI d'y remédier. Il doit aussi vous dédommager des préjudices en résultant (par exemple, si vous avez subi une coupure de plusieurs jours, en vous remboursant au prorata de la durée). Par ailleurs, si votre abonnement comporte une durée minimale d'engagement, les défaillances de votre FAI vous autorisent à en demander la résiliation anticipée sans frais.

PRÉPARER L'ENTRETIEN TÉLÉPHONIQUE

Oui, demander de l'assistance pour une panne requiert un peu de préparation ! Recherchez les documents et les informations nécessaires. Pour une assistance avec votre box Internet, vous devrez fournir le numéro de la ligne fixe (dite aussi « ligne support »). Repérez aussi la marque et le modèle de votre box. Pour un support sur du matériel (ordinateur, imprimante, smartphone, tablette), vous aurez besoin du numéro de série de l'appareil et de la date d'achat (recherchez votre facture). Pour les hotlines de logiciels, recherchez et notez bien la version de Windows que vous utilisez. Avant d'appeler, si vous pensez que vous aurez du mal à effectuer les manipulations, faites vous aider par un proche. Si votre contrat le prévoit, demandez l'intervention d'un technicien à domicile.

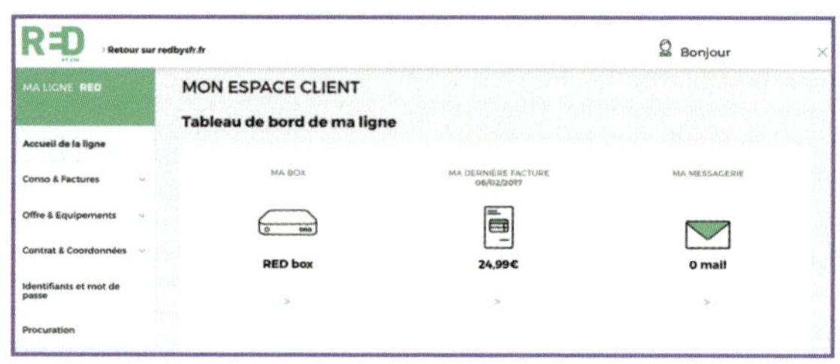

Trucs & astuces

Si vous ne parvenez pas à vous connecter à Internet, commencez par redémarrer votre box. Pour cela, débranchez la prise secteur, attendez une dizaine de secondes, puis rebranchez votre box.

NOTIONS AVANÇÉES DE DÉPANNAGE SUR PC

Dans cette partie, nous vous proposons d'aller plus loin dans le diagnostic et la résolution de problèmes importants avec le matériel PC.

FAIRE UN DIAGNOSTIC DE L'ÉTAT DU DISQUE DUR

Le disque dur est un élément essentiel de l'ordinateur. Il renferme non seulement le système d'exploitation de votre ordinateur, mais également toutes vos applications et tous vos documents. Si le PC refuse de démarrer, c'est l'un des premiers éléments que l'on peut soupçonner d'être en panne. Commencez par écouter le disque dur : des claquements secs, un moteur qui n'arrête pas d'essayer de se lancer ou au contraire une absence de bruit (on doit entendre la rotation du disque) laissent présager le pire. Si vous n'arrivez pas à démarrer l'ordinateur et qu'un message vous dit qu'il n'y a pas de disque système, l'électronique du disque a un problème.
Si vous arrivez à démarrer l'ordinateur malgré les bruits étranges de votre disque, commencez par faire une sauvegarde si vous n'en avez pas. Ensuite, vous pouvez télécharger l'application Speedfan.

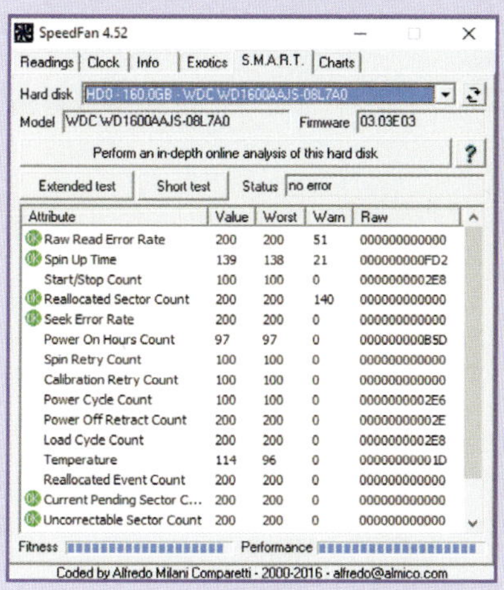

Installez et démarrez l'application. Cliquez sur l'onglet *S.M.A.R.T.* puis sélectionnez votre disque dur dans la liste déroulante. Des jauges au bas de la fenêtre renseignent sur la santé du disque. En cliquant sur *Perform an in-dept online analysis of this hard disk*, vous afficherez une page web donnant des détails sur l'état de votre disque.

Le petit +

Si votre ordinateur ne démarre plus du tout, il se peut que cela provienne (simplement) de l'alimentation. Le ventilateur du bloc d'alimentation qui ne tourne plus est un signe ; les voyants lumineux de l'ordinateur qui restent éteints en sont un autre.

TESTER L'ÉCRAN ET LA CARTE GRAPHIQUE

Si vous n'avez plus d'image sur votre moniteur, vous allez devoir le tester et peut-être vérifier la carte graphique. Avant tout, assurez-vous que les câbles sont correctement connectés : vous pouvez débrancher le câble entre l'écran et le PC pour voir si un message apparaît sur l'écran indiquant une perte de signal (dans le cas contraire, le problème vient sans doute de l'écran). Si c'est le cas, le problème vient d'ailleurs. Essayez alors de redémarrer l'ordinateur en mode sans échec (voir p. 394), ce qui modifiera la résolution de l'écran dans Windows. Cette simple opération peut parfois suffire à restaurer le lien entre le PC et l'écran. Si rien n'y fait, testez la carte graphique : vous devrez la démonter et l'installer sur un autre PC (uniquement pour les PC de bureau).

TESTER LA CARTE MÈRE ET SES COMPOSANTS

Si l'ordinateur refuse de démarrer, il faut tester la carte mère ainsi que les différents composants implantés (processeurs, barrettes de mémoire, etc.), ce qui est possible avec un PC de bureau. Quand un problème provient de la carte mère ou de l'un de ses composants, des LED ou des bips peuvent renseigner sur le type de panne. Si vous avez le manuel de la carte mère de votre ordinateur, vous pouvez trouver la signification de ces messages sonores ou visuels. Tous les éléments du PC peuvent être changés, que ce soit par vous ou par un réparateur spécialisé.

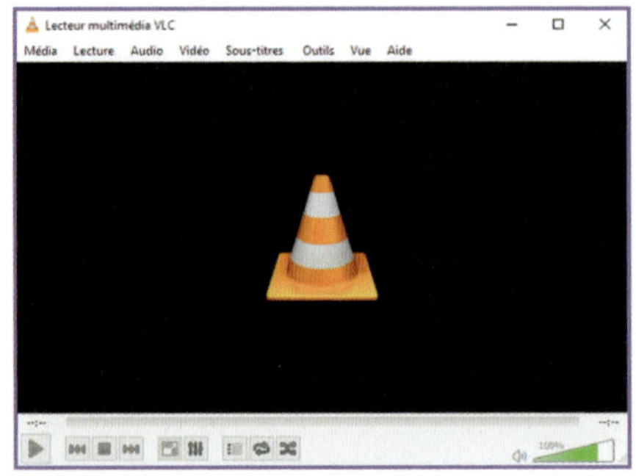

AVOIR LES BONS CODECS

Vous regardez une vidéo et vous avez le son et pas d'image ou inversement ? Il s'agit sans doute d'un problème de codec, c'est-à-dire d'un petit programme complémentaire aux lecteurs vidéo qui permet de prendre en charge un type de format vidéo ou audio particulier. Pour éviter de ne pas avoir le bon codec et d'être obligé d'aller le télécharger et l'installer, le plus simple reste d'utiliser l'application VLC (voir p. 316). Cette application contient les codecs les plus utilisés et vous devriez être en mesure de lire vos vidéos. Vous pouvez la télécharger sur le site officiel à l'adresse www.videolan.org/vlc.

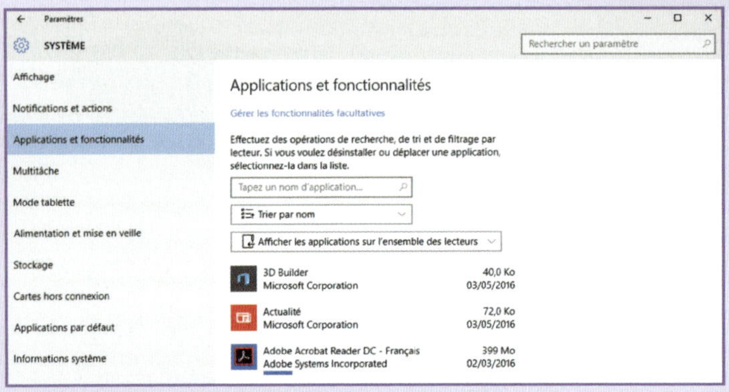

LES FICHIERS MANQUANTS

Lors du lancement d'une application, vous pouvez vous trouver devant une fenêtre qui vous indique qu'un fichier nécessaire au fonctionnement de l'application a disparu. Allez dans *Paramètres*, *Applications*, puis *Applications et fonctionnalités*. Sélectionnez le programme pour voir s'il existe une option permettant sa réinstallation. Si ce n'est pas le cas, désinstallez le programme et refaites l'installation (il est parfois possible d'effectuer l'installation directement et l'installateur détecte qu'il faut réparer le programme). Si le message concerne Windows lui-même, vous pouvez essayer d'utiliser les points de restauration pour restaurer l'ordinateur tel qu'il était précédemment. Pour cela, saisissez *Restauration* dans la zone de recherche de *Cortana*, puis cliquez sur *Créer un point de restauration*. Dans la fenêtre qui s'affiche, cliquez sur *Restauration du système*. Choisissez le point de restauration recommandé ou sélectionnez un autre point de restauration, cliquez sur *Suivant* et suivez les instructions. Si cette méthode ne fonctionne pas et que le fichier manquant est un dll, vous pouvez le trouver en téléchargement sur des sites comme fr.dll-files.com ou www.telecharger-dll.fr pour le replacer là où il doit être dans le dossier du programme (pour utilisateurs avertis).

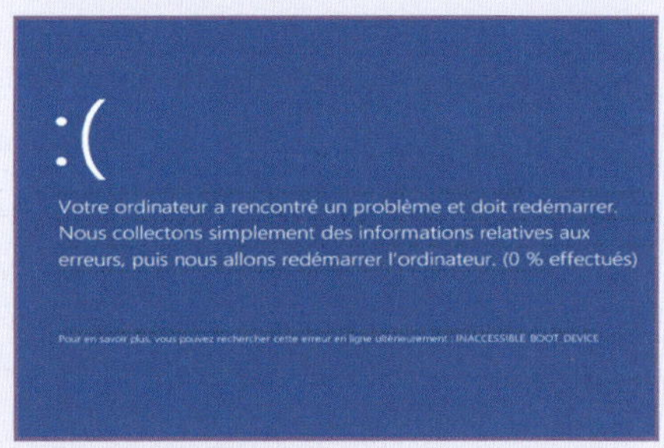

LES ÉCRANS BLEUS

Un écran bleu s'affiche lorsqu'une erreur s'est produite et que Windows ne sait pas la gérer. La seule solution est alors de redémarrer l'ordinateur. Patientez pendant que Windows tente de redémarrer tout seul la machine ; si rien ne se passe, éteignez l'ordinateur (pour forcer l'arrêt, maintenez le bouton *Marche/Arrêt* enfoncé jusqu'à l'arrêt). Si vous venez d'installer un périphérique, le problème vient sûrement d'une incompatibilité des pilotes. Débranchez ce périphérique avant de rallumer l'ordinateur et cherchez une mise à jour des pilotes. Si les écrans bleus apparaissent de manière aléatoire, c'est peut-être votre ordinateur qui rencontre des problèmes et, généralement, cela se situe du côté de la mémoire.

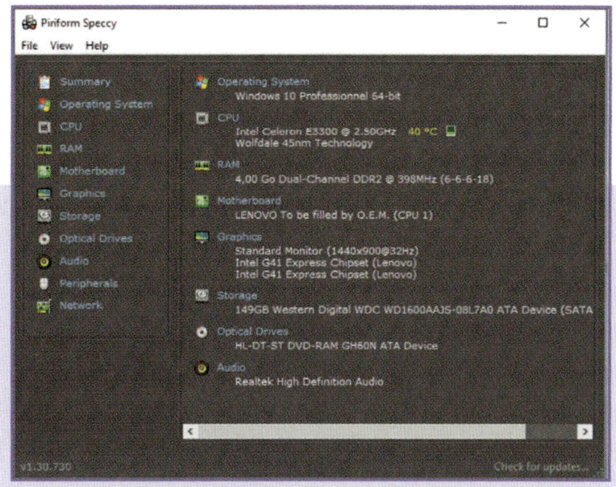

LES LOGICIELS DE DIAGNOSTIC

Windows intègre un outil permettant le diagnostic des pannes. Saisissez « historique de fiabilité » dans la zone de recherche de *Cortana*, puis cliquez sur l'application du même nom pour l'ouvrir. Vous obtenez une courbe indiquant les applications qui ont rencontré des problèmes. Vous pouvez afficher tous les rapports sur les problèmes en cliquant sur le lien *Afficher tous les rapports de problèmes*. Pour tenter de trouver une solution permettant de régler les problèmes, cliquez sur le lien *Rechercher des solutions à tous les problèmes.*

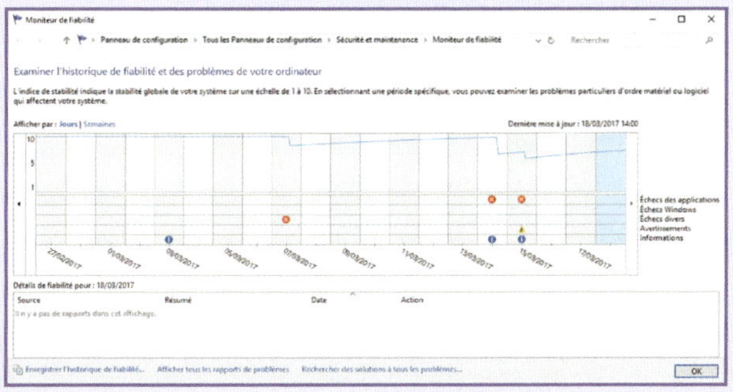

CONNAÎTRE LE MATÉRIEL COMPOSANT LE PC

Pour rechercher des pilotes ou avoir des informations précises dans les forums de discussion sur Internet, il est bon de connaître précisément la marque et le modèle des différents composants de l'ordinateur. Les logiciels Speccy (www.piriform.com/speccy) et Aida64 (www.aida64.com) sont les outils les plus performants en la matière. Ils génèrent une liste de tous les composants de votre machine ainsi que des paramètres du système et des applications. Speccy est disponible en version gratuite ; Aida64, logiciel payant, propose des versions pour iOS et Android.

RÉCUPÉRER DES FICHIERS EFFACÉS

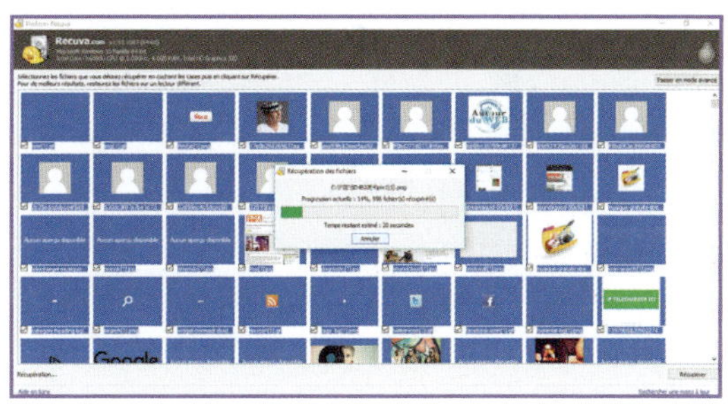

Une fois que vous avez vidé la corbeille, il n'est théoriquement plus possible de récupérer les fichiers qui s'y trouvaient. En pratique, certaines applications vous permettent cependant de récupérer un fichier effacé par mégarde du moment que l'espace disque qu'il occupait n'a pas déjà été pris par un autre fichier. De ce fait, il est conseillé d'éviter de créer de nouveaux documents ou d'installer des applications avant de tenter l'opération : le mieux est donc d'utiliser une application de récupération que vous pourrez faire fonctionner à partir d'une clé USB. C'est le cas avec les logiciels NTFS undelete (http://ntfsundelete.com) et Recuva (www.piriform.com/recuva). Soyez prévoyant : téléchargez et installez l'un de ces deux logiciels sur une clé USB avant même d'en avoir besoin et conservez-la précieusement !

Attention !

Si vous utilisez des logiciels de nettoyage comme CCleaner pour supprimer définitivement vos fichiers, il y a peu de chance qu'un logiciel de récupération puisse les retrouver !

La réparation automatique de Windows

Quand un simple redémarrage ne résout pas le problème, vous pouvez accéder aux options de démarrage avancées, qui vous aideront à établir un environnement propice à la réparation du système.

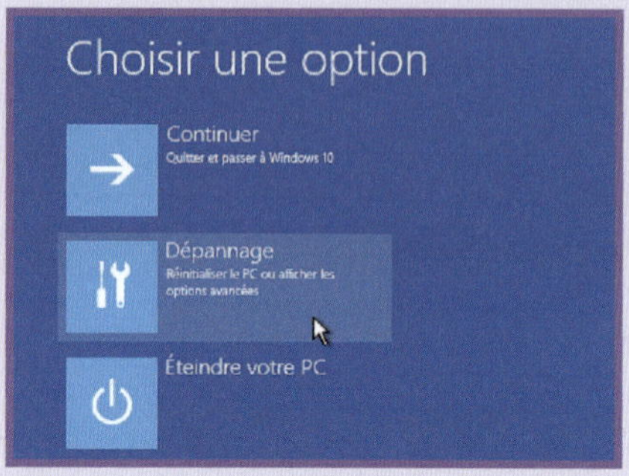

1 Si vous n'accédez pas automatiquement à cet écran au démarrage, allez dans *Paramètres*, *Mise à jour et sécurité* et *Récupération* pour obtenir ce mode. Dans la partie *Démarrage avancé*, cliquez sur *Redémarrer maintenant*. L'ordinateur redémarre et un écran bleu s'affiche et indique diverses options de démarrage avancé, dont *Dépannage*. Vous pouvez aussi choisir de *Continuer* pour démarrer Windows normalement ou cliquer sur *Éteindre le PC*.

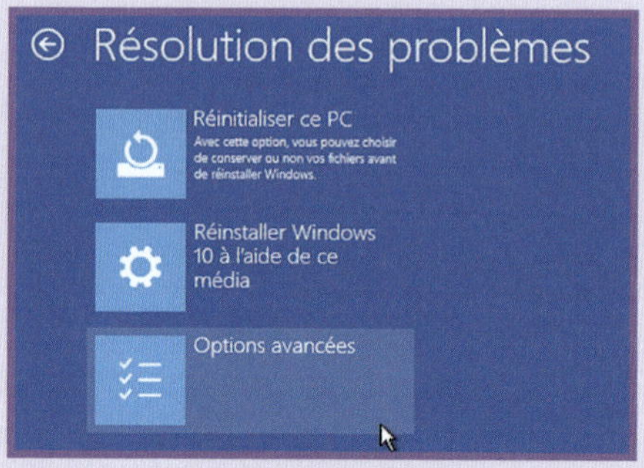

2 En cliquant sur *Dépannage*, vous obtenez ensuite un écran proposant plusieurs possibilités. Deux d'entre elles consistent à réinitialiser Windows, soit à partir du disque dur interne de l'ordinateur, soit grâce à un support externe. Dans le premier cas, cette nouvelle installation peut s'effectuer en conservant ou non vos données. D'autres options sont disponibles dans les *Options avancées*.

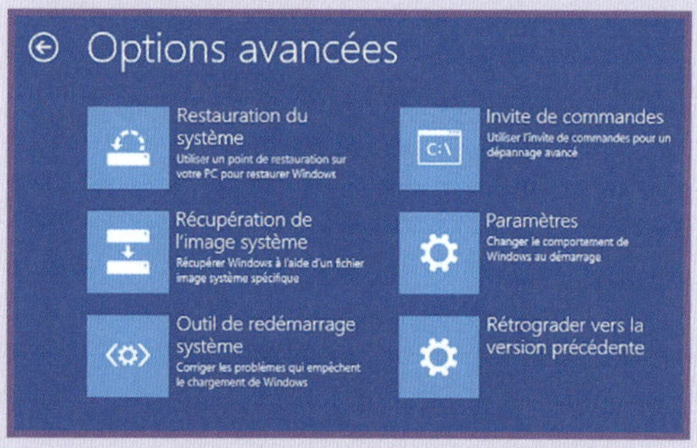

3 Lorsque vous accédez aux *Options avancées*, vous pouvez restaurer votre système en utilisant un point de restauration ; récupérer une image système ; utiliser l'outil de démarrage système qui permet de corriger les problèmes empêchant le démarrage de Windows ; démarrer en mode invite de commandes qui permet d'effectuer un dépannage avancé (pour utilisateurs avertis) ; accéder aux paramètres pour changer le comportement de Windows au démarrage ; rétrograder à la version précédente de Windows (si votre Windows 10 est issu d'une mise à jour d'une ancienne version de Windows).

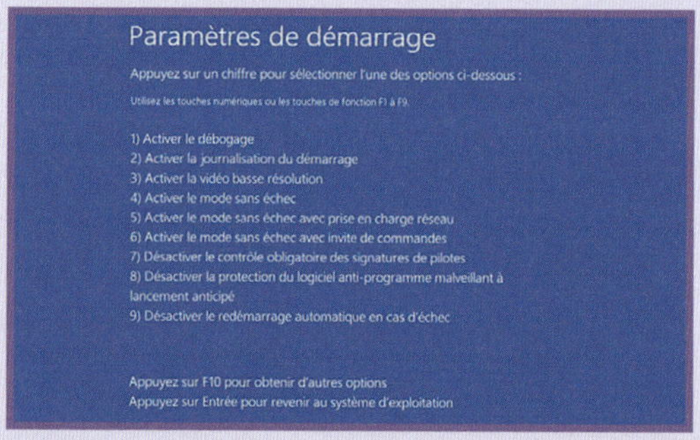

4 Si vous choisissez *Paramètres*, vous allez redémarrer afin de modifier les options de Windows. Un nouvel écran vous donne accès à plusieurs options de démarrage. Par exemple, activez le mode vidéo basse résolution pour régler un problème de configuration de la résolution de l'écran. Ou encore, choisissez le mode sans échec avec prise en charge réseau pour pouvoir régler un problème avec un pilote de périphérique.

À savoir

Dans les options avancées de *Dépannage*, vous pouvez aussi trouver l'option *Changer les paramètres du microprogramme UEFI*, qui vous donne accès au BiOS, lequel sert de lien entre le matériel de votre ordinateur et Windows. Il permet, entre autres, d'autoriser les clés USB bootable de Windows pour démarrer votre ordinateur si vous ne parvenez pas à démarrer à partir du disque dur. Vous pouvez ensuite réparer votre installation de Windows.

QUELQUES CONSEILS POUR DÉPANNER UN SMARTPHONE OU UNE TABLETTE

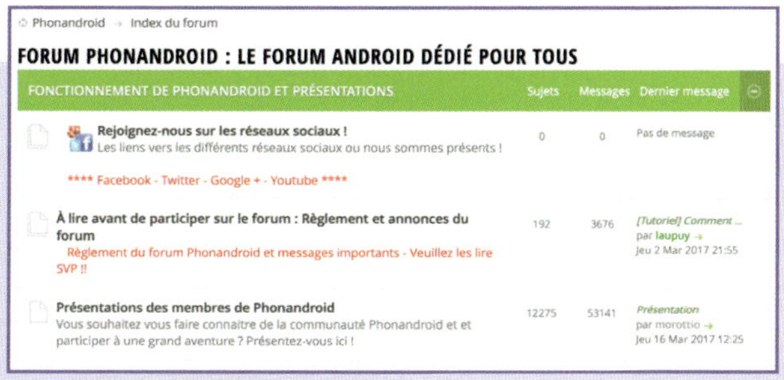

LE SITE FRANDROID

FrAndroid (www.frandroid.com) est un site d'information autour des appareils fonctionnant avec le système Android. Vous pouvez donc lire régulièrement les informations sur l'évolution du système ou des différents appareils, et retrouver l'actualité des smartphones et des tablettes, par exemple les nouvelles offres proposées par les opérateurs de téléphonie mobile. La partie forum du site vous permet d'accéder à différentes rubriques dans lesquelles vous pouvez trouver des réponses aux éventuels problèmes que vous rencontrez avec votre matériel ou avec votre système. Si vous ne trouvez pas de réponse, créez un nouveau sujet pour exposer votre problème. Il existe de nombreux autres sites consacrés au monde d'Android, comme PhonAndroid (www.phoneandroid.com) et AndroidPit (www.androidpit.fr).

LE SITE IPHONEADDICT

Il s'agit d'un site d'actualité autour de l'iPhone, l'iPod et l'iPad (iphoneaddict.fr). Vous y trouverez notamment des informations utiles sur les évolutions d'iOS ou des tests d'applications. La partie forum permet de consulter des sujets classés en fonction des matériels d'Apple ainsi que des systèmes d'exploitation, dont Windows. Si vous rencontrez des problèmes de communication entre votre PC et un appareil Apple, vous pourrez trouver des réponses sur le forum.Il existe d'autres sites traitant de l'univers iOS, comme igen (www.igen.fr) et iphon (www.iphon.fr).

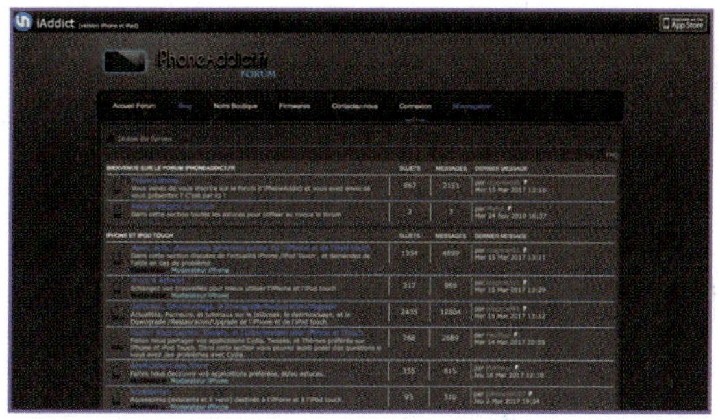

LES SITES DES FABRICANTS

Pour avoir des informations de première main, vous pouvez visiter les sites des éditeurs des systèmes d'exploitation des smartphones et tablettes. En ce qui concerne Android, vous trouverez le site officiel Google à l'adresse www.android.com/intl/fr_fr. Vous pouvez aussi consulter les sites web des fabricants de vos appareils. Le système Android est très souvent adapté par les constructeurs pour proposer des fonctionnalités qui leur sont propres. Vous ne trouverez donc pas toute l'aide nécessaire sur le site généraliste Android de Google. Pour iOS, vous trouverez sur le site de la société Apple, à l'adresse communities.apple.com/fr/welcome, un outil permettant de poser des questions ou d'effectuer des recherches sur une sorte de forum, où vous accéderez aux contributions d'autres utilisateurs de la marque. Une publication peut y être classée comme étant « Utile », « Résolue » ou « Recommandée par Apple ».

Trucs & astuces

Il est fréquent qu'un problème soit commun à toute une série d'appareils ou à une nouvelle version du système ou d'une application. Tapez dans votre moteur de recherche le problème rencontré et le modèle exact de smartphone ou de tablette que vous possédez : il y a de fortes chances que vous trouviez votre bonheur grâce aux personnes qui ont rencontré les mêmes problèmes que vous et ont obtenu des réponses sur des forums.

LES PREMIERS SECOURS POUR SMARTPHONE ET TABLETTE

Attention !

Comme cela a été dit dans les pages précédentes, le système Android n'est pas le même sur tous les appareils, chaque fabricant l'adaptant à ses besoins. Il se peut que les instructions ne fonctionnent pas exactement de la même manière sur votre modèle.

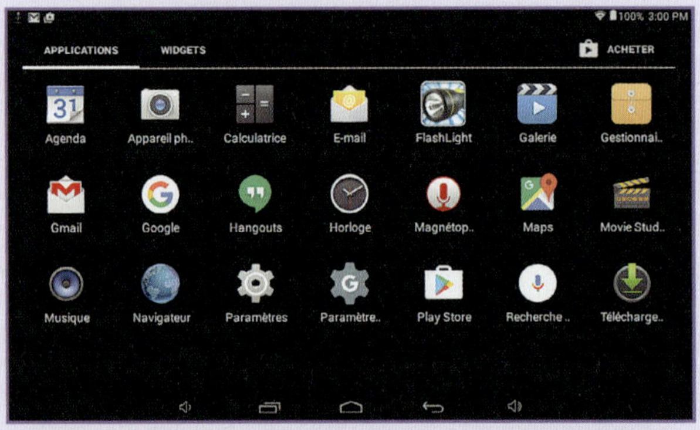

FORCER L'ARRÊT D'UN APPAREIL SOUS ANDROID

Vous pouvez forcer l'arrêt d'un appareil sous Android lorsqu'une application se bloque ou lorsque l'appareil lui-même ne répond plus (sur l'écran d'accueil par exemple) ; bref, dans tous les cas où votre appareil se retrouve bloqué. Il est en général suffisant de presser le bouton *Marche/Arrêt* pendant au moins 10 secondes pour voir l'appareil s'éteindre. Si la manipulation ne fonctionne pas, appuyez simultanément sur les touches *Marche/Arrêt* et volume bas pendant 10 secondes (voir aussi RETIRER LA BATTERIE, page suivante).

FORCER L'ARRÊT D'UN APPAREIL SOUS IOS

Un appareil sous iOS (iPhone ou iPad) peut lui aussi être bloqué : là encore, vous ne parvenez pas à sortir d'une application, vous êtes sur l'écran d'accueil et plus rien ne répond... Vous essayez la procédure normale pour arrêter l'appareil, vous appuyez sur le bouton *Marche/Arrêt* jusqu'à l'apparition du curseur *Éteindre*, mais celui-ci ne s'affiche pas. Pas de panique, forcez l'arrêt en appuyant simultanément sur le bouton *Marche/Arrêt* et le bouton central pendant 10 secondes. Une fois le smartphone éteint, redémarrez-le pour vérifier que le blocage a bien disparu.

MODE SANS ÉCHEC POUR LES APPAREILS SOUS ANDROID

Android dispose d'un mode sans échec afin de démarrer l'appareil proprement et sans charger les applications qui normalement sont automatiquement lancées. Cela permet de désinstaller facilement une application récalcitrante. Cependant, chaque constructeur propose sa propre méthode de redémarrage en mode sécurisé. Pour démarrer en mode sans échec, une première méthode consiste à appuyer sur le bouton *Marche/Arrêt* du smartphone jusqu'à faire apparaître la fenêtre permettant d'arrêter ou de redémarrer l'appareil, puis à toucher pendant quelques secondes l'option *Éteindre* avant de relâcher et de redémarrer votre appareil. Ce dernier devrait se rallumer en mode sans échec (indiqué par le terme « Mode sécurisé » affiché en bas à gauche). Une autre solution consiste à éteindre puis à rallumer l'appareil ; au moment où le logo fabricant apparaît à l'écran, appuyez sur le bouton permettant de baisser le volume (sur la tranche du smartphone) en maintenant le doigt dessus jusqu'à l'allumage complet de l'appareil (là encore, l'indication « Mode sécurisé » doit apparaître). Si ces méthodes ne fonctionnent pas avec votre appareil, faites une recherche sur Internet en saisissant « Mode sans échec » et le modèle de votre appareil.

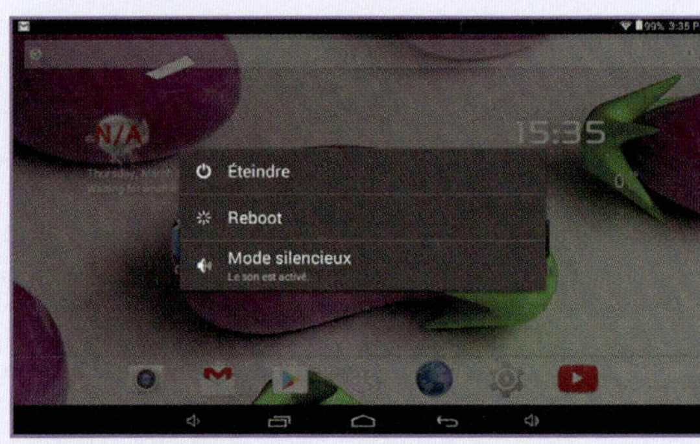

À savoir

Le mode sans échec tel qu'il existe sur les appareils sous Android n'existe pas sur les appareils sous iOS.

RETIRER LA BATTERIE

Si vous ne parvenez pas à forcer l'arrêt de votre smarphone ou de votre tablette, il reste la solution de retirer la batterie. Hélas, les modèles qui donnent un accès facile à la batterie (pour la changer simplement lorsqu'elle est hors d'usage) sont de plus en plus rares. Si c'est le cas de votre appareil, il vous suffit de retirer cette dernière pour éteindre votre appareil. Replacez ensuite la batterie et redémarrez l'appareil. Si vous ne parvenez pas à forcer l'arrêt de l'appareil avec les instructions données à la page précédente et que vous n'avez pas accès à la batterie, il ne vous reste plus qu'à attendre que la batterie soit déchargée et que l'appareil s'arrête. Remettez-le ensuite à charger avant de le redémarrer.

RÉINITIALISER LES PARAMÈTRES RÉSEAU SOUS IOS

Il arrive parfois que votre iPhone ou votre iPad se connecte difficilement aux bornes Wi-Fi ou à la 3G/4G et que vous ayez du mal à recevoir et à émettre des appels téléphoniques. Vous pouvez envisager de réinitialiser les paramètres réseau. Pour cela touchez l'icône *Réglages*, puis *Général*. Faites défiler la liste et choisissez *Réinitialiser*. Touchez *Réinitialiser les réglages réseau*, puis saisissez votre code afin de procéder à la réinitialisation. Il peut être nécessaire de saisir à nouveau les mots de passe pour vous connecter à votre box.

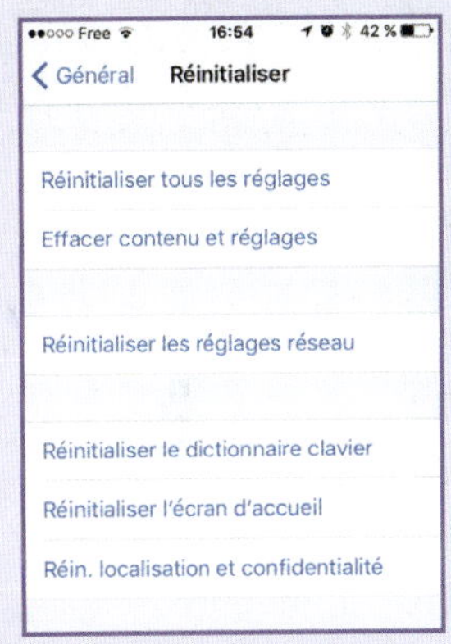

PLACER UN APPAREIL SOUS IOS EN MODE RÉCUPÉRATION

Si les problèmes suivants se produisent quand vous branchez votre iPhone ou votre iPad sur votre PC, il peut être nécessaire d'utiliser le mode de récupération pour restaurer les données de votre appareil : iTunes ne reconnaît pas votre appareil ou indique qu'il se trouve en mode de récupération ; le logo Apple apparaît sur votre écran pendant plusieurs minutes, mais pas la barre de progression ; l'écran *Se connecter à iTunes* apparaît. Sur l'ordinateur, assurez-vous que la dernière version d'iTunes est installée et qu'elle est fermée. Connectez votre appareil à votre ordinateur et ouvrez iTunes sur ce dernier. Tout en laissant votre appareil connecté, forcez son redémarrage : appuyez simultanément sur le bouton *Marche/Arrêt* et sur le bouton principal (Sur un iPhone 7 ou un iPhone 7 Plus : appuyez simultanément sur le bouton *Marche/Veille* et sur le bouton de diminution du volume). Ne relâchez pas les boutons lorsque le logo Apple s'affiche et continuez de les maintenir enfoncés jusqu'à ce que l'écran du mode de récupération apparaisse. Dans la fenêtre vous invitant à procéder à une mise à jour ou à une restauration, sélectionnez *Mettre à jour*. iTunes tente alors de réinstaller iOS sans effacer vos données. Patientez jusqu'au téléchargement du logiciel par iTunes.

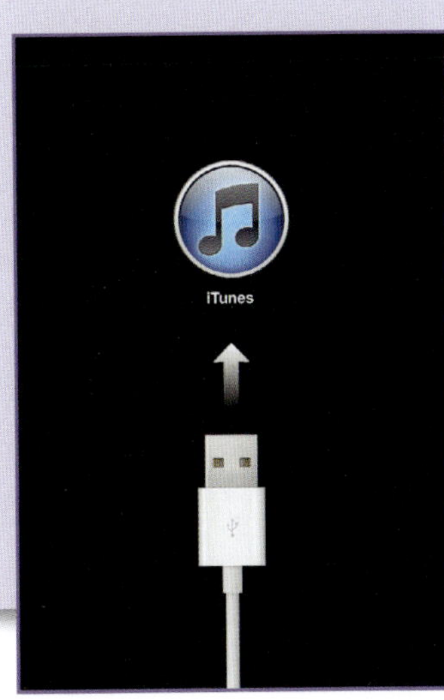

Gérer les problèmes de mémoire

Pour récupérer de l'espace mémoire, vous pouvez procéder à un petit nettoyage destiné à supprimer certaines données. Vous pouvez également ajouter des cartes SD sur la majorité des appareils sous Android et utiliser des clés USB sur certains modèles d'appareils pour transférer vos fichiers.

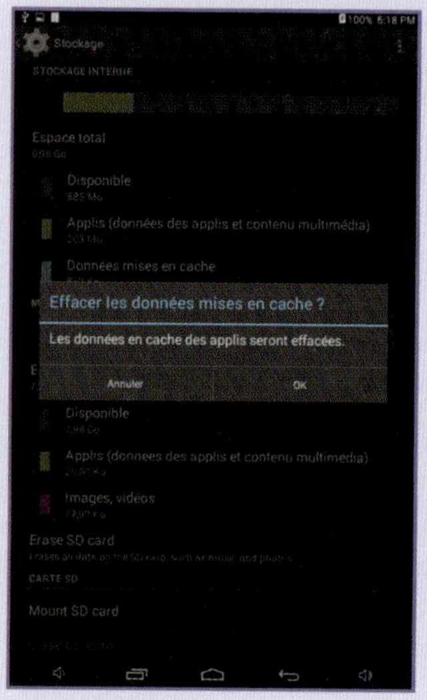

VIDER LES DONNÉES EN CACHE SOUS ANDROID

Les appareils sous Android stockent des fichiers produits par certaines applications afin que ces dernières s'exécutent plus rapidement. Si cette fonction est très pratique, elle augmente l'utilisation de l'espace mémoire alors même que cette dernière est souvent limitée. Il peut arriver que le système finisse par afficher une alerte indiquant qu'il ne reste plus d'espace pour installer de nouvelles applications. Vous devez alors vider le cache afin de récupérer de l'espace de stockage. Selon les différents appareils et les différentes versions d'Android, les paramètres du système d'exploitation sont souvent assez semblables. Appuyez sur l'icône *Paramètres* (la roue crantée), puis sur le menu *Stockage*. Vous trouverez dans ce menu une liste de fichiers par famille et le poids de chacun d'eux. Touchez *Données mises en cache*. Une fenêtre de confirmation apparaît et vous demande si vous voulez effacer les données mises en cache. Confirmez l'opération en appuyant sur *OK*.

CHOISIR UNE CLÉ USB

Les appareils récents sous Android prennent en charge les clés USB. Mais pour connecter une clé USB à votre appareil, vous devez faire l'acquisition d'un câble spécial, USB OGT. Comme il n'est pas très pratique d'avoir une clé USB au bout d'un câble toute la journée, utilisez plutôt cette technique pour des transferts de fichiers ponctuels. Pour augmenter l'espace de stockage, utilisez plutôt les cartes SD. Pour les appareils sous iOS (iPhone, iPad) vous devez faire l'acquisition d'une clé USB spéciale équipée d'un connecteur lightning. Vous devez également installer sur l'appareil une application permettant de manipuler les fichiers : la notice de la clé vous indiquera quelle application télécharger et où la trouver.

CHOISIR UNE CARTE SD

Beaucoup d'appareils sous Android disposent d'un lecteur de carte SD, généralement au format microSD, dont la taille est adaptée aux appareils mobiles. Il existe différentes dénominations (SD, SDHC, SDXC, etc.) qui, pour faire simple, correspondent à différentes vitesses de transfert et à la fourchette de capacité de stockage compatible (voir p. 373). La plupart des appareils actuels (post 2009) sont compatibles SDHC. Avant de procéder à un achat pour votre appareil, vérifiez le type de carte et la capacité maximale que vous pouvez utiliser. Pour utiliser la carte, il suffit de l'insérer dans le lecteur de carte microSD. En quelques secondes, l'appareil reconnaît cette carte. Vous pouvez ensuite choisir pour la plupart des applications (par exemple, l'appareil photo) si vous souhaitez stocker les documents produits dans la mémoire interne ou sur la carte SD.

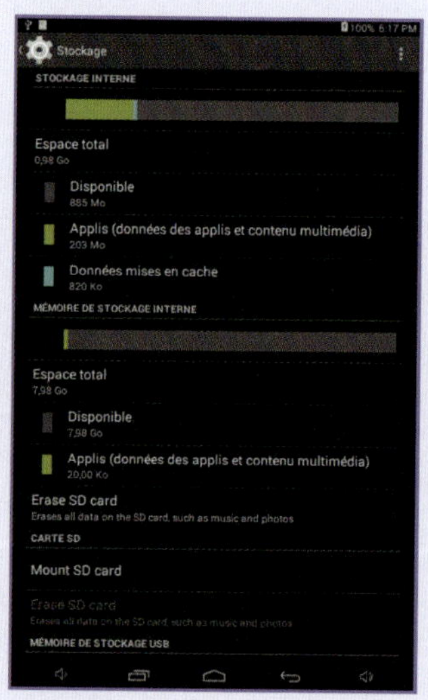

Trucs & astuces

Pour copier des fichiers de la mémoire interne vers une carte SD (ou inversement), vous pouvez utiliser une application de gestion de fichiers (voir p. 91). Certains modèles de tablettes ou de smarphones en sont déjà équipés. Si ce n'est pas le cas du vôtre, passez par le Play Store.

4 astuces pour économiser la batterie de votre smartphone

Quel que soit votre modèle de smartphone, la batterie est un élément qui pose problème puisqu'elle ne dure jamais assez longtemps. En prenant de bonnes habitudes, vous pourrez l'économiser, surtout lorsque vous remarquez qu'elle commence à se vider.

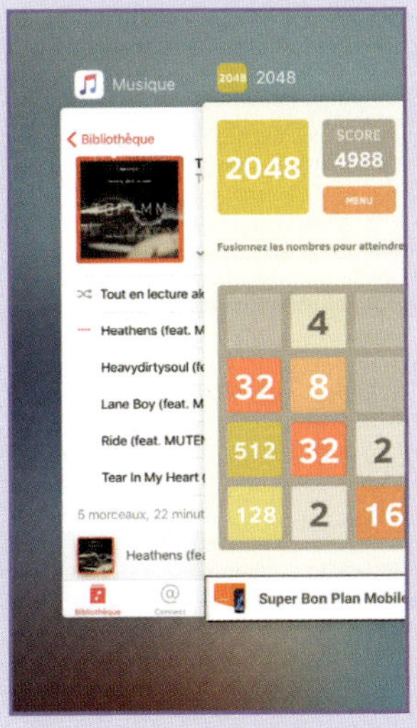

1 Pour économiser la batterie de votre appareil mobile (sous Android ou iOS), vous pouvez fermer les applications que vous n'utilisez pas. Sur un appareil sous iOS, effectuez un double-clic sur le bouton principal pour afficher les applications dans un carrousel. Faites glisser les fenêtres des applications pour les fermer. Avec Android, touchez le bouton de gauche sous l'écran pour afficher les applications ouvertes et faites-les glisser pour les fermer (voir aussi p. 75).

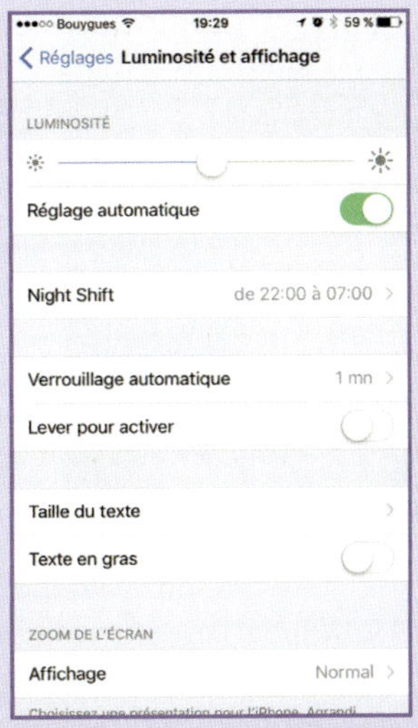

2 Activez le mode « économie d'énergie » proposé par la plupart des smartphones. En diminuant la luminosité de l'écran, vous pouvez aussi réduire la consommation d'énergie. Réglez également un délai de mise en veille assez court pour éviter que l'appareil ne reste allumé trop longtemps. Vous pouvez aussi prendre l'habitude de passer en veille manuellement votre appareil dès que vous avez fini de l'utiliser.

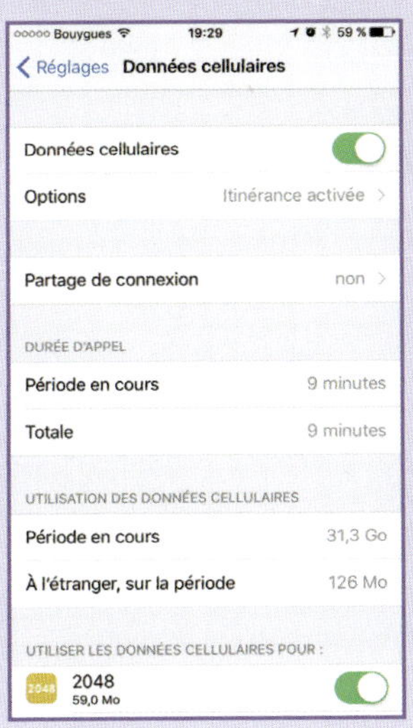

3 Arrêtez toutes les fonctionnalités inutiles. Par exemple, désactivez les données cellulaires (ou données mobiles) d'un smartphone ou d'une tablette Wi-Fi + 3G/4G lorsque vous utilisez l'appareil chez vous en étant connecté au Wi-Fi. Vous pouvez également désactiver le Bluetooth ou la fonctionnalité NFC lorsque vous n'en avez pas l'utilité ou passer en mode avion si vous n'avez pas besoin d'être connecté.

4 Plutôt que de le mettre en veille, éteignez votre appareil si vous ne l'utilisez pas du tout : au cinéma, au théâtre et même en avion, par exemple. Lorsque l'appareil est en mode avion, il continue de fonctionner même s'il ne cherche plus à se connecter aux différents réseaux.

À savoir

Vous pouvez utiliser une batterie externe, bien pratique pour recharger ou faire fonctionner votre smarphone ou votre tablette. Il ne faut toutefois pas oublier de la recharger ! Sachez également que le démarrage d'une application est gourmand en énergie. Évitez de fermer une application pour la redémarrer immédiatement (sauf bien entendu si elle est bloquée).

NOTIONS DE DÉPANNAGE SUR SMARTPHONE ET TABLETTE

Vous trouverez dans cette partie les principaux problèmes matériels rencontrés sur les smartphones et les tablettes et des pistes pour les résoudre.

BATTERIE DÉCHARGÉE

Lorsque la batterie se décharge rapidement alors que vous n'utilisez pas votre appareil, c'est a priori le signe qu'elle doit être changée (voir p. 374). Si vous ne parvenez pas à charger la batterie, vérifiez différents points. L'adaptateur secteur fonctionne-t-il ? (Vous pouvez le tester avec un autre appareil.) Le câble de recharge est-il en bon état ? Le connecteur de l'appareil n'est-il pas obturé par de la poussière ? Si tout est correct, la panne est plus importante : la batterie peut-être complètement hors service ou l'alimentation dans l'appareil peut être en panne.

DES BOUTONS PHYSIQUES QUI RÉPONDENT MAL

Certains modèles de smartphones ou de tablettes possèdent des boutons physiques (par opposition aux boutons sur l'écran tactile) *Marche/Arrêt*, volume, ainsi qu'un bouton dit *Accueil* ou *Principal*. Si les boutons ont du mal à réagir ou ne marchent plus du tout, une intervention est nécessaire afin de changer l'élément concerné. En attendant, sur les appareils sous Android, vous pouvez installer l'application Button Savior qui va permettre de remplacer les boutons physiques par des boutons utilisant l'écran tactile. Une version gratuite de l'application est disponible sur le Play Store. Sur les appareils sous iOS (les versions les plus récentes), les paramètres d'accessibilité permettent d'afficher un bouton sur l'écran. Pour cela, allez dans *Réglages*, *Général* et *Accessibilité*, puis *AssistiveTouch* pour activer cette option.

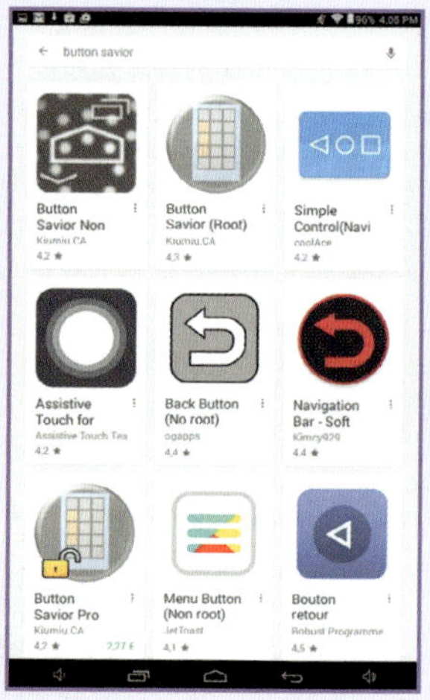

ÉCRAN CASSÉ

Même si de nombreuses personnes possèdent un smartphone avec l'écran totalement fissuré et parviennent tout de même à utiliser toutes les fonctionnalités de l'appareil, il n'est pas recommandé de conserver ce dernier dans cet état, à cause des risques de blessure avec le verre de l'écran (pour limiter les risques, vous pouvez, provisoirement, installer un film de protection). Là encore, il est possible de changer l'écran. Vous pouvez réaliser vous-même cette opération ou faire appel à un spécialiste. Si l'écran s'est fissuré tout seul (vous ne l'avez pas fait tomber ou il n'a pas reçu de choc), vérifiez que la batterie n'a pas gonflé et ne pousse pas tous les éléments de l'appareil.

Le petit +

Quel que soit le type de panne, n'hésitez pas à contacter votre revendeur si votre appareil est toujours sous garantie. Il est responsable des défauts et vices de l'appareil qu'il vous a vendu. Si vous n'arrivez pas à obtenir gain de cause avec le revendeur, rapprochez-vous du fabricant, qui lui aussi est responsable des défauts de son appareil.

PROTÉGER L'APPAREIL AVEC UNE COQUE

Une coque réduit les risques d'endommager l'appareil lors des chutes ou lors de contacts avec d'autres objets, au fond d'un sac ou dans la poche d'un pantalon. De nombreux modèles se contentent de protéger les bords et l'arrière du smartphone. Préférez un modèle à rabat, qui offre la protection la mieux adaptée à l'écran. Veillez à choisir un modèle conçu pour votre smartphone afin que les orifices pour l'objectif de la caméra soient positionnés à la bonne place et que vous puissiez brancher le câble de charge ainsi que la prise casque sans avoir à retirer la coque. Vous pouvez aussi faire poser un film plastique spécial afin de protéger l'écran contre les rayures.

RÉPARER SOI-MÊME UN SMARTPHONE

La tâche n'est pas aussi compliquée qu'on pourrait le penser. Le plus simple est de choisir une boutique (physique ou en ligne) qui vend les pièces détachées pour votre smartphone. Le site sosav.fr, par exemple, propose des pièces détachées, mais également des tutoriels en ligne que vous suivez pas à pas pour effectuer la réparation. Vous pouvez aussi trouver des tutoriels bien faits qui ne sont liés à aucune boutique et acheter sur un site marchand les pièces nécessaires. Attention, en plus d'une bonne dose de patience, un minimum de matériel est nécessaire pour effectuer une réparation. Les outils sont en vente sur les sites proposant des pièces détachées.

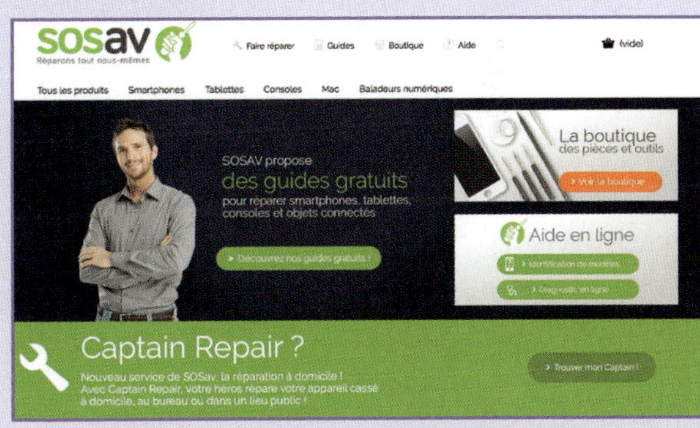

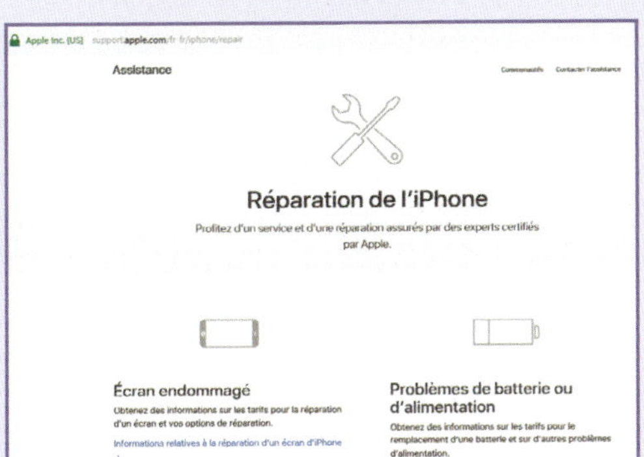

FAIRE RÉPARER SON SMARTPHONE

Même si votre smartphone n'est plus sous garantie, certains constructeurs assurent la réparation. Par exemple, Apple applique des forfaits selon le type d'intervention (batterie à changer, smartphone totalement en panne). Les interventions sont onéreuses, mais le matériel utilisé est celui de la marque et les réparations sont garanties. De nombreux réparateurs fleurissent dans les villes ou sur Internet. Les réparations sont abordables, mais le matériel utilisé n'est pas toujours de qualité. Si vous optez pour un réparateur en ligne, effectuez une recherche pour avoir l'avis d'autres personnes. Dans tous les cas, choisissez un réparateur qui garantit son intervention au moins 6 mois, pièces et main-d'œuvre. Sachez qu'en cas d'oxydation (si votre appareil a pris l'eau), la réparation n'est jamais garantie.

LOGITHÈQUE

LES TYPES DE LOGICIELS ET APPLICATIONS EN LIGNE

Internet offre un accès presque sans limite à une bibliothèque de logiciels et applications, qu'ils soient gratuits, en version d'essai, ou payants.

Lorsque vous devez choisir un logiciel ou une application mobile, la question du type de licence se pose. Les logiciels dits libres (*free software* en anglais) sont gratuits et sans « propriétaire », ils peuvent être modifiés, copiés et rediffusés par tous. Les licences gratuites regroupent, elles, deux catégories de logiciels : les freewares (appelés aussi gratuiciels ou distribuciels), gratuits mais sans modification possible de la part de leurs utilisateurs, et les donationwares, qui laissent l'utilisateur libre de rétribuer ou non l'auteur en lui faisant un don. Les sharewares (appelés aussi partagiciels ou contribuciels) sont des logiciels qui peuvent être utilisés gratuitement pour un nombre d'ouvertures restreint ou durant une période limitée, souvent 30 jours, ou encore sans restriction de temps, mais avec des fonctions bridées ; il faut ensuite rétribuer le propriétaire du logiciel pour lever la durée limitée d'utilisation ou pour disposer d'une version complète. Enfin, les logiciels payants peuvent être réglés en une seule fois ou, de plus en plus fréquemment, sous forme d'abonnement. Si ce dernier permet de disposer systématiquement des dernières mises à jour, il peut vite devenir très onéreux.
Le fonctionnement est un peu différent pour les applications mobiles : outre les applications payantes, beaucoup sont gratuites et sans restriction, et d'autres se téléchargent gratuitement, mais proposent du contenu supplémentaire payant.
Il est important de télécharger vos logiciels et applications depuis des sources sûres. Certains sites (voir page suivante) sont reconnus pour leur fiabilité dans l'offre de logiciels (mais un « accident » peut toujours survenir). Pour les applications mobiles, passez par les boutiques officielles, le Play Store sous Android et l'App Store sous iOS.

DES SITES DE TÉLÉCHARGEMENT FIABLES

www.01net.com/telecharger

01net est un site d'information sur l'univers de l'informatique et des nouvelles technologies. En plus des informations, tests, astuces et autres dossiers, le site dispose d'une rubrique de téléchargement de logiciels classés par catégories et mise à jour régulièrement.

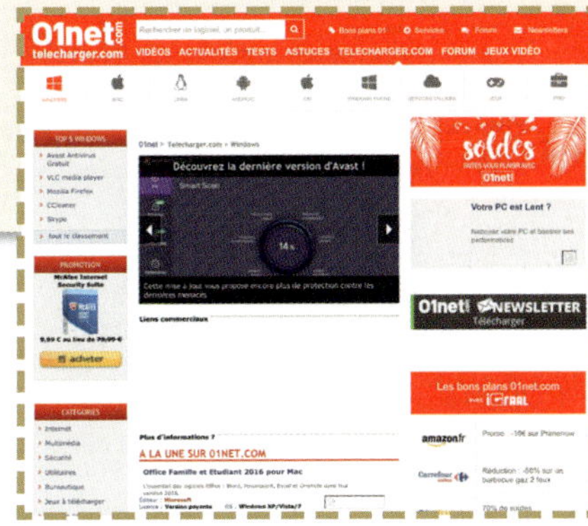

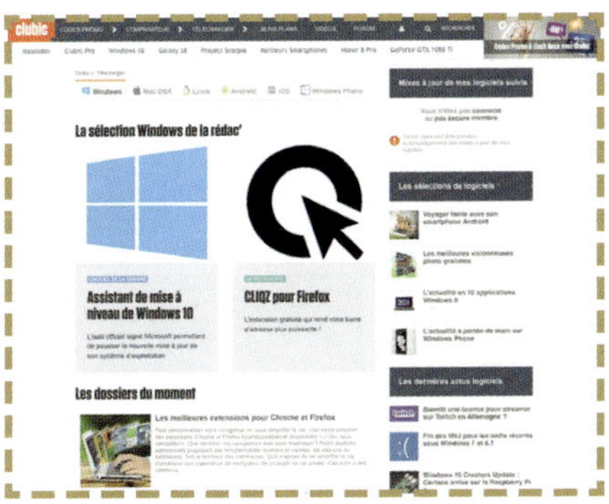

www.clubic.com/telecharger

Clubic permet de s'informer sur l'univers de l'informatique et du high-tech. Le site propose aussi une rubrique dédiée aux téléchargements pour Windows, mais aussi pour iOS et Android. Les plus populaires sont mis en avant, mais un moteur de recherche est également disponible.

www.framalibre.org

Framalibre est la partie dédiée au téléchargement de logiciels libres de Framasoft. Le site s'axe autour de quatre grandes familles de logiciels pour s'informer, s'équiper, se cultiver et s'entourer. De grands noms, comme Firefox ou VLC, sont présents.

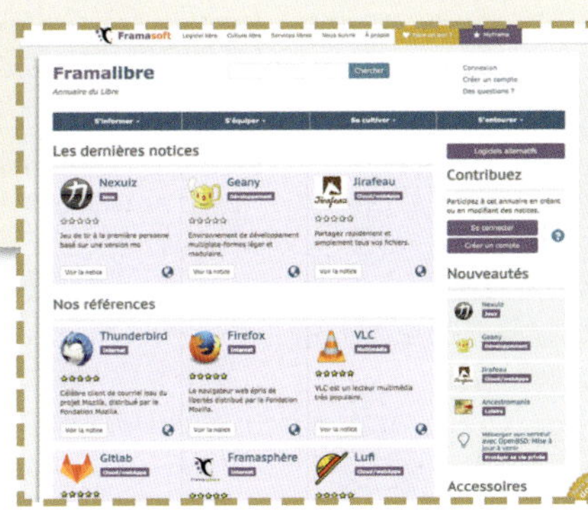

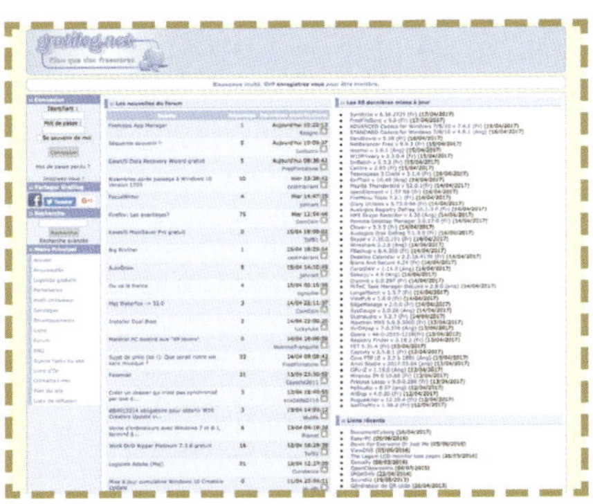

www.gratilog.net

Gratilog est un site spécialisé dans le téléchargement de logiciels freewares, donc gratuits. Parallèlement à cette offre de logiciels rangés par catégories, un forum permettant d'échanger avec d'autres utilisateurs est accessible.

LES BOUTIQUES OFFICIELLES D'APPLICATIONS

Si Windows 10 dispose de sa boutique d'applications natives, le Windows Store, les systèmes mobiles iOS et Android aussi : l'App Store sous iOS et le Play Store sous Android.

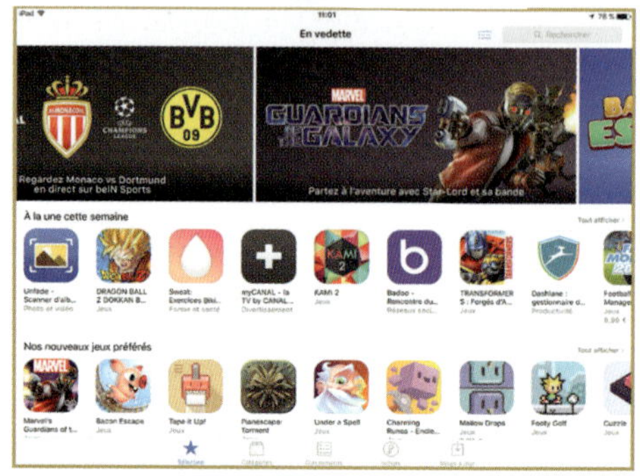

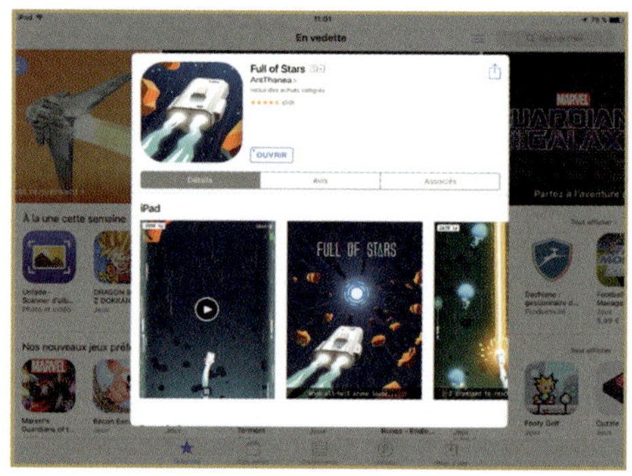

L'APP STORE

La boutique d'applications d'Apple pour ses appareils mobiles, iPhone, iPad et iPod, est accessible en appuyant sur l'icône du même nom. La page d'accueil de l'App Store vous propose une première sélection d'applications et de jeux. Cette sélection s'affinera au fur et à mesure de vos téléchargements et installations.
Il existe différents moyens pour vous y retrouver parmi les milliers d'applications proposées. Outre la sélection d'Apple, il est possible d'accéder à un classement par catégories (cuisine, jeux, météo…), par notes, par prix, etc., ou à un moteur de recherche intégré.
Lorsque vous avez trouvé l'application souhaitée, sa fiche vous présente ses différentes fonctions ainsi que les avis des utilisateurs, des captures d'écran et son prix. Pour installer l'application, il faut appuyer sur le prix puis sur *Acheter*, ou sur *Obtenir* et *Installer* si l'application est gratuite. Lors du téléchargement de l'application, une nouvelle icône s'affichera sur le premier emplacement libre sur les pages d'applications de votre appareil (mais jamais sur l'écran d'accueil, même si un emplacement est libre). Un appui sur cette icône permettra de démarrer la nouvelle application. L'App Store dispose aussi d'une zone pour mettre à jour les applications.

LE PLAY STORE

L'accès à la boutique d'applications sur votre smartphone ou votre tablette Android se fait en appuyant sur l'icône Play Store. Le Play Store est séparé en deux grandes zones : les *Jeux et Applis* d'un côté et les *Films, Musique et Livres* de l'autre. Il est possible de s'y retrouver grâce aux différentes catégories ou par un classement des applications les plus téléchargées. Un moteur de recherche est aussi disponible pour vous aider à trouver la bonne application.
La fiche de l'application, du jeu, du film, du livre ou de la musique fournit la description, les éventuelles notes, les avis des utilisateurs ainsi que des captures d'écran et le prix. Pour télécharger l'élément que vous souhaitez, appuyez sur le prix ou sur *Installer* s'il est gratuit. Lors du téléchargement, une icône de l'application ou du jeu sera installée dans votre rubrique *Applis*, tandis que le film, la musique ou le livre sera enregistré directement dans la mémoire de stockage de votre appareil, mais demeurera invisible, vous empêchant ainsi de le transférer sur un autre appareil. Pour y accéder, vous devrez passer par vos applications de visionnage, et notamment celles proposées par Google (Play Films et séries, Play Livre et Play Musique). C'est sur le Play Store que vous pourrez mettre à jour vos applications et jeux.

SUITES BUREAUTIQUES

MICROSOFT OFFICE 2016

DESCRIPTION : Il s'agit de la suite bureautique de Microsoft qui propose plusieurs logiciels : traitement de texte, tableur, logiciel de présentation, application de prise de notes, voire logiciels de messagerie et de PAO (selon la formule choisie). Il est possible d'acquérir la suite en version « achat définitif » (vous payez en une seule fois et pouvez l'installer sur un seul PC) ou en vous abonnant à Office 365 (« Famille » ou « Personnel »). La version « Famille » d'Office 365 permet l'installation de la suite sur cinq PC ainsi que sur un maximum de cinq tablettes et cinq téléphones, mais peut vite revenir cher.

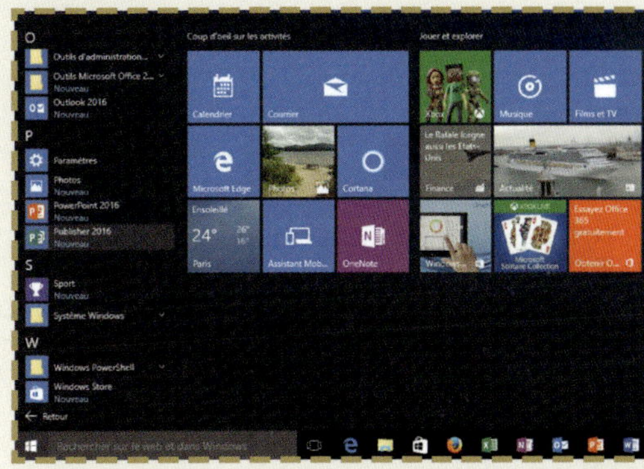

GENRE : suite bureautique
LICENCE : payante
LANGUE : français
TAILLE : 2 Go
LIEN VERS L'ÉDITEUR
https://products.office.com/fr-fr

MICROSOFT WORD 2016

DESCRIPTION : Il s'agit du traitement de texte de la suite Microsoft. Si vous souhaitez l'acquérir seul, sachez qu'il est presque impossible à trouver depuis le site de Microsoft : saisissez « Word utilisation non commerciale » dans le moteur de recherche de votre navigateur et cliquez sur le lien qui s'affiche vers le site de Microsoft. La différence de prix de cette version « utilisation non commerciale » avec la suite bureautique est notable. D'un point de vue ergonomique, cette application ne change pas par rapport à la version précédente, on retrouve toujours le système de rubans.

GENRE : traitement de texte
LICENCE : payante
LANGUE : français
TAILLE : 249 Mo
LIEN VERS L'ÉDITEUR
https://products.office.com/fr-fr

MICROSOFT EXCEL 2016

DESCRIPTION : Il s'agit d'un tableur qui permet de manipuler des feuilles de calculs, d'automatiser les calculs et de créer rapidement des présentations de données sous forme de graphiques. Comme pour Word, vous ne le trouverez qu'en saisissant « Excel utilisation non commerciale » dans le moteur de recherche de votre navigateur. Excel est disponible en version « utilisation non commerciale » seule au même prix que Word. On retrouve un fonctionnement et des fenêtres similaires à la version précédente.

GENRE : tableur/calcul
LICENCE : payante
LANGUE : français
TAILLE : 249 Mo
LIEN VERS L'ÉDITEUR
https://products.office.com/fr-fr

POWERPOINT 2016

DESCRIPTION : Powerpoint est un logiciel de présentation qui permet de créer des « diapositives » contenant, entre autres, du texte, des images, des graphiques ou des vidéos. Vous pouvez aussi insérer de la musique et enregistrer des commentaires. Vous pouvez effectuer votre présentation (l'affichage des diapositives) sur l'écran de votre ordinateur ou de votre TV, à l'aide d'un vidéoprojecteur, en partageant le fichier, etc. Powerpoint est disponible en version « utilisation non commerciale », pour le trouver, reportez-vous à la procédure décrite pour Word en page 407.

GENRE : création de présentation
LICENCE : payante
LANGUE : français
TAILLE : 249 Mo
LIEN VERS L'ÉDITEUR
https://products.office.com/fr-fr

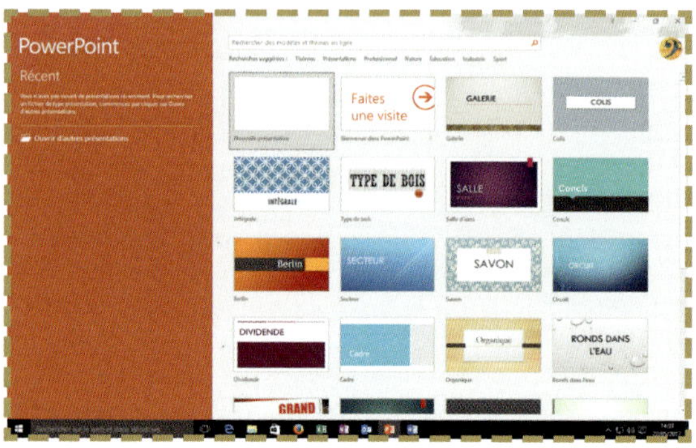

PUBLISHER 2016

DESCRIPTION : Publisher est un logiciel de PAO (publication assistée par ordinateur) pour le grand public et les PME. Les fonctionnalités sont très poussées par rapport à ce que peut offrir un traitement de texte tel que Word et permettent la création d'affiches, de flyers, de journaux... Vous pouvez imprimer les documents sur votre imprimante ou générer des fichiers exploitables par les imprimeurs. Vous pouvez l'acheter seul, mais il n'existe pas de version « utilisation non commerciale », le prix est donc plutôt élevé. Pour le trouver, saisissez « acheter Publisher 2016 » dans le moteur de recherche de votre navigateur.

GENRE : PAO
LICENCE : payante
LANGUE : français
TAILLE : 249 Mo
LIEN VERS L'ÉDITEUR
https://products.office.com/fr-fr

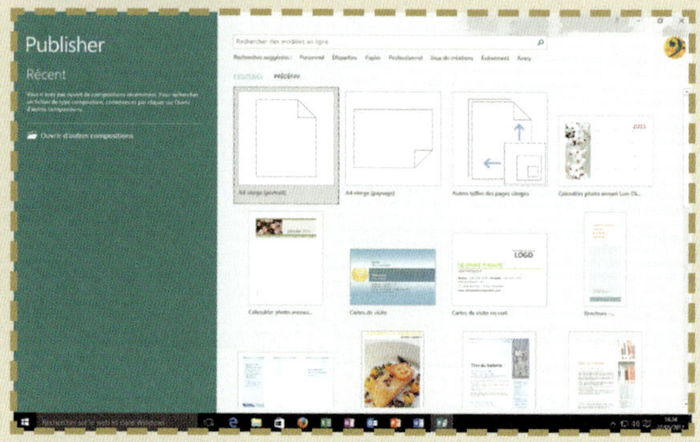

MICROSOFT OFFICE ONLINE

DESCRIPTION : Il s'agit de versions en ligne gratuites des logiciels de la suite Office de Microsoft. En utilisant une connexion Internet et un navigateur web, vous avez accès à Word, Excel, PowerPoint et OneNote. Ces versions offrent bien moins de fonctionnalités que les versions payantes. Toutefois, si vous avez besoin, par exemple, des fonctions de base d'un traitement de texte pour rédiger un courrier ou n'importe quel document simple, la version en ligne gratuite de Word est suffisante (il est toujours possible, notamment, d'insérer des images et autres éléments dans le document). Pour stocker les documents que vous créez en ligne, vous utilisez un compte Microsoft vous permettant à la fois d'enregistrer un document sur votre PC et de le sauvegarder sur le cloud de Microsoft (OneDrive). Vous pourrez modifier le document sur le Cloud à partir de n'importe quel ordinateur ou appareil mobile connecté en vous connectant à votre compte Microsoft.

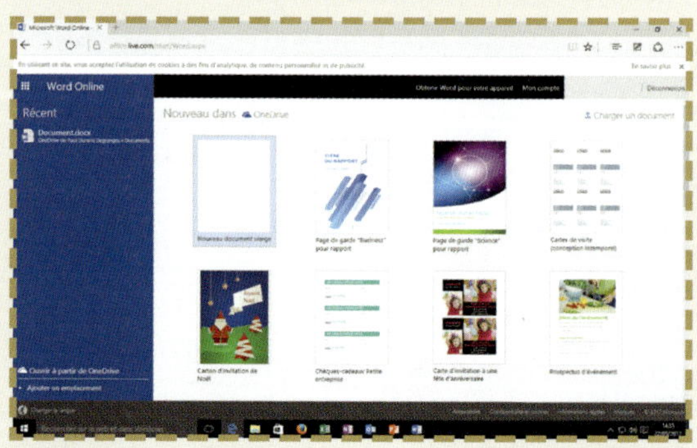

GENRE : suite bureautique
LICENCE : gratuite
LANGUE : français
TAILLE : non applicable
LIEN VERS L'ÉDITEUR
https://products.office.com/fr/office-online

OPENOFFICE

DESCRIPTION : OpenOffice est une suite bureautique complète et entièrement gratuite offrant un ensemble de logiciels pour créer et modifier des documents bureautiques (lettres, tableaux ou présentations). Cette suite est composée de six applications comprenant notamment un traitement de texte (Writer), un tableur (Calc) et un logiciel de présentation (Impress). Les documents produits peuvent être enregistrés dans plusieurs formats, dont ceux de la suite Office de Microsoft (par exemple .doc ou .docx pour les documents Word). Cela permet d'échanger des documents avec des personnes qui utilisent notamment Word ou Excel. Les applications de la suite ont des fonctionnalités qui tiennent la comparaison avec la suite de Microsoft. Même si certaines fonctions sont moins performantes, c'est par exemple le cas pour la gestion et la présentation des graphiques, il faut savoir qu'un utilisateur moyen exploite moins du quart des possibilités offertes par Word ou Excel. Les applications sont francisées et le traitement de texte offre un dictionnaire français pour les corrections. La suite bureautique est facile à utiliser, même pour les novices. Les raccourcis clavier sont standards pour les fonctions les plus courantes, et donc proches de ceux que l'on trouve dans la suite de Microsoft.

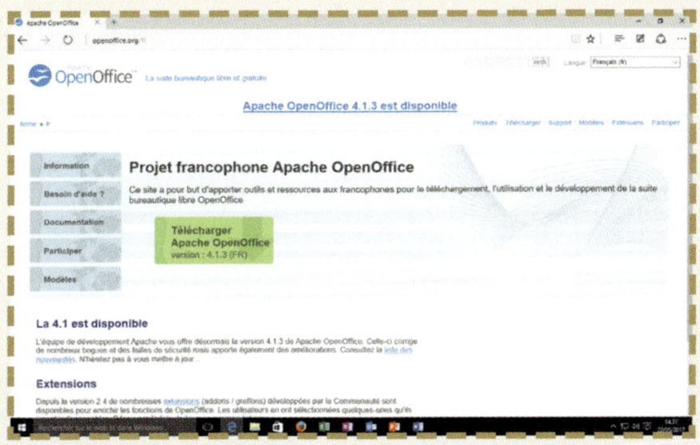

GENRE : suite bureautique
LICENCE : gratuite
LANGUE : français
TAILLE : 126 Mo
LIEN VERS L'ÉDITEUR
http://fr.openoffice.org

GOOGLE DOCS

DESCRIPTION : Google Docs utilise le même principe que Microsoft Office Online présenté précédemment. Vous accédez, en ligne, aux fonctions bureautiques les plus utilisées (traitement de texte, outil de présentation ou tableur). Pour stocker vos documents, vous utilisez un compte Google vous permettant à la fois d'enregistrer un document sur votre PC et de le sauvegarder sur le cloud de Google (Google Drive). Il est donc possible d'utiliser n'importe quel ordinateur ou appareil mobile connecté à Internet pour accéder à vos documents. Google Docs prend aussi en charge les formats de fichiers des suites Microsoft Office et OpenOffice. Vous avez également la possibilité d'inviter d'autres utilisateurs que vous autorisez à consulter et même modifier un document (en cliquant sur *Partager* en haut à droite). Attention, vous ne pouvez partager des documents qu'avec des personnes qui utilisent elles aussi la suite Google Docs, et non pas avec des personnes utilisant d'autres suites en ligne.

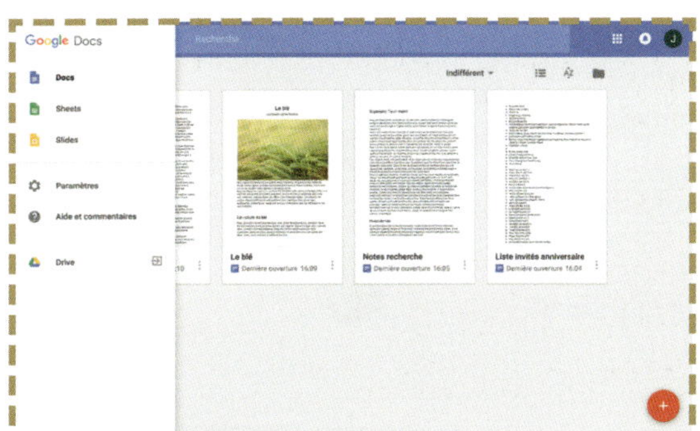

GENRE : suite bureautique
LICENCE : gratuite
LANGUE : français
TAILLE : non applicable
LIEN VERS L'ÉDITEUR
http://docs.google.com

SUITES BUREAUTIQUES POUR APPAREILS MOBILES

GOOGLE DOCS

DESCRIPTION : Si vous possédez un appareil sous iOS ou Android, vous pouvez installer l'application Google Docs. Conçue spécialement pour les appareils mobiles, Google Docs permet d'accéder aux outils bureautiques de la même manière que la version présentée dans la page précédente, à l'aide d'un navigateur web. Là encore, vous utilisez un compte Google pour stocker vos documents dans le Cloud. Les applications bureautiques offrent la fonction de partage de documents, mais aussi la possibilité de travailler à plusieurs et en même temps sur un unique document.

GENRE : suite bureautique
LICENCE : gratuite
LANGUE : français
TAILLE : 24.45 Mo
LIEN VERS L'ÉDITEUR
Play Store et App Store

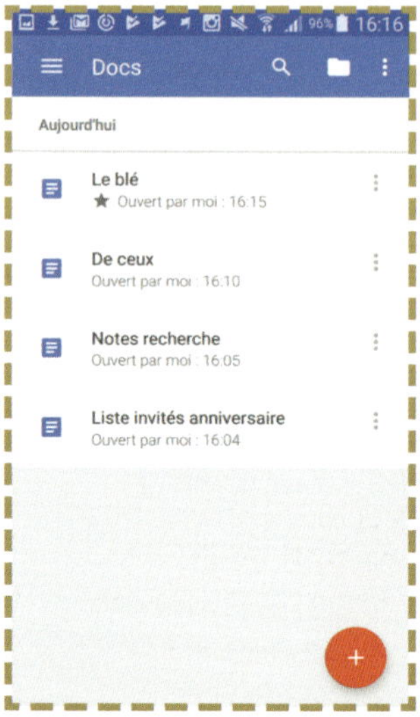

MICROSOFT OFFICE

DESCRIPTION : Microsoft décline sa suite en applications Android et iOS. En plus de Word, Excel, PowerPoint, Outlook et OneNote, vous trouvez d'autres applications, comme Microsoft Teams, un outil de travail collaboratif proposant notamment une messagerie instantanée, ou Office Lens, qui permet de scanner un document papier et de le convertir en texte modifiable dans OneNote.

GENRE : suite bureautique
LICENCE : gratuite
LANGUE : français
TAILLE : 23.22 Mo
LIEN VERS L'ÉDITEUR
Play Store et App Store

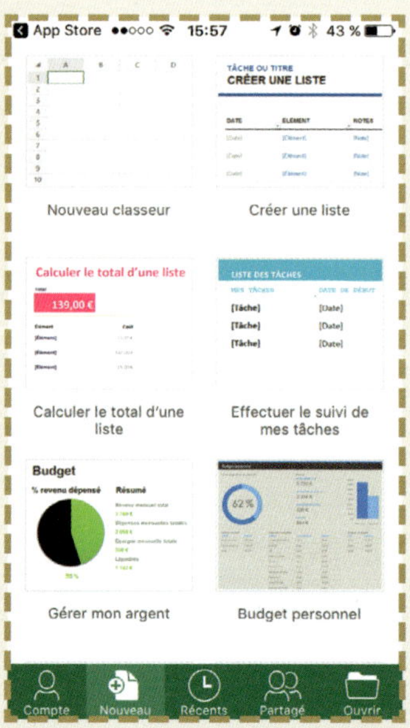

IWORK

DESCRIPTION : Apple possède sa propre suite bureautique disponible sur Mac et sur les appareils sous iOS. Notez qu'elle fonctionne également sur PC avec iWork pour iCloud. Cette suite est composée d'un traitement de texte (Pages), d'un tableur (Numbers) et d'une application de présentation (Keynote). Comme Google Docs, la suite d'Apple offre des fonctionnalités de collaboration en temps réel.

GENRE : suite bureautique
LICENCE : gratuite
LANGUE : français
TAILLE : 1,4 Go
LIEN VERS L'ÉDITEUR
www.apple.com/fr/iwork

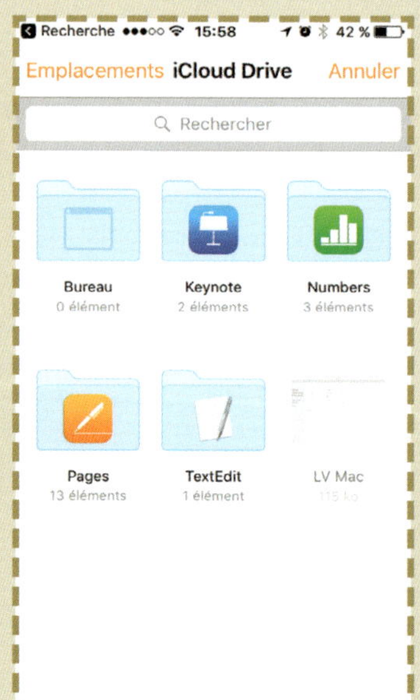

GESTION DES FICHIERS PDF

Le format .pdf, créé par l'éditeur Adobe, est très répandu pour l'échange de documents mis en forme. En effet, quelque que soit le matériel sur lequel vous ouvrez un document PDF, la mise en page reste identique. Ce n'est pas le cas par exemple des documents Word qui, ouverts sur une version ou un système différents, peuvent changer la place des images, faire chasser le texte ou substituer une police de caractères à une autre.

ADOBE ACROBAT READER

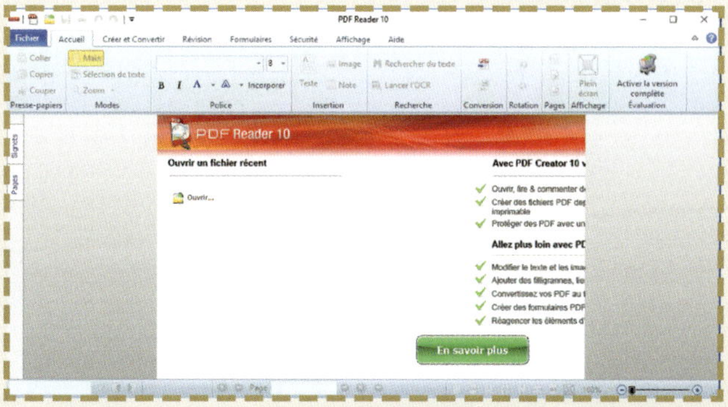

DESCRIPTION : Disponible sous Android, iOS et Windows, cette application est un lecteur de fichiers PDF, accompagné de différents outils pour vous déplacer dans les pages, effectuer des zooms, etc.

GENRE : lecteur PDF
LICENCE : gratuite
LANGUE : français
TAILLE : 105 Mo
LIEN VERS L'ÉDITEUR
https://get.adobe.com/fr/reader

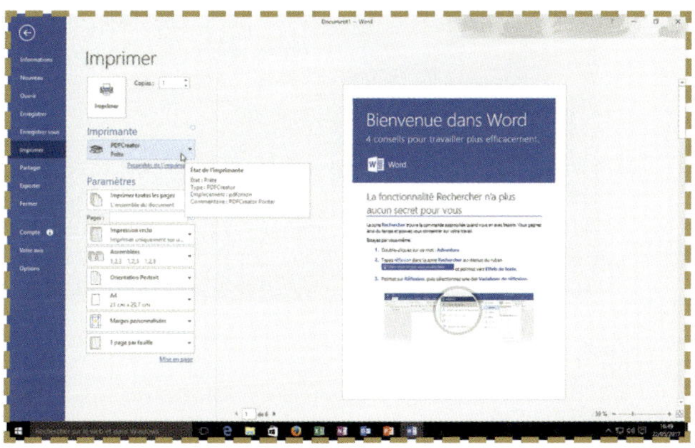

PDF CREATOR

DESCRIPTION : Après avoir installé PDF Creator (dont les documents sont lisibles par Adobe Acrobat Reader et tous les lecteurs de PDF), vous obtenez une nouvelle «imprimante» dans la liste de la boîte de dialogue *Imprimante* du menu *Imprimer*. PDF Creator fonctionne avec n'importe quelle application Windows permettant l'impression et offre plusieurs fonctionnalités, comme la création d'un PDF unique à partir de plusieurs documents ou la possibilité de signer numériquement vos PDF.

GENRE : imprimante virtuelle PDF
LICENCE : gratuite
LANGUE : français
TAILLE : 27.69 Mo
LIEN VERS L'ÉDITEUR
http://sourceforge.net/projects/PDFcreator

GOOGLE PDF VIEWER

DESCRIPTION : Il s'agit d'un lecteur de PDF édité par Google pour les appareils sous Android (smartphone et tablette). Utilisez le Play Store pour rechercher cette application puis téléchargez-la. Dans certains cas, Google PDF Viewer est installé par défaut sur votre appareil mobile et ses fonctionnalités (plutôt limitées) sont déjà présentes sur Google Drive.

GENRE : lecteur PDF
LICENCE : gratuite
LANGUE : français
TAILLE : 4.43 Mo
LIEN VERS L'ÉDITEUR
Play Store

PHOTO

PHOTOSHOP

DESCRIPTION : Photoshop est le logiciel de retouche et de montage photo incontournable du monde professionnel. Cet outil puissant, complet et complexe n'est utilisable que par souscription d'un abonnement auprès de son éditeur ; celui-ci permet ainsi de profiter automatiquement de toutes les mises à jour, mais peut vite revenir cher. L'abonnement n'est intéressant que si votre utilisation de Photoshop est très avancée. Ce programme est une plateforme évolutive grâce à de nombreux modules (des plug-ins souvent payants) qui augmentent ses fonctionnalités.

GENRE : retouche/montage photo
LICENCE : payante (abonnement)
LANGUE : français
TAILLE : 336.74 Mo
LIEN VERS L'ÉDITEUR
www.adobe.com/fr/products/photoshop

ADOBE LIGHTROOM

DESCRIPTION : Lightroom est un logiciel de retouche et de gestion de vos photos conçu par Adobe (éditeur de Photoshop). Plus facile d'accès et moins cher que Photoshop, le logiciel offre la possibilité de régler les niveaux, la luminosité, le contraste et la saturation de vos photos, de procéder à des corrections sélectives, d'appliquer des paramètres prédéfinis, ou encore de créer des livres et des diaporamas. Prisé des nostalgiques de la photographie argentique, le logiciel propose un traitement d'images organisé autour de modules et de panneaux logiquement structurés qui permet de retrouver le charme et le grain des pellicules argentiques. Il permet par ailleurs d'organiser vos photographies afin de les retrouver plus facilement.

GENRE : retouche photo/gestion de photothèque
LICENCE : payante (abonnement)
LANGUE : français
TAILLE : 718.7 Mo
LIEN VERS L'ÉDITEUR
www.adobe.com/fr/products/photoshop-lightroom

PHOTOSHOP ELEMENTS

DESCRIPTION : Le petit frère de Photoshop en reprend plusieurs fonctions de retouche. L'interface est plus simple, dispose d'assistants pour vous guider et d'un module de gestion pour classer vos photos. Le logiciel est disponible en achat direct ou en abonnement avec Lightroom.

GENRE : retouche photo/gestion de photothèque
LICENCE : payante
LANGUE : français
TAILLE : 1,7 Go
LIEN VERS L'ÉDITEUR
www.adobe.com/fr/products/photoshop-elements

GIMP 2.8

DESCRIPTION : Gimp est le pendant gratuit de Photoshop, dont il reprend le principe des calques. Moins performant que le logiciel majeur d'Adobe, Gimp dispose cependant de fonctions d'édition, de retouche, d'illustration, et de montage photo qui en font un excellent outil dans sa catégorie. L'interface proposée est simple et efficace.

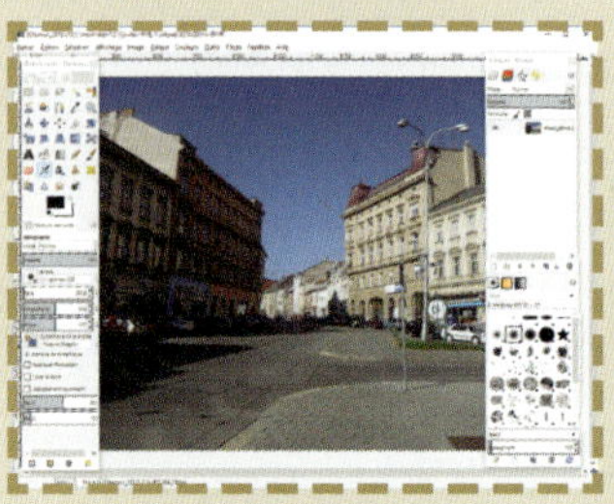

GENRE : retouche photo
LICENCE : gratuite
LANGUE : français
TAILLE : 85 Mo
LIEN VERS L'ÉDITEUR
www.gimp.org

PAINT SHOP PRO X9

DESCRIPTION : Paint Shop Pro est l'un des logiciels majeurs du monde de la retouche photo. Son interface ressemble à celle d'Adobe Lightroom (modules de gestion, réglage et édition), mais avec le principe des calques de Photoshop. Il dispose de quelques fonctions de mise en page (à partir de thèmes), de dessin et de peinture qui peuvent faire penser à celles d'Illustrator (le logiciel de dessin vectoriel d'Adobe). Plus abordable que les solutions Adobe, Paint Shop Pro bénéficie d'une prise en main facilitée par des assistants.

GENRE : retouche photo/gestion de photothèque
LICENCE : payante
LANGUE : français
TAILLE : 184 Mo
LIEN VERS L'ÉDITEUR
www.paintshoppro.com/fr

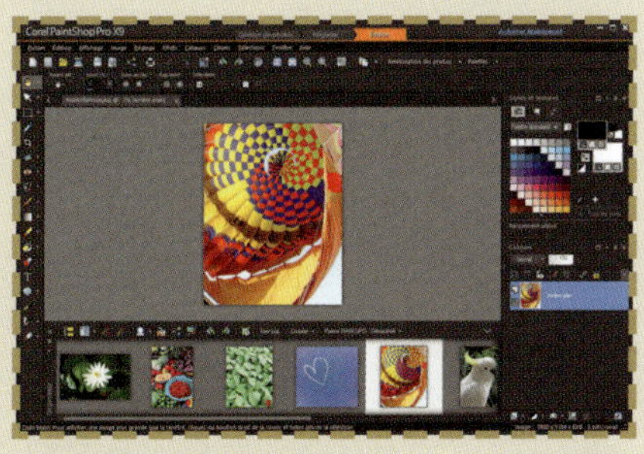

AUTODESK PIXLR

DESCRIPTION : Ce logiciel propose des outils simples permettant d'effectuer une retouche rapide de vos images, d'ajouter du texte, des bordures, des effets, et d'appliquer des filtres. Il présente une interface suffisamment simple pour séduire les débutants, qui amélioreront leurs photos avec un minimum d'efforts et de connaissances techniques. Le logiciel permet aussi d'ajouter des stickers originaux sur les photos.

GENRE : retouche photo/gestion photothèque
LICENCE : gratuite
LANGUE : anglais
TAILLE : 35,49 Mo
LIEN VERS L'ÉDITEUR
https://autodesk-pixlr.fr.softonic.com

ADOBE PHOTOSHOP EXPRESS

DESCRIPTION : Cette application pour ordinateur et appareils mobiles peut être téléchargée depuis le Windows Store, le Play Store et l'App Store. Elle offre une série de réglages élémentaires comme le contraste, l'exposition, la balance des blancs ou l'amélioration des prises de vues (sans fonction d'édition avancée). Vous pouvez appliquer des filtres (*Looks*) pour modifier l'ambiance de vos photos (et en acquérir d'autres en passant à la version Premium, payante).

GENRE : retouche photo
LICENCE : gratuite
LANGUE : français
TAILLE : 12,9 Mo
LIEN VERS L'ÉDITEUR
Windows Store, Play Store et App Store

PHOTOS (MICROSOFT)

DESCRIPTION : Application par défaut de Windows 10 que vous pouvez télécharger depuis le Windows Store, elle met à votre disposition des outils de réglages basiques et bien souvent suffisants pour le photographe amateur. Des filtres permettent de donner aux photos un cachet particulier et un outil est spécialement conçu pour corriger les boutons sur les portraits. L'application permet d'organiser les images dans des collections, des albums et des dossiers.

GENRE : retouche photo/gestion photothèque
LICENCE : gratuite
LANGUE : français
TAILLE : 211 Mo
LIEN VERS L'ÉDITEUR
Windows Store

DXO OPTICSPRO

DESCRIPTION : Ce logiciel de développement numérique, de la même gamme qu'Adobe Lightroom, propose notamment tous les réglages nécessaires à l'obtention de fichiers RAW de grande qualité. Les photos pourront être exportées sous plusieurs formats afin de les exploiter dans d'autres programmes.

GENRE : retouche photo
LICENCE : gratuite
LANGUE : français
TAILLE : 441 Mo
LIEN VERS L'ÉDITEUR
www.dxo.com/fr

PHOTOFILTRE

DESCRIPTION : Logiciel de retouche d'images qui permet d'effectuer des réglages simples ou avancés, mais aussi d'appliquer une grande variété de filtres. Il est idéal pour les débutants, avec une utilisation intuitive et une prise en main rapide. Un module d'automatisation permet de convertir des formats, de modifier la taille de l'image, de créer des bordures et d'appliquer des réglages par lot.

GENRE : filtres photo
LICENCE : gratuite
LANGUE : français
TAILLE : 4.96 Mo
LIEN VERS L'ÉDITEUR
http://photofiltre.free.fr

PHOTOMATIX

DESCRIPTION : Photomatix est un logiciel spécialisé dans la fusion de photos pour obtenir un effet HDR (High Dynamic Range). Il propose de nombreux réglages d'exposition et affiche les données des tons foncés, moyens, et clairs d'une scène photographiée pour permettre un équilibrage plus poussé des tonalités de l'image. Photomatix offre aussi des réglages de fusion extrêmes destinés à produire des photographies très spectaculaires, dites « hyperréalistes ».

GENRE : photo HDR
LICENCE : payante
LANGUE : anglais
TAILLE : 11,77 Mo
LIEN VERS L'ÉDITEUR
www.hdrsoft.com/fr

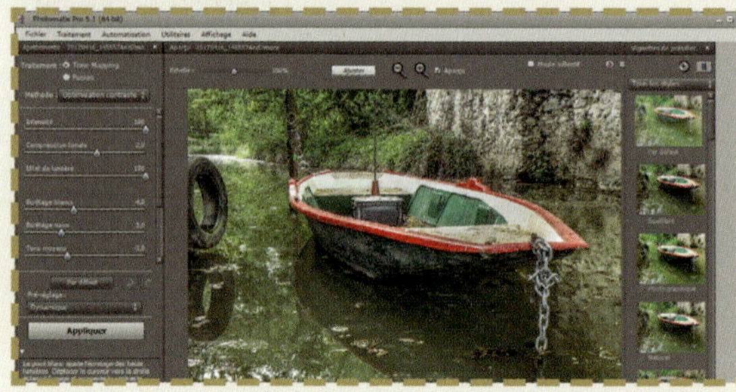

LUMINANCE HDR

DESCRIPTION : Ce logiciel open source de fusion HDR est capable de travailler avec des fichiers JPEG, TIFF, et RAW, présentant chacun des valeurs d'obturation différentes afin d'augmenter la plage dynamique de la scène photographiée.

GENRE : photo HDR
LICENCE : gratuite
LANGUE : français
TAILLE : 9.04 Mo
LIEN VERS L'ÉDITEUR
http://qtpfsgui.sourceforge.net

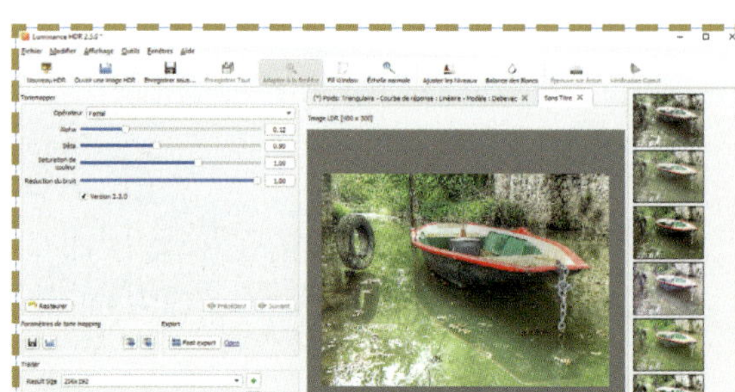

AUTOSTITCH

DESCRIPTION : AutoStitch est un utilitaire gratuit et puissant spécialisé dans la création de panoramas. Donnez-lui simplement la série de photos destinées à votre panorama et le programme se chargera de reconstituer l'image avec beaucoup de précision. Une fois les images fusionnées, Windows vous invitera à ouvrir l'image finale dans le programme de votre choix afin de la recadrer.

GENRE : création de photos panoramiques
LICENCE : gratuite
LANGUE : anglais
TAILLE : 1.08 Mo
LIEN VERS L'ÉDITEUR
https://autostitch.fr.softonic.com

VSO PHOTODVD

DESCRIPTION : Ce logiciel propose, dans une interface simple où vous serez assisté pas à pas, de créer des diaporamas à partir de vos photos. Vous aurez la possibilité d'ajouter musiques, commentaires, transitions et animations, de regarder vos photos sur la télévision ou sur Internet, ou de créer des DVD vidéo SD ou Full HD.

GENRE : création de diaporamas
LICENCE : payante
LANGUE : français
TAILLE : 14 Mo
LIEN VERS L'ÉDITEUR
www.vso-software.fr

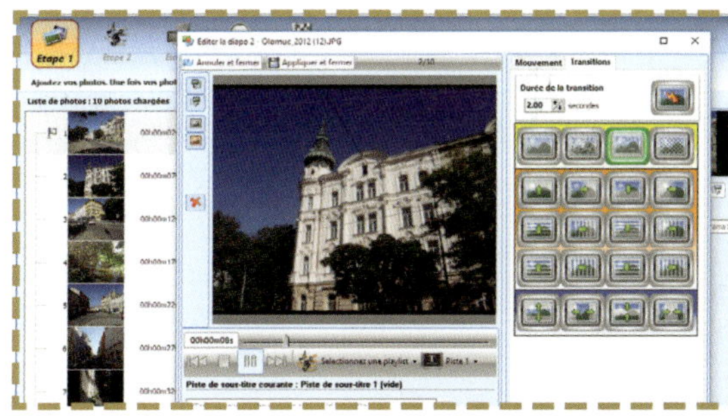

AUTOPANO PRO

DESCRIPTION : Ce logiciel est le plus avancé en matière d'assemblage des images sous la forme de panoramas. Grâce à un moteur de couleur puissant, il parvient à équilibrer les teintes et l'exposition de vos clichés de manière à créer des images panoramiques sans raccord visible, idéal lorsque surviennent des problèmes de balance des blancs pendant la prise de vues.

GENRE : création de photos panoramiques
LICENCE : payante
LANGUE : français
TAILLE : 52 Mo
LIEN VERS L'ÉDITEUR
www.kolor.com/fr/autopano

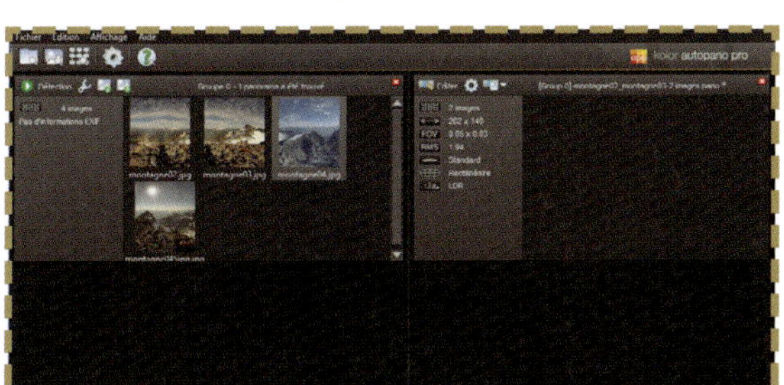

VSO IMAGE RESIZER

DESCRIPTION : Il s'agit d'un utilitaire de redimensionnement de photos. Chargez vos photos puis indiquez la taille finale. Les photos transformées pourront être au format BMP, JPEG, GIF et PNG.

GENRE : ajusteur d'images
LICENCE : gratuite
LANGUE : français
TAILLE : 9,28 Mo
LIEN VERS L'ÉDITEUR
https://vso-image-resizer.fr.uptodown.com/windows

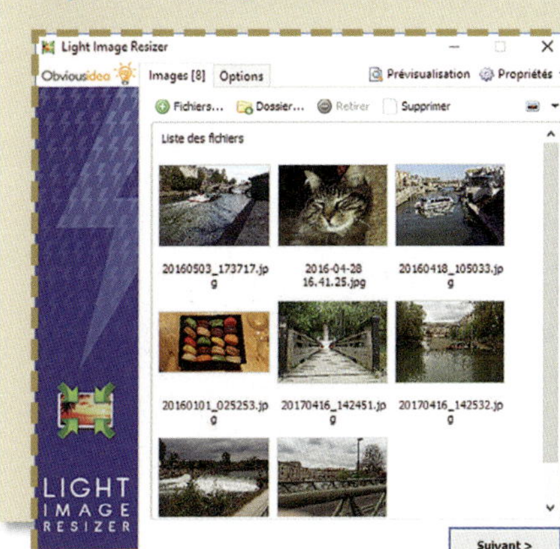

PHOTO POUR ANDROID ET IOS

Utiliser des applications photo sur des smartphones permet de traiter des images que vous publierez dans la foulée sur des réseaux sociaux.

ADOBE PHOTOSHOP LIGHTROOM

DESCRIPTION : Il s'agit de la version pour appareils mobiles du programme présenté en page 412. Elle permet de créer et de partager des photos à partir de son smartphone ou de sa tablette. Elle dispose d'une interface intuitive qui autorise des modifications avancées et esthétiques comme le *Virage partiel* (effet de teinte sur les ombres et/ou les zones de lumière) et le *Vignetage* (assombrissement des bords de la photo). Tous les réglages et les filtres sont cumulatifs et non destructeurs. Vous pourrez sauvegarder vos images sur votre appareil, le Cloud, et les partager sur les réseaux sociaux ou par mail.

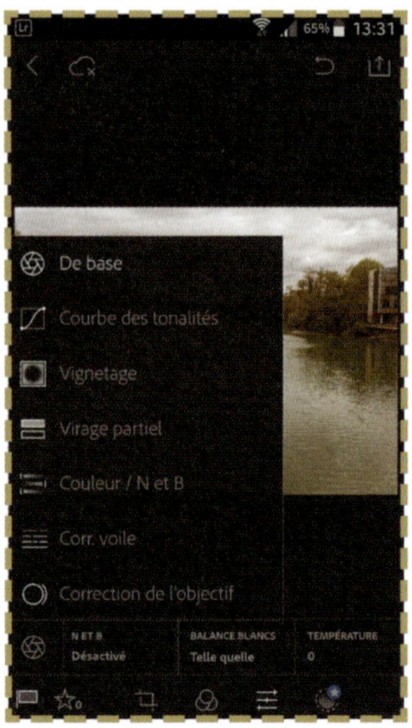

GENRE : filtres photo
LICENCE : gratuite
LANGUE : français
TAILLE : 95 Mo
LIEN VERS L'ÉDITEUR
Play Store
et App Store

SNAPSEED

DESCRIPTION : Cette application très complète de retouche développée par Google propose de nombreux filtres et outils (dont le HDR), la compatibilité RAW, JPEG et DNG, l'ajustement précis de vos réglages, et des possibilités d'édition de l'intégralité de la photo ou d'une sélection seulement. L'application se démarque par des outils, filtres et traitements réservés aux portraits.

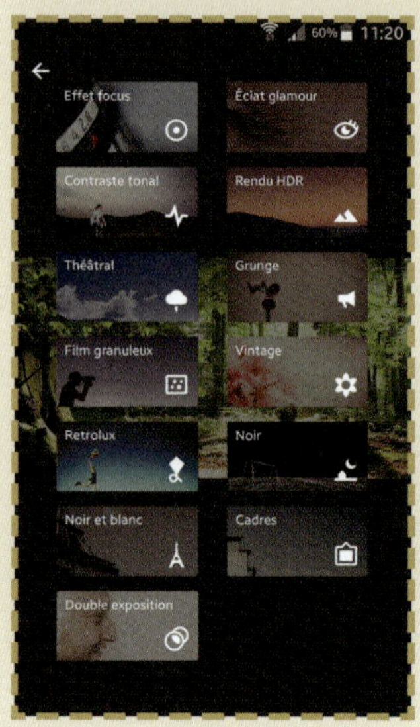

GENRE : filtres photo/retouche
LICENCE : gratuite
LANGUE : français
TAILLE : 121 Mo
LIEN VERS L'ÉDITEUR
Play Store
et App Store

PRISMA

DESCRIPTION : Une application qui vous transforme en artiste photographe grâce à des filtres et des effets qui appliquent des styles de peintres célèbres à vos photos. Il est aussi très simple de partager ses chefs-d'œuvre.

GENRE : filtres photo
LICENCE : gratuite
LANGUE : anglais
TAILLE : 44,7 Mo
LIEN VERS L'ÉDITEUR
Play Store
et App Store

INSTAGRAM

DESCRIPTION : Application de capture et de partage immédiat de photos auxquelles vous pouvez appliquer des filtres, des outils créatifs et des réglages afin d'améliorer vos prises de vues initiales. Instagram est très prisé des jeunes générations.

GENRE : filtres photo
LICENCE : gratuite
LANGUE : français
TAILLE : 63.05 Mo
LIEN VERS L'ÉDITEUR
Play Store
et App Store

VIDÉO

VLC

DESCRIPTION : Lecteur multimédia gratuit open source qui prend en charge une très grande variété de fichiers audio et vidéo. Capable de lire des DVD et des Blu-ray (sous certaines conditions), VLC est quasi indispensable sous Windows 10, qui ne propose aucun logiciel de ce type par défaut. Le lecteur peut se connecter à Internet en ouvrant des flux de réseau pour regarder des vidéos en streaming ou vous permettre de regarder la TV de votre box sur n'importe quel appareil connecté.

GENRE : lecteur
LICENCE : gratuite
LANGUE : français
TAILLE : 29,52 Mo
LIEN VERS L'ÉDITEUR
www.videolan.org

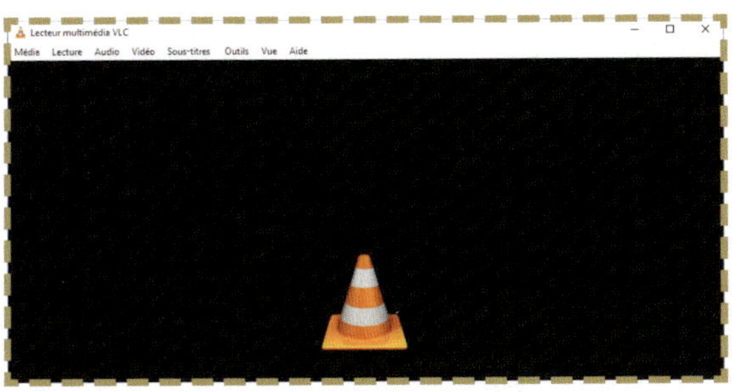

MEDIA PLAYER CLASSIC HC

DESCRIPTION : Media Player Classic Home Cinema est un lecteur open source gratuit similaire à VLC, puisqu'il est capable de prendre en charge de nombreux formats audio et vidéo. Il s'en distingue toutefois par la précision de certains réglages qui en font une référence des passionnés de home cinéma.

GENRE : lecteur
LICENCE : gratuite
LANGUE : français
TAILLE : 12,62 Mo
LIEN VERS L'ÉDITEUR
http://mpc-hc.sourceforge.net

LECTEUR WINDOWS MEDIA 12 (LWM)

DESCRIPTION : Programme historique de Windows qui peut lire des fichiers vidéo, audio et des CD audio, mais pas des DVD ou Blu-ray. Il permet de gérer et d'organiser votre musicothèque et votre vidéothèque, d'extraire le contenu de CD audio au format MP3 et de convertir vos fichiers musicaux en CD audio.

GENRE : lecteur/graveur
LICENCE : gratuite (intégrée à Windows)
LANGUE : français
TAILLE : 24,58 Mo
LIEN VERS L'ÉDITEUR
www.microsoft.com/fr-fr/download/windows-media-player-details.aspx

MEDIAESPRESSO 7.5

DESCRIPTION : Ce logiciel est destiné à convertir vidéos, photos et musique pour pouvoir les transférer d'un PC vers les smartphones et tablettes. La version 7.5 prend en charge la vidéo 4K en la convertissant au format H.264 (quasi universel) ou H.265 (pour optimiser le stockage sans altérer la qualité 4K).

GENRE : convertisseur vidéo
LICENCE : payante
LANGUE : français
TAILLE : 1 Go
LIEN VERS L'ÉDITEUR
https://fr.cyberlink.com/products/mediaespresso

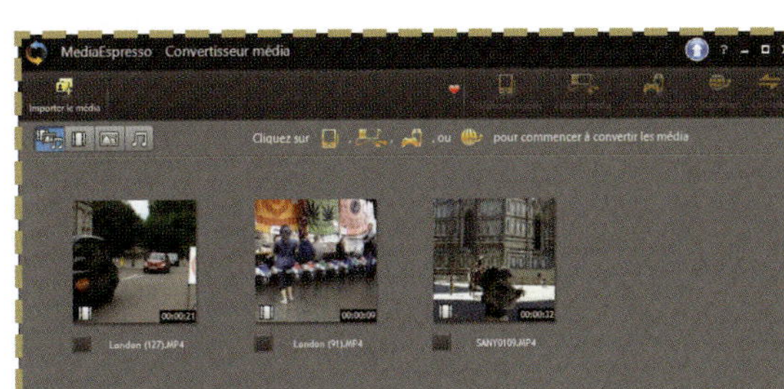

PINNACLE STUDIO 20

DESCRIPTION : Pinnacle Studio 20 est un logiciel de montage facile d'utilisation qui permet de créer des films complets avec musiques, photos, transitions et effets spéciaux. La section *Authorer* dispose d'outils de création d'interface de DVD avec menus et chapitres que vous graverez sur un disque compatible avec les lecteurs de salon.

GENRE : éditeur vidéo
LICENCE : payante
LANGUE : français
TAILLE : 2,5 Go
LIEN VERS L'ÉDITEUR
www.pinnaclesys.com/fr/products/studio

WINDOWS MOVIE MAKER

DESCRIPTION : Solution de montage et d'exportation de fichiers vidéo gratuite de Windows, ce logiciel n'est pas installé par défaut. Vous devez donc le télécharger depuis Internet. WMM offre des fonctionnalités de base pour le montage et est simple à utiliser, mais les formats vidéo supportés sont limités.

GENRE : éditeur vidéo
LICENCE : gratuite
LANGUE : français
TAILLE : 2 Mo
LIEN VERS L'ÉDITEUR
www.windows-movie-maker.org/fr

VSDC VIDEO EDITOR

DESCRIPTION : Ce logiciel permet de monter des fichiers vidéo et de les exporter sous la forme d'un fichier vidéo HD qui pourra être gravé sur un DVD. Il met à votre disposition des effets vidéo et audio, des corrections chromatiques et des effets de transition pour mieux monter vos films. VSDC Video Editor est disponible en version gratuite ou en version Pro, cette dernière intégrant notamment des modes d'incrustation avancés.

GENRE : éditeur vidéo
LICENCE : gratuite (version Pro payante)
LANGUE : français
TAILLE : 37,1 Mo
LIEN VERS L'ÉDITEUR
http://www.videosoftdev.com/fr

AUDIO

GROOVE MUSIQUE

DESCRIPTION : Cette application installée par défaut sous Windows 10 permet de profiter de votre musique sur tous vos appareils Windows (à partir de la version 8), iOS et Android. Groove Musique gère vos albums et vos chansons, permet de créer des playlists et d'acheter de la musique en ligne en accédant au Groove Music Pass.

GENRE : gestionnaire de musique/lecteur
LICENCE : gratuite pour l'écoute (abonnement payant pour l'achat de musique en ligne)
LANGUE : français
TAILLE : 69,1 Mo
LIEN VERS L'ÉDITEUR
www.microsoft.com/fr-fr/groove

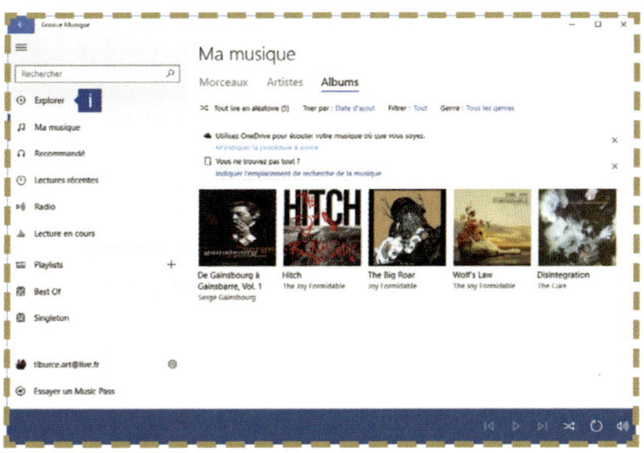

ITUNES

DESCRIPTION : iTunes est un lecteur multimédia reposant sur une interface intuitive et moderne. Il est téléchargeable sur Mac et PC, mais pas sur appareil mobile ; à ne pas confondre donc avec Apple Music sous Android ou iOS (même si les logos se ressemblent). iTunes gère les fichiers audio et vidéo de votre ordinateur, ceux que vous achetez sur l'iTunes Store, mais aussi vos podcasts et les webradios. Il peut également vous suggérer des morceaux et des albums susceptibles de vous intéresser. iTunes synchronise ses bibliothèques avec celles de vos appareils sous iOS, mais n'est pas compatible avec les appareils sous Android.

GENRE : lecteur
LICENCE : gratuite
LANGUE : français
TAILLE : 191 Mo
LIEN VERS L'ÉDITEUR
www.apple.fr/itunes

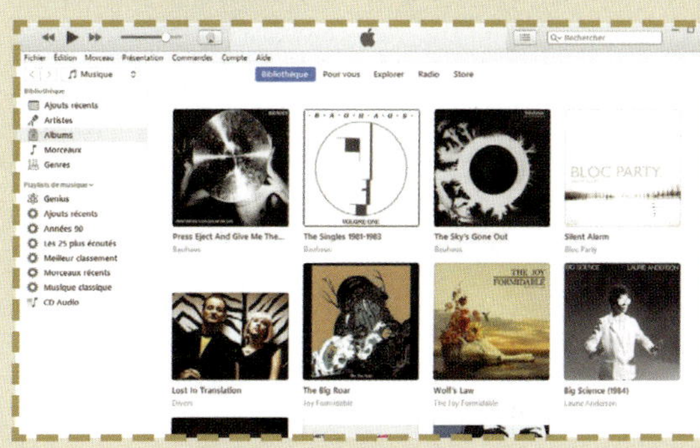

AUDACITY

DESCRIPTION : Audacity est un programme open source gratuit destiné à mastériser (réunir sur une seule bande) les morceaux de musique que vous composez et à numériser vos cassettes audio et vos vinyles. Il suffit pour cela de connecter une source audio analogique à la carte son de votre ordinateur. Vous pourrez alors couper, copier et coller du contenu sonore sur plusieurs pistes et appliquer des filtres, notamment pour réduire le souffle des enregistrements, supprimer les craquements et dynamiser les fréquences audio. Une fois vos traitements appliqués, vous pourrez exporter le résultat sous divers formats audionumériques, dont l'universel MP3, afin de profiter de vos anciens disques et enregistrements sur vos appareils mobiles et votre ordinateur.

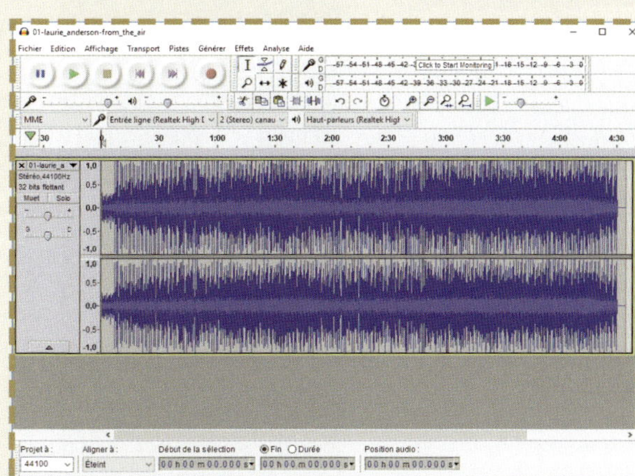

GENRE : éditeur audio
LICENCE : gratuite
LANGUE : français
TAILLE : 25,86 Mo
LIEN VERS L'ÉDITEUR
https://sourceforge.net/projects/audacity

BEAT - MUSIC PLAYER

DESCRIPTION : Application iOS simple et intuitive de lecture des fichiers audio. Elle diffuse des thèmes visuels variés pour agrémenter l'écoute de vos chansons préférées. Vous pouvez également contrôler les actions de votre lecteur avec des gestes et sans bouton ou en secouant votre iPhone ou iPad. Elle permet de partager ce que vous écoutez sur Twitter et Facebook. Enfin, les musiques peuvent être diffusées via Airplay (protocole de partage de contenu développé par Apple, notamment pour son Apple TV) sur tout appareil compatible. En revanche, vous ne pouvez pas télécharger de musique depuis cette application.

GENRE : lecteur
LICENCE : gratuite
LANGUE : français
TAILLE : 46,5 Mo
LIEN VERS L'ÉDITEUR
App Store

PIXEL - LECTEUR DE MUSIQUE

DESCRIPTION : Lecteur de musique, de radio, de podcasts et de vidéos pour Android, cette application dispose d'un puissant égaliseur 5 bandes. Ce lecteur permet de créer des playlists de vos titres préférés. Il est très intuitif et se contrôle aisément. Vous recherchez vos titres par *Artistes*, *Albums*, *Titres*, *Playlists* et *Genres*. Vous pouvez aussi vous abonner à des podcasts audio ou même vidéo pour les écouter en ligne ou les télécharger. Pixel offre également un accès direct à une large sélection de webradios musicales classée selon le genre de musique diffusée. En revanche, vous ne pouvez pas télécharger de morceaux via l'application.

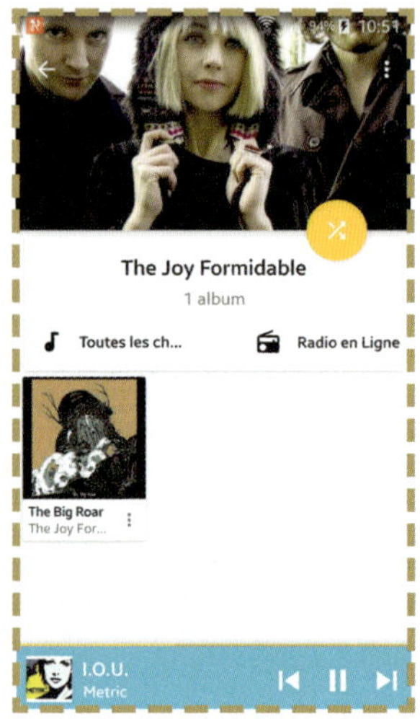

GENRE : lecteur
LICENCE : gratuite
LANGUE : français
TAILLE : 4,34 Mo
LIEN VERS L'ÉDITEUR
Play Store

MUSIXMATCH

DESCRIPTION : Cette application Android et iOS permet d'écouter de la musique tout en affichant les paroles à l'écran. Elle synchronise les textes avec Youtube, Spotify, Pandora, etc. Une traduction en temps réel est même disponible. Vous pouvez diffuser le contenu de votre bibliothèque multimédia. Musixmatch s'interface facilement avec Chromecast, notamment pour diffuser les vidéos Youtube sur votre télévision.

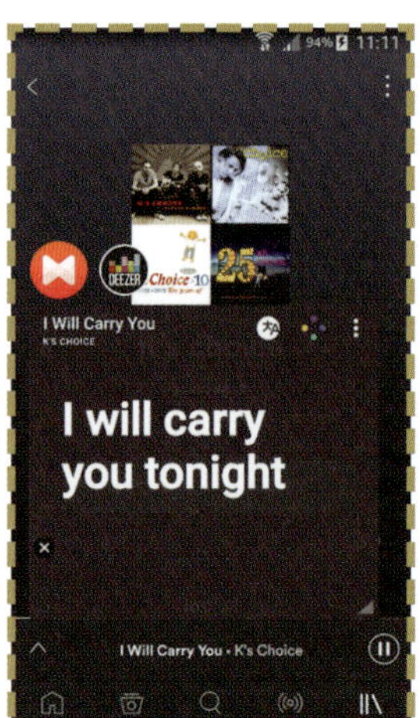

GENRE : lecteur
LICENCE : gratuite
LANGUE : français
TAILLE : 62.8 Mo
LIEN VERS L'ÉDITEUR
Play Store
et App Store

SHAZAM

DESCRIPTION : Application de reconnaissance musicale pour Android et iOS qui utilise le microphone du téléphone pour enregistrer un extrait d'une musique que vous entendez sur un média quelconque. Shazam compare le son avec les échantillons de sa base de données et, s'il identifie le morceau, il en affiche l'album. Vous pouvez l'écouter ou l'acheter depuis l'application ou d'autres plateformes. Vous pourrez aussi le partager suivant les applications présentes sur votre appareil.

GENRE : reconnaissance musicale/lecteur
LICENCE : gratuite
LANGUE : français
TAILLE : 81.4 Mo
LIEN VERS L'ÉDITEUR
Play Store
et App Store

GRAVURE

ROXIO CREATOR NXT 5

DESCRIPTION : Cette suite logicielle permet de travailler avec vos vidéos, photos et contenus audio, mais aussi de sauvegarder vos données sur CD et DVD. Un module planifie vos sauvegardes pour qu'elles s'effectuent automatiquement. Avec ce logiciel, vous pourrez copier vos DVD double et simple couche, créer des compilations personnalisées en compressant 4 heures de vidéo DVD sur un seul disque avec une très faible altération de la qualité des images. Le module Roxio Burn 4 grave et copie des DVD par simple glisser-déposer des fichiers depuis l'*Explorateur de fichiers* vers l'interface de cet utilitaire. Des outils de partage assurent l'archivage et la distribution de vos fichiers multimédia sur CD et DVD. Enfin, Roxio est capable d'effectuer des sauvegardes sur plusieurs disques et est compatible avec les disques Blu-ray haute capacité de 50 Go.

GENRE : graveur CD/DVD
LICENCE : payante
LANGUE : français
TAILLE : 3 Go
LIEN VERS L'ÉDITEUR
www.roxio.com/fra/products/creator

NERO BURNING ROM

DESCRIPTION : Nero est un logiciel de gravure très complet capable d'extraire vos CD audio et de les convertir en une multitude de formats (dont MP3). Il copie les CD, DVD et Blu-ray et peut reproduire les informations des albums (titres, nom de l'artiste et pochette originale). Nero permet de créer des images ISO de vos disques afin de disposer d'une sauvegarde originale que vous pourrez dupliquer à volonté sur disque optique. En matière de création de CD audio, le logiciel dispose de fonctions d'amélioration automatique du son et de filtres paramétrables. De plus, la technologie *SecurDisc 4.0* crypte l'accès au contenu de vos gravures via une signature digitale et un mot de passe. Enfin, la redondance des données assure une lisibilité de vos disques rayés.

GENRE : graveur CD/DVD
LICENCE : payante
LANGUE : français
TAILLE : 2,92 Mo
LIEN VERS L'ÉDITEUR
www.nero.com/fra/products/nero-burning-rom

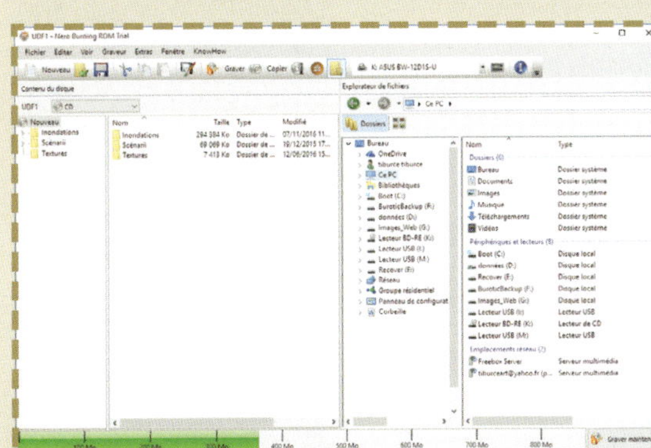

COMPRESSION

7-ZIP

DESCRIPTION : 7-Zip est un logiciel open source au taux de compression très élevé. Il supporte un grand nombre de formats dont les très célèbres ZIP et RAR. Un utilitaire de compression est indispensable car la fonction *Dossier compressé* de Windows applique un taux de compression moyen qui ne permet pas d'économiser autant d'espace de stockage que lors d'une compression faite avec 7-Zip. S'il est possible de compresser ou décompresser des fichiers au format ZIP ou RAR, vous pouvez aussi utiliser le format 7z, spécifique au logiciel, qui offre des options de protection des données plus poussées. Comme pour tous les logiciels de compression, un simple clic droit sur un dossier ou un fichier vous permet d'accéder aux options de compression de 7-Zip.

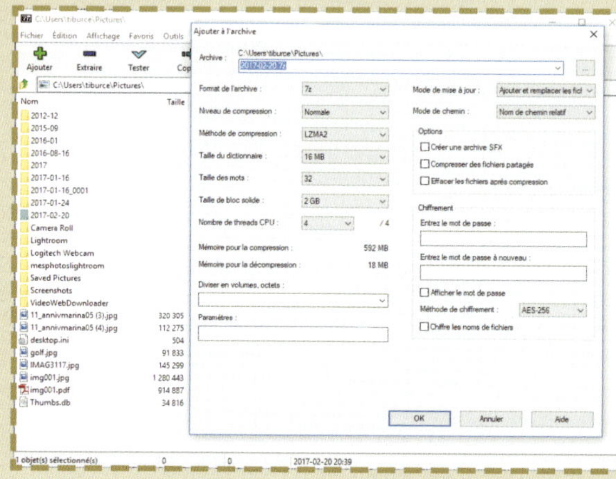

GENRE : compresseur de fichiers
LICENCE : gratuite
LANGUE : français
TAILLE : 1 Mo
LIEN VERS L'ÉDITEUR
www.spiroo.be/7zip

RAR POUR ANDROID

Utilitaire de compression tout en un capable de créer des fichiers auto-extractibles, cette application gratuite compresse en RAR et ZIP et peut aussi extraire des fichiers TAR, 7z, ISO et ARJ. Elle dispose d'une fonction de réparation des fichiers RAR et ZIP endommagés. Vous pouvez également protéger vos archives par mot de passe et créer des profils de compression.

GENRE : compresseur de fichiers
LICENCE : gratuite
LANGUE : français
TAILLE : 4,28 Mo
LIEN VERS L'ÉDITEUR
Play Store

WINZIP FREE POUR IOS

Utilitaire de compression le plus populaire sous iOS, il gère les formats Zip, ZIPX, 7z, RAR et LHA. La version payante permet de travailler avec vos fichiers compressés dans Dropbox, Google Drive, OneDrive ou iCloud. Une visionneuse permet d'obtenir un aperçu de toutes les images d'un fichier ZIP. Enfin, WinZip est compatible avec AirDrop, qui permet de partager vos fichiers avec d'autres utilisateurs de périphérique iOS.

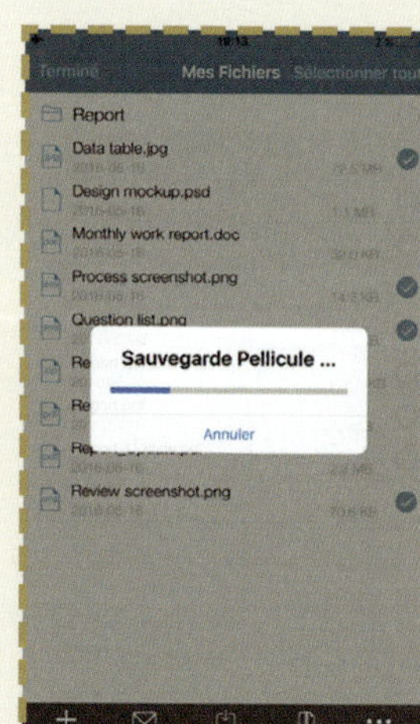

GENRE : compresseur de fichiers
LICENCE : gratuite (version Pro payante)
LANGUE : français
TAILLE : 22,2 Mo
LIEN VERS L'ÉDITEUR
App Store

SAUVEGARDE

CARBONITE

DESCRIPTION : Carbonite est un système par abonnement de sauvegarde de fichiers en ligne pour votre PC. Il n'a aucune restriction d'espace de stockage. Il vous sera possible d'accéder à vos fichiers où que vous soyez dès lors que vous disposerez d'un accès à Internet. Une fois configurée, la sauvegarde des fichiers se fait automatiquement. Si nécessaire, un clic suffit pour restaurer vos fichiers sur n'importe quel ordinateur. Carbonite existe aussi pour les appareils sous iOS et Android.

GENRE : sauvegarde en ligne
LICENCE : payante (abonnement)
LANGUE : anglais
TAILLE : 2,3 Mo
LIEN VERS L'ÉDITEUR
www.carbonite.com/en

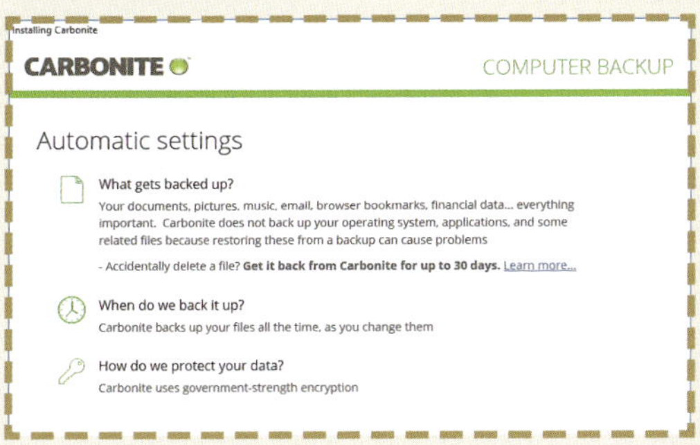

HELIUM POUR ANDROID

DESCRIPTION : Helium est une application de sauvegarde pour les appareils sous Android. Vous pouvez planifier les sauvegardes automatiques des applications et des données, qui s'effectueront sur votre carte SD ou sur le Cloud. Helium existe en version gratuite et en version Premium payante.

GENRE : sauvegarde en ligne
LICENCE : gratuite / payante
LANGUE : français
TAILLE : 5,26 Mo
LIEN VERS L'ÉDITEUR
www.clockworkmod.com

NORTON ONLINE BACKUP

DESCRIPTION : Fonctionnant sur le même principe que Carbonite, mais sans installation d'un programme sur votre ordinateur, Norton Online Backup met à votre disposition 25 Go d'espace de sauvegarde extensible pour des données provenant de cinq ordinateurs. Comme avec tout système de Cloud, vous pourrez sauvegarder et restaurer des données où que vous soyez du moment que vous disposez d'un accès à Internet. De plus, Norton conserve pendant 90 jours une trace des fichiers remplacés. Installez le logiciel, configurez la sauvegarde et ne vous occupez plus de rien. Seuls les nouveaux fichiers et les fichiers modifiés sont ajoutés à votre sauvegarde en ligne, optimisant ainsi l'espace de stockage. La sauvegarde se fait via votre navigateur web.

GENRE : sauvegarde en ligne
LICENCE : payante (abonnement)
LANGUE : français
TAILLE : 12 Mo
LIEN VERS L'ÉDITEUR
https://fr.norton.com/online-backup

ICLOUD ET ITUNES POUR IOS

DESCRIPTION : iCloud est la solution de sauvegarde et de stockage à distance d'Apple disponible par défaut sur tous les appareils sous iOS. Elle permet de sauvegarder vos photos, vidéos, documents, musiques et applications, mais aussi de les synchroniser sur tous vos périphériques. Le contenu ainsi transféré sera disponible via un navigateur web sur iCloud Drive. Une autre solution pour sauvegarder les données de votre appareil sous iOS consiste à passer par iTunes.

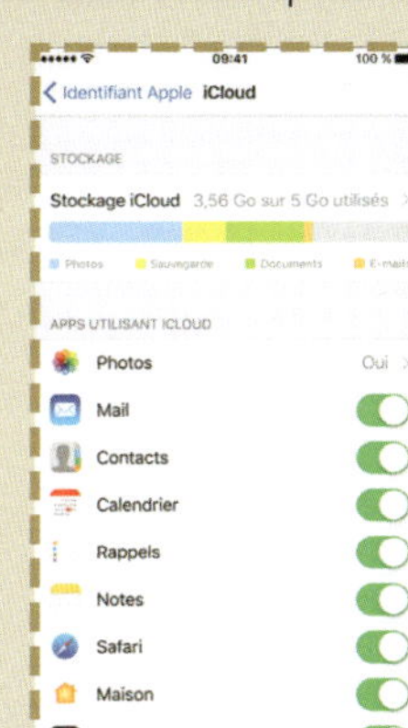

GENRE : sauvegarde
LICENCE : gratuite (payante au-delà de 5 Go de stockage)
LANGUE : français
TAILLE : 247 Mo (PC)
LIEN VERS L'ÉDITEUR
www.icloud.com
www.apple.com/fr/itunes/download

DIAGNOSTIC

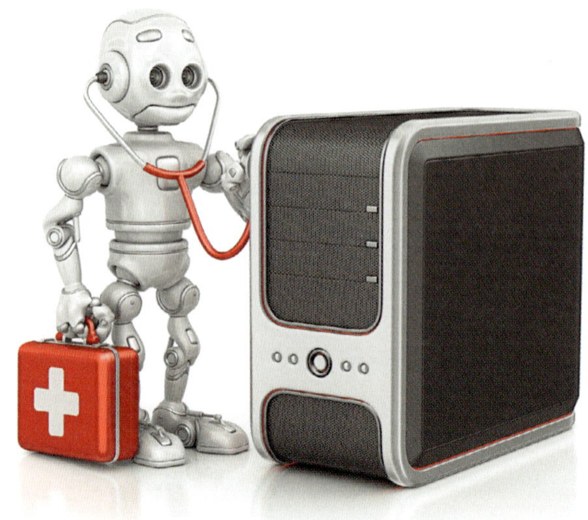

SPEEDFAN

DESCRIPTION : SpeedFan est un programme qui surveille les voltages, la vitesse des ventilateurs et les températures de votre ordinateur. En fonction de votre carte mère, SpeedFan peut réguler la vitesse des ventilateurs et ainsi réduire le bruit qu'ils émettent. Cet utilitaire communique également le pourcentage d'utilisation des cœurs de votre processeur, la température du GPU (processeur graphique) et de vos disques durs. Vous pouvez également afficher ces informations sous forme de graphiques en sélectionnant les composants à surveiller. Le téléchargement depuis le lien de l'éditeur est si complexe que nous vous conseillons de passer par les sites de téléchargement recommandés (voir p. 405).

GENRE : diagnostic matériel
LICENCE : gratuite
LANGUE : anglais
TAILLE : 2 Mo
LIEN VERS L'ÉDITEUR
www.almico.com/speedfan.php

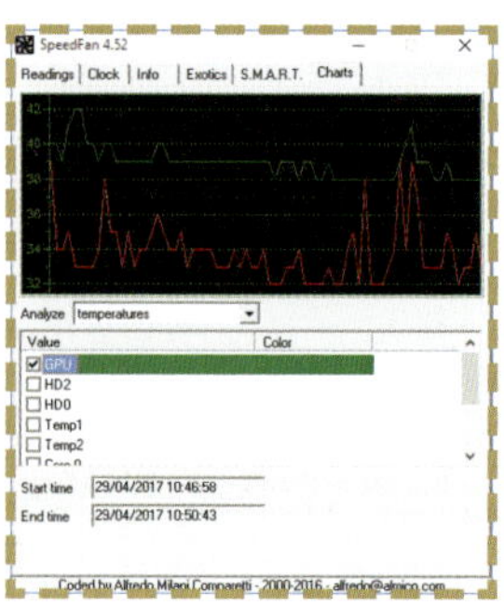

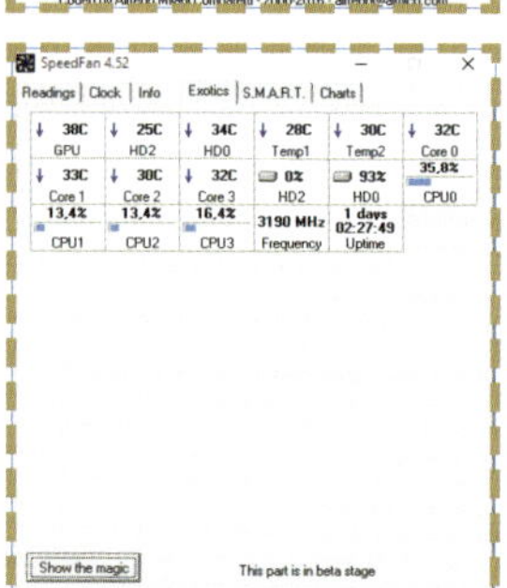

SISOFTWARE SANDRA LITE

DESCRIPTION : Ce logiciel de test, de diagnostic, de surveillance et d'information se compose de trois parties : maintenance de l'ordinateur, types de module et maintenance du programme. Les deux premières administrent l'ordinateur, analysent les performances, communiquent des informations sur le matériel et les logiciels. L'utilitaire évalue aussi les performances du processeur, de la carte graphique, des périphériques de stockage et de la mémoire. La surveillance indique les températures du CPU, GPU, chipset, la vitesse du bus PCI Express, de la RAM, etc.

GENRE : diagnostic matériel
LICENCE : gratuite
LANGUE : français
TAILLE : 65,59 Mo
LIEN VERS L'ÉDITEUR
www.sisoftware.eu/download-lite

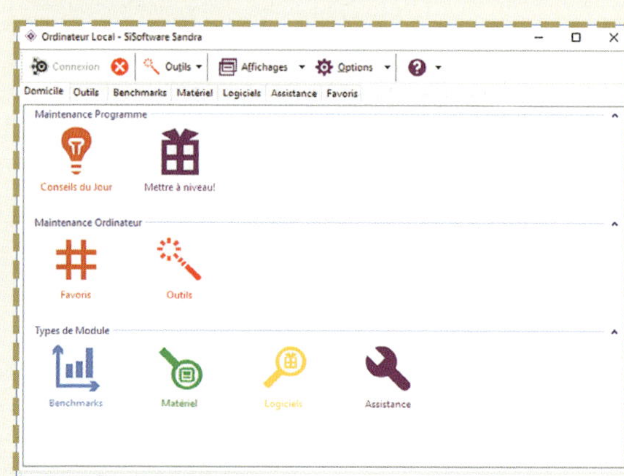

HD TUNE

DESCRIPTION : Utilitaire de surveillance de vos disques durs, HD Tune exploite leurs fonctions S.M.A.R.T. pour en effectuer un diagnostic complet et prévenir ainsi certaines défaillances. HD Tune contrôle aussi la température de vos disques et dispose d'un outil comparable à Scandisk de Windows pour détecter les clusters (grappes de serveurs ou d'ordinateurs travaillant de concert) défectueux.

GENRE : diagnostic matériel
LICENCE : gratuite
LANGUE : anglais
TAILLE : 642 Ko
LIEN VERS L'ÉDITEUR
www.hdtune.com

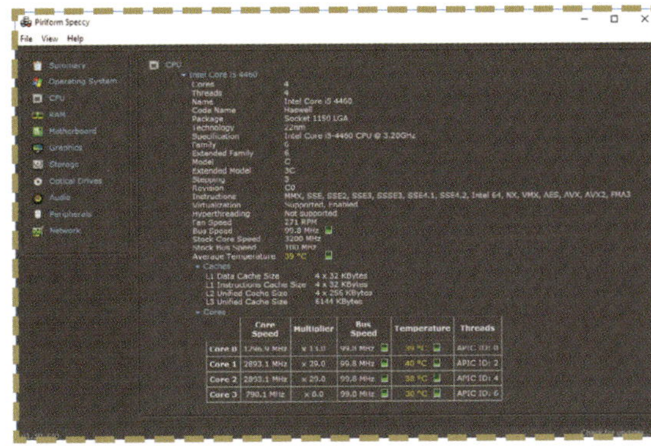

PIRIFORM SPECCY

DESCRIPTION : Utilitaire qui fait l'inventaire du contenu de votre ordinateur et qui vous aide ainsi à effectuer les bonnes mises à jour matérielles. Il vous communique des statistiques sur le CPU, la carte mère, la mémoire RAM, la carte graphique, etc. Vous pouvez surveiller en temps réel la température des composants sensibles afin de contrôler si votre utilisation de l'ordinateur est conforme à ses spécifications techniques (que vous n'utilisez pas un programme trop puissant pour lui, par exemple, ce qui endommagerait ses composants sur le long terme).

GENRE : diagnostic matériel
LICENCE : gratuite
LANGUE : anglais
TAILLE : 6 Mo
LIEN VERS L'ÉDITEUR
www.piriform.com/speccy

DRIVERSCLOUD

DESCRIPTION : Service de diagnostic établi sur le Web, DriversCloud permet d'identifier les composants de votre ordinateur, mais aussi de trouver les pilotes et de diagnostiquer des problèmes, notamment celui du célèbre et terrifiant écran bleu. Vous pouvez opter soit pour la détection en ligne, soit pour la détection hors ligne en téléchargeant l'utilitaire correspondant. Cette dernière créera un fichier de diagnostic que vous téléchargerez sur DriversCloud pour l'analyse des problèmes éventuels. Lorsque la détection se fait en ligne, les résultats s'affichent dans votre navigateur web.

GENRE : diagnostic matériel
LICENCE : gratuite
LANGUE : français
TAILLE : 8 Mo
LIEN VERS L'ÉDITEUR
www.driverscloud.com/fr

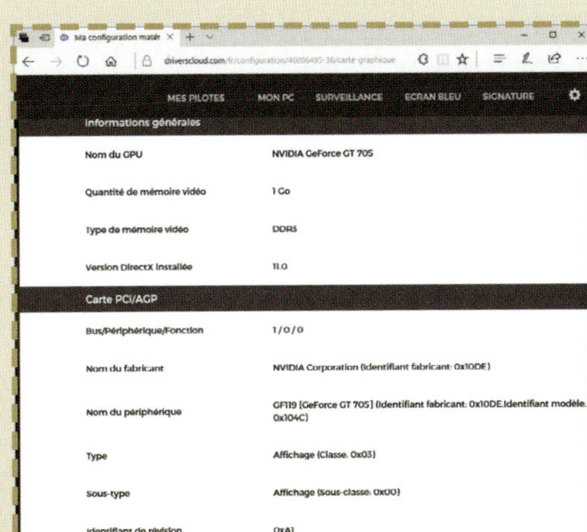

POUR COMMUNIQUER

SKYPE

DESCRIPTION : Logiciel de téléphonie et visiophonie par Internet. Conversez par audio, webcam ou messagerie instantanée avec des personnes possédant aussi Skype. Vous pouvez envoyer simultanément des fichiers. Skype existe en version Android, iOS, Windows et sur votre navigateur web.

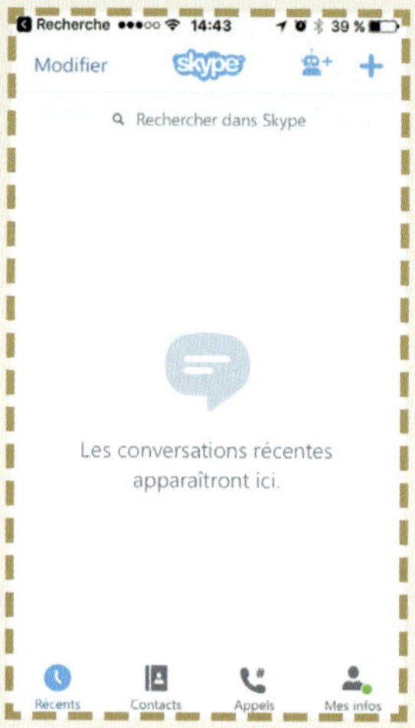

GENRE : téléphonie/visiophonie/messagerie instantanée
LICENCE : gratuite
LANGUE : français
TAILLE : 55,97 Mo
LIEN VERS L'ÉDITEUR
www.skype.com
Play Store
et App Store

LINE

DESCRIPTION : Line propose une messagerie instantanée agrémentée de stickers et émoticônes ou de photos, vidéos et messages vocaux que vous insérez. La création de discussions en groupe est très intuitive, mais vos correspondants doivent également être équipés du logiciel, qui est disponible pour Android, iOS et Windows.

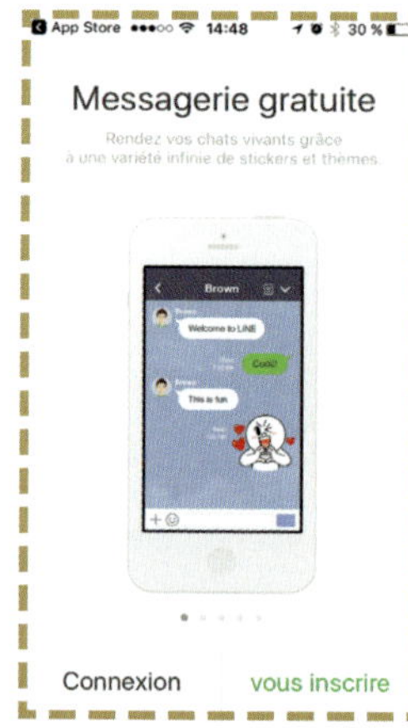

GENRE : téléphonie/visiophonie/messagerie instantanée
LICENCE : gratuite
LANGUE : français
TAILLE : 70,25 Mo
LIEN VERS L'ÉDITEUR
https://line.me/fr
Play Store
et App Store

ICQ

DESCRIPTION : ICQ (prononcé « *I seek you* », « Je te cherche » en français) est l'un des plus anciens logiciels de messagerie instantanée et est disponible sur ordinateur et appareils mobiles. Il est possible de converser à l'écrit, en vidéo et en audio. Toutes les conversations sont chiffrées pour assurer qu'elles restent privées. ICQ permet aussi de se connecter à des salons de conversation publics pour discuter avec des utilisateurs d'ICQ inconnus.

GENRE : téléphonie/visiophonie/messagerie instantanée
LICENCE : gratuite
LANGUE : anglais
TAILLE : 47,41 Mo
LIEN VERS L'ÉDITEUR
www.icq.com
Play Store et App Store

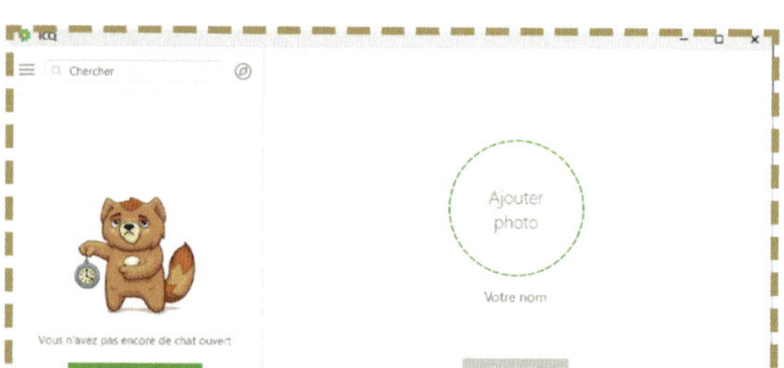

VIBER

DESCRIPTION : Il s'agit d'un système de messagerie instantanée et de téléphonie. Avec la messagerie instantanée, vous avez la possibilité d'envoyer du texte, des photos et vos données de localisation à vos proches. Vous pouvez aussi effectuer des appels vocaux et vidéo (entre deux applications Viber). Viber permet également, avec la fonction ViberOut, d'appeler, moyennant paiement, des numéros qui n'auraient pas l'application. Il est disponible pour Windows mais aussi pour les appareils mobiles sous Android et iOS.

GENRE : téléphonie/visiophonie/messagerie instantanée
LICENCE : gratuite
LANGUE : français
TAILLE : 64,91 Mo
LIEN VERS L'ÉDITEUR
www.viber.com
Play Store
et App Store

WHATSAPP

DESCRIPTION : WhatsApp est avant tout conçu pour les appareils sous Android et iOS, bien qu'on puisse aussi y accéder depuis un PC. Dès que vous installez l'application sur votre smartphone, WhatsApp détecte et récupère automatiquement tous les numéros de vos contacts qui utilisent également l'application. Vous pouvez passer des appels audio et vidéo entre les appareils équipés de l'application et envoyer des messages texte ou des fichiers. L'éditeur met en avant la sécurité de l'application grâce au chiffrement des échanges.

GENRE : téléphonie/visiophonie/messagerie instantanée
LICENCE : gratuite
LANGUE : français
TAILLE : 93,2 Mo
LIEN VERS L'ÉDITEUR
www.whapsapp.com
Play Store
et App Store

FACEBOOK MESSENGER

DESCRIPTION : Il s'agit de la messagerie instantanée de Facebook. Sur ordinateur, vous utilisez un navigateur web pour accéder à Facebook et la messagerie est directement intégrée à la page. En revanche, sur les versions mobiles pour Android ou iOS, il existe deux applications : une qui permet de gérer Facebook et une autre, Messenger, qui sert uniquement pour la messagerie instantanée.
Comme avec les applications précédentes, il est possible d'utiliser l'application pour échanger par téléphone ou par vidéo.

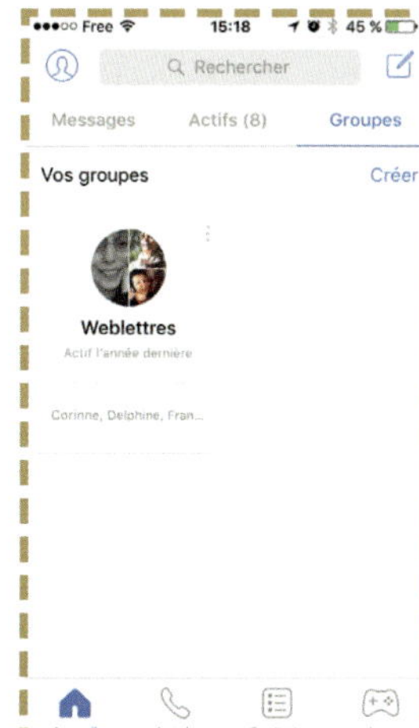

GENRE : téléphonie/visiophonie/messagerie instantanée
LICENCE : gratuite
LANGUE : français
TAILLE : 137 Mo
LIEN VERS L'ÉDITEUR
www.facebook.fr
Play Store
et App Store

GOOGLE ALLO

DESCRIPTION : Il s'agit aussi d'une application de messagerie texte pour appareils sous Android et iOS. Mais contrairement aux autres, elle est équipée d'un assistant répondant aux questions que vous lui posez au fil de la conversation (pour lui demander la météo, des suggestions de restaurants, etc.). On trouve aussi la fonction *smart reply* (« réponse intelligente »), qui suggère des réponses aux messages reçus, en fonction du contexte. Là encore, l'application n'est pas compatible avec celles des autres éditeurs.

GENRE : messagerie instantanée
LICENCE : gratuite
LANGUE : français
TAILLE : 12,79 Mo
LIEN VERS L'ÉDITEUR
Play Store
et App Store

FACETIME

DESCRIPTION : Facetime est une application installée par défaut sur les appareils fonctionnant sous iOS (l'application est également disponible sur les ordinateurs MacOS). Vous l'utilisez pour correspondre avec les autres utilisateurs de Facetime à l'aide de la caméra et du micro qui équipent les appareils portables (et la majorité des Mac). Si vous voulez envoyer des messages texte, Facetime basculera automatiquement dans l'application Messages d'Apple. Il n'existe pas de version pour Android ou PC. L'application étant directement intégrée dans les appareils Apple, vous n'avez pas à la télécharger.

GENRE : téléphonie/visiophonie
LICENCE : gratuite
LANGUE : français
TAILLE : 13,41 Mo
LIEN VERS L'ÉDITEUR
App Store

COURRIER ÉLECTRONIQUE

COURRIER

DESCRIPTION : Le logiciel de messagerie intégré à Windows 10 permet de gérer les mails directement sur votre PC à partir de différents comptes de messagerie (celui fournit par votre FAI, Outlook, Google, Yahoo!, etc.). Si le compte de messagerie que vous configurez contient des services tels que la gestion des calendriers, ceux-ci peuvent être pris en charge.
Le logiciel permet de gérer des calendriers et des contacts et classe automatiquement les mails en fonction de règles que vous définissez.

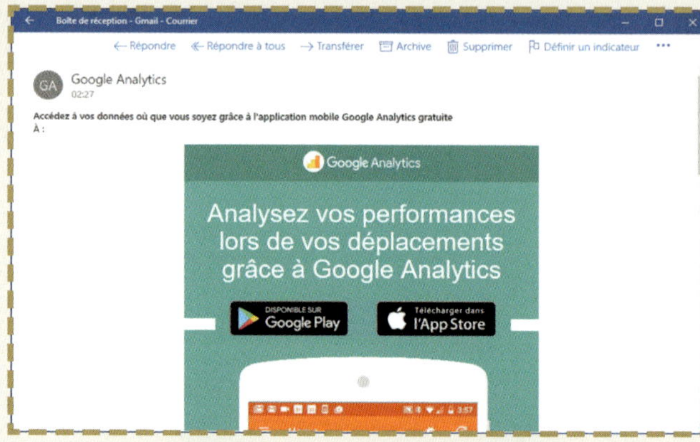

GENRE : client de messagerie
LICENCE : gratuite
LANGUE : français
TAILLE : 258.6 Mo
LIEN VERS L'ÉDITEUR
Windows Store

OUTLOOK 2016

DESCRIPTION : Cette application fournie avec certaines versions de la suite Office est un puissant client de messagerie qui gère les calendriers, les tâches et les contacts. En ce qui concerne les mails, vous trouvez de nombreuses fonctionnalités pour classer automatiquement les messages dans des dossiers.
Il existe aussi un webmail gratuit (Outlook.com).

GENRE : client de messagerie
LICENCE : payante
LANGUE : français
TAILLE : non applicable
LIEN VERS L'ÉDITEUR
www.microsoft.com/fr-fr/outlook-com

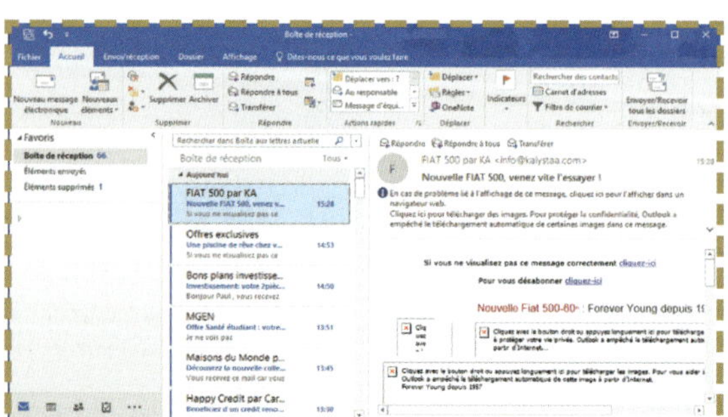

OUTLOOK POUR SMARTPHONE

DESCRIPTION : Microsoft décline son logiciel de messagerie Outlook en application gratuite proposée à la fois sous iOS et sous Android au même titre que les autres applications de la suite Office. L'application offre le classement automatique des mails en fonction de règles que vous définissez et la gestion d'un agenda inclus dans l'application. Vous avez également la possibilité de partager des fichiers de grande taille à partir de comptes tels que OneDrive, Dropbox et Google Drive.

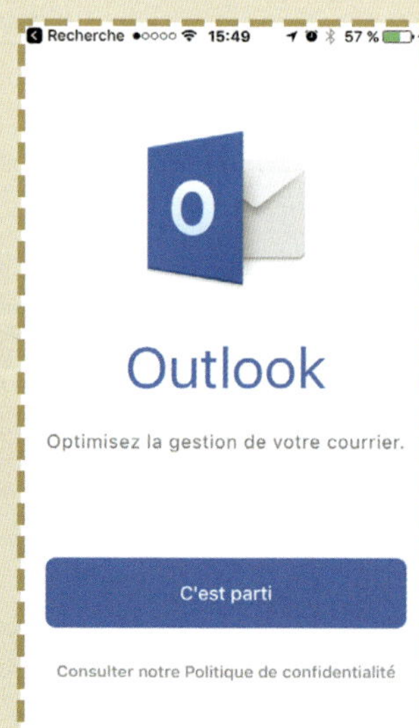

GENRE : client de messagerie
LICENCE : gratuite
LANGUE : français
TAILLE : 108 Mo
LIEN VERS L'ÉDITEUR
Play Store et App Store

INBOX

DESCRIPTION : Il s'agit du nouveau service de messagerie en ligne (webmail) de Google. Les fonctionnalités sont évoluées et permettent une bonne gestion des mails. Inbox existe sous forme d'application pour les appareils sous Android et iOS.

GENRE : client de messagerie
LICENCE : payante
LANGUE : français
TAILLE : non applicable
LIEN VERS L'ÉDITEUR
http://inbox.google.fr
Play Store et App Store

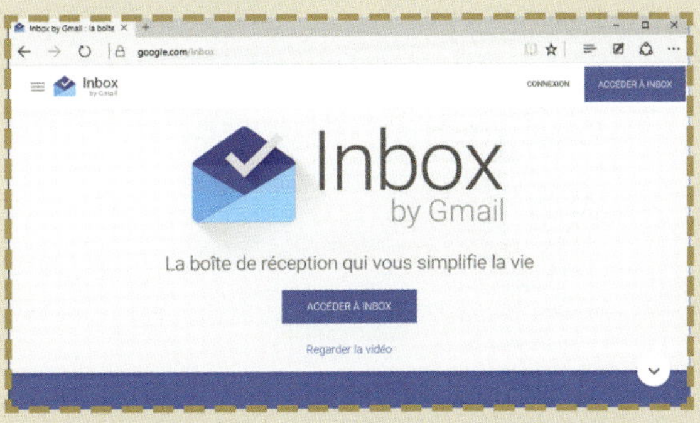

THUNDERBIRD

DESCRIPTION : Ce logiciel de Mozilla est une excellente alternative à Courrier de Windows 10.
Il est possible d'installer des modules qui permettent d'ajouter des fonctionnalités au gestionnaire de messagerie.

GENRE : client de messagerie
LICENCE : gratuite
LANGUE : français
TAILLE : 38,67 Mo
LIEN VERS L'ÉDITEUR
www.mozilla.org/fr/thunderbird

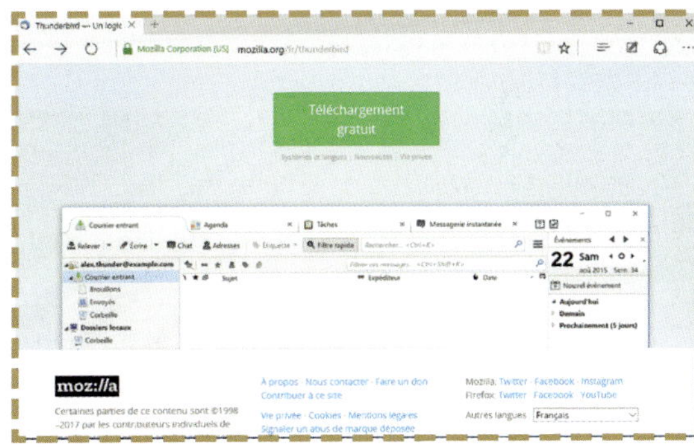

INCREDIMAIL

DESCRIPTION : Logiciel de messagerie très apprécié par les débutants grâce à son interface colorée. Vous pouvez vous connecter aux messageries de plusieurs FAI ou fournisseurs de comptes de messagerie.

GENRE : client de messagerie
LICENCE : gratuite
LANGUE : français
TAILLE : 12,44 Mo
LIEN VERS L'ÉDITEUR
www.incredimail.com/fr

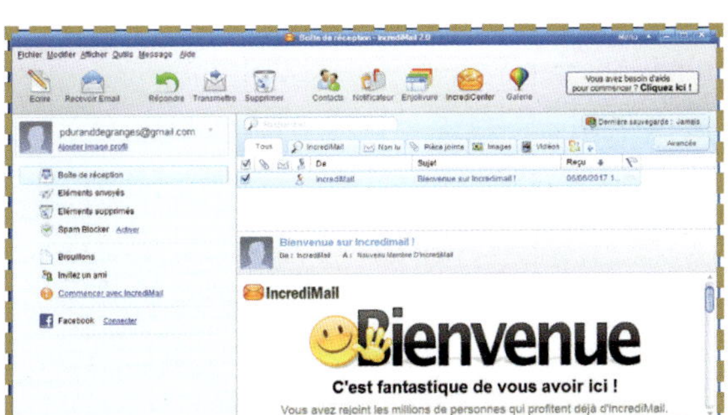

BLUEMAIL

DESCRIPTION : Il s'agit d'une application de messagerie destinée aux appareils sous Android et iOS. L'application se concentre sur les personnes. Vous pouvez en effet afficher les mails concernant une personne précise (en tant que destinataire et expéditeur), ce qui vous évite de rechercher dans des mails classés par ordre chronologique.

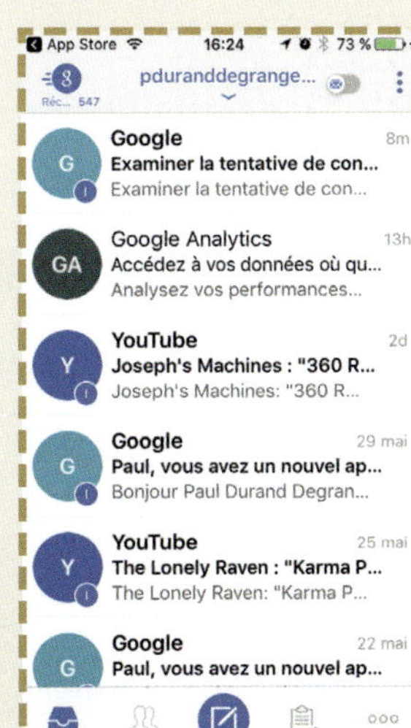

GENRE : client de messagerie
LICENCE : gratuite
LANGUE : anglais
TAILLE : 110 Mo
LIEN VERS L'ÉDITEUR
https://bluemail.me
Play Store
et App Store

PARTAGE DE FICHIERS

WETRANSFER

DESCRIPTION : Utilisez ce service pour envoyer des fichiers volumineux (jusqu'à 2 Go dans sa version gratuite) à des personnes. Celles-ci recevront un lien de téléchargement pour récupérer les fichiers.

GENRE : échange de fichiers
LICENCE : gratuite (fonctionnalités « Plus » payantes)
LANGUE : français
TAILLE : non applicable
LIEN VERS L'ÉDITEUR
https://wetransfer.com

DL FREE

DESCRIPTION : Vous pouvez utiliser DL Free gratuitement pour échanger des fichiers volumineux (jusqu'à 1 Go). Vous envoyez votre fichier et vos correspondants reçoivent un lien de téléchargement.

GENRE : échange de fichiers
LICENCE : gratuite
LANGUE : français
TAILLE : non applicable
LIEN VERS L'ÉDITEUR
http://dl.free.fr

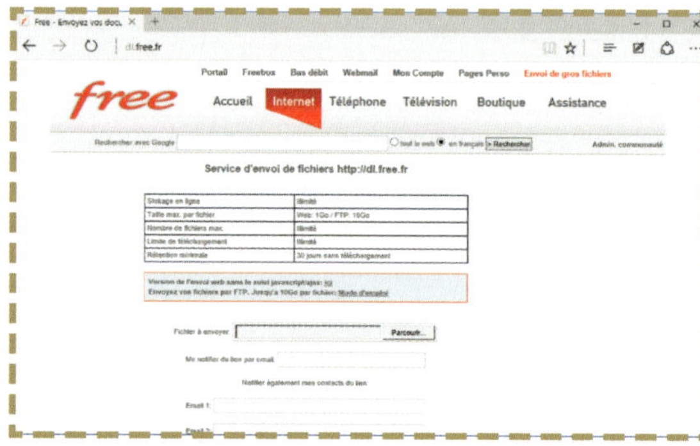

LOGMEIN HAMACHI

DESCRIPTION : LogMeIn est un outil permettant de créer un réseau privé virtuel auquel d'autres personnes (max. 5 ordinateurs par réseau) peuvent se connecter par Internet où qu'elles soient. Vous pouvez ensuite partager des fichiers comme sur un réseau local.

GENRE : réseau privé virtuel
LICENCE : gratuite
LANGUE : anglais
TAILLE : 9,93 Mo
LIEN VERS L'ÉDITEUR
www.vpn.net

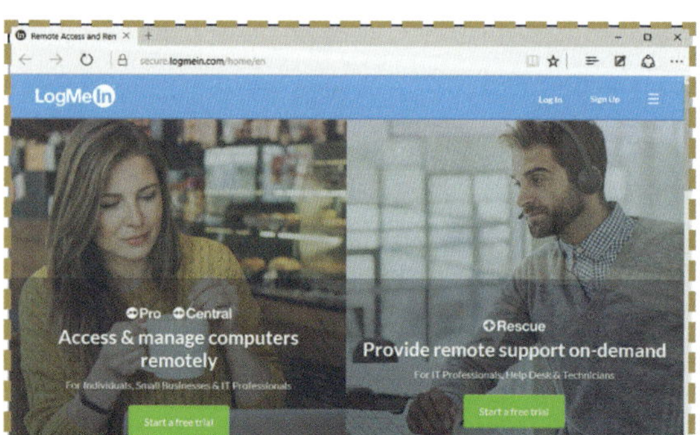

SMASH

DESCRIPTION : Il s'agit d'un service de transfert de fichiers gratuit et sans limite de taille. Choisissez le fichier que vous souhaitez partager puis envoyez le lien de téléchargement à vos correspondants.

GENRE : échange de fichiers
LICENCE : gratuite
LANGUE : français
TAILLE : non applicable
LIEN VERS L'ÉDITEUR
https://fromsmash.com

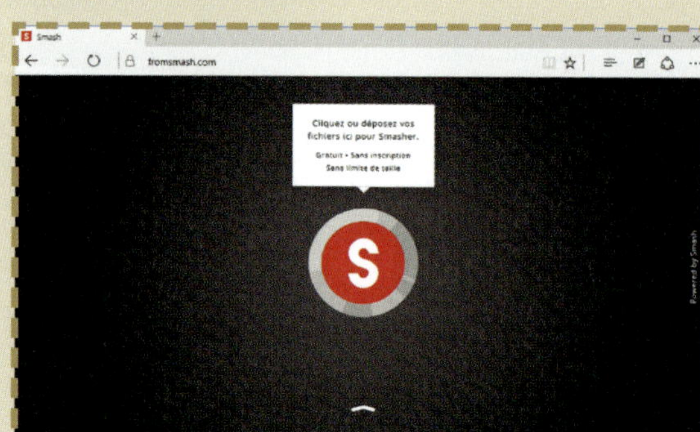

NAVIGATEURS INTERNET

GOOGLE CHROME

DESCRIPTION : Il s'agit du navigateur web de Google, parfois installé par défaut sur les appareils sous Android. Pour un appareil sous iOS ou sous Windows, vous devez télécharger l'application. Si vous utilisez le navigateur sur plusieurs appareils en même temps, vos favoris et vos recherches récentes sont synchronisés (quand vous êtes connecté à votre compte Google).

GENRE : navigateur web
LICENCE : gratuite
LANGUE : français
TAILLE : 38,12 Mo
LIEN VERS L'ÉDITEUR
www.google.fr/chrome
Play Store et App Store

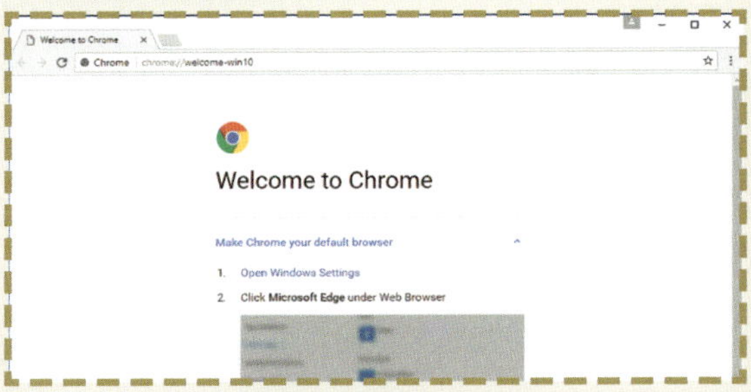

OPERA

DESCRIPTION : Un navigateur web simple à utiliser, sécurisé et qui intègre un bloqueur de publicités. Il propose un économiseur de batterie et un VPN gratuit. Vous pouvez télécharger l'application pour Windows mais aussi pour les appareils sous Android et iOS.

GENRE : navigateur web
LICENCE : gratuite
LANGUE : français
TAILLE : 36,94 Mo
LIEN VERS L'ÉDITEUR
www.opera.com
Play Store et App Store

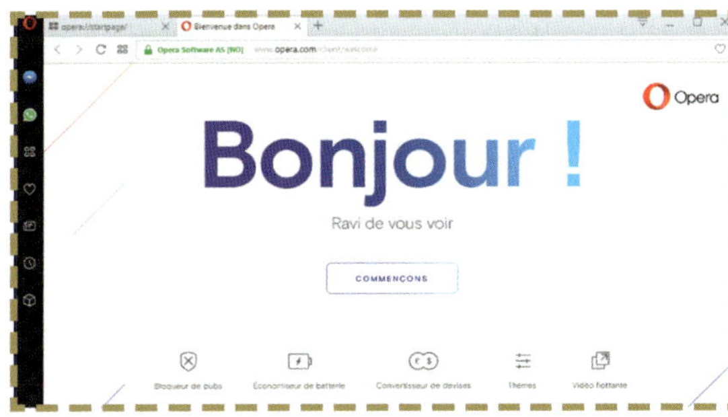

FIREFOX

DESCRIPTION : Navigateur web libre et personnalisable proposé par une fondation à but non lucratif. Disponible sur les appareils sous Android et iOS et sur PC.

GENRE : navigateur web
LICENCE : gratuite
LANGUE : français
TAILLE : 43,06 Mo
LIEN VERS L'ÉDITEUR
www.firefox.com
Play Store et App Store

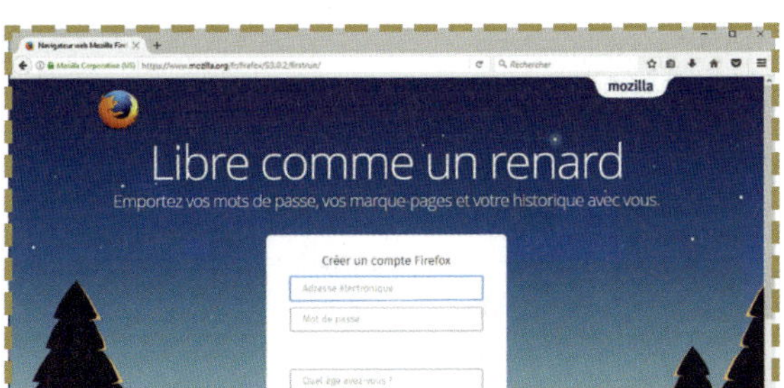

MICROSOFT EDGE

DESCRIPTION : Il s'agit du navigateur web par défaut de Windows 10, totalement intégré au système et qui n'est compatible qu'avec lui. Edge est performant mais peu personnalisable à ce jour.

GENRE : navigateur web
LICENCE : gratuite
LANGUE : français
TAILLE : non disponible
LIEN VERS L'ÉDITEUR
https://www.microsoft.com/fr-fr/windows/microsoft-edge

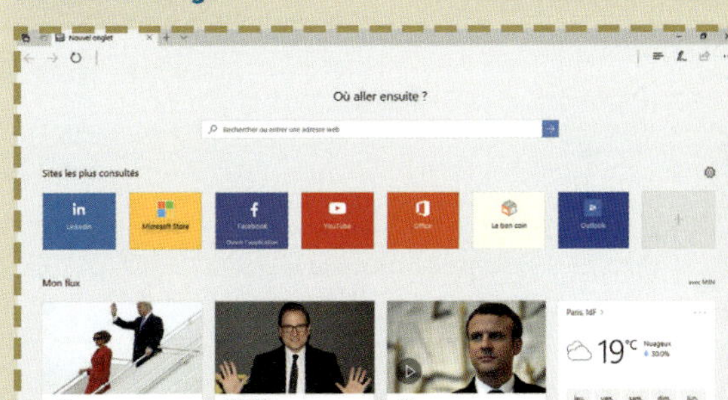

SÉCURITÉ

NORTON SECURITY

DESCRIPTION: Une des meilleures suites de sécurité pour PC et appareils sous Android. La version PC inclut un service de filtrage URL, un antivirus, un pare-feu, un contrôle des mails et un gestionnaire de mots de passe. Sous Android, Norton avertit avec la fonctionnalité App Advisor de la dangerosité d'une application, qu'elle soit un malware ou une source de fuite de données personnelles.

GENRE: suite de sécurité
LICENCE: payante
LANGUE: français
TAILLE: 71,46 Mo
LIEN VERS L'ÉDITEUR
https://fr.norton.com
Play Store

AVIRA

DESCRIPTION: La version gratuite d'Avira propose un antivirus qui offre un bon niveau de protection et conçu pour fonctionner avec le pare-feu de Windows. La version payante propose, elle, une suite de sécurité complète. L'application est disponible pour Windows et pour les appareils sous Android.

GENRE: antivirus
LICENCE: gratuite / payante
LANGUE: français
TAILLE: 4,58 Mo
LIEN VERS L'ÉDITEUR
www.avira.com
Play Store

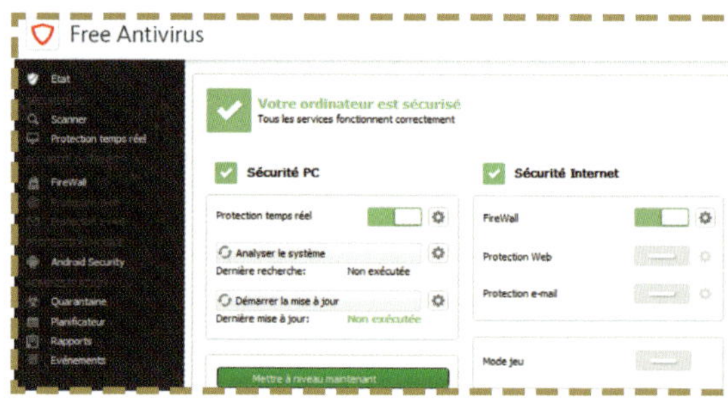

KAPERSKY INTERNET SECURITY

DESCRIPTION: Suite de sécurité puissante, combinant les fonctions pare-feu, antivirus, antispam et logiciel de protection parentale. Kaspersky Internet Security propose aussi une protection de vos données confidentielles (numéro de carte bancaire, etc.) et un VPN. Il existe une version pour appareils sous Android.

GENRE: suite de sécurité
LICENCE: payante
LANGUE: français
TAILLE: 187,11 Mo
LIEN VERS L'ÉDITEUR
www.kaspersky.com
Play Store

MALWAREBYTES

DESCRIPTION: Cette application est particulièrement efficace et, comme elle cible les malwares, elle détecte souvent des malwares encore inconnus des suites de sécurité. L'application existe pour Windows, mais également pour appareils sous Android.

GENRE: antimalware
LICENCE: gratuite
LANGUE: français
TAILLE: 60,12 Mo
LIEN VERS L'ÉDITEUR
https://fr.malwarebytes.com
Play Store

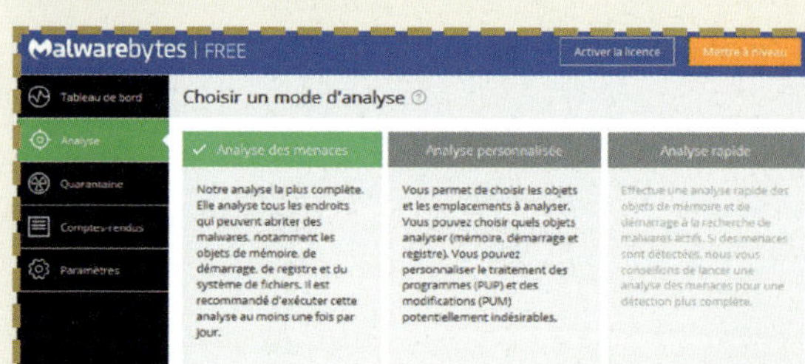

PARE-FEU ET ANTISPAM

ZONEALARM FREE FIREWALL 2017

DESCRIPTION : Ce pare-feu surveille les entrées et sorties réseaux sur votre ordinateur et permet la protection de l'identité face aux piratages. La version ZoneAlarm Mobile Security protège vos appareils sous Android contre les applications malveillantes et les attaques Wi-Fi.

GENRE : pare-feu
LICENCE : gratuite
LANGUE : français
TAILLE : 4,78 Mo
LIEN VERS L'ÉDITEUR
www.zonealarm.com/fr/software/free-firewall/
Play Store

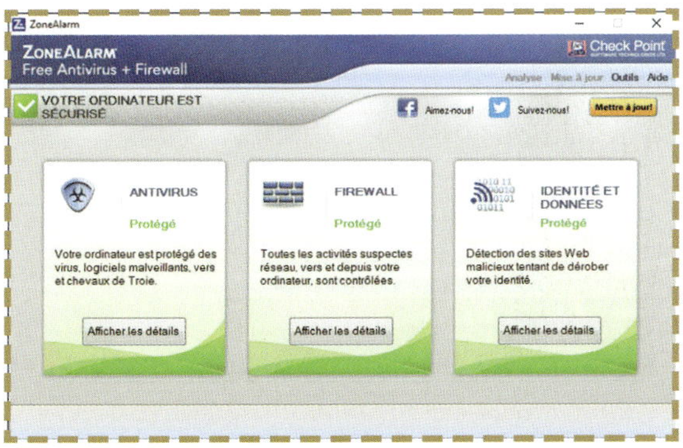

COMODO FIREWALL

DESCRIPTION : Ce programme gratuit est un pare-feu qui utilise une liste de programmes reconnus comme sûrs. Seuls les programmes de cette liste peuvent avoir automatiquement accès au réseau. Lorsque vous utilisez un programme qui n'y figure pas, vous recevez une alerte et vous décidez de la suite à donner. Comodo Firewall propose aussi des environnements sécurisés isolés pour exécuter des programmes inconnus ou pour visiter des sites web peu sûrs tout en protégeant votre PC.

GENRE : pare-feu
LICENCE : gratuite
LANGUE : français
TAILLE : 220,70 Mo
LIEN VERS L'ÉDITEUR
www.comodo.com/home/internet-security/firewall.php

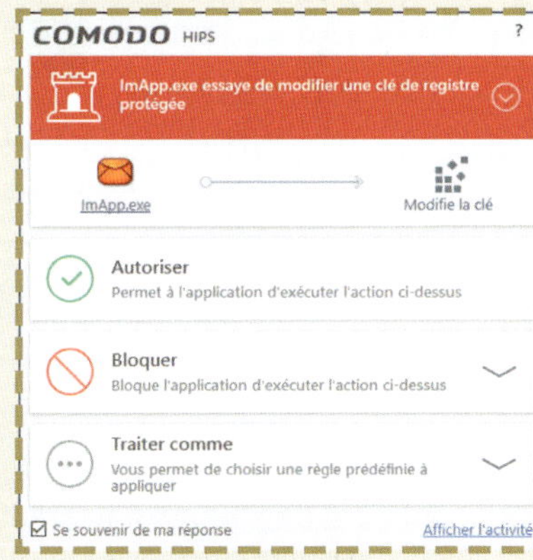

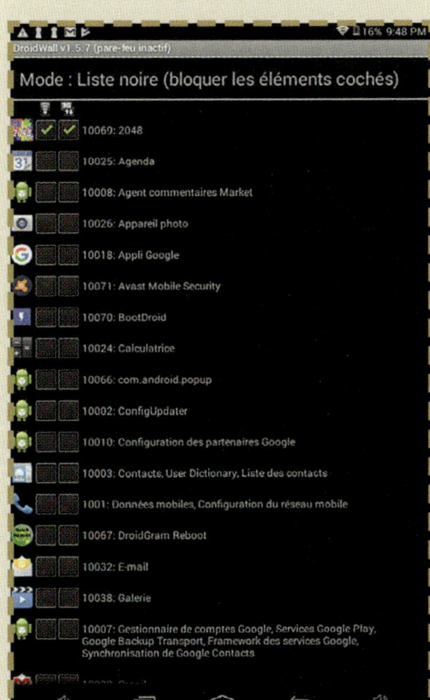

DROIDWALL

DESCRIPTION : Il s'agit d'un pare-feu pour les appareils sous Android. L'application va surveiller les échanges entre votre appareil et le réseau afin de détecter les éventuelles menaces. Pour installer l'application, vous devez avoir un appareil en mode *Root*. Si vous ignorez ce qu'est ce mode, effectuez une recherche sur Internet pour configurer votre appareil. C'est une application qui offre quelques fonctions puissantes pour les utilisateurs avancés.

GENRE : pare-feu
LICENCE : gratuite
LANGUE : anglais
TAILLE : 240 Ko
LIEN VERS L'ÉDITEUR
Play Store

LINUX, LE SYSTÈME D'EXPLOITATION « LIBRE »

Linux est un système d'exploitation au même titre que Windows. Vous en faites l'acquisition gratuitement et vous profitez de nombreuses applications, également gratuites. Son installation nécessite toutefois quelques connaissances.

Linux n'est pas un logiciel complémentaire que vous installez dans Windows, il s'agit d'un système d'exploitation à part entière qui peut « prendre la place » de Windows si vous l'installez sur votre ordinateur. De nombreux utilisateurs mettent en avant ce système d'exploitation en indiquant qu'il est gratuit, qu'il s'utilise sur tous les PC, qu'il n'appartient à aucune société mais à la communauté des utilisateurs et que tous ces utilisateurs peuvent l'améliorer. Il s'agit d'un système gratuit, universel, non-propriétaire et ouvert.

Il existe plusieurs « versions » de Linux que l'on appelle des « distributions » (Ubuntu, une des plus connues, Debian, Fedora, etc.). Toutes les versions possèdent un noyau (Linux lui-même), une interface graphique (un système de fenêtres et de menus semblables à Windows), ainsi que des applications qui diffèrent selon l'orientation de la distribution. Certaines distributions proposent, par exemple, des outils de bureautique, d'autres sont axées sur le multimédia.

En ce qui concerne les applications que vous pouvez installer sur Linux, la majorité d'entre elles sont gratuites. Il est même fréquent de voir certaines applications déjà installées sur les distributions. Ainsi, la distribution Ubuntu propose entre autres des applications de bureautique et de multimédia. Si l'application que vous souhaitez n'est pas installée par défaut, vous pouvez la récupérer sur les « dépôts » qui sont l'équivalent des Stores que l'on trouve sous Windows 10, Android ou iOS. En récupérant les applications sur ces dépôts, vous limitez le risque d'être attaqué par un virus. Sachez également que les applications pour Linux ne sont pas les mêmes que celles pour Windows. D'abord, certaines applications disponibles pour Windows peuvent ne pas exister pour Linux. Ensuite, les applications que vous installez sur votre PC Windows ne peuvent pas être installées sur un PC Linux. Dans certains cas, il existe des applications disponibles sur plusieurs plateformes (Android, iOS, Linux et Windows), c'est le cas de la majorité des navigateurs web, par exemple.

Linux offre de nombreux avantages : gratuit, fiable, peu de virus, assez intuitif, mais si vous êtes habitué à Windows, vous risquez de ne pas retrouver vos logiciels préférés. De plus, en cas de panne du système, vous devrez vous débrouiller seul et faire appel à la communauté Linux (si vous arrivez à naviguer sur le Web). Enfin, la cohabitation de Linux et Windows sur un même ordinateur peut être laborieuse à mettre en place, bien que des efforts de la part des deux systèmes soient faits pour pallier ce problème.

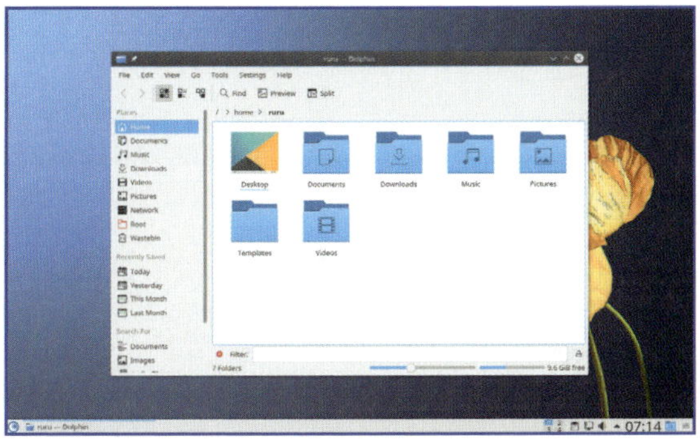

DISTRIBUTION OPENMANDRIVA

OpenMandriva est une des distributions libres de Linux. Elle remplace la distribution Mandriva, qui a été abandonnée. Il est possible de configurer une clé USB ou un DVD pour démarrer l'ordinateur avec OpenMandriva afin de tester et d'utiliser ce système sans toucher à votre installation de Windows. Pour plus d'informations, consultez le site **www.openmandriva.org/?lang=fr**. L'interface graphique, même si elle est différente de celle de Windows 10, est simple à utiliser et intuitive. Vous pouvez installer la suite bureautique OpenOffice et, si vous avez besoin d'un logiciel de retouche d'images performant, vous pouvez vous orienter vers GIMP.

DISTRIBUTION UBUNTU

Ubuntu est une distribution assez performante. Dans les pages suivantes, vous apprendrez à télécharger la distribution et à la configurer sur une clé USB afin de pouvoir la tester sur votre PC et, si elle vous convient, l'installer. Si vous souhaitez des informations sur la distribution, vous pouvez consulter la page web **www.ubuntu-fr.org**, qui est le site d'une communauté francophone sur Ubuntu. La page d'Ubuntu pour ordinateur se trouve à l'adresse **www.ubuntu.com/desktop**. Pour la bureautique, Ubuntu fournit par défaut la suite LibreOffice.

INSTALLER LINUX

Le pas à pas des pages suivantes vous montre comment télécharger Ubuntu et l'installer sur une clé USB à l'aide de l'application Rufus (que vous allez également télécharger). Sachez que la majorité des distributions de Linux actuelles proposent de créer un DVD ou une clé USB de démarrage. Vous pouvez ainsi tester l'interface graphique du système ainsi que quelques fonctionnalités avant de vous décider à installer une distribution sur votre ordinateur. Si vous installez Linux sur votre appareil, vous aurez alors deux systèmes d'exploitation et il vous faudra choisir l'un des deux lors du démarrage de l'ordinateur, c'est ce que l'on appelle un « dual boot ». Au démarrage, une liste affichant les deux systèmes (Windows et Linux) apparaît. Vous utilisez les flèches du clavier pour sélectionner le système que vous souhaitez utiliser, puis vous appuyez sur *Entrée*. Pour passer d'un système à l'autre, vous devez redémarrer l'ordinateur et changer de système lors du démarrage. N'oubliez pas que, même si Linux se démocratise, il est préférable d'avoir quelques connaissances en informatique avant de se lancer.

Le petit +

La distribution de Linux passe désormais également par le Windows Store : Ubuntu (et bientôt SuSE et Fedora) propose une application pour utiliser le terminal Ubuntu sous Windows 10. Cependant, ce terminal n'a aucune interface graphique, utilise non pas le noyau Linux, mais celui de Microsoft, et ne se gère qu'en lignes de commande ; il est surtout destiné aux développeurs.

Tester Ubuntu avec Rufus

Rufus est un logiciel qui permet de créer une clé USB bootable (avec laquelle on peut démarrer le PC, voir aussi p. 394) et qui vous permet de faire cohabiter Linux et Windows sur le PC sans détruire votre installation Windows.

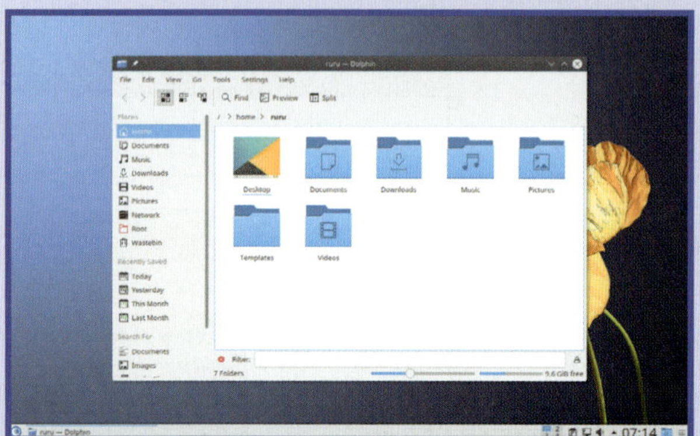

1 Rendez-vous à l'adresse www.ubuntu.com/download/desktop, puis cliquez sur *Download*. Suivez les instructions éventuelles sur les écrans suivants afin de démarrer le téléchargement. Attendez la fin du téléchargement puis fermez la barre de progression.

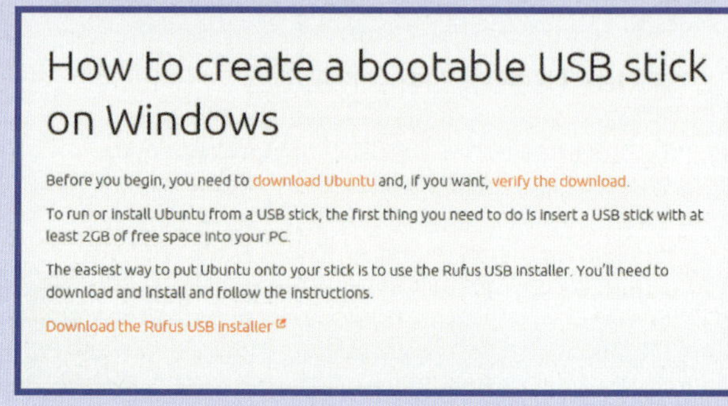

2 Rendez-vous sur la page https://tutorials.ubuntu.com/tutorial/tutorial-create-a-usb-stick-on-windows#0 puis cliquez sur *Download the Rufus USB installer.*

3 Dans la page suivante, cliquez sur le lien indiquant la version la plus récente. Vous allez avoir besoin d'une clé USB d'au moins 2 Go. Attention : toutes les données qui se trouvent sur la clé vont être effacées.

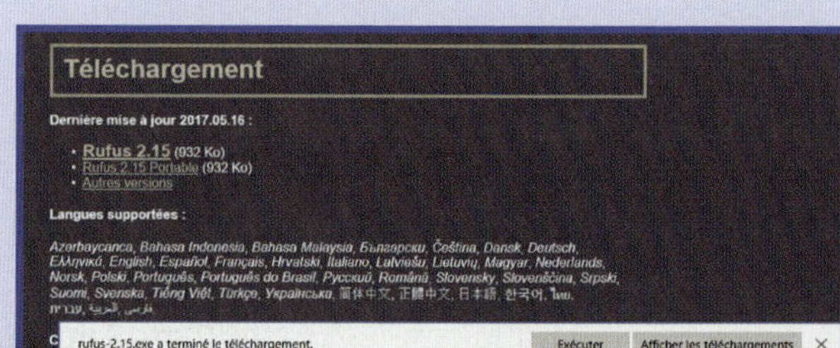

4 Une fois le téléchargement terminé, cliquez sur *Exécuter.*

À savoir

Avant de vous lancer dans l'opération, vérifiez que vous avez une sauvegarde de Windows, un problème peut toujours arriver.

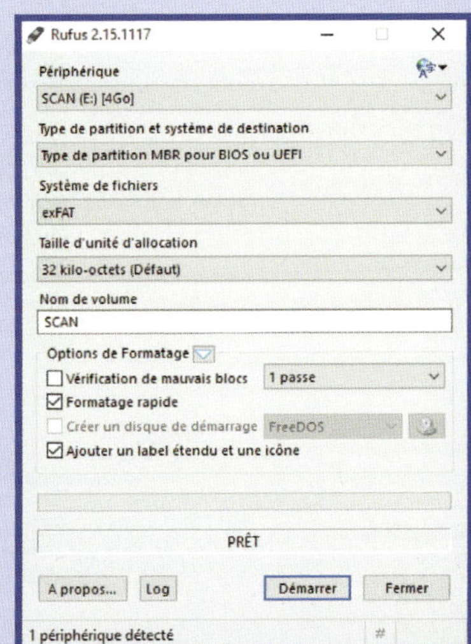

5 Insérez la clé USB dans le lecteur de votre ordinateur et, dans la fenêtre qui s'ouvre, sélectionnez la clé dans la première liste déroulante si elle n'est pas automatiquement affichée. Vérifiez que *FAT32* apparaît bien dans la liste *Système de fichier*.

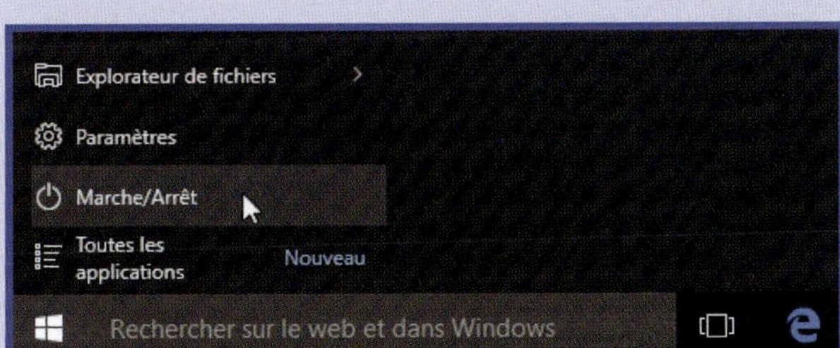

7 Un fois que vous avez terminé, vous pouvez redémarrer votre ordinateur et installer *Ubuntu*. Pour cela, ouvrez le menu *Démarrer*, cliquez sur *Marche/Arrêt*, puis choisissez *Redémarrer*. Surveillez le redémarrage de votre ordinateur pour être prêt à intervenir dès que l'écran de démarrage s'affiche.

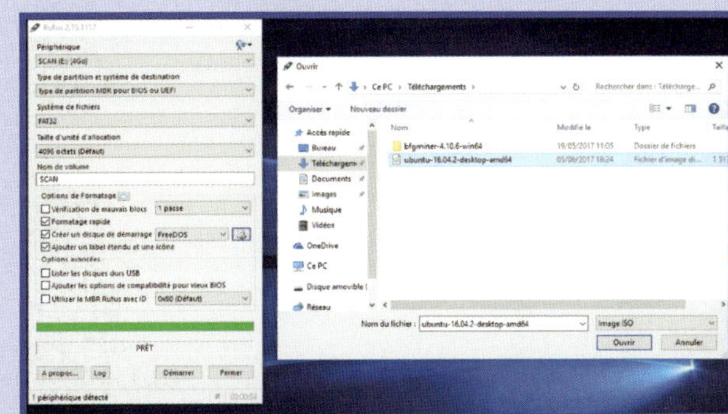

6 Cochez *Créer un disque de démarrage*, puis cliquez sur l'icône représentant un CD-ROM. Dans la fenêtre qui s'affiche, cliquez sur l'image *Ubuntu* que vous avez téléchargée, puis cliquez sur *Ouvrir*. Cliquez ensuite sur *Démarrer dans la fenêtre principale de Rufus*. Cliquez sur *Oui* pour télécharger les fichiers, puis suivez les instructions qui s'affichent.

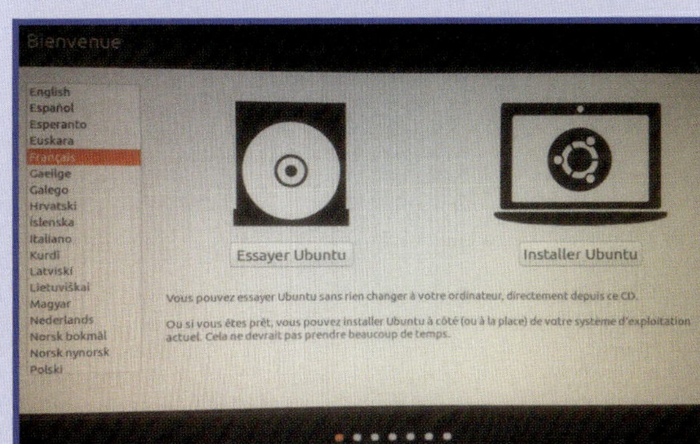

8 Lorsque l'ordinateur redémarre, indiquez que vous souhaitez démarrer sur la clé USB. Consultez la documentation de votre ordinateur pour savoir comment choisir le disque de démarrage. Vous avez ensuite la possibilité de tester Ubuntu directement à partir de la clé USB ou de l'installer à côté (ou à la place) de Windows.

Si votre PC ne vous propose pas de choisir votre disque de démarrage mais lance directement Windows, allez dans *Paramètres* (la roue crantée), puis *Mise à jour et sécurité*, cliquez sur *Récupération* puis, dans *Démarrage avancé*, sur *Redémarrer maintenant*. Dans l'écran qui s'affiche, choisissez *Utiliser un périphérique*, puis *EFI USB Device*.

L'UFC-QUE CHOISIR ET SES ASSOCIATIONS LOCALES

Créée en 1951, l'Union fédérale des consommateurs-Que Choisir est une association loi 1901 à but non lucratif. Indépendante (de l'État, des syndicats, des producteurs, des distributeurs…), elle a pour objectifs de promouvoir les actions individuelles ou collectives des consommateurs et la défense de leurs intérêts et de les représenter auprès de toutes les instances.

L'UFC-Que Choisir compte environ 150 associations locales, animées par des militants de la consommation et des responsables bénévoles. Elles fournissent de la documentation, des conseils juridiques et techniques et représentent les consommateurs dans les instances locales, départementales et régionales. Certaines ont des antennes : vérifiez s'il y en a une près de chez vous.

01 AIN
• AGLCA
Maison de la vie associative
2, bd Irène-Joliot-Curie
CS 70270
01006 Bourg-en-Bresse Cedex
04 74 22 58 94

03 ALLIER
• 52, rue de la Gironde
03100 Montluçon
04 70 05 30 38
• 42, rue du Progrès
03000 Moulins
04 70 20 96 30

04 ALPES-DE-HAUTE-PROVENCE
• Maison des associations
3, bd du Temps-Perdu
04100 Manosque
04 92 72 19 01

05 HAUTES-ALPES
• Résidence Le Saint-Denis
7, passage Montjoie
05000 Gap
04 92 44 37 13

06 ALPES-MARITIMES
• 7, rue Michelet
06000 Nice
04 93 04 58 18

07 ARDÈCHE
• Maison des associations
Place de la Gare
07200 Aubenas
04 75 39 20 44

08 ARDENNES
• BP 561
08004 Charleville-Mézières Cedex
03 24 53 70 17

09 ARIÈGE
• Maison du Couserans
Place Alphonse-Sentein
09200 Saint-Girons
05 61 66 03 66

11 AUDE
• 118, route d'Armissan
11100 Narbonne
04 68 47 64 00

12 AVEYRON
• 21, rue des Fasquets
12100 Millau
05 65 61 20 52
• Maison des associations
15, av. Tarayre
12000 Rodez
05 65 77 00 00

13 BOUCHES-DU-RHÔNE
• 4, place Coimbra
Le Félibrige – Bât. B
13090 Aix-en-Provence
04 42 93 74 57
• 5, rue Colbert
13001 Marseille
04 91 90 05 52
• 8, bd Joliot-Curie
13500 Martigues
04 42 81 10 21
• 107, rue de Bucarest
13300 Salon-de-Provence
04 90 42 19 80

14 CALVADOS
• 24, rue des Bouchers
14400 Bayeux
02 31 22 82 27
• 19, quai de Juillet
14000 Caen
02 31 86 32 54
• Centre socio-culturel CAF
9, rue Anne-Morgan
14500 Vire
02 31 67 73 66

15 CANTAL
• 16, rue Arsène-Vermenouze
15018 Aurillac Cedex
04 71 48 58 68

16 CHARENTE
• Immeuble George Sand
83, av. De-Lattre-de-Tassigny
16000 Angoulême
05 45 95 32 84

17 CHARENTE-MARITIME
• 3, rue Jean-Baptiste-Charcot
17000 La Rochelle
05 46 41 53 42

18 CHER
• Maison des associations
28, rue Gambon
18000 Bourges
02 48 70 48 02

19 CORRÈZE
• Maison du Bénévolat
10, bd Max-Dormoy
19100 Brive-la-Gaillarde
05 55 23 19 37

20 CORSE
• Bâtiment Le Golo-A
Rue Aspirant Michelin
20900 Ajaccio
04 95 22 69 83

21 CÔTE-D'OR
• 2, rue des Corroyeurs
Boîte N 14
21068 Dijon Cedex
03 80 43 84 56

22 CÔTES-D'ARMOR
• Villa Labenne
16, rue Bécot
22500 Paimpol
02 96 20 58 76
• 3, rue Pierre-Cléret
22120 Yffiniac
02 96 78 12 76

23 CREUSE
• 25, av. Pierre-Leroux
BP 242
23005 Guéret Cedex
05 55 52 82 83

24 DORDOGNE
• 1, square Jean-Jaurès
24000 Périgueux
05 53 09 68 24

25 DOUBS
• 8, av. de Montrapon
25000 Besançon
03 81 81 23 46

26 DRÔME
• 10, rue François-Pie
26000 Valence
04 75 42 58 29

27 EURE
• 17, rue des Aérostiers
Immeuble Cambrésis
27000 Évreux
02 32 39 44 70

28 EURE-ET-LOIR
• La Madeleine
25, place Saint-Louis
28000 Chartres
02 37 30 17 57

29 FINISTÈRE
• Espace associatif
6, rue Pen-Ar-Creach
29200 Brest
02 98 80 64 30
• 3, allée de Roz-Avel
29000 Quimper
02 98 55 30 21

30 GARD
• 20, rue du Commandant-Audibert
30100 Alès
04 66 52 80 80
• 65, av. Jean-Jaurès
Bâtiment A
30900 Nîmes
04 66 84 31 87

31 HAUTE-GARONNE
• Les Ormes Bât. E2
Av. Salvador-Alliende
31320 Castanet-Tolosan
05 61 75 08 41
• 59, bd Lascrosses
BP 70529
31005 Toulouse Cedex 6
05 61 22 13 00

32 GERS
• 44, rue Victor-Hugo
32000 Auch
05 62 61 93 75

33 GIRONDE
• 17, cours Balguerie-Stuttenberg
33300 Bordeaux
05 56 79 91 94
• 52, rue Jules-Ferry
33220 Port-Sainte-Foy-et-Ponchapt
05 53 63 25 31

34 HÉRAULT
• Maison de la vie associative
BAL 15
15, rue du Général-Marguerite
34500 Béziers
04 67 28 06 06
• 3, rue de Richelieu
BP 2114
34026 Montpellier Cedex 1
04 67 66 32 96
• 3, rue Frédéric-Fabrègues
BP 24
34250 Palavas-les-Flots
04 67 50 79 91
• Centre commercial Le-Château-vert
BP 106
53, bd Chevalier-de-Clerville
34207 Sète
04 67 53 10 05

35 ILLE-ET-VILAINE
• BP 30105
35601 Redon Cedex
02 99 71 36 22
• 8, place du Colombier
35000 Rennes
02 99 85 94 23
• Guichet des associations
40 ter, square des Caraïbes
35400 Saint-Malo
02 99 56 80 47

36 INDRE
• 34, espace Mendès-France
36000 Châteauroux
02 54 27 43 57

37 INDRE-ET-LOIRE
• 12, rue Camille-Flammarion
37000 Tours
02 47 51 91 12

38 ISÈRE
• 27, rue Bovier-Lapierre
38300 Bourgoin-Jallieu
04 37 03 00 85
• 24 bis, rue Mallifaud
38100 Grenoble
04 76 46 88 45
• BP 261
38202 Vienne Cedex
04 74 59 43 17

39 JURA
• 19 bis, rue des Arènes
39100 Dole
03 84 82 60 15

40 LANDES
• Maison René-Lucbernet
BP 186
40004 Mont-de-Marsan Cedex
05 58 05 92 88

41 LOIR-ET-CHER
• Maison des associations
17, rue Roland-Garros
41000 Blois
02 54 42 35 66

42 LOIRE
• 17, rue Brossard
42000 Saint-Étienne
04 77 33 72 15

43 HAUTE-LOIRE
• 29, bd Chantemesse
43000 Aiguilhe
04 71 02 29 45

44 LOIRE-ATLANTIQUE
• 1, place du Martray
44000 Nantes
02 40 12 07 43
• Maison des associations
Bur. A105 et A10
2 bis, av. Albert-de-Mun
44600 Saint-Nazaire
02 40 22 00 19

45 LOIRET
• Maison des associations
32, rue Claude-Debussy
45120 Châlette-sur-Loing
02 38 85 06 83

• 39, rue Saint-Marceau
45100 Orléans
02 38 53 53 00

46 LOT
• Espace associatif
Place Bessières
46000 Cahors
05 65 53 91 19

47 LOT-ET-GARONNE
• 159, av. Léon-Blum
BP 301
47008 Agen Cedex
05 53 48 02 41

49 MAINE-ET-LOIRE
• 34, av. de Chanzy
49000 Angers
02 41 88 56 42

50 MANCHE
• 167, rue du Général-Gerhardt
50000 Saint-Lô
02 33 05 68 76

51 MARNE
• Espace Entreprises Saint-John-Perse
2, cour Général-Eisenhower
51100 Reims
03 26 08 63 03

52 HAUTE-MARNE
• 14, rue de Vergy
52100 Saint-Dizier
03 25 56 26 59

53 MAYENNE
• 31, rue Oudinot
53000 Laval
02 43 67 01 18

54 MEURTHE-ET-MOSELLE
• 76, rue de la Hache
54000 Nancy
09 52 19 48 23

56 MORBIHAN
• Maison des Familles
2, rue du Professeur-Mazé
56100 Lorient
02 97 84 74 24

57 MOSELLE
• Cité-Chapelle
1A impasse de l'École
BP46
57470 Hombourg-Haut
03 87 81 67 80
• 4, place de la Nation
BP 40103
57950 Montigny-les-Metz
03 72 13 73 57
• Bâtiment Schweitzer
1, av. Clémenceau
57400 Sarrebourg
03 87 86 97 41
• 2, rue d'Austrasie
57100 Thionville
03 82 51 84 29

58 NIÈVRE
• Maison municipale des Éduens
Allée des Droits-de-l'Enfant
58000 Nevers
03 86 21 44 14

59 NORD
• 104, rue d'Esquerchin
59500 Douai
03 27 96 05 15
• Terre-plein du Jeu-de-Mail
BP 90097
59942 Dunkerque Cedex 2
03 28 20 74 81
• 54, rue Jacquemars-Gielée
59000 Lille
03 20 85 14 66
• Espace Victor-Hugo
Rue Jeanne d'Arc
BP 40037
59600 Maubeuge
06 47 49 53 81

60 OISE
• BP 80059
60303 Senlis Cedex

61 ORNE
• MVA
23, rue Demées
61000 Alençon
02 33 26 79 47

62 PAS-DE-CALAIS
• Maison des sociétés
Bur. 39
16, rue Aristide-Briand
62000 Arras
03 21 23 22 97
• 536, av. Toumaniantz
62100 Calais
03 21 96 33 69
• Maison des associations
1, place du Général-de-Gaulle
62219 Longuenesse
03 21 39 81 81

63 PUY-DE-DÔME
• 21, rue Jean-Richepin
63000 Clermont-Ferrand
04 73 98 67 90
• Maison des associations
20, rue du Palais
63500 Issoire
04 73 55 06 76

64 PYRÉNÉES-ATLANTIQUES
• 9, rue Sainte-Ursule
64100 Bayonne
05 59 59 48 70
• 11, rue Saint-Gilles
64300 Orthez
05 59 67 05 80
• 16, rue du Capitaine-Guynemer
64000 Pau
05 59 90 12 67

65 HAUTES-PYRÉNÉES
• 4, rue Alphonse-Daudet
65000 Tarbes
05 62 34 72 41

66 PYRÉNÉES-ORIENTALES
• 45, av. Marcelin-Albert
66000 Perpignan
09 83 87 07 07

67 BAS-RHIN
• 1A, place des Orphelins
67000 Strasbourg
03 88 37 31 26

68 HAUT-RHIN
• Carré des associations
100, av. de Colmar
68200 Mulhouse
07 82 47 11 58

69 RHÔNE
• 1, rue Sébastien-Gryphe
CS 47055
69341 Lyon Cedex 7
04 78 72 00 84

70 HAUTE-SAÔNE
• 22, rue du Breuil
BP 10357
70006 Vesoul
03 84 76 36 71

71 SAÔNE-ET-LOIRE
• 2, rue Jean Bouvet
71000 Mâcon
03 85 39 47 17

72 SARTHE
• 21, rue Besnier
72000 Le Mans
02 43 85 88 91

73 SAVOIE
• 25, bd des Anglais
BP 427
73104 Aix-les-Bains Cedex 4
04 79 88 16 72
• Maison des associations
21, rue Georges Lamarque
73200 Albertville
04 79 37 11 01
• Maison des associations
67, rue Saint-François-de-Sales
73000 Chambéry
04 79 85 27 87

74 HAUTE-SAVOIE
• 48, rue des Jardins
74000 Annecy
04 50 69 74 67

75 PARIS
• 54, rue de l'Ouest
75014 Paris
01 56 68 97 48
• 32, rue des Chaufourniers
75019 Paris
01 42 41 85 04

76 SEINE-MARITIME
• 12, rue Saint-Wandrille
BP 4192
76610 Le-Havre Cedex
09 62 51 94 37
• 12, rue Jean-Lecanuet
76000 Rouen
02 35 70 27 32

77 SEINE-ET-MARNE
• Centre Georges-Brassens
Place du Bois-de-Grâce
77420 Champs-sur-Marne
01 64 73 52 07
• 22, rue du Palais-de-justice
77120 Coulommiers
01 64 65 88 70

78 YVELINES
• 3, av. des Pages
78110 Le-Vésinet
• Les Marronniers
RD 58
78320 Levis-Saint-Nom
01 34 61 90 47
• 7, av. Foch
78120 Rambouillet
01 78 82 52 12
• 6, rue Saint-Martin
BP 56
78480 Verneuil-sur-Seine
01 39 65 63 39
• 5, impasse des Gendarmes
78000 Versailles
01 39 53 23 69

79 DEUX-SÈVRES
• Maison des associations
12, rue Joseph-Cugnot
79000 Niort
05 49 09 04 40

80 SOMME
• 88 av. Jean-Jaurès
80480 Salouel
03 22 72 10 84

81 TARN
• 3, place du Palais
81000 Albi
05 63 38 42 15

82 TARN-ET-GARONNE
• 25, place Charles-Caperan
BP 397
82003 Montauban Cedex
05 63 20 20 80

83 VAR
• Complexe Ottavi
av. des Alliées
83240 Cavalaire-sur-Mer
• BP 517
83616 Fréjus Cedex
09 63 04 60 44
• Résidence Audéoud
89, rue du Général-Michel-Audéoud
83000 Toulon
04 94 89 19 07

85 VENDÉE
• 8, bd Louis-Blanc
85000 La Roche-sur-Yon
02 51 36 19 52

86 VIENNE
• 80, rue de Slovénie
86000 Poitiers
09 63 52 74 61

87 HAUTE-VIENNE
• 4, cité Louis-Casimir-Ranson
87000 Limoges
05 55 33 37 32

88 VOSGES
• 6, quartier Magdeleine
BP 1004
88050 Épinal Cedex 9
03 29 64 16 58

89 YONNE
• 25, rue Haute-Perrière
89000 Auxerre
03 86 52 54 69

90 BELFORT
• BP 462
90008 Belfort Cedex
03 84 22 10 91

91 ESSONNE
• CSC La Ferme
91800 Boussy-Saint-Antoine
01 69 56 02 49
• 5, av. de Villiers
91210 Draveil
01 69 40 86 91
• 3, rue Alfred-de-Musset
91120 Palaiseau
01 69 34 60 36
• Maison des associations
Place du 19-Mars-1962
91240 Saint-Michel-sur-Orge
01 69 25 08 13

92 HAUTS-DE-SEINE
• BP 60025
92270 Bois-Colombes Cedex
• BP 31
92293 Châtenay-Malabry Cedex
01 40 91 81 55
• BP 73
92370 Chaville
01 46 23 15 02
• 11, rue Hédouin
92190 Meudon
01 45 34 36 10
• 18, rue des Écoles
92210 Saint-Cloud
06 41 06 59 35

93 SEINE-SAINT-DENIS
• 19, rue Jules Guesde
93140 Bondy
06 42 01 07 89
• Centre Salvador-Allende
1, av. du Dauphiné
93330 Neuilly-sur-Marne

94 VAL-DE-MARNE
• Centre Marius-Sidobre
26, rue Émile-Raspail
94110 Arcueil
01 45 47 74 74
• Centre social Kennedy
36, bd John-Fitzgerald-Kennedy
94000 Créteil
01 43 77 60 45

95 VAL-D'OISE
• Espace Nelson-Mandela
82, bd du Général-Leclerc
95100 Argenteuil
01 39 80 78 15
• BP 90001
95471 Fosses Cedex
01 34 72 76 87
• Office culturel
Place du Forum
95210 Saint-Gratien
01 34 17 24 45

LA-RÉUNION
• 7, rue Paul-Demange
Les Vacoas
97480 Saint-Joseph
02 62 45 24 44

NOUVELLE-CALÉDONIE
• 8 rue Lacave-Laplagne-Mont-Coffyn
BP 2357
98846 Nouméa Cedex
06 87 28 51 20

INDEX

G

H

I

J

K

L

M

T

U

V

CRÉDITS PHOTOGRAPHIQUES

COUVERTURE

Plat 1, de gauche à droite : © goodluz / Shutterstock ; © Toria / Shutterstock ; © racorn / Shutterstock.
Dos : © Alexey Rotanov / Fotolia.

INTÉRIEUR

Fotolia

p. 12 © James Thew • **p. 14** © Eleonore Horiot • **p. 20** © Renee Jansoa • **p. 22** © David Mzareulyan (h) • **p. 23** © Unclesam • **p. 38** jackhollingsworth.com (h) • **p. 40** auremar • **p. 46** © TAlexTech (hd) • **p. 51** © Guillaume Duris (hd) • **p. 53** © Picture Partners Holland (h) • **p. 54** © Sergio Donà (hg) • **p. 94** © Ferraro Daniele (h) ; © DAN (b) • **p. 98** © windofchange • **p. 102** © Visual Concepts (h) • **p. 121** © Marzanna Syncerz (hg) • **p. 134** © Monika Adamczyk • **p. 140** © krimar (hd) • **p. 143** © Paty Cullen Wingrove (hd) • **p. 145** © SnappyStock, Inc. • **p. 147** © treenabeena (md) • **p. 157** © Yuri Arcurs (bg) • **p. 163** © Unclesam (hd) • **p. 167** © Giovanni M. Tamponi (bd) • **p. 170** © Kromosphere (hg) • **p. 183** © Tommi (bd) • **p. 185** © Jacek Chabraszewski (hg) • **p. 189** © jjayo (hd) • **p. 201** © Mike Thomas (bd) • **p. 217** © Tomasz Trojanowski (hd) • **p. 230** © PA (hd) • **p. 257** © Thierry Planche • **p. 260** © Benjamin Thorn (hd) • **p. 263** © philippe Devanne (hd) • **p. 266** © philippe Devanne (hd) • **p. 269** © Melisback (hd) • **p. 278** © He2 (hg) • **p. 291** © frank peters (hd) • **p. 318** © Yuri Arcurs • **p. 334** © Pavel Losevsky (hg) • **p. 338** © koya79 (h) • **p. 339** © Marzanna Syncerz (utilisées dans le pas-à-pas) • **p. 341** © khz (hd) • **p. 347** © Andres Rodriguez (hd) • **p. 349** © Helder Almeida (hd) • **p. 353** © beerkoff (hg) • **p. 362** © m.schuckart • **p. 363** © mipan (bd) • **p. 364** © dondoc-foto (hd) • **p. 366** © SnappyStock, Inc. (hd) • **p. 370** © pixarno • **p. 390** © Unspecified (bd) • **p. 392** © Michael Nivelet (hg) • **p. 421** © Kurhan • **p. 422** © Pixel & Création • **p. 434** © Julien Eichinger • **p. 437** © Pugstudio.

 © Julien Tromeur

 © Loannis Kounadeas

iStock

p. 17 © akova • **p. 20** © AlexAndrews (md) • **p. 21** © denisk0 (mg) ; © grafvision (hg) ; © Christian Carroll (hd) • **p. 22** © Jiggo_thekop (md) ; © mkos83 (mg) • **p. 23** © Bill Oxford (bg) ; • **p. 24** © alexsl (hg) ; © alvarez (hd) • **p. 25** © toomler (hd) ; © rokiir (hg) • **p. 26** © Talaj (h) • **p. 28** © angelhell (h) ; © kurga (mg) ; © Alexandra Draghici (md) • **p. 29** © sergeyoch (d) • **p. 30** © Stepan Popov • **p. 31** © cmannphoto (hg) • **p. 35** © geopaul (h) • **p. 36** © narvikk • **p. 37** © deepblue4you (mg) • **p. 38** © &#169 adam smigielski (mg) • **p. 39** © adventtr (hg) ; © AlexLMX (bg) ; © archideaphoto (bd) • **p. 45** © koya79 (hd) • **p. 47** © scanrail (bd) • **p. 48** © Olivier Le Moal • **p. 56** © SergeyVasutin (bg) • **p. 57** © Vaniatos (bd) • **p. 58** © ODV (hg) • **p. 59** © Paffy69 (hd) • **p. 61** © Lorerock81 (hd) • **p. 62** © VladislavStarozhilov (bg) • **p. 64** © Daft_Lion_Studio (bg) • **p. 66** © stocknroll (hd) • **p. 68** © AlexBrylov • **p. 69** © guvendemir • **p. 70** © shank_ali (hg) ; © Krystian Nawrocki (mg) ; Giorgio Magini (md) • **p. 70** • **p. 71** © ekipaj (hg) ; © Poravute (md) ; © shaineast (bg) • **p. 72** © michaeljung (hd) ; © Borut Trdina (mg) : © ahmetemre (md) • **p. 74** © Mlenny (bg) ; Petar Chernaev (bd) • **p. 78** © Krystian Nawrocki (hd) • **p. 82** © Veles-Studio • **p. 86** © Hocus Focus Studio (bg) • **p. 88** © Hocus Focus Studio (bd) • **p. 89** © pictafolio (hd) ; © senerdesign (md) • **p. 90** © baloon111 • **p. 93** © Joegend (hg) ; © Gary Alvis (md) • **p. 95** © Bet_Noire (hg) ; © ppart (hd) • **p. 100** © ozgurdonmaz • **p. 106** © caracterdesign • **p. 111** © Ridofranz (hd) • **p. 115** © DigtialStorm (bd) • **p. 117** © Talaj (hd) • **p. 118** © mihailomilovanovic • **p. 119** © Neustockimages (hd) ; © pictafolio (bg) • **p. 127** © PIKSEL (hd) • **p. 128** © hocus-focus (hg) • **p. 130** © JuanBatet (hd) ; © georgeclerk (bg) • **p. 132** © cybrain • **p. 135** © ewg3D • **p. 141** © mrtom-uk (hd) • **p. 142** © simpson33 • **p. 146** © 4x6 (hd) ; © zoom-zoom (mg) ; © joecicak (mg) ; © Tharakorn (bd) • **p. 148** © BrianAJackson (bd) • **p. 149** © Rawpixel (h) • **p. 150** © 3quarks • **p. 152** © Mutlu Kurtbas (hd) • **p. 153** © frender (hd) • **p. 154** © U.P.images (hd) • **p. 157** © anilyanik (hd) • **p. 159** © GodfriedEdelman (hd) • **p. 160** © scanrail (bg) • **p. 162** © UmbertoPantalone • **p. 165** © pagadesign (hd) • **p. 167** © ittipon2002 (bg) • **p. 168** © Vesnaandjic • **p. 173** © filadendron (hd) • **p. 174** © michelar (hd) • **p. 176** © Dimitris66 (hd) • **p. 182** © Rawpixel Ltd • **p. 188** © simonidadjordjevic • **p. 189** © triocean (bg) • **p. 191** © blackred (hd) • **p. 192** © alxpin (hd) • **p. 195** © lvcandy (hd) • **p. 198** © Pinkypills • © bombuscreative (md) • **p. 202** © vchal (hd) • **p. 203** © hjalmeida (hd) • **p. 204** © Terminator3D (hd) • **p. 205** © scanrail (b) • **p. 206** © DNY59 (hd) • **p. 216** © SolisImages • **p. 219** © 4x6 (h) • **p. 224** © tolgart • **p. 226** © kabliczech (hg) • **p. 227**

© fatido (h) ; © AlexLMX (bg) • **p. 228** © Thomas_EyeDesign (hd) • **p. 231** © cogal (hd) ; © NicoElNino (mg) • **p. 232** © Rawpixel (hd) ; © ukayacan (md) • **p. 234** © DragonImages • **p. 236** © Marjan_Apostolovic • **p. 240** © D3Damon (hd) • **p. 244** © yipengge • **p. 249** © ricardoinfante (hg) • **p. 257** © Fotonen (md) • **p. 258** © DragonImages • **p. 259** © aluxum (h) ; © MarioGuti (mg) ; © FluxFactory (md) ; © milindri (b) • **p. 261** © -goldy- (hd) • **p. 264** © greg801 (hd) • **p. 265** © ZargonDesign (hd) • **p. 267** © simplytheyu (hd) • **p. 268** © malerapaso (hd) • **p. 270** © Okea (hg) • **p. 271** © joseyrosa (hd) • **p. 273** © pogrebkov • **p. 281** © Petek ARICI (hg) • **p. 284** © franckreporter • **p. 286** © narvikk (bd) • **p. 292** © cybrain • **p. 293** © Dave White (hg) • **p. 294** © Gilmanshin (mg) • **p. 310** © deepblue4you (hg) • **p. 311** © cybrain (hg) • **p. 312** © malerapaso (hd) • **p. 313** © joxxxxjo (hd) • p. 314 © AntonioGuillem • **p. 316** © chechele (bd) • **p. 317** © inhauscreative (hd) • **p. 325** © AntonioGuillem (hd) • **p. 327** © Edu_Oliveros (h) ; © Photobuay (mg) ; © mkos83 (b) • **p. 328** © NoDerog (hd) • **p. 329** © Denis_Dryashkin • **p. 331** © pisotskii (hg) • **p. 332** © vitranc • **p. 333** © Juanmonino (hd) • **p. 337** © dziewul (hd) • **p. 340** © Creativel (hd) • **p. 342** © shorenated (hd) • **p. 344** © piranka • **p. 348** © scanrail (hd) • **p. 351** © scanrail (hd) • **p. 354** © Warchi • **p. 356** © Bet_Noire (bg) • **p. 359** © vladru (hd) • **p. 368** © AleksVF (hd) • **p. 371** © AngiePhotos (hg) ; © andrewsafonov (hd) ; © madsci (bg) ; © ivanmollov (bd) ; **p. 373** © S-Attila (hd) ; © awiekupo (mg) ; © styxclick (bd) • **p. 374** © gece33 (hg) ; © Talaj (hd) ; © VladTeodor (bg) • **p. 375** © RapidEye (hg) • **p. 376** © Scharfsinn86 (hd) ; © gilaxia (mg) ; © aoldman (bd) • **p. 377** © mattjeacock (hd) ; © ipopba (mg) ; © CatLane (md) ; © adrian825 (bd) • **p. 378** © Audy_indy • **p. 379** © D3Damon (hd) • **p. 380** © FGorgun (h) ; Sandisk (b) • **p. 383** © fad1986 (hg) • **p. 386** © GlobalStock (hd) ;© bizoo_n (mg) ; © PeterPal (bd) • **p. 388** © izusek • **p. 339** © Kirillm (hd) • **p. 391** © golubovy (bd) • **p. 393** © SarahlWard (bg) • **p. 397** © RapidEye (hg) ; © Talaj (hd) • **p. 400** © mediaphotos (hg) ; © scyther5 (bg) • **p. 401** © adventtr (hd) ; © Ziva_K (mg). • **p. 402** © yew • **p. 404** © kopitinphoto • **p. 405** © frender • **p. 406** © StockFinland • **p. 409** © ewg3D • **p. 424** © pagadesign • **p. 433** © Palto • **p. 435** © TimArbaev (bd).

© arcady_31 © arcady_31

Constructeurs

p. 15 © Dell (md) ; © HP Inc (bd) • **p. 16** © ASUS • **p. 17** © ASUS (m) • **p. 18** © Dell (hg, bg) ; © Acer (hg) • **p. 19** © Dell (mg) ; © Acer (md) • **p. 20** © Acer (mg) • **p. 23** © Logitech (hg, md) • **p. 24** © HP Inc (bg) ; © Dell (bd) • **p. 25** © Logitech (mg, bg) • **p. 26** © Epson (hg) • **p. 27** © Google (hg) • **p. 29** © Logitech (hg); © Ergonéos (contact@ergoneos.fr) (bg) • **p. 31** © Bouygues Telecom (mg) ; © Free (md) • **p. 32** © Orange (h, m) ; © Bouygues Telecom (h) ; © Free (h) ; © SFR (h) ; © Free (h) • **p. 34** © Orange (bd) • **p. 37** © NETGEAR (hd) ; © TP-Link (bg) • **p. 38** © Logitech (bg) • **p. 39** © Netatmo (md) • **p. 42** © NETGEAR (hd) • **p. 44** © Orange (md) ; © TP-Link (bd) • **p. 73** © HP Inc • **p. 94** © Epson (m) • **p. 95** © LG Electronics (bg) • **p. 217** © Pure International Ltd (bd) • **p. 257** © Nikon (hd) ; © Epson (mg) • **p. 290** © Canon (Selphy C1200) (hd) ; © Epson (bd) • **p. 291** © HP Inc (md) ; © Telefunken (bd) • **p. 328** © Studio ZE Toulouse (bg) • **p. 329** © KLOTZ AIS (hg) ; © Cordial / ALGAM S.A.S., 44484 Thouaré Cedex (mg).

Autres sources

p. 15 © Philip Escartin (hd, mg) • **p. 25** © Gowireless77 / Wikimedia Commons (bd) • **p. 26** © Philip Escartin (mg, m, md) • **p. 33** © Philip Escartin (hd) ; image de bruno - http://blog.spyou.org 13/3/10 (mg) • **p. 47** © Philip Escartin (hd) • **p. 75** © Philip Escartin (hg, bd) • **p. 144** © Mauro Bieg / Wikimedia Commons • **p. 282** © Nicolas Boudier-Ducloy • **p. 315** © Tom Bigelajzen / VideoLAN project • **p. 391** © Joydeep / Wikimedia Commons (hd) • **p. 398** © Rotkaeppchen68 / Wikimedia Commons • **p. 435** © Enoch Lau / Wikimedia Commons (mg).

TOUT POUR MAÎTRISER VOTRE PC ET INTERNET
(et aussi smartphones et tablettes)
est publié par SAS QUE CHOISIR – QUE CHOISIR ÉDITION
Impression et reliure : Pollina, Luçon, France - 82284
Première édition – Premier tirage
Achevé d'imprimer : novembre 2017
Dépôt légal en France : novembre 2017
Imprimé en France / Printed in France